U0937966

美国军事制度史

-上-

陈海宏／著

人民出版社

目　录

上　册

下　册

绪　论

在世界近现代史上,美国是使用武力最多、成效最大的国家。美国在建国后短短的100多年时间里,通过军事活动,将辽阔富饶的北美大陆纳入囊中,使自身版图比殖民地时期扩大了十几倍,从一个偏居大西洋沿岸的英国殖民地,变成了世界上最强大的国家。在此期间,美国发动或参加的战争,其次数是世界各国中最多的,出动的兵力和作战的规模都是举世无双的。

美国只有240多年的历史,是什么力量推动美国从北美大陆崛起,在很短的时间内从一个殖民地发展成为世界头号超级大国呢?这就是军事活动。军事活动是美国诞生、成长和壮大的基本动力。战争、对外扩张和侵略,构成了美国历史的主要内容。

美国在短时间内成为世界头号超级军事大国,有主客观两大因素。

一、客观因素

一是北美是一片广阔无垠的处女地,这里不像当时欧亚大陆主要国家那样有着上千年的盘根错节、根深蒂固的封建传统、封建制度和强大的封建贵族,也没有国家教会的束缚。它和宗主国远隔烟波浩渺的大西洋,宗主国英国的统治力量鞭长莫及。因此,来自欧洲的移民可以较容易地按照自己的意愿发展经济,建立自己的政治生活,当时先进的资本主义生产力和资本主义民主制度很容易建立和发展。

二是美国具有世界上其他国家难以企及的得天独厚的地理环境。

美国地形最主要的特点:自然景观千差万别。既有高耸入云的山脉和奔腾咆哮的大河,也有一望无际的平原、草原和浩瀚无涯的沙漠。这种多元化的地理景观在世界各国是不多见的。

第二个特点:海岸线漫长。美国海岸线共有 19924 千米,其中大西洋沿岸为 3329 千米,墨西哥湾沿岸 2624 千米,太平洋沿岸(包括夏威夷群岛和阿拉斯加州)12265 千米,①阿拉斯加的北冰洋沿岸 1706 千米。②

第三个特点:美国地形总趋势是东西高中间低。三条大山脉纵贯南北,被称为"美国的三条肋骨",构成了美国的脊梁。这三条大山脉是东部的阿巴拉契亚山脉,绵亘 2300 千米;海拔平均为 450—900 米;西部是科迪勒拉山系,构成了广大的高原山地,又可分为两大山脉:东为落基山脉,重岩叠嶂;西为西部山脉(包括海岸喀斯特山脉和内华达山脉)。按南北走向美国可分成三大地理区域:南部、东部和中部是平原和草原,面积约占全国面积一半以上;中西部是高山和平地相间的高原区;濒太平洋的远西部是山区。这三大地理区域还可进一步分成许多小的地理区,如中部的中央低地大平原可分为平原、草原和沙漠;东部山地又可分成海岸平原、阿巴拉契亚山区;西部科迪勒拉山系又可分为落基山间高原和太平洋山系。

第四个特点:湖泊众多,河流密布,水利资源异常丰富。在美

① Grolier, *Encyclopaedia Americana*, Vol.27, Grolier Incorporated, 1990, p.491.

② [苏]苏联军事科学院编:《苏联军事百科全书》,军事科学院译,解放军出版社 1986 年版,第 609 页。

国东北部与加拿大的交界处，是两国共有的五大湖区，总面积24.5万平方千米。这里湖阔水深，蕴藏有世界一半以上的淡水。苏必利尔湖是世界上最大的淡水湖，面积82400平方千米，最深处达393米。五大湖的大部分湖面都可通航。美国的大部分河流源于落基山脉，其中最大的是号称“百川之父”的世界第三大河——密西西比河，长6400千米。密西西比河主流和支流汇集了美国三分之二的内陆水量，像一条主动脉用滔滔不绝的河水灌溉滋润着美国大地。该河的主流和50多条支流均可通航，河宽水急，下游可通行巨轮，通航里程居世界第一位。该河的两大支流是俄亥俄河和密苏里河。其他大河有科罗拉多河、圣劳伦斯河、格兰德河、哥伦比亚河等，其中圣劳伦斯河水深可通行远洋巨轮。

第五个特点：美国的气候因地形复杂而呈多样化。由于美国本土位于北纬30度到49度之间，所以大多数地区属于温带和亚热带，仅夏威夷群岛和佛罗里达半岛南端是热带。东北部和五大湖区属大陆性温带气候，冬季寒冷，夏季较温和，多雨雪，年降水量在1000毫米以上。东南部和墨西哥湾沿岸属亚热带，受暖流影响，温暖湿润，年降水量2000毫米。中部平原因北部无山脉作屏障，寒流可长驱直入，所以冬季寒冷多雪，夏季炎热。西部内陆高原，气候干燥，冬冷夏热，年降水量不到500毫米。西部的太平洋沿岸，南部属地中海型气候，北部属温带海洋性气候。阿拉斯加州则属于寒冷的北极气候。西海岸冬夏两季的温差不大。

第六个特点：美国物产丰富，经济发展，交通便利。在自然资源方面，煤、天然气、铅、锌、银、铀、钼、锆、铁矿石、磷灰石、石油、铜、金、钾盐、硫磺等储量居世界前列。国土三分之一为茂密的森林覆盖，森林面积居世界第四位。

美国是世界经济最发达的国家，2023年GDP 25.46万亿美元,居世界第一。2014 年全国公路总长 650 万千米;2007 年铁路总长为 224792 千米,世界第一;内河通航 4.1 万千米,拥有商船 2858 万吨,沿海有众多良港;航空事业发达,全国有各类机场 135133 个。[①] 美国被称为“民族熔炉”,人口 3.91 亿(2014 年),几乎包括了世界的各个主要民族。其中白人占 80%,非洲裔美国黑人占 12.85%,亚裔占 4.43%,印第安人占 0.9%。人口的 82%集中在城市,最大城市纽约 1200 万人。人口最多的州为加利福尼亚州,东南沿海地区集中了 75%的人口,中西部人烟稀少。[②]

美国这种得天独厚的地理环境深刻地影响了其军事历史的发展。

美国的地理位置十分优越,南北分别是墨西哥和加拿大,不会对美国构成军事威胁。反之,美国倚强凌弱,不断侵略墨西哥,霸占了墨西哥大片领土。美国想北吞加拿大的企图虽然在 1814 年战争中破产,但也迫使英国当局在俄勒冈领土争端中做出了重大让步。美国走向世界后,已没有后顾之忧。美国东西有浩瀚的大西洋和太平洋作为天然屏障,距欧洲约 3000 至 5000 千米,离日本约 6000 至 8000 千米。在 17、18 世纪,从欧洲跨海到美国,最快的帆船也要走 40 天。就是今天,轮船也要走一个星期左右。海洋的保护使美国免受欧洲列强的入侵。从 1815 年起至今,美国本土再没有受到外来入侵。从内战结束迄今,本土再没有爆发战争。这样,便使美国能在一个和平的环境里发展经济。此外,南北走向的三大山脉和北部五大湖区在常规战争中是进行国土防御的天然堡垒,又可以保卫工农业发达的中部地区。美国密如蛛网的河流、铁

① 杨会军:《美国》,社会科学文献出版社 2015 年版,第 255 页。

② 杨会军:《美国》,社会科学文献出版社 2015 年版,第 9 页。

路、公路和发达的航空业又是进行部队机动的有效手段。上述因素是美国制定国防战略时的一张重要王牌。

由于濒临两洋和拥有漫长的海岸线，加上人口多集中在东西沿岸地带，因此华盛顿、麦金莱、西奥多·罗斯福等历代美国总统和马汉等思想家都把海洋作为战略基础，把发展海军及海岸防御放在优先地位。美国军事领导人认为“美国的诞生、存在依赖于海，美国的大部分历史自然是海上活动的人和船的历史，依靠海军美国才能存在、壮大”。① 在美国所从事的历次战争中，美国都把掌握控制制海权作为制胜的关键。

美国的军事历史同国家历史一样，也是一部西进的历史。“一片空旷地区的存在，其不断地后退，以及美国人向西移植，说明了美国发展的梗概”。② 早期的欧洲移民是在阿巴拉契亚山脉以东地区定居开发的，后来随着不断驱赶印第安人和蚕食西部土地，陆地边界线也在不断西移，直到 19 世纪末消失于太平洋沿岸。美国军事活动以向西运动为动力，也是逐渐西移的。在殖民地和独立战争时期，美国主要是在阿巴拉契亚山脉以东展开军事活动，在 19 世纪中期的美墨战争时又向西延伸，内战时军事舞台移到了中部和南部，最后才抵达太平洋沿岸。在 19 世纪末以前，军事行动主要是在美洲大陆内进行，其战略是内向的，很少卷入海外事务。只有到西部开发完毕、印第安人被征服之后，美国才把眼光移向外部，战略成为外向性的，走上了倚仗其强大的军事和经济实力向外扩张的道路。

---

① ［美］内森·米勒：《美国海军史》，卢加春译，海洋出版社 1985 年版，序言。

② ［美］耶尔·N.密特曼主编：《美国地理述略》，今日世界出版社 1978 年版，第 6 页。

此外,美国丰富的自然资源和雄厚的经济基础使它在战争中几乎具有无限的后勤供应能力,在两次世界大战中扮演了“兵工厂”的角色。

总之,美国的地理条件为它的政治、经济和军事发展提供了一个有利的、得天独厚的环境,这也是美国200多年来成为世界头号超级大国的一个重要因素。

当今时代,科学技术日新月异,已进入了原子、电子和信息的时代。以前,美国可凭借地理位置的优越性独立于世界战争之外。可如今,飞速发展的科技已把美国同整个世界连在一起。美国原有的那些地理优势已不再可靠了。以前难以逾越的海洋,现在波音飞机十几个小时便可飞过。在核时代,洲际导弹、原子弹、中子弹、核潜艇、远程航空兵、航天武器……这些最先进的“杀人武器”的问世,宣告了美国在战略上不易遭受打击的时代已一去不复返了。地理上的天然屏障已成为一堵“低墙”,美国的庞大舰队形同虚设,百万人口的大城市可在瞬间化为灰烬。但是核武器也是相互制约、相互威慑的。因此,常规战争仍起着重要作用,美国优越的地理条件仍在继续发挥作用。

二、主观因素

美国资产阶级在掌握了政权后,为了政治稳定、捍卫国家独立、镇压人民的反抗和对外扩张,通过不断的改革,建立了适合美国国情的军事制度,这种军事制度主要包括:军事领导体制、武装力量体制、政治制度、后勤制度、兵役制度、军事法规等各方面的制度。军事制度一般由美国联邦政府及其军队制定和确立,以法律、法令、条令、条例、章程等规范性文件颁行,其性质取决于美国垄断资产阶级的阶级属性,反映了垄断资产阶级的意志,受到垄断资产阶级政治制度、经济条件、科技水平、战争实践、军事理论、历史传统、地理环境等多种因素的影响，经历了曲折的历史发展，经过不断的改革，最终得以发展和完善，成为今天的美国军事制度。美国用这个军事制度建立了世界上最强大的军事力量，完成了自身发展和强大的历史任务。

本书通过对美国军事历史的全面回顾和军事思想的梳理，对美国军事制度的历史发展做了全景式的扫描和理论上的评述，试图揭开美国军事力量强大的秘密，了解其本质、特点和发展趋势。

第一章　北美殖民地的军事制度

（1607—1775 年）

英国为了争夺世界霸权和为王室增加财富，从 17 世纪起，步西班牙的后尘，开始在北美大陆建立殖民地。1607 年伦敦公司依据国王的“特许状”，在北美大西洋沿岸的詹姆斯河口建立了詹姆斯敦，从而揭开了英国在北美建立殖民地的序幕。英国人在开发殖民地的过程中，通过对印第安人、西班牙人、荷兰人和法国人的战争，以及镇压人民起义和黑奴起义等军事活动，借鉴了印第安人的军事经验，并把英国的民兵制度移植到北美大陆，使这一制度在北美大陆的沃土中扎下根来，吸取了丰富的营养，从而创建了具有特色和充满活力的军事制度。在殖民地独特环境的熏陶和欧洲启蒙思想的影响下，经过近 170 年战火的洗礼，北美人独特的军事制度上也初现萌芽。

第一节　北美殖民地的历史背景

一、北美英属殖民地的特点

北美殖民地影响美国军事制度形成的因素是多方面的，这与殖民地独特而复杂的环境是分不开的。

首先，是北美殖民地的分散和独立性。英国自 1607 年创建詹姆斯敦起，经 100 余年时间，到 1733 年止，在北美大陆的大西洋沿岸从北向南的狭长地带,建立了 13 个殖民地:马萨诸塞、新罕布什尔、康涅狄格、罗德岛、纽约、宾夕法尼亚、新泽西、特拉华、马里兰、弗吉尼亚、佐治亚、南卡罗来纳、北卡罗来纳。这些殖民地一直到 18 世纪中期,均保持独立和自治的状况,俨然是 13 个小国家。

英国对殖民地的统治也是松散的,各殖民地的实权掌握在议会手中。这种情况就使得殖民地的居民享受着相当程度的民主,成年白人男子具有广泛的选举权,北美各殖民地是 17、18 世纪世界上民主成分最多的地方。英属北美殖民地的居民大多数是来自英国的移民。居民中也有不少爱尔兰人、法国人、德国人、荷兰人、瑞典人、瑞士人及少数犹太人等。他们除少数是地主贵族和特权商人外,大部分是下层劳动人民。这些欧洲人来北美的目的各异。他们中间有的是为了逃避本国政府的迫害和天灾人祸,有的是为了追求信仰自由和美好的生活。还有少数人是怀着发财致富的“淘金梦”来到北美的。居民中的黑人则是以奴隶身份被从非洲贩运到这里的。

北美的土著居民是印第安人。印第安人在欧洲移民到来初期对他们十分友好,以礼相待,向他们传授生产技术,提供各种帮助。但是移民却恩将仇报,凭借武器和物质上的优势,驱逐或屠杀印第安人,强夺其土地。

白人移民的暴行激起印第安人的英勇反抗。但是,处于原始社会阶段的印第安人无力对抗白人。英属殖民地上的印第安人绝大部分被赶到阿巴拉契亚山脉以西地区。

在殖民地上存在着不同的经济成分。既有资本主义制度,又有前资本主义的半封建的租佃制、白人契约奴制和黑人奴隶制度,还有人数众多的独立小农。

18 世纪中叶,北美殖民地的资本主义经济发展日益加快了步伐,尤其在造船、冶金、纺织、面粉加工、锯木和玻璃制造等行业发展最快。资本主义经济主要集中在北部各殖民地,尽管它们尚处于资本主义手工工场阶段,但它们代表了经济发展的方向。

在中部殖民地盛行半封建的租佃制,这是从英国搬来的,而且与大土地所有制联系在一起。比如,在纽约殖民地,大地主往往田连阡陌,250 万英亩的土地集中在少数几个大地主手中。其中仅约翰逊一家就独占 5 万英亩土地。这些大地主当中有大部分原来是英国的贵族。这些大地主通常都把自己的土地分成小块出租给佃农。纽约殖民地的许多地区,几乎有 5/6 的居民是佃农。大地主任意抬高地租,残酷地剥削佃农。为了维护大土地所有制,在大多数殖民地上还实行长子继承法,大地主死后土地由长子一人继承。在南部和中部殖民地上还实行限定嗣续法,禁止大地主出卖土地;也禁止没有身份的人继承土地财产。这无疑是封建法规的残余。

不过,这种半封建的租佃制没有普遍发展起来,它只限于中部殖民地的某些地区。因为北美殖民地有广阔的未经开垦的处女地,劳动者占地是比较容易的,尽管殖民地当局禁止随便占地。因此在中部、北部殖民地上盛行农民小土地所有制。在这个制度下,农民是小土地所有者,也是劳动者。但是他们实际上处在大商人的剥削之下,因为他们的剩余产品通常是经过大商人之手转卖到市场上去的,而大商人往往大大压低收购价格,高价出卖。

在殖民地的前资本主义制度中还有白人契约奴制和黑人奴隶制度。

在 13 个殖民地上到处都有白人契约奴,他们的来源有四个方面:第一,殖民地上因欠债而无力偿还者,他们被法庭判为契约奴;第二,英国贫民想到北美而缺少路费者,他们往往卖身为奴,以偿路费;第三,被拐骗的乞丐、儿童等;第四,英国的罪犯。这些白人契约奴都按照契约上的规定为主人服劳役,通常他们必须当 5—7 年的契约奴,期满才能获得自由。

比白人契约奴地位更低的是黑人奴隶。黑人奴隶遍及 13 个殖民地,但是分布很不平衡。在北部、中部殖民地,黑人奴隶较少,他们一般是家内奴隶,有的在白人主人家中从事家务劳动,有的在收购作坊里和白人主人一道劳动。90%以上的黑人奴隶集中在南部殖民地的种植园里。黑人奴隶制度比古代的奴隶制度更野蛮和惨无人道。黑人奴隶是奴隶主的私有财产,没有结婚、受教育及拥有财产的权利。他们每天像牲口一样在皮鞭的驱赶下,在炎热的种植园中从事重体力劳动,每天劳动时间长达十八九个小时。奴隶主可以任意鞭打甚至杀死奴隶,还可以把他们转让或出卖。种植园主既是地主和奴隶主,又是农业资本家。他们最大限度地榨取奴隶的血汗。奴隶生产的产品主要作为商品在欧洲市场上销售。因此,北美的黑人奴隶制度成为资本主义世界一个重要的组成部分。

与北美殖民地上复杂的社会经济制度相适应,阶级关系和阶级斗争也十分复杂。有农民反对大地主高额地租的斗争;有工人反对工场主的罢工;有契约奴的暴动;有此起彼伏的黑人暴动。

为了统治和管理北美殖民地,英国建立了一整套的统治机构。这一机构是双重的:一是在英国政府内部设置管理殖民地的贸易局;二是英国派驻北美的总督及官员(仅限于王家殖民地)。按照英国控制的程度,在独立战争前夕,北美殖民地可以分成三类:

第一,王家殖民地:由英王派来总督直接统治,一共 8 个:弗吉尼亚,马萨诸塞,纽约,新泽西,新罕布什尔,南、北卡罗来纳和佐治亚。

第二，业主殖民地：由殖民地的业主（英王把北美大片土地“赏赐”给其宠臣或大贵族，受地者被称为“业主”）任命总督，再由英王批准。这类殖民地有3个：马里兰、宾夕法尼亚和特拉华。

第三，自治殖民地：总督由殖民地有产者选出，但也要由英王批准。自治殖民地有罗德岛和康涅狄格。王家殖民地在英王的直接控制下，业主殖民地间接受其控制，只有自治殖民地受英王控制的程度最小，享有很大程度的自治。但是在13个殖民地中有8个殖民地是王家殖民地，因此英王直接控制了绝大多数的殖民地。在王家殖民地上，总督代表英王，并且在参事会的协助下进行统治。参事会，由总督遴选并且由英王任命。

英国统治集团满心希望以这样的政治安排来巩固对于北美的殖民统治。但是事与愿违，在长期的演变过程中，在北美殖民地的社会政治结构中逐渐形成了民主因素，这些民主因素不仅使北美居民享受较世界上其他国家人民更多的自由和权利，而且也削弱了英国在北美统治的基础，从而为美国独立战争铺平了道路。

殖民地的民主因素表现在以下几个方面：

第一，建立了比较民主化的议会。早在17世纪前半期，殖民地创立后不久就开始出现了议会。这是英国政治背景与北美特殊环境的产物，即从英国移植过来的，但是在北美的特殊环境下，它比英国议会有更大的民主性。首先，议会不但由选举产生，而且选民比英国选民范围更广。诚然，各殖民地几乎都对选民规定了财产资格，一般只有拥有土地且土地年收入在40先令以上的人才能有资格参加选举。但是，北美地广人稀，穷人获得土地的机会很多，只要肯努力劳动，都能成为小土地所有者。因此，北美成年男子（白人）大多数享有选举权。而英国选民的比例就少得多。其次，到18世纪中叶，英国有不少新兴城市没有被划为选区，所以这些城市的居民都被剥夺了选举权。但是在北美,一旦一个居民点的人口增长到一定数量,就立即成为选区。这样,北美选区制度比英国更为合理。北美议会,作为立法机关的下院(上院是参事会兼任),是代表殖民地居民利益的,它从一开始就与总督作针锋相对的斗争。它富有反抗性,桀骜不驯是其特点。经过长期斗争,到18世纪中叶,大多数王家殖民地的议会扩大了权力,不但享有立法权、财政权,而且还从总督手中夺取了一部分行政权。议会与总督的斗争,几乎与殖民地时代相始终。

第二,经济生活中存在一定程度的民主。诚然,北美有剥削制度,有的剥削制度(如黑人奴隶制度)还很野蛮残酷。但是,就白人而论,谋生是比较容易的。北美有广阔的处女地,垦殖者在那里可以大有作为,人们相对容易取得土地。劳动者只要肯流汗,不难得到温饱。而且如果他有一技之长,勤苦耐劳,再遇上机会,就很可能上升为富人,甚至跻身绅士集团的行列。当然,穷人致富并不是普遍的现象。小土地所有者人数较多。白人契约奴给主人劳动五至七年后,不但可以得到解放,而且还可以领到小块土地及农具。北美的贫富差距也不像欧洲那样悬殊,这里没有百万富翁,没有国王,无产者人数较少。

第三,北美不存在传统的封建特权,没有等级制度。北美殖民地上固然存在高踞于人民头上的有钱有势的上层集团(又称为绅士或贵族集团,他们由大土地所有者、大商人、大种植园主构成),但是他们与欧洲的封建贵族有本质上的区别。北美贵族的形成不是靠封建君主的封赠,而是靠经济力量。他们不是靠特权或门第,而是靠个人努力、个人的才干及经营能力。他们虽然独占殖民地上的各级官职及议员,但是他们大多数是通过竞选及选举而上台的,而不是靠世袭及门第。与僵化的欧洲封建贵族不同，他们充满活力，兢兢业业地从事经济活动，而不是坐吃山空，游手好闲。

第四，北美殖民地特别是新英格兰地区，盛行地方自治。地方自治是中央集权的对立物，是由当地居民直接参政、自己管理自己而不受外来权威干预的一种政治组织形式。在此种形式下，人民享有一定限度的参政权。在新英格兰各地，地方自治以市镇为单位，年满 21 岁的成年男子都参加市镇大会。大会选举市镇行政委员会、其他官员及出席殖民地议会的代表。大会还提出、讨论和通过议案，处理地方重大事务，如征税、分配土地、制定地方法规以及为学校和教会制订章程。市镇大会民主气氛在初期十分浓厚，"几乎每一个居民都可以自由地在会上发表他们的见解和主张"。① 尽管后来市镇自治机构逐渐官僚化，为上层分子所把持，但是它仍保存相当的民主性，居民仍享有选举市镇官员及批准行政委员会做出的决议的权利。

北美人民的民主精神，在殖民地的宗教生活中也有所反映。

在英国对殖民地的统治中，宗教起了巨大作用。殖民地也是一个宗教社会，几乎人人都是教徒。殖民地的宗教几乎容纳了欧洲大陆上的各个教派，其中以清教和英国国教的信徒最多、影响最大。清教徒聚居在北部地区，国教徒集中在南方，中部地区各教派杂居。殖民当局和上层集团利用宗教作为维护统治的重要工具，于是成立所谓"官方教会"。北部几个殖民地的清教徒统治集团以"公理会"作为官方教会；南部一些殖民地上的国教徒以"圣公会"作为官方教会。"公理会"强迫居民信奉清教，"圣公会"强迫居民信奉国教，不

① 吴于廑、齐世荣主编，刘祚昌、王觉非本卷主编：《世界史·近代史编》（上卷），高等教育出版社 1992 年版，第 297 页。

许其他教派的教徒进入本殖民地。后来这些官方教会虽然放松了一些限制,默认其他教派的存在,但是却强迫他们缴税来供养官方教会的教士,并且限制他们的宗教活动,剥夺他们的选举权及担任公职的权利。官方教会还多方迫害异教徒。17 世纪末,新英格兰的"公理会"还制造迫害异派教徒的"巫觋事件",有 200 多人受到迫害。

然而,也不能夸大北美的民主:

第一,北美的代表制很不公平,因为农民聚居的西部诸县人口虽然多,但是在议会中的代表人数少,富人聚居的东部诸县人口虽然少,然而在议会中的代表席位却多。

第二,与上述这些民主因素交织在一起的还有不民主、反民主的现象。如贵族集团控制整个殖民地的政治、经济,人民言论出版自由得不到保障,还存在残酷的刑罚等。

第三,殖民地上还盛行白人契约奴制及黑人奴隶制度。这都是与民主水火不相容的。

但是,在这个社会里,民主因素是新生的、先进的事物,它的阵地越来越大。而且,这些民主的现实也不能不反映在人们的头脑里。在殖民地居民中流行一种自由平等的风气。一个作者 1756 年在《宾夕法尼亚日报》上评论道:"这个省的人民一般说来在生活上是过得去的……他们享受和喜爱自由,他们中间最卑微的小人物也认为他有权利得到大人物的殷勤招待。"①一个英国官员在 1760 年写道:在北美,"在民主政府下,一切令人难堪的身份差别都消失在公众的平等之中"。② 上层分子也能以较平等的态度待

① 刘祚昌:《论北美殖民地社会政治结构中的民主因素》,《文史哲》1987 年第 4 期。

② 刘祚昌:《论北美殖民地社会政治结构中的民主因素》,《文史哲》1987 年第 4 期。

人。18 世纪 60 年代一位当代人在新泽西看到了这类现象。他写道:“我看到绅士们,当他们不从事公务时,就在他们的农场上劳动,以便为他们底下人做出榜样,而另一方面,我们又看到劳动者在主人的客厅里和主人坐在同一个餐桌上吃饭,一同话家常。”① 民主精神在居民中也日渐抬头。人们爱好自由,反对外来权威的干预。伯恩比在 1759—1760 年访问了北美。据他描写,弗吉尼亚人特别“高傲地珍视自己的自由,忍受不了任何限制,几乎不能容忍任何高高在上的权力的控制,甚至有这种想法他们都受不了”。②

宗教压迫给北美殖民地带来了严重的后果:人民受到了宗教思想的禁锢;资产阶级民主思想的传播受阻。

富于民主精神的北美殖民地人民为争取信仰自由和反对宗教压迫进行过长期斗争。早在 17 世纪初期,罗杰·威廉斯就曾坚决反对马萨诸塞的宗教迫害政策,为信仰自由、教派平等及政教分离而进行了坚决的斗争。17 世纪后期,斗争规模逐步扩大,各殖民地都出现了反抗宗教压迫的请愿和抗议活动。在英国革命的影响下,一些地区还爆发了武装起义,像马里兰新教各派反对天主教贵族的起义、1688 年纽约和马萨诸塞的起义等。这些起义均在局部地区打破了宗教专制,促进了新思想的传播。但真正打破“坚冰”的,是 18 世纪三四十年代的“大觉醒运动”。

“大觉醒运动”是一场大规模反对宗教专制、争取信仰自由的思想解放运动。运动发起者以宗教复兴为旗帜,把矛头对准宗教

① 刘祚昌:《论北美殖民地社会政治结构中的民主因素》,《文史哲》1987 年第 4 期。

② 刘祚昌:《论北美殖民地社会政治结构中的民主因素》,《文史哲》1987 年第 4 期。

压迫的精神支柱——官方教会的教义,以"灵魂自由"为口号,鼓吹"民主平等"、"信仰自由"、人民主权和反暴政的革命思想。有成千上万的群众卷入这个运动,猛烈地冲击了殖民地的官方教会。结果,官方教会虽然没有被冲垮,广大群众却在运动中提高了觉悟,受到了教育,民主意识进一步加强。

二、美利坚民族的形成与启蒙思想的传播

英国统治阶级在北美经营殖民地的目的,在于把殖民地变为他们榨取和掠夺的对象,变为英国工业品的销售市场及廉价的原料供应地。为了达到这个目的,英国政府采取了一系列措施:1660年,颁布了《列举商品法》,规定:殖民地的某些商品如烟草、砂糖、棉花、靛青等只能输往英国,如要输往外国,必须先在英国卸货,由英国商人经手再运往外国。颁布这项法律的目的,显然是想把北美殖民地变为英国工业的原料供应地,使英国工业资本家买到廉价原料。1663 年,又颁布《主要商品法》,规定:一切从欧洲输入北美的商品(只有少数例外),首先必须在英国靠岸卸下,由英国政府征税,然后装船运走,其用意是保持英国商品在北美的市场,以便与欧洲外国商品竞争。这项法律是把殖民地变为英国独占的商品市场的第一步。此后,英国又在殖民地设置税关,以征收英国以外的欧洲国家的商品进口税。

17 世纪后期和 18 世纪初,英国工业资本家感到北美殖民地的工业发展很快,殖民地的工业品有与宗主国商品竞争之势,因而英国政府又开始实行限制北美工业的政策。1669 年,英国政府禁止北美由一个殖民地将羊毛和毛织品运往另一个殖民地,以便保护英国羊毛产品在殖民地的销路。翌年,英国议会又取消英国羊毛织品出口税,使其有力量与殖民地生产的羊毛织品竞争。由于

北美的波士顿、纽波特和纽约等城市发展为制帽业中心，到1732年，英国政府又颁布《制帽条例》，禁止由一个殖民地出口帽子到另一个殖民地，并且规定帽业作坊不许使用两个以上的徒弟。1750年，英国议会又通过“制铁条例”，规定了殖民地的铁块、铁条输入英国时可以豁免进口税，同时禁止殖民地建立制钉、制铁板等工业。

但是，在1763年以前，英国在北美及世界其他地区忙于对法战争，因之无力亦无暇严厉执行这些限制北美殖民地发展的政策。而且，英国在对法战争中也迫切需要北美殖民地的合作，因而也有意放松对这些政策的执行。结果，北美的工业资本家们便有恃无恐地生产英国所禁止的商品，商人们进行大规模的走私活动，而不理睬英国的法律。因此，北美的工商业得以顺利发展。到18世纪60年代，北美殖民地经济蒸蒸日上，呈现空前的繁荣景象。虽然农民家庭手工业在整个工业中仍占压倒的优势，但是分散的手工工场已经发展起来。一些商人把羊毛、亚麻及棉花等原料供给家庭手工业者，由他们加工为纺织品，然后付给报酬。这样的家庭手工业者实际上已经变成受这些商人剥削的工资劳动者了。这种分散的手工工场在北部殖民地上越来越多。同时也出现了较大规模的集中的手工工场，如造船厂、锯木厂、酿酒厂、铁厂、玻璃工场等。新英格兰及中部殖民地的工业技术有的已达到欧洲的先进水平。铁制品不仅输往南部殖民地，而且行销于西印度群岛。生铁和铁条的出口量在1745年为2000吨，到1771年增至7500余吨。在工业中有显著发展的是中部和北部的造船业，其生产出来的船舶，质好价廉，以致连英国都大批购买。1775年，英国海上贸易所用船只，有30%是从北美购来的。而各殖民地之间的贸易，有75%是靠北美制造的船舶进行的。新英格兰是造船业的中心，1772

年,它建造的船舶占全殖民地总数的 68%,新英格兰的捕鱼业也发展到相当可观的地步。商人雇佣水手从事大规模的捕鱼,渔船有时远航至南美和非洲海岸。18 世纪 60 年代,新英格兰的捕鱼业每年总收入平均为 25.5 万美元。在独立战争前夕,殖民地对外出口额增加到 2000 万美元。1775 年,北美殖民地从事运输的船只有 2000 艘,水手为 33000 人。

诚然,在整个经济中,农业仍占很大的优势,对外贸易也是入超的,但是殖民地工商业的发展已达到足以威胁宗主国的程度。

随着农业、工业及贸易的发展,原来处于隔绝状态的各殖民地之间的经济联系大大加强。到 18 世纪中叶,新英格兰各主要城市已由许多桥梁、渡船和道路网联结起来。从纽约到费城和波士顿,从波士顿到查尔斯顿均有道路可通。内河和沿海水路把各殖民地之间的壁垒打通了。北方工业品南销,南方农产品北运。费城、波士顿和纽约发展为两三万人的城市,成为北美经济、政治和文化的中心。统一的北美市场形成了。

随着统一市场的形成,各殖民地之间的文化交流也日益频繁,在这个基础上形成了共同的文化,而英语便是这个共同的文化的媒介。

北美居民在开拓新世界的艰苦斗争中,养成了一种特有的性格——勇于创新、富于进取和个人奋斗的精神。

因此,到 18 世纪中叶,在北美英属殖民地上已经形成了一个新兴的民族——美利坚民族。

随着美利坚民族的形成,民族自觉也日益增长。

诚然,在北美殖民地上随处可以看到英国的影响,北美的许多事物不过是英国的再版或模仿品。殖民地上的政治制度、法律、宗教、风俗习惯乃至伦理道德观念,在很大程度上是照搬英国的。甚至在文学方面也受到英国文学的强烈影响。

而且到 1750 年左右，北美居民在思想感情上还是忠于英国的。其之所以如此，原因有三：第一，北美居民绝大多数是来自英国的移民，对英国都怀有乡土之情。第二，北美需要英国的保护。在 1763 年以前，北美殖民地受到来自法国和西班牙的威胁，这里的居民渴望得到母国的保护。第三，南方殖民地上的种植园主与英国之间形成了密切的贸易关系：他们在英国出卖南方的烟草产品，同时又从英国购买奢侈品。

但是在这种对母国依恋的情感下面隐藏着一种富有北美色彩的强烈的民族主义潜流。新世界的环境不仅产生了新的生活方式，而且也塑造出新的思想方式和新的文化心理结构。北美大多数人意识到新世界的优越的自然条件——有广阔的空间和无尽的资源，预示着一片光明、美妙的前景。他们充满了乐观进取精神，希望用自己的双手改造自然，创造幸福美满的生活。他们都有自己的梦想和憧憬。他们相信进步，相信未来—这种信念使他们感到自己是与旧世界不同的新人。北美人的这种民族自豪感就是民族自觉的最鲜明的表现。

美利坚民族也不是闭关自守、夜郎自大的民族，在独立前的年代，他们不断地从欧洲先进思想中吸取营养。在此期间，英国的所有的先进思想都横越大西洋，在北美殖民地上广为流传。在 17 世纪英国革命中出现了平等派民主思想，反映这种思想的平等派小册子也传到北美来。为 1688 年英国“光荣革命”作辩护的辉格主义著作，如英国启蒙大师约翰·洛克《政府论》的两篇论文，也在 18 世纪的北美拥有许多读者。18 世纪在英国又产生了激进的辉格主义者，他们攻击辉格、托利两党的寡头统治，提出一系列改革的要求：扩大下院的权力，扩大选举权，实行出版自由，根除贪污等。这些激进主义者的思想主张也在北美得到了传播。法国启蒙思想家伏尔泰的思想,还有孟德斯鸠的三权分立学说,也在北美社会产生了积极的影响。

在英、法启蒙思想的熏陶下,在北美殖民地上也产生了启蒙思想的代表人物,其杰出代表便是本杰明·富兰克林(1706—1790年)和托马斯·杰斐逊(1743—1826年)。

富兰克林出身于波士顿一个手工业者家庭。年轻时当过排字工和印刷工。经过刻苦自学,他成为一位知名学者和政论家。后来他经营印刷所和办报,创建了北美第一个公共图书馆、医院和大学。他曾经从事电的实验,由于发明避雷针而闻名遐迩。他从事科学研究不单纯是从兴趣出发,同时也是为了应用到实际生活中以增进人民的幸福感。他虽然没有系统地阐述自己的思想,但是从他的书信和言论中仍可以看出他的基本思想倾向。

他歌颂勤劳,指出:社会贫困形成的主要原因是"爱好劳动的人们必须把自己劳动的第一批果实分给——这在他们是不得已的——寄生的、懒惰的人们"。① 他赞颂农业而反对工商业,认为农业才是增加财富的唯一正当方法。但后来他的态度有所转变,也认为工商业是必要的。他特别反对英国对殖民地工商业的限制。

富兰克林对劳动人民十分同情,认为:"个人幸福是政治社会的最终目的。"②他反对奴隶制度并要求废除它。1775年,富兰克林创建了北美第一个反奴组织——"被非法奴役的自由黑人救援

① 吴于廑、齐世荣主编,刘祚昌、王觉非本卷主编:《世界史·近代史编》(上卷),高等教育出版社1992年版,第303页。

② 吴于廑、齐世荣主编,刘祚昌、王觉非本卷主编:《世界史·近代史编》(上卷),高等教育出版社1992年版,第303页。

会”,主张黑人和印第安人应享有和白人同等的权利。他在政治上主张实行普选制和一院制议会。

他坚持殖民地利益,反对英国的殖民政策。但是他不愿与宗主国进行坚决斗争,反对流血革命,主张殖民地统一在英帝国范围内实行自治。但独立战争爆发后,他的觉悟提高了。他坚决拥护美国独立,捐出个人财产支持战争,成为资产阶级民主派的代表人物之一。

杰斐逊出身于弗吉尼亚一个种植园主家庭,自幼受过良好的教育。1760 年他进入威廉玛丽学院学习,广泛阅读法律、政治、哲学、文艺和数学等领域书籍,成为知识渊博的学者和思想家。他深受启蒙思想家特别是洛克的思想影响。他相信理性,热爱知识;反对愚昧,反对迷信。他认为人的知识可以引导人类走向更富裕、更美好的康乐之域。他相信人类幸福应该是人类一切努力的目标。在他看来,人的思想一旦从禁锢中解放出来,就会取得丰富的知识,就可以创造无限的物质财富,人类生活就可以得到很大的改进。他反对一切武断的权威,对一切事物都抱一种大胆怀疑的态度。在哲学上他是一位自然神论者,认为宗教纯粹是个人的私事。在政治思想上,他是一位革命民主主义者,竭力维护人们自由、平等的权利。他主张建立人民广泛参政的民主共和国,要求实行普选制,一切重大问题应诉诸人民的投票表决,因为大多数人的意见总是正确的。

他十分憎恶一切传统力量,要求消灭传统的拘束。他指出:任何一代人都没有权力为后一代人制定法律。后代人也不应受前一代人所制定的法律的约束。他提倡每隔 20 年就对法律或宪法进行一次复查,以便使法律或宪法能符合当代人民的要求。

在社会思想上,他特别反对奴隶制度,认为它是一种罪恶,是对于人的自然权利的侵犯,因而主张解放奴隶。1770 年在他当律师时,有一个黑白混血儿奴隶向法院控诉,要求给他自由,理由是:他的祖母是一个白人妇女与黑人男奴隶的女儿,而按照弗吉尼亚的法律,奴隶的身份不是依据肤色,而是依据母亲的身份。杰斐逊免费为这个奴隶作辩护。他在法庭上辩护时不但依据法律,而且也依据自然权利学说。他指出:“在自然法则下面,一切人生来都是自由的,每一个人来到这个世界上都对自己的身体有支配的权利。”①

第二节 北美殖民地的军事环境

殖民地时期也是美国军事的奠基时期。正如厄尔利所说的:“自从第一批殖民者踏上美洲海岸之后,我们这个民族就一直忙于战争,只是程度上大小有所差异而已。”②英国殖民者在开发殖民地的过程中,通过对印第安人、法国人的战争以及镇压人民和黑奴起义等军事活动,借鉴了印第安人的军事经验,把英国的民兵制度移植到北美大陆,从而创建了具有特色的军事制度,在思想、组织、战术、战斗经验以及指挥上取得了丰富的经验,为以后的独立战争以及建国后的军事发展奠定了基础。

在英属殖民地创建初期,移民面临着同印第安人,同法国、西班牙等老牌的殖民帝国争夺北美的斗争,面临着严峻复杂的自然条件,因此战争是北美殖民地扩展的基本动力。北美殖民地的战争主要有三类:

① 吴于廑、齐世荣主编,刘祚昌、王觉非本卷主编:《世界史·近代史编》(上卷),高等教育出版社 1992 年版,第 304 页。

② 钮先钟译:《近代西方军事思想》第 3 页。转引自孟祥生:《美国陆军的建军思想——从殖民地时期到第一次世界大战》,山东大学硕士论文,1986 年,第 2 页。

第一类战争:殖民者对印第安人的战争。

英国殖民者在北美站稳脚跟后,不择手段,通过暴力驱赶北美大陆原来的主人印第安人,霸占其土地。而印第安人为保卫家园,反抗侵略,也进行了英勇的反抗。因此,在殖民地时期,同印第安人的武装冲突不断发生。殖民者同印第安人的冲突几乎每天都有发生,并愈演愈烈。

在欧洲人到来之前,居住在墨西哥以北大陆的印第安人,有300多个部落约250万人。印第安人虽然创造了辉煌灿烂的古代文化,但是在社会经济方面还相当落后,仍处于原始氏族公社末期。由于部族之间为争夺地盘和财富经常发生战争,所以印第安人实行的是原始社会的军事民主制。氏族成员推选酋长和军事首领组成"部落议事会",处理部落日常事务,决定战和问题。"它的全体成员都是自由人,都有相互保卫自由的义务……不论酋长或军事首领都不能要求任何优越权……"①战时首领可经选举也可不经选举产生,权力不大,仅在战时有发言权。

为争夺势力范围,各部落间经常展开流血冲突。为适应战争需要,若干部落联合建立军事同盟。当时北美有好几个军事同盟,以"易洛魁同盟"及"阿尔贡金同盟"最强大。同盟设一长制——最高首长和两名具有平等权力和职能的最高军事首领,以便相互制约,避免偏差。

印第安人十分骁勇剽悍,善于骑马射箭,被称为世界"第一流轻骑兵"。② 每个成年男子都是战士,他们以"勇士"为荣。按风

① [德]恩格斯:《家庭、私有制和国家的起源》,人民出版社1972年版,第86页。

② Ernest R. Dupuy, Paul F. Braim, T. Dupuy, *Military Heritage of America*, New York: McGraw-Hill, 1956, p.314.

俗,每个部落成员都有相互保护、相互援助及复仇雪恨的义务。由于受生产力发展水平的限制,印第安人使用的武器主要是矛、弓箭、棍棒等,后来有了少量铁制武器和火器。在部落战争中,印第安人发明了“散兵伏击”战术和游击战术,不像欧洲人那样拘泥于排阵冲锋,而是根据地形地物隐蔽自己,灵活机动地作战。印第安人的骑兵集团冲锋也颇具威力。

西方殖民者的到来,给印第安人带来了深重的灾难。起先,印第安人和欧洲移民的关系十分友好和睦。但当移民站稳了脚跟后,他们中的贵族及有产者便背信弃义,不择手段地侵吞印第安人的土地和财富,甚至使用暴力驱赶印第安人,实行火绝种族的屠杀:“……他们极端仇恨印第安人,只希望把土著居民斩尽杀绝……”①当时各殖民地都颁布了法令,对从印第安人头上剥下的带发头皮悬以重赏。1703 年,新英格兰规定每个带发头皮赏 40 英镑,1720 年增至 100 英镑。殖民者的暴行使印第安人家园被毁,土地被占,人口锐减。1676 年以后,阿巴拉契亚山以东广大地区已无印第安人。到 18 世纪初,阿巴拉契亚山西南大片地区也成了欧洲移民的天下。他们还挑起印第安各部落之间的战争,以便从中渔利。

印第安人为了保卫自己的土地、家园和维系种族生存,拿起武器英勇反击西方殖民者。印第安人同殖民者的军事冲突可分成三个阶段:

1. 殖民地创建初期(17 世纪初至 17 世纪 50 年代)

各地移民同邻近印第安人之间以小规模冲突为主,表现为相互之间的袭击和杀戮。印第安人使用原始武器迎战装备精良的移

---

① [美]雷艾伦·比林顿:《向西部扩张——美国边疆史》(上),周小松译,商务印书馆 1991 年版,第 14 页。

民。比较大的冲突有:1622 年的包哈坦战争,印第安人摧毁了弗吉尼亚 88 个移民定居点中的 80 个,几乎把詹姆斯敦夷为平地。移民死亡 347 人,印第安人死亡千余人。1644 年,印第安人突袭新英格兰,杀死 300 多个移民。1637 年,殖民者把 700 多人的裴奎特部落几乎全部毁灭。①

2. 印第安人组成同盟联合抗敌(17 世纪 60 年代至 18 世纪 60 年代)

这一时期,印第安人通过战斗的缴获和贸易也开始拥有了火器,学会了欧洲人的战术,作战方式也有了很大变化,"许多印第安人的枪法比英国人还要好",②一些部落还联合起来共同抗击殖民者,战争规模越来越大。尤其是 1675—1677 年,在新英格兰爆发了殖民地时期规模最大的"腓力普王之战"。瓦姆帕诺格族酋长腓力普王联合周围印第安部落共 1 万多人,起兵讨伐殖民者。新英格兰 90 个移民定居点中有 50 多个被摧毁,殖民者伤亡惨重。③ 后来,英军组织了新英格兰联盟,利用印第安人内讧,把印第安人的房舍和粮食全部焚毁,断其生路,致使起义失败。此外,在南、北卡罗来纳,印第安人均组成同盟,对殖民者进行英勇的反抗。1680 年,普韦布洛人还团结西南部印第安人,把西班牙人驱逐出境,保卫家园长达 12 年不受侵犯。

---

① M.C. Wilcox, *United States*, Methodist Episcopal Mission Press, Foochow, China 1899, pp.11-12.

② Michel A.Bellesiles, *Arming American: The Origins of a National Gun Culture*, New York: Alfred A.Knopf, 2000, p.56.

③ [美]塞缪尔·埃利奥特·莫里森等:《美利坚共和国的成长》(第一卷第一分册),南开大学历史系美国史研究室译,天津人民出版社 1975 年版,第 105—106 页。

3. 列强争霸北美的战争时期(17 世纪末至 18 世纪中期)

这个时期战争的特点是,印第安人分别同某个欧洲国家结盟。比如:易洛魁人支持英国;法国支持加拿大和美洲北部的印第安人某些部族;西班牙则援助南方的某些印第安人。英法军队都利用印第安人当炮灰,结果导致印第安人自相残杀,削弱了自己的力量。因此,18 世纪印第安人起义次数较少,仅在 1763 年爆发了彭提亚克起义。渥太华族酋长彭提亚克组织领导了俄亥俄河流域及大湖区所有的印第安人,建立起印第安人有史以来最强大的部落联盟,为反对英国强占土地的计划而向英国人宣战。英国人采取收买、分化政策,使印第安人的队伍陷于瓦解。彭提亚克也被暗杀,起义失败。

由于印第安人和欧洲移民的实力相差悬殊,他们的反抗往往归于失败,殖民地的地盘不断向西扩大,但是他们英勇果敢的战斗精神和灵活机动的战术使欧洲移民吃尽苦头。移民在开拓过程中"到处都受到无数活生生的魔鬼袭击,死伤惨重,他们同印第安人作战的死亡率是后来死伤巨大的南北战争的两倍,是第二次世界大战的 7 倍"。①

在同印第安人的战争中,殖民者从印第安人那里学会了森林作战的战术,利用树木隐蔽自己,突然袭击对方;用烟柱发信号,行军时派侦察兵先行,以免受到伏击。殖民者开始摒弃僵硬教条的欧式布阵会战方法,掌握了散兵线和游击战的技巧,能充分发挥个人能动性,利用地形地物灵活作战。殖民者还学会了印第安人的骑兵进攻战术。美国军事制度的发展,因而深深烙下了印第安人

① Eric B. Schultze, Michael J. Tougias, et al. *King Philip' War: the History and Legacy of American's Forgotten Conflict*, The Countryman Press, 1999, p.4.

战术的印记。

第二类战争:列强争霸北美的战争。

自哥伦布发现美洲大陆以后,辽阔富饶的美洲就成了正在资本主义上升时期欧洲各列强殖民掠夺的目标。从 15 世纪末起发现了新航路后,在航海方面领先的西班牙和葡萄牙捷足先登,双方经过一番明争暗斗,在拉丁美洲划分了势力范围,葡萄牙获得巴西,其他地区则落入西班牙手中。西班牙首先开发了中南美洲,并在北美的佛罗里达建立了殖民地。从 17 世纪起,英、法、荷等后起的西方列强也纷纷加入开发新大陆的行列,并为争夺北美霸权进行了近百年的斗争。最后,英国殖民者挟资产阶级革命胜利的余威,终于打破了各路竞争对手,夺取了整个北美大陆。英国夺取北美的简要过程如下:

1. 夺取北美的荷兰殖民地

17 世纪初,荷兰曾在北美的哈得逊河口一带建立了新尼德兰、新阿姆斯特丹等殖民地。1655 年,荷兰人又吞并了北美的瑞典殖民地。但是,荷兰人只注重航海贸易、海盗掠夺和同印第安人打仗,不重视发展经济,不鼓励移民,因此殖民地发展十分缓慢,到 1664 年荷属殖民地只有居民 1 万人,其中一半为英国人①。同年,一支由 3 艘战舰、90 门大炮和 1000 人组成的英国舰队前往北美,英属殖民地也派兵参战。荷兰殖民地只有 1 万人,而包围它的英属殖民地有 30 万人,占有绝对优势。荷兰只好悬白旗投降。但荷兰人在海上战斗中一度占了上风。荷兰舰队于 1664 年 6 月攻击了纽芬兰,摧毁了港口设施及一些船只,并攻入圣约翰港。

① [苏]叶菲莫夫:《美国史纲》,庚声译,生活 · 读书 · 新知三联书店 1962 年版,第 37 页。

荷兰人还破坏英国在大西洋的海上交通线,迫使英国采取护航措施,海军舰只分散。荷兰人乘虚而入,于 1673 年洗劫了弗里兰港,并重新攻占纽约。① 但这只是昙花一现。根据 1674 年和约,荷兰又把纽约割让给英国。英国胜利的主要原因,是它的殖民地人力物力占有绝对优势。

2. 英国同法国、西班牙的争夺(17 世纪后期至 18 世纪中期)

法国早在英国人之前半个多世纪便在加拿大建立了殖民地,但发展缓慢,1663 年只有 2500 人,②1714 年有 2 万人,直到 1775 年仍不足 10 万人。③ 西班牙殖民地也局限于佛罗里达一隅,人口不过几千,更显得无足轻重。但北美的西班牙人得到了南面庞大的西属拉丁美洲的支持。

英国在北美战胜荷兰人后,法国人就成为它的主要对手。英法从 1689 年至 1763 年共进行了 4 次战争:

(1)威廉王之战(又称"奥格斯堡战争",1689—1697 年)

17 世纪后半期,法国在加拿大的经济有所发展。法国人的势力扩张到了密西西比河和墨西哥湾一带。法国还不断增兵北美,仅在纽芬兰就增至 400 只渔船和 1.8 万人。④ 欧洲战争爆发后,北美大陆上也燃起战火。法国同加拿大的印第安人结盟,不断攻击英属殖民地。英国当时正爆发革命,无力给殖民地更多的帮助,因此北美殖民地只能自力更生,以马萨诸塞为首的新英格兰便联

---

① Gerald S.Graham,*Empire of the North Atlantic*,Oxford University Press,1958,p.49.

② Gerald S.Graham,*Empire of the North Atlantic*,Oxford University Press,1958,p.64.

③ 艾周昌等:《早期殖民主义侵略史》,人民出版社 1982 年版,第 94 页。

④ Gerald S.Graham,*Empire of the North Atlantic*,Oxford University Press,1958,p.65.

合起来与法国对抗。

战争初期,双方主要是互相越界袭击破坏。从 1689 年起,法国派了 3 支远征队屡次越过边界,袭击新英格兰各地,并派海盗从海上袭击新英格兰沿海,造成了巨大破坏。1690 年起,新英格兰开始报复性袭击,组织远征军想夺取整个加拿大,一度攻占了重要港口罗雅尔,但在进攻魁北克的战役中惨败。1697 年,法国摧毁了纽芬兰东岸几乎所有的英国定居点。同年,双方签订了《里威斯克条约》,规定英国把罗雅尔港归还给法国,恢复战前状态,但未划定殖民地的疆界。法国在战争中占了上风。这场战争的意义在于:一是证明英国单凭殖民地的军事力量就能和法国相抗衡,甚至能攻占法军守卫的据点;二是揭开了英法争霸战争的帷幕。

(2)西班牙王位继承战争(又称“安妮女王之战”,1702—1713 年)

“威廉王战争”的硝烟刚刚散尽,北美大陆又燃起战火。战争是在英奥等国联盟和法西联盟之间进行的。主战场在欧洲,但在北美双方也展开了厮杀。法国陆军在战争中连连失败。英国则牢牢控制了制海权,可以向北美派遣援军,并切断了加拿大同外界的联系,掌握了战略主动权。北美战争的重点是法国人袭击新英格兰及英国人袭击魁北克。法国仍采用上一次战争的方法,同印第安人结盟,并同易洛魁人签订友好条约,使易洛魁人保持中立。然后,法国组织袭击队骚扰英属殖民地北部的边境市镇。法国海军则主要进行私掠活动,干扰英国的海上运输。英国及其殖民军把攻击矛头直指魁北克重要港口罗雅尔。

开始,新英格兰连续 3 次攻击均无功而返。经殖民地再三求援,1709 年,英国才同意派援兵去北美。但英军只有一个分舰队和一团士兵,加上殖民地的 4 个团共约 3500 人进攻罗雅尔港,迫使孤立无援的 300 名法军投降。法国人没有善罢甘休,用海军不断攻击英国同殖民地的交通线,并攻击北部几个殖民地。英国认识到,必须派大批军队夺取魁北克,才能一劳永逸地解决问题。于是英国组建了一支大规模远征军,1711 年 6 月抵达北美,会同殖民地军共约 1 万人,向蒙特利尔发起攻击。海军在圣劳伦斯河上遇到了大风和暗礁,损失惨重,被迫撤军;陆地进军也只好半途而废。这次进攻魁北克,是历史上第一次横跨大西洋的军事行动。以后英国便把注意力放在欧洲战场上,不再向北美派兵了,而法国仍继续无情地攻击海上运输线,使英国和殖民地的航运蒙受巨大损失,并且扼杀了英国在纽芬兰的渔业和在哈德逊湾的毛皮贸易。

除同法国人作战外,英国和殖民地还同佛罗里达的西班牙人开战。西班牙军几次挫败英军进攻,并在 1706 年袭击了查尔斯顿。

1713 年 4 月 11 日,法西两国同英国签订了《乌特勒支和约》。英国控制了加拿大的纽芬兰岛、阿卡迪亚岛和哈德逊湾沿岸地区。

(3)奥地利王位继承战争(又称“乔治王之战”,1740—1748 年)

为瓜分奥地利领地、争夺殖民地和贸易方面的霸权,法国同奥地利、英国进行了长达 8 年之久的拼杀。主战场在欧洲,但也波及美洲和印度。在北美,法国联合西班牙抗击英国及其殖民地的军队。

路易斯堡是法国人在哈德逊湾入口处所建的要塞,是新法兰西的经济中心。这里战略位置极其重要,号称“北美的直布罗陀”,是法国攻击新英格兰和袭击大西洋运输线的基地。马萨诸塞总督制订了作战计划。由缅因商人佩珀雷尔指挥 4000 人的殖民地军队,在英国舰队支援下,经五个星期围攻,攻占了这个堡垒。法军进行了反攻,但被击退。英军后来因疾病大批减员,放弃了对魁北克的攻击。在加勒比地区,1740 年弗农指挥殖民地军进攻贝利奥和卡塔赫纳,被击退,3000 人仅剩下 600 人。英军 1741 年对古巴和委内瑞拉、1742 年对巴拿马的进攻,均以失败而告终。在海战方面,英国在舰队交战中占了上风,而法西两国在私掠船和小袭击战中获利甚丰。战争结束时,英法各损失舰船 3300 艘。①

经几年交战,双方均筋疲力尽而暂时休战。根据 1748 年的《亚琛和约》,英国把路易斯堡归还法国,以交换印度的马德拉斯。

"乔治王之战"仍未能解决北美霸权的归属问题,双方在军事上打成平手。在战争中,殖民地第一次派兵到殖民地以外的地区作战。此外,殖民地军在攻打路易斯堡过程中,不拘泥传统的正规战,采用散兵线式战术显示了威力。同时,英国和殖民地军的两栖攻击日趋完善。

(4)七年战争(又称"法国和印第安战争",1756—1763 年,但实际交战时间是 1754—1770 年)

起因是英法争夺北美洲、印度以及普鲁士。在欧洲战场,主要是普鲁士同俄国、法国、奥地利作战;在北美和印度,是法英交战。北美的战争,可以说是英法争霸的决战,规模、范围及激烈程度均远远超过前 3 次。

法国吸取了前 3 次战争的经验教训,加强了加拿大的防务。法军有 5 营正规军、民兵和 1000 名印第安战士,总兵力为 1 万至 1.4 万人,②后来又派海军增援。英国则利用殖民地占压倒多数的人力,并从本国调来 2 万军队,在人数上占优势,但作战素质稍逊于法军。英国海军还掌握了制海权。

---

① [德]H.帕姆塞尔:《世界海战简史》,龚日等译,海洋出版社 1986 年版,第 106 页。

② [英]J.F.C.富勒:《西洋世界军事史》,纽先钟译,战士出版社 1981 年版,第 236 页。

战争是从陆海两方面展开的。大体分两个阶段:

第一阶段(1754—1758 年),法国人占上风,接二连三地打败英殖联军。尤其在 1755 年,英军 2000 人进攻杜肯堡,被不到 1000 人的法国与印第安人的部队设伏击溃,英军伤亡 800 多人,司令布拉多克阵亡。英军在大湖区发起的进攻也受挫,形势岌岌可危。英军失败的主要原因是作战方式呆板,指挥笨拙,而法军却能利用印第安人机动灵活的战术。

第二阶段(1758—1763 年),英国取得主动并赢得最后胜利。1758 年,皮特出任英国首相。他一改以往注重陆战的战略,充分利用海军优势,先夺取制海权,再集中英军主力于美洲,夺取加拿大和北美西部地区。他调 5 万英军到北美。英国舰队击败了法国海军,封锁了北美的海面。同年 7 月,英军集中兵力攻克了路易斯堡和杜肯堡,打开了进入加拿大的门户。1759 年,英军攻陷魁北克。1760 年,英军攻占蒙特利尔。1762 年,西班牙参战,但未能扭转战局。1763 年,《巴黎和约》和《胡伯斯特堡和约》签订,双方停战。英国夺取了加拿大、路易斯安那和佛罗里达。

七年战争决定了英法争霸的结局。英国胜利的主要原因是皮特制定了正确的战略并且英国拥有世界最强大的海军。战争确立了英国在世界上的霸主地位,法西两国从此江河日下,一蹶不振。

以上这 4 次战争的共同特点是:

第一,战争范围广,都波及了两个洲以上的地区。尤其七年战争可以称得上是一次世界战争,战场波及欧亚非美四大洲。第二,具有现代全面战争的性质,双方的目的都是彻底打败对方,夺取殖民地和商业霸权。第三,参战部队人数有限。前 3 次仅有团的规模,不过几千人。七年战争时达到师的规模。这是因为北美同英国远隔重洋,后勤补给困难。北美的自然条件复杂,交通不便,也限制了部队人数。第四,在这些战争中,海军起了决定性作用。在当时的历史条件下,谁控制了海洋谁就有了后勤供应的可靠保障和战略机动能力。英国海军战胜法国海军,控制了制海权,是决定战争结局的重要因素。第五,北部和中部的殖民地特别是马萨诸塞,积极跟随英国参加了这几次战争。这些殖民地参战,是因为上层统治集团企图夺取加拿大和西部广大地区。

在这些战争中,法国人打得很出色。他们以寡敌众,多次获胜,并在前3次战争中占了上风。但法国人没有赢得任何一次决定性战役。法国在军事上的失败是因为海军难以同英国匹敌,指挥失误,兵力少。英国处于内线作战,可以随心所欲攻击地广人稀的法国殖民地。后期英国还拥有优秀的将领沃尔夫、安麦斯特和豪威等。此外,法国战败还有深刻的政治、经济背景:

首先,英国是如日东升的新兴资本主义国家,最早完成资产阶级革命,政治上建立了民主制度,经济发达;资产阶级有强烈的对外扩张野心。英国实行鼓励移民政策,殖民地的民主氛围也较浓厚,人口增长很快,因而促进了经济发展。反观法国,是个封建专制的国家,国内实行宗教迫害和封闭政策,只允许天主教徒移民。因此,尽管法国殖民地的面积最大,但人烟稀少,经济落后。英属殖民地人口远远超过了法国。看下面两者的比较:

时间	法国殖民地(人数)	英国殖民地(人数)
1713年	2万人	21.8万人
1748年	8万人	100万人(仅白人)
1759年	8.2万人	130万人①

① [英]J.F.C.富勒:《西洋世界军事史》,纽先钟译,战士出版社1981年版,第236页。

法国殖民地的经济极为落后,仅以贸易、渔业、狩猎为主,没有什么手工业。而英属殖民地手工业、商业和农业发达,远远压倒法国殖民地。英属殖民地有充足的人力、物力支撑长期战争。

这几次战争在军事上对北美殖民地产生了巨大影响。一是每次战争殖民地都站在母国一方,派兵出征,纳税筹集战费,提供物资和交通工具。因此,殖民地的武装民兵大都受过战火的洗礼,丰富了作战经验,为后来的独立战争打下了基础。二是一些本地军官在战争中经受了锻炼,涌现出一批军事指挥人才,如华盛顿、普特曼、斯塔克、查尔斯·李、蒙哥马利、盖茨等,他们都在独立战争中一显身手。三是在奥地利王位战争中,殖民地军一举攻克法军坚固设防的路易斯堡;七年战争中,华盛顿军曾进攻杜肯堡。而英军在这几次战斗中表现极差,远不及殖民地军。这就使殖民地人民破除了对英国武力的迷信,增强了自信心和勇气。四是战争促进了殖民地的繁荣。一方面,英国把全部精力用于对法战争,放松了对殖民地的管理与控制,因此殖民地经济的发展有了较大自由,英国的航海条例形同虚设,使殖民地走私贸易兴旺,成为经济的主要支柱。另一方面,战争需求增加,刺激了殖民地工商业的发展。许多资本家、商人靠生产、推销军用品大发横财,有的甚至同冲突双方贸易,从中渔利。七年战争以后,殖民地的经济实力已能和英国并驾齐驱,在世界市场上成了英国一个主要竞争对手。五是人力动员、军需供应以及联合作战,使 13 个殖民地之间的关系日趋密切,促进了北美政治、经济和文化的统一。1754 年,为防备法国的进犯,7 个殖民地的代表聚会于阿尔巴尼。会上,富兰克林提出一个联合计划,主张在英国管辖下,北美各殖民地结成联盟,统一征兵、修筑工事、宣战媾和、征税等。这一计划虽未能实现,却是各殖民地联合的一次初步尝试。六是从军事上看,这几次战争具有革命性意义。

法国在战争中应用了印第安人的游击战术，屡败墨守成规的英国军队，说明17—18世纪欧洲死板僵硬的军事学术已到了变革的时候。但是，组织良好、纪律严明、训练有素的正规军，仍是决定战争胜负的决定性力量。可以说，争霸战争是未来独立战争的预演。

第三节 美国军事思想溯源

美国军事思想的萌芽正是扎根在北美殖民地的沃土中，吸收了各种各样的营养，才逐渐发育成长起来。美国军事思想的一些基本内容，诸如全民武装、文官治军、灵活机动的战术、对外扩张等思想均可在殖民地找到其渊源。

1.“公民军队”和国防经济的思想。这种思想源自英国及欧洲的传统以及殖民地的特殊环境。在殖民地充满刀光剑影、流血暴力的险恶环境中，移民为了生存，建立武装力量是必不可少的。但是由于17世纪北美各殖民地尚处于开发阶段，十分贫困，无力供养一支职业军队。加之，在英国革命期间，克伦威尔军事独裁造成的恶果及驻殖民地英军的贪污腐败，使殖民地人民产生了对常备军的厌恶之情，认为常备军不但耗费国家的大量财富，而且还是对民主自由的威胁。此外，殖民当局为了与印第安人作战和配合英国争夺北美霸权的需要，把英国的民兵制度移植到北美，“尽可能把更多的自由民武装起来”，①使殖民地真正成了“民兵之国”，在客观上“创建了一个武装的公民阶层”。② 居民普遍拥有武器，

① [美]丹尼尔·布尔斯廷：《美国人——开拓的历程》，美国大使馆新闻文化处1987版，第40页。

② Russell F. Weigley, *Towards an American Army: Military Thought from Washington to Marshall*, New York: Columbia University Press, 1962, p.8.

北美成了一个准军事社会。殖民地人民把当民兵、保卫家园,看成是成年男子一项责无旁贷的义务。每个人不论高低贵贱,皆要履行这种义务。同时,又从这种民兵制中产生了国防经济的原则观念,即以对经济的最小负担来满足国防的最大需求,力求在个人自由和国家安全之间寻求一种和谐默契的关系。一方面,建立一支小的常备军以保卫国家和人民的安宁,另一方面,又尽量使这支常备军人数保持在最低限额。这样,既可使民主不受军队的威胁,又不致使国家耗费大量财富于国防事业。

2. 文官治军原则,这是美国军事思想的核心。它源于殖民地的政治制度和教会的影响,殖民地政府是由总督和议会组成的。总督一般代表英国国王或业主,议会则由当地居民选出。各地议会为了反对总督的专制,曾同总督展开过长期的斗争,迫使总督作出很大让步。此外,人民经过长期反抗宗教压迫的斗争,到18世纪初,宗教宽容在北美已蔚然成风,许多教会组织变得较为民主,实行自治,从教徒中选举神职人员。议会权力的扩大和教会的民主化,使民主思想深深扎下根来。议会原先没有军事权,由总督决定军事政策。后来议会逐渐把军权从总督手中夺过来。1641年著名的《马萨诸塞自由法规》规定:经居民和议会批准后方能从事军事远征。各级官员包括军官都需经选举产生。其他各殖民地先后颁布了类似法令。到18世纪,议会已掌握了军权,有权制定军事政策,决定军费的拨款和开支……“不经议会同意,英军司令便无权向殖民地征兵或筹款”。① 民选文官控制军队及制订军事政策的传统对于保证政体稳定,防止军人干预政治、出现军事独裁,发挥了巨大作用。

---

① [美]塞缪尔·埃利奥特·莫里森等:《美利坚共和国的成长》(第一卷第一分册),南开大学历史系美国史研究室译,天津人民出版社1975年版,第151页。

3. 用武力反抗暴政的思想。该思想源于殖民地时期的宗教斗争和欧洲启蒙思想两方面。移民曾在欧洲参加过反封建专制的斗争。他们为了逃避政治和宗教上的迫害而来到北美。在北美有一望无际的土地可以开拓,真是“天高任鸟飞”,他们过着自由自在的生活。如在一地受到压迫,往往远走他乡。因此殖民地的居民,“在自由观念之下普遍过着放纵的生活,对于任何优越感和权威观念都极为反感”。① 殖民地曾发生过宗教压迫,居民为争取信仰自由也进行了长期斗争。受压迫的非官方教派认为:“上帝本身受自然规律和正义的规律约束……上帝自己不能违反这些规律……因此当上帝的任何世俗代理人——不论他们是国王还是税收官员——破坏这些自然和正义的规律时,当他们成为压迫者时,他们实际上就是暴虐无道……在这种场合下的服从就是默许破坏上帝的意志和大自然的规律,这是有罪的,可耻的。反抗暴君就是对上帝的真正服从。”②这是从宗教角度阐明了反暴政的思想。此外,在欧洲启蒙思想的影响下,殖民地居民普遍认为:追求自由、平等和幸福,是人的“天赋权利”,侵犯这个权利的人,就是暴君,人民有权推翻他。因此,他们不满英国的殖民压迫政策,认为这是侵犯了他们的“天赋权利”,是暴政,便使用各种手段展开斗争。

4. 辩证的战争观。美国军事思想中关于战争的观点,也有过正义与非正义的区分。这种辩证的战争观也源于殖民地时期。随着启蒙思想的传播和宗教宽容的进步,到了18世纪中期,北美殖民地人民对于战争问题已有了共识。人们普遍认为:世界上有两

① [美]丹尼尔·布尔斯廷:《美国人——殖民地的经历》,时殷弘等译,上海译文出版社1989年版,第419页。

② [美]阿普特克:《美国人民史》(第一卷),全地、淑嘉译,生活·读书·新知三联书店1962年版,第79—80页。

类战争,即正义战争和非正义战争。侵略战争是非正义的,君主制是非正义战争的根源,侵略扩张是为了满足君主的私利,是人民的灾难。防止这类战争的最好办法,就是推翻君主制而实行共和制。北美革命的领袖,如潘恩和麦迪逊等人就认为:如果建立人民统治的共和国,就会防止侵略战争的发生。[①] 而反抗暴政的战争是正义的。“大觉醒运动”的教士们就认为:士兵是上帝的工具,用武力反对任何敌人,保卫天赋人权、信仰自由、共和制和平等,是捍卫上帝的正义事业。[②] 因此,殖民地人民一方面用各种形式抵制英国进行的争霸战争,另一方面又义无反顾,不怕流血牺牲,投身到争取独立的战争中去。

5. 战略战术思想。美国的战略战术思想均打上了北美殖民地的烙印。在殖民地时期的军事冲突中,北美殖民者和英军采用了两种战略。一方面,在同法国进行的争霸战争中,采用的是欧洲式的有限战略。即作战是在有限空间和地域,作战目标是敌人的军队和阵地,战胜了敌方军队或攻占了敌方城市和领土,就达到了战争目的,从而结束战争。另一方面,在对印第安人的战争中,采取了总体战略。即以摧毁印第安人的社会基础为作战目的,在战争中采取摧毁印第安人的村庄、掠夺其财产和实行种族灭绝的政策。如1644年弗吉尼亚议会公开宣布对印第安人进行无限制的战争。[③] 新英格兰各地的议会颁布了野蛮的《带发头盖皮条例》,

① C.Stuart Reginald, *War and American Thought: From the Revolution on the Monroe Doctrine*, The Kent State University Press, 1982, pp.9-10.

② C.Stuart Reginald, *War and American Thought: From the Revolution on the Monroe Doctrine*, The Kent State University Press, 1982, pp.9-10.

③ C.Stuart Reginald, *War and American Thought: From the Revolution on the Monroe Doctrine*, The Kent State University Press, 1982, p.12.

对杀死印第安人后剥下的头皮规定了不同的赏金。在殖民者同印第安人的冲突中,屠杀事件层出不穷。美国军队的战术原则反对僵化,强调发挥个人的主观能动性,灵活机动,因时因地随机应变。这一原则也产生于同印第安人的作战。北美印第安人是爱好自由而又骁勇善战的民族。他们"自从在 17 世纪引进马匹以后,每年一定季节都从事征战,认为战争是一种正常的生活条件"。[①] 他们擅长骑射,被誉为世界"第一流轻骑兵"。[②] 他们在战斗中发明了"散兵伏击"和游击战术,能根据地形地物隐蔽自己,灵活机动地作战。移民受英国的影响,采用僵硬死板的布阵作战方式,在同印第安人交锋时吃尽了苦头。殖民者后来摒弃了欧式战术,采用了印第安人的游击战术和散兵战术,

6. 制海权思想。美国一贯重视海军建设,以夺取制海权、取得有利的战略态势。这一思想明显地受到英国的影响。英国人具有航海的天赋,自 17 世纪中叶打败荷兰后,其海军便长期称霸世界海洋。在争夺北美霸权的角逐中,特别在七年战争里,英国海军控制了海洋,切断了法国本土同海外殖民地的联系,从而一举击败法国,夺取了加拿大,取得了争霸北美的胜利。殖民地的民兵在随英军参战过程中,对制海权的重要性有很深刻的印象,如华盛顿的哥哥曾参加英国海军在加勒比地区作战。他在给少年华盛顿的信中力劝他参加海军。华盛顿也一度动了心,后因母亲反对未能如愿。但华盛顿已深深热爱上航海事业,深知制海权的重要性。后来他曾指出,"在任何作战中,在任何环境中,一个决定性的海军

① 军事科学院战略部:《战争与战略理论精粹》,军事科学出版社 1988 年版,第 19 页。

② Ernest R. Dupuy, Paul F. Braim, T. Dupuy, *Military Heritage of America*, New York: McGraw-Hill, 1956, p.314.

优势都应当是一个基本原则,一切成功的希望都应以其为最后的基础”。①

7. 军事教育思想。美国一贯重视对军队和平民进行军事训练,重视军事教育。这种做法也源于殖民地时期。北美大陆当时地广人稀,劳动力紧张,因此人们把人的生命看得十分珍贵。军官们在指挥作战或制订计划时,总是遵循使伤亡保持在最低限度的原则。为避免伤亡过大,各殖民地的民兵十分重视军事训练,认为良好的训练和纪律是胜利的先决条件。民兵早期每周训练一次,后来改为每月或每年集训一次。但在边疆地带,为防备印第安人的不断袭扰,当地经常进行军训,连 10 岁至 16 岁的男孩也要接受“使用小枪、枪矛、弓箭等武器”的操练。② 军训已成为殖民地居民生活的重要内容,重视军事教育就成为传统流传至今。

8. 侵略扩张的思想。它产生于清教教义的“选民论”,认为:资产阶级是上帝的选民,发财致富和海外扩张是秉承上帝的旨意。1609 年,在创建弗吉尼亚时,格雷就在《祝弗吉尼亚幸福》一书中称:“地球……是人们根据上帝的应许而无条件继承的不动产。但是这种不动产的较大部分却为野兽、没有理性的动物或者粗野的蛮人所占有。”③因此“上帝的选民”应把这些“蛮人”赶走,把上帝旨意扩展到全世界。清教徒移民在踏上北美大陆后,便用“火与剑”把印第安人的土地一块块地吞并,并随同英国军队打败了

---

① [英]J.F.G.富勒:《西洋世界军事史》第二卷,纽先钟译,战士出版社 1981 年版,第 294 页。

② [美]塞缪尔·埃利奥特·莫里森等:《美利坚共和国的成长》(第一卷第一分册),南开大学历史系美国史研究室译,天津人民出版社 1975 年版,第 74 页。

③ 杨真:《基督教史纲》,生活·读书·新知三联书店 1981 年版,第 500 页。

法国人和西班牙人,使殖民地的版图不断扩大。侵略扩张思想在殖民地的上层集团中深深扎下了根。

9. 建立军事联盟的思想。在殖民地和印第安人及法国人的长期战争中,一开始,由于各殖民地互不来往,各自孤军奋战,战争屡屡受挫。在失败面前,各殖民地渐渐产生了联合起来建立军事联盟的思想。早在 1643 年,普利茅斯、马萨诸塞、康涅狄格等殖民地就曾尝试建立一个同盟,以抵抗印第安人的进攻。1754 年,在奥尔巴尼会议上,富兰克林提出了建立联盟、共同抗击印第安人军事威胁的计划。尽管有种种原因,这一计划未获通过,但这却是美国最早的建立联盟的计划,具有重大历史意义。

综上所述,在 17、18 世纪,北美的军事思想仅处于萌芽状态。当时,就是在欧洲乃至世界,也"还没有像样的战争理论或战争哲学,没有可以与其他专业活动相媲美的军事指挥专业"。[①] 当时流行的主要是几本小册子,如 17 世纪格劳秀斯的《战争与和平法》,该书介绍了当时战争的规则。进入 18 世纪,瓦特尔的《国际法》一书流行一时,该书规定了各国在和平和战争中均要遵守的某些公认的准则。此外,在北美,除了出版上述书外,还有英国的军事手册和回忆录。殖民地主要的将领如乔治·华盛顿等人,都受过欧式教育,许多人曾在英军中服役或随英军作战,他们的思想无不打上了欧洲军事传统的烙印。进入 18 世纪,随着社会经济和文化的发展,北美的一些有识之士从殖民地的长远利益出发,开始探讨军事问题。

思想家托马斯·杰斐逊在军事问题上提出过许多具有远见

---

① [美]拉赛尔·韦格利:《美国陆军史》,丁志源等译,解放军出版社 1989 年版,第 22 页。

卓识的思想。在《英属美利坚权利概观》一书中,他认为:暴政的表现形式之一是军权高于行政权。军队如高于文官,不受文官控制,就会因失去监督而变成脱离人民的特权工具。所以他把文官指挥军队作为他的六项民主原则之一,由政府和议会来领导军队。在他制定的《弗吉尼亚宪法》草案中明文规定了“应由文官指挥军队”。[①] 文官指挥军队的实质是让人民控制军队,因为文职政府和议会是由人民选举产生的,可以防止军队干预政治。他还歌颂人民的反抗精神,认为:反抗暴力是“天赋人权”中的一个,人民有权利以武力反抗暴政,“我喜欢时常发生小规模的叛乱”。[②] 他呼吁人民拿起武器,用革命暴力推翻英国的殖民统治。

另一位思想家本杰明·富兰克林在军事问题上也提出了许多影响深远的见解:一是把民兵作为国防基础。1747年,他在《平易的真理》一文中指出:宾夕法尼亚是13个殖民地中唯一不设防的殖民地,面临着西方列强海盗的劫掠和印第安人的袭扰,避免灾难的唯一对策就是备战,建立民兵。[③] 这样“我们的商业才可能不用巨大花费而得到保护,我们的城镇也会很容易得到保卫”。[④] 民兵军官应由士兵选出。[⑤] 二是主张把加拿大并入北美殖民地。他认为:殖民地人口扩张的出路“将会由于夺取加拿大而完美的实现,

① 刘祚昌:《杰斐逊传》,中国社会科学出版社1990年版,第86页。

② 刘祚昌:《杰斐逊传》,中国社会科学出版社1990年版,第86页。

③ [美]丹尼尔·布尔斯廷:《美国人——殖民地的经历》,时殷弘等译,上海译文出版社1989年版,第72—73页。

④ Walter Millis, *American Military Thought*, New York: The Bobbs-Merrill Company, 1966, p.9.

⑤ [美]丹尼尔·布尔斯廷:《美国人——殖民地的经历》,时殷弘等译,上海译文出版社1989年版,第72—73页。

因为这是这一扩展唯一有效的保障”。[①] 三是提出了北美各殖民地建立军事联盟的主张。他认为各殖民地的不团结是安全的最大危险，只有“联盟才会使我们强大甚至令人生畏……也才能保证我们的安全”。[②] 1754 年，在奥尔巴尼召开的北美各殖民地大会上，他和哈钦森等人提出各殖民地建立军事联盟的计划，虽然未能被接受，但反映了他在军事上的远见。

北美最著名的军事将领是乔治·华盛顿。他是弗吉尼亚的民兵指挥官，曾参加过英法七年战争。在军事上他提出了一系列发人深省的见解：第一，重视职业军队的作用。他最早看出民兵制的弊端：民兵服役时间短，装备混乱，纪律松懈。为克服民兵的缺陷，他想把民兵改造成一支欧式正规军。他把汉弗莱·布兰德写的《论军事纪律》这本书当成最优秀的战术指南，推荐给民兵军官。他特别强调“军纪是部队的灵魂”，下令严禁赌博、酗酒、吵架和骂人等不良行为。他重视对民兵的正规化训练，学习欧式战术和队列。他还向弗吉尼亚议会提议，要求以正规军取代民兵。第二，重视向印第安人学习，“我必须承认在这块土地上，我们必须因地制宜，向我们的敌人印第安人学习战争艺术，向任何曾经到过这块战火纷飞的土地上的人学习”。[③] 他曾向英军司令布拉多克建议采用印第安人战术，但布拉多克不听，一意孤行，招致惨败身亡。华盛顿事后号召弗吉尼亚民兵学习印第安人的战法和丛林战术。第

① [美]丹尼尔·布尔斯廷：《美国人——殖民地的经历》，时殷弘等译，上海译文出版社 1989 年版，第 208 页。

② Walter Millis, *American Military Thought*, New York: The Bobbs-Merrill Company, 1966, p.3.

③ [美]拉赛尔·韦格利：《美国陆军史》，丁志源等译，解放军出版社 1989 年版，第 30 页。

三,阐述了用武力反抗暴政的思想。他认为:英国对北美的殖民压迫就是暴政,要用武力反抗英国的殖民压迫。1769 年,他在一封信中说:“为了保卫与我们生命的一切息息相关的、无限宝贵的天赋自由,我们每一个人都应义无反顾地拿起武器。”①1774 年,当英国施加高压手段威逼殖民地人民屈服时,他又一次指出:“如果英国内阁决心要把事态推到极端,这一次所流的血将比在美洲编年史上的任何事件中都多。”②

尽管上述思想家对军事问题发表了不少真知灼见,但是这些见解还只限于个别言论和著述,并没形成系统的理论体系。因此,北美殖民地也没产生一位真正的军事思想家和战略家。但是,这些军事观念的萌芽,已在人们心中扎下了根基,在独立战争的战火中经受了实战的检验并得到进一步发展,在战后的美国宪法中得到了理论上的升华,为美国军事制度奠定了理论基础。

第四节　北美殖民地的军事制度

正是在北美这种充满硝烟烈火、兵戎相见的复杂历史环境中,“创造了一个武装的公民阶层”。③ 北美各英属殖民地从创立伊始,就是一个全民皆兵的准军事社会。从移民踏上新大陆那天起,他们就与武器结下了不解之缘,开往詹姆斯敦的第一批移民船上就满载军火。最早的移民中就有军官,如弗吉尼亚的约翰·史密

---

① [美]乔治·华盛顿:《华盛顿选集》,聂崇信等译,商务印书馆 1983 年版,第 33 页。

② [美]华盛顿·欧文:《华盛顿传》,张今译,新华出版社 1984 年版,第 19 页。

③ Russell F. Weigley, *Towards an American Army: Military Thought from Washington to Marshall*, New York: Columbia University Press, 1962, p.8.

斯上尉、普利茅斯的迈尔斯·斯坦迪什上尉。他们教移民使用武器,进行军事训练。移民由于不断同印第安人发生冲突,因此在种田、伐木、打猎和收获时都随身携带武器,甚至连上教堂做礼拜也不例外。普利茅斯早期的移民曾经写道:“防务是很难同日常生活的其他任务(耕种土地、采集食物、营造房屋)分割开来的,他们日日夜夜,始终戒备不懈。”一位于1627年访问过这个城镇的人写道:“男人们手里拿着毛瑟枪上教堂,做弥撒时,每个人都把枪放在身边。”[①]当印第安人进攻移民时,“枪支是最有效的防御武器,他们最好隐藏在某些固定掩蔽物后面,从而为重复开火提供时间和保护,能够最大限度地打击混乱的敌人”。[②] 移民的子女也要从小就习武弄箭,学习打猎,十二三岁时枪法就十分娴熟,成为好猎手。18世纪60年代在弗吉尼亚,一个男孩“到十二三岁就配备了一支小步枪和弹药袋。那时他成了要塞的一名士兵,被指定负责一个射击孔”。[③] 在边疆地区,甚至妇女儿童也都刀枪不离手。当时人称:“我们既是农民,又是军人,我们的情况很像古罗马人,耕完地就去从军打仗,打完仗再去耕地”。在各个殖民地形成整个社会组织起来防卫敌人、保卫家园的普遍现象。

除了对付印第安人外,殖民地有大批失去自由、受尽剥削和奴役的契约奴和黑人奴隶,为了维护殖民地的社会秩序,防止契约奴和黑人奴隶的反抗,南方殖民地的种植园的奴隶主更是把武装放在首要地

① [美]丹尼尔·布尔斯廷:《美国人——开拓的历程》,美国大使馆新闻文化处1987版,第54页。

② Michel A.Bellesiles, *Arming American: The Origins of a National Gun Culture*, New York: Alfred A.Knopf, 2000, p.43.

③ [美]丹尼尔·布尔斯廷:《美国人——殖民地的经历》,时殷弘等译,上海译文出版社2012年版,第373页。

位,建立了强大的白人民兵武装。在南部各殖民地的种植园,为防止黑人奴隶暴动,建立了巡逻制度,每个武装巡逻队执勤三至四个月,负责辖区道路的巡查,检查黑人奴隶是否有枪支,发现有擅自离开种植园的黑人要当场鞭打20下。巡逻队还要驱散黑人的聚会。“巡逻队”很快成为民兵的主要组成部分。南方种植园好像一个大军营。

北美殖民地可以说是全民皆兵的社会,在独立战争前近170年的殖民地历史中,逐渐产生了独特的军事制度。这种制度主要包括:

一、议会掌握最高军权

英国对殖民地的军事领导,由海军部指挥美洲舰队,陆军署负责领导驻美洲的英国陆军。但在殖民地早期,英国因国内动乱及忙于对外战争,难以顾及殖民地事务,加上英国本土离殖民地遥远,后勤供应有许多困难,难以派大批军队去殖民地,仅在纽约常驻一支正规军。为此,英国便把军权放手交给殖民当局。

前面已经介绍了殖民地的政府。在殖民地,总督是英国国王的代表,代表英国国王统治殖民地,是殖民地的最高行政首脑。总督通过参事会实行统治。总督的权力由英国国王颁发的殖民地特许状和训令确定。在英王颁发给各殖民地的特许状中,均授权总督可以建立防卫武装。① 在殖民地建立的初期总督权力很大:他是英国国王的代理人,殖民地的行政机关首脑,殖民地议会的首脑和司法机关的首脑,掌控了殖民地的行政、立法和司法权。更重要的是:他是殖民地军队的总司令和最高军事首脑,掌握军权。他可以招募民兵,任命民兵军官,指挥作战。如1691年给马萨诸塞总

① ［美］拉赛尔·韦格利:《美国陆军史》,丁志源等译,解放军出版社1989年版,第4页。

督的特许状,就授予总督军事权。[①] 总督可以说是殖民地的“无冕之王”。

由于议会掌握了财政权,总督在同议会的斗争中不断退让,总督的权力逐步转到了议会手中,特别是军权也大部分转到了议会手里。殖民地所有的军事活动,如修建军事要塞和堡垒以及举行对印第安人的军事远征和作战行动,都必须由议会授权才能进行。议会还掌握了照看、监督一切军需品,召集军队和管理军队的权力,议会还可以招募民兵,任命民兵军官,组织民兵训练,指挥民兵与印第安人的作战行动,提供资金购买民兵所需的武器装备、修建堡垒和防御设施、举行对印第安人的军事远征等军事活动。1683年纽约新任总督托马斯·唐甘允许“由议会提供维持政府的必要开支,维持驻军”。[②] 有的殖民地为了筹措军事行动的费用,还发行类似于债券的“期票”。1690年马萨诸塞议会为了远征魁北克而发行官方期票,用远征缴获的战利品以及征收的税款来偿还。后来又有八九个殖民地的议会也仿效发行期票筹款。[③] 1699年弗吉尼亚议会拒绝在沿海设立防御工事,拒绝授予总督和政务会非常时期的特别权力。由于担心军官权力增大会导致独裁,北美各地的议会对军队的指挥权十分忌讳。每次举行军事活动,指挥官都要由全体民兵选举并要经当地议会批准。议会对总督实行监督。议会权力之大从以下例子可以看出:1692年纽约议会为了防止总督滥用

① [英]R.C.西蒙斯:《美国早期史——从殖民地建立到独立》,朱绛等译,商务印书馆1994年版,第178页。

② [英]R.C.西蒙斯:《美国早期史——从殖民地建立到独立》,朱绛等译,商务印书馆1994年版,第224页。

③ [美]塞缪尔·埃利奥特·莫里森等:《美利坚共和国的成长》(第一卷第一分册),南开大学历史系美国史研究室译,天津人民出版社1975年版,第133—134页。

议会所拨的资金,专门成立了一个委员会,调查议会拨出的维持西部边疆防务的款项是否被滥用。① 1701—1702 年弗吉尼亚和马里兰议会均拒绝提供人力物力保卫纽约。1709 年宾夕法尼亚议会拒绝出兵支援英军对魁北克的远征。马萨诸塞议会多次拒绝英国女王关于对缅因的佩马基德进行设防的命令。② 到了 18 世纪上半期,虽然北美 13 个殖民地都臣属于英国,但是“不经殖民地议会同意,英军司令就无权向殖民地征兵或筹饷”。③ 总之,殖民地的军事权力主要由各地议会所掌握。这是“文官治军”思想的生动体现。

议会通过立法来领导军事活动和军事建设。关于建立民兵、任命军官、财政拨款、举行军事活动和远征、进行军事训练等事宜,均由议会立法实行。对于违法者,均予以严惩。1627 年,弗吉尼亚的理查德·比克利因抗拒军令,拒绝佩戴武器,遭到逮捕,被法庭判罪,并处以“体罚 12 小时”、罚烟草 100 磅。④

二、建立了富有特色的民兵制度

民兵制度是英属北美殖民地的一大创举。英国把民兵制度移植到殖民地,使这一制度在北美大陆的沃土中扎下根来,在北美特殊的历史环境中汲取了丰富的营养,逐渐形成了具有特色的军事制度,奠定了美国的军事基础,并深刻地影响了殖民地历史的进程。

---

① 刘祚昌:《北美殖民地时代的议会制度》,《历史研究》1982 年第 1 期。

② [英]R.C.西蒙斯:《美国早期史——从殖民地建立到独立》,朱绛等译,商务印书馆 1994 年版,第 224—225 页。

③ [美]塞缪尔·埃利奥特·莫里森等:《美利坚共和国的成长》(第一卷第一分册),南开大学历史系美国史研究室译,天津人民出版社 1975 年版,第 151 页。

④ [美]拉塞尔·韦格利:《美国陆军史》,丁志源等译,解放军出版社 1989 年版,第 5 页。

在17世纪,殖民地的经济还十分落后,居民普遍贫困,根本无力维持一支昂贵的职业军队。为了把分散的移民武装联合为有组织的武装力量,各殖民当局便纷纷颁布法令,建立民兵。1619年,弗吉尼亚议会最早立法,规定所有17岁至60岁的男性公民必须承担兵役义务。① 1623年,弗吉尼亚又规定,所有公民必须佩戴武器。② 1631年,马萨诸塞颁布了《武装平民法》,规定:在两周内,每个市镇均要把16岁至60岁的成年男子(包括仆人,但推事和牧师除外)武装起来。无枪者必须马上购买。如无力购置者,则由市镇当局暂时垫支款项购买,以后归还。1675年,马萨诸塞议会颁布法令:由于长矛在同印第安人作战中已经起不了作用,"命令长矛手要用火器武装自己"。③ 13个殖民地中除了反对暴力的宾夕法尼亚外,均由议会立法建立义务民兵组织,④民兵要自备滑膛枪、火药、子弹和弹药包。⑤ 宾夕法尼亚迟至1775年才建立民兵。⑥ 据统计:从1607年至1775年,北美殖民地通过了600多条类似的召集民兵的法令。⑦

---

① [美]拉塞尔·韦格利:《美国陆军史》,丁志源等译,解放军出版社1989年版,第5页。

② [美]拉塞尔·韦格利:《美国陆军史》,丁志源等译,解放军出版社1989年版,第55页。

③ T.Harry Williams, *The History of American Wars from 1745 to 1918*, Louisiana State University Press, 1985, p.8.

④ Maurice Matloff, *American Military History*, Office of the Chief of Military History, United States Army, Washington D.C., 1969, p.2.

⑤ Walter Millis, *Arms and Men: a Study in American Military History*, G. P. Putnam's Sons, New York, 1956, p.23.

⑥ Maurice Matloff, *American Military History*, Office of the Chief of Military History, United States Army, Washington D.C., 1969, p.29.

⑦ James Glatfelter, *The Military in American Politics*, New York: Harper & Row, 1973, p.12.

各地规定的民兵年龄一般在 16 岁至 60 岁之间,但各地区之间也略有不同,有的地区规定民兵的最低年龄为 18 岁至 21 岁,康涅狄格规定的最高年龄为 60 岁,后降至 45 岁。[①] 各殖民地对于不服兵役者都规定了一定的惩罚手段。如弗吉尼亚 1627 年对不服兵役者采取的处罚为“体罚 12 小时”并罚烟草 100 磅。[②] 各殖民地的民兵规模不大,一般村镇以连或民兵队为基本单位,人数在 65 至 200 人之间。[③] 南方各殖民地因人口分散,民兵以县为基础组成连。北方新英格兰地区城镇及乡村均设民兵队。随着人口逐渐增加,民兵队人数也随之增多,各殖民地便把数个民兵队或连合编为团。1636 年马萨诸塞议会把民兵编制定为:每连 65 人至 200 人,内有三分之二是滑膛枪手,三分之一为长矛手。不足 65 人的数个村镇合编为一个队或连,全殖民地组建为三个团:北部、东部和波士顿各一个团。后人口增加,便把每个县组成一个团。[④] 有时,有的殖民地为备战,还分成若干军区,领导本地区的备战和训练。如七年战争前,弗吉尼亚便分成若干军区,每个军区由一名上校组织和指挥当地民兵。[⑤] 各殖民地民兵开始是单一的步兵,后为便于同印第安人的骑兵作战,又增加了骑兵,编成步骑混合连或团。民兵平时进行生产劳动,遇到危险或攻击时,马上按

---

① [美]阿伦·米利斯等:《美国军事史》,军事科学院外国军事研究部译,军事科学出版社 1989 年版,第 3 页。

② [美]拉塞尔·韦格利:《美国陆军史》,丁志源等译,解放军出版社 1989 年版,第 7 页。

③ [美]阿伦·米利斯等:《美国军事史》,军事科学院外国军事研究部译,军事科学出版社 1989 年版,第 4 页。

④ [美]拉塞尔·韦格利:《美国陆军史》,丁志源等译,解放军出版社 1989 年版,第 6 页。

⑤ [美]加尔文·D.林顿:《美国两百年大事记》,谢延光等译,上海译文出版社 1984 年版,第 20 页。

编制出动作战。战斗结束后,马上又返回农田或作坊进行生产。

早期民兵使用的武器十分简陋,火炮极少,主要是滑膛枪,还要自备。当时规定每个民兵要自己准备“长度不得在 3 英尺 9 英寸以下的燧发枪、一磅火药、20 发子弹和 2 英寻火绳”。[①] 在行动时,民兵还要自备服装和短期所需的食物。由于许多贫穷的移民无力购置武器,各殖民地便颁布法令,详细规定用公共基金来为贫民购置武器,设立公共武器库来补充人们的装备,并设立了“武器检查制度”,由民兵指挥官及特别官员经常检查和维护民兵的装备,使之保持完好,符合作战要求。

殖民地民兵的待遇优厚,远远高于英军。如一个马萨诸塞民兵每天能得到 10.25 便士,而一个英军士兵仅 4 便士。民兵除了待遇外,还可因再次入伍而获得奖金。民兵在服完一个夏季的兵役后,战斧、毯子、背包可以归自己所有,有时还把枪也带走。民兵还可以获得糖、姜、兰姆酒和糖蜜的供应,行军津贴也是英军士兵的 3 倍。英军认为民兵的供应太奢侈了。[②] 平时,民兵生活自由、轻松,而英军纪律严酷,违者要受鞭打的惩罚,还有被送到西印度群岛终生服役的风险。

民兵只限于保卫本地区。在同印第安人发生冲突时,由总督或议会随时召集民兵投入战斗。战斗一结束,民兵便返回原地。民兵这种形式只适用于小规模冲突。从 17 世纪后期起,殖民地居民同印第安人的冲突扩大,英国同西方列强也开始争霸战争。英

① [美]塞缪尔·埃利奥特·莫里森等:《美利坚共和国的成长》(第一卷第一分册),南开大学历史系美国史研究室译,天津人民出版社 1975 年版,第 24 页。

② [美]丹尼尔·布尔斯廷:《美国人——开拓的历程》,美国大使馆新闻文化处 1987 年版,第 418 页。

国在北美的军队较少,需要各殖民地提供兵员。但是民兵这种组织形式并不适合远征作战,而且殖民地居民都不愿离开本土去外地作战。为了能获得足够兵员随同英军作战,各殖民地开始组建志愿民兵。志愿民兵实行定额征兵制,弗吉尼亚 1757 年规定每 40 个民兵中征一个。[①] 一般是从民兵中挑选自愿者组成。但一般民兵均不愿意去外地,各殖民地采取了各种优惠志愿民兵的条件,甚至用强迫的办法来招募。1755 年,弗吉尼亚便规定应征者可以免除债务。如招不满额,便强迫未婚男子入伍,但可找人顶替。不应征者罚款 10 英镑。于是又出现了舞弊行为,连契约奴和流浪汉也常常在征召之列。志愿民兵一般为某次战斗或远征而组织,主要用于到外地作战。战斗一结束,便解甲归田。与民兵不同的是,志愿民兵有制服,由议会拨款和殖民当局提供后勤支援。志愿民兵根据服役时间的长短获得一定报酬,一般服役期为半年。指挥官由总督或议会任命。志愿民兵的战斗力一般高于普通民兵。志愿民兵装备较好,有滑膛枪和炮,大部分殖民地还出现了炮兵和骑兵,如 1639 年,波士顿建立了炮兵连。

殖民地的这种民兵制度较好地满足了社会安定和对外用兵与防御的需要。

三、建立了初步的平民军事训练体制

前文已介绍在 1607 年最早的英国移民中就有军官,他们教移民使用武器,进行军事训练。[②] 后来,其他一些有经验的军人也纷

---

① [美]拉塞尔·韦格利:《美国陆军史》,丁志源等译,解放军出版社 1989 年版,第 6 页。

② Michel A.Bellesiles,*Arming American*:*The Origins of a National Gun Culture*, New York:Alfred A.Knopf,2000,p.43.

至沓来，如德拉沃尔勋爵、托马斯・盖茨爵士、托马斯・戴尔爵士……随着殖民地的发展和移民的增加，民兵制度逐渐完善，军事训练逐渐形成了制度。

为保证民兵有较高的战斗素质，各殖民地平时十分重视对民兵的军事训练。

首先，各地均用法律明确规定了具体的训练时间。普利茅斯规定每年民兵要集训 6 次。1631 年马萨诸塞规定民兵每个星期六集中训练。此后再随着安全形势的变化来决定集训时间的长短。1637 年集训时间减至每年 8 天。各殖民地早期规定每周训练一次，后来改为每月甚至每年训练一次。① 但当战争危险增加时，训练次数也随之增加。如在“腓力普王战争”时期，马萨诸塞民兵的训练每周进行 2 次。②

其次，训练有严格的纪律做保证。训练的内容十分严格，为保证出勤率，各殖民地还规定了对缺席者实行罚款的制度。

再者，训练内容各地大同小异。在集训日，一般要把全体民兵召集在一个公共场地上，先点名、升旗，然后进行兵器教范和队列训练。有时进行射击练习和模拟作战演练。随着各殖民地的边疆不断向西部延伸，民兵开始使用欧洲的军事手册来指导民兵的军事训练。七年战争后各殖民地从欧洲购买了大批军事著作。1759 年费城的民兵少校韦伯撰写了《军事学说》一书，这是殖民地最早的军事著作。早期殖民地的军事训练水平不高，还远远达不到职业军人的水平。在训练内容上以教授实战技能为主。指挥民兵的

① Headquarters, Department of the Army, *American Military History*, Washington D.C., 1959, p.20.

② [美]拉塞尔・韦格利:《美国陆军史》，丁志源等译，解放军出版社 1989 年版，第 6 页。

各级军官是选举产生的,未受过专门的军事训练。一位当时的观察者这样评价民兵军官:“除了极少数例外,部队军官们对军事生活完全是门外汉,他们中的大多数人并没有哪方面比他们所率领的那些人优越。他们像领导,可实际上是乌合之众的头。”①当时任弗吉尼亚民兵指挥官的华盛顿上校在读完《论军事纪律》一书后,向其他民兵军官推荐此书,他极力主张使用欧洲的战术和训练方式,目的是建立一支欧洲式的军队。但是在当时的社会环境下,华盛顿的建议不可能实现。各殖民地还是以民兵为主要作战力量。

民兵训练完后,接受民兵指挥官和当地行政官员的检阅。如果局势太平,通常下午举行文娱体育活动或社交活动。除军事训练外,每年,各地还要举行阅兵活动,以显示力量并增强居民和民兵的信心。在殖民地的早期,因与印第安人作战,各殖民地经常举行民兵阅兵。② 后来随着印第安人威胁的减少,阅兵次数也逐渐减少,到 18 世纪初,一般每年只举行四次。

在实行普遍兵役的民兵制度的基础上,各殖民地还开展了对民兵以外的平民进行军事训练,新英格兰规定:每一个年满 18 岁的男性移民,都必须参加经常在村庄草坪上进行的操练和每年一次的团队检阅。连 10 至 16 岁的男孩都要接受“使用小枪、短矛、弓箭等武器”的操练。③ 军训使殖民地居民普遍具备较高

① [美]丹尼尔·布尔斯廷:《美国人——殖民地的经历》,时殷弘等译,上海译文出版社 2012 年版,第 391 页。

② [美]阿伦·米利斯等:《美国军事史》,军事科学院外国军事研究部译,军事科学出版社 1989 年版,第 3 页。

③ [美]塞缪尔·埃利奥特·莫里森等:《美利坚共和国的成长》(第一卷第一分册),南开大学历史系美国史研究室译,天津人民出版社 1975 年版,第 24 页。

的军事素质。

四、北美军事制度评述

北美殖民地以民兵为主的军事制度并非移民的创造，它可追溯至英国本土的民兵制度。

17 世纪英国的军事制度是双重性的，分为职业军队和民兵。职业的常备军队人数较少，由两部分组成：一是皇家部队，以国王的名义征集，由国王委派军官，可被派往国外作战。二是“契约部队”，是某些与国王签有合同或过从甚密的大贵族或商人从国王处获得资金后，招募人员组成。他们一般把这支部队看作是自己财产的一部分，自己规定服役期限、报酬、购置装备以及委任军官。契约军队具有临时雇佣的性质，遇到紧急情况时组建，不需要时解散。英国的职业军队有很大弊病。军官只有贵族才能担任，其中许多是无能之辈。军官官职常常被买卖，军官中腐败成风，贪污、吃空额等现象屡见不鲜。士兵成了变相的奴隶，军官可以任意打骂和体罚。因此长期以来，人们就对职业军队存在反感和厌恶之情。除常备军外，英国的民兵历史悠久。从中世纪起，英国就形成了一个惯例：每一个身体健康的成年男子都要服兵役，以便保卫国家，反击外敌入侵。民兵由每个郡的代理郡长组织，和平时人们各司其职，但要接受军训。遇有紧急情况才召集起来，但不许被强迫派到海外。11 世纪“征服者威廉”和诺曼底王朝的国王渐渐控制了民兵来为他们服务。他们对民兵进行了改造，使之获得了新的活力。早在 1181 年，英国的《武器法》就规定：“每个（自由民）……应起誓……他将以手中之武器，效忠国王亨利陛下……他将佩带这些武器，应召服役，效忠国王陛下和王国。禁止任何持有武器者将武器变卖、典当、供他人使用或任何放弃手中武器之行为;不许以处罚、馈赠、担保等任何方式剥夺部下手中之武器。”①1285年《温切斯特法》和1572年《对全体应召人员之指令》进一步详细规定和完善了上述要求。在16世纪末17世纪初英国与西班牙的战争中,民兵制对于加强英国的国防起了重大作用。

这种民兵加上少量职业军队组成的双重军事制度具有很大的优越性:一是可以节约国防费用,减轻人民负担;二是可以使全民都接受军事训练,在战时有充足的兵员供应。这实际上是近代预备役制度的雏形。英国革命后,英国逐渐废弃了民兵制,日益依靠职业的常备军作战。

北美殖民地的情况正和英国相反。移民把英国的民兵制度移植到北美。但是,移民不是简单地移植,而是在北美的特定环境中对这一制度加以改造,使之形成具有自己特色的制度。北美的民兵制度有以下特点:

第一,是全民皆兵的“公民军队”。如上所述,殖民地是一个全民皆兵的社会,这种社会体现了一种平等的性质,即:人们把当民兵保卫家园看成是每一个成年男子责无旁贷的义务。每个人不论高低贵贱,皆要履行这种义务(也即以后的“普遍义务兵役制”)。而且移民在英国时,就已亲身经历了17世纪斯图亚特王朝以及克伦威尔军事独裁下职业军队的种种恶行。从英国移居北美后,他们对这些经历仍记忆犹新,仍对军事专制怀有恐惧、对于职业军人持厌恶之情,将常备军看作是对民主自由最大的威胁。而英国驻北美的军队,并没有保卫移民同印第安人作战,而是为了英国国王的利益同法国、西班牙和荷兰等国为了争夺北美的霸权

① [美]拉塞尔·韦格利:《美国陆军史》,丁志源等译,解放军出版社1989年版,第5页。

进行了长期的战争,并将战争的财政负担转嫁到殖民地人民身上,这更加剧了人民对英国及职业军队的不满。殖民地政治家从这种民兵制中产生了国防经济的原则观念,即以对经济的最小负担来满足国防的最大需求。17 世纪英国激进的辉格党人反对职业军队,认为"职业军队不可避免地与自由和公民的美德相敌对"。"每一个公民都应该拥有服兵役的义务,兵役不应成为某些人的职业,在军事体制中应当由那些不以服兵役为生的人组成,军队应将国防责任恰当地交予那些为财产和家庭而战的人手中。"①在他们眼中,职业化的军队有可能成为克伦威尔和威廉三世这类人手中实行专制独裁的工具。辉格党的这种观点对北美人民影响很大。在这一背景下,北美人民形成了"经济国防"的观念:只有公民军队——民兵,才是民主和自由的保障,尽可能不建立职业军队。即使建立职业军队,其规模也要尽量小,力求在个人自由和国家安全之间寻求一种和谐默契的关系。一方面要建立一支小的常备军以保卫国家和人民的安宁,另一方面又尽量使这支常备军人数保持在最低限额。这样,既可使民主不受军队的威胁,又不致使国家耗费大量财富于国防事业。

第二,具有较强烈的民主色彩。民兵制是以平等的普遍义务服役为基础的。每个成年健康男子无论高低贵贱,均要参加民兵,接受军事训练,同印第安人作战。民兵军官是选举产生的。在新英格兰,连级军官由议会选出。在中部和南部殖民地,民兵军官由总督和议会之间协商决定。所有的校级军官由总督或总督指定的代表任命,并要经议会同意。校级军官均由殖民地的上层人士或

---

① Michael S. Neiberg, *Making Citizen-soldiers: ROTC and the Ideology of American Military Service*, Harvard University Press, 2000, p.3.

其子女担任。[①] 著名的《马萨诸塞自由权利文件》规定:各级官员,包括总督、陆海军指挥官均由自由民选举产生。[②] 后来各殖民地均颁布了类似法案。马萨诸塞的民兵连一般要选出一名上尉、一名中尉、一名少尉旗手及若干名中士和下士。[③] 军官一般由有威望和才能的人担任,许多人本来就是当地有名望的官员。如在马萨诸塞和萨勒姆,1765—1774 年共选出 29 名民兵军官,其中有 12 个人在市政府任职。[④] 在许多地方,高级民兵军官虽然一般要由总督任命,通常是由贵族出身者担任,但是有些殖民地高级军官也是由选举产生的,如马萨诸塞议会便把民兵指挥权授予选举产生的"军务总监"。[⑤] 由于军官需自己购置服装和武器,耗资昂贵,一般劳动人民无力负担,各级军官多由地方有钱有势的上层人士担任,[⑥]但是官兵之间的关系是平等和融洽的,没有什么等级界限,没有像英军那样用对士兵打骂体罚来维持严明军纪,而是更尊重民兵个人的尊严和权利。民兵中这种浓厚的民主色彩主要是受到殖民地民主氛围的影响。在北美影响最大的清教教会,其组织

---

① Charles R. Shrader, *Reference Guide to the United States Military History (1607—1815)*, Sachen Publishing Associates, Inc., New York, 1991, p.5.

② Russell F. Weigley, *Towards an American Army: Military Thought from Washington to Marshall*, New York: Columbia University Press, 1962, p.8.

③ [美]拉塞尔·韦格利:《美国陆军史》,丁志源等译,解放军出版社 1989 年版,第 6 页。

④ [美]阿伦·米利斯等:《美国军事史》,军事科学院外国军事研究部译,军事科学出版社 1989 年版,第 43 页。

⑤ [美]拉塞尔·韦格利:《美国陆军史》,丁志源等译,解放军出版社 1989 年版,第 6 页。

⑥ [美]塞缪尔·埃利奥特·莫里森等:《美利坚共和国的成长》(第一卷第一分册),南开大学历史系美国史研究室译,天津人民出版社 1975 年版,第 19 页。

形式就较为民主，由教徒选出各级教职人员，每个教会都是独立自主的。此外，殖民地的议会和各级行政官员也主要是由居民选举产生的。民兵军官选举就受到了上述选举的影响。

第三，确立了文官治军的原则。殖民地时期确立了一个重要的传统，即由议会控制军队和制定军事政策，由民选文职官员实际领导和指挥军队。这种做法有历史的原因。殖民地居民头脑里深深铭记着历史的教训，认为常备军是对自由的威胁。历史上英军的残暴和英国革命后保持常备军，导致了克伦威尔军事独裁。殖民地居民多来自英国，对此记忆犹新。他们认为，民兵才是民主的制度和保卫国家的主要武装力量。殖民地居民主要通过议会来表达自己的意愿。起初，议会没有军权，总督掌握军权。随着议会和总督的长期斗争，议会逐渐占了优势。这是因为议会拥有财政权，军事拨款和征税要由议会决定，甚至总督本人的薪金也要由议会决定。久而久之，到了 18 世纪，议会利用财政权杠杆，在军事上取得了决定性的发言权，议会有权制定军事政策，决定军费的拨款和开支、征集志愿军、军事工事的修建、购置武器、监督军费开支使用情况、调查军事活动、对外宣战以及讨伐印第安人等。甚至连英国政府提出的有关人员、财力和物资供应等要求，议会也有权决定是否采纳。“不经殖民地议会同意，英军司令便无权向殖兵地征兵或筹款”。① 英军军官常常抱怨殖民地议会在执行“他们国王和国家的公正合理的要求时软磨硬抗”。② 比如在七年战争中，各殖民

① ［美］塞缪尔·埃利奥特·莫里森等：《美利坚共和国的成长》（第一卷第一分册），南开大学历史系美国史研究室译，天津人民出版社 1975 年版，第 151 页。

② ［美］阿伦·米利特：《美国军事史》，军事科学院外国军事研究部译，军事科学出版社 1989 年版，第 43 页。

地议会抵制英国的财政要求,不配合英军的征兵工作,使英军的人力受到极大影响。[①] 民选文官控制军队及制定军事政策的传统对于保证政体稳定,防止军人干预政治和出现军事独裁的局面,起了巨大作用。这是北美殖民地人民的一大创造。托马斯·杰斐逊正是总结了北美的民兵制度后,在《英属美利坚权利概观》这部著作中深刻地指出:暴政的表现形式之一是军权高于行政权。军队如高于文官,不受文官控制,就会因失去监督而变成脱离人民的特权工具。所以他把"文官治军"作为他的六项民主原则之一,由政府和议会来领导军队。在他制定的《弗吉尼亚宪法》草案中明文规定了"应由文官指挥军队"。文官指挥军队的实质是让人民控制军队,因为文职政府和议会是由人民选举产生的。文官治军,可以防止军队干预政治。他的这一思想后来在美国宪法中得到了体现,从而奠定了美国军事制度的基础。

但是北美的这种以民兵为主体的军事制度并不是一个成熟健全的制度,还存在如下弊病。

一是存在着严重的地方主义倾向。英国的民兵是集中统一指挥的,而北美 13 个殖民地由于互不往来,相互隔绝,其民兵保持了相对的独立性。民兵乡土意识浓厚,从不离开本地区到外面作战。各殖民地均立法禁止本地民兵去外面作战。各殖民地除了罕见的几次联合行动外,很少相互支援。由于各殖民地的利益以及受印第安人威胁的程度各不相同,所以当一个地方的民兵在浴血奋战时,其他殖民地则作壁上观。如在"安妮女王战争"时期,当马萨诸塞的迪尔菲尔德被法国人和印第安人夷为平

① [美]阿普特克:《美国人民史》(第一卷),全地、淑嘉译,生活·读书·新知三联书店 1962 年版,第 267 页。

地时，其邻居纽约却无动于衷，因为纽约的商人们不愿意开罪法国人，希望继续他们同加拿大的贸易往来。华盛顿有一次要三个连民兵去支援受印第安人袭击的村庄，可是只有10个人赶到。① 专门用于外出作战的志愿民兵，不管战事如何紧急，只要服役期满，便马上回家，一天也不多待。这点后来在独立战争时暴露得极为充分，常常令华盛顿的兵力十分窘迫。为了联合起来对法国和印第安人作战，7个殖民地代表于1754年在奥尔巴尼开会，富兰克林曾提出建立一个北美各殖民地的军事联盟的建议，因与会者反对而未能实现。

二是民兵和志愿民兵的训练较差，纪律松弛。民兵训练不是准备打持久战，主要是为了守卫家园，因此很少进行正规战和攻坚战的训练。民兵和志愿兵的纪律性较差。在征召志愿民兵时，殖民当局明显地偏袒上层阶级，允许他们花钱雇人顶替或出钱免除兵役，甚至明文规定上层者不在征兵之列，如1757年，弗吉尼亚便规定，“完全保留地产者和有权投票选举州议员的家务总管”不在应征之列，②因此应征者主要是下层阶级的，许多人因交不起罚金而逃往他乡躲避兵役，“逃避战时兵役成为普遍存在的问题”。③ 殖民地的人民普遍抵制征兵。1755年12月，弗吉尼亚的民兵总兵力不到500人。1756年，华盛顿只能指挥不到40人。华盛顿向弗雷德里克县副县长费尔法克斯和民兵军官呼吁征召民兵，军官称民

① [美]华盛顿·欧文：《华盛顿传》，张今译，新华出版社1984年版，第76页。

② [美]拉塞尔·韦格利：《美国陆军史》，丁志源等译，解放军出版社1989年版，第16页。

③ [美]阿伦·米利斯等：《美国军事史》，军事科学院外国军事研究部译，军事科学出版社1989年版，第8页。

兵拒绝集合令。最后只有15个人应征。[①] 许多地方志愿民兵招不够数额,便拿罪犯、流浪汉充数,志愿民兵素质受到很大的影响。弗吉尼亚民兵指挥官华盛顿曾抱怨:“对这些地方军士兵来说,奉公守法、安分守己、小心谨慎、提高警惕都是值得嘲笑、值得轻视的事”。[②] 七年战争中,英国军队的艾伯克隆比少将称殖民地的志愿民兵为“新大陆的社会渣滓”。[③] 民兵和志愿民兵因训练差,纪律松弛,对印第安人作战时还能管用,但与训练有素的法国军队作战时,往往就不是对手。虽然英属殖民地人口是加拿大的近20倍,但是打了一百多年,仍然未能单独征服加拿大。北美最著名的军事将领乔治·华盛顿是殖民地中最早看出民兵制弊端的人。他在同印第安人和法国人的作战中,发现了民兵的缺点,这就是:“民兵们从来不会满足你的期望,你也不能对他们有任何依赖。他们既顽固,又任性,常常受到军官的怂恿,拒不执行命令……他们有时会擅离职守……”[④]同时,民兵服役时间短,时间到了,无论情况多紧急,他们也要离队回家。民兵对装备也浪费,纪律松懈,“任性妄为,随意来去,对任何命令指示都可置之脑后”。[⑤] 为克服民兵的缺陷,他想把民兵改造成一支欧式正规军。他曾熟读汉弗莱·布兰德写的《论军事纪

---

① [美]拉塞尔·韦格利:《美国陆军史》,丁志源等译,解放军出版社1989年版,第16页。

② [美]华盛顿·欧文:《华盛顿传》,张今译,新华出版社1984年版,第97页。

③ [美]阿伦·米利特等:《美国军事史》,军事科学院外国军事研究部译,军事科学出版社1989年版,第9页。

④ Russell F. Weigley, *Towards an American Army: Military Thought from Washington to Marshall*, New York: Columbia University Press, 1962.

⑤ [美]乔治·华盛顿:《华盛顿选集》,聂崇信等译,商务印书馆1983年版,第16页。

律》一书，深受启发。他把这本书当成最优秀的战术指南推荐给民兵军官，使该书在北美殖民地广为流传。他一方面按欧式正规军来改造民兵军官，特别强调“军纪是部队的灵魂”。为加强民兵的纪律，他下令严禁赌博、酗酒、吵架和骂人等不良行为。另一方面，他加强对民兵的正规化训练，学习欧式战术和队列。同时，他还曾向弗吉尼亚议会提议，要求以正规军取代民兵。

三是各地民兵均是维护殖民地统治阶级利益的工具，民兵的指挥权均掌握在殖民地的上层有产阶级手中。如马萨诸塞的萨勒姆，在1765—1774年，29名民兵军官有12人在市政府担任要职，其他殖民地的情况与之类似。① 如殖民地的土地按照军衔分配：校级军官人均5000英亩，尉级军官人均3000英亩，士兵50英亩。② 1745年，马萨诸塞州总督任命富商威廉·佩珀雷尔为远征军总司令；1757年，马萨诸塞的布鲁克莱恩被总督任命为民兵上校。自由黑人、印第安人以及契约奴、黑人奴隶等严禁拥有武器，更不用说参加民兵了。在大多数殖民地，禁止契约奴服兵役。③ 1640年，弗吉尼亚城市议会在同印第安人进行战争时建议所有家庭的男主人必须尽最大努力动员会使用武器的人，但是黑人除外。最初法律对于自由黑人是否有权拥有武器模棱两可。有的地方允许黑人拥有武器，1675年，一个乡村法庭判定：自由黑人家长可以拥有枪支。1676年，培根在纽约起义时，向参加起义的黑人提供

① ［美］阿伦·米利特等：《美国军事史》，军事科学院外国军事研究部译，军事科学出版社1989年版，第5页。

② ［美］戈登·伍德：《美国革命的激进主义》，傅国英译，北京大学出版社1997年版，第13页。

③ Michel A.Bellesiles, *Arming American: The Origins of a National Gun Culture*, New York: Alfred A.Knopf, 2000, p.43, p.75.

武器。但是后来,议会从黑人起义中得到教训:黑人拥有武器必须严格限制。1680年,议会立法禁止任何黑人和其他奴隶拥有枪支和其他任何武器。并下令没收所有的武器。后来,议会为居住在边疆地区的黑人拥有枪支开了特例,但必须是黑人在和平时期得到允许之后。1723年,弗吉尼亚议会通过《关于更好地管理黑人、混血人、印第安人的法律》,规定:任何黑人、混血人、印第安人都不能拥有枪支、火药、棍棒和其他任何武器,无论是进攻还是防御。1738年的民兵法进一步重申了这一规定,并规定所有黑人只能当鼓手和号兵。① 18世纪各地议会都禁止黑人携带武器,除非是在他主人的直接命令和监督之下。而南方各殖民地立法严禁黑人持有枪支并严格执行。

但是,进入18世纪,出现了矛盾的现象。在需要去远方参加对法国的作战或者远征印第安人时,民兵都不愿离乡背井外出作战。因此支援民兵大批从社会下层招募新兵组成。志愿军中充斥着日渐增多的印第安人、黑人、混血人、无地的白人和流浪汉。②这些情况不但使民兵危及统治集团的统治并使其恐慌,而且也影响了民兵的战斗力。

小　　结

北美的民兵制度是殖民地人民对英国民兵制度的创造性改造,它在北美特定的历史环境的沃土中生根、发芽、成长,形成了具

---

① Michel A.Bellesiles, *Arming American: The Origins of a National Gun Culture*, New York: Alfred A.Knopf, 2000, p.43, p.76.

② [美]詹姆斯·M.莫里斯:《美国军队及其战争》,符金宇译,世界图书出版公司北京公司2013年版,第11页。

有特色的制度，在推进殖民地的发展方面起了巨大作用，主要表现在：

1. 维护统治阶级利益的武装工具。民兵平时的任务主要有两个：一是防止印第安人袭击，守卫各居民点。殖民地各个居民点均修筑了防御工事，在战略要地还构筑了坚固堡垒，由民兵担负守卫之责。民兵在当局指使下，镇压了印第安人的一次次反抗，屠杀了大批印第安人，侵占了印第安人的家园，使各个殖民地边疆逐渐向西部推移。二是作为警察，维持社会治安，保卫有产者利益。在北美没有专职的警察，主要使用民兵担任警察角色。在北部新英格兰地区，民兵成了便衣警察，负责守夜、巡逻，民兵军官甚至还为教会服务，在举行宗教仪式时强迫人们前去参加，惩罚不参加宗教活动者及异教徒。在南方，奴隶主使用武装民兵监视奴隶劳动，追捕逃亡奴隶以及镇压奴隶和劳动人民反抗。如 1771 年 5 月，北卡罗来纳一次便动用上千民兵镇压了要求改革的“制约者起义”。①

2. 协助英军完成了争霸北美的事业。在英国同法国进行争霸北美的角逐中，殖民地除了提供财力物力外，在每次战争中均提供大批志愿民兵配合英军作战，为英国最终战败法国，夺取北美大陆立下汗马功劳。如 1740 年殖民地曾组建“美洲团”参加攻击加勒比地区卡塔赫纳的战斗。1690 年殖民地曾出动二千人进攻魁北克，1745 年曾出动四千人进攻路易斯堡，1757 年仅弗吉尼亚便出动二千人的部队协助英军作战。在战争锤炼中，殖民地还涌现了一大批军事指挥人才，他们在 1775 年大陆会议任命的 13 名将

---

① ［美］阿伦·米利特等：《美国军事史》，军事科学院外国军事研究部译，军事科学出版社 1989 年版，第 3、4、5、43、88 页。

军中占 11 个。[1] 其中有华盛顿、普特曼、斯塔克、查尔斯·李、蒙哥马利、盖茨等,他们在独立战争中大显身手。同时,在战争中,殖民地部队在许多战斗中表现得十分出色,超过了英国正规军,著名的战斗有:1745 年攻克号称"北美的直布罗陀"的坚固要塞路易斯堡,1710 年攻占加拿大门户罗亚尔港等。在战斗中,殖民地民兵破除了对英军的迷信心理,增强了自信心,取得了宝贵的作战经验。

3. 在同印第安人的军事行动中,北美民兵经受了战火洗礼,取得了宝贵的军事经验。民兵在长期同印第安人作战中,学习和熟练掌握了印第安人的战术,如进攻时的散兵线,灵活机动的游击战术,利用地形地物隐蔽自己,侦察、伏击和夜间袭击等。这些战术后来在独立战争中大放异彩。美国军事思想中的战术原则反对僵化,强调发挥个人的主观能动性,灵活机动,因时因地随机应变。这一战术原则也产生于同印第安人长期作战的过程中,移民原受英国传统战术的影响,用这种僵硬死板的排兵布阵的作战方式,在同印第安人交锋时吃尽了苦头。特别是 1755 年春天,英军司令布拉多克的一千多人军队,被人数只有 300 人的法国印第安人部队打得几乎全军覆灭,充分显示了印第安人战术的优越性。

4. 为独立战争做了军事上的准备。在北美殖民地人民的反英斗争中,面对英国的军事镇压,殖民地的革命领袖开始进行军事准备,民兵自然而然就成了现成而方便的工具。在反印花税斗争中,"自由之子"社组建了武装民兵,如康涅狄格动员了一万民兵,

---

① Ernest R. Dupuy, Paul F. Braim, T. Dupuy, *Military Heritage of America*, New York: McGraw-Hill, 1956, p.80.

马萨诸塞和新罕布什尔各组织了几万民兵。“波士顿惨案”后，新英格兰各地民兵均在集会上表示要用武力把英军赶出北美大陆。[①] 一些地方民兵与英军发生了流血冲突。1774 年马萨诸塞议会还通过了组织民兵的法案，任命将领，设立公安委员会负责民兵的征集和训练，设立补给委员会，负责民兵的后勤补给工作。议会还下令征集三分之一的民兵组成“一分钟人”，随时准备应对突发事件。其他殖民地均组建了“一分钟人”，还成立了情报部队。[②] 到了 1775 年，北美已形成了全民皆兵、同仇敌忾的革命局面，做好了充分的军事准备，当莱克星顿的枪声响起，北美的民兵便迅速揭竿而起，投入独立战争中去。

5. 如前所述，文官治军原则具有重大历史意义，它成为美国宪法的一条重要原则，是防止军人干预政治、军人政变乃至军事独裁的重要措施。民兵的民主传统也成为美国资产阶级民主的重要来源之一。

总之，北美殖民地是美国军事历史上的奠基时期。英国殖民者在开拓殖民地的斗争中，把英国的军事制度移植到北美大陆。但这并不是一次简单的移植，而是扎根新的沃土中，在新的环境里吸收了养分，经过 100 多年战火的洗礼，孕育出了新的、充满勃勃生机的军事制度和军事思想，其中最重要，并具有重大历史意义的是，公民普遍服兵役的制度，军队中的民主制，文官和公民控制军队和制定军事政策的原则。100 多年来的争霸战争和同印第安人的战争，使殖民地人民经历了战火的锻炼，丰富了战斗经

---

① [苏]谢沃斯季扬诺夫：《美国近代史纲》，易沧、祖述译，生活·读书·新知三联书店 1977 年版，第 96 页。

② Headquarters, Department of the Army, *American Military History*, Washington D.C., 1959, pp.30-31.

验。印第安人新的战术和作战技巧,预示着欧洲旧式战术的衰退。经过了英国统治的漫长岁月,北美的13个殖民地走上了统一之路,投入争取独立的斗争,一个新的国家即将在独立战争的烈火中诞生。

第二章　独立战争时期的军事制度

（1775—1783 年）

第一节　北美独立战争

一、战争的原因

18 世纪中期，北美英属 13 个殖民地经过移民 100 多年的辛勤开拓，经济上有了巨大发展。北部的新英格兰地区，工商业发达，特别是造船业十分兴盛。1775 年，悬挂英国国旗的商船有 30%是在这里制造的。① 波士顿是工商业中心和最大的海港。中部各殖民地号称“面包殖民地”，以农业为主，盛产粮食。南方盛行种植园奴隶制经济，生产大量烟草、蓝靛等输往国外。

随着经济的发展，原来处于相互隔绝状态的 13 个殖民地之间的文化和经济联系日益加强，统一的市场也逐步形成。殖民地工商业的发展，背离了英国创办殖民地的宗旨。英国原意是要把殖民地作为英国工业品的市场和廉价的原料产地，当然不愿意看到国际上出现一个新的贸易竞争对手。为此，英国政府千方百计压制北美经济的发展，禁止北美生产某些工业品，限制殖民地开展对外贸易。特别是英国与法国的战争花费巨大，导致北美殖民地的税负剧增，以弥补英国的财政赤字。1763 年前，北美殖民地每年

① 刘祚昌主编:《世界近代史》(上)，人民出版社 1984 年版，第 140 页。

纳税 1 亿英镑,1763 年后,北美的税负增长了 5 倍。① 1763 年后,英国进一步采取行动,派海军打击北美的走私贸易,禁止殖民地人民向阿勒根尼山以西垦殖,并向殖民地征收印花税等一系列苛捐杂税。这些措施对殖民地的经济是一个致命打击,严重损害了殖民地各阶层人民的利益,使殖民地与宗主国之间的矛盾空前尖锐。

从 18 世纪 60 年代起,在北美资产阶级的领导下,殖民地人民掀起了一次次反英斗争的高潮。一次是 1765 年的反印花税斗争,规模浩大,人民到处集会游行,抵制英国货物。在这次斗争中,殖民地开始提出政治独立的要求。二是在 18 世纪 70 年代,波士顿成了反英斗争的中心。英国企图以武力镇压殖民地人民的斗争,于 1770 年制造“波士顿惨案”,震惊了北美大陆。人民再次掀起反英斗争的高潮。1773 年 12 月“倾茶事件”发生后,英国进一步实行高压手段。在这样的情况下,殖民地人民毅然从政治斗争走上了武装斗争的道路。

二、殖民地的军事准备

早在殖民地反英斗争进入高潮之前,北美的民主派代表就已经提出通过革命取得独立的思想。托马斯·杰斐逊提出了人民革命思想。他认为:政府的一切权力都是人民授予的,因此,政府一旦实行暴政,人民就有权利用革命手段推翻它并成立新的政府。“自由之树必须不断用‘爱国者’及‘暴君’的血来灌溉”。② 他的这个思想,成为北美人民反英斗争的旗帜。

---

① Mark C.Carnes, John A.Garraty, *The American Nation*, New York: Pearson Education, Inc., 2006, p.95.

② 刘祚昌主编:《世界近代史》(上),人民出版社 1984 年版,第 148 页。

殖民地著名将领华盛顿也多次提出武装斗争的思想。1769年4月5日,他在一封信中指出:“为了保卫与我们生命的一切息息相关的无限宝贵的天赋自由,我们每一个人都应义无反顾地拿起武器”。①

在反英斗争中,一些有识之士开始建立各种组织,以便为未来的武装斗争做准备。但是,当时殖民地上层人士宁愿采用消极地抵制英国货物的办法;加之英国政府做出让步,取消了印花税,才未酿成武装冲突。

英国并未善罢甘休,继续采用强硬措施镇压殖民地人民的反抗。1770年1月19日,英军制造了“波士顿惨案”。鲜血擦亮了殖民地人民的眼睛。越来越多的人从英军暴行中认识到,武装斗争是不可避免的。马萨诸塞议会一面派代表赴各地寻求支持,一面修建仓库,储存军火物资,训练1万名民兵并继续征兵,准备武装斗争。为了更好地准备未来的战斗,1772年议会在波士顿建立了“通讯委员会”,北美各地纷纷仿效,建立“通讯委员会”。“通讯委员会”是各殖民地革命新政权的萌芽,是“组织革命力量的强有力工具”。② “通讯委员会”把北美的武装力量组织起来,使反英斗争上升到由政府领导的更高阶段,为武装斗争做好了准备。

1773年12月16日,“波士顿倾茶事件”发生,英国政府十分恼怒,调兵遣将,决心以武力镇压北美人民的反英斗争。

但北美人民并没有屈服,13个殖民地一致起来声援波士顿人民。英国的高压不仅没有使殖民地人民屈服,反而进一步推动他

---

① [美]乔治·华盛顿:《华盛顿选集》,聂崇信等译,商务印书馆1983年版,第33页。

② [苏]谢沃斯季扬诺夫主编:《美国近代史纲(上册)》,生活·读书·新知三联书店1977年版,第102页。

们走上武装斗争的道路。

1774 年 9 月 5 日,在费城召开的第一届大陆会议上,有 12 个殖民地派代表参加。大会为奴隶主和资产阶级所控制,幻想同英国和解,乞求英王取消对殖民地的压制措施。但是,广大人民早就怒不可遏,摩拳擦掌准备战斗。1774 年马萨诸塞议会通过了组织民兵的法案,成立安全委员会,负责组织和征集民兵的工作。在安全委员会领导下,人们在康科德和伍斯特两地修建了大型仓库,囤积了大量军火。[①] 马萨诸塞议会还下令各城镇的官员要征集 1/3 的民兵组成“一分钟人”,以便应对突发事件。

在马萨诸塞的带动下,13 个殖民地全都行动起来,先后把民兵组成有效率的军队。民兵组成“一分钟人”,余下的人组成警戒连队。[②] 北美到处都建立了“地方组织委员会、驿马队、民兵连的网,全都预备可以立即行动”。[③] 各个殖民地还组织了军事情报部队,从事情报搜集工作。

到了 1775 年,北美殖民地已经“山雨欲来风满楼”,形成了全民皆兵、同仇敌忾的革命局面。尽管第一届大陆会议的代表仍然对英国政府抱有幻想,但是,激进派和人民群众却决心同英国彻底决裂,并做好了武装斗争的准备。

三、独立战争的经过

1775 年 4 月 19 日,北美英军总司令盖治将军派两团士兵前

① [美]华盛顿 · 欧文:《华盛顿传》,张今译,新华出版社 1984 年版,第 166 页。

② Headquarters, Department of the Army, *American Military History*, Washington D.C., 1959, p.30.

③ [美]哈第:《美国第一次革命》,黄可译,生活 · 读书 · 新知三联书店 1955 年版,第 91 页。

往波士顿附近的康科德,搜查“通讯委员会”的秘密军火库,并企图逮捕“通讯委员会”的领导成员。“通讯委员会”的情报人员把英军动向通知了当地的“通讯委员会”。当地民兵“一分钟人”紧急出动,在莱克星顿同英军展开激战。英军伤亡200余人后狼狈而逃。此战点燃了北美人民反英斗争的烈火,揭开了北美独立战争的序幕。

1775年5月10日,第二届大陆会议隆重召开,在形势推动及主战派的努力下,大会采取了如下重大措施:

1. 通过杰斐逊和迪金逊两人起草的《必须采用武力宣言》。《宣言》以委婉而又坚定的语气表示:“殖民地人民将使用敌人迫使我们拿起的武器……来捍卫我们的自由。万众一心,决心宁为自由人,不愿活着当奴隶”。表达了殖民地人民与英国战斗到底的坚强意志。

2. 1776年7月4日,大会通过了由杰斐逊亲自执笔的《独立宣言》,庄严宣告:北美13个殖民地同英国决裂,成为一个独立国家——美利坚合众国。

3. 组建大陆军队,下令修建防御工事、筹办军火、筹措军费、征集兵员……新生的美国万众一心,斗志昂扬地投入到独立战争中去。

莱克星顿战斗打响后,北美独立战争便全面展开,战斗在陆地和海上同时进行。

(一)陆战

独立战争的陆战分为北(包括美国中、北部各州)、南两大战场。1780年以前,以北战场为主;1780年以后,重点在南战场。陆战可分四个阶段:

1. 大陆军战略进攻阶段(1775年4月—1776年8月)

在此期间,北美13个殖民地揭竿而起,向英军发起进攻。英军被打得措手不及,连吃败仗,直到1776年6月援军到来后才扭转局势。战场在北部和中部各州,主要有四大战役:

(1)波士顿战役。1775年大陆会议组织2万多民兵把波士顿围得水泄不通。波士顿,由英军统帅豪威率1万多英军死守,6月17日,1500多名民兵在波士顿城郊的邦克山上击退了英军的三次进攻。是役,英军伤亡1054人,大陆军仅损失441人。① 这是两军之间第一次正面交锋。装备和人数皆处劣势的民兵,竟打败了装备精良、训练有素的英军,这场战斗极大地鼓舞了北美人民,也使大陆会议中的许多代表由动摇转为坚决革命。7月,华盛顿亲自指挥对波士顿的围攻。经8个多月围困,英军被迫撤出波士顿,退往加拿大。大陆军缴获了堆积如山的军火,计有:250门大炮、几千支步枪及各种军用物资。②

(2)进攻加拿大。大陆会议想争取加拿大的法国人加入美方共同对英作战,并想乘机夺取地广人稀的加拿大,使之成为北美的第14个州,并拔除英国攻击北部的根据地。1775年6月和11月,美军兵分两路进攻加拿大。1775年12月31日,大陆军进攻魁北克失利,损失500人,其中426人被俘。③

(3)查尔斯顿保卫战。1776年6月,大批英国援军到达北美。

① [美]A.讷文斯等:《美国史略》,王育伊译,商务印书馆1946年版,第57页。

② [美]赫伯特·摩累斯:《为美国的自由而斗争》,生活·读书·新知三联书店1957年版,第187页。

③ [英]J.F.C.富勒:《西洋世界军事史》,钮先钟译,战士出版社1981年版,第309页。

英军企图进攻南方重镇查尔斯顿，进而夺取效忠派占多数的南方。在查尔斯·李将军指挥下，大陆军在穆尔特里要塞击退了英军的两栖进攻，使英军伤亡200多人，粉碎了英军的企图。

(4)纽约战役。纽约是北美中部的战略要地。英军总司令盖治认为：夺取纽约，会把美国13个州从中间一切两半，“叛乱就会自动崩溃”。① 英军有：陆军3万人，海军1万人。② 防守纽约的华盛顿军名义上是28500人，但能作战的仅有19000人，而且大多数是民兵改编的，没有海军。③ 英军的兵力、火力均占绝对优势。英军迂回包围了美军。华盛顿巧妙地指挥部队趁夜色撤出纽约，但部队有一半人被俘。英军攻占纽约。

在这一阶段里，美国本来形势大好。英军兵力很少，士气低落，美军完全有可能在英国援兵到来前一举将北美英军歼灭，取得战争的胜利。但是，由于兵役制的奇特性和地方本位主义的影响，加上美军缺乏正规战和攻坚战的能力及必要装备，导致远征加拿大和纽约的失利，丧失了战略主动权。

2. 战略相持阶段(1776年9月—1777年10月)

此时战争重点转移到中部。在英军压力下，美军“目前的处境似乎已面临着又一次的瓦解……”④华盛顿采用运动战，且战且退。英军在效忠派的配合下，大肆烧杀破坏。查尔斯·李将军率

---

① [英]J.F.C.富勒：《西洋世界军事史》，钮先钟译，战士出版社1981年版，第259页。

② [美]拉塞尔·韦格利：《美国军事战略与政策史》，彭光谦等译，解放军出版社1986年版，第12页。

③ Maurice Matloff, *American Military History*, Office of the Chief of Military History, United States Army, Washington D.C., 1969, p.63.

④ [美]乔治·华盛顿：《华盛顿选集》，聂崇信等译，商务印书馆1983年版，第85页。

军 2000 人投降英军。到了 1776 年年底,美军只剩 1 万人,其中有半数病倒。渡过特拉华河时,仅余 3000 人,①其中许多人服役期满即将离队,还有许多人逃亡。部队饥寒交迫,以致 12 月 20 日,华盛顿说:"……再过 10 天,我的部队即不复存在了。"②

在逆境面前,华盛顿发挥了高超的指挥艺术。他诱敌深入,使敌人兵力分散。他利用敌人的麻痹大意,于 1776 年 12 月 26 日奇袭特伦顿,俘敌 1000 多人,缴获大批物资。翌年 1 月 3 日,又在普林斯顿击退英军。这两仗好似强心剂,大大振奋了美军的士气。

1777 年 1 月以后,华盛顿一直采用运动战和游击战相结合的战法打击敌人,使英军龟缩在几个大城市里。汉密尔顿说:"出现了一种奇特的景象:一支强大的军队被一支似乎不堪一击的军事力量围困在狭小的范围内,不能越雷池一步。"③

1777 年 6 月,英军发起三路攻势,企图夺取美军主要基地哈德逊河流域,切断新英格兰同其余州的联系,最后在纽约和新泽西之间合围华盛顿军。但是,三路英军缺乏统一的指挥和部署,各自为战。其中,柏高英孤军深入。华盛顿诱敌深入,使柏高英的部队在萨拉托加陷入 2 万美军和民兵的合围,全军覆灭。英军伤亡 4000 多人,5600 人投降。

萨拉托加战役对战争结局具有决定性意义。英军攻占哈德逊河流域的企图彻底破产,更重要的是,此役为法国参战开辟了道

① [美]小戴维·佐克等:《简明战争史》,军事科学院外国军事研究部译,商务印书馆 1982 年版,第 92 页。

② [美]乔治·华盛顿:《华盛顿选集》,聂崇信等译,商务印书馆 1983 年版,第 96 页。

③ [美]华盛顿·欧文:《华盛顿传》,张今译,新华出版社 1984 年版,第 414 页。

路，使战争演变成国际性战争，战争的天平从而倾向美国一方。此战还动摇了英国进行战争的信心。英国开始寻求与美国妥协，以便结束战争。

这一阶段，双方都以运动战来捕捉对方主力，但华盛顿的指挥更高一筹。他将运动战和游击战结合起来，迫敌分兵，然后布下陷阱，在萨拉托加合围了敌军，从而扭转了战局。英军失利的原因在于骄傲自负，指挥失误，兵力分散，供应线过长。

3. 战争的扩大与转折阶段（1777 年 10 月—1781 年 10 月）

七年战争失败后，法国、西班牙一直对英国耿耿于怀，时刻想报仇雪恨。北美独立战争是他们复仇的良机。战争爆发后，两国从各种渠道秘密援助美国。头两年大陆军的军火 90%来自法国。到 1776 年 10 月，法国已援美 2 万套军服、3 万件武器，[①]还提供了大量贷款，1777 年达 640 万元。拉法耶特等人还前来美国指导美军训练。但是，在出兵问题上法国一直犹豫观望，举棋不定。这是因为法国统治阶级害怕支持美国革命会引发国内的革命。此外，英国在北美连连得手，也使法国对美国的作战能力感到怀疑。萨拉托加大捷使法国的疑虑一扫而光。法国迅速采取行动，以武力援助美国作战。1779 年西班牙、1781 年荷兰也分别加入对英战争。1780 年 2 月，以俄国为首的许多国家还成立了“武装中立同盟”，打破了英国对海洋的垄断。英国陷于“四面楚歌”的境地。法国等国的参战，使美国独立战争发展成为一场遍及欧亚美三大洲的反英国际战争。

这一阶段的战争分成两个方面：1781 年约克镇战役以前，战

① ［苏］谢沃斯季扬诺夫：《美国近代史纲》，易沧、祖述译，生活·读书·新知三联书店 1977 年版，第 150 页。

斗主要在美国进行;之后,战斗主要在加勒比地区展开。

在美国,萨拉托加大捷后,英军防守纽约和费城。而华盛顿的军队一时还没有攻坚能力,法国参战又要假以时日,加上冬天降临,部队有大批服役期满人员将要离队,因此华盛顿决定保存兵力,扎营于福吉谷过冬。这时美国各州仍图自保,没有全力支持军队作战。又由于政界腐败,投机倒把盛行,后勤供应被切断等,美军衣不蔽体,食不果腹,不过士气仍然很高。部队在来自普鲁士的斯图本指导下进行训练和整编,淘汰了许多动摇分子,最后剩下 6000 人,①形成了一个坚强的、忠于革命事业的军队核心。

1778—1779 年,英国的计划是以纽约为中心,把重心转到南方,想依靠效忠派夺取南方,这样北方各州就会自行崩溃。在北方,英军采取"零散袭击","夺取和破坏叛乱者在沿海的一切舰船、码头、船坞、海陆军仓库"。美军则主要展开游击战来与英军周旋,以待法国援兵的到来。

1778 年五六月,由于法国的参战,英军分兵去西印度群岛和佛罗里达,费城的英军仅剩不到 1 万人。英军统帅克林顿决定收缩防线,保卫纽约,停止战略进攻。华盛顿乘机在新泽西袭击撤退的英军,后在纽约同英军对峙。

7 月,第一批法军 4000 人乘战舰抵达北美。8 月,美法企图以海陆军联合攻击纽约,因暴风雨而中途夭折。法军转而远征西印度群岛。

1778 年英军在一系列战斗中均占上风。1778 年底,美军将领阿诺德叛变,英军占领战略要地西点,但未捕捉到华盛顿军的主

---

① Headquarters, Department of the Army, *American Military History*, Washington D.C., 1959, p.75.

力，于是挥师南下。美军在法国舰队支援下守住了查尔斯顿。此时游击队十分活跃，四处打击效忠派，保住了南、北卡罗来纳的广大农村。

1779 年，法国仍以欧洲战场为主，他们集结军队，想渡过海峡进攻英国本土。北美战局未发生变化。在纽约，美英两军对峙。9 月，美法联军在法国舰队支援下，反攻萨凡纳失败，伤亡 1000 多人。① 美法第二次合作又告破产。

1779 年底至 1780 年春，美军在休整过冬时又遇到和福吉谷相似的困境。因为供应短缺，财政困难，美军士气低落，逃亡离队者日增。1780 年 5 月，华盛顿只剩下不到 4000 人。②

法国直到 1780 年初才下决心派大部队到北美。5000 名法军于 7 月来到北美。但因无海军配合，法军无所事事。

1780 年英军发起“南方战役”，双方在南方展开拉锯战。5 月 12 日英军攻陷查尔斯顿，美军 5466 人投降。③ 南卡罗来纳海军的 4 艘军舰、300 门大炮及大批军用物资均落入英军手中，④酿成战争中美军最大的一次失败。8 月，在坎登会战中，英军击溃美军，美方 3000 人中仅剩下 800 人，丢失所有的火炮和辎重。⑤

但是 10 月奇迹出现了。号称“沼泽之狐”的马里恩率民兵骑

① ［美］华盛顿 · 欧文:《华盛顿传》，张今译，新华出版社 1984 年版，第 540 页。

② ［美］华盛顿 · 欧文:《华盛顿传》，张今译，新华出版社 1984 年版，第 548 页。

③ Headquarters, Department of the Army, *American Military History* , Washington D.C., 1959, p.87.

④ ［美］加尔文 · D.林顿:《美国两百年大事记》，谢延光等译，上海译文出版社 1984 年版，第 26 页。

⑤ Maurice Matloff, *American Military History*, Office of the Chief of Military History, United States Army, Washington D.C., 1969. p.88.

兵全歼了效忠派民兵 1100 多人,迫使英军退到偏僻的温斯博罗。此仗“其影响之大怎样估计也不会过高”。①

这一阶段的战争异常激烈,双方都力图打破均势。英军采取进攻战略,一度得手,摧毁了美军在北方的作战基地,在南方歼灭美军 1 万人左右,迫美军三易其帅。但是,美军在华盛顿领导下,终于度过了最艰苦的时期,重新夺取了战略主动权。

4. 美军战略反攻阶段(1781 年 10 月—1783 年)

1780 年冬,美军进行了整编,美军士气和素质大大提高,后勤供应得到改善。格林到南方指挥。南方军总数在 4500—5500 人之间,②战斗力和机动性大大增强。华盛顿还派拉法耶特率 1000 人攻打阿诺德,以粉碎英国在弗吉尼亚建立基地的企图。

1781 年对双方来说是决定性的一年。英国已陷入同法国、西班牙、荷兰三国交战的境地。但法国第二批援军仍未到来。华盛顿只能继续监视纽约的英军,阻其南下。在南方,格林分兵三路,布下迷魂阵,迫使康瓦里斯也分兵。然后不断用游击战袭扰康瓦里斯,消耗和疲惫其兵力。格林在考澎斯和吉尔福特两次打败康瓦里斯,迫使他撤到北卡罗来纳的威尔明顿。随后格林南下,同游击兵团会合,肃清了南方广大地区的英军和效忠派。美法联军本来要进攻阿诺德的军队,但因 3 月 16 日英法舰队海战,法舰队退走,使这次联合行动又付之东流。

这时,康瓦里斯进军弗吉尼亚,打败了拉法耶特的法军。但拉法耶特仍同阿诺德周旋,牵制其兵力,使他不能与康瓦里斯会合。

① 中国美国史研究会:《美国史论文集》,生活·读书·新知三联书店 1983 年版,第 214 页。

② [英]J.F.C.富勒:《西洋世界军事史》,钮先钟译,战士出版社 1981 年版,第 309 页。

8月,康瓦里斯攻占了约克镇。华盛顿以希思军队佯动,迷惑和拖住纽约的英军,他自己挥师南下,同拉法耶特军及第二批法国援军3000人会师,把约克镇团团围住。9月5日,法国舰队在切萨皮克湾击败英国舰队,切断了英军的海上退路,10月17日,康瓦里斯走投无路,在伤亡482人后,①被迫率8077人投降。②

约克镇战役决定了整个战争的胜负。英国内阁倒台,新政府承认战争失败,国会准备讲和。约克镇战役后,英海军被法国、西班牙的舰队困住,陆地英军无力再发动新的攻势。

1782—1783年,双方基本上不再交火。仅在西部地区,英军挑动印第安人发起攻击。克拉克率骑兵于1782年11月10日在俄亥俄的奇利科恩击溃了肖尼族印第安人。这是独立战争的最后一战。

(二)海战

在独立战争中,掌握制海权对双方来说都是至关重要的。英军依赖横跨大西洋的漫长供应线,而美国也要保持同外界来往的通道以获得外援。因此,战争期间海战也在激烈进行。由于英国海军占绝对优势,所以美方主要采用私掠船主动出击,很少同英国进行正规海战。

美国私掠船的活动遍及大西洋及欧洲水域。私掠船体积小,重量轻,多为100吨以下的小船改装而成,无法安装大炮。每艘船配备40人左右。私掠船速度很快,神出鬼没,又得到许多国家提供的港口作为庇护所,因此使英国防不胜防,损失惨重。据统计:

① [英]J.F.C.富勒:《西洋世界军事史》,钮先钟译,战士出版社1981年版,第309页。

② [美]小戴维·佐克等:《简明战争史》,军事科学院外国军事研究部译,商务印书馆1982年版,第100页。

战争期间,美国共有私掠船 2000 余艘,海员 9 万人;①共俘获英船 2208 艘。不算人员与货物,仅船只一项,英国便损失 6600 万美元之多。② 英国最大商港利物浦陷于瘫痪,英国与西印度和北美的贸易受到沉重打击,英国赴美的援兵也多次延期。英属格林纳达的一个官员哀叹:“如果这场美洲战争再继续下去,我们都要饿死了。”③

战争中出现了一些著名的私掠船船长,如保尔·琼斯等。美国商船和私掠船在战争期间虽然也蒙受了损失,但虏获的战利品是其自身损失的 7 倍,捕获的商船是自己船只损失的 2 倍。④

私掠船除打击英国的海上运输外,还从欧洲向美国运送欧洲各国援助的军火物资。1777 年底之前,美国 90%的火药(约 150 万磅)是由海上运来的。1778 年到达波士顿的法国舰队,如没有私掠船运来的物资接济,早就弹尽粮绝了。

美国正规海军的战绩远不如私掠船。1775 年 12 月大陆会议曾决定建造 13 艘快速战舰,但因种种原因,仅下水 7 艘,未完工的 6 艘为防止落入敌手而自毁。⑤ 1776 年大陆海军仅有 8 艘大小战舰,还都是由商船改装的。8 年中,美国海军服役的各类舰船总共

---

① 黄绍湘:《美国早期发展史(1492—1823)》,人民出版社 1957 年版,第 255 页。

② [美]内森·米勒:《美国海军史》,卢加春译,海洋出版社 1985 年版,第 11—13 页。

③ [美]内森·米勒:《美国海军史》,卢加春译,海洋出版社 1985 年版,第 12 页。

④ 中国美国史研究会:《美国史论文集》,生活·读书·新知三联书店 1983 年版,第 212—218 页。

⑤ [美]内森·米勒:《美国海军史》,卢加春译,海洋出版社 1985 年版,第 10 页。

只有 60 艘。①

在海战中，美国海军也有过显赫战绩。1776 年 3 月，年轻的大陆海军向巴哈马群岛的普罗维登斯岛发起美军历史上第一次两栖攻击。2 艘军舰掩护 100 多名海军陆战队和水兵登陆，攻占该岛，缴获了大批军火弹药。② 同年 5 月，大陆海军又攻占巴哈马的拿骚港，缴获大批军火。③ 大陆海军还多次袭击英国沿海地区，仅“反击”号、“突击”号和“复仇”号三舰就虏获英船 200 余艘，使英国人闻风丧胆。

战争中，美国海军还采用了许多新的发明，如 1778 年 1 月 7 日，在世界上第一次使用水雷攻击英国军舰；1776 年，戴维·布什纳尔曾试制潜水艇，但未成功。

尽管美国海军进行了英勇战斗，但因力量对比过于悬殊，始终未能打破英海上封锁，取得制海权。美国海军也蒙受了多次失败，如 1776 年 10 月，英海军歼灭了美国大湖区舰队；1779 年七八月美军进攻缅因，因海陆协同失调而遭惨败，损失舰船 19 艘，伤亡 500 人；④1780 年查尔斯顿保卫战，美国海军被俘 5000 人，整个美国海军几乎全军覆没。⑤ 以后，仅有个别舰只继续战斗。

---

① ［美］内森·米勒：《美国海军史》，卢加春译，海洋出版社 1985 年版，第 2 页。

② ［美］小戴维·佐克等：《简明战争史》，军事科学院外国军事研究部译，商务印书馆 1982 年版，第 92 页。

③ ［美］加尔文·D.林顿：《美国两百年大事记》，谢延光等译，上海译文出版社 1984 年版，第 18 页。

④ ［美］内森·米勒：《美国海军史》，卢加春译，海洋出版社 1985 年版，第 24 页。

⑤ ［美］内森·米勒：《美国海军史》，卢加春译，海洋出版社 1985 年版，第 25 页。

(三)北美大陆以外的战争

萨拉托加大捷后,法国、西班牙和荷兰先后向英国宣战,战火扩大到美洲以外的广大地区。这些国家的参战,使战略力量对比发生了根本变化:一方面打破了英国的海上霸权,另一方面使英国分兵于欧亚美各地区。这些国家同英国作战概况如下:

1. 欧洲战场

1779年,法国集结重兵于诺曼底和布列塔尼,准备入侵英国。同年夏,法西联合舰队封锁了英吉利海峡长达两个月,风暴和疾病迫使法国放弃了入侵计划。法国遂把重点放到美洲。

欧洲战场的主要战斗是在海上:1778年7月27日,英国30艘战列舰与法国27艘战列舰在马尚特交锋,各有多艘军舰负伤,英国损失500人,法国损失700人。① 1782年,西班牙收复了地中海的米诺加岛,并包围直布罗陀,牵制了大批英军。1781年8月,英国舰队曾在多格尔沙洲击败荷兰舰队;同年12月,又在马尚特击败法国舰队,在圣文森特角击败西班牙舰队。

2. 亚洲战场

英法在印度展开了激烈角逐。1778年英国攻占印度的法国领地,打败了法国支持的一些印度王公。法国人同买索尔人和马拉特人结盟。1780年苏佛兰率法军舰队多次击败英国舰队。法军支援买索尔军包围了库特率领的英军,但被其逃脱。库特军后来三次战败买索尔军。不过,买索尔军控制了交通线,英军只能占领沿海,无法深入内地。1782年初,法英舰队交战5次,法军略占上风。同年,提普在坦焦尔包围了2000名英军,迫其投降。但马

---

① [德]H.帕姆塞尔:《世界海战简史》,龚日译,海洋出版社1986年版,第114页。

拉特人却与英军议和,退出同盟,买索尔王阿里孤军奋战。1783年英法议和,抛弃了阿里,阿里被迫与英讲和。战争结果,双方在印度不分胜负,仍维持战前的领地。但英军乘机于1781年攻占了荷兰在印度的殖民地纳加帕塔姆,从而威胁到荷兰在锡兰的殖民地。

3. 美洲战场

除美国外,盟国同英国的主战场在加勒比地区。

1779年以后,西班牙参战,想把英国从墨西哥湾和密西西比河两岸赶走。路易斯安那总督加尔维斯率军在1779年夺取了密西西比河一带的英国据点。1780年3月,加尔维斯率陆海军攻占莫比尔城,然后进攻彭萨科拉。800名英军在印第安人支援下,抵抗到1781年5月才投降。西班牙终于收复了佛罗里达。1782年西班牙还攻占了加勒比的新普罗维登斯岛。

法国在加勒比地区同英国展开了四次大海战:

(1)格林纳达之战:1779年7月6日,德斯坦指挥25艘战列舰同英军21艘战舰展开海战。法军占上风,但德斯坦未能乘势追歼英舰。双方损失1000人。

(2)马提尼克之战:1780年4月17日,法24艘战列舰同英20艘战舰交战。法舰击伤英旗舰"桑威奇"号,英舰队撤走。双方损失500人。1781年4月29日,德格拉斯指挥的24艘法舰同英军18艘战列舰交战,法军击伤英舰3艘,双方共伤亡300人。

(3)圣·基茨之战:1782年1月25至26日,法军在26艘战列舰支援下,登陆圣·基茨岛,包围了英军。22艘英战列舰赶来支援。德格拉斯指挥法舰队与英舰队两次交锋。这时岛上英军投降,英舰队撤走。

(4)多米尼加之战:1782年4月9日,英法各30艘战舰在多米尼加海域交战,不分胜负,法舰撤走。4 月 12 日,双方再次交战。法舰溃败,旗舰“巴黎城”号投降,司令德格拉斯被俘。法军共损失 5 艘战舰,死伤 2000 多人,被俘多人。英军仅损失 1000 多人。

英最终在加勒比海地区占上风,但于战争的结局无补。

4. 非洲战场

1781 年英法舰队在普拉亚湾交战,不分胜负。

盟国同英国的战斗,极大地支援了美国人民的斗争,特别是打破了英国海军对世界海洋近一个世纪的垄断,使英国在世界各地疲于奔命,到处挨打,再无力把战争打下去了。

1782 年 11 月 30 日,美英达成停战协议。1783 年 4 月 19 日,华盛顿宣布战争结束。9 月 3 日《巴黎和约》签字,英国正式承认美国独立。此外,英国还分别同法国、西班牙签订了和约。西班牙获得了佛罗里达和米诺加岛,但未能夺回直布罗陀。法国获得了塞内加尔、多巴哥等地区。

停战后,华盛顿同英军统帅卡尔顿在奥林奇举行会谈,达成协议:英军全部从美国撤走,英军据点的财产移交给美国。在美军监督下,1783 年 11 月底英军撤往加拿大。历时 8 年的美国独立战争以英国的彻底失败而告终。

第二节　独立战争中美军的军事思想

在 8 年独立战争的烈火硝烟中,殖民地时期刚刚形成的军事思想的萌芽经受了战火的洗礼,得到了战争实践的检验和补充,有了进一步的发展和深化。

一、独立战争中美国的军事战略

在独立战争中,面对拥有世界上最强大陆海军的军事强国英国,北美殖民地无论是军事力量还是经济实力,都和英国相差悬殊。怎样才能以弱胜强,取得独立战争的胜利呢?取得胜利的关键是要制定正确的军事战略。在战争中,杰斐逊制定了宏观的战略指导思想,华盛顿制定了具体的军事战略。

(一)杰斐逊"以武力赢得独立"的战略

托马斯·杰斐逊是一位独具慧眼的战略家,在殖民地反英独立运动如火如荼地开展时,他以哲学家深邃的眼光、政治家宽广的胸怀以及民主战士豪迈的气魄来分析局势,高屋建瓴地提出了对战略的看法。

杰斐逊对战争和暴力的看法是以他的民主的人道主义为基础的:他特别厌恶战争,认为战争会造成物质财富的毁灭,给人民带来灾难。在《弗吉尼亚纪事》中,他写道:"我们应该用自然的全部生产能力去增加人民的幸福,不要在相互毁灭中把它浪费掉。"在独立战争中他指出:"尽可能减轻战争的恐怖,对于人类是有益处的。"①在此,杰斐逊把战争同整个人类的命运连在一起。

但是,杰斐逊并不是不加区别地反对一切战争。他反对的是侵略的和非正义的战争,拥护正义战争。他在反英斗争的高潮中发表了《必须使用武力宣言》,明确宣布:"在我们自己的国土上,为了保卫与生俱来的并且一直享有的自由权利,为了保护靠我们的祖先和我们自己的正直勤苦而挣来的财产,使其免受暴力的蹂躏,我们才拿起了武器。只有当侵略者停止敌对行动及消除重新

① 刘祚昌:《杰斐逊传》,中国社会科学出版社1990年版,第208页。

开始敌对行动的一切危险时,我们才放下武器。而在这之前,我们是不会放下武器的。”[①]这段气壮山河的话充分说明了美国人民进行战争的正义性。

在对待暴力的问题上,杰斐逊也同看待战争一样,是辩证的。他特别厌恶暴力,认为“暴力是暴政的不可缺少的原则和直接的来源”。[②] 但是他又推崇革命暴力,认为革命暴力是人的“天赋权利”的组成部分。人民有“追求幸福的权利”,为追求幸福而使用的手段就包括了革命的暴力。人民可以通过革命暴力来反抗压迫和专制,争取民主和自由;通过革命暴力对统治者实行监督,防止权力蜕变。

以上述思想为基础,他在北美殖民地首先提出了“以武力赢得独立”的战略指导思想。在独立战争初期,大陆会议一度为保守派控制,迟迟不肯宣布独立,反而向英国国王递交“请愿书”,乞求与英国和解。杰斐逊联合民主派,利用人民斗争的压力,促使大陆会议通过了他亲笔撰写的伟大文献《独立宣言》。《宣言》明确指出战争的原因是英国对北美人民实行的暴政侵犯了他们的“天赋人权”,因此人民“就有权利也有义务去推翻这样的暴政”。他宣布:北美人民的战略目标是脱离英国实现彻底的独立。北美人民争取独立的战争性质是正义的,北美人民为实现独立这一战略目标所使用的手段是武装斗争。《独立宣言》彻底粉碎了保守派与英国妥协和和解的企图,阐明了“用武装斗争赢得独立”的战略指导思想。

(二)华盛顿的积极防御战略

正是在杰斐逊战略思想的指引下,华盛顿才制定了具体的军

① 刘祚昌:《杰斐逊传》,中国社会科学出版社 1990 年版,第 98—99 页。
② 刘祚昌:《杰斐逊传》,中国社会科学出版社 1990 年版,第 449 页。

事战略。华盛顿能正确判断战略形势,根据敌我力量的对比,提出采用“费边式”战略,以运动战与敌人周旋,消耗敌人的兵力,保持自己的有生力量,寻找有利时机实行战略合围。不管遇到什么样的艰难险阻,他都坚持这个以防御为主的战略,强调在一切情况下,都应避免全面决战,不应把任何部队拿来冒一切不必要的风险。① 他认为,防御不是消极而是积极的,“一旦有适于攻击敌人的微小可能性,就要给敌以迎头痛击”。② 即使是在退却中,也要随时寻找战机,攻敌之虚,如特伦顿、普林斯顿、蒙默斯考特之战等,都是他的经典战例。他还能根据瞬息万变的战争进程,采用新的灵活战略。如 1777 年以前,以正规战为主;1777 年以后,以运动战结合游击战。他早就看出国际支援的重要性,认为大陆军只有同法国军队联合,才能给敌人以致命打击。华盛顿具有坚持自己的战略和对正义事业必胜的坚定意志。在战争中,不管遇到什么困难,遭受什么失败挫折,都不能动摇华盛顿的胜利信心。他坚决反对任何妥协的企图,坚决主张将战争进行到底。1776 年 2 月,他对友人里德就表示了同英国斗争到底的决心:“……自从我听到英国因邦克山之战而采取的措施后,我就没有抱和解的想法。英王的演说更证实我听到消息后的念头……不论是花言巧语的声明或假仁假义的许诺,都骗不了我。我也不会对那些毫无意义的建议发生兴趣。我要用明白无误、斩钉截铁的语言宣布我们所受到的委屈,以及我们要求纠正的决心。我要告诉他们,我们已经忍无可忍……我们的自由精神已在沸腾,不能再屈服于奴役……我

① [美]加尔文·D.林顿:《美国两百年大事记》,谢延光等译,上海译文出版社 1984 年版,第 298 页。

② [美]拉塞尔·韦格利:《美国军事战略与政策史》,彭光谦等译,解放军出版社 1986 年版,第 24 页。

们已决心与如此不公正、不人道的国家一刀两断!"①他在致大陆会议主席的信中坚定地表示:"我充分相信我们的事业的正义性,我不能设想这个事业最后会归于失败,虽然在一段时间里可能会阴云密布。"②他还坚决反对与英国妥协的企图,坚决主张将战争进行到底。1780 年 7 月 6 日,他在给刘易斯的信中表示了反对和平主义、将战争进行到底的决心:"我们如不能使敌人确信我们能进行战争,要想得到和平是不可能的。一个国家只有做好战争准备才能取得或保障和平。"③即便美英在进行和谈时,华盛顿也保持清醒的头脑,告诫人们要加强战备,不可放松警惕:"不管敌人的真正意图如何,我认为应该进一步加强而不是削弱我们的注意力和努力。谨慎、戒备和采取预防措施至少不会带来什么害处,过分信任别人和苟且偷安可能是极其危险的。"④3 月 12 日,他又致信麦克亨利,提醒他不要为和谈而放松警惕,要"为现正进行的战争获取支援,为下次战役积极做好准备,然后视情况与事态的发展进行战争或谈判和平。我认为各州的任何松懈与怠惰是对敌人最大的帮助……假如由于因指盼虚假的和平,对战争措施三心二意,致使战局拖延,不能早日结束,则人命的损失、财力的消耗,难道不应由我们负责吗?"⑤

① [美]乔治·华盛顿:《华盛顿选集》,聂崇信等译,商务印书馆 1983 年版,第 69 页。

② [美]华盛顿·欧文:《华盛顿传》,张今译,新华出版社 1984 年版,第 348—349 页。

③ [美]乔治·华盛顿:《华盛顿选集》,聂崇信等译,商务印书馆 1983 年版,第 170 页。

④ [美]乔治·华盛顿:《华盛顿选集》,聂崇信等译,商务印书馆 1983 年版,第 636 页。

⑤ [美]乔治·华盛顿:《华盛顿选集》,聂崇信等译,商务印书馆 1983 年版,第 196 页。

华盛顿始终不渝地坚持自己制定的战略，领导北美人民经过 8 年浴血奋战，终于打败了英国军队，实现了民族独立这一崇高的战略目标。

二、华盛顿在独立战争中的军事思想

作为北美大陆军总司令的华盛顿，在战争期间，努力组建了一支真正的职业化军队，以高超的军事艺术指挥这支军队赢得了独立战争的胜利。在战争中他的军事思想主要有以下内容。

1. 重视情报工作，做到知己知彼，以便正确做出判断和决策。华盛顿具有军事家的敏锐性，早在 1769 年，他就预见到殖民地和英国之间的武装冲突已不可避免。1776 年，他又预见到这场战争将是持久的。① 他非常重视情报工作，把它看作是判断敌情和决策的依据。他在整个农村建立了谍报网，让部下运用“权力所及的一切手段去了解敌人的数量、处境和企图……”，把“具有重要意义的、应当了解的每一条情报都务必及时送来”。② 他还重视从英国收集情报：“我也认为有必要从英国收集情报，以了解其内阁各种花招的真正动机，了解他们军力准备情况、募集兵员的前景与数量，以及何时可能集结等。”③华盛顿就是靠准确的情报和军事家的高瞻远瞩，才能知己知彼，用兵如神，以劣势兵力与敌周旋，使英军始终无法歼灭其部队的主力，只好称他为“捉

① ［美］华盛顿·欧文：《华盛顿传》，张今译，新华出版社 1984 年版，第 256 页。

② ［美］拉塞尔·韦格利：《美国军事战略与政策史》，彭光谦等译，解放军出版社 1986 年版，第 26 页。

③ ［美］乔治·华盛顿：《华盛顿选集》，聂崇信等译，商务印书馆 1983 年版，第 136 页。

不住的老狐狸”。

2. 作战原则是集中兵力。他反复强调:“战役一打响,就尽力使部队在某些驻地集结起来,形成战区的中心,以利于支援敌人驱兵所向的任何地方……不慎重地分散兵力,优势之军也可能成为劣势之军的牺牲品。”“我们不能分散部队,丧失对敌人兵力上的优势……军队必须保持团结一致……”①集中兵力是为了“一旦有适于攻击敌人的微小可能性,就要给敌人以迎头痛击……”②进攻时,华盛顿强调突然袭击,速战速决,以达到出敌不意的效果。

3. 时刻注意保持部队的机动性。华盛顿认为,在采取防守战略时,部队在优势敌人面前常常需要退却,以避敌锋芒。但这不是单纯为撤退而撤退,而是把退却作为部队的机动。迅速的机动同有价值的情报一样必要。③ 1776 年 12 月,他在东新泽西和西新泽西的撤退,就是这一思想的生动例证。他还善于用佯动来迷惑和吸引敌人主力,为自己部队的机动创造条件,从而合围敌人的重兵集团。在约克镇战役中,华盛顿留下少数部队做出要攻击纽约的样子,使纽约的英军不敢南下,而他却会同法军星夜兼程赶到约克镇,取得了决战的胜利。

4. 特别重视正规军的建设。华盛顿认为,只有依靠正规军才能与英军作战。战争初期,他就已经看到民兵的缺点,指出建

① [美]华盛顿 · 欧文:《华盛顿传》,张今译,新华出版社 1984 年版,第 24 页。

② [美]华盛顿 · 欧文:《华盛顿传》,张今译,新华出版社 1984 年版,第 24 页。

③ [美]华盛顿 · 欧文:《华盛顿传》,张今译,新华出版社 1984 年版,第 27 页。

立一支正规军对于进行战争是至关重要的,它关系革命的成败。没有正规军,“注定要灭亡”。① 华盛顿在战争中对民兵式的大陆军进行了整编,使之成为一支坚强的革命军队,经受了战火的考验。

5. 重视海军的作用。他因在战争中吃过英海军的苦头,认识到制海权的重要性。他指出:“在任何作战中,在任何环境里,一个决定性的海军优势都应被当作是一个基本原则,一切成功的希望都应以其为最后的基础。”②他把海军作为和平时期最优先要建立的军队提出来,主张应尽快建立一支“拥有相当实力的海军”。③

6. 具有对正义事业必胜的坚定意志。在战争中,不管遇到什么困难,遭受什么失败挫折,都不能动摇华盛顿的胜利信心。他多次坚定地表示:“我们的自由精神已在沸腾,不能再屈服于奴役……我们已决心与如此不公正、不人道的国家一刀两断!”④“我充分相信我们的事业的正义性,我不能设想这个事业最后会归于失败,虽然在一段时间里可能会阴云密布。”⑤他坚决反对与英国妥协的企图,主张将战争进行到底。

---

① [美]阿伦·米利特:《美国军事史》,军事科学院外国军事研究部译,军事科学出版社 1989 年版,第 54 页。

② [英]J.F.C.富勒:《西洋世界军事史》(第二卷),钮先钟译,军事科学院出版社 1981 年版,第 294 页。

③ [美]乔治·华盛顿:《华盛顿选集》,聂崇信等译,商务印书馆 1983 年版,第 329 页。

④ [美]乔治·华盛顿:《华盛顿选集》,聂崇信等译,商务印书馆 1983 年版,第 170 页。

⑤ [美]乔治·华盛顿:《华盛顿选集》,聂崇信等译,商务印书馆 1983 年版,第 636 页。

7. 提出了建立国际军事同盟的思想。华盛顿清楚地认识到英美双方力量的悬殊,仅靠美国的力量是无法打败英国的,只有争取外援,建立反英军事同盟,才能取得战争的胜利。他特别重视法国的援助:“在我们的事业处于千钧一发之际,如果法国不给予及时有力的援助,即令她今后打算给予援助,那对于我们也是没有用处的……必须立即援助我们,否则,来不及了……”①美国正是同法国等国建立了军事同盟,才取得了战争的最后胜利。

美国正是有了正确的军事战略和军事思想作指导,才取得了独立战争的胜利,并在战争中,指导了军事体制的建设。

第三节　独立战争时期的军事体制建设

在这期间,新生的美国为了进行战争,在军事战略和思想的指导下,逐步建立了一整套的军事制度,并在战争实践中不断进行改革,使之逐步完善,适应战争的需要,最终打败了当时世界上最强大的英国军队,赢得了独立战争的胜利。

美国在战争期间建立的军事制度如下。

一、通过宪法确立新生美国的军事体制

早在《独立宣言》通过前,大陆会议就着手制定宪法。1777 年 11 月 15 日,大陆会议通过了由约翰·迪金森起草的《邦联条例》,于 1781 年 3 月生效,又被称为“1781 年宪法”。

《邦联条例》规定:美国最高权力机构是由 13 个州议会派出

---

① [美]华盛顿·欧文:《华盛顿传》,张今译,新华出版社 1984 年版,第 595 页。

代表组成的一院制国会。它只有一些表面权力,如发行货币和债券,外交上的签约,征收关税及入口税,司法中解决各州争执的裁决,以及行政委任等权力。由于国会没有一个行政首脑和司法机构,没有财政权,所以上述权力形同虚设。实际权力在各州手中,各州享有主权和财政权。

《邦联条例》的军事内容有:把共同防御放在首位,当任何一州受到外来威胁和攻击时,各州有义务相互援助。国会决定战争或媾和;决定各州是否设立军队和战舰;支付战费和共同防御费用,但这些费用要由各州按面积大小分配;决定战时捕获品的分配;任命陆军团以上军官及全部海军军官;制定和监督执行有关海陆军的法规;为各州招募的兵员提供装备,统一指挥各州的军队,等等。

初看起来,国会在军事上权力很大,但实权在各州手中。首先,各州理应按人口比例纳税,实则自行其是,国会无权强迫执行。没有财政权,国会的战争费用和部队装备就无从谈起。这种情况在战争时就已暴露无遗,当时大陆会议经常因各州不准时纳税而陷于财政危机。其次,州掌握了征兵权以及委任陆军团以下军官的权力,可随心所欲地征兵,经常完不成配额。而征召的兵员一般是以团为单位,实际指挥权就掌握在各州手里,国会指挥不动。大陆军在战时根本没有达到过法定数额,华盛顿经常陷于兵员不足的困境中。再者,《邦联条例》规定:只要有 9 个州反对,就可以否决国会关于军事问题的决策,包括宣战、委任军官、军费、征兵、建造军舰以及部队的调动。这样,国会实际上受州的摆布,无法集中统一指挥,没有处理军事事务的权力。这种中央权小、地方权大的局面,使美国仅仅是一个松散的国家联盟,严重干扰和影响了大陆军的军事行动。

二、建立了以文官治军为原则的军事统帅机构

新生的美国建立了军事统帅机构,来领导和指挥独立战争的进行。这种军事统帅机构始终坚持文官治军原则,它的建立有一个过程。

早在反对印花税的斗争中成立的"自由之子"为了反抗英国的军事镇压,开始为武装斗争做准备。他们成立了秘密军事组织,制订了武装反击的计划,并在各地的组织之间订立了反英秘密军事联盟。"波士顿惨案"后,为了支援波士顿人民,新英格兰各地都召开了抗议大会。会上,民兵代表纷纷表示要支持波士顿人民,决心以武力把英军赶出北美大陆。马萨诸塞议会派代表赴各地寻求支持。

在萨缪尔·亚当斯的倡议下,1772 年在波士顿建立了"通讯委员会",1773 年在弗吉尼亚成立以亨利和杰斐逊为首的常设"通讯委员会",各地纷纷仿效,建立了 80—90 个"通讯委员会"。"通讯委员会"通过特别联络员和各地的"自由之子"分会联系,互通情报,把分散在各地的群众组织统一起来。"'通讯委员会'是革命新政权的萌芽,是组织革命力量的强有力工具。"①它兼有政府和联络的功能,掌握地方的行政、司法权力,通过特别联络员和各地的"自由之子"分会联系,互通情报。"通讯委员会"把分散在各地的群众组织统一起来,它所发出的命令和指令可以立刻变成行动。它还把准备武装斗争放在重要地位上,组织和训练各地民兵,囤积武器,随时准备以武力反击英军发动的袭击。"通讯委员会"把北美的武装力量组织起来,使反英斗争上升到由政府领导的更

---

① [美]华盛顿·欧文:《华盛顿传》,张今译,新华出版社 1984 年版,第 216 页。

高阶段,为武装斗争做好了准备。

1774 年马萨诸塞议会成立安全委员会(也可称公安委员会),在"通讯委员会"的指导下,在殖民地的各州、郡、市乡镇行使军事监督权、警察权、行政权和司法权,相当于政府的作用。各州也纷纷仿效,成立安全委员会。安全委员会执行大陆会议的命令和法令,镇压反革命活动,维护社会治安。作为民兵的指挥机构,负责组织和征集民兵的工作,推荐民兵军官以及指挥军事行动。还设立了一个补给委员会,负责民兵的后勤补给工作。民兵分成若干大队,听从安全委员会指挥,一旦得到通知,就要尽快携带武器集合。联合作战体制的建立有一个过程。

在马萨诸塞的带动下,13 个殖民地全都行动起来,为未来的独立战争做准备。各殖民地先后把民兵组成有效率的军队。到了 1775 年,北美殖民地已经形成了团结一致的革命局面。第一届大陆会议的召开,是联合作战体制的初步形成。

独立战争爆发后,为了使后方的大陆会议和各州政府与前方军队保持联系,使政府的文件和信件、情报及时传到前方军队,并将前方的战况和需求反馈给政府,美国建立了驿站通信系统,如在 1780 年 5 月 12 日,英军攻占了南方主要海港查尔斯顿,信息 20 多天才传到里士满。杰斐逊认识到快捷通畅的通信在战争中是十分重要的,便在里士满和南方战场之间建立了驿站系统,每隔 40 英里设一个驿站,由骑兵传递情报与各种文件和信息以及州政府和战地指挥官之间的信件。驿站网建立后,信息传递的时间大大缩短,如从南方前线传到里士满的信件仅用 48 小时,而之前要 5 天。驿站网的建立加强了统帅机构和前方之间的联系,促进了上情下达,确保指挥畅通,有力保证了战争的胜利。驿站在约克镇战役的胜利中就起了重要作用。

武装斗争开始后,大陆会议建立了军事统帅机构来指挥作战。大陆会议在制订建军措施时,议员们念念不忘历史上的军事专制和克伦威尔的军事独裁。所以在建立军事统帅机构时,议员们始终坚持文官治军原则。大陆会议确定战争的目标,通过有关军事的立法,制定军队的纪律条例,掌握对外事务,有时还直接筹划战略。

军人永远承认文官政府的领导权,要定期向大陆会议汇报。军人不得公开批评政府,军事行动前须先向政府汇报并征得政府的同意。约翰·亚当斯要政府密切注意军队的动向,防止出现军事独裁的苗头。大陆会议任命华盛顿为大陆军总司令,授予了他“充分的权力和职权”。但又成立“军事委员会”作为大陆会议负责军事的机构,要求华盛顿服从大陆会议的军事委员会发布的指示和命令,定期汇报工作。主要军官的任命权在大陆会议。因军队的规模、资金、条令、物资供应等责任过大,在华盛顿的紧急要求下,1776 年 6 月 12 日又成立了“战争与军械委员会”(又称“战争委员会”),由 5 名大陆会议成员和 1 名秘书组成,其权力为“征召、装备和调遣所有的陆军”,指挥作战并处理大陆会议与战争有关的公文。① 委员会的首任主席是约翰·亚当斯。但是后来该机构的主要工作是动员人力和装备,对所需军用物资评估和清点及调拨,筹建兵工厂,并把大陆会议的命令和建议传递给军事指挥机关。调动和指挥军队的任务由军事指挥机构完成。1777 年因战场形势改善和国会的批评,该委员会进行了改组,5 名成员包括 3 名非大陆会议的成员,其中按照华盛顿的建议,还包括军人。1778

① T.Harry Williams,*The History of American Wars from 1745 to 1918*,Louisana State University Press,1981,p.29.

年4月以后,该委员会不再制定政策,只负责后勤和来往的公文等琐碎事务。1778年10月,委员会有两名大陆会议议员加入。1781年《邦联条例》生效后,大陆会议又设立了一名陆军部长(the Secretary of War),其权力和该委员会相同。

各地的议会和大陆会议通过控制"钱袋"即掌握财权来控制军队。大陆会议通过财权控制军队的规模和构成,提供军队所需的资金和物资。

大陆会议掌握主要军官和参谋的任命权,任命华盛顿为大陆军总司令。大陆会议可以不经过华盛顿,直接对各地的军事指挥官发布命令。如1780年7月,当大陆会议任命盖茨为南方战区司令时,华盛顿一无所知。华盛顿是北美威望最高的军事将领,他参加过英国对法的战争,富有指挥才干;在反英斗争中立场坚定,多次请缨杀敌;在大陆会议开会时,他担任军事委员会主席,大会通过的大部分军事规章、条例和防御措施,都是由他制订的。大会全票一致通过对他的任命。① 大会还任命了4名少将、8名准将以及参谋班子,建立了"战争及军令委员会",由5人组成;作为大陆会议指挥战争的机构。1781年,该委员会为陆军部取代,此后,北美殖民地建立了一个集中统一的指挥系统。

华盛顿把指挥权的集中看成是作战胜利的必要条件。大陆会议确定在总司令华盛顿以下参谋部设2个少将、8个准将,设立副官署、军粮处、军需处和薪饷处。2个将军是副官和军法官。副官负责具体指挥和以总司令名义发布命令。军法官负责法律事务。准将中,生计长负责财务,总主代表负责人事,军需长负责后勤供

① Ernest R. Dupuy, Paul F. Braim, T. Dupuy, *Military Heritage of America*, New York: McGraw-Hill, 1956, p.82.

应,军粮长负责食品供应,军服长负责军服供应,总军医负责医疗卫生,总工程师负责桥梁和防御工事及要塞的修建。营地助手主要负责司令部的日常事务,如起草文件、分发信件和报告。在战略和作战指挥方面,华盛顿主要依靠战争委员会。在前线,华盛顿指挥三个军区:北部军区、中部军区和南部军区。他兼任中部军区司令。原来他要受到大陆会议以及所属的委员会的掣肘及各州议会的干预,这些都大大影响战斗的进展。随着战局的发展及华盛顿的努力,他的权力也日益扩大。在他反复要求下,1777 年 1 月大陆会议决议,授予他以“足够充分和完全的”权力,征召 16 个营的步兵、三千骑兵、三个团炮兵和一队工兵,华盛顿在这些部队中可以任命或罢免准将以下的军官。[①] 1777 年 9 月,大陆会议在撤离费城时,又授予华盛顿在非常时刻征集军需品、处理物资财产的权力。在指挥作战中,他依靠下属的一个参谋班子专为他出谋划策和处理军中事务。1781 年大陆会议设立“战争部”以代替原来的“战争委员会”。从理论上,为体现文官对军队的领导,由林肯担任部长,下设一个办公厅主任和两位秘书。但林肯承担了琐碎的日常事务性工作,如军队与大陆会议的联络、军队的供应、薪饷、人事、情报和征兵等,把实际的指挥权交给了华盛顿。这样,华盛顿可以从事务性工作中脱身,在指挥上拥有了越来越多的自主权,在独立战争的后期取得了战略主动性。

三、建立一支正规化的职业军队

在独立战争中,美国军队主要由三种武装力量组成:大陆会议

---

① [美]阿伦·米利特:《美国军事史》,军事科学院外国军事研究部译,军事科学出版社 1989 年版,第 54 页。

领导的全国军队——大陆军、各州正规军和民兵。

战争爆发后,马萨诸塞呼吁建立一支新英格兰的军队。1775年6月15日,大陆会议通过军事决议案,规定:大陆军是由各州按人口比例分摊名额征召的正规军,其编制仿照英军的模式。大陆军由陆军和海军组成。

(一)大陆陆军

大陆军以陆军为主,陆军又分为步兵、炮兵、骑兵和工兵。大陆军编制仿照英军的模式。步兵每师2至3个旅,每个旅4个团,步兵以团为基本单位,下辖8个连。一般每团的士兵都来自同一个州。总数88个营约6万人(但战争中从未达到此数目)。①1775年9月,华盛顿曾计划建立新军,有26个步兵团,每个团8个连共720人;还有8名参谋。另有一团来复枪手和一团炮兵,全军共计20372人,由大陆会议统一征召。但此计划因遇到种种困难而难以付诸实施,②大陆军在战争期间从未达到原定编制的6万人,在战争中从未超过3万人。③ 这是因为征兵权掌握在各州手中,大陆会议无实权,各州政府为了本州利益,经常从中作梗,完不成分摊的数额。投票决定先集中第一批为大陆会议服务的来自弗吉尼亚、马里兰和宾夕法尼亚的10个连的来复枪手,北上加入围困波士顿的军队。

大陆军正式编成后,原想规定服役期为3年或"整个战争时

---

① 《苏联军事百科全书》中译本编辑组:《外国著名战争战役》,知识出版社1981年版,第57页。

② Headquarters, Department of the Army, *American Military History*, Washington D.C., 1958. p.39.

③ Maurice Matloff, *American Military History*, Office of the Chief of Military History, United States Army, Washington D.C., 1969, p.46.

期”,但因遇到强烈反对,只好定为 1 年。由于殖民地时期长期以来形成的习惯和地方传统在作怪,大陆军士兵经常在收获季节偷偷溜回家收割庄稼,干完农活再悄悄归队。无论战争如何紧急,只要服役期满,连一天也不多待,便离队回家过田园生活去了。这就大大影响了军心的稳定,导致部队战斗力的下降。1775 年底,头一年的大陆军任期届满,但只有一半军官和三分之二的士兵愿意留队继续服役到 1776 年。1776 年有 11 个团服役期满,只有 966 人愿意留下来,尽管华盛顿再三央求士兵们再多待一个月,等待接替者到来,但无济于事,大多数人一走了之。这种状况导致了一些关键性战斗的失利。1776 年底,华盛顿手下只剩下 3000 人。就是这些人中,也有许多人服役期满即将离队,使华盛顿陷入空前的困境之中。

华盛顿还创建了轻装步兵。他仿照英军,从士兵中挑选精兵强将。这些人多来自边疆地区,善于射击、侦察,类似于特种部队。1777 年轻步兵刚一问世,华盛顿就从每个旅挑选了 100 人,组建了一个轻步兵旅,使用一种比滑膛枪更轻的步枪,由威廉·马克斯维尔准将任旅长。1779 年 7 月,该旅在韦恩指挥下,达到 1312 人,屡立战功。

炮兵:这是 1775 年围攻波士顿时建立的。当时有 51 门大炮,最大的一门迫击炮有 1700 磅重,口径 13 英寸。1775 年 5 月 10 日,厄丹·艾伦率领由农民组成的“青山少年”,突袭加拿大的提康德罗加和克朗波因特,当地守军投降。“青山少年”缴获了 200 门大炮和大批弹药。① 这缓解了大陆军缺乏炮兵的“燃眉之急”。

① [苏]叶菲莫夫:《美国史纲》,苏更生译,生活·读书·新知三联书店 1962 年版,第 116 页。

在此基础上,大陆军组建了炮兵。1776 年 1 月,亨利 · 诺克斯为美国炮兵发展作出最大贡献。他创立了自教自学法,培养炮兵军官。还发挥外国专家的作用,任命法国人珀勒西为助手。他还改进了炮架,可以不用马拉,人就可以拖动,大大提高了火炮的机动性。他还在斯普林菲尔德建立了“大陆炮兵武器铸造厂”,满足了军队对火炮的需要。1776 年夏天,炮兵为 585 人,该年末组成 4 个团。1780 年每团 10 个连,共 1646 人。炮兵为战争胜利作出重大贡献。拉法耶特称之为“革命的奇迹之一”。①

骑兵:1774 年费城第一骑兵队建立,是美军最早的骑兵。早期,骑兵的作用未受到重视,仅用于侦察、警卫、杂役和送信。1777 年大陆会议授权建立 4 个骑兵团,卡西米尔 · 普拉斯基为第一任司令。但是骑兵长期不受重视,如 1780 年第二骑兵团仅有 7 人装备齐全,可以执行任务。② 在南方,美国骑兵十分活跃,特别是马里昂、轻骑兵哈里 · 李和威廉 · 华盛顿等优秀骑兵指挥官在考彭斯、吉尔福特等战斗中多次挫败英军。③

工兵:大陆军组建了工兵,用于修建防御工事、架桥铺路、进攻城市。华盛顿重视工兵,他任命了许多外国技术人员从事这项技术性最强的工作。法国工程师路易斯 · 勒贝格 · 迪波尔塔伊被任命为大陆军总工程师。他在西点保卫战和约克镇战役中发挥了重要作用。到 1782 年,在迪波尔塔伊手下有 14 名法国工程师做助手。

① [美]拉塞尔 · 韦格利:《美国陆军史》,丁志源等译,解放军出版社 1989 年版,第 77 页。

② [美]拉塞尔 · 韦格利:《美国陆军史》,丁志源等译,解放军出版社 1989 年版,第 79 页。

③ Walter Millis, *Arms and Men: A Study in American Military History*, New York: G.P.Putnam's Sons, 1956, p.33.

(二)大陆海军

早在1775年,为反对英军封锁波士顿,华盛顿就曾把一些渔船改装成武装船只,对英国帆船成功地进行了袭击。为了反击英国海军的袭扰,罗得岛最先提出要大陆会议建立一支海军。一开始,大陆会议对这一建议置之不理,但当英舰屡次袭击南方后,南方代表也同意建立海军。1775年10月13日,大陆会议正式决定建立海军,由霍普金斯任海军司令。

大陆海军分两种类型:一是大陆会议直接领导下的国家海军,由各州出1名代表组成"海事委员会"负责领导。战争初期有34艘战舰。[①] 1775年12月大陆会议批准了建造军舰的计划,决定建造13艘远洋快速战舰,[②]但实际只建成7艘。[③] 二是州海军。13个州中有11个州建立了海军,只有特拉华和新泽西例外。但州海军多是单层甲板帆船和武装小艇,只有马萨诸塞有远洋战舰。州海军一般防守本州海岸或从事劫掠活动。同时,大陆会议还建立了海军陆战队。

大陆军队组建后,经受了8年战火的洗礼和挫折、困苦的严峻考验,成长为一支具有坚韧不拔的战斗意志、忠于民族独立的坚定信念和不怕流血牺牲的顽强作风的革命军队,为独立战争的胜利作出了决定性贡献。

四、初步建立后勤供应体系

在反对印花税斗争期间,马萨诸塞为准备武装斗争,修建了仓

① 刘祚昌:《美国独立战争简史》,华东人民出版社1954年版,第100页。

② [美]塞缪尔·埃利奥特·莫里森等:《美利坚共和国的成长》(第一卷第一分册),南开大学历史系美国史研究室译,天津人民出版社1975年版,第398页。

③ [美]内森·米勒:《美国海军史》,卢加春译,海洋出版社1985年版,第10页。

库,储存军火物资。1774年在反英斗争中,马萨诸塞建立了一个补给委员会,负责民兵的后勤补给工作,在康科德和伍斯特两地修建了大型仓库,囤积了大量军火。在其他殖民地,也都建立了许多军火仓库,储存了大批军火物资,准备将来的武装斗争。

独立战争爆发后,大陆会议在建军过程中,十分重视军队的后勤供应,专门设立军需和军粮部门,负责军队供应和运输。军粮主任特朗布尔努力建立一个粮食采购和供应网。1775年11月4日,军队制订了一个“定量配给标准”,规定:“军队的定量由以下食品和分量构成:每人每天1磅牛肉,或3/4磅猪肉,或1磅咸鱼;每天1磅面包或面粉;以每美元1蒲式耳豆类的标准,每周每人3品脱豆类,或者相当3品脱豆类的蔬菜;以每美元72品脱牛奶的售价为标准,每人每天1品脱牛奶;每人每周半品脱大米,或1品脱印第安麦片;每人每天1夸脱云杉酒或苹果酒,或每周为100个人的连队提供9加仑的糖浆;对于卫兵,每周向每百人提供3磅蜡烛;此外,每周向每百人提供24磅软肥皂,或8磅硬肥皂。”①这个定量标准十分丰富,充分满足了士兵的营养需要。该标准实行了一个多世纪,直到现代营养学创立以后才改变。

后勤问题是困扰华盛顿的一个主要问题。由于北美殖民地缺少军火工业,又受制于英国海军的封锁,大陆会议无中央权威以及缺乏集中的供应体系,加之不法奸商偷工减料,贪污受贿,各州地方主义作祟等原因,使华盛顿及其麾下将士经常处于缺衣少食、挨饿受冻的困境之中。各州所提供的民兵在数量、编制、装备和报酬上均不一致,造成了大陆军的服装杂乱,五颜六色,长短不一,连高

---

① [美]拉塞尔·韦格利:《美国陆军史》,丁志源等译,解放军出版社1989年版,第58页。

级将领也只是戴一顶破旧的便帽指挥军队作战,装备更是五花八门,有马枪、猎枪、腰刀、剑……仅使用的滑膛枪就有12种型号,①人均子弹仅有9发,编制也混乱,有的团500人,有的团则达到1000人,军营里卫生更是脏乱差,疾病流行。1776年驻守提康德罗加的1.2万军队只有900双鞋,士兵每周有三天无面包和肉吃,每三个兵一支枪一条被子。② 1777年冬季和1779年冬季,部队两次因为后勤供应不足而陷于困境。甚至到了1782年,部队仍然缺衣少食,格林曾抱怨:“由于缺乏紧身军裤和衬衫,我们的士兵几乎是赤身裸体的,并且部队的大部分是赤脚的。”后勤供应的混乱常常导致大陆军作战行动的失败。如邦克山之战是因缺乏弹药和刺刀才失手的。1777年11月,华盛顿曾说,因后勤困难,“我军不止一次在有利时机不得不推迟进军的时间”。③

华盛顿为克服后勤的困难,付出了艰巨的努力。他利用各种机会、尽一切可能来改善部队的后勤供应。1776年在波士顿组建军队时,他就注意改善伙食和卫生条件。他建立了卫生制度,士兵住处由军官负责,按日清扫。建立了军营厨房,注意食品的卫生和烹调方法,保证部队有可口的饭菜。华盛顿的副官汉密尔顿于1777年9月在费城动员民众捐献毛毯、鞋子和马匹等物资。他还向纽约州议会提出建议,为士兵配备统一的军服,以使他们感到骄傲并肩负起责任。他还提出了士兵“给养配给率”的标准。

① Headquarters, Department of the Army, *American Military History*, Washington D.C., 1958. p.38.

② [美]查尔斯·比尔德等:《美国文明的兴起》(第一卷),许亚芬译,商务印书馆1991年版,第273页。

③ [美]拉塞尔·韦格利:《美国陆军史》,丁志源等译,解放军出版社1989年版,第67页。

1777 年在福吉谷时，为克服后勤的混乱，华盛顿建议大陆会议改革后勤机构，由格林任军需部长，瓦茨沃斯任军粮部长，大大提高了这两个部门的效率，克服了供应困难，使部队渡过了难关。

1780 年末，大陆会议将后勤供应责任下放到各州，要求各州为大陆军的各州部队支付款项，实行各州“特许品征用制”，给各州规定了食品、弹药和军需品的定额，后来由于各州抵制而失效。1781 年大陆会议将财权和军事管理统一到行政部门。华盛顿还对后勤机构大改组，大陆会议任命费城富商及金融家莫里斯负责财政工作，匹克林为军需部长。两人密切合作，建立起新的后勤系统，再加上争取的外援，使美军又一次渡过了难关。莫里斯任财务总监后，把军需、粮食、医务权都集中在他手中，加强了后勤的集中统一指挥。他还废除了向各州征用军需品的做法，代之以同私人签订供应合同，从而在相当的一段时间里大大改善了后勤供应。保证了南方决战的胜利。1783 年春，华盛顿感到“军队比以往任何一个冬季住得好，吃得好，穿得好”。① 后勤状况的改善和外国源源不断的支援，终于使美国奠定了胜利的基础。

五、加强民兵建设

在反英斗争中，一些有识之士开始建立各种组织，以便为未来的武装斗争做准备。其中，影响最大的是在反印花税斗争中成立的“自由之子”社。领导者是一批激进的民主派，他们多是律师、记者，著名的有塞缪尔 · 亚当斯。“自由之子”社成立后，活跃于各地，进行宣传鼓动工作，发动群众抵制英货，举行示威游行，袭击

① [美]乔治 · 华盛顿:《华盛顿选集》，聂崇信等译，商务印书馆 1983 年版，第 169 页。

英国的税收机关,破坏征收印花税的工作。1765 年,当风闻英国要派舰队和军队前来北美进行镇压时,“自由之子”社决心以武力对抗。他们扬言不惜“在血深及膝的血泊中战斗,决不让印花税法得以实行”。① 他们成立了秘密军事组织,制订了武装反击的计划,并在各地的组织之间订立了反英秘密军事联盟。② 1766 年初,仅在康涅狄格就有 1 万名“自由之子”武装起来,马萨诸塞和新罕布什尔两地也有几万人武装。

“波士顿惨案”后,各地组建了名为“一分钟人”的民兵特种部队。他们训练有素,枕戈待旦;听从“通讯委员会”号令,一旦英军出现,立即投入战斗。

为防英军袭击,1774—1775 年冬天,各个殖民地还组织了军事情报部队,从事情报搜集工作。其中,以保罗·里维尔领导的波士顿情报部队效率最高,能获得英军司令部里军事计划的情报。③

1774 年,马萨诸塞议会通过了组织民兵的法案,任命了几位将领。将执行权力委托给一个安全委员会,负责组织和征集民兵的工作,推荐民兵军官以及指挥军事行动。还设立了一个补给委员会,负责民兵的后勤补给工作。民兵分成若干大队,听从安全委员会指挥,一旦得到通知,就要尽快携带武器集合。马萨诸塞议会还下令各城镇的官员要征集 1/3 的民兵组成“一分钟人”,以便应对突发事件。

---

① [美]哈第:《美国第一次革命》,黄可译,生活·读书·新知三联书店 1955 年版,第 459 页。

② [美]哈第:《美国第一次革命》,黄可译,生活·读书·新知三联书店 1955 年版,第 459 页。

③ [美]赫伯特·摩累斯:《为美国的自由而斗争》,孙硕人等译,生活·读书·新知三联书店 1957 年版,第 166 页。

在马萨诸塞的带动下,13个殖民地全都行动起来。各殖民地先后把民兵组成有效率的军队。地方各级委员会强迫亲英派民兵军官辞职,而由具有爱国之心的军官接任。民兵的1/3组成“一分钟人”,余下的人组成警戒连队。① 北美到处都建立了“地方组织委员会、驿马队、民兵连的网,全都预备可以立即行动”。②

1775年3月,弗吉尼亚议会在亨利的倡议下通过决议:采取军事行动,训练民兵。弗吉尼亚民兵请华盛顿予以指导和训练。在萨凡纳,人民夺取了当地商店储存的军火以及停泊在港口的英军船上的枪支弹药。③ 还有许多地方的居民自发组织武装队伍,参加者自称“时代人”“自由少年”等。他们自己选举指挥官,筹办武器装备,监视当地英军的活动。④

独立战争爆发后,华盛顿虽然指出了民兵的弊端,极力创造一支正规军,但是也没有把民兵完全抛弃不用。他对民兵的看法有一个发展的过程。原先,他把民兵看得一无是处,认为依靠民兵犹如依靠“枯木朽株”一样:“民兵私心重,按无私的原则行事的人极少,相比之下,不过是大海中的一滴。”⑤但是后来民兵在一些战斗中表现出色,使他对民兵看法发生了变化。邦克山之战,他看到民兵的英勇表现后,如释重负,大松一口气,高喊:“国家的自由现在

① Headquarters, Department of the Army, *American Military History*, Washington D.C., 1958, p.30.

② [美]哈第:《美国第一次革命》,黄可译,生活·读书·新知三联书店1955年版,第91页。

③ [苏]谢沃斯季扬诺夫:《美国近代史纲》,易沧、祖述译,生活·读书·新知三联书店1977年版,第96页。

④ 苏联科学院编:《世界通史》(第五卷),北京编译社译,易沧、祖述译,生活·读书·新知三联书店1963年版,第707页。

⑤ [美]华盛顿·欧文:《华盛顿传》,张今译,新华出版社1984年版,第187页。

万无一失了。”①萨拉托加战役后,他高度赞扬参战的1.4万民兵:“他们大多数是我国最优秀的义勇军,装备良好,而且许多人连粮食都是自己带来的。假若这个州和毗邻的几个州的人民也同样地普遍有这种精神的话,我们可能早就使豪威将军陷入和柏高英将军差不多一样的境地了……”②

他认为正规军和民兵互有优势和缺点。正规军素质高,但人员有限。民兵虽然训练和严格纪律差,但是人力充沛。如把两者结合起来,用各自的优点就可以弥补对方的不足了。对民兵如能加强训练和严格纪律,其完全可以同正规军较量,否则就是一群乌合之众。因此应以正规军带动民兵,对民兵进行军事训练和组织。以正规军为核心,以民兵人力作为正规军人力的补充,就可以取得战争的最后胜利。华盛顿加强了对民兵的训练和建设,把正规军的运动战和民兵的游击战结合起来。在美国南方大力开展游击战。民兵们以灵活机动的战术打击康瓦里斯的英军,使之陷在南方战场的“泥潭”中不能自拔,终于在约克镇遭到灭顶之灾。

六、初步建立了近代军事训练体制

在独立战争初期,占有优势的美军为什么在半年之内便失去主动权并濒临绝境呢?除了客观上英军援兵大批赶来北美参战,在海军和火力上占绝对优势之外,还与美军自身指挥失误有关系,但更重要更深层的原因,却在于大陆军本身的弊端。

① [美]华盛顿·欧文:《华盛顿传》,张今译,新华出版社1984年版,第478页。

② [美]华盛顿·欧文:《华盛顿传》,张今译,新华出版社1984年版,第2202页。

首先,大陆军还不是一支真正的正规军。大陆军服役期短,只有一年,大陆军的训练水平很低,纪律差。大陆军是仓促从各州民兵中征召的。这些民兵未受过什么正规的军事训练,且受民兵思想的影响,认为纪律束缚了人的自由。因此大陆军中几乎无纪律可言,人们来去自由,另外,各州所提供的民兵无论是数量、编制、装备,还是报酬上均不一致,造成了大陆军的服装杂乱,五颜六色,装备更是五花八门,编制也混乱,军营里卫生更是脏乱差。因此,这支大陆军实际上不过是一群武装民兵,是“没有多少纪律、秩序和无政府状态之下的……一群乌合之众”。① 连华盛顿本人也搞不清部队的实际人数,“他们来得莫名其妙,走得突如其来,打得乱七八糟,消耗光口粮和储备,最后在关键时刻一走了之”。② 这样的军队在防守和伏击时还可与训练有素的英军抵挡一阵,一旦同英军面对面正式交手,往往一触即溃。

其次,大陆军的军官素质低。大陆军校级以下军官是凭资历而非能力由各州选出的,再由各州任命,由大陆会议颁发委任状。这些中下级军官的素质很差,1775 年 11 月华盛顿曾经写信给大陆委员会主任,称上尉军官有一半想退休。军官地方主义严重,一个地方的军官不愿和另一个地方的军官混编在一起。许多军官服役是为了升官发财。华盛顿警告说:“这里缺乏一心为公的精神。过去我满以为人们会争先恐后地为祖国的事业而报名服役,不料情况并非如此……我从来没有见过人们这样缺乏一心为公的精神,人们这样缺乏美德;我从来也没有见到过人们在军队人事变动的这一重要关头尔虞我诈、互相倾轧,极尽卑鄙之能事,为的是捞

① Maurice Matloff, *American Military History*, Office of the Chief of Military History, United States Army, Washington D.C., 1969. p.47.

② 翟晓敏:《试论美国革命胜利的军事因素》,《南开学报》1988 年第 2 期。

到某种好处……”①上校以上的高级军官,也几乎没有什么军事经验。如阿诺德原是纽黑文城的商人,格林是农场主兼铁匠,韦恩曾是农场主兼测量员,马里恩是种植园主,沙利文是律师,普特南则是农民出身……这些人组成了华盛顿直属的高级将领班子。大陆军各级军官的这种状况,根本无法与受过高等教育、久经沙场、谙熟谋略的英军将领抗衡。

同时,民兵服役时间到了,无论情况多紧急,也要离队回家。民兵“浪费装备,纪律松懈”,“任性妄为,随意来去,对任何命令指示都可置之脑后”。② 他在战争中多次痛陈这种兵制的缺陷的严重性,认为“依靠民兵的办法无疑是以断杖当作拐杖”,必将导致独立战争的失败。③

为克服民兵制的弊端,华盛顿认为必须建立一支真正的正规军。而为了建立一支具有战斗力的真正的职业军队,华盛顿主要从纪律和训练两方面入手。

首先是建立严明的军纪。华盛顿认为正规军队的建设首要的是建立严明的纪律。他说:“纪律是一支军队的灵魂。”④他以英国的“规范军”为榜样制订军纪。1776年9月,在他主持下,以盖茨为首的制订军纪的委员会仿照《英国陆军法规》,制订了详尽的《美国陆军法规》,规定每两个月在部队当众宣读此法规一次。他

---

① [美]华盛顿·欧文:《华盛顿传》,张今译,新华出版社1984年版,第216—217页。

② [美]乔治·华盛顿:《华盛顿选集》,聂崇信等译,商务印书馆1983年版,第16页。

③ [美]查尔斯·比尔德等:《美国文明的兴起》(第一卷),许亚芬译,商务印书馆1991年版,第252页。

④ Maurice Matloff, *American Military History*, Office of the Chief of Military History, United States Army, Washington D.C., 1969, p.47.

把执行纪律放在建立军纪的优先地位,下令在军中设立军事法庭,“严禁一切恶习和不道德行为”,①违法违纪者受到鞭笞、木马直至绞架的严惩;违反和不服从命令者要处以鞭刑。开始规定对违纪者每次鞭打至多 39 下,华盛顿认为这远远不够,又增至 100 下。1781 年,他曾想增至 500 下,但未获成功,后来鞭刑保持在 100 下左右。② 他还下令在军营中设立了一个 40 英尺高的绞刑架,对逃兵、叛徒等处以死刑。他曾说:“我有决心……在上面绞死两三个人作为对其他人的一种警诫。”③他在执法时,对有功的高级将领也毫不留情。1776 年 1 月,大陆海军司令伊塞克 · 霍普金斯违反命令,进攻巴哈马。虽然夺取了英军军火库,满载而归,仍然受到追究,霍普金斯被开除出海军。正因为有了严明的纪律,美军才维持了一支正规军的核心,虽屡经挫折仍保持了较高的凝聚力和战斗力。

其次,华盛顿把进行严格军事训练当作提高大陆军官兵军事素质的基础。在殖民地时期,各地的民兵已经初步建立了军事训练体制。在反英斗争中,这种体制扩大了,各地十分重视对民兵的军事训练。马萨诸塞议会组织训练了 1 万名民兵。“通讯委员会”成立后,把分散在各地的群众组织统一起来,组织和训练各地民兵。

从 1776 年起,美国驻巴黎的外交特使迪安便不断介绍欧洲国

① [美]华盛顿 · 欧文:《华盛顿传》,张今译,新华出版社 1984 年版,第 568 页。

② [美]拉塞尔 · 韦格利:《美国陆军史》,丁志源等译,解放军出版社 1989 年版,第 70 页。

③ 《美国历史上的几个总统》,上海市直属机关“五七”干校六连组译,上海人民出版社 1972 年版,第 117 页。

家的军官到美军中任职,帮助进行军训及指挥基层部队。其中影响最大的是普鲁士军官斯图本。1777 年,他担任了美军的陆军总监。1778 年 2 月,他在福吉谷对陷于困境的美国军队进行了军事训练。训练中采用普鲁士的操典,进行队列、射击、刺杀、战术等各项基本训练,训练普鲁士的线式战术,包括机动与射击以及如何进行白刃战,大大提高了美国军队的正规作战能力。1779 年,斯图本制定了《美国军令军纪条例》,被称为斯图本的“蓝皮书”,作为美国军队战地勤务操练规章手册,被美军严格执行,并按其进行军训。该书先后再版 70 多次。[①] 美国方面对斯图本的贡献给予高度评价。1782 年,大陆会议致信斯图本称赞道:“军队与合众国都十分了解你的成就。你担负了组建美军这一巨人才能胜任的工作。接受这一任务不过五年时间,我军的状况已大为改观……”美国人称:“华盛顿创造了美军的灵魂,斯图本塑造了美军的躯体。”[②]

经过建立严格的军纪和实行严格的军事训练,华盛顿就把这支民兵式的大陆军逐渐改造成为有统一领导、统一编制、训练有素、斗志昂扬的、坚强的革命军队。这支军队尽管屡遭挫折,几度濒临绝境,但是他们怀着捍卫民族独立、争取自由的坚定信念,始终保持一支正规军的核心。这支军队的作战能力大大提高,能够和世界上一流的英军相抗衡。他们不怕流血牺牲,克服重重困难,坚持战斗,经过 8 年艰苦抗战,最后终于和法国军队共同击败了英军主力,取得了独立战争的伟大胜利。

---

① [美]詹姆斯 · M.莫里斯:《美国军队及其战争》,符金宇译,世界图书出版公司北京公司 2013 年版,第 25 页。

② 翟晓敏:《试论美国革命胜利的军事因素》,《南开学报》1988 年第 2 期。

七、建立思想教育和物质鼓励相结合的机制

为了使军队在长期艰难残酷的战斗中保持昂扬的斗志，不怕流血和牺牲，华盛顿十分重视把精神与物质结合在一起，加强对部队的管理。他认为精神工作比提高物质待遇更重要。在刚到波士顿任总司令时，他就反复强调：有必要使“从最上层到最底层的每个人铭记着这个事业的重要性，铭记他们正在为什么而斗争”。《独立宣言》刚刚传到华盛顿麾下的兵营时，他就下令向全军宣读，号召全体将士为了民族独立的神圣事业“忠诚而英勇地作战”。① 华盛顿后来又发布了《总动员令》，称：“决定大陆军的光荣和成功的时刻和决定正在流血牺牲的我国的安全的时刻，迅速地逼近了。军士们和士兵们！记住！你们是自由人。你们是在为天赋的自由而战。假如你们不拿出男子汉大丈夫的气概履行自己的天职，那么你们和你们的子孙就要沦为奴隶。”②当部队在新泽西处于困境时，他又下令在军中散发潘恩写的《美国的危机》，以鼓舞士气。还让士兵在军中大唱爱国歌曲，以振奋军心。为杜绝士兵酗酒赌博的恶习，他还在每个团设立了一名随军牧师，督促士兵进行礼拜、祈祷等活动。华盛顿还善于做人的思想工作。当发现部下有思想情绪后，就以情和理进行帮助。如托马斯将军对职务不满，华盛顿便写信给他，一方面批评他，一方面真情地劝说：“在我们这个事业中，我们为之奋斗的目标，既非耀武扬威，亦非开拓疆土，而是为了保卫个人与国家利益中最高尚和珍贵的一切……每一个岗位——每一个人可以为国效忠的岗位，都应被看

---

① 余志森等：《论华盛顿在独立战争中的作用》，《历史教学问题》1982 年第 5 期。

② 余志森等：《论华盛顿在独立战争中的作用》，《历史教学问题》1982 年第 5 期。

作是无上的光荣……想想那些已经为国捐躯的勇士们,我恳求你从头脑中忘掉那些可导致怨恨和失望的情绪……"①托马斯接受了华盛顿的忠告,抛弃了个人私念,在战斗中多次立功,后来在加拿大远征中牺牲。

华盛顿虽然重视做思想工作,但是他并不是精神万能论者,他也十分重视改善部队的物质待遇。他在担任总司令不久,就向大陆会议建议:提高部队的待遇,"才能招致好的军官……他们所得到的津贴应足以维持上等人的生活与品格……对这些把生命置之度外,甘冒危及健康的风险,放弃家乡欢乐的人,是应该有所报偿的",他主张向每个服役者"立即发给优厚的津贴并赠予每个人100英亩或150英亩土地,对未授军衔的军官,每人发给一套衣服,一条毯子……短时间内我们就可拥有一支足以抗衡任何敌人的军队"。② 1776年12月,他为了吸引人员到炮兵服役,把炮兵军官的薪俸一律增加了25%。为稳定濒于解体的军队,他规定凡服役6周者奖励10美元。为了鼓励募兵人员的积极性并且保证募集到足够的人员,他主张对募兵和缉拿逃兵的人给予一定的奖金③。在华盛顿的呼吁和带动下,大陆会议和各州政府均规定了不同数额的奖励政策。如弗吉尼亚1779年规定,每名应征士兵可得到250美元、100英亩地和每年一套制服。④ 为了保持部队稳定,防止部队士兵服役期一满就离队,根据华盛顿的多次提议,大

① 余志森:《华盛顿评传》,中国社会科学出版社1990年版,第98—99页。

② [美]乔治·华盛顿:《华盛顿选集》,聂崇信等译,商务印书馆1983年版,第86页。

③ [美]乔治·华盛顿:《华盛顿选集》,聂崇信等译,商务印书馆1983年版,第106页。

④ [美]小戴维·佐克等:《简明战争史》,军事科学院外国军事研究部译,商务印书馆1982年版,第93页。

陆会议采取了重要措施,1777 年规定:对于在整个战争期间服役者,奖 20 美元 100 英亩地。对于服役满 3 年者,奖 10 美元。① 1780 年,又规定:凡服役到恢复和平时止的军官在有生之年均可领取薪金一半之数作为奖励。② 正是由于华盛顿把思想教育和物质鼓励结合起来,才能在困难的条件下,把全军官兵团结在一起,使军队保持了高昂士气,虽屡经挫折仍不屈不挠。

八、初步建立了联盟作战指挥体制

前文已提到,华盛顿清楚地认识到英美双方力量的悬殊,仅靠美国的力量是无法打败英国的,只有争取外援,建立反英军事同盟,才能取得战争的胜利。因此他提出了建立国际军事同盟的思想。美国正是同法国等国建立了军事同盟,才取得了战争的最后胜利。华盛顿努力争取到法国、西班牙、荷兰等欧洲国家参加对英国的战争,使美国独立战争发展成为一场遍及欧亚美三大洲的反英国际战争。法国先后派海军和陆军到北美,与美国军队并肩战斗。双方共同建立了前线指挥机构,指挥对英军的作战,迫使英军主力在约克镇投降,以胜利结束了美国独立战争。

小　　结

在近代军事史上,美国独立战争是一次典型的、以弱胜强的战

① [美]拉塞尔·韦格利:《美国陆军史》,丁志源等译,解放军出版社 1989 年版,第 45 页。

② [美]华盛顿·欧文:《华盛顿传》,张今译,新华出版社 1984 年版,第 385 页。

争,是“人类历史上一个最早的最伟大的真正的解放战争”。① 它具有许多与以往战争不同的特点:

其一,这是近代第一次具有全民抗战性质的总体战争。以前的战争都是有限战争,占领一两个战略要点、取得一两次会战的胜利,便决定了战争的结局。而在北美,英国面对的是一个全民皆兵、同仇敌忾的乡村国家,地广人稀。英国要想获胜,就必须攻占散布在几千英里范围的若干城市并固守之,这是不可能办到的。而且,即使控制了重要城市,美军还有广阔的农村可以回旋。英军兵力不足,顾此失彼,捉襟见肘。夺取纽约而丢失了波士顿,侵入南方则北方告急。尽管英军占领了纽约、费城等大城市,多次打败华盛顿军,但仍无法取得最后胜利。此外,这场战争双方的目标都不是有限的,美国要摆脱英国统治,实现民族独立,而英国正相反。

其二,战术上发生了革命。在 18 世纪,武器主要是滑膛枪,射程仅 200 码,而且准确性差,装弹慢,因此往往要用 2—3 列横队轮番射击,以保持火力集中。当时虽然发明了来复枪,但数量少,装弹慢,只能配置在侧翼作狙击用。所以,英国仍采用典型的线式进攻战术;在进攻中采用密集队形,以保持火力的集中和刺刀的威力。而美军则采用散兵战术,充分利用地形地物,发挥个人的能动性。在敌强我弱时,采用运动战和游击战相结合的战术,或伏击,或奇袭,消耗困扰敌军。在运动中寻找时机,合围敌重兵集团。

其三,战争规模不大,但波及的范围广。双方交战,最大的是师的规模,如萨拉托加和约克镇之战;更多的是团营级的。在海战中,美英几乎未发生大编队作战,战斗伤亡最多也不过几千人。但是,这次战争波及范围很广,战火燃遍了欧亚美三大洲。在战斗

① 列宁:《列宁全集》(第 29 卷),人民出版社 1956 年版,第 313 页。

中,双方都多次采用两栖作战。海军在战斗中起了举足轻重的作用。

美国之所以能赢得这场战争,一是美国人民团结一致,不怕牺牲,为了民族独立和自由英勇奋战的结果。在战争中,250 万人口中前后共动员了 30 万人参战。[①] 人民反英斗争的压力推动了大陆会议走上武装斗争的道路。在战争中,无论遇到什么样的困难和挫折,美国人民和军队都不气馁,坚持斗争。

二是国际支援是美国胜利的决定性因素。美国成功地利用了英国同法国、西班牙、荷兰等国的矛盾,赢得了国际的同情和财政、外交、军事等方面的援助。法、西等国参战改变了力量的对比,使英国丧失了制海权,从而使战略优势转到美国一方。法国陆、海军的支援是约克镇胜利的关键。国际上还给美国提供了大量物质支援。1776—1781 年,法国补助美国 190 余万美元,[②]贷款 640 万美元。[③] 1776—1779 年,西班牙赠送美国 39 万美元,1778—1782 年,贷款近 25 万美元。[④] 法国还提供了大批军用物资。此外,大批外国志士志愿来到美洲支持美国人民的正义斗争。据统计,参加独立战争的外国志士有 7000 多人,[⑤]其中著名的有:德国人斯图本、法国人拉法耶特、波兰人普拉斯基等。同时,英国和爱尔兰

---

① 王荣堂编:《世界近代史》(上),吉林文史出版社 1986 年版,第 170 页。

② 黄绍湘:《美国早期发展史(1492—1823)》,人民出版社 1957 年版,第 271 页。

③ [美]塞缪尔·埃利奥特·莫里森等:《美利坚共和国的成长》(第一卷第一分册),南开大学历史系美国史研究室译,天津人民出版社 1975 年版,第 371 页。

④ 黄绍湘:《美国早期发展史(1492—1823)》,人民出版社 1957 年版,第 271 页。

⑤ 黄绍湘:《美国早期发展史(1492—1823)》,人民出版社 1957 年版,第 65 页。

人民也展开声援斗争。爱尔兰人民曾组成10万义勇军,抵制英国货物,要求独立。爱尔兰、法国还开放港口供美国私掠船使用。1780年英国人民为反对这场战争而爆发了“哥登暴动”。这些都有力地支援了美国人民的斗争。

三是有以华盛顿为首的正确领导和高超的指挥艺术。华盛顿意志坚定,沉着果断,多次采用灵活机动的战略战术化险为夷,以运动战和游击战相配合打击敌人,并争取国际支援。最后能抓住有利时机同敌人进行战略决战,取得最终胜利。

四是英国将领无能,指挥混乱,政府腐败。英国自始至终没有集中统一领导,没有一个始终如一的战略,不能充分利用海军的优势,失去了许多有利时机。此外,距离遥远,后勤供应困难,也是失败的重要原因。

五是美国在战争中创造了一种具有“双重成分的陆军”的武装力量,即将平民组成的民兵与一支小规模的职业军队合二为一的独特的武装力量,以正规的大陆军为骨干、民兵为辅。大陆军素质高,但是人员有限。民兵虽然缺乏训练,纪律松弛,但是人力充足。在战争中,正规的大陆军和民兵互为补充,协同作战,在主战场上,大陆军是中坚力量。在大陆军因服役一年期满、部队遣散而招募新军遇到困难时,民兵展开游击战,有力地配合了正规军的作战,使美军对英军形成了战略上的主动权。正是依靠一年一期的大陆军和短期服役的民兵,美国才赢得了独立战争的最后胜利。据统计:在独立战争中,先后共有23.2万人在大陆军中服过役,对打败英军、取得独立战争的胜利起了至关重要的作用。这种双重的武装力量初步确立了今后美国的军事体制。

美国的胜利,很重要的因素是华盛顿持续不懈地进行改革。

但是他的改革在很多方面留有遗憾：一是正规部队的数目太少，最多时仅有 4 万人，一直没有达到法定 6 万人的数额。缺少一支长期服役的军队，部队服役期仅一年或更短的时间。农民在农忙时不愿离开农田。在战斗中，不管情况有多紧急，士兵一到服役期满便自行离队。华盛顿常常为人力不足而伤脑筋。此外，大陆会议中还有许多人轻视正规军，认为仅凭民兵便可对付英军。这些都影响到正规军的扩大。同时，后勤供应未得到根本改变，而是时好时坏，一直到战争结束仍未能改观。供应不足使部队供应差，待遇低，也影响了士气，并导致 1783 年两次发生部队的哗变。

在军事指挥方面，文官治军以及文官控制军队导致在军事指挥上一直没能达到军事上所要求的高度的集中统一。大陆会议出于历史上认为常备军是对民主的威胁这一观念，总是对军队保持戒心。大陆会议主席约翰·亚当斯就曾发出过警告："要经常用警惕的目光注视军队，防止其损害人民的自由权利。"①为防止出现克伦威尔式的人物，大陆会议坚持文官治军的原则。大陆会议任命华盛顿为大陆军总司令，授予了他"充分的权力和职权"。但又成立"军事委员会"作为大陆会议负责军事的机构，要求华盛顿服从大陆会议的军事委员会和大陆会议的各个委员会发布的指示和命令，定期汇报工作，主要军官的任命权在大陆会议。因军队的规模、资金、条令、物资供应等工作量过大，又成立了 5 人组成的"战争与军械委员会"来指挥作战。但因这些委员大都身兼数职，又不懂军事，成天忙于大陆会议工作，无法集中精力处理军事事务。直到 1777 年 10 月，大陆会议才允许军官参加委员会工作，负

① T.Harry Willianms, *The History of American Wars from 1745 to 1918*, Louisana State University Press, 1981, p.20.

责后勤事务。以上形成了两套指挥体系,令出多头,指挥混乱。如在 1780 年,经过多次要求,大陆会议才进行了重大改革,设立陆军部,改进后勤体系,任命格林为南方军司令等。但是,国会直接任命盖茨为南方军区司令,华盛顿却不知道,导致南方美军惨败。此外,各州议会还自己任命军官,提升军职。这种情况令华盛顿无所适从。他多次抱怨:"工作头绪繁多,苦不堪言。"①这种指挥不统一的状况严重干扰了军事行动的开展。

影响战争的进行、导致战争拖长最主要的一个原因是美国的资产阶级和奴隶主掌握了领导权。首先,他们不能放手发动人民群众,失去了战争初期获胜的良机,结果造成战争时间长达 8 年之久。

其次,南北方各州之间、大小州之间、资产阶级和奴隶主之间的矛盾使制定的全国宪法《邦联条例》导致了中央政府软弱无力,而州的权力过大。中央政府无征税权和财政权,不能通过税收来筹集军费。大陆会议和各州都竞相发行纸币,造成通货膨胀、货币贬值,导致投机倒把盛行,人民和军队生活困难,动摇了军心民心。

地方权力过大,中央受到州权的限制。由于当时大陆会议没有中央权威,实权如财权、征兵权、物资供应权等都由各州政府控制,由于历史上 13 个殖民地分离所形成的地方主义是根深蒂固的,各州上层集团互相猜疑,为各自利益特别是围绕西部土地的争夺存在严重的矛盾和摩擦。主要矛盾为北方各州同南方奴隶主之间的矛盾,南方有许多人成为效忠派,与革命为敌,或对战争持消极态度。加上大小州之间的矛盾,南北方面经济利益的冲突……

---

① [美]华盛顿·欧文:《华盛顿传》,张今译,新华出版社 1984 年版,第 217 页。

这些就影响到大陆军兵员、供应、服务期限、待遇等一系列问题。对此,华盛顿不止一次地痛陈州权的危害。1780 年 7 月 6 日,华盛顿在一封信里深刻地指出:“自战争开始以来……就是大陆会议将权力分别让予各州……我们的措施不是受一个议会的影响和指导,而是受 13 个议会的影响与指导。而各州议会受地方观念和地方政治的支配,不会考虑由于不遵守、拖延、割裂、修改代表全美人民智慧通过立法权力所体现的各项计划所造成的严重后果。”① 因此,华盛顿极力主张加强中央政府的权力,缩小州权,这是他战后极力主张制定新的联邦宪法的主要原因。

独立战争使美国赢得了独立,也获得了宝贵的经验教训,即要有中央政府的集中统一领导;州的利益要服从国家的整体利益;中央政府要有权威和实权;要建立一支长期服役、纪律严明和训练有素的强大正规军;要有一支受过良好训练的民兵;要有一个健全、完善和高效率的后勤供应体系……这样才能维护来之不易的独立与自由,才能在未来的战争中立于不败之地。华盛顿和其他政治家把这些经验和教训吸取到了建国时期制定新宪法和军事建设中去。

① [美]乔治·华盛顿:《华盛顿选集》,聂崇信等译,商务印书馆 1983 年版,第 169 页。

第三章 建国初期的军事制度

（1783—1812 年）

独立战争后，新生的美国要在一片白纸上描绘国家未来的发展蓝图，面临重重困难。经过剧烈的社会动荡后，美国终于产生了适合自己国情的政治体制和经济政策，形成了具有自己特色的军事制度。

第一节 建国初期的军事形势

1783 年 9 月 24 日，《巴黎和约》签订仅仅过了 4 天，美国国会便命令华盛顿让军队复员。于是，在英军还未撤离的情况下，美军士兵已经纷纷解甲归田。当英军撤出纽约时，华盛顿只剩下一个步兵团、一个炮兵营共 600 人。① 1784 年，军队进一步裁减到 70 人，②用来警卫西点的军事仓库。海军所剩无几的舰船也被拍卖了。美国已变成一个几乎没有军队的国家。至于漫长的边界线，大陆会议只要求各州提供 700 名民兵防守。③

① Headquarters, Department of the Army, *American Military History*, Washington D.C., 1959, p.105.

② Dale O.Smith: *U.S.Military Doctrine: A Study and Appraisal*, New York: Duell, Sloan and Pearce; Boston and Toronto: Little, Brown and Company, 1956, p.18.

③ [美]小戴维·佐克等：《简明战争史》，军事科学院外国军事研究部译，商务印书馆 1982 年版，第 103 页。

出现这种情况的主要原因,是扎根于人民心目中的对职业军人的反感和敌视。他们认为,和平时期的常备军与共和政府的原则是不一致的,对于人民的自由和民主是一个威胁。军队的长期存在会导致暴政出现。特别是在 1783 年 3 月和 6 月,驻扎在纽堡和费城的军队哗变,占领了邦联议会,更加深了人们对于正规军的恐惧。国会在解散部队的决定中声称:“和平时期常备军队与共和政府的原则是不一致的,对于自由人民的自由权利是危险的;常备军会渐渐蜕变成建立暴政的毁灭性的工具。”①此外,战争的胜利也使国会中许多人认为:即使没有常备军,只要有民兵,也会获胜。战后,依靠民兵便足以担负国防重任了。保留一支常备军,只会耗费国库的金钱。

战后歌舞升平的景象,也使许多人看不到美国所面临的危险。从外部而言,在北方,英国把撤出美国的军队大部分都集结在加拿大,虎视眈眈,时刻在寻机反扑,使美国重新变成英国的殖民地。在西邻,路易斯安那先归西班牙,后属法国。这两国都极力阻止美国向西扩张,并煽动印第安人不断发起攻击。南面则是西班牙的佛罗里达及美洲帝国。西班牙千方百计想阻止美国革命的影响和领土扩张,同时又在觊觎美国的领土。在美国内部,更是危机四伏。战后大资产阶级和奴隶主加紧了对人民的压迫和剥削,各种苛捐杂税多如牛毛,货币贬值 100 多倍,②人民苦不堪言。农民和士兵不断展开斗争,要求获得土地,增加薪金,减轻债务和租税。1783 年,8000 名士兵曾哗变,占领了费城议会大厦,要求发放拖欠

---

① Dale O.Smith:*U.S.Military Doctrine:A Study and Appraisal*,New York:Duell,Sloan and Pearce;Boston and Toronto:Little,Brown and Company,1956,p.16.

② 姜德昌:《世界近代史》(上),吉林出版社 1985 年版,第 175 页。

的薪金。在人民斗争中,规模最大的当属“谢斯起义”(1786 年 9 月—1787 年 2 月)。在起义中,谢斯提出“重新分配土地和取消债务”的口号,号召人民为保卫独立战争的胜利果实继续斗争。起义军很快发展到 1.5 万人,攻城夺地,声势十分浩大。美国政府费了九牛二虎之力,出动了约 4400 名军队,武力和欺骗手段交替并用,才把起义镇压下去。但人民斗争的浪潮仍一浪高过一浪。华盛顿曾忧心忡忡地说:“每一州都充满了可燃之物,星星之火,可以燎原。”①

1783—1809 年,美国基本上处于和平稳定的发展时期。在国内,只有同印第安人的一些小规模冲突。在国外,华盛顿实行了“中立外交”政策。这期间,历届政府都努力使美国置身于欧洲战争之外。但美国并没有因此而摆脱战争的威胁。美国先后同北非海盗和英法等国发生了海上冲突。这个时期的军事行动概况如下。

一、同印第安人的冲突

战后,资产阶级和奴隶主的领土扩张欲望急剧膨胀,加快向西部的领土扩张步伐。他们采取欺骗与武力双管齐下的手段,对印第安人的土地巧取豪夺。1783—1790 年,美国政府同印第安人签订了许多条约,强迫印第安人割让大片领土。当印第安人反抗时,政府就用武力镇压。据不完全统计,美国战后 14 年共夺取了从纽约至俄亥俄河和迈阿密河流域之间的 4800 万英亩土地。② 富有反抗精神的印第安人不断展开英勇斗争,捍卫自己的家园,给侵略

---

① 黄绍湘:《美国通史简编》,人民出版社 1979 年版,第 87 页。

② 黄绍湘:《美国早期发展史(1492—1823)》,人民出版社 1957 年版,第 337—338 页。

者以沉重打击。这期间共发生了3次较大的同印第安人的战争:

1. 1790年10月,哈马尔率1453名正规军和民兵去攻打印第安纳的印第安人。他分兵三路进攻,结果有两路被印第安人击退,损失惨重,哈马尔被迫撤兵。

2. 1791年9月,圣克莱尔率2000人发起第二次攻势。在宿营时,受到1000多名印第安人突然袭击,死亡637人,伤263人。[①]圣克莱尔的惨败震惊了全美国。

3. 圣克莱尔战败后,有人要求政府放弃同印第安人的战争,在西北地区建立印第安人缓冲州。但美国政府一意孤行,决心用武力夺取西部更多的土地,又派韦恩率3个团2000人发起攻击。1793年冬,韦恩主要对部队进行丛林战训练,并沿行军路线修了一系列哨所和要塞。1794年8月20日,加拿大的英国总督煽动印第安人发起攻击。韦恩率军反击,到1795年击退了印第安人的进攻,夷平了他们的村庄,建立了韦恩堡。1795年8月3日,强迫战败的印第安人签订了《格尼维尔条约》,美国又夺取了从纽约到密西西比河一带的辽阔土地。

二、同北非海盗的战争

北非的土耳其属地的黎波里(即现在的摩洛哥、利比亚、阿尔及利亚和突尼斯)的帕夏,唆使部下对过往船只进行海盗袭击,勒索巨额赎金和财物。这种海盗袭击长达几个世纪。以往英、法、西班牙等国海军仅保卫各自商船的安全,对其他国家受害船只不闻不问。美国独立前,美船悬挂英国国旗,因此相安无事,自由往来。

① [苏]谢沃斯季扬诺夫:《美国近代史纲》,易沧、祖述译,生活·读书·新知三联书店1977年版,第250页。

但独立后就享受不了这种保护了。由于美国长期没有一支强大的海军,因此美国船只就成了这种袭击的主要受害者。特别是 1793 年英法战争开始后,英国为破坏美国在地中海的贸易,干预葡萄牙和阿尔及利亚之间的战争,使之休战。英国还开放了直布罗陀海峡,使海盗船只涌入大西洋。美国被捕获的船只因而大幅度增加。美国每年要支付大批赎金,仅在杰斐逊当政时,每年赎金便达 200 万美元之多,占美国财政收入的 1/5。① 但的黎波里的总督帕夏对这些赎金并不满足,反而认为美国软弱可欺,于 1801 年 5 月对美国宣战。长期主张以武力对付海盗的杰斐逊,决定派一支舰队去地中海保卫美国的海上贸易。他说:"贿赂海盗就等于把金钱扔到海里。"②美国先于 1801 年 8 月派出 8 艘军舰去北非。1802 年又派出 6 艘军舰。但有很长时间,美国舰队一无所获。杰斐逊又增派 6 艘军舰去北非。美国舰队的出现使北非各国大为惊恐。摩洛哥国王答应和美国友好。但这时美国"费城"号军舰触礁,被敌人俘获。德凯特上尉率"无畏"号战舰夜袭的黎波里港,焚毁了"费城"号。美舰队又对的黎波里发起了两次攻击,均未成功。美国不得不再派 10 艘军舰前来助战。美海军封锁了的黎波里,扶植的黎波里王公之弟伊顿率 400 名雇佣军从陆上攻击的黎波里。美舰队还于 1805 年 4 月 27 日攻占了利比亚第二大港德尔纳。的黎波里被迫同美国谈判,达成和平协议,释放了被俘的美国船员。

---

① [美]塞缪尔·埃利奥特·莫里森等:《美利坚共和国的成长》(第一卷第一分册),南开大学历史系美国史研究室译,天津人民出版社 1975 年版,第 438 页。

② [美]内森·米勒:《美国海军史》,卢加春译,海洋出版社 1985 年版,第 49 页。

远征北非，是美国舰队第一次编队远征。在战斗中，虽然舰艇间配合不熟练，指挥欠佳，但总算达到了预期目的，消除了北非海盗对美国同地中海贸易的干扰，向欧洲列强展示了美国海军的实力。

三、同法国的“半公开战争”

美国与法国原是最亲密的盟国。1789 年法国爆发大革命，震动了世界。美国人民热情欢呼和支持法国革命。但是，联邦党政府却对法国革命持敌对态度。按照 1778 年《美法友好同盟条约》，美国有义务保卫法属西印度的领地，并在战时为法国的私掠船开放港口。然而，联邦党人惧怕英国，不敢履行这一义务，而且还宣布了中立政策，并利用“热内事件”①掀起了反法浪潮。拿破仑战争期间，英法两国都袭击同对方贸易的美国船只，其中法国捕获的美国船只最多。仅在 1796 年 10 月到 1797 年 6 月，美国就有 316 艘船只为法国捕获或没收。② 为此，美国加紧扩展军备。当海军重建到一定规模后，便同法国进行了一场不宣而战的“半公开战争”。

战争进行的时间是 1798—1800 年，主要以海战为主，战场集中在加勒比海地区，另外在地中海有小规模战斗。战斗中，新建造的美国快速战舰在同较为老旧的法舰交锋时经常占据上风。1798 年底，美舰把法国私掠船赶离美国沿海地区。1799 年 1 月，美国

---

① 热内是 1793 年法国吉伦特政府驻美大使。他利用美国人民对法国革命的支持，在美国招兵买马，准备袭击佛罗里达和路易斯安那，还想组织私掠船袭击海上的英国商船。他的行动引起美法关系紧张。

② ［美］内森 · 米勒：《美国海军史》，卢加春译，海洋出版社 1985 年版，第 36 页。

“厄塞克斯”号舰曾绕过好望角进入印度洋作战。1799 年 2 月,美国“星座”号舰迫使法国“起义者”号舰悬挂白旗投降。这一年,美国派出 21 艘战舰进入西印度群岛,给加勒比海的法国舰只以沉重打击。在两年战争中,美国海军共俘虏法国私掠船 111 艘,击沉 4 艘,还夺回了被法国所虏获的美国船只 70 余艘。① 同时,美国海军还以火力支援海地起义军,并派海军陆战队在普拉塔登陆支援,使海地起义军最终打败了法国军队。

因遭到美国海军的打击,以及面临着欧洲反法联盟的进攻,1800 年法国被迫向美国妥协。双方互作让步:法国放弃了关于 1778 年《美法友好同盟条约》有效的要求,美国放弃要法国赔偿船只损失的要求。1803 年,杰斐逊利用拿破仑侵略海地惨败的困境,以战争相要挟,迫使法国以 1500 万美元廉价出卖了路易斯安那,使美国领土扩大了近一倍,从 230 多万平方千米增至 440 万平方千米。这是美国凭借军事实力获得的最合算的交易,简直是一本万利。

但是,同法国的冲突刚刚平息,杰斐逊便把曾在战争中崭露头角的海军拍卖了。而一两年后,当法国又重新捕捉美国商船时,美国却无能为力了。后来仓促上马的小炮艇,更是远水难解近渴。1803—1812 年法国又捕获 858 艘美国船只,英国也捕获 917 艘美国船只,美国共损失 6000 万美元。② 这又一次说明了有一支强大的海军是多么重要!

建国初期,经过战后经济、政治的阵痛后,美国统治集团加强

---

① Headquarters, Department of the Army, *American Military History*, Washington D.C., 1959, p.118.

② Headquarters, Department of the Army, *American Military History*, Washington D.C., 1959, p.120.

国防建设，取得了一定的成绩，从而较好地完成了对外作战和西进扩张的任务。

第二节 建国初期美国的军事思想

独立战争刚刚结束，美国百废待兴，面临的问题很多。战争的破坏使经济濒于崩溃，而美国仍处于周围列强侵略的威胁之中，因此，美国必须加快国防建设的步伐。但是国防建设要耗费国家大量的财力物力，国家经济不堪负担。如何解决既要有强大国防、又不至于加重经济负担这一矛盾呢？

美国的开国元勋们大都看到了美国所面临的各种危险，都认为将来的战争是不可避免的。为了巩固革命成果，使新生的美国长治久安，他们对美国武装力量的发展，提出了许多富有建设性的见解。

杰斐逊认为，对军队这个特殊的武装集团如不加以约束，往往会使其成为野心家夺权政变的工具，会成为独裁暴政的支柱。他反对常备军，认为常备军是自由的敌人，现役常备军则是联邦党人压制民主的工具。他主张建立“平民军队，维持一支训练精良的民兵作为和平时期和战争初期最好的依靠”。① 他和华盛顿等人不同之处在于：他主张和平时期的国防完全依靠广大的武装小农。应当消除平民和军人的区别，通过训练、教育，“使每一个公民都成为士兵”。② 他一上任就裁军，“决心把国家从君主制和军国主

① Russell F. Weigley, *Towards an American Army: Military Thought from Washington to Marshall*, New York: Columbia University Press, 1962, p.27.

② Walter Millis, *Arms and Men: A Study in American Military History*, New York: G.P.Putnam's Sons, 1956, p.65.

义中拯救出来,使它恢复共和制的质朴”。① 为了防止再出现暴政和独裁,他提出如下原则:一是以“公民武装”取代常备军。② 常备军不仅要耗费国家大量钱财,造成财政上的沉重负担,而且“这样的军队无论受行政权还是受立法权的管辖,总会成为镇压的工具”。③ 所以,他主张用“公民军队”——“管理有方、纪律严明的民兵”,作为国防的基本力量。二是“文官高于军权”,由国会和政府指挥军队。三是建立军权分割的机制。杰斐逊认为,政府和国会的权力如果不加以限制,掌权者也会腐化堕落,蜕化为暴政。为此,他主张三权分立,互相牵制,达到平衡。这样军权也会随之分为三个独立的、互相牵制的平衡权力。四是人民武装反抗的监督作用。他认为,防止政体蜕化为暴政,人民的武装反抗是必要的:“我相信人民的健全的见识将始终被看作是一支很好的军队,人民是他们的统治者的唯一的监督者”。人民暴动可使统治者畏惧,不敢胡作非为压迫人民,以权谋私,还可以唤醒人民,使人民更关心国家人事,保卫民主和自由。④

杰斐逊还提出了军民两用的军事教育思想。为了使“公民军队”取代职业常备军,他十分重视对平民进行军事教育,认为应当尽可能地消除军民之间的差别,“为了双方的幸福,要把它(差别)抹掉”,⑤只

① [美]塞缪尔·埃利奥特·莫里森等:《美利坚共和国的成长》(第一卷第一分册),南开大学历史系美国史研究室译,天津人民出版社1975年版,第429页。

② [美]吉贝尔·希纳尔:《杰斐逊评传》,王丽华等译,中国社会科学出版社1987年版,第325页。

③ [美]吉贝尔·希纳尔:《杰斐逊评传》,王丽华等译,中国社会科学出版社1987年版,第85页。

④ 刘祚昌:《杰斐逊传》,中国社会科学出版社1990年版,第377页。

⑤ [美]拉塞尔·韦格利:《美国陆军史》,丁志源等译,解放军出版社1989年版,第115页。

有通过广泛的军事教育和训练,使每个公民成为士兵,并让受过训练的公民组织成武装力量,才能让普遍的义务兵役制由理论变成实践,最终达到取消常备军的目的。所以他想让全国所有的大学都进行军事战略和战术的教育:"我们必须训练和划分我们所有的男性公民,并使军事教育成为国家高等教育的一个正式组成部分。"①因此,他提出"在州的中心和环境好的地方建立一所大学,教授有用科学的所有学科……如古代和现代的历史和地理……实用数学、陆海军科学……"②在他所设想的大学中,"在整个大学学习期间,在某些天的娱乐时间里,所有的学生都要从事步兵操作练习;军事机动和演习应按固定的组织(军团)进行,而且要有专门的军官去训练和指挥他们"。③

华盛顿在1783年5月提出的《关于和平时期军队建设的意见》中,高瞻远瞩地提出了和平时期的国防建设思想,主要内容有:第一,扩大中央权力,缩小州权。他从战争中中央政府无权使战争延长这一点出发,强烈呼吁加强中央政府的权力,缩小州权。这样,才能有效地抵御外来侵略,镇压国内人民起义,提高美国的国际地位。第二,军事建设中要遵循节约、经济的原则。国防必须有正规军,但维持一支正规军是经济上的沉重负担。为了解决既有强大国防力量又不致加重经济负担这一矛盾,他设想建立一支小规模的、"可以扩大的军队",在这支军队中,军官保留较大比

---

① Michael S.Neiberg, *Making Citizen-soldiers: Rotc and the Ideology of American Military Service*, Harvard University Press, 2000, p.1.

② [美]吉贝尔·希纳尔:《杰斐逊评传》,王丽华等译,中国社会科学出版社1987年版,第460页。

③ [美]托马斯·杰斐逊:《杰斐逊集》,刘祚昌等译,生活·读书·新知三联书店1993年版,第1583页。

例,一旦爆发战争,便可迅速扩编成一支相当可观的军队。① 第三,重视海军建设,“在任何作战中,在任何环境里,一个决定性的海军优势都应当作是一个基本原则,一切成功的希望都应以其为最后的基础”。② 海军是和平时期最优先发展的军队。第四,国防的重点是民兵。他强调:“必须把我国的民兵看成是我们的安全屏障和战时可以依靠的第一支有效力量。”③每个公民都有义务参加民兵保卫国家。

亚历山大·汉密尔顿是美国首任财政部长和联邦党的领袖。他的军事思想基本上和华盛顿一致,但更保守、更富于扩张性。首先,他强烈要求建立一个强有力的中央政权,权力要集中在一个人手中,即使是独裁者也无所谓。他仇视人民和人民革命,主张限制人民的民主权利。其次,他主张建立一支“可以扩大的”正规军。和平时期以小规模的正规军为骨架,战时扩大。每个团的军官都要过剩,以备扩军之用。④ 他与华盛顿不同之处,在于他更看重职业军队的作用,更强调军队的职业化。他称职业军队是国防的基础,⑤“只有职业军队才可使美国获得军事上的真正安全”。⑥ 职

---

① Russell F. Weigley, *Towards an American Army: Military Thought from Washington to Marshall*, New York: Columbia University Press, 1962, p.22.

② [英]J.F.C.富勒:《西洋世界军事史》,钮先钟译,战士出版社1981年版,第294页。

③ [美]华盛顿·欧文:《华盛顿传》,张今译,新华出版社1984年版,第681页。

④ Russell F. Weigley, *Towards an American Army: Military Thought from Washington to Marshall*, New York: Columbia University Press, 1962, p.22.

⑤ Ernest R. Dupuy, Paul F. Braim, T. Dupuy, *Military Heritage of America*, New York: McGraw-Hill, 1956, p.202.

⑥ Russell F. Weigley, *Towards an American Army: Military Thought from Washington to Marshall*, New York: Columbia University Press, 1962, p.22.

业正规军人数不能像华盛顿所主张的那么少,而要更多些,才能满足国防和领土扩张的需要。他特别强调,军队的职业化是通过教育来实现的,因此要发展军事教育事业。再者,民兵是国防的辅助力量,他主张从民兵中选拔一批更接近职业军人标准的部队,即"辅助部队",相当于预备役。这些民兵训练水平更高、纪律更严明、装备更好,一有情况,优先入伍。

华盛顿和汉密尔顿两人都从节约经济的角度出发,对于美国建立什么样的军事力量最符合节约经济的原则提出了各自的主张。二人的共同点是都主张建立一支小型的"可扩大的"正规军,都主张保留和发展民兵。不同处在于:华盛顿主张正规军要少,以民兵为主。汉密尔顿主张国防以正规军为主,数目要多于华盛顿主张的数目,民兵仅作为辅助力量。

杰斐逊的军事思想虽然基于他的民主思想,但是他的理想同美国的现实有不少地方脱离而难以实现,他在实践中的许多方面还不得不违背自己的理想。

上述三个人的思想,对于建国时期美国的军事改革和建设起了指导作用。其中,华盛顿的影响最大,因为他享有崇高威望,并当选为第一任美国总统。1787 年制定的美国《联邦宪法》基本实现了三人的上述思想,奠定了美国的军事制度。这种体制 200 多年来没有发生根本变化,对美国的经济发展、社会稳定以及成为世界头号军事大国起了重要的作用。

第三节 建国初期美国军事制度的建设

一、《联邦宪法》确立了国家的军事制度

美国军事制度的建设中最重要的是制定了宪法,从国家根本

大法的高度确立了美国的军事制度。

在华盛顿和汉密尔顿等人的大力倡导下,1787 年 5 月 25 日在费城召开了秘密的制宪会议。会议主持者是汉密尔顿。会议中展开了激烈的争论。各州代表争论的一个主要问题就是政府的军事权力。许多代表把国家的安全放在首位。杰伊宣称:“在诸多的问题中……安全看来是首要问题。”①约翰·亚当斯也说:“国防是一个政治家的最高职责。”②在讨论中,一些代表反对中央权力过大,主要是对常备军怀有传统的恐惧心理。汉密尔顿虽然也担心常备军会夺取政权,侵犯个人利益,但他宁愿人民的自由少些,也要把安全放在首位。经过 4 个月的争论,汉密尔顿的意见占了上风,通过了著名的历史文献 1787 年《联邦宪法》。

未来的美国采取什么样的军事结构,这在 1787 年制定的《联邦宪法》中得到了生动的体现。这部宪法中的军事内容是杰斐逊、华盛顿和汉密尔顿三人军事思想的结晶。制宪者们在制定这部宪法考虑军事条款时,吸取了独立战争期间的经验教训,特别是克服了 1781 年《邦联条例》的弊端。

1787 年《联邦宪法》与《邦联条例》截然不同。宪法的中心思想就是集中并加强中央政府的权力,缩小州权。宪法把立法、行政、司法权力都集中在中央政府手中,各州仅在地方行政和社会福利方面有较大的独立性。宪法中的军事内容如下:

1. 把国家安全和国防事业放在首位。在宪法“序言”中称,“制定宪法的目的是,保障国内的安宁、建立共同的国防、增进人

① Walter Millis, *Arms and Men: A Study in American Military History*, New York: G.P.Putnam's Sons, 1956, p.47.

② Walter Millis, *Arms and Men: A Study in American Military History*, New York: G.P.Putnam's Sons, 1956, p.47.

民的一般福利……”,这体现了宪法制定者的思想,即国防及国家的安定是经济发展的前提。宪法以后的条文中又规定:建立民兵和国防的目的是镇压内乱、击退入侵,并规定在必要时可以由总统实行紧急状态,停止对人民的宪法保障,这充分说明了镇压人民革命是宪法的一个主要目的。

2. 有关军事的一切立法和事项皆由中央政府掌握。中央政府由国会、总统的行政机构和最高法院组成。国会拥有征税、宣战、征兵、维持军队、军事拨款、配备和保持海军、制定统辖陆海军的各项规则,随时召集民兵以执行联邦法律、镇压叛乱和击退入侵,规定民兵的组织、武装和训练。总之,国会掌握了实际军权。

总统是武装力量的最高统帅,指挥应征服役的各州民兵,任命各级军官,批准国会的立法及必要时宣布紧急状态等。

以上规定保证了美国的中央政府掌握一切军事大权,可以做到令行禁止,统一指挥,避免了过去所受的州权过大之苦。

3. 坚持文官治军原则,制定了防止军事权力蜕变为暴政的措施。宪法制定者吸取了历史的经验和教训,认识到:为了防止出现独裁或产生暴政,就必须对军权加以限制,让军人受法律和文官领导的约束。于是他们精心设计了宪法的条文。首先是确保国会对军队的控制。国会控制了财政权,军费由国会拨付,但每次国会对陆军的拨款不超过两年。过期后要由总统提出预算再由国会批准进行新的拨款。这样就使军队在经济上受制于国会和政府,部队规模受到拨款数额大小的控制。国会有权召集民兵,为民兵制定规章制度,指导民兵的行动。这样,国会也控制了民兵。国会拥有宣战权,有招募部队和对部队提供后勤支援的权力。总统对军官的委任由参议院批准,总统关于军事问题的一切设想、计划及军事预算等都需要经国会讨论和批准。这就使国会牢牢地控制了军队。

其次,规定民选的文官总统为三军统帅,对军队实行具体领导,这就在行政上保证了文官对军队的领导。

最后,是实行了集权和分权,通过相互牵制达到权力的平衡。宪法是这样进行分权设计的:

中央政府实行立法、行政和司法三个权力分立,但三个权力并不是独立的,而是相互牵制的,每一个权力都受到另外两个权力的制约,从而达到权力平衡,防止因某一权力膨胀而走上极端。如总统掌握行政权,议会掌握立法权,最高法院掌握司法权。总统要执行议会通过的法令,要向议会申请经费,对议会立法的否决可以被议会用超过三分之二的多数票推翻。总统犯法,要受到最高法院的弹劾;总统的决定和命令要受最高法院审核是否违宪,议会立法要总统签字才能生效。总统可以否决议会的立法,最高法院要审查议会的立法看是否违宪。此外,议会的参议院和众议院也互相牵制。最高法院法官由总统提名,议会通过。

军权同样也受到了分割和相互制衡。三军总司令是总统,权力之大被称为"无冕之王"。历史上,军事统帅的权力膨胀很容易导致军事政变或军人独裁,还常常因个人好恶而发动战争,使国家和人民陷于灾难。而美国宪法规定:总统由选民选出,由最高法院任命,任期四年,最多连任两届。此外,总统和国会也相互牵制,如上所述,总统关于军事的计划、决议要由国会讨论和批准,总统任命的军官要由参议院批准。总统也可以否决国会的立法,但国会可再以三分之二多数票推翻总统的否决,使议案获得通过。另外,如果总统犯法或违宪,国会还可用弹劾来追究总统的责任。这样,总统时时刻刻受到国会、最高法院以及选民的监督,不能为所欲为。

特别需要指出，美国首任总统华盛顿在担任两届总统后，谢绝担任第三届总统的请求，1797 年发表了《告别辞》，宣布告老还乡。华盛顿之所以辞职，除了健康原因外，还在于他想树立一个先例，即一个人至多只能任两届总统，从而防止总统职务终身制，进一步杜绝独裁和暴政的可能性。他在美国历史上树立了一座丰碑，被誉为“战争中居于首位，在和平中居于首位，在同胞心目中居于首位”。①

在最重要的军事权力即发动战争的权力上，宪法将此权力分割为三个。宪法第二条第 2 款规定：总统的战争权力为“总统是合众国陆海军总司令，并于各州民兵被征调为合众国服役时统率民兵”，有权委任军官。但是，宪法第一条第 8 款规定：国会有权宣战并为战争招募军队、征税和拨付军事开支。最高法院对国会的宣战决定和总统的指挥从法律上予以审查，看是否违反宪法。如果“违宪”，可以停止战争。这样，在进行战争这类重大问题上，宪法在总统、国会和司法三者间建立分权与制衡，以防止任何单一权力把国家引入战争的灾难或因滥用战争权力而导致军事独裁和暴政。总统不可能使自己的权力膨胀或用军事政变改变体制，也不可能任意发起战争或扩军备战。

国会同样也受到牵制，议员是选举产生的，它通过的包括军事立法在内的法案，既要由总统签署，又要经最高法院监督。后来，随着两党制的形成，任何法案都要经两党议员们辩论和投票后方能通过。这样可以在很大程度上防止立法的失误，并使国会权力也受到总统、选民和最高法院的限制。

---

① [美]华盛顿 · 欧文：《华盛顿传》，张今译，新华出版社 1984 年版，第 757 页。

国家常备军除了受上面谈到的国会及文官总统领导外,各州拥有民兵和对民兵的领导权也是对常备军的牵制。一旦常备军企图干预政治或发动政变,各州民兵可以起来阻止。

总之,文官治军、分权与牵制是美国军事制度最重要的特点,它保证了国家的政治稳定。

4. 宪法中有关州的军事内容:规定和平时期各州不能结盟,不能保持除民兵以外的其他军队;不能进行战争,除非迫在眉睫;不能授权私掠船;宪法把各州原有的征兵、征税和任命军官的权力都集中到了中央。州仅在民兵上还保有部分权力,各州可以拥有民兵,由州任命民兵军官,可根据国会制定的纪律和规章对民兵训练。州民兵被召到联邦服役仅为了有限的目的:“执行合众国之法律、镇压内乱并抵御外侮。”①

5. 宪法中与人民有关的内容:宪法原来根本没有提到人民的自由和民主权利。在人民斗争的压力下,1789年国会又通过了“十条修正案”(又叫《权利法案》),其中规定:人民有携带武器的自由;各州为了保障人民自由,必须建立民兵;军队不得随意居住民房。这几项规定从法律上确立了民兵的地位,同时又有很大的欺骗性。从表面上人民可以拥有武装,保卫自己的财产、安全和自由不受侵犯,但实际上主要是针对印第安人的。资产阶级鼓励人民携带武器去屠杀印第安人,抢占印第安人的土地,从而使美国领土向西部扩张。规定军队不得随意侵犯人民的财产权,这是对人民作出的一种让步,但“人民的自由”是有前提的,在以后补充的修正案中便规定:叛乱者及“援助或庇护合众国的敌人”的人,没

① [美]拉塞尔·韦格利:《美国陆军史》,丁志源等译,解放军出版社1989年版,第97页。

有任何公民权利;总统还可在必要时宣布紧急状态,停止人民的宪法保障。这就暴露了宪法的阶级本质:它维护的是资产阶级的财产权利和统治秩序,人民群众受压迫和剥削的地位是不会改变的。

美国宪法从法律上确立了美国的军事制度,在很大程度上把华盛顿和汉密尔顿的军事思想以及独立战争的军事经验具体化。宪法迄今200余年,总精神和基本内容不变,它所确立的美国军事制度也没发生根本变化。宪法对促进美国社会的长治久安、经济发展对外扩张以及成为世界头号军事大国,具有重大而深远的历史意义。

二、州宪法确立了州的军事体制

美国的各个州都制定了州宪法。各州的州宪法确立了州的军事体制。乔治·梅森起草的《弗吉尼亚宪法》专门有《权利法案》,上面列举了人民所享有的各项民主权利。它列举了自英国中世纪《大宪章》以来就一直争取实现的各项基本自由,其中最重要的是"……以民兵代替常备军"。[①] 该《权利法案》成了各州制宪时效仿的典范。各州制定的州宪法大都有"权利法案",规定禁止设立常备军,仅设立民兵。州民兵除应征为联邦服役外,都以州长为总司令。遇有骚动或其他内战,州长可召集民兵应对。许多州的州警也受州长指挥。[②] 许多州还根据自己的经验或者英国1689年制定的《权利法案》等文件,又补充了以下内容:人民携带武器的

① [美]塞缪尔·埃利奥特·莫里森等:《美利坚共和国的成长》(第一卷第一分册),南开大学历史系美国史研究室译,天津人民出版社1975年版,第269页。

② 曹绍濂:《美国政治制度史》,甘肃人民出版社1982年版,第178页。

自由,不得在和平时实行戒严法,等等。

三、建立一支“可扩大的”正规军的框架

在此期间,美国历届总统和政界人士都一直认为美国安全有赖于正规军来进行保卫,就连一向反对正规军、主张“公民军队”的杰斐逊在当了总统之后,也不得不一改初衷,进行扩军备战。他们的分歧点在于:常备军的规模有多大,才不致加重国民经济的负担?如何对其加以控制,才不致威胁到民主体制?而“可扩大的”正规军在某种程度上解决了这个问题。

在华盛顿当政期间(1789—1797 年),他对正规军进行了重建,1789 年华盛顿刚刚当上总统时,当时美国无一支像样的军队,全军仅有 800 人。华盛顿上台后,美国面临许多问题。英国在西部建有许多要塞,还在北部边境集结军队,威胁到美国的安全。在向西扩张过程中,美国移民不断同印第安人发生冲突。在国际上,美国的商船不断受到欧洲国家的欺凌及北非海盗的袭击。这些情况都说明,美国建立一支强大的陆海军势在必行。华盛顿于 1790 年对议会发表讲话,呼吁“适当地建立军队是必需的,此事应予以周密考虑”。① 他从两方面重建军队:

一是于 1789 年 8 月 7 日设立了陆军部,由诺克斯担任部长。该部在国会领导下,是总统与陆海军联系的工具和领导陆海军的指挥机构。陆军部长不对国会负责,受总统领导,是总统在军中的代表,代表总统发言和具体行使宪法中所规定的军事权力,处理繁重的军务。但部长也参加国会的一些会议,报告陆军部的工作。

① [美]乔治·华盛顿:《华盛顿集》,聂崇信等译,商务印书馆 1983 年版,第 260 页。

美国最高法院指出:“陆军部长是总统定期成立的军事机构管理机构,通过他颁布的规则和命令必须被视为行政机关的行为,因此必须在其法律和宪法权力范围内对所有方面具有约束力。”①1790年,部长办公室增加了一名秘书,1792年,陆军部工作人员增加到10人。设立陆军部和部长,是考虑到总统有大量国事需要处理,很难全面考虑军事问题。陆军部和部长可以集中全力处理繁重的军事事务,定期向总统汇报,总统仅对重大决策作出指示。这既免去了总统很大一部分负担,又使军事建设顺利进行。

二是重建正规化的陆军。华盛顿要扩大部队的规模,但要避免反对常备军的国会的干预,因为国会掌握了财政大权。这一过程是缓慢渐进的。1789年9月29日,美国陆军在以前邦联军队的基础上正式建立,只有1000人,包括一个步兵团和一个炮兵营。② 这支小小的军队很难有所作为,离华盛顿1783年设想的2600人也相去甚远。以后几年,为了防止人们反对,扩军是在同印第安人斗争的借口下缓慢进行的。1790年,正规军达到1283人。③ 还建立了海岸警卫队,归财政部领导,用于防止非法贸易和走私活动。同年在同印第安人交战中,陆军仅拼凑了300人和1000名民兵,结果在维恩堡一战中惨败,震动了美国朝野。国会被迫把军队扩大到两个团2000人,并在南方建立一系列要塞。④

① Russell F. Weigley, *Towards an American Army: Military Thought from Washington to Marshall*, New York: Columbia University Press, 1962, pp.163-164.

② [美]加尔文·D.林顿:《美国两百年大事记》,谢延光等译,上海译文出版社1984年版,第42页。

③ Headquarters, Department of the Army, *American Military History*, Washington D.C., 1959, p.111.

④ Headquarters, Department of the Army, *American Military History*, Washington D.C., 1959, p.111.

但该年圣克莱尔军又被印第安人打败,国会于 1792 年又把军队增至 3 个团 5000 人(其中一个是步骑混合团),①组成"美国军团",由韦恩将军指挥同印第安人作战。1794 年建立有 1000 人的正规炮兵和工兵部队。在平定印第安人后,1796 年 5 月军团解散,部队恢复了团的建制,计 4 个团和工兵炮兵等,共 3324 人,②略高于华盛顿要求的数字,比 1789 年扩大了 4 倍。

约翰·亚当斯执政期间(1797—1801 年),正规军进一步扩大。这期间,国际形势紧张,美法几乎开战。联邦党领袖 H.G.奥提斯于 1800 年力主美国要有一支常备军,否则会"引起其他国家的轻视",侵犯美国的利益。③ 亚当斯把国防放在首位,加紧扩建陆军。国会授权他征召了一支一万人的临时部队进行军训,战争一爆发就马上转为现役。正规军增加 3 个团,还增加了炮兵。亚当斯并没有完全按国会的意见办,征召的临时部队有 12 个步兵团和 1 个骑兵团,由华盛顿担任司令,汉密尔顿为资深少将,他组建了一支建国以来规模最大的军队。

托马斯·杰斐逊执政期间(1801—1809 年),进行了裁军和扩军。他反对联邦党的保守和反动的政策,为美国社会的民主改革做出了不懈的努力。他的军事思想深受民主思想的影响。他反对常备军,认为常备军是自由的敌人,现役常备军则是联邦党人压制民主的工具。他主张建立"平民军队,维持一支训练精良的民兵

① Headquarters, Department of the Army, *American Military History*, Washington D.C., 1959, p.112.

② Headquarters, Department of the Army, *American Military History*, Washington D.C., 1959, p.111.

③ Reginald C. Stuart, *War and American Thought: From the Revolution to the Monroe Doctrine*, The Kent Univ. Press, 1982, p.2.

作为和平时期和战争初期最好的依靠”。他和华盛顿等人不同之处在于,他主张和平时期国防完全依靠广大的、武装起来的小农。认为应当消除平民和军人的区别,通过训练、教育“使每一个公民都成为士兵”。他还热情歌颂法国大革命,反对联邦党人敌视法国的政策。由于他的民主思想以及紧张的国际局势的影响,杰斐逊执政时的军事政策可分为两个相互矛盾的时期:

1801—1805 年,他大裁陆海军,其中陆军从 1802 年的 4000 人降至 1805 年的 2732 人。① 1805—1809 年,随着欧洲战争的激烈进行,在国际形势的压力下。杰斐逊不得不扩军备战。1808 年,国会授权他再征召正规军 8 个团共 1 万人,但拒绝了他征召 2.4 万名志愿兵的要求。到了 1809 年,美国正规军仅有 3000 人。

詹姆斯 · 麦迪逊执政期间(1809—1813 年),为了准备对英战争,加紧扩军。到 1812 年,陆军达 11744 人,②扩建了工兵、炮兵等技术兵种,新设立了坑道工兵和地雷工兵。

经过二十几年建设,美国初步形成了一支小规模正规军,人数约在 3000 人至 1 万人之间。一遇战争,这支部队便可扩大 2—3 倍,战后再裁军。这样,“可扩大的军队”初步形成。建立“可扩大的军队”已成为以后美国军事建设的基本政策。

四、后勤机构的初步设立

独立战争时期建立的后勤机构发挥了重要作用。战争结束后,该机构仍由邦联国会领导,在邦联政府中包括军需部长。军需

① Headquarters, Department of the Army, *American Military History*, Washington D.C., 1959, p.119.

② Headquarters, Department of the Army, *American Military History*, Washington D.C., 1959, p.126.

部长负责对军需物资的运输、安全和分配。一切军事物资,包括食品、衣服和生活用品,均由财政部进行采购。短时期内,军需部长可以为采购军用物资签订合同,除此之外,大部分时间都由新成立的联邦政府与供应商签订合同。为了加强管理,提高效率,1785年国会撤销了5个后勤部门。军需部长皮克林辞职,陆军部长诺克斯几乎完全负责军需供应。原来的5个部门由他手下的两个专员负责。他让塞缪尔·霍奇登负责管理军需仓库。诺克斯每年对军需仓库视察两次。到了1787年,他的办公室只有文书和一个传令兵。1792年增加了一个文职官员担任军需部长。1794年国会建立了陆军部军事仓库总监办公室,对仓库进行了有效的管理。

战后,后勤机构出现了官僚主义,工作效率很低,官员和被华盛顿斥为"低级而又肮脏的奸商"——桑兹和马米等相互勾结,腐败横行。士兵不但缺衣少食,津贴也常常不能按时发放。如1788年老兵几乎没有换装,因为新军装只够新兵使用。

但是军需部和采购部两个部门职权重叠,常常导致扯皮和混乱。军需部长的职责是采购军需品、营房设备其他物品。而采购部长的职责是采购和供应所有的武器、军需品、服装及一切公用物品。后来又设立了军械部,下设军械总监,其职责是监造军械、车辆和器材,检查军械,将军械登记在册。展示军械规划和军械部要参与采购军械和弹药,这就侵犯了军需部长和采购部长的权力。

陆军指挥系统进行了改组。原来陆军后勤供应归国会掌管,由财政部的公共供应承办局负责与厂商签订合同订购,由陆军部的军事仓库管理局负责储存和分配。这种制度效率不高,花费大。为此,1812年3月设立军需部取代了上述机构。陆军部还设立了采购军粮局,受陆军部长领导。经过改组,后勤供应从文官领导转归军队直接控制之下。

五、民兵制度的发展与完善

民兵是殖民地时期主要的军事组织。民兵在独立战争中曾大显身手,但是在和平时期和战争中民兵制均暴露了很大弊端。建国时期美国政界领袖从节约经济的原则出发,十分重视无需国家投资的民兵,把民兵作为国防的基础。在紧急时刻用民兵作为正规军扩充的兵源。汉密尔顿曾经深刻地指出,美国的地理优势非常有利于国防,大西洋使美国远离欧洲,因此美国没有必要在和平时期保持一支强大的国防力量,只需要保持"武装的公民"就行了。[①] 因为从欧洲横渡大西洋需要大量时间,这就使得美国有足够的预警时间组织军队保卫国家。杰斐逊也曾指出:"大自然和一片广阔的海洋,使我们远离全球四分之一地区的那场毁灭性的浩劫。""我们独处一方,远离他国,这种地理位置使我们奉行一条不同的政策……"[②]这就是公民兵制。美国没必要像其他欧洲国家那样保持一支强大的常备军。

要建立民兵制,就必须克服民兵制的弊端,为此,国会先后颁布了两项重要法案:

1. 1792 年《基本民兵法》。华盛顿提出的"建立一支组织良好"的民兵的建议,因种种原因一直未能实现。民兵仍然如一盘散沙,战斗力不强,在同印第安人交手中多次惨败。为改进民兵的状况,前陆军部长诺克斯在 1790 年提出了一个"严密控制下的国

---

① John A. Rohr, Richard H. Kohn, *The United States Military Under the Constitution of the United States, 1789—1989*, New York: New York University Press, 1991, p.83.

② [美]塞缪尔·埃利奥特·莫里森等:《美利坚共和国的成长》(第一卷第一分册),南开大学历史系美国史研究室译,天津人民出版社 1975 年版,第 671 页。

家民兵制”的计划,该计划以华盛顿“组织良好的民兵”的建议为基础。计划认为,武装平民有高度的军事潜力,公民很容易接受训练,可以从中产生出纪律良好、易于管理的军队。诺克斯在计划中要求把所有 18 岁至 60 岁的男子作为“先锋部队”,组成轻步兵连,每年训练 30 天,成为立刻就可以作为扩军使用的预备役部队。华盛顿对此计划十分赞赏,把它提交国会讨论,但该计划在国会中引起争论,难以通过。只是由于前方传来军队被印第安人打败的消息后,国会才不得不下决心进行改革,于 1792 年 5 月通过了这部著名的《基本民兵法》。该法案规定:“每一个身体健康的白人男性公民(18 岁至 45 岁)都必须要在其所在地登记加入民兵,并在 6 个月之内将自己武装起来。”[①]各州要把民兵按师、旅、团、营、连的编制组织起来,由各州任命一名副官长负责管理。[②] 每个公民要自备武器弹药,听从国会的派遣。法案还附有两个限制条款,即:民兵每年不得被强迫服役 3 个月以上;总统不得在国外使用民兵,该法禁止黑人加入州民兵,并把权限主要交给各州。训练权由州掌握。州可任意解释此法。

2. 1798 年《民兵法》。1792 年《基本民兵法》由于规定民兵自费准备枪支弹药和衣物,大大影响了民兵的积极性,还使许多家境贫困者难以配置装备,所以在执行过程中遇到了很大的困难。为了解决这一问题,1798 年 7 月 6 日,国会又制定了新的《民兵法》,对 1792 年《基本民兵法》进行了修正,规定由政府出资购买武器来装备民兵。1808 年,国会决定每年拨款 20 万美元用于武装和

① Walter Millis, *American Military Thought*, New York: Bobbs-Merrill Company, 1966, p.63.

② Walter Millis, *American Military Thought*, New York: Bobbs-Merrill Company, 1966, p.64.

训练民兵。

上述两部民兵法从法律上完善了民兵制度,使一盘散沙的民兵成为有组织的力量,由政府提供资金和装备。但是法律把民兵控制权放在州里,联邦缺乏有效的控制。同时,法案对于不执行此法案的人未规定惩罚措施。这两个法案从法律上为民兵制度奠定了基础,在相当长时期是美国军事政策的基础,即美国国防是双重的军事体制,以民兵为主要力量,而又要保持"可扩大的正规军"。

六、海军的重建

美国建国初期,各届总统均认识到海军具有巨大的战略价值,都对海军进行了扩建。但是,在具体建立一支什么样的海军这一点上存在分歧,导致海军建设走了弯路。

重建海军是华盛顿执政期间最大的贡献。独立战争后,海军被拍卖一空。海军被取消,主要是因为海军耗资过大,远超过正规陆军的费用,美国当时的经济难以为继。尽管华盛顿再三声明:"没有海军,在战争时既不能保卫我们的商业,也不能在这样广阔的海洋上彼此相互支援。"①但国会置之不理。从 1785 年起,北非海盗就频繁袭击美国航行在地中海的商船,俘获水手作为人质,向美国勒索高额赎金。当时美国派杰斐逊和亚当斯同北非当局谈判解决人质问题。他们认为,与其没完没了地付巨额赎金,还不如拿这笔钱去建立海军来保卫美国船只。但这一建议被国会拒绝,因为一来政府财政困难,二来内地和南方各州强烈反对,认为此举只

① Headquarters, Department of the Army, *American Military History*, Washington D.C., 1959, p.105.

对沿海地区有利。这样,建立海军一事就拖了下来。1789年《联邦宪法》正式实施,国会授权华盛顿建立海军。1790年,诺克斯提出一项建造几艘快速战舰的预算,1791年,杰斐逊也提出建立海军以便对付北非海盗的建议,但是国会均以"一旦财政状况许可,即可采纳"为借口拖延下去。① 到了1794年,情况更加严重。阿尔及尔海盗扣押了11艘美国商船及126名水手。② 以后每周都有更多的水手被俘虏并作为人质。为此,国会经过激烈辩论,终于在3月27日通过法案,批准建造6艘新式战舰,并确定海军编制为54名军官和2000名水手③。但法案也对南方和内地的反对派议员做了让步,答应一旦美国同阿尔及尔讲和,6艘战舰立即停工。

1795年,美国同阿尔及尔签订和约。按1794年法案,正在进行的造舰工作要立即停下来。但华盛顿强烈反对,指出这样做浪费太大。1796年,他在议会中再次呼吁继续造舰,发展海军。他根据国际形势陈述其理由:"要使我国在国外的商业贸易受到保护,非有一支海军不可……我们必须建立一支有组织的海军,以随时准备保证中立……",当"再次爆发欧洲战争时,我国的商业将不会再陷于像今天这样毫无保护的状况"。④ 国会经过激烈辩论,

---

① [美]内森·米勒:《美国海军史》,卢加春译,海洋出版社1985年版,第31页。

② [美]塞缪尔·埃利奥特·莫里森等:《美利坚共和国的成长》(第一卷第一分册),南开大学历史系美国史研究室译,天津人民出版社1975年版,第416页。

③ [美]塞缪尔·埃利奥特·莫里森等:《美利坚共和国的成长》(第一卷第一分册),南开大学历史系美国史研究室译,天津人民出版社1975年版,第416页。

④ [美]乔治·华盛顿:《华盛顿选集》,聂崇信等译,商务印书馆1983年版,第328—329页。

终于同意建造其中的 3 艘。这样,独立战争结束 13 年后,美国才结束了无海军的历史,重新建了一支小规模的海军。

约翰·亚当斯当政时,国际风云突变,美法关系紧张。华盛顿那支小小的海军根本不能在公海上保护美国的利益。亚当斯在扩军备战中,把重点放在海军上面。他历来重视海军的战略作用,认为"一支仅次于民兵的海军力量是美国的天然防御力量"。[①] 他上台后,把政府每年 1100 万元经费中的 250 万元拨给海军。1798 年 4 月 30 日成立了海军部,从此海军脱离了陆军部的管辖,正式独立成为一个单独的军种。由本杰明·斯托德特任部长,约翰·巴星为舰队司令。同年 7 月,还重建了海军陆战队,到 1798 年末,美国海军已拥有战舰 54 艘,私掠船 200 余艘。[②] 海军共拥有官兵 1.1 万人,[③] 成为又一支强大的力量,并在对法作战中屡挫法国海军。

斯托德特是著名的海军战略家,1798 年 12 月他向国会提交了一份《海军发展计划》,明确提出用海军御敌于国门之外的战略思想。他的计划设想是,美国要建造 12 艘有 74 门大炮的战列舰和一些较小的舰只,来同英法两国的海军相抗衡。他认为,虽然 12 艘军舰同英法海军相比是个很小的数字,但这是个威慑力量。在战略上,美国要把分隔美国与欧洲的地理距离加上去。这样,任何一国要想侵略美国,就必须有多一倍以上的大型战舰,还要加上后勤、供应和通信等一系列问题。他指出:"我们的海军力量应该

① [美]内森·米勒:《美国海军史》,卢加春译,海洋出版社 1985 年版,第 36 页。

② [美]塞缪尔·埃利奥特·莫里森等:《美利坚共和国的成长》(第一卷第一分册),南开大学历史系美国史研究室译,天津人民出版社 1975 年版,第 429 页。

③ [美]内森·米勒:《美国海军史》,卢加春译,海洋出版社 1985 年版,第 40 页。

扩大——扩大到这样的程度,即使最强大的国家也希望同我们友好相处,最无条件地尊重我们的中立。”①他还辩证地看待发展海军的费用问题,指出,虽然建造这些大型战舰耗资巨大,但“这是最明智、最经济和最和平的手段了”。② 它所保护的美国商业、海运业和国防安全的效益,远远高出这笔费用。如果前几年美国也拥有一支海军,那么这几年就不会受到如此巨大的贸易损失了。这个损失四倍于建造和维护这样一支海军的费用。③ 这些论点一扫前几年普遍流行的“海军就是费钱”的传统观念。人们开始用新的经济观点来看待国防费用问题,即:和平时期为国防支出的费用,会换来避免战争的破坏和消耗这样更高的效益。虽然建造大型战舰耗资巨大,但这是“最明智、最经济和最和平的手段了”。海军所保护的美国商业、海运业和国防安全的效益,远远高出这笔费用。如1798年由于有强大的海军保卫商业贸易,美国船主少缴的保险费达8655566美元,远远超过了造舰的费用。④ 斯托德特的计划虽然因对法战争得以搁浅而未能实现,但是他关于用海军御敌于国门之外、和平时的国防支出会换来避免战争破坏和消耗这样更高的效益的观点,成为日后美国海军建设的指导思想。

杰斐逊执政后,美国海军发展走了一段弯路。杰斐逊原来反

---

① Walter Millis, *American Military Thought*, New York: Bobbs-Merrill Company, 1966, p.74.

② [美]内森·米勒:《美国海军史》,卢加春译,海洋出版社1985年版,第40页。

③ [美]内森·米勒:《美国海军史》,卢加春译,海洋出版社1985年版,第40页。

④ [美]内森·米勒:《美国海军史》,卢加春译,海洋出版社1985年版,第37页。

对建立海军,认为其费用浩大,国家不堪负担,[①]但英法对美国海运业的侵犯使他改变观点,认为"建立海军实有必要;那是我们能够对付敌人的唯一武器"。[②] 而且海军不会对民主自由构成威胁。但他对发展海军持节约的观点,认为应尽可能减少人民的负担。于是,他执行了与亚当斯时期完全不同的海军政策。

杰斐逊上台初期,因为避免了同法国的战争,于是大裁海军,根据1801年国会通过的《和平时期海军法》,美国开始裁减海军。财政部停止对海军的拨款,海军卖掉了大部分舰艇,仅剩下13艘战舰,其中大多数被拖上海岸,结果这些军舰很快便腐烂锈蚀了。一支好端端的强大海军毁于一旦。[③] 这种做法产生了严重后果:不到两年英法两国就开始大捕美国船只,而美国对此无能为力。

但不久国际形势又紧张起来,美国同英国关系紧张,英国大肆掠夺美国商船,强征水手,同时美国同西班牙在佛罗里达也发生了冲突。因此,杰斐逊又赶紧重建海军。

1807年10月,杰斐逊向国会建议拨款85万美元,增建188艘炮艇。这种小炮艇仅长45英尺,舰首有一门炮,每艘炮艇配备18到20人,后来共造了200艘这种炮艇,耗费185万美元。[④] 这种炮艇受到人们的嘲笑,联邦党人称其为"杰斐逊的海军"。但是杰斐逊以1788年俄土战争为例,说此种炮艇十分有效。杰斐逊之所

---

① [美]吉贝尔·希纳尔:《杰斐逊评传》,王丽华等译,中国社会科学出版社1987年版,第317页。

② 刘祚昌:《杰斐逊传》,中国社会科学出版社1990年版,第310页。

③ [美]塞缪尔·埃利奥特·莫里森等:《美利坚共和国的成长》(第一卷第一分册),南开大学历史系美国史研究室译,天津人民出版社1975年版,第438页。

④ [美]内森·米勒:《美国海军史》,卢加春译,海洋出版社1985年版,第62页。

以要造这些小炮艇,是基于单纯防御、尽量避免战争的思想。他认为:“只要有一支能保卫沿岸和港口的海军就行了,不需要建设远洋舰队。”因为远洋海军费用高昂,人民难以负担。另外,这些小炮艇结构简单,容易操纵,可用民兵税收来购买,这也符合他反对常备军过多的思想。但是这些炮艇后来证明毫无作战的能力,在1812 年战争中,美国海军有了新型快速战舰 6 艘,还有十几艘较小的军舰和 150 艘快艇,①以及 318 艘私掠船。② 但是美国海军还远不是英国海军远洋战舰的对手,既无法远洋作战,又不能进行近海防御。

建国初期,美国海军建设走过了一段曲折的道路。尽管没有建成一支强有力的海军舰队,但是关于海军的战略价值以及美国安全有赖于一支强大的海军这一点已经从理论到实践都成为美国朝野上下的共识。斯托德特的海军思想及海军部的建立为未来美国海军的崛起铺平了道路。

七、职业军事教育体系初步形成

美国政军界领袖从独立战争的经验教训中,认识到克服民兵自身的弱点、提高民兵战斗力的唯一途径就是军事训练和军事教育。华盛顿把军事教育放到很高的地位。在战争中,他使用普鲁士军官斯图本对部队进行正规化训练。斯图本曾向华盛顿提出过关于建立军事学校的完整计划,甚至列出了应当开设的课程,这些课程有哲学、历史、数学、地理、炮兵技术等。他还向负责防卫政策

---

① Gerald S. Graham, *Empire of the North Atlantic: The Maritime Struggle for North American*, Oxford University Press, 1958, p.244.

② Gerald S. Graham, *Empire of the North Atlantic: The Maritime Struggle for North American*, Oxford University Press, 1958, p.236.

委员会的汉密尔顿表明“维护未来安全最好的措施是建立军事学院和兵工厂”。① 1776 年，亨利·诺克斯曾提议建立一所军事学校，以提高军官的军事素养，华盛顿十分重视这一建议，但因战事紧张，经费不足，未能实现。战争一结束，他便在前面提到过的《关于和平时期军队建设的意见》中，把“建立军事院校、普及军事训练”作为其中的一项重要内容。他要求国会建立一所军事学院，以便研究军事，研究战争，培养军事人才。他指出：“战争的艺术既是综合性的，也是复杂的，需要事先进行研究。掌握这种知识并使其提高和完善，这对一个国家的安全十分重要。”②1783 年，纽约州州长乔治·克林顿提议在美国各州都应有一所普通大学提供军事训练来选拔男性学生。那些参加过军训的毕业生将首先作为军官在国家军队中服短暂而有限的兵役。③ 克林顿希望在无须议会提供培训资金的情况下，就能够用非职业的士兵为职业军队配备职员。但是这一提议未能实现。1783 年 5 月，华盛顿向国会提议建设一所或更多的学院用以“教授军事艺术，特别是火炮等科目，这是最难掌握的知识，也是高度必要的”，同时强调“继承在漫长且艰巨的服役过程中所得到的知识非常重要，除了反复强调其重要性外，我无法做出任何决定除非，我们打算让经验失传”。④ 但是国会没有采纳华盛顿的建议。1793 年 11 月 23 日内阁会议

① Uberhorst H., *Friedrich Wilhelm von Steuben, 1730—1794*, Munich, 1989, p. 35.

② ［美］乔治·华盛顿：《华盛顿选集》，聂崇信等译，商务印书馆 1983 年版，第 331 页。

③ Michael S. Neiberg, *Making Citizen-soldiers: ROTC and the Ideology of American Military Service*, Harvard University Press, 2000, p.15.

④ Fitzpatrick John C., *The Writings of George Washington from the Original Manuscript Sources, 1745—1799*, Vol.26, p.398.

上,华盛顿、汉密尔顿等提议建立军事学校,但是杰斐逊以“违宪”为由坚决反对建立军事学校。1794 年,华盛顿在西点创办了一所训练炮兵和工兵的学校。汉密尔顿也曾设想建立一套不同级别的,从学习军事技术、战术到高级军事理论的军校体系,但是因种种原因,国会均未采纳上述建议。1796 年 12 月 7 日,华盛顿在国会演说时又一次呼吁建立一所军事学院,国会未置可否。1798 年美法关系紧张,美国开始做军事准备。7 月 16 日,国会批准总统亚当斯聘任 4 名教师负责教育炮兵团的军官实习生。① 汉密尔顿趁机提议建立一套完整的军事教育体系:在西点建立一所“基础学校”,一所炮兵与工兵学校和一所骑兵与步兵学校,还要建立一所海军学校。学员学习两年的学校基础课程后,再到专门学校进行为期两年的学习。② 华盛顿支持汉密尔顿的建议,敦促国会至少建立一所军校。他在信中写道:“……这样一所学校应当建立在值得信任并广为接受的基础上,我认为这应当成为国家的一个重要目标,我作为政府首脑的时候没有放过任何合适的机会向立法机构提出这个建议。”③但是国会仍未能接受这一建议。

1799 年 11 月,他交给国会和华盛顿一份关于建立军事学院的计划。华盛顿去世前两天说:“这一直是我认为对这一国家最重要的一件事。”④

直到 1801 年,杰斐逊当总统时建立军事学院才变成了现实。

---

① United States Congress, *Congressional Globe*, 5th *sess.*, *July 16 1798*, Blair and Rives, 1951, pp.1415-1426.

② Lodge Henry Cabot, *The Works of Alexander Hamilton*, Campbell, 2008, pp. 179-186.

③ Washinton G., *The Writings of George Washington from the Original Manuscript Sources*, *Vol.*37, Washington United States Government Office, 1944, p.473.

④ 向高:《美国思想史》,台湾学生书局 1979 年版,第 123 页。

杰斐逊十分重视教育。他认为，暴政产生的一个重要原因就是人民缺少教育，“人民的愚昧会导致暴政”。① 而要防止政府腐化及民主蜕变为暴政，最有效的办法就是“启迪一切人的心智”。② 通过教育，不但可以培养各类人才，还可以提高人民的文化水平，使他们更有效地行使自己的民主权利，更有能力监督和控制政府，更善于识别野心家的阴谋。杰斐逊特别关注军事教育，认为通过教育可以培养明智而有教养的军官，有助于防止军队成为暴政的工具。他认为，通过教育和训练可以“使每一个公民都成为士兵”，从而建立一支“公民军队”以取代常备军，节省大量国防经费。而建立军事院校是建立公民军队必不可少的一步。为此，在他的努力下，1802 年 3 月 16 日国会通过法案，决定建立一所主要培养工兵军官的军事学校，“该兵种应驻扎于纽约西点（纽约以北 80 千米哈德逊河西岸橙县的西点镇），组建一所陆军学校，应由工兵主任或在他缺席时由军衔仅次于他的人来领导该陆军学校……”③ 之所以培养工兵军官，是杰斐逊想通过西点军校的教育使公民成为军民两用人才，既能成为职业军人，又能像公民那样在和平时期为国家服务。当年 7 月 4 日，美国历史上第一所正规军事学校——联邦军事学院（United States Military Academy，也称作陆军军官学校，因设在西点，习惯上称其为西点军校）正式开学。西点军校成立初期，仅培养工兵军官。第一批学员都是工兵，只要读写和算术熟练就可入学。课程简单，主要是算术和自然哲学，还有防御学和测绘等与炮兵有关的课程。西点军校管理松散，学生人数

① 刘祚昌：《杰斐逊传》，中国社会科学出版社 1990 年版，第 380 页。

② 刘祚昌：《杰斐逊传》，中国社会科学出版社 1990 年版，第 189 页。

③ Russell F. Weigley, *Towards an American Army: Military Thought from Washington to Marshall*, New York: Columbia University Press, 1962, p.27.

少,纪律涣散,学校的设施也很简陋,被称为“学徒学校”或“工兵学校”。1812年4月,国会立法扩大了学校规模,学生增至250人,教师增加了3名教授并配上3名助教,课程4年,学习内容有自然和实验科学、数学和军用民用工程学。从此,西点军校才走上正规发展之路。西点军校的创立,奠定了美国职业军事教育的基础。

八、初步形成了国防工业的基础

美国的领袖们十分重视建立军火工业。华盛顿认为,没有自己独立的军火工业,单纯依赖外国进口军事物资对美国的国防是极为不利的,容易受制于人。他曾对议会表示:“为了民众的安全和利益,应要求他们建立更多工厂,使他们对主要物资特别是军需物资的要求,不依赖于他人。”①

汉密尔顿则把发展工业与国防密切连在一起。他认为工业发展与国防的强大是成正比的。只有国家工业发展了,才能为国防提供充分的军事装备。1790—1791年,汉密尔顿在华盛顿的支持下写了四个报告,分别阐述有关信用、税收、银行和制造业的问题。汉密尔顿在第四个报告中写道:“财政部长……就开始对制造业的问题予以考虑,而且特别注意能使美国的军需品和其他必需品供应不再依赖外国的有关制造业的发展措施……不仅一个国家的财富,而且一个国家的独立与安全好像都与制造业的发达息息相关。考虑到这些重大问题,每个国家都应当努力拥有它所应当拥有的一切必需品。”此外,海军发展也“大大加强了发展制造业的论点”。② 他的

---

① [美]乔治·华盛顿:《华盛顿选集》,聂崇信等译,商务印书馆1983年版,第26页。

② 赵一凡:《美国的历史文献》,生活·读书·新知三联书店1978年版,第78页。

这几个报告不仅奠定了美国制造业和金融业的基础，还为美国军事工业的发展提供了理论根据，从而在他任财政部长期间，以此奠定了美国军事工业的基础。

此后，美国的军事工业有了较快的发展。1794 年国会决定建立 4 个兵工厂。罗德岛的霍普熔炼场生产 24 磅和 32 磅的大炮，用于要塞和军舰。马里兰的工场主要生产更大口径的大炮。1794 年斯普林菲尔德兵工厂开始建立，用于生产滑膛枪。但是建场速度很慢，到了 1799 年才建成，年产 5000 支滑膛枪。政府要求增加产量，后来发明轧棉机的艾利 · 惠特尼抓住机会，与政府签订合同，2 年内达到年产 1 万支滑膛枪（但他用了 10 年才达到此数）。他建立了美国历史上第一个生产线，零件是统一尺寸标准，这是现代流水生产线的雏形。惠特尼奠定了美国军火工业尤其是近现代工业的基础。① 1812 年国会则成立了军械部，负责军事装备的研制、生产。这样，美国的军事工业成为国家领导的工业部门。

小　　结

建国初期是美国军事发展的关键时期。美国统治集团中的有识之士，从美国的长治久安出发，根据美国的实际，用 1787 年宪法确立了美国军事体制的框架，把国防建设与经济发展有机地结合起来，以节约和“文官治军”为原则，初步形成了以“可扩大的正规军”为骨干、以组织良好的民兵为基础的军事制度，并使民兵制度化，对海军战略地位形成共识，又通过创立西点军校奠定了美国军

① Walter Millis, *Arms and Men*: *A Study in American Military History*, New York: G.P.Putnam's Sons, 1956, p.59.

事教育体系的基础。这样,美国的军事体制已初步形成。

但是,初步形成的军事体制离成熟和完善还有相当大的距离。由于政界领袖及民众普遍对正规军怀有传统的疑虑和戒心,因此,这期间在军事建设上过于偏重民兵。正规军虽然理论上受重视,但数量太少,不成比例,一个大国的安全怎能靠区区几千人来维持呢?虽然根据 1792 年的《基本民兵法》和 1798 年的《民兵法》,美国从法律上确立了民兵制度,但法案还未能实施,民兵的状况离"组织良好的民兵"还相距甚远。在正规军建设上,部队的指挥系统和后勤供应系统均没有建立,陆军部共有 7 名办事人员。在海军建设上,虽然人人都承认海军的战略价值,但是在具体建设上,出现了曲折,仅建立了一支毫无战斗力的、由炮艇组建的舰队。此外,军事教育仅是萌芽,西点军校还需要进一步发展和完善……

总之,万事起头难,发展和完善更难。但是美国作为一个军事大国的基石正是这期间奠定的,下一步就是在这一基础上建设起世界军事大国的摩天大厦。

第四章　正规化建设时期

（1812—1860 年）

美国在经历了建国时期的动荡和建设后，各方面逐渐平稳发展，为后来发展壮大奠定了基础。经过第二次独立战争后，又进入了一个发展的时期。经济和军事建设有了较大的发展，尤其是工业革命的进行和领土扩张，为美国向大国发展铺平了道路。

第一节　军事历史发展背景

一、美国进行的军事活动

美国的发展必然会与其他国家的利益发生矛盾，不是美国侵犯了别人的利益，就是有的国家要阻止美国的发展。美国在发展过程中，在解决这些矛盾的过程中，是通过战争扫清障碍，开辟发展和前进的道路。美国这一时期进行了如下军事活动。

（一）第二次独立战争（又称“第二次美英战争”，1812—1815 年）

这场战争具有深刻的历史背景。它一方面是独立战争后美英关系发展的必然结果；另一方面，是美国统治集团的扩张主义政策所致。

独立战争以后，英国一直耿耿于怀，不甘心失败，时刻在梦想使美国重新沦为殖民地。因此，从 1783 年以来，英国一直采取对美敌视的政策，8 年不派驻美大使，并对美国施加政治、经济和军事压力。

在军事上，英国仍占据着同美国接壤的西北边境地区的 7 个据点，迟迟不按《巴黎和约》的规定撤出。1793 年英国首相声称：英国打算永远占领美国西北广大土地。① 英国还在加拿大集结军队，威胁美国的安全。直到 1796 年，两国签署了《杰伊条约》，英军才撤出这 7 个据点。但是，英国仍在策动印第安人不断袭扰美国的西部边境。

在经济上，英国通过不平等的贸易关系使美国在经济上依赖英国，成了英国的“经济殖民地”。美国出口商品的 3/4 输往英国，主要是原料。英国商品则控制了美国市场。1790 年美国共输入 1500 万美元货物，其中 1200 万美元是英国产品。1789 年英国吹嘘对美出口已达到战前规模，出超比 1772 年还高。②

在欧洲，美国的中立国地位受到英法两国的藐视和破坏。两国任意扣留美国商船，没收船上的货物，使美国蒙受了巨大损失。19 世纪初以前，美国主要同法国关系紧张，和法国进行了一场“不宣而战”的“准战争”。后来英国造成的损失越来越严重。在整个拿破仑战争期间，英国共捕获美国船只 1700 余艘。③ 1807 年 6 月 22 日，英国军舰无端攻击美国“切萨皮克”号军舰，造成美方伤亡 21 人，两国关系日趋紧张。但英国视美国的克制为软弱可欺，继

① 参见黄绍湘：《美国早期发展史（1492—1823）》，人民出版社 1957 年版，第 372 页。

② ［美］塞缪尔·埃利奥特·莫里森等：《美利坚共和国的成长》（第一卷第一分册），南开大学历史系美国史研究室译，天津人民出版社 1975 年版，第 303 页。

③ 参见黄绍湘：《美国早期发展史（1492—1823）》，人民出版社 1957 年版，第 404 页。

续变本加厉。“切萨皮克事件”以后的8年中,英国扣船和征用美国海员的事件达6057起。[①] 英国的海盗行径严重打击了美国的经济。

战争的另一个重要原因,是美国资产阶级和奴隶主集团早就对富饶广袤的加拿大和西部地区垂涎三尺。他们想通过战争把英国人赶走,把这两个地区并入美国,同时顺手牵羊夺取佛罗里达。美国国会中的好战派“战鹰”集团为扩张领土而鼓噪。众议员哈尔柏声称:“造物主已经确定了我们的疆界:南边是墨西哥湾,北边是永世冰盖的地方。”宣战前,参议院还提出了一项法案,要求授权总统占领佛罗里达、加拿大等地,但未获通过。[②]

1812年6月18日,国会批准麦迪逊的咨文,正式对英宣战。“第二次独立战争”爆发了。

战争分四个方向展开,即:美加边境、大西洋沿岸、墨西哥沿岸及海上。

1. 美国战略进攻(1812年6月—1813年初)

这期间,在北美的英军兵力空虚,美国本可以乘机发起进攻,入侵加拿大,并派海军切断英军供应线,形势十分有利。但是美军没有制订周密的战略计划,只想乘虚攻占加拿大。美军没有进攻加拿大人口最集中的城市蒙特利尔(如果攻占此城,其他地方就唾手可得),而是选择从底特律方向入侵加拿大人烟稀少的西部,从而铸成败局。

英军一开始被打了个措手不及,只能被动防御。直到1814年

---

① 黄绍湘:《美国早期发展史(1492—1823)》,人民出版社1957年版,第408页。

② [苏]谢沃斯季扬诺夫:《美国近代史纲》,易沧、祖述译,生活·读书·新知三联书店1977年版,第255页。

5 月欧洲的英法之战结束后,英国才把主要精力放在北美战场。

战斗主要在美加边境西北部展开。美军发动了三路攻势,企图入侵加拿大。英军击退了美军进攻,并攻占了美国西部的几个重要堡垒。美军不堪一击,底特律的 2000 名美军不发一枪便向 700 名英军投降,造成美军史上一次奇耻大辱。英军在中路的尼亚加拉河以 1000 人击退了美军 3000 人的攻击,美军未同敌人交火便四散溃逃,纽约民兵则按兵不动。美军的失败使印第安纳地区门户大开,西北地区印第安人纷纷加入英军作战。

在海战方面,美国全面出击,战舰和私掠船遍布大西洋,神出鬼没。仅在战争头几个月,美海军便击沉英舰 3 艘,俘获英舰船 500 艘以上。① 英舰“战斗”号被击沉后,《泰晤士报》称:“阴郁的气氛笼罩了全城,要对此作出评价都是一件痛苦的事。”②由于海军的胜利抵消了陆地上的惨败,以致许多美国人认为战争已经打赢了。

纵观这一阶段战局,美军指挥人员无能,部队软弱涣散,特别是民兵本位思想严重,不愿支援正规军,仅想保卫自己的家园,同时,后勤供应系统效率低劣,部队常常得不到及时供应,大大影响了战斗力。

2. 英军转守为攻,夺取主动权(1813 年初—1814 年初)

进入 1813 年,英军大批海军来到北美,掌握了制海权,取得了战略上的主动权。只是陆军还难以从欧洲抽出更多兵力。

美国则吸取了经验教训,迅速改组了指挥机构。这一阶段,美

① [美]内森·米勒:《美国海军史》,卢加春译,海洋出版社 1985 年版,第 75 页。

② [美]内森·米勒:《美国海军史》,卢加春译,海洋出版社 1985 年版,第 73 页。

国的计划是收复底特律,越过安大略湖,进攻加拿大。作战范围扩大到东海岸和墨西哥沿岸,但主战场在美加边境的大湖区。

1813 年初,美军兵分三路向底特律发起进攻。英军不等这三路美军会师,便将其中两路击溃。美军有 900 人被俘,受到印第安人屠杀。后来,战争便转到大湖区。

大湖区是通往加拿大的门户,由 5 个彼此相通的大湖泊组成,其中最重要的是安大略湖。开始,双方都开展造舰竞赛,想争夺对湖面的控制。10 月,由 9 艘舰艇组成的美国小舰队,同英舰队在伊利湖激战,迫使拥有 4 艘军舰的英国舰队挂起了白旗。这是英国海军史上唯一的一次整个舰队投降的事件。美国控制了伊利湖,迫使英军撤出底特律。美军乘机追击,10 月 5 日在泰晤士河一带击溃了英国与印第安人联军,歼敌 500 多人,并杀害了印第安人领袖杜堪士。这是 1813 年陆战中美军取得的唯一胜利。同月,美军 1.3 万人向蒙特利尔发起钳形攻势,被 2000 名英印联军击退。到了年底,英军举行反攻,把美军赶出乔治堡,攻占了尼亚加拉。

在其他战场,英军占尽上风。1813 年春,英国海军对从缅因到弗吉尼亚的整个东海岸进行炮击、骚扰,烧毁了一些村庄和工厂。美国沿岸军民进行了顽强抵抗。6 月 22 日,在诺福克保卫战中美军以寡敌众,击退了 2000 名敌军的海陆进攻,使英军伤亡 81 人。在墨西哥湾沿岸地区,美军主要是在佛罗里达同英国煽动的克里克印第安人激战。在米克斯堡战斗中,美军惨败,400 人阵亡,500 人被俘。①

① [美]加尔文・D.林顿:《美国两百年大事记》,谢延光等译,上海译文出版社 1984 年版,第 75 页。

在海战方面,英国海军封锁了美国海岸,迫使美舰船避于海港内。英国还加强了对商船的护航,有效地防止了美国私掠船的攻击。仅在1813年,英军就俘获200艘美国船只,新英格兰地区的美国船只近乎绝迹,[①]仅有个别美国军舰敢于突破英国封锁到外海作战。如"厄塞克斯"号战舰曾绕过南美洲合恩角进入太平洋,6个月捕获了价值2500万美元的大批英国船只;"大黄蜂"号也曾生俘英"孔雀"号舰。[②]

这一阶段的战局同上一阶段正好相反。美国在陆战中占优势,海战居下风。陆战局面的改观是领导机构改组的结果,海战失利则是敌我力量发生逆转所致。

3. 美军粉碎英军的战略进攻(1814年—1815年1月)

英军增兵北美和封锁海岸后,优势转到英国方面。英军一方面在沿海地区选择美军空当,发起了一系列攻击;一方面计划从尼亚加拉、张伯伦湖和新奥尔良三个方向南北夹击,并进袭切萨皮克湾。美国一度处于困境:由于英国封锁,出口大幅度下降,从1807年的1.083亿美元降至1814年的1000万美元,沿海的航运、渔业几乎全部中断。[③] 当时报纸曾哀叹:"我们的海港被人封锁,我们的船只腐烂生锈,只有青草欣欣向荣,蔓生在公用码头。"[④]美国海军龟缩于港口内,很少出海作战。英国的海上封锁一直持续到战争

① Grald S.Graham, *Empire of the North Atlantic*: *The Maritime Struggle for North American*, Oxford University Press, 1958, p.251.

② [美]内森・米勒:《美国海军史》,卢加春译,海洋出版社1985年版,第77页。

③ [美]内森・米勒:《美国海军史》,卢加春译,海洋出版社1985年版,第79页。

④ [美]内森・米勒:《美国海军史》,卢加春译,海洋出版社1985年版,第79页。

结束。

在北部战场,双方展开了更激烈的拉锯战。在大湖区,双方竞相建造更大的战舰,以夺取制湖权,仅有小的冲突。在尼亚加拉方面,1814 年 7 月 3 日,美军攻占伊利堡。7 月 5 日,双方在奇珀瓦河一线激战,不分胜负。7 月 25 日,美军在兰迪之战中受创,2000 人中伤亡 853 人,英军也伤亡 878 人。① 9 月 11 日,尽管英军 2 倍于美军,但美海军仍英勇奋战,击退英军进攻,击毙英舰队司令,俘英舰 4 艘,迫使英军退回加拿大。这一仗即著名的“麦克多诺大捷”,又叫“普拉茨堡之战”,对双方在根特进行的和谈起了重大影响,英国被迫放弃了强硬立场。

在东海岸,罗斯指挥 4000 英军在切萨皮克湾沿岸登陆,其中 2000 人直驱华盛顿。美军集中正规军和民兵共 7000 人阻击英军,但在只有 300 人的英军面前溃不成军。英军占领了华盛顿,把白宫和其他政府建筑物付之一炬。9 月,英军从海陆两方面进攻巴尔的摩。美军和民兵奋力抗击,打死英军司令罗斯。在麦克亨利堡,美军冒着枪林弹雨英勇战斗,弗朗西斯·基看到堡垒上迎风招展的星条旗,激动万分,谱写出传世之曲《星条旗》,这首歌后来成了美国国歌。

在墨西哥湾沿岸,杰克逊在亚拉巴马的马蹄湾打败并屠杀了 557 名印第安人,逼迫印第安人割地求和。1814 年 12 月,英国 50 多艘战舰和 7500 名士兵企图攻占新奥尔良。当时防守新奥尔良的美军只有 5000 人,其中 3/4 是民兵,海军只有 2 艘小军舰及几艘炮艇。美军城防司令杰克逊令部下构筑坚固工事,精心严密地

① [美]塞缪尔·埃利奥特·莫里森等:《美利坚共和国的成长》(第一卷第一分册),南开大学历史系美国史研究室译,天津人民出版社 1975 年版,第 485 页。

组织防御作战。1815年1月8日,5300名英军以密集队形向新奥尔良发起攻击。早已壁垒森严的美军以猛烈火力击退了英军。英军伤亡被俘达2000人左右,英将帕克南也毙命。美军仅伤亡71人。① 这是战争中的最后一仗。但这次战斗对结局没有多大影响,因为《根特和约》早在半个月以前就已签字,由于通信设备落后,这一消息姗姗来迟。但是“新奥尔良大捷”仍作为美国赢得第二次美英战争的标志而载入史册。

1814年8月,美英两国在荷兰境内的根特(现归比利时)举行会谈。经过激烈的讨价还价,双方于12月24日前签订了《根特和约》,内容为:双方停战,归还战俘,恢复战前边界,确认美国独立,分歧问题以后再协商解决。《根特和约》的签订,标志着英国这个头号军事大国实际上承认战败,完全放弃了侵略美国的野心。但是美国也被迫放弃了吞并加拿大的企图。

(二)西进及对印第安人的战争

美国资产阶级和奴隶主为了攫取市场和开辟种植园,进行了大规模的领土扩张。他们煽动大批新移民涌向西部地区,政府以武力作后盾,驱赶和屠杀印第安人并霸占其土地。印第安人为了生存,举行了英勇悲壮的反抗斗争。这个时期同印第安人的战争比以往更加激烈、残酷。

历届美国总统均实行灭绝印第安人的政策。门罗曾宣称:印第安人“无论怎样的范围,无论怎样的形式,都不能把他们包括在我们的体系之内……”②1828年杰克逊总统声称:印第安人是美

① Ernest R. Dupuy, Paul F. Braim, T. Dupuy, *Military Heritage of America*, New York: McGraw-Hill, 1956, p.138.

② 刘明翰等:《美洲印第安人》,生活·读书·新知三联书店1982年版,第54页。

国向西扩张的障碍,必须将其迁移。他的理由是:“如果印第安人继续和白人保持联系,他们就会堕落……”①美国南方的奴隶主、土地投机商和新来的移民都支持政府的印第安人迁移政策,以夺取其土地。历史学家乔恩·米查姆指出:“利益的冲突是根本性的。南部各州渴求更多的土地,尤其为了棉花的种植。而……(印第安)部落则拥有丰富的土地面积。”②1824 年,美国设立了“印第安人事务局”,归陆军部管辖(1848 年划归内务部)。1830 年 5 月 28 日,国会通过《印第安人迁移法》,将密西西比河以东的印第安人迁移到密西西比河以西的“保留地”。于是,美国政府出动军队,强迫印第安人廉价出卖土地,把印第安人赶进贫瘠狭小的所谓“保留地”里。在“一个好的印第安人就是死了的印第安人”的口号驱使下,西进的移民开始屠杀印第安人。当印第安人奋起反抗时,政府便出兵镇压。在同印第安人的战争中,规模最大的是“塞米诺尔战争”。

战争起因是美国政府妄图强占佛罗里达境内塞米诺尔印第安人的土地。“塞米诺尔战争”共发生三次:

第一次(1817—1818 年):杰克逊奉门罗之命,以抓回逃亡黑奴为名,进攻西属佛罗里达。塞米诺尔人歼灭了他的一支分遣队,但他趁机攻占了西班牙的圣马克斯和彭萨科拉两个要塞,迫使西班牙于 1819 年割让佛罗里达。

第二次(1832—1842 年):杰克逊前后共动员了 5000 名正规军和 2 万名短期志愿军,分别在斯科特和泰勒的指挥下进行了四

① Tyler S.Lyman, *A History of Indian Policy*, Washington D.C.: Bureau of Indian Affairs(Department of Interior), 1973, p.58.

② Meacham Jon, *American Lion: Andrew Jackson in the White House*, New York: Random House, 2008, p.91.

次远征。塞米诺尔人和逃亡黑奴约 1000 人在领袖奥斯西奥拉的领导下,利用沼泽和丛林地带,与数倍于己的美军周旋,他们多次设伏袭击美军分遣队。美军由于训练差,纪律糟,不熟悉丛林和沼泽水网作战,再加上热带疾病的折磨,损失很大。在 1835—1842 年间,美军更换了 8 个司令。1837 年,泰勒对印第安人烧杀抢掠,并用卑劣手段俘获了前去谈判的奥斯西奥拉,把他关入狱中折磨至死。此后,印第安人的抵抗活动渐渐减弱。直到 1842 年美军才最后平息印第安人的反抗,强行把 3000 名饥饿不堪的印第安人迁至西部的"保留地"。但美国政府想把塞米诺尔人全体迁往西部的企图未能实现,印第安人仍占有佛罗里达的许多地方。在 10 年战争中,美军付出了惨重代价,阵亡和病死者将近 2000 人,耗资 4000—6000 万美元。①

第三次(1855—1858 年):为了彻底赶走塞米诺尔人,美军又发动军事行动,出动 3000 人,镇压了最后的 300 多名塞米诺尔人的抵抗,强行把他们驱往"保留地"。

"塞米诺尔战争"在军事上的意义是美军逐渐熟悉和掌握在河网地带作战的经验,创立了在河网地带作战的战术。在战争中,为支援陆军在沼泽水网地带作战,美军使用平底船作为部队的运输工具和渡河用的浮桥。陆军开始重新评估工兵的作用,重建了工兵部队。海军在战争中组建了"蚊子舰队",由独木舟和平底船组成,供后勤支援和部队机动之用。美军创造的河网地带战术,后来在墨西哥战争,甚至在一个多世纪以后的越南战争中都发挥了作用。

① 美国不列颠百科全书公司编:《简明不列颠百科全书》中文版第 6 卷,中国百科全书出版社 1999 年版,第 888 页。

除了"塞米诺尔战争"外,美军同印第安人之间的小战斗和冲突一直持续不断。著名的有1832年的"黑鹰战争"。伊利诺伊以北的368名印第安人武士与1000多名家眷,在酋长黑鹰领导下,同美军展开了力量悬殊的战斗。"黑鹰的军队像影子一样不可捉摸,像幽灵似的时隐时现。"①他们采用游击战术使美军遭受了重大损失,但黑鹰最后兵败被俘。

从1850年起,美国同印第安人的冲突进一步加剧,10年间发生22次战争。② 结果是美国军队的主力4/5被吸引到西部地区。见表4-1:③

表4-1 1853年和1860年军队分布表 (单位:人数)

军区	1853年	1860年
总数	9099	14072
东部军区	1087	929
西部军区	1507	2808
得克萨斯军区	3294	2949
新墨西哥军区	1611	3104
太平洋军区	1600	(*)
犹他军区	(*)	828
俄勒冈军区	(*)	2236
加利福尼亚军区	(*)	1218

*没有军队。

① [美]桑德堡:《林肯传》,云京译,生活·读书·新知三联书店1978年版,第17—18页。

② Maurice Matloff, *American Military History*, Office of the Chief of Military History, United States Army, Washington D.C., 1969, p.179.

③ Headquarters, *Department of the Army*: *American Military History*, Washington D.C., 1959, p.188.

在西部地区,军队又主要集中在去西部的必经之路——俄勒冈地区和圣菲小道。1857 年共有 68 个永久据点和 70 个临时据点。① 这也说明,在向西部扩张中,印第安人的反抗是多么激烈和顽强。

(三)侵略墨西哥的战争(1846—1848 年,又称“美墨战争”)

1846—1848 年,美国对南方邻国墨西哥发动了其历史上第一次大规模侵略战争。美墨战争是由美国奴隶主赤裸裸的领土扩张野心所引发的。

美国南方种植园经济的繁荣,取决于不断寻找新的土地来迁移种植园,以避免地力的下降。1819 年美国在同西班牙达成的《亚当斯—奥尼斯条约》规定:美国同西属殖民地以萨拜因河为界。但是从 1820 年起,南方奴隶主便不断越过这条边界向西扩张土地。

在吞并过程中,美国炮制了自己的理论。1823 年总统门罗发表了《门罗宣言》,提出“美洲是美洲人的美洲”这一原则。宣言虽然有反对欧洲列强干涉美洲革命的一面,但也有美国想在美洲建立霸权的企图。后来,扩张主义者又据此引申出“天定命运”论。众议员罗伯特·温斯罗普宣称:“我们天定命运的权利就是扩展到整个大陆。”②

在美国政府和奴隶主的怂恿下,美国向西的移民数量激增,1827 年已达 2.7 万人,1835 年达到 3 万人。③ 美国移民还不断向

① Headquarters, *Department of the Army: American Military History*, Washington D.C., 1959, p.182.

② Richard B. Morris, *Encyclopedia of American History*, New York: Harper & Row, 1982, pp.224-230.

③ [苏]阿尔彼罗维奇等:《墨西哥近代现代史纲》,刘立勋译,生活·读书·新知三联书店 1974 年版,第 196 页。

加利福尼亚、新墨西哥等地区渗透。1830 年美国移民趁墨西哥内乱要求自治。1835 年美国政府支持得克萨斯奴隶主发动武装叛乱，将墨军赶出得克萨斯。墨军在阿拉莫等地反击叛乱者，歼灭美军 187 人。① 后来美军击败墨军，宣布得克萨斯“独立”，成立“孤星国”，宪法规定实行奴隶制度，豪斯顿任总统。1837 年美国承认“孤星国”。1844 年大选，波尔克以“合并得克萨斯”的口号当选总统。1845 年 7 月美国以“合并”为名正式吞并了得克萨斯。

在吞并得克萨斯的过程中，美国还对其他墨西哥领土进行侵略。1842 年 10 月，美国太平洋海军分舰队曾攻占了墨西哥在加利福尼亚的行省首府蒙特里，后来被迫归还。1846 年 5 月 13 日，美国会通过了宣战决议，美墨战争正式爆发。

美军 1845 年只有 20726 人，其中陆军 8509 人，②在战争期间，美军总人数最高时为 1848 年，达到 60308 人。③ 美军的有利条件是训练有素、装备精良，主要武器为新式前装来复枪和马拉大炮。

美国发动这场战争的目的，正如波尔克在内阁中所供认的：“使加利福尼亚、新墨西哥，可能还有墨西哥的另外几个北部省份并入美国……”④

美墨战争大体可分为两个阶段。

第一阶段(1846 年 1 月—1847 年 2 月)，战场主要在首都以北

① [美]加尔文·D.林顿：《美国两百年大事记》，谢延光等译，上海译文出版社 1984 年版，第 114 页。

② Bureau of the Census, *Statistical Absract of the United States*, 1980, Washington D.C., 1980, p.737.

③ Bureau of the Census, *Statistical Absract of the United States*, 1980, Washington D.C., 1980, p.737.

④ [苏]阿尔彼罗维奇等：《墨西哥近代现代史纲》，刘立勋译，生活·读书·新知三联书店 1974 年版，第 211 页。

的广大地区。战事分三部分:

1. 美军主力在墨西哥北部同墨军主力的交战。5 月 8 日,在帕洛阿尔托,美军 2300 人同墨军 6000 人交战,美军以优势炮火击溃了对方的骑兵。5 月 9 日,在雷萨卡·德·拉帕尔马,1700 名美军击溃墨军 5700 人。9 月 24 日,美军攻占蒙特里;经短暂停战,又攻占了若干城镇。1847 年 2 月,双方在布埃纳维斯塔展开激战,圣安纳以 2 万之众想围歼泰勒的近 5000 人马。墨军打得十分勇敢,几次击退美军反扑,俘获美军 400 多人和两面军旗。① 但美军凭借优势炮火,顶住了墨军的攻势。此役美军伤亡 746 人,墨军伤亡 1500 人。②

2. 美军占领加利福尼亚。1846 年 6 月 16 日至 7 月 5 日,美国政府唆使美国移民在弗雷蒙特领导下发动了叛乱。他们攻击墨西哥军队,建立"加利福尼亚共和国",树起了"熊星国旗"。7 月 7 日至 8 日,美国海军远征加利福尼亚,支援当地的移民。美军攻占了洛杉矶等要地,8 月 17 日美军宣布加利福尼亚并入美国。9 月 22 日至 30 日,墨西哥人起义,驱逐了加利福尼亚的美国人。卡尼率美远征军约 1700 人从堪萨斯出发,经过穿越 800 英里无人地带的艰苦行军后,8 月中旬占领了整个新墨西哥。在太平洋分舰队的配合下,美军击败了新墨西哥和加利福尼亚的墨西哥军队。1846 年夏秋攻占了洛杉矶和蒙特里。

3. 1846 年 12 月,美军 900 人进攻墨西哥北部重镇奇瓦瓦市。部队长途奔袭 1000 多英里,击溃了优势墨军,攻占了奇瓦瓦。这

① [苏]阿尔彼罗维奇等:《墨西哥近代现代史纲》,刘立勋译,生活·读书·新知三联书店 1974 年版,第 218 页。

② 北京师大历史系、河北师大历史系《美墨战争资料专辑》组:《美墨战争资料专辑》,中国美国史研究会 1984 年版,第 15 页。

次进军表现了美军良好的素质，伤亡不到 20 人。墨军伤亡却达 800 人。①

第一阶段，美军攻占了墨西哥北部大片土地。美军虽在人数上处于劣势，但倚仗精良的装备和优越的战斗素养，击溃了以印第安人为主的数量上占优势的墨西哥军队。墨西哥人民在占领区积极开展斗争，迫使美军停止了进攻。

第二阶段(1847 年 2 月 21 日—1848 年)，美军直接进攻首都墨西哥城。3 月 9 日，美军在维拉克鲁斯进行两栖登陆作战。3 月 22 日，美国 72 艘军舰还对维拉克鲁斯进行了连续几天的轰击。美军司令斯科特下令不许平民离城。美军野蛮的炮击摧毁了这座城市，造成平民严重伤亡，损失达 500 万比索。② 经一周激战，3 月 29 日墨军 4000 人投降。是役，美军伤亡 82 人，墨军损失 80 人及 100 多平民。③ 随后，美军向墨西哥城推进。

墨军集中 1.3 万军队在塞罗戈多地区同美军会战。在 4 月 18 日的战斗中，美军出奇兵穿过山谷密林，突袭墨军左翼，击溃了墨军，俘虏约 3000 人，缴获大炮 43 门和小型武器 4000 件。美军仅死 63 人，伤 337 人。④ 5 月 15 日，因城内上层集团投降，美军兵不血刃进占了普埃布拉。墨西哥军集结了 2 万人和 100 门大炮于首都郊外。墨军此时已经以白人为主，战斗力增强。在康特列拉

---

① 北京师大历史系、河北师大历史系《美墨战争资料专辑》组：《美墨战争资料专辑》，中国美国史研究会 1984 年版，第 14 页。

② [苏]阿尔彼罗维奇等：《墨西哥近代现代史纲》，刘立勋译，生活·读书·新知三联书店 1974 年版，第 220 页。

③ 北京师大历史系、河北师大历史系《美墨战争资料专辑》组：《美墨战争资料专辑》，中国美国史研究会 1984 年版，第 15 页。

④ 北京师大历史系、河北师大历史系《美墨战争资料专辑》组：《美墨战争资料专辑》，中国美国史研究会 1984 年版，第 111 页。

斯和丘鲁布什科两战,美军又一次击溃了优势敌军。墨军伤亡、被俘达7000余人,美军也伤亡近千人。[①] 9月7日,墨政府同美国举行短时间谈判,拒绝了美国的苛刻条件。于是美军向墨西哥城发起了攻击。墨军进行了英勇抵抗。仅在激烈巷战的头一天,美军即伤亡860多人,墨军损失1800人。[②] 美军付出重大代价后,终于攻占了墨西哥城。

墨军仍然进行顽强抵抗,10月,美墨军队还在许多地方展开激战。

在美占区,墨西哥人民自发组织起游击队,用简陋武器打击美军。在1847年1月新墨西哥的道斯,起义者杀死了美国的准州长等官员。同年2月24日,游击队在阿瓜内格腊伏击美军辎重运输队,歼灭美军300余人,缴获大批物资。10月,游击队奇袭普韦布拉。击毙美国州长,歼灭守城的美骑兵大部。[③] 美军对游击队疯狂进行镇压,斯科特下令对被俘的游击队员可以不经审讯枪决,但仍无法扑灭人民反抗的烈火。泰勒惊呼:从蒙特雷到墨西哥湾,到处都有游击队活动。到1847年底,在墨西哥的5万美军中有2万人在同游击队作战。[④]

如果墨西哥政府能充分发挥人民的力量,本来是可以扭转败局,取得战争胜利的。但是,墨西哥统治集团惊慌失措。1847年10月7日,总统圣安纳被解除职务,逃亡国外。新政府开始同美

① 北京师大历史系、河北师大历史系《美墨战争资料专辑》组:《美墨战争资料专辑》,中国美国史研究会1984年版,第16页。

② Ernest R. Dupuy, Paul F. Braim, T. Dupuy, *Military Heritage of America*, New York: McGraw-Hill, 1956, p.166.

③ [苏]阿尔彼罗维奇等:《墨西哥近代现代史纲》,刘立勋译,生活·读书·新知三联书店1974年版,第220页。

④ [苏]阿尔彼罗维奇等:《墨西哥近代现代史纲》,刘立勋译,生活·读书·新知三联书店1974年版,第230页。

国谈判，于 1848 年 2 月，双方签订了《瓜达卢佩—伊达尔戈条约》。墨西哥割让了本国一半以上的领土，面积达 190 万平方千米，即今天美国的加利福尼亚、内华达、科罗拉多、得克萨斯、新墨西哥、亚利桑那等州。

美墨战争是美国所发动的一场赤裸裸的侵略战争，格兰特承认："这场战争乃是强大民族对弱小民族所曾进行的最不正义的战争之一。"①战争以美国胜利，墨西哥割地求和而告终。但是，美国侵略者也付出了惨重代价。据统计，美国共死亡 13283 人（伤病而死者 11550 人），伤 4102 人，耗资 9750 万美元，墨军伤亡 16000 人。②

二、美国的领土扩张

第二次独立战争后，美国进行了大规模的领土扩张：美国向北扩张的野心虽然因 1812 年战争而未能成功，但是向西部和南部的扩张却有了很大的进展。19 世纪上半期，美国的领土扩张主要是靠吞并英国、法国和西班牙殖民地与侵略墨西哥而实现的。掌握政权的大资产阶级和奴隶主迫切要开发新的市场和原料产地，扩大种植园的生产。当时的国际环境对美国十分有利：欧洲正处于拿破仑战争及战后混乱时期，欧洲各大国忙于欧洲事务，无暇顾及美洲。这对美国是一个天赐良机，美国开始大举扩张：

1803 年，美国利用法国在拿破仑战争中的困境，以武力相威胁，用 1500 万美元购买了 214 万平方千米的路易斯安那，使美国的领土向西扩大了一倍。

---

① ［苏］阿尔彼罗维奇等：《墨西哥近代现代史纲》，刘立勋译，生活·读书·新知三联书店 1974 年版，第 238 页。

② Morris Richard B., *Encyclopedia of American History*, New York: Harper & Row, 1982, p.274.

1810—1819 年,美国又软硬兼施,强迫西班牙以 500 万美元为代价,割让了佛罗里达地区,美国领土又扩大约 11.58 万平方千米。

1846—1848 年,美国用侵略战争夺取了墨西哥近 230 万平方千米,把领土扩大至太平洋沿岸。

1846 年,美国又以战争相要挟,逼迫英国割让了北纬 49 度线以南的俄勒冈地区共 73 万平方千米的土地。

1853 年,美国又迫使墨西哥以 1000 万美元的价格廉价出售了 7.8 万平方千米的土地。

这样,短短半个多世纪,美国领土便从独立时的 90 万平方千米扩大到 777 万平方千米,扩大了 8 倍多,奠定了今日美国版图的基本轮廓。

三、美国工业革命(1792—1850 年)

领土的扩张大大加快了经济发展的步伐。在新增加的广阔版图上,资源丰富,土地肥沃,为工农业发展创造了有利条件。美国北方从 19 世纪开始了工业革命,第二次美英战争后工业革命的步伐加快。19 世纪 20 年代,机器已从纺织工业推广到各个工业部门。到 30 年代中期,以机器为基础的工厂已取代了手工工场和作坊。到 40 年代末,机器制造业建立起来,工业革命向更深更广的范围发展。工业革命的结果,使美国变成了一个工业国。1810—1860 年,美国工业总产值增长了 10 倍,铁路在 1860 年达 4.8 万千米,居世界第一。1860 年还产铁 98 万吨、煤 1500 万吨。[①] 美国城

① 北京大学历史系主编:《简明世界史》(近代),人民出版社 1974 年版,第 276 页。

市化也有很大发展。1800 年,96%的人口住在农村,1860 年,农村人口减至 80%。① 19 世纪初,8000 人以上的城市不到 10 座,而且没有一座超过 10 万人。1844 年,有 44 座城市超过 8000 人,10 万人以上的城市有 8 座,纽约在 1860 年已有 100 万人。

美国农业中的资本主义也和工业一样迅速发展。工业革命促进了全国商品经济的发展,交通的改善使农村和城市的联系更加密切,农村为工业提供了丰富的原料,并变成工业品的广阔市场。自给自足的小农经济开始瓦解,农业中涌现出一大批资本主义农场,采用机器和先进的技术生产,大幅度提高了农业产量。1800—1860 年,农产品总值增长了 5 倍以上,从 2. 36 亿美元增至 15. 76 亿美元。1860 年产粮 3096 万吨,人均产粮近 1 吨,②美国已成为“世界的谷仓”。

但是,美国南方经济是沿另一条道路发展起来的,这就是以黑人奴隶劳动为基础的种植园经济。独立战争后,美国北部和中部先后废除了奴隶制度,但南方的奴隶制度却保留了下来。19 世纪初,由于英国工业和北方工业革命的影响,国际上对于棉花的需求激增,刺激了南方种植园的繁荣发展。南方黑人奴隶数量剧增,从 1790 年的 70 万人增至 1860 年的 400 万人,棉花产量从 1792 年的 6000 包(一包=500 磅)增至 1860 年的 400 万包。③

南北方不同的经济制度使双方产生了深刻的矛盾:发展资本主义的北方需要大批自由劳动力,而南方奴隶主却把几百万黑人囚禁在种植园里当奴隶;北方需要更多的棉花等工业原料,南方则

① [苏]苏联科学院主编:《世界通史》第六卷(上),生活·读书·新知三联书店 1963 年版,第 339 页。

② 黄安年:《美国的崛起》,中国社会科学出版社 1992 年版,第 254 页。

③ 周一良等主编:《世界通史》(近代部分),人民出版社 1962 年版,第 399 页。

把棉花等农产品大批运往欧洲;北方要使南方变成工业品的市场,但南方大量进口欧洲的廉价工业品,黑人的贫困使市场难以扩大;北方要求实行关税保护政策以保护工业发展,南方却要求降低关税以利于进口……南北之间的矛盾是根本对立、难以克服的。这种矛盾和斗争深深地影响到这个时期美国的政局。

总之,19 世纪前半期美国领土扩张、经济发展以及南北矛盾和斗争给这期间的军事发展打下了深深的烙印。

第二节　军队正规化思想的演变

第二次英美战争的战例证明正规军是战争和国防最可靠的力量,是赢得战争的决定性力量,而民兵至多只能起辅助作用。战后,公众对民兵日益冷淡,民兵制度开始走向衰落,民兵处于几乎无人过问、可有可无的状况,历届政府不再讨论民兵建设了。而正规军却开始取代民兵成为军事建设的重点。

就战略思想而言,虽然美国进行了大规模的领土扩张,但是按照 1823 年的《门罗宣言》所确定的原则,美国的战略重点是在美洲确立霸权,排除欧洲列强的势力。但由于美国的军事实力还远非欧洲各强国的对手,所以《门罗宣言》的原则到内战以后才逐步推行。在此期间,美国主要忙于自身的军事建设和在北美大陆的扩张,其战略思想还是内向型的,在和平发展时期初步形成了现代化的军事思想体系。

从 19 世纪 30 年代到内战前,情况发生了变化。经济的繁荣、和平的环境,使传统的民兵制度在逐步衰退。与此同时,正规军的地位却在上升,并且在同印第安人作战及美墨战争中起了主力军作用。尤其在美墨战争中,“组建一支可扩大的正规军,并避免大规模使用民兵,这是使美国打赢了他们到当时为止的最成功的战争”①的重要因素。随着常备军的作用越来越大,军人的地位也日益上升。军人开始把军事看作一种技术性的高尚职业。同时,军事技术的日益发展,也使军队更加重视军事教育。因此美军开始走上职业化道路。

美国军队职业化进程还受到欧洲军事理论的影响。拿破仑战争刺激了欧洲各国对军事理论和军事技术的研究,其代表为普鲁士的克劳塞维茨写的《战争论》以及普鲁士对军官进行的专业技术教育。法国在普鲁士影响下,也建立了一批培养陆军各兵种军官的高级军校。1819 年,西尔维纳斯·塞耶主持西点军校的工作后,先后把一批军人派往欧洲留学,学习和考察欧洲特别是法国的军事制度。这些人把欧洲的军事技术和理论带回美国。欧洲职业军人教育特别是法国对军官的培训制度,促进了美国陆军的职业化教育。西点军校改变了以往只培训工兵技术人员的做法,开始为各兵种培养人才,大大加强了职业军人的技术和职业观念,对职业军人进行军队职业化的研究和宣传工作。产生了一批重要的思想家,主要有丹尼尔·哈特·马汉、亨利·韦格·哈勒克、约翰·C.卡尔洪和温菲尔德·斯科特等人。他们的思想主要包括以下内容。

一、军队职业化思想

提出这一思想的主要有丹尼尔·哈特·马汉、亨利·韦格·哈勒克和温菲尔德·斯科特等人。丹·马汉是西点军校教官。哈勒克也毕业于西点军校,参加过侵墨战争,内战时任陆军总司令。1846 年他出版了《军事艺术和军事科学的诸因素》,是美国最早论

① Russell F.Weigley, *Towards an American Army: Military Thought from Washington to Marshall*, New York: Columbia University Press, 1962, p.33.

述军事理论的著作之一。两人的军队职业化思想主要内容为:第一,强调军人是一种职业。需要一定的专业知识,尤其是军事历史知识。哈勒克认为:“军事科学和军事艺术的基本原则,组成了一种专业性的军事结构。”“掌握它需要丰富的书本知识。”①丹·马汉也认为:“一个优秀的军事指挥官,应该从全部的军事历史中吸取营养。因为,所有的战略原则都来源军事史。”“只有从军事中,才能找到全部军事科学的原则,才能找到成功或失败的范例,通过这些范例就可以检验战略原则的价值和正确性。”②因此哈勒克要求扩大军事教育的范围,像欧洲各国那样,建立各种专业军事学校来培训军官和士兵。第二,强调国防必须依靠常备军。哈勒克认为:只有训练有素、做好准备的正规军才能防止战争的发生。在历史上看,大规模的训练有素的正规军能防止敌人发动战争,在战争爆发后,又能很快赢得胜利。③ 丹·马汉对拿破仑十分推崇,他提出“成功的战争是进攻性战争”,“持战略防御的军队,最有效的作战方法仍然是战术进攻……被动的防守,最终注定要失败”。而实行进攻的军队,必须是训练有素的职业正规军。所以,哈勒克特别指出:“美国应有一支具有一定军事技术而又懂得战争原则的军队,而不是拥有一支人数众多的军队。”④两人还都认为在战争

① Russell F. Weigley, *Towards an American Army: Military Thought from Washington to Marshall*, New York: Columbia University Press, 1962, pp.33－34, p.119.

② Russell F. Weigley, *Towards an American Army: Military Thought from Washington to Marshall*, New York: Columbia University Press, 1962, p.34.

③ Russell F. Weigley, *Towards an American Army: Military Thought from Washington to Marshall*, New York: Columbia University Press, 1962, p.60.

④ Russell F. Weigley, *Towards an American Army: Military Thought from Washington to Marshall*, New York: Columbia University Press, 1962, p.34.

中使用民兵是一个巨大的浪费。民兵只适于防御,进攻还要靠正规军。第三,重视军官作用。哈勒克认为:美国应把建立一支彻底的职业化军官团放在首位,①这样才能在扩军时对征召的民兵实行军训。军官的晋升要打破论资排辈的做法,要按品行和才干来晋升。要恢复上将、中将等军衔,以使高级将领中也有不同的职责分工。为实现职业化的陆军建设,哈勒克提出了三点意见:一是建立欧洲式的参谋部,负责指挥军队。参谋人员"由那些受过特殊训练、适合做参谋工作而又能在前线指挥作战的人组成。"②二是建立一支扩大的但又不是庞大的陆军。三是建立专业化的后备军官团,以备战时军队迅速扩编之用。

温菲尔德·斯科特是任期最长的美军统帅,从 1841 年起直到内战,一直担任美国陆军司令。他为美国陆军职业化建设作出了巨大贡献。他的军队专业化思想和华盛顿、汉密尔顿可以说是一脉相承。他认为:美国应该建立一支小规模的职业军队。这支军队具有一定的军事技术而又懂得战争原则,在必要时可以扩充。他在 1812 年战争中的经历使他极不相信民兵。他主张国防应该依靠正规军,正规军必须加强训练,使之成为一支富有纪律、勇于献身的军队。

1813 年夏,斯科特在弗林特山创办了一个训练营,对部队进行严格的训练。"在这里,从警戒、巡逻、防卫的组织,卫生、清洁纪律的制订,礼貌、礼节的规范到战略、战术的教授,任何细节都没有遗漏。"③

---

① Russell F. Weigley, *Towards an American Army: Military Thought from Washington to Marshall*, New York: Columbia University Press, 1962, p.63.

② Russell F. Weigley, *Towards an American Army: Military Thought from Washington to Marshall*, New York: Columbia University Press, 1962, p.45.

③ Winfield Scott, *Memoirs of Lieut. General Scott, LL. D*, New York: Sheldon&Company, 1864, p.119.

训练取得了成功,极大地提高了部队的战斗力。

在军训中,他特别重视纪律,对部队的纪律做了严格的规定。他认为:正规军之所以有战斗力,来自长期灌输纪律意识的努力。正常人总是会产生一种逃避战场危险和毁灭的强烈欲望。爱国心和荣誉感可能会让一个人走向战场,但是通过长时间的训练和演习而灌输的纪律却可以让他冲到那些火力最密集和死亡最迫近的地方。因此从要求把每个黄铜扣擦得闪闪发亮,到要求兵营必须保持像医院一样干净,完全、无条件地服从正是士兵们所需要做到的。

他对部队的卫生和着装做了严格的规定。如士兵每周要洗三次澡;在指挥部里必须穿短上衣,违者要关禁闭;军官不得随便惩罚士兵,若打士兵,将停职6个月。违纪的士兵则受到各种残酷的惩罚。

斯科特认为:提升部队战斗力的关键在于领导,在于选拔能严格训练和管理士兵的军官。因此,应把建立一支彻底的职业化军官团放在首位,这样才可以在扩军时对征召的民兵进行军训。军官的晋升要打破论资排辈的做法,要按品性和才干来晋升。

二、"可扩大军队"的思想

1815年战争结束后,美国军队又要裁军。斯科特担心不加区别的裁军会使军队丧失军事技能。如果军队不得不裁减,也要保留军队的"骨架",即保留团的结构和军官。① 斯科特向卡尔霍恩提出扩军方案:在平时裁军,减少每个步兵连到55人,同时保持全部的军官编制。该方案成为卡尔霍恩"可扩大军队"思想的起源。

---

① Allan Peskin, *Winfield Scott and the Profession of Arms*, The Kent State University Press, 2003, p.60.

约翰·C.卡尔霍恩(1817—1825年任陆军部长)对这一思想做了进一步的阐述。卡尔霍恩与华盛顿和汉密尔顿的不同之处,在于后者把民兵作为国防的基础,而卡尔霍恩把正规军看作是国防唯一可以依靠的力量:"只有职业军人才能在任何反击欧洲发动的战争中发挥作用。"①他批驳了关于常备军会对美国的自由构成威胁的观点,认为对自由的威胁恰恰是在战争爆发时没有建立一支正规军,"战时紧急状态会迫使权力的转移形成独裁者"。②他提出建立一支"可以扩大的军队",平时编制和战时一样,只要把每连兵力减少一半,即平时编37人,紧急时扩大到77人,更紧急时每个连可以像细胞分裂那样变成两个连。这样根据需要,可把平时的军队扩大2—3倍。保持过剩的军官,是"可扩大军队"思想的核心。"军队平时和战时的区别在于后者数量的增加。"③数量的增减仅仅是士兵的增减。军官保持不变,他要求裁减士兵,而每团增加288名军官作为扩军之用。这样,军队扩大后便能有足够的军官担任指挥,快速完成扩军工作。卡尔霍恩十分重视军官的培训工作,认为"战争是一门艺术,特别对于军官来说,要臻于完善,必须付出更多的时间和实践"。④"一批具有丰富阅历的军官,怎么估计也不过分。缺少良好训练的步兵,通过补充可以迅速投入战场。如果没有足够的优秀军官,特别是连、团级的军官,

---

① Russell F.Weigley, *Towards an American Army: Military Thought from Washington to Marshall*, New York: Columbia University Press, 1962, p.30.

② Russell F.Weigley, *Towards an American Army: Military Thought from Washington to Marshall*, New York: Columbia University Press, 1962, p.32.

③ Walter Millis, *Arms and Men: A study in American Military History*, New York: G.P.Putnam's Sons, 1956, p.82.

④ Walter Millis, *American Military Thought*, New York: The Bobbs-Merrill Company, 1966. p.95.

那么军官将处于纪律涣散的状态,最高指挥官的经验和智慧也就变得不起作用。"[①]对军官来说,"军事科学的不断发展是必不可少的准备"。[②] 他认为必须加强西点军校的建设,把它变成一个培养职业军官的真正学府。要提高军官的待遇,使他们的生活水平高于一般平民。他还提出让正规军平时参加国家建设,这样可以减轻人民负担,密切军队与社会的关系。

三、"海军第一"思想的确立

经过第二次美英战争,美国有越来越多的人认识到海军具有的巨大战略价值。在战争进行过程中,美国海军将领们便纷纷提出建造大型战舰的建议。

海军上校斯图尔特在一份计划中明确地阐述了战列舰的战略价值:"一支由大型战列舰组成的海军中队所产生的后果,二者必居其一——或者敌人被迫放弃我们的沿海,或在这一带部署更大的兵力,至少两倍于我军。出于这一点,他们将被迫冒着一切海上危险,承担巨大的额外开支以及运输粮食和水的风险。而在另一种情况下,他们就难以在我们沿海保持这种优势。对我们的巡洋舰及其俘获的船只来说,进进出出的门始终是敞开着的,同时我们其他级别的舰只可以派去追击敌人较小的巡洋舰,袭扰其贸易。上述意见适于将来我们可能与海上列强进行的一切战争……"[③]蒸汽战舰的发

① Walter Millis, *American Military Thought*, New York: The Bobbs-Merrill Company, 1966. p.95.

② Russell F. Weigley, *Towards an American Army: Military Thought from Washington to Marshall*, New York: Columbia University Press, 1962, p.34.

③ [美]拉塞尔·韦格利:《美国军事战略与政策史》,彭光谦等译,解放军出版社1986年版,第69页。

展、舰炮的革新和空心炮弹的出现,对海军学术产生了巨大影响。

海军部长艾贝尔·P.厄普舒(1841—1843年在位)认为:新技术会使美国在海上竞争中可能获得新的优先地位。美国也应保持一支至少为外国舰队一半的海军。美国可以凭借新技术的优势粉碎英国的海上霸权地位。因为美国不可能在数量上追上英国及其他欧洲强国的海军,但凭技术优势会事半功倍,用一半的军舰便可与一倍于己的外国海军相抗衡。[①] 美国应大力建造装甲战舰,这不但会使美国保持技术上的优势,而且还会促进国内钢铁工业的发展。[②]

海军部长詹姆斯·C.多宾斯(1853—1857年在位)进一步阐述了蒸汽战舰和新式大炮的战略含义:美国在与其他海军强国至少平起平坐的情况下所推行的海军新技术会抵消英国的海上优势。蒸汽动力使美国受益匪浅。因为从欧洲到美洲路途遥远,需消耗大量的煤来供给动力。英国即使在加拿大和加勒比地区拥有加煤基地,也很难重演1813年至1815年的海上封锁。而美国用本土基地加煤,再使用新式榴弹炮,就会确保对本地区海域的控制,进而向海外保卫美国的商业利益。[③]

系统阐述了"海军第一"的思想的是约翰·卡尔霍恩。他认为:在战备工作中,"海军……应占第一位。这是最安全最有效最经济的防卫方式"。[④] 因为美英两国最薄弱最容易遭受打击的环

---

① [美]拉塞尔·韦格利:《美国军事战略与政策史》,彭光谦等译,解放军出版社1986年版,第78页。

② Walter Millis, *Arms and Men: A Study in American Military History*, New York: G.P.Putnam's Sons, 1956, pp.101-102.

③ [美]拉塞尔·韦格利:《美国军事战略与政策史》,彭光谦等译,解放军出版社1986年版,第79页。

④ Walter Millis, *American Military Thought*, New York: The Bobbs-Merrill Company, 1966, p.83.

节都是海运和商业。如果敌人获得制海权,就可以对任何地方发起攻击,而漫长的海岸线是防不胜防的。只有一支强大的海军才能有效地拒敌于海上。为此,他力促国会加强海军建设,努力进行海防工事的修建及修筑沿海公路。

总统安德鲁·杰克逊(1828—1837年在位)也为海军建设摇旗呐喊。他批驳了关于海军花钱过多的论点:建立一支海军"作为我们防御的天然手段,将最终证明是最便宜最有效的手段……我们可以年复一年地增加其力量而不用增加人民的负担"。他认为:美国的海岸线漫长,河流港湾众多,适于发展对外贸易。美国不可能在漫长海岸线的每一点设防,只有利用海洋这个天然屏障,用海军既可御敌于国土之外,又可以进攻敌方领土,是国防的有效手段。①

这期间的历届总统及军政要员,均认识到海军的战略作用,大力支持海军建设,使美国海军有了长足进步。

四、"孤立主义"的军事外交战略思想

独立战争后,美国面临各种危险,英国、法国和西班牙等欧洲列强随时想入侵美国,同时,拿破仑战争正在欧洲激烈进行,美国的商业也受到列强的严重损害。为了美国的长治久安和强大,华盛顿、杰斐逊等人根据国内外形势,制定了"孤立主义"的军事外交战略。华盛顿派约翰·杰伊赴英,指示他说:"我的目的,是避免一个战争"。② 在避免战争的同时,美国不与任何一个国家结成同盟:"我们真正的政策,乃是避免同任何外国订立永久的同盟……对于一切国家,我们要遵守信约和正义。同大家要培植和

① Walter Millis, *American Military Thought*, New York: The Bobbs-Merrill Company, 1966, p.120.

② 黄绍湘:《美国早期发展史(1492—1823)》,人民出版社1957年版,第372页。

平与和谐……应当培植对于一切国家公平而友善的感情。”①同时,美国也不是完全不参与战争,而是以军事力量为后盾,“根据我们的正义所指引的我国利益来选择和平或战争。”②杰斐逊把华盛顿的孤立主义从北美大陆扩大到整个西半球。他指出:“英国在海上和法国在陆地上的压倒优势都对世界的繁荣和幸福起破坏作用。”③英国是美国最危险的敌人。世界各国都盛行专制体制,只有美国是个自由的孤岛。美国没有强大的海军舰队,沿海防御体系还没有建立,无法抵挡来自海上的攻击;但是美国有得天独厚的地理条件,这就是大西洋把美国同实行暴政的欧洲隔开,使美国有了安全的保障。因此,美国应采取不介入欧洲事务的立场。对于欧洲各国之间的战争,美国均应采取中立立场,同时不让欧洲介入美洲事务。他指出:“我国立国第一个基本的原则是,永远不要卷入欧洲事件的漩涡里。我们立国第二个原则是,永远不要让欧洲来干涉大西洋这边岸上的事。”④杰斐逊的目的是确保美国在美洲的霸权。这一战略后来由门罗总统进一步阐释,演变成为“门罗主义”。

五、开发西部的战略思想

独立后的美国只是一个小国,但是西部边境毗邻的路易斯安那,面积广大,森林茂密,山峦起伏,蕴藏着丰富的资源。杰斐逊从

---

① [美]康马杰:《美国历史文献精粹》,香港今日世界出版社 1979 年版,第 17—18 页。

② [美]乔治·华盛顿:《华盛顿选集》,聂崇信等译,商务印书馆 1983 年版,第 324 页。

③ [美]吉贝尔·希纳尔:《杰斐逊评传》,王丽华等译,中国社会科学出版社 1987 年版,第 428 页。

④ 黄绍湘:《美国早期发展史(1492—1823)》,人民出版社 1957 年版,第 439 页。

美国的未来着想,清醒地看到了这片土地的潜在战略价值。他指出:美国如果不开发这片广阔的处女地,将没有出路,永远不会成为世界大国。“不论我们现在的情况是如何把我们限制在我们自己的范围之内,都不能不看到长远的未来,那时我国人口的迅速增加将使我们扩大到这些范围之外,整个北美大陆,如果不包括南美大陆的话,将住满了说同一语言,以相同的政体和相同的法律治理的人民。”①他又指出:这片土地一旦落入某个强国手中,美国的安全将会受到严重威胁。1802 年春,他得知西班牙将把路易斯安那转让给法国之后,立刻宣布:“地球上只有一块地方的占有者是我们的天然宿敌,那就是新奥尔良……法国让自己站到了那个大门口,这是对我们的挑战。”②他怕拿破仑的军队在西部地区出现,对美国构成严重威胁,便立即采取行动,以武力并以与英国结盟相威胁,逼迫法国把路易斯安那廉价卖给了美国。杰斐逊称,这片新土地扩大了“自由的王国,给我们后代以充裕供养,也是自由和平等法律赐予的广阔天地”。③ 购买路易斯安那,为美国的西部扩张奠定了基础。

这一时期,美国军事思想的萌芽随着美国的成长壮大也渐渐初步成型。

第三节　陆军正规化体制的初步形成

美国刚刚确立的军事体制,在奠基后不久便遇到了战火的

① [美]吉贝尔·希纳尔:《杰斐逊评传》,王丽华等译,中国社会科学出版社 1987 年版,第 361 页。

② [美]小诺布尔·坎宁安:《杰斐逊传》,朱士清等译,世界知识出版社 1991 年版,第 251 页。

③ [美]小诺布尔·坎宁安:《杰斐逊传》,朱士清等译,世界知识出版社 1991 年版,第 259 页。

洗礼，经受了一次严峻的考验——1812—1815 年爆发的第二次美英战争。从第二次英美战争到内战前的 40 多年时间，美国的军事体制发生了质变：从以民兵为主的体制逐渐过渡到正规军队为主的体制，军队职业化建设有了巨大的发展。这是美国崛起为世界军事大国的重要阶段。美国陆军职业化建设做了以下工作。

一、征兵制的尝试

在第二次美英战争中，美国第一次开始了对征兵制的酝酿。战争开始后，美军一直苦于人力的不足，按照“可扩大的”正规军的设想，在紧急时刻，所有的民兵都应是军队扩充的兵员基础。纸面上，美国的民兵总数约有 70 万人之多，但在实际上，由于州权的牵制，却难以实现。正规军远远达不到国会授权扩大的 3.5 万人目标。尽管政府对应募入伍者给予优厚奖励，用奖金和土地来吸引民兵参战，但到 1812 年底，只征到 1.5 万人。新英格兰地区抵制联邦关于征召民兵服役的决定。马萨诸塞、康涅狄格州消极对待这一决定，拒绝征召民兵，并用宪法作为拒绝总统命令的根据。按照宪法规定，总统可以在“镇压叛乱及击退入侵”时，征召民兵。康涅狄格州州长认为，州政府并没有听到总统宣布存在入侵的危险。陆军部长尤斯蒂斯说，总统已经明确宣布存在迫近的入侵危险了。但是康涅狄格州长格里斯沃尔德却振振有词地说：“战争不等于入侵。”海上有英国舰队只表明存在“轻微的入侵危险”。因此，征召民兵毫无必要。① 罗得岛、新罕布什尔等

① ［美］拉塞尔·韦格利：《美国陆军史》，丁志源等译，解放军出版社 1989 年版，第 136 页。

州也都阻止征召民兵到联邦服役。最高法院甚至还作出判决,总统或者国会无权"判定存在入侵或者叛乱,必须由州的民兵总司令作出判断"。①

由于北方各州带头抵制及其他各州的消极对抗,美国国会招募的兵员远远不敷需要。直到1814年,国会批准招募6.2万人,但是只完成了3.8万人。② 各州不但消极对待征召民兵到联邦军队服役的要求,而且北方各州地方主义严重,只想保卫本州利益,不愿相互支援。比如战争初期,美军向蒙特利尔进攻时,新英格兰民兵拒绝参战,结果使这次进攻流产。兵员不足大大影响了军事进程。否则,早在开战初期,美军便会以优势兵力驱逐数千英军于北美大陆之外了。

为使部队有足够兵员进行战争,并克服州权的牵制,麦迪逊总统及其助手们倾向于实行征兵制,但怕在政治上引起反对。阿姆斯特朗认为:为了组建足够的军队应付第二年英军的进攻,唯一出路就是实行征兵制。1814年,华盛顿失陷,战争到了紧要关头。门罗此时接替阿姆斯特朗任陆军部长。他极力主张将民兵或健康的公民按年龄及其他条件分类,实行征兵制,以使陆军达到法定的编制水平,把征召人员训练成士兵,再服役两年。但因形势所迫,政府促使参议院通过了一项比门罗建议更激进的法案,规定征召8万民兵服役两年,但该法案1814年年底才送交国会讨论,此时战争已经结束了,所以征兵制没能实行。在战争中,美国动员的部队1814年为正规军3.8万人(国会批准

① [美]拉塞尔·韦格利:《美国陆军史》,丁志源等译,解放军出版社1989年版,第136页。

② Ernest R. Dupuy, Paul F. Braim, T. Dupuy, *Military Heritage of America*, New York: McGraw-Hill, 1956, p.129.

数为 6.2 万人)。[①] 整个战争中共征召志愿兵和民兵 471622 人。[②] 这是美国截止到当时动员的最大规模的军力,保证了战争的胜利。

二、职业陆军逐步成为美国国防的主导力量

第二次美英战争中,美国获得了胜利。但是,美国一直处理不好正规军和民兵的关系。独立战争以后,美国一直奉行以民兵为主的国防思想,忽视了正规军的作用。1783—1823 年正规军很少超过 1 万人的水平。战时征召的部队,因训练有限,仓促上阵,战斗力很低。战争证明:正规军是赢得战争的决定性力量,和平时期必须保持一支能满足国防需要、有相当实力的正规军,其服役时间要延长。正规军和民兵二者互不可缺,但要以前者为主。民兵建设要立足于组织、训练和领导。

1815 年战争结束后,由于朝野上下普遍重视正规军的建设,在此期间,军队的正规化建设顺利进行,以往偏重于民兵的状况得到扭转。民兵开始退居次要地位,职业军人的地位日益上升。特别是经过美墨战争后,职业军人因发挥出色,在公众中的威望有了显著提高,正规军已成为美国国防力量的中坚,见表 4-2。[③]

---

① Ernest R. Dupuy, Paul F. Braim, T. Dupuy, *Military Heritage of America*, New York: McGraw-Hill, 1956, p.129.

② Ernest R. Dupuy, Paul F. Braim, T. Dupuy, *Military Heritage of America*, New York: McGraw-Hill, 1956, p.39.

③ Bureau of the Census, *Statistical Absract of the United States*, Washington D. C., 1980. p.737.

表 4-2　1815—1860 年现役军人表　(单位:人)

年份	总人数	陆军			海军			海军陆战队		
		总数	官	兵	总数	官	兵	总数	官	兵
1860	27958	16215	1080	15135	9942	1150	8792	1801	46	1755
1859	28978	17243	1070	16173	9884	1117	8767	1851	47	1804
1858	29014	17678	1099	16579	9729	1068	8661	1607	52	1555
1857	27375	15918	1097	14821	9676	1031	8645	1751	57	1694
1856	25867	15715	1072	14643	8681	1027	7654	1471	57	1414
1855	26402	15911	1042	14869	8887	1236	7651	1604	52	1552
1854	21134	10894	956	9938	8879	1254	7625	1361	49	1312
1853	20667	10572	961	9611	8841	1250	7591	1254	49	1205
1852	21348	11376	957	10419	8805	1232	7573	1168	47	1121
1851	20699	10714	944	9770	8792	1246	7546	1193	43	1150
1850	20824	10929	948	9981	8794	1273	7521	1101	46	1055
1849	23165	10744	945	9799	11345	1282	10063	1076	46	1030
1848	60308	47319	2865	44454	11238	1141	10097	1751	42	1709
1847	57761	44736	2863	41873	11093	1126	10087	1832	75	1757
1846	39165	27867	2003	25864	10131	1053	9078	1167	41	1126
1845	20726	8509	826	7683	11189	1095	10094	1028	42	986
1844	20919	8730	813	7917	11103	1063	10040	1086	40	1046
1843	20741	9102	805	8297	10555	1055	9500	1084	43	1041
1842	22851	10780	781	9999	10782	998	9784	1289	46	1243
1841	20793	11319	754	10565	18274	940	7334	1200	44	1156
1840	21616	12330	789	11541	8017	932	7095	1269	46	1223
1839	19317	10691	749	9942	7676	922	6754	950	34	916
1838	17948	9197	717	8480	7656	847	6809	1095	28	1067

续表

年份	总人数	陆军			海军			海军陆战队		
		总数	官	兵	总数	官	兵	总数	官	兵
1837	22462	12449	873	11576	8452	801	7651	1561	37	1524
1836	16874	9945	857	0988	5588	787	4801	1341	43	1298
1835	14311	7337	680	6657	5557	756	4801	1417	68	1349
1834	13396	7030	669	6361	5451	695	4756	915	46	869
1833	12895	659	666	5913	5420	664	4756	896	43	853
1832	12478	6268	659	5609	5312	642	4670	898	38	860
1831	11173	6055	613	5442	4303	612	3691	815	35	780
1830	11942	6122	627	5495	4929	615	4314	891	73	854
1829	12096	6332	608	5724	4869	555	4314	895	43	852
1828	11431	5702	540	5162	4797	506	4291	932	40	892
1827	11627	5885	546	5339	4796	505	4291	946	43	903
1826	11586	5989	540	5449	4762	471	4291	835	39	796
1825	11089	5903	562	5341	4405	505	3900	781	35	746
1824	11008	5973	532	5441	4095	531	3564	940	50	890
1823	10871	6117	525	5592	4053	553	3500	701	20	681
1822	9863	5358	512	4846	3774	534	3240	731	23	708
1821	10587	5773	547	5226	3935	484	3451	879	35	844
1820	15113	10564	696	9858	3988	537	3451	571	19	552
1819	13259	8506	705	7801	4068	568	3500	685	21	664
1818	14260	8156	697	7458	5545	545	5000	560	24	536
1817	14606	8446	647	7799	5494	494	5000	666	14	652
1816	16743	10231	735	9496	6040	500	5540	472	21	451
1815	40885	33424	2272	31152	6773	531	6242	688	8	680

从上表可以看出,陆军总人数增长不快,这是因为1816年国会通过了一个法案,规定按100万人口有1000名正规军的比例征召正规军。① 平时,陆军人数在1万人的水平波动,但在1815、1846—1848年战争时扩大了4—5倍。美军1845年只有20726人,其中陆军8509人,②编有8个步兵团、4个炮兵团和2个骑兵团。为了补充部队,主要靠短期征募志愿人员。志愿兵服役期限一般为6至12个月,服役时间过短影响了军事行动的开展。有时由于志愿部队服役期满而被解散,美军不得不延长战争,等待替换部队的到来。1847年1月12日,国会才立法规定服役期为5年。在战争期间,美军总人数最高时为1848年的60308人。这说明"可扩大军队"的思想是行之有效的。平时正规军少,可以节省大笔军费。

在19世纪20年代,门罗和亚当斯的裁军政策,使陆军降到5000—6000人的最低点。1833年,为适应同印第安人作战的需要恢复了骑兵。虽然部队人数不多,可是军官所占的比例却大大增加。平常年份,军官仅占8%—9%,但在卡尔霍恩任副总统时期的19世纪20—30年代,军官人数均占10%以上,这反映了卡尔霍恩正在努力推行他的职业化计划。之后,军官比例又降到10%以下。但是,军官素质由于军事教育事业的发展而大有提高,这点在美墨战争中表现得十分突出。在正规军纪律方面,原来部队维持纪律使用残忍的鞭刑,直到1861年美军才废除了鞭刑,1871年海军也禁止鞭刑。③

---

① Russell F. Weigley, *Towards an American Army: Military Thought from Washington to Marshall*, New York: Columbia University Press, 1962, p.121.

② Bureau of the Census, *Statistical Absract of the United States*, Washington D.C., 1980, p.737.

③ Allan Peskin, *Winfield Scott and the Profession of Arms*, The Kent State University Press, 2003, p.122.

在美墨战争中,美军 1845 年只有 20726 人。① 为了补充部队,主要靠征募志愿人员。美军总人数最高时为 1848 年,达到 60308 人。② 在战争中,美国以职业正规军为主加上志愿军进行作战,很快便取得了胜利。战争证明,一支受过严格训练的、可以扩大的正规军队,是比民兵更行之有效的国防力量。厄普顿称:墨西哥战争使"我们的军事政策发生了革命",表明民兵制度已经结束了。③ 从此,美国便把正规军作为国防的主要依靠力量。

三、军队指挥机构进一步加强

在第二次美英战争初期,战争的失利引起了美国朝野上下的震撼。美国统治集团也发现了军事制度中的缺陷,为了扭转败局,在进行战争的同时,及时改组了军事指挥体系。

1. 撤换了老朽无能的高级将领,大胆起用在战争中表现出色、有实战经验的年富力强的军官。

改组了指挥机构,约翰·阿姆斯特朗取代了年老无能的陆军部长尤斯蒂斯。阿姆斯特朗大胆起用年轻军官接替老朽的将领担任战地指挥官。阿姆斯特朗任命了 4 名少将:詹姆斯·威尔金森、威廉·亨利·哈里森、韦德·汉普顿和亨利·刘易斯。虽然其中 3 人仍是老人,但是他任命的 7 名准将却主要是年轻人。经过这次改组,一度抑制了官僚作风,部队的指挥也有起色,但是因为未

① Bureau of the Census, *Statistical Absract of the United States*, Washington D. C., 1980, p.737.

② Bureau of the Census, *Statistical Absract of the United States*, Washington D. C., 1980, p.737.

③ Walter Millis, *Arms and Men: A Study in American Military History*, New York: G.P.Putnam's Sons, 1956, p.104.

能打破论资排辈晋升的惯例,有能力的人还不能上升到关键岗位,所以战局未能得到根本扭转。

随着战争的进行,美国又及时进一步改组了军事指挥机构。这次破除了旧框框,大胆提拔有战功的指挥官到高级领导岗位。1814 年,阿姆斯特朗撤换了不称职的威尔金森、汉普顿等人,把在保卫萨凯特港立下战功的雅各布·布朗准将提升为少将,还提拔了 6 名准将,其中有在昆士顿高地立下战功的温斯顿·斯科特及安德鲁·杰克逊等人。经过这次改组,将级军官年龄降至 36 岁,指挥效率大大提高。阿姆斯特朗本人也是文官,缺乏军事指挥经验,在华盛顿保卫战中惊慌失措,导致英军轻而易举地攻占了首都。战斗失利后,他便引咎辞职,由在独立战争中表现出色的詹姆斯·门罗接替他任陆军部长。高级指挥人员及时更换,有实战经验的军官取代了老朽无能和不称职者,使官僚作风大大减少,指挥充满了活力,为战局扭转起了重大作用。

2. 设立了总参谋部。

军队事务十分复杂,包括作战、训练、教育、后勤等,真可谓千头万绪,仅靠一个由十几个人组成的陆军部已不能应付军队的管理和指挥工作。陆军部长对于部队的吃喝拉撒睡,事无巨细,均要过问,忙得晕头转向,根本没有精力来考虑作战和制订战略计划的问题。为了改善部队的管理和指挥工作,1813 年 3 月 3 日,由阿姆斯特朗倡议并经国会批准,成立了总参谋部。总参谋部下设:测绘部、军需部、军械部、医疗部、采购部、副官长(人事参谋)、监察长、军法官、牧师、西点军事学院、九大军区司令及其后勤参谋等等。这时的总参谋部只是陆军部的办事机构,下设各种人员很少,仅几个助手而已。但是,总参谋部的设立使陆军部长摆脱了许多事务性工作,可以有更多时间和精力来制定军事政策、指挥部队的行动了。而部队各项具体工作有了专人负责,就使得管理比以前大有改观,美军面貌开始焕然一新。在战争期间进行的上述军事改革,极大地影响了战争的结局。

由于军事指挥系统经过几次调整,由富有军事经验的职业军官取代了不懂军事的文官,实际指挥部队,从而大大提高了指挥能力和部队的战斗力。

战争实践证明:具体的军事指挥权必须由职业军人来领导。文官治军,在防止军人干预政治、防止政权蜕变方面不失为一项重大措施。但在实际战斗中,如果由文官指挥,那非打败仗不可。战争初期,美国陆军部和海军部一直由不懂军事的文官领导,使作战指挥机构运转不灵,连作战计划也没有,造成战斗失利。后期,由受过良好军事训练的职业军官如斯科特、布朗和杰克逊等人指挥,才取得了胜利。这说明,文官治军应是由文官从原则上领导,具体的军事指挥权交给职业军人行使,这才能有效地进行战争。

第二次美英战争后,陆军部长曾由威廉·克劳福德短期担任(1815 年 8 月至 1816 年 10 月),1817 年由约翰·C.卡尔霍恩接任。他们二人都从战争中切身体会到:后勤供应的不足极大地影响到战争的进程,而后勤的弊端根源又在于总参谋部的职能不健全。因此克劳福德决定要在和平时期保持总参谋部,并使之进一步扩大和完善,以便更有效地指挥部队完成战备工作。总参谋部的改革主要是完善后勤供应体系。1815 年,克劳福德促使国会通过立法,把战争时期所建立的总参谋部变成永久性机构,设在华盛顿。总参谋部主要职事人员包括:2 名少将,每个少将拥有 2 名助手。4 个准将,每人有 1 名助手;一个副官长,另有总监察长及西点军校的教职人员。总参谋部设有:军械部(1821 年取消,其权限归炮兵)、卫生部、财务部、采购部(1820 年撤销)、领地部。这些机构的设立,密切配合了陆军部长对军队的管理,但这时的总参谋部只不过是在陆军部长领导下的一个办事机构。

卡尔霍恩担任陆军部长后,为了使陆军部长摆脱事务性工作,进一步改革总参谋部。他刚一上任便指出:“事实上,和平时期最需要加以重视的军事机构就是总参谋部。有了它,每项工作最后才能完整无缺。如果平时时间充裕,不加重视,到战时忙乱之中,就不可能使工作臻于完善。”①他的改革主要是加强总参谋部对后勤工作的领导。1818年设立了“给养部”,改变了由承包商包办军队给养的弊端,改由给养部长负责签订各项合同并监督合同的实施。1821年,他又增设“监察部”,监督军事政策的实施情况。并把工兵指挥官从西点调到华盛顿,由陆军部长直接领导工兵工作。各部部长和参谋军官都是他精心挑选的,这样可以使他更好地领导总参谋部的工作。但他对各军区的指挥问题没能很好地解决。

在1812年战争中,由于军队缺少一位像华盛顿那样的德高望重、富有权威性的人担任总司令,结果许多老资格的军官不听从号令,影响了作战行动。为了克服这一弊病,美国专门设立了“统帅将军”的职务,由德高望重的老军人担任,以便做到全军上下令行禁止。1812年还设立了陆军司令部,由雅各布·布朗将军任司令。这些措施反而使问题复杂化了,因为这些职务与陆军部长之间因职责、权限难以分清而常常陷入冲突,实际指挥权仍在陆军部长手中。这个问题一直拖了几十年才逐渐得到解决。

这时期,军队的指挥体系虽然有了发展,但是军队没有退休制,没有退休金,老兵太多,也堵塞了年轻人的晋升,美国老兵晚景

---

① [美]拉塞尔·韦格利:《美国陆军史》,丁志源等译,解放军出版社1989年版,第146页。

凄凉。斯科特在给陆军部长的每一份年度报告中，都提出建立“老兵之家”的建议，但都未能获得批准。

四、军队编制的变化

1815 年美国全国分为 8 个军区，每一个军区战时有 4—5 个步兵团，每团 10 个连。每连有 1 名上尉，1 名中尉，1 名少尉，4 名中士，4 名下士，2 名军乐兵和 60 名士兵，共 73 人。炮兵有 8 个营，每营 4 个连，每连 100 人。1820 年国会进行裁军时，总参谋部把军械部、轻炮兵、炮兵三部分合为四个炮兵团，使炮兵更加精干。1821 年法案规定：和平时期军队编制为步兵 7 个团，炮兵 4 个团，撤销了南北两大军区，代之以东方军区和西方军区。1848 年又增设了太平洋军区。在美墨战争时期，美方还设立了师的编制。1855 年国会又颁布立法，规定军队编制为 15 个步兵团，其中步兵 8 个团，炮兵 4 个团，骑兵 2 个团，骑马来复枪团 1 个。

五、新兵种的发展

在 19 世纪上半期，由于火炮性能大大改善，炮兵的作用大大提高。1818 年，炮兵成为独立兵种，包括野战和攻城炮兵、防御炮兵和海岸炮兵三种炮兵。

因为修建海防工事的需要，工兵有了较大发展，为此美国又专门成立了工兵委员会，专门负责制订海防计划并监督实行。

经过半个世纪的改革，美国陆军从整体上已初步形成一支职业化军队的框架，为未来大规模发展铺平了道路。

六、军队正规化训练制度的建立

在第二次美英战争后期，由于斯科特等人及时对部队进行了正规化的强化训练,部队战术水平大大提高,战斗力有了质的变化。

斯科特根据当代军事发展的特点,在总结了美军前段战争失利的经验教训之后,认为只有加强部队的正规化训练,才能战败世界第一流的英军。他在担任驻布法罗的美军司令时,在一家小图书馆里偶然发现了一本美国最新出版的战术教范,即1812年出版的,由威廉·杜安编写的《步兵手册》。他喜出望外,仔细翻看了这份教范,发现美军很少按书中所要求的去做。美军士兵虽勇敢,但缺少的恰恰是战术素养,美军战术水平很低,不懂得连营战术的基本常识。不懂战术,再勇猛也是无用的。于是他决定加强对部队进行战术训练。

1813年夏天,他在弗特林山成立了训练营,从各团抽出一批身强力壮的军官和士兵进行训练,然后再回到团里推广。受训部队一律住在帐篷里,训练要求十分严格。他以斯图本为榜样,言传身教,给受训官兵讲课,讲授步枪和刺刀的使用,讲解刺杀动作。在战术上,先从单兵训练开始,循序渐进,然后是班、排、连、营队列和战术训练,如进攻、射击、队形展开、白刃格斗等,还包括军营和野战中的勤务和卫生等。每天操练10小时,每星期训练7天。由于训练艰苦,逃跑事件时有发生。他为了严明军纪,对于不服从命令的士兵采取了鞭打、烙印等严酷的刑罚。他曾经将训练营全体官兵紧急集合,当场处决了4名逃兵。通过严格纪律的约束,训练得以顺利进行下去。他还严格规定部队的着装,规定在指挥部里,必须一直穿短上衣。一天,一个军官穿着汗衫穿过营房喝水,被他发现,马上将其关了禁闭。①

① Allan Peskin, *Winfield Scott and the Profession of Arms*, The Kent State University Press, 2003, p.126.

在训练期间，为了保障部队的健康，斯科特对卫生做了严格的规定。有专门的检查员负责厨房卫生，每周士兵要洗三次澡。在训练中，“只有两例死于疾病的报告，他们视若魔鬼般的腹泻也在严格的纪律下被驱除了！”①俗话说，临阵磨枪，不快也光。何况经过这么一段时间的强化训练呢？经过斯科特训练过的部队，军队素质有了质的飞跃，部队战术水平大大提高。在齐普瓦和兰迪两次战斗中，美军两次与久经沙场的英军交火。美军一改以往一触即溃的面目，通过正面强攻和近战白刃格斗，用典型的正规战术打得英军溃不成军，伤亡惨重。英军还未遇见过战斗力如此之强的美军，不禁惊叫：“天哪，这是正规军！”②这两次战斗在美军史册上占有光辉的一页，被认为是“战争中双方正规军白昼在开阔的平原战线上对抗，在没有阵地可以利用的条件下进行的唯一战斗。此后，美国正规军队再没有败于英军。此役虽小，在军事上虽无重要意义，但它为美国陆军赢得了前所未有的声望与骄傲”。③

斯科特训练的部队虽然在战争中发挥了重要作用。但是因为已到了战争的后期，战争不到半年便结束了，其训练方法未及在全军推广。

1815 年后，美军一直重视训练工作，保持了很高的战斗力，在同印第安人的战争中，不断通过实战提高部队的战斗力。在美国侵略墨西哥的战争中，美军表现出远高于墨西哥军队的战

---

① Charles Winslow Elliott, *Winfield Scott: the Soldier and the Man*, New York: The Macmillan Company, 1937. p. 147.

② ［美］小戴维·佐克等：《简明战争史》，军事科学院外国军事研究部译，商务印书馆 1982 年版，第 107 页。

③ ［美］拉塞尔·韦格利：《美国陆军史》，丁志源等译，解放军出版社 1989 年版，第 128 页。

斗素质,轻而易举地打败了人数占优势的墨西哥军队,取得了战争的胜利。

从第二次英美战争到内战前的40多年时间,美国的军事体制发生了质变:从以民兵为主的体制逐渐过渡到以正规军队为主的体制。

第四节　其他军事体制的建设

除了陆军职业化的建设,这期间海军、后勤、军事教育、海防建设等各个方面,均有了全面的发展。这是美国崛起为世界军事大国的重要阶段。

一、海军发展成公海舰队

这个时期的美国海军,已从华盛顿和杰斐逊时代的近海防御性力量,逐渐发展成为一支进攻性的公海舰队。

1812年战争爆发后,国会拨款建造4艘战列舰,6艘重型快速战舰。① 1815年是美国海军自独立战争后最强大的时期,拥有3艘74门炮战列舰和2艘重型快速战舰。海军部长克劳宁希尔德曾洋洋自得地说:“建立常备海军的重要性看来已为全国舆论所赞成……逐步发展海军力量的办法也完全为国家财力所许可。”②海军在这场战争中充分显示了其战略地位。在战争中,海军活动的范围已达到太平洋。英国正是依靠其海军优势,夺取了制海权。

① [美]加尔文·D.林顿:《美国两百年大事记》,谜延光等译,上海译文出版社1984年版,第72页。

② [美]内森·米勒:《美国海军史》,卢加春译,海洋出版社1985年版,第75页。

英国海军对美国东海岸进行了严密的封锁,使美国东部地区的工商业陷于瘫痪。英国还依靠海军保护其大西洋的供应线,保证物资和援军源源不断地赶到北美。英军还利用海军进行兵力的机动,随时选择美国防守的薄弱之处进行攻击。美国海军在战争初期虽然一度掌握了主动权,海军曾创造过辉煌战果,多次击沉或俘虏英国战舰,私掠船也给英国补给线和英国商业造成过严重损失。但是由于战前海军建设的失误,杰斐逊时只注重建立小炮艇舰队,无法出海作战,仅防御沿海,又无法与英国的巨舰利炮相抗衡。假如美国早日建成以战列舰为主的海军,则美国早就会切断英国的供应线,不战也会逼加拿大的英军投降了。战争后期,美军在大湖区的海军也对英海军取得了光辉战绩,但那也仅仅是炮艇之间的交锋,无法影响到战争的全局。同时,美国海军指挥系统混乱,海军部只忙于后勤补给、兵员和装备这些日常事务,很少制定海军发展的政策、制定海军发展战略及指挥作战。

第二次美英战争后,在“海军第一”的战略思想的指引下,美国海军进入一个改革和发展时期。

(一)对海军行政机构的改革

在战争中暴露出海军的许多问题,主要是指挥系统不健全,管理水平低,海军部长被大量日常琐事缠住,无法有效地指挥和管理。为克服这一缺点,威廉·琼斯提出并根据部分高级军官和克劳宁希尔德的意见进行了修改,提出了一份详细的海军改组方案。根据此方案,1815 年 2 月成立了“海军专员委员会”,约翰·罗杰斯任主席,处理除人事和作战指挥以外的一切海军日常行政和后勤事务。该委员会的成立,解脱了海军部长的许多行政负担,大大改善了海军工厂、医院和后勤供应的管理工作。此外,还建立了军械部、干船坞和舰炮工厂等设施和机构。当时一个来访的英国官员称赞说:“美国海军的这个机构看来是目前最好的体制。”①在海军专员委员会的影响下,国会对海军的兴趣日增。1816年,参议院成立了“海军事务委员会”;1822年,众议院也建立了“海军事务委员会”。这两个机构是国会专门研究海军事务的常设机构。国会这两个机构在以后一个多世纪里一直对海军建设产生很大影响。海军专员委员会晚景凄凉,已不适应新形势的发展。1842年,国会撤销了该委员会,成立了海军部,由海军部长直接领导海军。在海军部之下设5个局:海军造船厂和船坞管理局、设计装备和修理局、军需局、军械和水道测量局以及医疗卫生局,每个局由一名军官领导。同时还建立了海军学校,培养海军的专门人才。

(二)加强海军的技术改造

早在1814年,美国人富尔顿就已经制成第一艘蒸汽船,新型的舰用火炮也已试制成功。蒸汽战舰是海军技术上的一大革命。以往的风帆战舰要靠风力才能航行,无风则寸步难行,受天气的影响很大。而蒸汽战舰摆脱了气象因素的制约,可使战舰有更大的动力,可以在远洋作战。但是,蒸汽技术在美国延误了20多年之久,没有被推广,而西欧各国却大力发展蒸汽战舰。1837年,美国海军力量仅居世界第八位,法国有蒸汽战舰23艘,英国有21艘,而它的发明者美国反而一艘也没有,海军部长伍德伯利不禁忧心忡忡地说:“我们最暴露的部分,我们最大的危险就是在海上。”②

19世纪30年代末,美国才开始将蒸汽技术用于战舰上。1835年,美国海军部长迪克逊便恢复了1816年计划,开始建造蒸

① [美]内森·米勒:《美国海军史》,卢加春译,海洋出版社1985年版,第92页。

② Headquarters, Department of the Army, *American Military History*, Washington D.C., 1959, p.188.

汽战舰。1837 年,拥有 120 门炮的战列舰“宾夕法尼亚号”下水。1838 年,蒸汽战舰“富尔顿”号编入现役。1839 年,国会批准建造 3 艘远洋蒸汽战舰。1841 年,因与英国在缅因地区发生边界争端,引起了战争恐慌,美国便成立沿海分舰队,其任务是保卫沿海重要地区以免遭英军入侵。厄普舒海军部长让新建成的蒸汽战舰“密苏里”号和“密西西比”号加入分舰队,还把西印度洋舰队编进来,形成大西洋舰队的核心,这也促成海军战舰从风帆向蒸汽机的转变。但这时的锅炉庞大笨重,效率低,两侧明轮也易遭受到敌人炮火轰击,航程短,不利于到外海作战。

除了蒸汽技术外,美国海军还采用了其他一些技术,如螺旋桨和装甲舰。1841 年,斯托克顿曾把瑞典发明家约翰 · 埃里克森带到美国,试制成螺旋桨推进的蒸汽舰“普林斯顿”号。1844 年 1 月下水试航,但意外爆炸沉没。这是世界上第一艘由螺旋桨推动的战舰。1842 年,国会批准建造铁壳蒸汽战舰,这是装甲舰的原型。1843 年,第一艘铁壳战舰“密执安”号下水。后来,由于同英国的战争危险已过,国会又失去了对海军的热情,装甲舰的建造也停了下来,直到 1857 年,海军部长多宾才设法使国会批准建造 5 艘装甲战舰。1861 年 2 月,内战前夕,国会又批准建造 7 艘由螺旋桨推动的海岸炮舰。

内战前,美国虽然在装甲蒸汽战舰上难望英法之项背,但海军已拥有 18 艘木壳蒸汽战舰,有了能在世界各大洋活动的公海舰队,共拥有 6 个分舰队:本土舰队、非洲舰队、太平洋舰队、东印度洋舰队、地中海舰队和巴西舰队。

(三)提高海军人员素质的措施

长期以来,由于海上生活艰苦,生活待遇低,美国人多不愿参加海军,水手多是外国人或无业游民。1860 年,海军中外国出生者约占 50%。[①] 一个军官描述他的船员:“他们都是因为干了坏事而无人雇用的人,窃贼,赌徒,酒鬼,戏子,马戏团的骑手等。他们中有许多人是因为逃避法律制裁而参加海军的。”[②]军官中论资排辈,年轻人无法晋升。有的人头发熬白了才混上个中尉。

由于军官和水兵素质不高,海军中酗酒成风,犯罪频出,逃兵不断。军队中的成员常为一点小事而进行决斗。18 世纪末至 1860 年,海军决斗死亡者与阵亡者为二比三。[③] 士兵生活艰苦,劳役繁重,军纪涣散。

为了提高海军官兵的素质,海军采取了一系列措施,改变海军人员的征召和训练制度,提高人员的素质。

一是美国海军人员大多由外国人充当,但这些人素质不高。在马修 · 佩里等人的努力和争取下,美国对水兵征召和训练制度进行了改革。1824 年,马修 · 佩里提出海军应该实行见习制和训练舰制,同时实行“新兵训练制”。采取优惠和晋升制度,吸引本国 14 岁以上的优秀青年参加海军,训练后到海军服役至 21 岁,来逐步取代国外的船员。1842 年,方帆双桅船“萨默尔斯”号成为第一艘海军军校训练船,有 74 名青少年出海训练。从此开创了海军军官训练的先例。

二是建立海军学校。海军部长乔治 · 班克罗夫特于 1845 年 10 月办起了安纳波利斯海军学校。第一任校长为富兰克林 · 布

---

① [美]阿伦 · 米利特:《美国军事史》,军事科学院外国军事研究部译,军事科学出版社 1989 年版,第 133 页。

② [美]内森 · 米勒:《美国海军史》,卢加春译,海洋出版社 1985 年版,第 105 页。

③ [美]内森 · 米勒:《美国海军史》,卢加春译,海洋出版社 1985 年版,第 104 页。

查南。这所学校的管理制度效仿西点军校。1850 年,该校更名为美国海军军官学校,学制为四年。学校为海军培养了大批的专门人才。

三是海军实行“连续服役制”,对超期服役的海员进行奖励和鼓励,规定再度服役或者延长服役时,原来的职务和级别自动保留。

四是规范海军纪律,禁止决斗。1857 年规定,凡是进行决斗者,一律开除出海军。同时,国会正式取消了鞭刑,并在 12 年后取消烈酒的限额定量配给,从而使人们自觉地从健康角度限制饮酒。这些措施使这一时期海军的纪律、生活待遇有了很大的提高。海军官兵的士气有所提升,战斗力也得到了提高。

海军建设使美国有了一支海洋舰队,使国家开始以海军为工具开展外交及保护和扩大商业贸易活动。1853 年,佩里率领美国舰队远航日本,以武力胁迫日本打开大门,结束了日本 100 多年的闭关自守。海军促进了海上贸易活动的开展。1820—1860 年,美国进出口货物总值分别增长了 5 倍,进口从 7450 万美元增至 3. 536 亿美元,出口从 7070 万美元增至 3. 34 亿美元,分别增长 3 至 4. 5 倍。[①] 内战前,美国海军所起的作用预示了它战后在全球特别是在太平洋地区的战略作用。

二、军事教育体系的进一步扩大

在第二次美英战争中,西点军校毕业生显示了较高的军事素养,他们担负了指挥美军的主要职责,并为最后的胜利起了重

---

① [美]内森 · 米勒:《美国海军史》,卢加春译,海洋出版社 1985 年版,第 92 页。

要作用。1802—1814 年,西点军校共培养了 120 名毕业生。战争期间,他们中有 100 人在军中服役,其中有四分之一的人伤亡,“没有一个由西点军校毕业生构筑的工事被敌人攻克……”①所以人称“西点生打赢了这场战争”。西点军校毕业生在战争中表现出色,说明提高职业军人的军事科学水平和战略战术素养十分必要。

但是战争也暴露出美军战略上的不足。西点军校因欧洲军事著作昂贵且很难搞到而没有进行战略教育,这使指挥人员在战争期间几乎没有制定战略计划。西点军校战时虽扩大招生,但仅限于培养士官一般军事勤务。1812 年战争“表明美国最大的军事需要就是对军官队伍进行战略原则的教育”。② 这说明,加强军事教育,提高军官的军事素养,是一件刻不容缓的大事。

战后,美国的军政界人士,除了杰克逊总统之外,都认识到军事教育的重要性,认识到如果搞不好军事教育,军队的职业化便无从谈起。19 世纪以后,随着美国工业革命的深入进行,军队的装备日益更新,新式的枪、炮、军舰等武器源源不断地装备到部队,军队需要更多的掌握使用新装备的技术的人员。因此,从 19 世纪 20 年代开始,美国的军事教育出现了很大的变化,平民军事教育走入了低谷。在刚刚萌芽的普通大学的军事教育方面,除了 1820 年杰斐逊命令弗吉尼亚大学对所有学生进行军训,以及 1840 年田纳西大学和印第安纳大学要求学生军训外,大学生的军事教育的

① Ernest R. Dupuy, Paul F. Braim, T. Dupuy, *Military Heritage of America*, New York: McGraw-Hill, 1956, p.128.

② [美]拉塞尔·韦格利:《美国军事战略与政策史》,彭光谦等译,解放军出版社 1986 年版,第 70 页。

发展止步不前。[①] 但是,军事院校却有了发展。

(一)西点军校的改革与发展

作为美国“军校之母”的西点军校,这时有了进一步的发展,尤其是在西尔维纳斯·塞耶领导下,进行了重大改革,使西点军校在质上有了飞跃。西点军校创办后,由于师资力量缺乏,一直处于低水平的教学状况。1802 年建立时,仅有 14 名学员,7 名教学管理人员。上课时仅限于一般的数学、法语及工程建筑等课程,只能培养初级的炮兵和工兵军官,学校充其量不过是个培训班而已。学员程度不一,年龄大的有 30 岁,小的只有 12 岁。学生宿舍十分简陋,有段时间,学员只能和士兵合住一个房间。教师的素质也偏低,有的教师还和学生打架斗殴。尽管如此,培养出的学生仍比一般军官水平和能力要高一个档次。到 1812 年前,该校共培养了 89 名毕业生。

1812 年战争爆发后,学校扩大招生。4 月 29 日,国会立法,将在校生人数增至 250 人。在编制上不再属于总参谋部。学生分为班,不再设连,并由军校授予毕业生以学位,还增设了教授三人,讲授自然科学、军民用工程学等课程。西点军校毕业生在战争中发挥了很大作用。但这时西点军校培养的仍是初级士官。

1815 年,随着战争的结束,学校又陷于困境。奥尔登·帕特里奇领导无力,任人唯亲,导致学校师生之间的矛盾重重,使军校几近瘫痪,濒于瓦解。1817 年,总统门罗亲临视察,撤了帕特里奇的职并交付军事法庭审判,任命年富力强的塞耶为校长。

塞耶也是早期的西点毕业生。他曾于战后赴欧洲考察,大开眼界。上台后,他决心把西点办成一所名副其实的军事学院。他

---

① Michael S.Neiberg, ROTC and the *Ideology of American Military Service*, Harvard University Press, 2000, p.18.

认为,西点不能局限于最初的办校方针,只培养工兵军官,而应该培养职业军官。为此,他从以下几方面进行改革:

从行政上,他设立了“教学委员会”,由教授,即各系主任,同校长一同决定教学方针。设立“学院校长办公室”,负责学员的军事训练和纪律。在课程设置上,设立标准的四年制课程,规定了必修学科,除了直接与工程学有关的课程外,又增加了化学、世界通史、道德、哲学、地理、法律和伦理学。在军事科目中,除学习工程学外,还执行 1812 年国会指令中关于学校课程应包括士兵、军士及军官一切勤务的规定,学员要参加军训和战术演练。学员在校期间要参加三次、每次为期两个月的夏季野营,进行野战军事演练。在最后一次野营时,学员既要学习现行的步、炮兵战术教程,又要进行实习。在学习管理上,他主张严格纪律和考核。一是建立了“学院班级每周成绩册”,将学员名单按总成绩优劣顺序排序,军事成绩和纪律均列入考核成绩。各班成绩前 5 名的学员可列入“陆军年度花名册”。二是采用“小班制教学法”,每班 12 人,学生按成绩优劣分班。教授带第一班,助教带其他班。教授定期到各班察看。教学内容和作业是按各班的接受能力来安排的。

塞耶还主张学校扩大与外界的交往,欢迎全国的杰出军事将领、教育家、政府官员每年组织参观团到学校参观指导,以扩大学校的影响。参观团事后要向国会和学校提出建议,同时,他认为:提高西点军校水平的最好办法就是派军官去欧洲留学,以学习欧洲先进的军事科学。他还鼓励西点军校的教职员开展理论研究工作,主要是学习法国和拿破仑的军事文献,依靠这些著作来创立美国自己的军事理论。

塞耶当校长的 16 年中所进行的改革使西点军校的面貌焕然一新,教学质量和学生素质明显提高。

杰克逊当总统的19世纪30年代，被称作“杰克逊时代”，特点是民兵的崛起。由于杰克逊在新奥尔良战役中是靠民兵打败了英军主力，因此他轻视正规军而重视民兵。1831年，西点军校受到人们的批评。田纳西州议会作出决议，称军校与国家体制不协调，危及自由政府的原则，要求该州议员设法撤销军校。1832年，俄亥俄州议会也做出了类似的决议。于是，联邦众议院成立了特别小组，对西点军校进行调查。斯科特为了挽救军校，把军校向海军开放，招收海军学员。

尽管塞耶因不满杰克逊总统对军校事务的干预，于1833年辞去校长一职。但是，他的改革成果是无法改变的，而且深深地影响了西点军校和美国整个军事教育体系。塞耶因此被赞誉为“西点军校之父”。后几任校长，如1833—1838年的雷内·戴鲁西、1838—1845年的理查德·德拉菲尔德等，都继承了塞耶的改革事业，为国家培养了大批军民两用人才。到1845年止，有近千人毕业，其中半数到了地方工作。他们在国家建设中大显身手，帮助建造了美国第一条铁路和电报系统，建造了许多桥梁、公路和运河，还有500多人到军队服役。在美国侵略墨西哥的战争中，西点毕业生又发挥了重要作用。后来的美国名将，如罗伯特·李、泰勒、斯科特、格兰特等人，均在这次战斗中崭露头角。他们把书本知识用于作战指挥的实践，指挥美军轻而易举地打败了墨军，取得了战争的胜利。战争中，参战的523名西点军校毕业生有452人因为作战勇敢获得嘉奖。格兰特回忆说：参战的“各级军官都受过专业训练，不仅在西点受过教育，还在军营、守备任务中经受过锻炼……”①“这

① [美]拉塞尔·韦格利：《美国陆军史》，丁志源等译，解放军出版社1989年版，第186页。

次战争中有一个对比非常明显的事例:一小支接受过正规军事教育的美国军队与墨西哥军队作战并最终取胜,而且缴获颇多。”①西点毕业生已构成美国军官的主力,在军官中,西点毕业生的比例已从 1817 年的 15%升至 1860 年的 76%。②

(二)建立了一批新的军事院校

在 19 世纪 20—40 年代,美国还建立了一批兵种院校。当时许多人认为,有了西点就可以满足军队对军官的需要了。可是卡尔洪却不这样看,他认为:“……如把西点军校当成初级学校,可以不论其完备程度如何。但研究战略战术的高级学科则是另一回事,如果没有一所应用和实习的学校,就必然是不完整的。西点军校的教育对步兵军官来说,可说是充分和完整的;但对那些可能进入炮兵和工兵部队的人来说,就必须在应用和实习学校中学习高级专业理论知识并将学到的知识应用于实践。”③

于是,一些军事学院相继成立:

1824 年,卡尔洪下令建立门罗炮兵学校。这是陆军建立的第一所兵种学校。他从 4 个炮兵团中抽调了 10 个炮兵连,集中于此充当“教学炮兵部队”。所有的炮兵部队都要来此轮训一遍。西点毕业生分到炮兵者,也都要来此培训一年。学校 1835 年因所有学员参加“第二次塞米诺尔战争”而停办,直到 1858 年才又重开。

1824 年,埃尔顿·帕特里奇上尉创办了诺维奇大学(后改名

---

① The United States Military Academy, *The Centennial of the United States Military Academy at West Point, New York, 1802—1902*, Volume I, Rare Books Club, 2012, pp.586-631.

② [美]阿伦·米利特:《美国军事史》,军事科学院外国军事研究部译,军事科学出版社 1989 年版,第 128 页。

③ [美]拉塞尔·韦格利:《美国陆军史》,丁志源等译,解放军出版社 1989 年版,第 163 页。

为帕特里奇学院），这是美国第一所私立军校，主要任务是培训民兵军官。该大学的教学内容和形式后来在美国对平民大规模军训时被普遍采用。

1827年，密苏里州建立了步兵实习学校，经过一段时间的波折，该校最后名存实亡。

建立海军学校的提议从1800年起被国会否决了20次。1845年，海军部长班克罗夫特在未得到国会拨款的情况下，为了改变海军官兵素质低的状况，将属于陆军的马萨诸塞州塞文堡划归为海军，建立了美国第一所海军学校。1851年，该校得到国会的批准，升格为4年制的海军学院，成为培养海军军官的"摇篮"。海军下令所有候补军官都从海上返回，入校学习，还招了一些军官从事教学和管理工作。

除了联邦政府建立的军事院校，各州也建立了一些非联邦政府出资的地方军事院校。南方具有重视军事教育的历史传统。南方各州中最早建立军事院校的是弗吉尼亚军事学院，也是全美国第一所州立军事学院，创建于1839年11月。该校还招收外国学生。1842年建立的查尔斯顿要塞学院以重视学生的全面发展和提供大批陆军军官而闻名于世。① 此后，南方各州基本都建立起自己的军事学院。从马里兰州所属的牛津到得克萨斯州的巴斯特罗普郡，一共建立了12所军事学院。截至1861年，南方各州共有96所军事性质的学校。南方蓄奴州基本上每个州都有自己的军校。② 19世纪50年代，南方各州拥有的军事学校数量是北方各州

① Peter J.Schifferle, *America's School for War: Fort Leavenworth, Officer Education, and Victory in World War II*, University Press of Kansas, 2006, p.10.

② Jennifer R.Green, *Military Education and the Emerging Middle Class in the Old South*, Cambridge University Press, 2008, p.234.

的5倍。到1861年,南方共有12所州立军事院校,私立军事学校70多所。这些军校培养的学员有11000多人。此时北方的军校数量仅占全美国的20%。

这期间的军事院校,以西点军校水平最高,其他学校规模较小,主要是为各兵种培养专业骨干。这些院校虽然缺乏总体规划,水平不高,但为美国军队的职业化发展培养了大量人才,初步奠定了美国军事教育体系的基础。

三、海防工事体系的修建

美国政府对于海岸防御的建设格外重视。在两次独立战争中,英国海军对美国沿海战略要点和防守空当发起的攻击,使美国人饱吃苦头。战后,历届政府的国防思想都是以防御战略为主的,都十分重视修建沿海工事。哈勒克从战例中认识到:建立防御工事是备战的重要手段,它可以在战争初期赢得时间。因为"在所有的军事准备工作中,时间是最重要的","赢得战争所需的时间,就是防御工事应该做的工作"。① 他列举了历史上的一些成功战例来证明"堡垒优于船只"这条古老规律的重要性。他在所著的《军事艺术和军事科学的诸因素》一书中,有三分之一的篇幅是论述筑垒防守问题。

1815年,麦迪逊认为要通过加强国防工事来消除未来的外来入侵,于是他促使国会在第二年拨款838万元修建沿海防御工事。为了勘察选择修建沿海要塞的地点,1821年陆军部成立了工程委员会,由工兵专家西蒙·伯纳德、工兵司令斯威夫特和一名海军上

① Russell F. Weigley, *Towards an American Army: Military Thought from Washington to Marshall*, New York: Columbia University Press, 1962, p.65.

校组成。该委员会制定了一个沿海防卫体系的计划,规定美国的国防体系为:(1)海军;(2)筑垒阵地;(3)内陆的水陆交通联络;(4)一支正规军和组织良好的民兵。由上述四者合成一个统一体系:海军处于国防第一线,筑垒阵地处于二线,其中重点防守的六个地方为:纽约、费城、巴尔的摩、新奥尔良、诺福克和纳拉冈塞湾。1826 年 3 月 1 日,委员会对这个报告又加了一个补充文件。报告和补充文件提出了海防战略的基本精神:海军是反击外来入侵的支柱,但在短期内美国海军还无法同欧洲强国抗衡。因此沿海防御体系是至关重要的。正如报告所指出的:"有了防御体系,就可以用最少的部队来守卫那些要塞。在一个受到炮火保护的港口,敌人将无从获得立足点以驻扎其海军,并从容不迫地组成一支庞大的入侵部队……同时,还因为敌人将得不到一个好港口作为基地,它对海岸的封锁会遭到困难,内陆航行仍将保持畅通。"①

由于没有战争的威胁,国会对这一计划较为冷淡,仅拨款 3.8 万美元,刚够工兵委员会设计从缅因到新奥尔良的庞大计划的零头。到了 1826 年,在沿海 18 个港口共修建了 31 个工事,但工程质量低劣。② 19 世纪三四十年代,修筑防御工事的步伐开始加快,国会每年拨款都在 40—60 万美元之间。③ 1843 年,防御计划已扩大到 35 至 69 个工事,配备有 24 磅和 32 磅重炮,

① US Congress 2nd Session, House Committee on Naval Affairs, *Reorganization of the Navy Department*, Washington D.C., Government Printing Offices, 1909.

② Maurice Matloff, *American Military History*, Office of the Chief of Military History, United States Army, Washington D.C., 1969, p.155.

③ Russell F. Weigley, *Towards an American Army: Military Thought from Washington to Marshall*, New York: Columbia University Press, 1962, p.36.

口径最大为八英寸。工程质量有了显著提高,采用了花岗岩构筑取代以往的土石工程,安装了远射程重炮。到了内战前,美国漫长的海岸线均已设防。但在美加边境和西部俄勒冈地区,由于同英国解决了边界问题,因此19世纪40年代修建的防御工事逐渐荒废了。

国防工事的修建,改善了美国的防御态势,但也消耗了大量的人力财力。内战后,美国战略变成外向型时,国防工事的修筑便退居次要地位了。

四、武器装备的革新

19世纪前半期,世界自然科学有了很大发展,欧洲各主要资本主义国家如英国、法国等先后开始了工业革命。科学和经济的发展也使武器装备有了很大的变化。美国通过学习欧洲先进技术,加快科学技术与军工生产的结合和革新,取得了很大的成绩,使部队的武器装备焕然一新。在第二次美英战争中,美军已经使用了最先进的军事装备,如1807年,火帽的发明提高了步枪射击的速度和安全性,增加了射程和精确度,克服了原来燧发式步枪击发速度不如旧式滑膛枪的缺点。加上出现了前部锥形的"米涅"式子弹。斯科特较早倡导在美军中使用火帽和"米涅"式子弹。技术进步促进了美军武器装备的新发展。如用榴弹及空心爆破弹代替实心球弹,杀伤力更大;第一次使用火箭作战;海军中出现了世界第一艘蒸汽战舰,以及使用水雷等。但是,这些技术装备数量很少,没有从根本上改变传统的作战方式。例如:40年前的滑膛枪仍是主要武器;1759年建造的纳尔逊的旗舰仍然是威力巨大的主力战舰。原因主要是美国的工业革命正在进行或刚刚起步,生产工艺水平均较低,没有发明出或使用新的设备大量生产新式装备。

第二次美英战争之后,美国工业革命有了较快的发展,带动了军事准备的研制。首先是工业革命的产物蒸汽机的大量使用,以及火车、轮船的发明和应用,使军队的机动性、火力和后勤运输有了空前的提高。1789 年,约翰·菲奇制成了第一艘蒸汽轮船;1807 年,罗伯特·富尔顿发明的蒸汽轮船“克莱蒙特”号开始商业运营。到 1830 年,往来于内河水域的蒸汽轮船达到近百艘。火车的使用也大大提高了后勤补给能力。1826 年,纽约一些人建立了一家铁路公司。不久,北美大陆出现了修铁路热。1860 年,美国铁路线达 3 万英里。在其他领域,技术革新也层出不穷:1844 年,塞缪尔·莫尔斯发明了电报机。电报机的发明使军事通信也发生了革命。它使通信不受时间、空间的限制。以前的通信,依靠通信员骑马传递,速度慢,常常贻误战机。现在使用电报,以前几天甚至十几天的信件只用几秒钟便可送到。这种发明使军事指挥官可以指挥千里以外部队的行动,大大方便了军队的指挥。

在轻武器方面,19 世纪上半期有两个最重要的发明:

一是雷管。以前的遂发式枪,要往枪管中装填火药,再装上弹丸,然后击发火石点燃火药,射出子弹。完成这样的射击动作既慢又不准确,还要受到风雨天气的影响。雷管(又称火帽)发明后,大大简化了射击程序,提高了精确度。雷管后来广泛应用于后膛枪和连发枪。1811 年,约翰·霍尔获得一种后膛枪专利。1816 年,武器制造商就试制出了后膛枪和连发枪。1819 年,霍尔签订合同,在哈泼斯渡口兵工厂大规模生产这种枪。

二是圆锥形子弹。以前使用的是圆形弹头。1841 年,采用了由法国军官米涅发明的前部锥形的弹头。这种弹头具有流线型,会使射速提高,弹头在空气中飞行得更平稳,射得更远,精准度更高。

以上两项发明大大提高了步枪的射程和火力。步枪射程可达到 400 码至 600 码,比旧式滑膛枪远了 3—4 倍。从 19 世纪 20 年代起,美军开始用火帽改装来复枪,逐步淘汰滑膛枪。1841 年,新研制的斯普林菲尔德 58 式步枪开始装备部队,后装式步枪在 19 世纪 50 年代也开始装备部队。此外,1835 年,美国还发明了著名的左轮手枪,这种以发明人科尔特命名的手枪在西部开拓者中得到了广泛应用。但由于直到 1856 年才发明了金属弹壳,取代了纸弹壳,所以后装式步枪普及得较晚。

作为"战场之王"的火炮技术也有了很大的变革。19 世纪 20 年代法国发明了榴弹炮及空心炮弹。空心爆破弹的破坏力更强,而且会发出灼热的火焰,具有极大的摧毁力。这项技术很快被美国采用。同时,雷管也改进了火炮的性能。在此期间,海岸炮已开始采用线膛炮,线膛炮增加了火炮的准确性,而且是滑膛炮射程的 2 倍。但线膛炮制造技术复杂,难以大批量生产,故尚未取代滑膛炮。12 磅铜制滑膛炮在炮兵中占有重要地位。1851 年,帕罗特试制成功了线膛式加农炮,但直到内战时才得到应用。在这一时期,火炮和炮弹型号五花八门,仅炮弹就有霰弹、实心弹、葡萄弹和空心高爆破弹等,在侵略墨西哥时还使用了较原始的火箭。

19 世纪 50 年代,冶金技术的进步有助于改进炮的质量。1844 年,军方在对"普林斯顿"号军舰爆炸事件的调查中发现,铸造的炮身不能承受炮弹发射时火药产生的压力。后来增加了炮膛的厚度,也没有解决问题。19 世纪 50 年代,罗德曼采用了新方法:炮管浇铸后先从内部冷却,形成强化的内层,再加上外部厚度,就可以承受火药爆炸时所产生的压力了,用这种方法制造出来的15英寸和20英寸大炮,成为内战中的主战火炮。

由于美国注意消化吸收最新科技成果,并把科技成果同军事武器研制结合在一起,便使美军拥有了当时世界上最先进的武器装备。

小　　结

综观美国近半个世纪的军事改革,可以看出,美国军事力量在各个方面都有了质的飞跃。职业化军队已初具规模,职业化军事思想体系已初步形成,军事教育体系扩大了,海军舰艇把星条旗带到世界各个角落,美军装备了当时世界上最先进的武器。这些都为美国军事大国的崛起搭起了初步的框架。军队职业化的发展使美军作战能力从整体上有了提高,不但迫使印第安人让出越来越多的土地,而且使美国轻而易举地打败了墨西哥军队。美国军事力量的发展壮大为美国的领土扩张立下了汗马功劳。

此外,美军官兵还大量投入地方的各项建设事业中去。为西部扩张的需要,陆军对西部进行了大量的勘探测量工作,绘制了西部地区的地图,还掌握了大量的第一手资料。此外,美国工兵还积极参加了公路和铁路的修建,整修密西西比河的河道工程,修筑沿海防波堤等工程。海军还有力地保卫了美国的海上贸易。

尽管美国军队在保卫国家、支援国民经济建设中发挥了很大的作用,但是美国军队的正规化职业化程度还不高,仍然存在许多严重的问题。主要表现在:

1. 在军事教育方面,建立的几所军事院校,包括西点军校在内,水平仍然不高,按今天的标准,仅是中专性质的初级学校,仅能培养初级军官,缺乏更高级别的学校。这是因为师资水平不高、经费短缺。这样的学校还不能培养高级指挥人才。此时蒸汽战舰和装甲战舰均已问世,给海军的传统战略技术带来巨大冲击。但是海军学校没有研究院来培养和提高海军指挥人员的专业知识、意识和指挥技能,所以不能适应新形势下海战的需要。此外,军事教育重实用而轻理论,军事理论与战略研究仍是一个薄弱环节。

2. 在职业军队方面,后勤供应系统官兵队伍不稳定,军队生活艰难,军官和士兵待遇很低。从 1812 年战争中可以看到,美国军事体制中的缺陷是严重的,后勤供应承包给私人承包商提供物资。商人唯利是图,贪污腐化,尽管为改善后勤供应,斯沃特沃特于 1813 年接替刘易斯担任军需部长,但是后勤工作起色不大。因战区辽阔,交通条件恶劣,承包商短斤少两,以次充好,使部队的供应质量差,而且市场短缺,部队缺医少药,抱怨几乎什么都缺,尤其是卫生保障差,战场上每伤亡 1 人,后方就要病倒 5 人。① 部队伙食也差,单调乏味,煎猪肉成了主要食品。后勤的缺陷大大影响了部队的士气和战斗力。在 1846 年战争中,后勤供应也是困扰美军、长期未能很好得以解决的一大难题。虽然当时美国的后勤系统有了很大改善,修建了通过西部地区的铁路和公路,使部队得到了较多的供应品,但是后勤仍存在几个弊病:一是管理混乱,投机商趁机进行非法军火交易,牟取暴利。二是部队卫生保障极差,军中缺乏医院人员和医疗设备。在墨西哥战争中,军队流行黄热病,病亡者 11550 人,

① ［美］拉塞尔·韦格利:《美国陆军史》,丁志源等译,解放军出版社 1989 年版,第 135 页。

而阵亡及因伤致死者才1721人,前者是后者的7倍。海军也有许多人患了坏血病。① 三是缺乏运输车辆和通信设备,不能及时满足前方军队的需要,使部队常常因为缺乏补给品而推迟军事行动。

由于后勤供应差,部队官兵的生活条件差,待遇低。一个少尉1842年月薪才24美元,还有4种军队配给品。一个士兵月薪1833年为6美元,1846年达到8美元。军队多驻在西部边境地区,远离城市,生活单调、乏味,没有文化娱乐活动。平时的消遣就是酗酒。军官晋升和退休没有制度,论资排辈。高级军官的状态也不佳。内战前,强调文官治军,所以高级军官常从平民中选拔任命,大多数人缺乏军事才能。1802—1861年,陆军共任命了37个将军,其中仅有1人是西点毕业生,23人没有什么军事指挥经验,有11人是直接从平民中任命的,②他们没有指挥大部队的经验和实战能力。由于军人待遇低,生活艰苦,所以历年应募入伍者极少,只好招外来的移民。据统计,19世纪40年代应募者47%是外籍移民。③ 但外籍士兵及其他应募者也难服满规定的三年兵役。士兵中逃兵十分普遍。1823年,逃兵占士兵总数的四分之一;1826年,逃兵达到一半;1830年,6000名陆军中有1200人开小差;1850年,为补充逃兵及其他原因离队者,每年要再招募三分之一的兵员。④

---

① [美]塞缪尔·埃利奥特·莫里森等:《美利坚共和国的成长》(第一卷第一分册),南开大学历史系美国史研究室译,天津人民出版社1975年版,第725页。

② Russell F.Weigley, *Towards an American Army: Military Thought from Washington to Marshall*, New York: Columbia University Press, 1962, p.36.

③ [美]拉塞尔·韦格利:《美国陆军史》,丁志源等译,解放军出版社1989年版,第129页。

④ [美]拉塞尔·韦格利:《美国陆军史》,丁志源等译,解放军出版社1989年版,第179页。

3. 在军队指挥方面,也存在严重的问题。陆军部长和陆军司令权力不明确,分工不清楚,二者常常发生冲突。陆军部长是国会任命的文职人员,法律上有权代总统行使指挥权。但由于文官不懂军事,缺乏指挥经验,所以实际指挥权由职业军人出身的总司令来行使,而且总司令还得到不愿受文官领导的职业军官们的支持和拥护。但陆军司令的地位在法律上没有得到确认,两人的矛盾难免发生。在美墨战争中,总司令斯科特与陆军部长马西关系紧张,马西任命了几个高级军官,斯科特一无所知。此外,指挥人员还受到党派政治斗争的影响。如泰勒和斯科特二人是辉格党人,得不到民主党总统和内阁的信任。军职人员和文职人员互不信任,斯科特直到 1846 年底才获准去墨西哥,这极大地妨碍了美军作战行动的进行。为解决这个矛盾,美国用了几十年时间,这是后话。

4. 在军队战时扩军方面,也存在较大缺陷,即规定的志愿兵的服役期太短。在墨西哥战争期间,国会下令由各州负责征召了 5 万名志愿兵,但服役期只有一年,结果当斯科特进攻普埃布拉时,部队服役期限已到,士兵大批离队回家,使他几乎陷于困境。此外,志愿兵缺乏训练,纪律松弛,战斗力远不如正规军。

1808 年,美军只有不到 6000 人,年预算不到 300 万美元,没有指挥官、参谋部和军事理论,只有很少一些受过初步的军事教育。几乎无人指挥过团级或团以上级别的军队。经过近半个世纪的发展,美军到内战时已达百万人,年预算近一亿美元,①军人成了高尚的职业,初步形成了军队的职业化体系,但距离成为一支

① Allan Peskin, *Winfield Scott and the Profession of Arms*, The Kent State University Press, 2003, p.1.

真正的、现代化的职业军队，还有很大差距。前面提及的各种弊端在内战中暴露无遗，内战的检验推动了军事改革更深入地进行下去。

第五章　美国军事制度的革命

（1861—1865 年）

1861—1865 年，在美国发生了一场内战。这场战争规模之大，破坏之严重，影响之深远，在美国历史上是绝无仅有的。战后进行的“南方重建”，使南方发生了革命性的变化。这场战争也使美国的军事制度发生了革命。

第一节　美国内战

美国爆发内战的根本原因，在于“两种社会制度即奴隶制度与自由劳动制度之间的斗争”。①

独立战争后，美国南北两方是沿着两条不同的道路发展的。在北方，资本主义经济迅速发展。从 19 世纪 20 年代起，北部和中部各州开始工业革命，到 50 年代完成。随着西部的开发，农业资本主义在飞快发展，极大地提高了社会生产力。1860 年已产煤 1400 余万吨，铁 92 万吨，铁路长达 4. 5 万千米。工业生产已占世界第四位，总产值 18. 8 亿元。②

但是，美国资本主义的发展遇到了一个最大的障碍，这就是南

① 《马克思恩格斯全集》第 15 卷，人民出版社 1963 年版，第 365 页。

② 刘祚昌等主编：《世界史 · 近代史》（上），人民出版社 1984 年版，第 484 页。

方的奴隶制度。

如前所述，早在17世纪中期，英国殖民者为了开发北美大陆，攫取超额利润，把大批黑人从非洲贩运到北美，建立了罪恶的奴隶制度。黑人主要集中在南方的5个殖民地：佐治亚、南卡罗来纳、北卡罗来纳、弗吉尼亚和马里兰。这里实行种植园奴隶制，黑人受到残酷压迫，过着牛马不如的生活。到独立战争前，在殖民地350万人口中，黑人有50万人，其中90%都是奴隶。① 民主改革过程中，北、中部的8个州废除了奴隶制，而南方奴隶主仍死死抓住奴隶制不放，战后以种植烟草为主的种植园经济一度陷入困境。正当奴隶主准备放弃这一无利可图的经济时，英美工业革命的开展使世界市场上对棉花的需求大增，刺激了南方植棉业的发展。1793年，惠特尼轧棉机的发明，解决了棉花加工过程中关键性的技术难题，大大提高了棉花产量。这就像一剂强心剂，使气息奄奄的种植园经济恢复了生机，又日渐繁荣起来。到了内战前夕，南方已经拥有400万黑人奴隶。

南方奴隶制经济是生长在美国社会的毒瘤，它严重限制了北方工商业的发展。这是因为，南方奴隶主把几百万黑人束缚在种植园中，使北方资产阶级无法获得大量廉价劳动力。南方把棉花等产品大量输往欧洲，进口欧洲的工业品，使北方的工业产品受到冲击，市场难以扩大，工业原料的来源没有保障。不清除南方的奴隶制经济，北方的资本主义工商业就难以有大的发展，更无法在国际上同英法两国竞争。

南北矛盾和斗争集中表现在西部土地上。北方要求在西部地区发展资本主义，限制甚至禁止奴隶制的扩展；南方奴隶主则力图

---

① 黄绍湘：《美国通史简编》，人民出版社1979年版，第24页。

在西部推广奴隶制,以发展奴隶制经济。南北方都认识到:为了本地区的利益,必须控制联邦政府的权力,以便战胜对手,统治全国。因此,19 世纪上半叶,双方展开了一系列的斗争。

1820 年的《密苏里妥协案》,使双方确立了两种制度的分界线。19 世纪 30 年代围绕关税问题又起波澜。1832 年,当新关税法提出时,南卡罗来纳便以脱离联邦相威胁。杰克逊虽以武力迫使南卡罗来纳放弃了脱离要求,但是也被迫作出了让步,把关税降到 1816 年的水平。双方矛盾仍未能缓解。南方奴隶主看到北方资产阶级软弱可欺,便"得陇望蜀",进一步提高要价。1854 年,在堪萨斯和内布拉斯加两州加入联邦时,奴隶主把持的国会强行撕毁了《密苏里妥协案》,取消了原来的分界线,这等于承认奴隶制的区域是无限的。1857 年,最高法院的《斯科特判决案》宣布奴隶制度在全国都是合法的,表明奴隶主公然要把奴隶制度扩大到全国。

正当南方奴隶主节节进逼、北方资产阶级步步退让时,19 世纪三四十年代,北方各阶层人民行动起来,掀起了声势浩大的"废奴运动"。黑人奴隶在南方也展开各种形式的斗争,大批黑人通过废奴派的"地下铁道"获得了自由。1810 至 1852 年,逃走的黑人达 10 万人。① 黑人还不断掀起武装斗争。从独立战争到内战前,较大的黑奴暴动就有 160 次。② 南北之争最后酿成了 1854—1859 年的"堪萨斯内战"。奴隶主派出大批武装拥入堪萨斯,妄图把该州变成蓄奴州。他们用武力驱赶北方所支持的居民,焚烧了劳

① 南开大学历史系:《美国黑人解放斗争简史》,天津人民出版社 1977 年版,第 95 页。

② 南开大学历史系:《美国黑人解放斗争简史》,天津人民出版社 1977 年版,第 99 页。

伦斯城。北方工农群众也组织武装进入堪萨斯，同奴隶主武装发生了流血冲突。战斗中双方共死亡200多人，财产损失200万美元。①最后，人民武装击退了奴隶主的队伍。这场内战表明：南北之间的矛盾已经无法和平解决，奴隶主决心以武力来扩张奴隶制度。

北方资产阶级则在对待奴隶制的问题上仍然犹豫不决。这时，废奴派激进分子约翰·布朗在1859年发动了震动全美的起义。他带领22个人占领了弗吉尼亚州哈泼斯渡口的联邦兵工厂，想借此举发动南方黑人起义，结果被联邦军队和奴隶主武装包围，兵败被俘。布朗及其战友光荣就义。在临刑前，他庄严宣告："我，约翰·布朗，现在确信只有用鲜血才能洗清这个有罪国土上的罪恶。"②起义虽然失败了，但它像春雷一样震撼了全国，激起北方广大人民投入反奴隶制的斗争中。美国黑人进一步觉醒，南方到处都爆发了黑奴起义。起义还表明，和平妥协之路已经行不通了，南北之间的冲突只有用武力来解决。起义的伟大意义就在于它揭开了内战的帷幕。约翰·布朗的名字，后来成了鼓舞北方士兵英勇杀敌的光辉榜样。

在人民斗争的压力下，北方资产阶级的态度渐趋强硬，开始主张废除奴隶制。1854年，共和党成立。1860年，反对奴隶制的共和党候选人林肯当选为总统，代表奴隶主的民主党下台。于是，南方15个奴隶制州中有11个相继退出联邦，于1861年2月成立了一个新国家"美利坚诸州联盟"，颁布了"宪法"，推选奴隶主戴维斯为"总统"，定都蒙哥马利(后迁至里士满)。南方进行了军事总动员，征召10万志愿军，购置军火物资。而北方仍幻想以让步来使南方

① 刘祚昌：《美国内战史》，人民出版社1978年版，第112页。

② 王荣堂等：《世界近代史》(上)，吉林文史出版社1986年版，第489页。

重返联邦,因此迟迟不做准备。4 月 12 日,南方军进攻联邦军的萨姆特要塞(位于南卡罗来纳境内)。经过两天炮击,一举攻占这个要塞,从而挑起了战争。美国内战(又叫南北战争)爆发了。

在力量对比方面,北方占有绝对优势。北方共有 23 个州,面积约占全国的 3/4,集中了全国工业生产的 86%,全长 5 万千米铁路线的 70%,银行资本的 80%以上,①以及 97%的军火生产。② 在人力上北方也占绝对优势,人口 2200 万,是南方的两倍多。北方入伍人数 276. 5 万。③

南方参加叛乱的共 11 个州,900 万人口中 400 万是黑人,黑人中奴隶为 383 万。④ 南方虽然在政治、经济、人力各方面处于劣势,但在军事上却占有许多有利条件。

第一,在地理上,南方处于内线作战,军队多半未离开本土,熟悉地形,易于就近得到补给。所以,尽管南方经济水平低,海岸又被严密封锁,后勤补给系统也落后,却没有因补给问题而影响过任何一次战役。

第二,南方拥有一批美国军官中的精华,例如名将罗伯特·李、托马斯·杰克逊、两个约翰斯顿,以及博雷加德等人。美陆军军官的 1/3,海军军官的 1/4 加入了南方军队。⑤

---

① 黄绍湘:《美国通史简编》,人民出版社 1979 年版,第 241 页。

② [美]塞缪尔·埃利奥特·莫里森等:《美利坚共和国的成长》(第一卷第一分册),南开大学历史系美国史研究室译,天津人民出版社 1975 年版,第 817 页。

③ [苏]叶菲莫夫:《美国史纲》,苏更生译,生活·读书·新知三联书店 1962 年版,第 311 页。

④ 王荣堂等:《世界近代史》(上),吉林文史出版社 1986 年版,第 92 页。

⑤ Maurice Matloff, *American Military History*, Office of the Chief of Military History, United States Army, Washington D.C., 1969, p.188.

第三，南方的战备工作已经进行了10年之久。其首脑人物早在1850年就预见到南北分歧非武力不能解决。威廉·特列斯考特宣称："没有一个国家政治上的成熟不是经过严酷而灼热的内战。"[①]在1860年大选期间，南方已预料到林肯将获胜。南卡罗来纳州首先成立了"一分钟人"的民兵，进行军训。林肯当选后，南方各州都纷纷建立了此种组织，城乡各地还建立了各种军事组织。战争爆发时，南方已征召10万志愿军。

第四，南方军队素质极高。由于经常处于黑人暴动的威胁下，奴隶主普遍能骑善射。1862年4月16日，南方还在美国史上第一次实行义务兵役制，使部队兵源得到保证。

第五，南方军火工业发达。尽管南方工业落后，却把军火工业放在优先发展的地位。仅里士满的兵工厂一个月就可生产步枪5000支。里士满的特里迪加钢厂设备优良，可制造钢甲和重型大炮。南方还生产了大量的火药、火炮和雷管等。[②] 南方预先储存了大量武器弹药。林肯的前任布坎南曾支持把许多武器弹药运往南方储存起来。此外，联邦重要军火库、军事要塞和海军基地也多设在南方。南方宣布叛乱后，很快便占领了这些地方，获得大批军火，仅武器就有19万件，财产总值3000万元。[③]

最后，南方还得到了英法等国的各种援助。由于南方是英法两国工业用棉的主要供给者，两国从削弱美国实力、维护本国廉价原料来源的立场出发，支持南方。奴隶主集团也自恃棉花的重要

---

① [美]塞缪尔·埃利奥特·莫里森等：《美利坚共和国的成长》(第一卷第一分册)，南开大学历史系美国史研究室译，天津人民出版社1975年版，第832页。

② 刘祚昌：《美国内战史》，人民出版社1978年版，第435页。

③ 刘祚昌：《美国内战史》，人民出版社1978年版，第170页。

性,洋洋自得地夸耀:“你们不敢对我们的棉花开战,世界上没有任何一个大国敢对棉花开战!棉花就是王。”①英法等国仅1862—1863 年便输送给南方步枪 40 多万支。② 此外,南方漫长的海岸线和众多的港湾,使北方海军防不胜防,而南方则可以很容易地避开北方的封锁,从国外运回物资进行战争。

以上分析可以看出:北方在经济和军事力量上占有优势并有极大的潜力;南方则早有准备,军事上占有较多有利条件,所以敢于铤而走险,先发制人,想以速战速决结束战争。

内战的战场包括了美国东南部广大地区,可分成两大战场:东战场主要集中在弗吉尼亚境内的里士满和华盛顿周围地区;西战场主要在密西西比河流域。整个战争可分为有限战争阶段和总体战争阶段。

一、有限战争阶段(1861 年 4 月 12 日—1862 年 9 月)

虽然北方在许多重要方面占有绝对优势,但在战争时期,从1861 年 4 月至 1862 年 9 月,由于战略失误,却让南方占据了明显的便宜。

1861 年,南方想以闪电战夺取华盛顿,以便获得英法两国的直接支持。但南军并不拘泥于对华盛顿的攻占,而是力求与北军主力决战。南方统帅罗伯特·李两次率军越过波托马克河,向华盛顿进军。7 月,双方在东战场展开第一次大规模交锋——第一

---

① [美]塞缪尔·埃利奥特·莫里森等:《美利坚共和国的成长》(第一卷第一分册),南开大学历史系美国史研究室译,天津人民出版社 1975 年版,第 847 页。

② [英]杰克·雷恩:《第一次世界大战的著名战役》,寿进文译,上海译文出版社 1980 年版,第 15 页。

次马那萨斯战役。南将杰克逊顶住了北军的五次进攻,因而获得“石壁”的称号。南军坚守到援军的到来,进而发起反攻,击溃了北军。北军损失3000多人,华盛顿全城陷于一片恐慌之中。此后,北军主力长期被牵制在首都周围。10月21日,北军在包尔斯高地时又被南军围歼近千人。新的失败震动了北方政府,使其紧急征兵50万迎敌。

进入1862年,战争日趋白热化。林肯年初下令:2月22日北军发起总攻击,分三个方向攻打南方领土及封锁南方的海岸。

在西战场,北军取得重大胜利。2月,格兰特指挥田纳西军团在海军配合下,攻克战略重镇亨利堡和多纳尔逊堡,俘敌1.5万人。同时,俄亥俄军团攻克纳什维尔,迫使南军撤出密西西比河上的重镇哥伦布。3月,北方改组了西线军队,由哈勒克统一指挥。4月6日,格兰特军6万人同南军4万人在夏洛激战了两天,不分胜负,各损失1万人,但南方名将A.约翰斯顿阵亡。北军继续挺进,解放了肯塔基州全部和田纳西州大部,大动脉密西西比河除了维克斯堡以南的一段外,已大部分被北军打通。4月,北方陆海军还联合作战,攻克了南方大港新奥尔良。

但是在东战场,北军又一次遭受惨重失败。北方仍以攻打里士满为主要目标,而不去寻找南军主力歼灭之。1861年底,麦克莱伦担任10万人马的波托马克军团司令。他连续几个月按兵不动,使“波托马克前线无战争”。① 还把对岸5.5万敌军错估为15万人,迟迟不敢采取行动。在林肯再三催促下,他才于3月发动了“半岛战役”。5月,北军兵临里士满城下,南方局势危急。李急令

① [美]塞缪尔·埃利奥特·莫里森等:《美利坚共和国的成长》(第一卷第一分册),南开大学历史系美国史研究室译,天津人民出版社1975年版,第840页。

杰克逊军进攻华盛顿,迫使要与麦克莱伦会师的北军撤回保卫华盛顿,使北军失去攻占里士满的良机。6 月 25 日至 7 月 1 日,双方各率领 9 万大军展开“七日会战”。北军大败,损失 1.6 万人。南军乘胜北进。8 月底,双方又展开了“第二次马那萨斯会战”,北军 8 万人,南军 5.6 万人。李的指挥艺术发挥得淋漓尽致。他以小部队吸引住北军主力,他的主力则实行机动,从侧翼、后方进攻北军,再从正面进攻,击溃了北方新组建的弗吉尼亚军团,北军损失 2.1 万人。李将北军逐出了弗吉尼亚,兵临华盛顿城下。林肯急令麦克莱伦军迎战。9 月,双方展开“安提塔姆战役”,北军以优势兵力阻止了南军的进攻。

综观这一阶段的战局,南方占有明显的优势,掌握了战争的主动权。北方仅在西线这个次要战场上取得明显胜利,并封锁了南方的海岸。南方占优势的原因,一方面是由于南方军队有着良好的军事素质和罗伯特·李高人一等的军事才干。另一方面,更主要的原因在于北方军事思想和军事结构存在重大缺陷。首先,是林肯没有采取革命战争的路线,这与他的指导思想分不开。内战前,林肯便千方百计想避免南北之间发生冲突。战争爆发后,又想以妥协来换取南方停止叛乱,以恢复联邦的统一。1861 年 7 月,国会也做出决议,称:战争的目的,不在废除或干涉奴隶制度及其他的州权,而是为了统一。① 林肯和北方这样做的目的,是害怕这场战争的失控,发展成为革命。正如林肯 1861 年 12 月在致国会的咨文中所指出的:“在考虑到为了镇压叛乱而应该采取的政策时,我一直是担心和提防为了这个目的而进行的不可避免的冲突,

---

① 李昌道:《美国宪法史稿》,法律出版社 1986 年版,第 192 页。

不要蜕化为一个激烈的和残忍的革命战争。”[①]因此北方缺乏军事准备，从事的仅是以恢复联邦统一为目标的有限战争。

北方失利的另一个重要原因，是“南部有统一的军事领导，北部却没有”。[②] 北军总司令麦克莱伦同情奴隶主，他采取了消极保守的战术，使北军连连受挫，“他对整个战争的进行起着阻碍作用”。[③] 此外，敌人的奸细在北方活动猖獗，甚至北方政府和军队中也潜伏着南方的代理人。这些被称为“铜头蛇”的反革命分子到处煽动群众反对战争，造谣惑众，破坏捣乱。北方大资产阶级在战争中猖狂地进行投机活动，利用战争大发不义之财。更有不少丧心病狂的商人以物资供应敌人，牟取暴利。对上述行为，北方政府熟视无睹，不采取坚决手段予以镇压，从而极大地挫伤了北方军民的士气。

但是更重要的原因，是林肯回避内战的要害问题，这就是奴隶制度。林肯不谈解放黑人奴隶和废除奴隶制度的问题。他三令五申叫战地指挥官把逃亡奴隶送回主人那里。1861 年 8 月，因为弗里蒙特将军在前线解放了黑人奴隶，林肯还解除了他西战场统帅的职务。林肯之所以这样做，主要是想争取四个没有脱离联邦的边境奴隶州。肯塔基、马里兰、密苏里、特拉华这四个奴隶州地理位置十分重要，处于南北方交界处，是华盛顿的屏障，是北方进攻南方的战略基地，还是北军重要的后勤补给基地。林肯担心：一旦解放奴隶，会把这几个州推向南方叛乱者的怀抱，壮大南方的力量，改变整个战略力量的对比。

---

① 刘祚昌：《美国内战史》，人民出版社 1978 年版，第 185 页。
② 马克思、恩格斯：《论美国内战》，人民出版社 1955 年中文版，第 233 页。
③ 《马克思恩格斯全集》第 15 卷，人民出版社 1963 年版，第 506 页。

二、全面的革命战争阶段(1862 年 9 月—1865 年 4 月)

战争的失利,使林肯政府面临着严重危机,国内人心动荡,后方反革命分子“铜头蛇”的活动十分猖獗。许多地方人民举行示威游行,强烈要求林肯清洗军队和政府中的怠工者和反革命分子,立即解放黑人奴隶,无偿地把土地分给人民。各政治派别,尤其是激进派也向林肯施加压力。

当时的国际形势也很紧张。1862 年夏天,英国和欧洲一些国家已准备承认南方为“独立国家”,英国准备李一旦入侵成功就这样做。以致卡修斯·克莱在 8 月面见林肯,劝他赶快解放奴隶,这样就会击败欧洲的干涉。美国驻西班牙大使馆舒尔茨在电报中也指出:如果美国发表一项解放奴隶的宣言,那么“欧洲舆论马上就会强烈地、一面倒地同情我们,以致……没有一个欧洲政府会敢于借宣言或行动置身于一个受世界谴责的制度那一方面”。①

军事上的危机也对林肯产生了压力。半岛战役之后,林肯写道:“事情越来越糟”,“终于感到了我们在我们所奉行的作战计划上已经走到了绳子的尽头。我们必须拿出最后一张牌,并且改变我们的策略,否则就要输了。我现在决定采取释放政策”。②

林肯不愧是伟大的政治家。他看出要想取得战争胜利,就必须下决心解决黑人和奴隶制这一核心问题。他接受人民的意见,克服保守势力的反对,顺应历史潮流,毅然采取了以下重大决策:

1. 1862 年 9 月 22 日发表了初步的《解放黑奴宣言》,1863 年 1 月 1 日发表了正式的《解放黑奴宣言》,庄严宣告:凡叛乱州的奴隶“从现在起永远获得自由”;允许“条件合适的”黑人参加北方军

---

① 刘祚昌等主编:《世界史·近代史》(上),人民出版社 1984 年版,第 499 页。

② 刘祚昌:《美国内战史》,人民出版社 1978 年版,第 275 页。

队。宣言击中了南方的要害,敲响了近200年罪恶奴隶制的丧钟,使400万黑人奴隶看到了自由的曙光,鼓舞他们起来斗争。宣言还使世界人民认识到美国所发生的不仅是一场内战,而且是一场埋葬野蛮的、非人道的奴隶制度的正义战争。世界人民特别是英法人民投入了支持北方正义事业的斗争,阻止了英法两国进行武装干涉的企图。

2. 1862年5月20日颁布了《宅地法》。美国独立以来,领土急剧扩张,劳动人民和移民迫切希望无代价分到西部土地。但是,政府一直采取高价出售而不是无偿分配的政策,人民难以问津。为此,人民争取以民主方式分配西部土地的斗争一刻也没有停止过。《宅地法》规定:一个人只要交10元手续费,就可以得到160英亩土地,耕种5年后就可以获得这块土地的所有权。这一规定实际上是把土地送给人民,从而基本上满足了几十年来人民为之奋斗的要求。虽然在实行过程中出现了投机等弊端,但它毕竟激发了人民的斗志,加速了对西部地区的开发。

3. 武装黑人。1862—1863年,林肯决定实行武装黑人的政策,这个政策一经宣布,马上有大批黑人涌到招兵站,争先恐后地报名当兵。在前线,也不断有逃亡奴隶参加到北军行列。黑人参军给北军增添了一支生力军。因为黑人最仇恨奴隶制度,具有为自己的解放和自由献身的强烈愿望,所以作战非常勇敢。

4. 实行征兵制。内战初期,北方实行的是志愿兵制。1863年3月3日开始实行《征兵法》,它规定,凡年龄在20岁到45岁之间的男子都有服兵役的义务,从而使参军服兵役成为国民的义务和强制性的行为。这是美军史上的一大变革,对于北军兵力增长起了巨大作用。

5. 改组军事领导机构。林肯撤换了作战消极的麦克莱伦,几经挑选,1864 年春任命格兰特担任总司令。格兰特撤换了无能的将领,任命智勇双全的谢尔曼为密西西比河战区司令,哈勒克为参谋长,米德为波托马克河战区司令。北方以前没有统一指挥,战区司令各行其是。经过这次改组,林肯建立了以他为首的最高统帅机构,由他掌握全权;陆军部长斯坦顿负责兵员、给养;哈勒克任总统顾问和与军事人员的联络;格兰特通过参谋部负责全军和波托马克军团的实际指挥,17 个战场司令都要听其号令行事,但格兰特要向林肯及陆军部长斯坦顿汇报工作。这样,就可以在总体战下动员一切人力物力,把行政和军事领导有机地合在一起,大大提高领导战争的效率。

6. 采取镇压反革命,打击投机倒把的严厉措施。从 1863 年初起,共逮捕“铜头蛇”及各类反革命分子 1.3 万人。[①] 林肯还采取了一系列减轻人民负担的新政策,如向富人征收了 5500 万美元的累进所得税用作军费。[②] 林肯的上述政策,充分调动了北方广大人民的积极性。北方工农群众踊跃参军,组建了许多工人团队,大批黑人入伍。战争从此进入了一个全新的阶段——革命战争阶段。

7. 北方加强海军建设,把海军作为总体战的中坚力量。因为总体战成败的关键是封锁南方海岸,切断南方与外界的联系,最后使南方“窒息”,彻底摧垮其经济。所以从 1862 年末开始,北方加快了海军建设的步伐,把蒸汽战舰作为重点,海军部专门成立了蒸汽机工程局。北方海军发展迅速:1863 年拥有舰艇 588 艘,1864

---

① [美]塞缪尔·埃利奥特·莫里森等:《美利坚共和国的成长》(第一卷第一分册),南开大学历史系美国史研究室译,天津人民出版社 1975 年版,第 880 页。

② [美]塞缪尔·埃利奥特·莫里森等:《美利坚共和国的成长》(第一卷第一分册),南开大学历史系美国史研究室译,天津人民出版社 1975 年版,第 869 页。

年为571艘,1865年达到700多艘,其中有蒸汽战舰200多艘。[①] 北方海军的封锁切断了南方与外界的联系,使其经济崩溃,加快了南方灭亡的速度。

北方的新战略是由格兰特和谢尔曼两人共同制订的"总体战"战略(下面专门论述)。

北方在采用了总体战略后,一改以前那种消极被动的战术,开始主动进攻,向南方军队发动了凌厉的攻势。从1862年9月至1863年,双方军队展开了世界军事史上罕见的残酷的大血战。在东战场,在1862年12月的弗雷德里克斯堡会战中,北军12万大军被李指挥的7万多人的南军击败。在西战场,1862年12月31日和1863年1月1日,在默弗里斯伯勒战役中,双方平分秋色。从1863年起,战争重心从东战场转移到西战场。在上半年,南方连续发动攻势。但从下半年,双方接连进行了5次大战:(1)5月初在昌西洛维尔战役中,南军取得了最后一次胜利,但李失去了得力干将"石壁"杰克逊。(2)7月初,在葛底斯堡战役中,北军11万人与李军团的8万人决战,南军大败,北方掌握了东战场的主动权。(3)维克斯堡战役(1863年2—7月),北方军队在格兰特指挥下,全歼南军5万守军,攻克了被称为"南方直布罗陀"的维克斯堡,从而控制了密西西比河,将南方领土一切两半。(4)奇卡莫加战役(1863年9月),双方均伤亡惨重,打成平手。(5)查塔努加战役(1863年11月),北军夺取了铁路枢纽查塔努加,取得了向南方进军的战略基地。经过上述战役,北方军队歼灭了南军的大批有生力量,夺取了战略主动权。

---

① [美]内森·米勒:《美国海军史》,卢加春译,海洋出版社1985年版,第1553页。

1864 年是北方向南方发起战略性进攻的一年。在东战场,格兰特采取了消耗战略,力图尽可能地歼灭敌方有生力量。5 月 4 日至 6 日北军 12 万人与李指挥的 6 万人在弗吉尼亚的“怀尔德内斯”(又叫“荒野”)展开激战。李阻止了北军向里士满的推进。紧接着,5 月 8—13 日,双方在斯波特西法尼亚—科特豪斯展开了世界近代史上的首次堑壕战。6 月初,两军又进行了“科尔德哈勃会战”,经过一个多月的激战,北军伤亡 5 万多人,南军伤亡 3 万多人。北方人力充沛,很快便得到了补充,而南军则因南方人力资源的枯竭得不到补充。格兰特达到了消耗李军主力的目的。从 6 月开始,格兰特围攻南方重镇彼得斯堡,将南军主力牵制住。北军乘机在西战场发起主攻。谢尔曼大胆采用了无后方依托的奔袭作战,率 10 万精兵从查塔努加出发,直奔亚特兰大。7 月底,击退了南军的几次反攻,9 月 2 日攻占亚特兰大。接着,他又实施“向海洋进军”的计划。用了一个多月的时间,在南方经济最发达的地区长驱直入达 300 多英里,一路上烧杀掳掠,实行“三光政策”,彻底破坏了南方进行战争的潜力。12 月 21 日攻占萨凡纳,将南方的东部地区也分割成两半。与此同时,托马斯的军队在纳什维尔战役中,全歼南军的胡德军团,从而彻底清除了西战场的南军。

北方海军的封锁也日见成效。1863 年南方出海的船只每 4 艘有 1 艘被北方捕获。1965 年就达到每 2 艘中有 1 艘被捕获。1864 年北方就捕获了南方船只 324 艘。在整个内战期间,北方共捕获南方船只 1500 余艘。① 1865 年初,北方封锁了南方最后一个出海口莫比尔湾,使南方海军瘫痪,南方与外界已基本隔绝,经济已奄奄一息。李军团一度只剩下 2 天的粮食,士气低落。

---

① 刘祚昌:《美国内战史》,人民出版社 1978 年版,第 439 页。

1865 年 1 月,北军发动总攻。2 月 22 日攻占南方最后的港口威尔明顿。谢尔曼军向南、北卡罗来纳进攻,直捣李军的后方,将李军的补给全部摧毁。4 月 3 日格兰特军攻占已被围攻达 10 个月的南方伪都里士满。李军弹尽粮绝,被迫于 4 月 9 日率军投降。到 6 月 2 日最后一个南军士兵放下武器,共有 17 万南方叛军投降。美国内战终以北方胜利、南方奴隶制的灭亡而结束。

三、战争性质的革命

美国内战在世界战争史上具有划时代的革命意义,它是世界上第一场总体战争。

在 19 世纪中叶以前,人类历史上所发生的战争都是有限的,即战争的目标、范围和方式,均是有限的。战争的目标无非是占领对方的领土,使对方臣服等而已。由于战争目标有限,所使用的战争手段也是有限的,仅仅凭借军事统帅的智慧,再依靠士兵的体能和军事技能以及武器装备,就能在打一两次决定性的战役后,迫使敌人签订城下之盟,因此战争能够在短时间内结束。在法国大革命前的欧洲,盛行骑士制和雇佣兵制。服兵役是中小贵族——骑士的权利和义务,而且他们还要自备武器。而占人口大多数的人民却被剥夺了服兵役的权利,即使能当兵他们也无力购置武器。因此,骑士和雇佣军只占社会人口的极小部分。中世纪在使用长矛和弓剑的时代,军队的规模也不大,一般只有几万人,超过 10 万人的情况很少。战役的规模也有限,会战双方的军队只有万人规模。威廉征服英国时用的军队才 1.4 万人。① 第一次十字军东征

① [英]杰弗里・帕克等:《剑桥战争史》,傅景川等译,吉林人民出版社 1999 年版,第 136 页。

时,欧洲各国才拼凑了 6 万人。[1] 在百年战争期间,双方交战的军队规模也就万人左右。1340 年法军有 10 万人,而英军为 5 万。这是中世纪晚期规模最大的军队。但军队人数很快就降了下来。到 14 世纪末,法军只有 5000 人,英军为一万人。[2] 英国有时甚至用两三千人在法国作战。[3] 随着时间的推移和武器装备的发展,到了使用枪炮的时代,军队人数逐渐增多。在中世纪最大的国际战争——三十年战争中,欧洲规模最大的西班牙军队有 30 万人,法国有 15 万,荷兰 5 万,瑞典 4.5 万。[4] 但军队数量在以后的一百年里并没有显著增长。18 世纪威震欧洲的普鲁士腓特烈大帝的军队也只有 8 万人,而法国军队为 16 万人。[5] 俄国彼得大帝则组建了 33.7 万人的军队,参加波尔塔瓦战役的俄军有 8 万人,瑞典为 1.7 万人。[6] 在被称为"第一次世界战争"的七年战争(1756—1763 年)中,战争的规模和交战各国的军队也没有大的变化。

美国内战使战争形式发生了革命,一种全新的战争——总体战出现了。交战双方动员了全部的人力物力投入战争,"战争中全体人民和国家的全部产品(士兵和军队的给养),都是战争

① [英]杰弗里·帕克等:《剑桥战争史》,傅景川等译,吉林人民出版社 1999 年版,第 139 页。

② [英]杰弗里·帕克等:《剑桥战争史》,傅景川等译,吉林人民出版社 1999 年版,第 165 页。

③ [英]杰弗里·帕克等:《剑桥战争史》,傅景川等译,吉林人民出版社 1999 年版,第 158 页。

④ 吴春秋等:《世界战争通鉴》,国际文化出版公司 1995 年版,第 367 页。

⑤ [英]杰弗里·帕克等:《剑桥战争史》,傅景川等译,吉林人民出版社 1999 年版,第 287 页。

⑥ [英]杰弗里·帕克等:《剑桥战争史》,傅景川等译,吉林人民出版社 1999 年版,第 279 页。

的基础”。[①] 战争的目标都是彻底征服对方，不仅要消灭对方的军队，而且要彻底摧毁对方的政治结构、社会组织和经济基础，直到对方完全投降为止。战争消耗之大、伤亡之惨重，均超过近代发生的任何一次战争。双方共动员了400万人，死亡62万人，伤者在百万以上，双方还耗费军费开支250亿美元。[②] 战争结果是美国南方的奴隶制度被彻底粉碎，南方叛乱政府彻底垮台，南方的社会制度得到根本的改造。

总体战的出现并非偶然，而是“新的军事科学是社会关系的必然产物”。[③] 它有着深刻的历史背景，这就是法国大革命和工业革命。前者解决了进行总体战的人力问题，后者则奠定了总体战的物质基础。18世纪末法国大革命的胜利及随后的资产阶级革命的高潮，使“自由、平等、博爱”的观念深入欧美人民的心田。资产阶级建立了新的生产方式，确立了资产阶级的民主制度。过去被封建制度束缚的佃农大多变成了自由的小农，有了独立自主的权利。民主和平等为征兵制打开了方便之门。征兵制使所有的人在服兵役方面处于平等的地位。农民在各欧洲国家占人口的大多数，他们成了资产阶级军队的主力。在刺刀下实行的平等为建立以农民为主的大规模资产阶级军队奠定了基础。这就导致了世界上最大的政治和军事变革：人们在战争中追求的不再是占领或征服一城一地的王朝利益，而是为捍卫各自的土地和民主权利而战，因此参军的积极性空前高涨。大革命时法国军队最多时已超过百万，其他国家的军队也以几十万计。一次战役双方参战人数也大

---

① ［美］阿伦·米利特：《美国军事史》，军事科学院外国军事研究部译，军事科学出版社1989年版，第153页。

② ［美］C.A.比尔德：《美国史》，商务印书馆1933年版，第313页。

③ 《马克思恩格斯军事文集》第一卷，战士出版社1981年版，第184页。

大增加。莱比锡会战共有 50 万人参加。所以恩格斯说:“现代的作战方法是法国革命的必然产物”,它的前提是“资产阶级和小农(全体)的社会和政治的解放”,并且是“在整个解放的军事上的表现”。① “小农在地位上愈接近于自由的私有者,则军队愈适合于现代的作战体系。”②征兵农民成了军队的主要成分,这二者构成了进行“总体战”的人力基础。

工业革命则是进行总体战的物质基础。“军队的全部组织和作战方以及与之有关的胜负,取决于物质即经济条件。”③18 世纪后半期蒸汽机的出世引发了工业革命。火车头、铁路、电报、速射来复枪彻底改变了战争的模式。机器、人工业和科学技术的进步,生产着日益增多的新式武器,使军队的装备不断地更新换代,而装备的改变必然引起作战方式的改变,“从装刺刀的枪起到后装枪止的现代作战方法,在这种方法中,决定事态的不是执马刀的人,而是武器”。④ 机器大工业不仅能生产出大批武器装备,而且几乎也能生产出进行战争所需的一切物资。

美国内战开了总体战的先河,以后的第一次世界大战、第二次世界大战就是总体战的扩大和完善。

第二节 军事思想的革命——总体战思想的形成

美国内战作为世界上第一场总体战,不仅使美国的职业军队经历了战火的洗礼,而且极大地丰富了美国军事科学的内容,并大

① 《马克思恩格斯军事文集》第一卷,战士出版社 1981 年版,第 182 页。
② 《马克思恩格斯军事文集》第一卷,战士出版社 1981 年版,第 180 页。
③ 《马克思恩格斯军事文集》第一卷,战士出版社 1981 年版,第 17 页。
④ 《马克思恩格斯军事文集》第一卷,战士出版社 1981 年版,第 39 页。

大推进了美国军事科学的发展步伐。美国军事科学发展中的最大收获,就是其军事思想发生了革命性的变化,产生了总体战思想。

长期以来,人们都认为“总体战”是德国将军鲁登道夫发明的,是他在《总体战》一书中系统地阐述了“总体战”的思想。但是实际上,早在他的作品问世半个世纪之前的美国内战,便已产生了这一思想。虽然到了19世纪中期,实行总体战的条件在欧美主要国家已经具备,但是为什么先在美国发生呢?除了美国具备了上述条件外,还在于美国主要军政领导人战略上的高瞻远瞩。

一、总体战思想的开山鼻祖——斯科特

在美国内战期间,斯科特最早主张实行“总体战”。① 他拟定了北方的战略计划——著名的“大蛇计划”。计划指出:北方要对南方实行从陆地到海岸线的环形包围圈。为此,海军要封锁南方海岸,陆军则控制密西西比河的整条河道,切断南方东西两部分的联系;再用陆军控制边界各州,以免它们投向南方。这样就可以使南方叛乱州像被大蛇团团缠绕住一样,与外界隔绝,最后被“蛇”勒死。这个战略计划是十分正确的,后来战争的发展也证明了这点。但是北军主力波托马克军团司令麦克莱伦却僵硬机械地执行这一战略。他不是采用运动战伺机歼灭南方军队的主力,而是采用刻板的阵地战,以防守华盛顿为主要目标,从而导致了在战争初期北方军事上连连失利。北方一片震动。1862年9月,林肯痛定思痛后,采用了革命的总体战略。很快,战局就完全改观。内战的胜利实际上就是斯科特军事战略的胜利。

① Maurice Matloff, *American Military History*, Office of the Chief of Military History, United States Army, Washington D.C., 1969, p.193.

尽管斯科特的性格过于直率,喜欢高谈阔论,夸夸其谈,外号“老吹”;同时他过分讲究衣着打扮,行动过于小心谨慎,人们又送他“小题大做”的外号。但这些和他在军事上的贡献相比,的确是“小巫见大巫”了。他被称为“美国最早的军事战略家”是当之无愧的。

二、总体战略的制定者——林肯

亚伯拉罕·林肯作为美国总统,他的生平事迹已广为人知,但是他在军事上的建树却鲜为人知。这就使对他的研究存在很大的缺憾。因为美国内战毕竟是发生在美国本土上的最大一场战争,也是19世纪规模最大的战争之一。林肯直接领导北方取得了战争的胜利。在战争期间他进行的主要是军事活动。综观林肯在内战期间的言论和行为,我们可以得出这样的结论:林肯不仅是一位伟大的政治家,也是一位伟大的军事家。没有他,北方军队就不可能赢得内战的胜利。

林肯对内战的军事内容作了精辟的论述。首先,林肯从军事角度正确指出了内战的原因是南方的奴隶制度,因为“这些奴隶构成了一种特殊而重大的权益……这种权益可说是这场战争的原因”。当南方退出联邦,“于是战争就来临了”。① 其次,他始终认为:奴隶制只有用武力才能消灭。早在1859年3月,他就向共和党发出了号召:“现在你们需要做的就只是坚持你们的信念,坚决继续站在正确的立场上,紧握着你们的旗帜。在任何情况下也决不放弃你们的武器。团结在一起,随时准备和对手进行搏斗……

① 赵一凡:《美国的历史文献》,生活·读书·新知三联书店1989年版,第188页。

坚持你们的原则,紧握手中枪,完全彻底的胜利最后必将来临。"① 但是他很清楚,使用武力会造成人员和物质的巨大损失,因此主张让奴隶制慢慢自行消灭,不到万不得已时绝不使用武力,使用武力的限度就是在联邦统一受到破坏时。他再三重申:"只要不是把政府逼得无计可施,就决不会流血。只要没有人以武力相加,政府决不使用武力。"②而为了捍卫联邦的统一,可以不择手段,"联邦必须保重,因此,一切必要的手段都必须采用"。③ 但不久,在他当选为美国总统后,他已经认识到,战争已不可避免了,因此他下令早点做好准备。他在就职演说前曾通过伊利诺伊州的国会议员向陆军总司令斯科特将军转达他的指示:"请私下告诉他,尽他一切力量做好准备,在我就职之际和就职以后,就具体情况或守住堡垒,或夺回堡垒。"④

林肯对内战的性质、目的和意义从军事角度作了准确论述。他认为:内战是"一场人民的斗争"⑤,"是为了维护我们的联邦这一唯一公开的目标",⑥维护"祖国和自由政体这一坚定的目标"。⑦ 战争的

① [美]亚伯拉罕·林肯:《林肯集》,刘祚昌、邓红风译,生活·读书·新知三联书店 1993 年版,第 21 页。

② [美]亚伯拉罕·林肯:《林肯集》,刘祚昌、邓红风译,生活·读书·新知三联书店 1993 年版,第 294 页。

③ [美]亚伯拉罕·林肯:《林肯集》,刘祚昌、邓红风译,生活·读书·新知三联书店 1993 年版,第 426 页。

④ [美]桑德堡:《林肯传》,云京译,生活·读书·新知三联书店 1978 年版,第 133 页。

⑤ [美]亚伯拉罕·林肯:《林肯集》,刘祚昌、邓红风译,生活·读书·新知三联书店 1993 年版,第 357 页。

⑥ [美]亚伯拉罕·林肯:《林肯集》,刘祚昌、邓红风译,生活·读书·新知三联书店 1993 年版,第 944 页。

⑦ [美]亚伯拉罕·林肯:《林肯集》,刘祚昌、邓红风译,生活·读书·新知三联书店 1993 年版,第 937 页。

意义“不仅仅是为了今天,而且是为了今后永世,我们应该让……这个伟大的自由的政府,为我们的子子孙孙而永远存在下去”。[①] 美国内战在军事史上是“令人最恐怖的战争之一”,在战争中出现了“世界战争史上以前历次战争从未有过的、闻所未闻的事物”。[②] 他已经认识到这场战争在世界军事史上所具有的重大意义了。

林肯的上述言论,从宏观角度出发,正确地把握了战争全局,起到了提纲挈领的作用。林肯以此为基础,以他的政治家的雄才大略和军事天赋,总揽全局,制定了北方的军事战略。他的战略经历了从有限战略到总体战略的过渡。

他本人是坚决反对奴隶制的,他曾经说过:“我生来就反对奴隶制。”[③]“我始终痛恨奴隶制度,我的想法和一切废奴派完全一致。”[④]但是一开始,他把战略总目标定为使南北和解和维护联邦的统一。他在就职演说中指出:“我从宪法与法律的观点看,这一联合是不可分裂的。我将尽我所能,使国家法律在所有各州内得到忠实地执行……”[⑤]在战争伊始,他便重申了这一目标,指出:战争“首要的是恢复统一……联邦一定要得到维护,因此一切必不可少的手段一定要使用”。[⑥] 由于目标是有限的,因此要限制和控

---

① [美]本杰明·普·托马斯:《林肯传》,周颖如等译,商务印书馆 1995 年版,第 445 页。

② [美]亚伯拉罕·林肯:《林肯集》,刘祚昌、邓红风译,生活·读书·新知三联书店 1993 年版,第 892 页。

③ [美]亚伯拉罕·林肯:《林肯集》,刘祚昌、邓红风译,生活·读书·新知三联书店 1993 年版,第 868 页。

④ 《世界历史》,参考 1982 年第 1 期汪仪的文章。

⑤ H.S., *Commager*: *Living Documents of American History*, Hong Kong, 1979, pp.77-78.

⑥ [美]拉塞尔·韦格利:《美国军事战略与政策史》,彭光谦等译,解放军出版社 1986 年版,第 161 页。

制这场战争,尽量以人道、和解的方式进行战争。“对南方不能用刺刀”,“避免任何糟蹋、毁灭、干预财产或骚扰国内各地和平平民的做法”。[①] 林肯总统在战争爆发前千方百计想避免发生冲突。战争爆发后又把战略总目标定在使南北和解、维护联邦的统一上面。1861 年 7 月国会也作出决议称:战争的目的,不在废除或不干涉奴隶制度及其他的州权,而是为了统一。[②] 由于目标是有限的,要限制和控制这场战争,尽量以人道、和解的方式进行战争。

林肯为什么不把反对奴隶制度当作第一目标呢?他是想以妥协来换取南方停止叛乱,恢复联邦的统一。他这样做,主要是害怕战争会发展成为革命。他在 1861 年 12 月致国会的咨文中说:“在考虑到为了镇压叛乱而采取的政策时,我一直是担心和提防为了这个目的而进行的不可避免的冲突,不要蜕化为一个激烈的和残忍的革命战争。”[③]他想把战争逐渐引向废奴的方向,因为他关于限制奴隶制发展的主张实际上意味着奴隶制度的缓慢衰亡。他的妥协更主要是从军事策略方面的考虑。林肯曾制止亨特将军解放奴隶的措施,“认为时机尚不成熟”。[④] 这个军事上的考虑就是要争取四个处于南北方边境的奴隶州:肯塔基、密苏里、马里兰和特拉华。这四个州地理位置重要,是交战双方重要的人力来源。这几个州还是护卫首都华盛顿的屏障,可作为向南方发动进攻的重

① [美]拉塞尔·韦格利:《美国军事战略与政策史》,彭光谦等译,解放军出版社 1986 年版,第 161 页。
② 李昌道:《美国宪法史稿》,法律出版社 1986 年版,第 192 页。
③ 黄绍湘:《美国通史简编》,人民出版社 1979 年版,第 241 页。
④ [美]亚伯拉罕·林肯:《林肯集》,刘祚昌、邓红风译,生活·读书·新知三联书店 1993 年版,第 869 页。

要战略基地。他认为“失掉肯塔基几乎就等于满盘皆输。肯塔基一丢,我们就别想再保住密苏里,我想还有马里兰。这些地方如全都反对我们,那我们就力难胜任了”。[①] 为此,他制止了弗里蒙特将军解放奴隶的革命行为,避免了这几个州倒向南方。另外,还由于北方人民中大部分人的注意力集中在争取无代价分配西部土地的问题上,只有少数废奴派关注南方的奴隶制问题,林肯只能顺应人民中反战、和解的呼声,采取灵活战略,逐步向废奴的方向前进。他当选总统后就反复强调:除非有人用武力反对政府,政府决不使用武力。而且他作为总统,首先要遵守宪法和法律而不能违反。他说:“我在就职宣誓中说,我将尽全力来维持、保护和捍卫合众国的宪法。我不这样宣誓就不能就职……该誓言实际上禁止我在奴隶制的道德问题上任意发挥我固有的抽象判断。”[②]

林肯还有一个考虑,那就是战争会造成人力物力的巨大损失,还会引起英法等国的武装干涉。同时,南方在军事上早有准备,而北方却未做好准备。因此他要控制战争,然后从法律上逐步废除奴隶制度。他还想通过早日平息叛乱来防止英法的干涉。萨姆特事件后,他通过参议员贝克告诉参议院:政府表面上尊重《逃奴缉捕法》,实际上是要做到寸土不让,要夺回一切堡垒。[③] 马克思对林肯这一顺应形势的灵活策略曾大加赞扬:“林肯总统在大势所趋和人心所向都不允许再拖之前,是从来不冒险朝前走一步

① [美]亚伯拉罕·林肯:《林肯集》,刘祚昌、邓红风译,生活·读书·新知三联书店 1993 年版,第 372 页。

② [美]亚伯拉罕·林肯:《林肯集》,刘祚昌、邓红风译,生活·读书·新知三联书店 1993 年版,第 868 页。

③ 中国美国史研究会:《美国史论文集》,生活·读书·新知三联书店 1980 年版,第 280 页。

的……如果当时把解放奴隶作为战争口号提出,他毫无疑问会一败涂地。”①由于上述的种种原因,使北方在战略指导思想上出现了误区。北方在战争初期尽管在力量对比上占有绝对的优势,但在战争初期,北军却连连失利。

战局的失利,使林肯面临巨大的压力。他接受了人们的批评,顺应了历史潮流,及时对军事战略作出调整。他说,我“终于感到了我们在我们所奉行的作战计划上已经走到了绳子的尽头。我们必须拿出最后一张牌,并且改变我们的策略,否则就要输了。我现在决定采取释放政策”。② 他及时通过颁布《解放黑奴宣言》,将战争的总目标从维护联邦统一改为全面废除奴隶制度。这项宣言是林肯作为一项军事政策提出的。他从军事角度考虑,认为解放奴隶,既可以避免北方发生人民革命,使英国武装干涉的企图破产,又可激发北方青年和广大获得自由的黑人的参军热潮,从而解决北方的兵员问题。同时还会使南方黑人大批逃亡,瓦解南方的经济和南方军队的人力基础。这样做“无疑将把对于南方极其重要的劳动者拉过来,进而削弱叛乱者的力量”。“假如不采取解放奴隶的政策的话,我们的人力是不可能平息这个叛乱的……解放奴隶会给我们带来在南方土地上生长起来的20万人,它还会给我们更多的东西,它使敌人减少同样多的东西。”③陆军部副部长查尔斯·达纳称:林肯对他说过,修改宪法以禁止奴隶制度是一项最重要的军事措施,等于是在战场上补充了至少相当于100万人的

① 中国美国史研究会:《美国史论文集》,生活·读书·新知三联书店1980年版,第280页。

② 刘祚昌:《美国内战史》,人民出版社1978年版,第275页。

③ 吴于廑、齐世荣主编,刘祚昌、王觉非本卷主编:《世界史·近代史编》(下卷),高教出版社1992年版,第155页。

新部队。①

但是《解放黑奴宣言》在军事上更重要的意义在于:它表明北方的战略思想发生了变革,从维护国家统一的有限战略转变成动员北方的一切人力、物力和财力,以彻底消灭南方的奴隶制度为目标的总体战略。林肯进一步阐述了总体战略的指导思想:“要发动一场彻底击败南方的战争。不仅要打击南方的军队,还要打击南方人民并摧毁他们的意志。”②林肯把战争的目标从敌人军队扩大到将南方的人民也包括在内,并以南方奴隶制的彻底灭亡为目标,这是总体战略的原则性阐述。

三、总体战思想的发展和实践者——格兰特和谢尔曼

在这一原则的指导下,北方的两个著名将领格兰特和谢尔曼进一步系统地阐述了这一战略并把它付诸实施。

尤利西斯·辛普森·格兰特(1822—1885 年)进一步发展了林肯的总体战略。他毕业于西点军校,曾参加过侵略墨西哥的战争。内战期间历任北军的团长、旅长,在西战场屡建奇功。1864 年任联邦军总司令。

内战开始时,尽管他认为只有“向奴隶制宣战”才能有效地打击叛乱者。③ 但是他信奉拿破仑关于有限战争的歼灭战略,把歼灭敌人的军队作为军事行动的首要目标。他认为仅凭一两次战役就可以决定战争的胜负:“到西洛战役为止,和其他成千上万的公

① [美]桑德堡:《林肯传》,云京译,生活·读书·新知三联书店 1978 年版,第 404 页。

② [美]拉塞尔·韦格利:《美国陆军史》,丁志源等译,解放军出版社 1989 年版,第 256 页。

③ 参见刘祚昌:《美国内战史》,人民出版社 1978 年版,第 321 页。

民一样,我相信如果能够对叛军的任何一支军队取得决定性的胜利,那么这场反叛联邦的叛乱就会突然而很快地倒台,多纳尔逊堡和亨利堡战役就是这样的战役。一支超过 2.1 万的军队被俘或被消灭了。"①他把歼灭敌人的主力军队作为军事行动的首要目标,认为战争的艺术很简单,从根本上说,就是"发现你的敌人在什么地方,就尽可能迅速地抓住他并使出全力去打击他,并且要不停止地前进。"②要打败南方,就必须歼灭两支南军主力李和约翰斯顿的军队。他给米德将军下令:"李的军队将是你的首要目标。李跑到什么地方,你也要跑到什么地方。"他命令谢里登将军:"敌军不亡,我军便追逐不止,敌军撤向何处,我军亦跟向何处。""歼灭敌人必须集中一切可以集中的力量。"③

但是随着战争的进程,他的观点开始发生了变化,开始把歼灭敌人的军事力量同运用全国的一切力量来摧毁敌人的社会和人民联系起来。"为了拯救联邦,我放弃了除彻底征服南方之外的一切想法。"④他指出:内战已不是 18 世纪的战争了,而是双方人民之间的战争。南方的力量来源于南方人民为保护其生活方式的反抗决心。因此要把战争打到南方的群众中去,摧毁其意志,这样南方军队就会垮台。而如果只消灭南方的军队,仍然会有游击战。因此他主张通过战争来摧毁敌方军民从事战争的精神和士气。"我决心对敌人的武装力量及其资源继续不断地加以打击,如果

① Russell F. Weigley, *Towards an American Army: Military Thought from Washington to Marshall*, New York: Columbia University Press, 1962, p.90.

② 刘祚昌:《美国内战史》,人民出版社 1978 年版,第 321 页。

③ [美]拉塞尔·韦格利:《美国军事战略与政策史》,彭光谦等译,解放军出版社 1986 年版,第 173 页。

④ Russell F. Weigley, *Towards an American Army: Military Thought from Washington to Marshall*, New York: Columbia University Press, 1962, p.90.

别无他法,单凭消耗也要使它投降,无路可走。"①他的传记作者亚当·巴多写道:"他懂得他正在进行一场人民的战争。除非南方的军队及人民都被征服,否则战争就不会结束。奴隶、军需品、庄稼、家畜以及武器、弹药——为继续进行战争所必需的每一样东西,在敌人的手里就是一件武器,而敌人的每一件武器都必须予以剥夺。"②格兰特命令谢尔曼:除了歼击以外,还要"尽你所能深入敌境内部,对他们的战争资源进行你所能够进行的一切破坏","……毁掉一切可以被用来支援或供养军队的东西……把它们毁掉不必流血却能与消灭敌军产生同样的效果"。③ 1864年他给谢里登下令:"如果战争还要延续一年的话,我们就需要谢南多亚河谷继续成为颗粒不收的荒原。"④格兰特把战争的目的从消灭敌军发展成为摧毁敌人进行战争的资源上。进而,他在历史上第一次提出了"无条件投降"的思想。1862年2月,他率军攻打坎伯兰河上的重要战略堡垒多纳尔森堡时,南军司令巴克纳写信询问他投降的条件,格兰特回答道:"没有任何条件,只有无条件立即投降。我打算马上向你们的工事进发。"⑤在战争后期他不念私情,坚决要求南军司令李无条件投降。当李写信询问投降的条件时,格兰

---

① [美]塞缪尔·埃利奥特·莫里森等:《美利坚共和国的成长》(第一卷第一分册),南开大学历史系美国史研究室译,天津人民出版社1975年版,第918页。

② [美]拉塞尔·韦格利:《美国军事战略与政策史》,彭光谦等译,解放军出版社1986年版,第184页。

③ [美]拉塞尔·韦格利:《美国军事战略与政策史》,彭光谦等译,解放军出版社1986年版,第179、183页。

④ [美]拉塞尔·韦格利:《美国军事战略与政策史》,彭光谦等译,解放军出版社1986年版,第180页。

⑤ [美]吉恩·史密斯:《美国南北战争中的对手》,赵苏苏译,商务印书馆1991年版,第57—58页。

特对手下人说:“他必须投降,别无他路!”①他因此而获得“要求无条件投降的格兰特”的称号。“无条件投降”指的是投降必须是彻底的,不能讲任何条件和价钱。这样就使敌人再无喘息和恢复元气、死而后生的机会。

格兰特不但发展了总体战略,而且在内战中运筹帷幄、高瞻远瞩,具有统帅的眼光和风度。他是北方军队中认识到解放奴隶、武装黑人重要性的少数将领之一。早在 1861 年他就指出:“只有向奴隶制宣战,才能有效地打击叛乱者。”②内战刚一爆发,他就积极要求参加联邦军队。他曾经写信给陆军副官长诚恳地要求参军:“我感到每一个由政府资助受过教育的人都有责任为支持政府而效劳。我谨在此诚恳地申请竭尽全力为国效忠,直至战争结束。”③他指出:“北方和南方,除非作为一个国家,是不能和平共处的,而这个国家是一个没有奴隶制的国家。”④1863 年 8 月,他主张解放黑人,向联邦表示:“我由衷地支持武装黑人的工作。这个工作和解放黑人一样,是对‘南部邦联’的最沉重的打击。”⑤他认为黑人“会成为优秀的士兵的,而且把他们从敌人那里争取过来,就削弱了敌人,并且在同样程度上加强了我们”。⑥

格兰特是把消灭敌人的军队发展成为摧毁敌人的社会和资源方面,而谢尔曼则把它扩大到对方人民的身上。

---

① [美]吉恩·史密斯:《美国南北战争中的对手》,赵苏苏译,商务印书馆 1991 年版,第 121 页。
② 车吉心主编:《世界著名将帅传》,山东教育出版社 2000 年版,第 338 页。
③ [美]吉恩·史密斯:《美国南北战争中的对手》,赵苏苏译,商务印书馆 1991 年版,第 4 页。
④ 刘祚昌:《美国内战史》,人民出版社 1978 年版,第 320 页。
⑤ 车吉心主编:《世界著名将帅传》,山东教育出版社 2000 年版,第 339 页。
⑥ 刘祚昌:《美国内战史》,人民出版社 1978 年版,第 320 页。

威廉·T.谢尔曼(1820—1891 年)是北方的猛将,他于 1840 年从西点军校毕业,后来加入炮兵服役,参加过讨伐佛罗里达印第安人的战争和侵略墨西哥的战争。战后他退役从事企业和银行业活动。1859 年再入军界。内战时历任团长、旅长和师长,屡建战功。内战初期,他也是按照传统方式进行战斗的。南方军队用游击队袭击北军,使北军蒙受了巨大损失。这些使谢尔曼受到很大震动。他感到内战不是"王朝战争,而是一场人民战争"。①

他在军事上最突出的贡献就是发展了总体战的思想。在内战中,总统林肯提出了总体战略的一般性原则,这就是把战争的目标从敌人军队扩大到彻底战胜南方叛乱集团、废除南方的奴隶制度、改变南方整个社会的性质上。格兰特把这一原则扩大到南方的社会和资源上。而谢尔曼则把它进一步扩大到南方人民的身上。他把摧毁敌方的经济资源同心理攻击结合起来,把恐怖当作工具,主张用战争暴力摧毁敌方居民的战斗意志,使其无法继续进行战争。他说:"南部必须由我们来统治,不然南部就要统治我们。我们必须征服他们,不然我们就必须被他们所征服……妥协之谈全是胡说八道。我们知道,任何妥协尝试只能遭到他们的嘲笑……所以,我是不愿去哄他们的,更不用让步去迎合他们……"②他指出:"我们不仅是在和敌对军队作战,而且是在和敌对人民作战。我们必须使他们不分老幼、无论贫富都感到战争以及有组织军队的无形力量",③

① Russell F.Weigley, *Towards an American Army: Military Thought from Washington to Marshall*, New York: Columbia University Press, 1962, p.86.

② [美]桑德堡:《林肯传》,云京译,生活·读书·新知三联书店 1978 年版,第 341 页。

③ Russell F.Weigley, *Towards an American Army: Military Thought from Washington to Marshall*, New York: Columbia University Press, 1962, p.79.

从而丧失战争的意志。他有两句名言:一是“战争就是地狱”。二是“恐惧是智慧的开端”。[①] 需要指出的是,谢尔曼有关对人民的征服的观点,主要指的是对敌方人民的心理和财产的征服,而不是剥夺其生命。他曾经宣称:“当粮秣、骡马和车辆等被我们的敌人利用了的时候,我们显然也有权利用这些物资,因为否则敌人将会利用它们来对抗我们……利用有敌意人民遗弃的一切无人居住的房屋,显然也是我们的权利……”[②]但他认为:“对拒绝服从法律的和当局的人应该毫不怜悯地消灭。”他曾下令:“如果任何人出现在公共场所或街道上制造混乱,则不论男女,应一律予以惩处、拘禁或者放逐到前方或后方……如有任何人不断与敌方通信,即为间谍,得依法处以死刑或较重刑罚。”[③]他还在给林肯的备忘录中主张把战争进行到有足够的奴隶主和种植园主被杀死为止。[④]

他是这样说的,更是这样做的,他将恐怖当作其战略工具,使用到了极点。1864 年他率 10 万大军实施了著名的“向海洋进军”。一路上他的军队进行了烧光、抢光和毁光的“三光政策”。大军所到之处,将南方经济最繁华的地区的城市、房屋、工厂……只要能烧的全都烧光,能抢走的全都抢光。他的军队烧杀抢掠了 300 多英里,亚特兰大、萨凡纳等城市成了一片火海,亚特兰大的

---

① [英]约翰·凯里:《历史目击记大观》,杨小洪等译,上海人民出版社 1991 年版,第 349 页。

② [英]哈特等编:《剑与笔》,军事科学院外国军事研究部译,军事科学出版社 1990 年版,第 258 页。

③ [英]哈特等编:《剑与笔》,军事科学院外国军事研究部译,军事科学出版社 1990 年版,第 258 页。

④ 刘祚昌:《美国内战史》,人民出版社 1978 年版,第 325 页。

"火舌直蹿天空几百英尺"。[①]"破坏之严重简直无以复加,如果把亚特兰大比作一座正在喷发的火山,那么流出的熔岩就有60英里宽,300英里长。"[②]他的部队甚至还发明了一种专用工具,将铁轨也烧红并扭成麻花状,人称这种铁轨为"戴维斯的领带"。[③]他的进军被称为"佐治亚嚎叫",仅在佐治亚州就造成了一亿美元的损失。他的军队又被称为"人类蝗虫之军"。南方"总统"戴维斯则称他是"美洲大陆上的阿提拉"。[④]在回答别人对他的种种指责时,他说,"战争是残酷的。你不能使它变得文雅","如果有人大声说我残酷野蛮,我将回答说战争就是战争,它不讨人欢心。假如他们想和平,他们和他们的亲属必须停止战争"。[⑤]他最著名的格言就是:"战争是所有人的地狱。"[⑥]他的副官希特库克在解释谢尔曼的这一战略时也说:"谢尔曼的想法是绝对正确的,结束这个不幸而可怕的冲突,其唯一可能的办法就是使它的恐怖变得无法忍受。"[⑦]

谢尔曼并不是一个只知道"杀人放火"的野蛮军人。他对于政治和军事问题有着清醒而深刻的认识。在关于战争的问题上,

---

① Burk Davis, *Sherman's March*, New York: Rondom House, 1980, p.6.

② [美]本杰明·普·托马斯:《林肯传》,周颖如等译,商务印书馆1995年版,第485页。

③ Robert Leckie, *The Wars of American*, New York: Book Sales, 1968, p.512.

④ [英]J.F.C.富勒:《西洋世界军事史》,钮先钟译,战士出版社1981年版,第88页。

⑤ Russell F. Weigley, *Towards an American Army: Military Thought from Washington to Marshall*, New York: Columbia University Press, 1962, p.87.

⑥ 李世洞等编译:《美国2500历史名人传略》,东方出版社1994年版,第504页。

⑦ [英]J.F.C.富勒:《西洋世界军事史》,钮先钟译,战士出版社1981年版,第87页。

他有许多独到的见解。他给战争下了一个独特的定义:“战争不过是宪法或条约不能约束的权力。”[①]这句话仅说对了一半。谢尔曼在此点出了总体战的特点,就是打破传统的束缚。因为就形式而言,总体战争在某种程度上确实不受法律或条约的约束。而传统的有限战争以及小的军事冲突仍要受宪法或国际法的约束。此外,战争不是权力,而是武装斗争或暴力冲突。谢尔曼接着精辟地论述了战争的目的:“战争的合法目标是更加完善的和平。”[②]这句话说得十分精辟,因为经过战争以后所实现的和平肯定会超过战前的情况,因为战争已把影响和平的因素都消灭了。而消灭战争的手段,谢尔曼认为是用“战争……消灭战争”。[③] 这就带有辩证法的含意了。他从此出发,阐述了前面所述的恐怖战略。他指出:通过使敌方人民饱受战争之苦,就会“迫使他们非常厌恶战争,以致在几个世代里不敢再发动战争”。[④] 如果说在关于战争的一般问题上,谢尔曼的观点还值得商榷的话,在具体到对内战的看法上,谢尔曼的观点却表现出他的正义感和清醒的政治头脑。他在政治上“是一个典型的民主主义者”。[⑤] 他正确地指出内战的原因是黑人奴隶制度:“现在我们进行的战争,在本质上是一场种族战争。南方人民和我们北方人合组了统一的政府,但是却仍然按照州的组织,保持着各种个别的制度,抱有个别的利益、历史和偏见。

① [美]拉塞尔·韦格利:《美国陆军史》,丁志源等译,解放军出版社 1989 年版,第 244 页。

② 王堂英等编:《世界现代战争》,重庆出版社 1993 年版,第 168 页。

③ [美]拉塞尔·韦格利:《美国陆军史》,丁志源等译,解放军出版社 1989 年版,第 244 页。

④ 刘祚昌:《美国内战史》,人民出版社 1978 年版,第 325 页。

⑤ [英]J.F.C.富勒:《战争指导》,绽旭译,解放军出版社 1985 年版,第 97 页。

这些南方人声势日益壮大,而终于导致了战争。"①他对奴隶制度怀有刻骨的仇恨,当南方各州纷纷退出联邦时,他便预言南方正在一步步走向灾难的深渊。他在给女儿的信中大骂那些奴隶主是"瞎眼贼和疯子"。② 当路易斯安那州退出南方时,他毅然辞去了自己待遇丰厚的工作。他要求无情地打击南方奴隶主势力:"……南方必须受我们统治……我们必须征服他们……"北方军队在战场上"要清除或消灭一切障碍,必要时要夺取每一个生命,每一英寸的土地,每一部分财产,每一个在我们看来是应该夺取的东西,目的不达,决不罢休"。他甚至向林肯建议把战争进行到有足够的奴隶主、种植园主被杀死时为止。③

谢尔曼不但在战略思想上具有统帅的大局观,在战术上也有高超的指挥艺术。在内战中,谢尔曼是北方的主要战将和获胜的功臣。

综上所述,斯科特最早提出了客观的总体战战略,林肯进行了总体战指导思想的原则性阐述,格兰特和谢尔曼将这一思想具体化。格兰特将歼灭敌人军队同摧毁敌人的社会经济结合起来,提出了"无条件投降"的思想;谢尔曼进一步把敌方的人民包括在内,将恐怖打击作为主要手段并付诸实施。这样,经过四个人的共同努力,总体战战略就形成了一个完整的体系。谢尔曼协助格兰特又将这一战略付诸实施,很快便打败了南方叛乱分子,赢得了内战的最后胜利。北方在内战中的胜利,也是总体战思想的胜利。

---

① [英]哈特等编:《剑与笔》,军事科学院外国军事研究部译,军事科学出版社1990年版,第257页。

② 车吉心主编:《世界著名将帅传》,山东教育出版社2000年版,第979页。

③ 刘祚昌:《美国内战史》,人民出版社1978年版,第325页。

第三节 北方建立的总体战动员体制

美国内战是美国历史上规模最大、影响最深、破坏最严重的一场战争。这场战争及战后的“南方重建”不但摧毁了万恶的奴隶制度,使美国南方发生了天翻地覆的变化,而且促使美国的军事结构发生了革命性的变革,这些变革不仅对美国,而且对世界军事发展,都产生了重大而深远的影响。

为了贯彻总体战战略,实现战争的彻底胜利,林肯政府在政治、经济、军事、外交等各个领域,进行了一系列革命性的改革,建立了动员北方人力物力和经济的总体动员体制,为取得内战的胜利奠定了基础。

一、动员全国人力——实行义务兵役制

总体战规模巨大,需要大量的人力,因此要动员全国的人力进行战争。长期以来,美国实行的是志愿兵役制,即公民自愿应征入伍,战时的扩军名额由各州按人口多少平均分摊。实践证明,这样做很难保证兵力的来源。因为在和平时期,由于没有危险,部队待遇稳定,还勉强能招募到足够的兵员。但到了战时,危险性增强,便少有人愿意参军。

1861 年 4 月 15 日,林肯总统发表公告,为镇压南方叛乱,要求各州提供 7.5 万名民兵,为联邦服役 3 个月。林肯征召民兵是以 1792 年《民兵法》为依据的。根据该法,陆军部确定各州征召的名额,普通民兵都列入注册的名单。各州招募兵员补充到已编成的连队,使之满员,以此完成各自的指标。但是由于爱国热情和民众的拥护,招募人员大大超过了各州州长和总统预计的数字。

正因为现有的编制由志愿人员补齐,而没有增加新的部队编制,所以林肯总统能够不依靠国会,迅速动员起一支经过一定训练、具有一定装备而且数量相当大的军队。根据 1795 年修订的《民兵法》,在下届国会开会前,总统可以保留这支军队。这样林肯就可以等到 7 月 4 日召开国会临时会议时,再采取行动增加服役时间更长的兵员。民兵制度保证了总统可以有时间考虑制订军事计划和作战方案,而无需等待国会开会后再匆忙行事。

根据林肯政府征召的命令,人民的爱国热情发挥了巨大的作用。政府接收了 91816 人,远远超过了预定的 75000 人。这不仅缓解了开战之后华盛顿的危机,而且给林肯增强了信心。因为仍旧有很多人踊跃应募为联邦政府服役,林肯决定瞒着国会,增加无需立法授权的军队建制。他于 5 月 3 日征召了 42034 名志愿人员,除去已经服役且即将退伍的,一律服役三年。

政府还将陆军和海军分别增加了 22714 人和 18000 人。5 月 30 日,政府号令招募的志愿人员组成了 40 个团。政府接受的兵员人数远超过了招募计划。到了 7 月,据陆军部长卡梅伦给林肯的一份报告说,已经装备了 31 万部队(其中 4 月招募的 3 个月服役期的近 8 万人即将退役),建成了 208 个团,其中 153 个现役团,55 个预备役团。

1861 年 7 月 4 日召开国会特别会议,批准了林肯采取的紧急措施。在国会演说中,林肯正式要求国会授权征召 40 万服役 3 年的志愿人员。7 月 25 日,国会最终批准了 50 万的志愿军名额,服役期为 3 年或整个战争期间,并且规定总统得到参议院同意时可以任命将领,并按照自己的意图武装这些军队。① 到了马那萨斯

① 刘祚昌:《美国内战史》,人民出版社 1978 年版,第 198 页。

战役的第二天，北方军的失败促使国会讨论了再次扩军的方案。最终通过了再招募 50 万人的法案。这样国会批准的招募人数达到了 100 万。根据国会批准的两个法案和 5 月 3 日的官方命令，最终约有 70 万人应召入伍。8 月 2 日，陆军部报告说，485640 名服役 3 年的志愿人员已经在部队，编成了 418 个步兵团，31 个骑兵团和 10 个炮兵团。从开战到 8 月，四个月的时间里，美国陆军在原来的基础上扩大了 27 倍。这种动员能力是史无前例的。

为了保证有足够的兵员，战争爆发后，政府想把征兵权从州政府手中接管，由联邦政府直接进行招兵工作。为此，陆军部于 1861 年 12 月 3 日颁布了《105 号命令》，中止州和个人进行募兵，而由陆军部负责新兵的组建和训练工作。具体由兵员总监负责，到各地招募。在命令中，陆军部长卡梅伦宣布了一项保持新建军队实力的计划。[①] 当时，部队总数为 660971 人。在命令中，卡梅伦中止了实行州和个人募兵的做法。规定在完成部队组建之后，再编组新部队所用的兵员一律由陆军部来招募。他进而命令：陆军部兵员总监负责在每年初赴各地招募新兵和管理各州新兵分队。各州新兵在新兵基地集结，检查装备和接受训示，然后再由总监送他们到各地部队。这样，联邦政府就控制了招募工作，从而能够通过兵员轮换，不断地充实现有部队的实力，而没有继续组建新的部队。但应召入伍者不多，政府又实行抽签的办法，中签者要打 9 个月仗，或在五天内花钱雇人顶替。但这种方法不能从根本上解决问题，因而遇到各州的抵制。1862 年 7 月林肯呼吁各州再征召 30 万人，但只完成了 8.8 万人。

---

① *The War of the Rebellion*：*A Complilation of the Official Record of the Union and Confederate Armies*，参见：http://sunsite.etk.edu.civil-war/warweb.html。

尽管爱国热情高涨,但是北方参军入伍者的动机各不相同,有的出自爱国心,有的为了找工作,还有的因为受家庭和亲人的压力而从军,等等。他们一般选择一起服役的军官和士兵为伴,这样,即使在偏僻的小城镇,招募一个连以上的兵员也是可能的。部队多半是由志愿人员组成的民兵连,也有由一个想当军官的平民,或者由州长、陆军部长授权招募兵员的平民出面组建的连队,或者由州长的代表招募一些兵员组成的连队。在大城市里,招募的办法就更多了。很多连队巧立名目来鼓动人心,吸引人当兵。例如,有的称“金环轻骑兵”“华盛顿骑兵”等,但这些名字在入伍之后很快被单调的团的名字所淹没。国会法律规定:就多数招募志愿人员的组织而言,他们组建连队的最低人数不得少于64人,每10个连编成一个团。每连或每团达到法律规定的最低要求后,他们将步行或乘火车去指定的集结地点。如果有群众集会,一般会在集结地点举行阅兵仪式。这些部队在编入联邦军队之前,必须接受一位正规军官的检查。起先,军官主要负责核实士兵的年龄以及他们是否“身体健康并充满活力”。士兵年龄必须在18岁以上,45岁以下。1861年8月之后,改由一名军医负责对士兵进行体检。多数记载表明,体检结果与士兵本人所述并不相符。

军官还主持入伍的忠诚宣誓。之后,这些连队或团就编入联邦政府的军队。联邦政府也着手补充这些部队的装备和军服。部队军官由负责检查的这名正规军官指定,或者由州长指定。州长任命军官时,主要是为了鼓励那些在募兵工作中表现突出或者在州的其他工作中有突出表现的人。虽然这种军官选拔办法很简单,甚至有些随意性,但对于当时的平民军队来说,也没有更好的办法。联邦政府也只得接受这些军官并给予委任。

士兵和军官多数在心理上对战争的残酷性和长期性准备不

足。爱国热情促成了战争初期狂热的从军局面,推动了招募工作的顺利进行。当战争形势变化而进入胶着的时候,人们开始意识到了参加战争的残酷和危险,要维持大批军队就显得困难了。当人们的热情消失之后,伤亡、逃亡开始增加。而战争旷日持久的趋势,对兵员的需求却越来越多。为了维护军队的质量和数量,义务兵役制的问题逐渐提上议事日程。

1862 年底以前,北方已经意识到应该施行征兵制,以维持庞大的军队规模,取得对南方作战的最后胜利。因为这时候,南方已经率先施行了义务兵役制。自殖民地时期以来,从军事制度上看,全民义务兵役制无论是在权利还是义务的概念上都是含混不清的。从内战起,经过一系列法规的确定,这项制度明确地成为联邦和州政府共同要求的义务。

但是,1862 年 1 月 15 日斯坦顿就任陆军部长之后,推翻了卡梅伦的计划。斯坦顿这样做的目的是,尽量减少卡梅伦主持工作时已经到处泛滥的奢侈浪费的现象。他认为现有的部队已足以消灭南方军。他采取的节省开支的办法之一就是停止募兵。夏洛战役和半岛战役的巨大伤亡和作战行动的失败使斯坦顿很快认识到必须重新招募新兵。5 月 1 日,他向各部队司令官发出指示,要求各州州长招募新兵来替换各部队的伤病员。6 月 6 日,他又恢复了联邦募兵制,但没实施卡梅伦的轮换方法。相反,他决定为扩大战斗和增加通信线路,采用组建整团的办法,组建新部队,放弃了现有部队的轮换制度。

1861 年招募了头几批人员之后,各州摊派募兵名额的工作越来越混乱。这种摊派的办法实际上不能推行,但各州还是依据人口多少再次被分配一定的募兵名额。这样一来,新兵就很难像以前一样迅速集结报到了。为了解决这个问题,增加兵员,陆军部规定:新兵入伍可以领取 100 美元的奖金,其中 25 美元是在入伍时领取,其余部分在退伍时发。陆军部还鼓励吸收那些既可以成为军官、又可以做招募新兵工作的有影响的人士入伍。除了威斯康星以外的各州都把新兵编成新部队,而不是充实老部队。由于斯坦顿废弃了卡梅伦的轮换制度,才使这一方针得到执行。

1863 年,陆军部再次改变做法,把招募的新兵补充到老部队去,尽管这项政策没有坚持到底,但还是取得了一些成功。当时,老部队太多,如果老部队全部补充满额的话,军队的总员额将超出可以接受的程度。因此,整编老部队就成为一项有效而可行的抉择。尽管让士兵离开他们熟悉的军官,放弃原来的军旗、番号和部队的传统是痛苦的。随着部队和军官的经验逐渐丰富,部队人员相应减少,用提高军事技术来弥补人员的减少是可行的。而新建部队虽然数量很大,但有经验的军官和士兵还是很少。因为除非遭受重大伤亡的代价,培养优秀士兵的速度是非常缓慢的。对于新兵和老兵的使用,不同意见一直存在。威斯康星州就始终坚持用新兵补充老部队。谢尔曼在他的回忆录中这样写道:“我们估计一个威斯康星团相当于一个普通旅。我深信把 500 名新兵补充到一个有经验的老团里,比把 1000 名新兵组成一个新团更有价值。在有经验的上尉、中尉和军士的带领下,老部队里的新兵很快就会成长为有经验的老兵。但是一般讲,新组建部队的士兵,在一年内还不怎么行。”①

尽管有奖金鼓励和有影响力的平民的尽力招募,1862 年 7 月 2 日的征兵号令效果还是令人失望。出于对强制征兵后果的顾

① William T.Sherman, *Memoirs of General William T.Sherman*, Vol. Ⅱ, Penguin Press, 1957, p.302.

虑,7 月 17 日,联邦国会只是修改了《民兵法》,而对于是否像南方那样实行征兵制仍然犹豫不决。《民兵法》重申:所有 18 岁到 45 岁身体合格的男性公民必须承担兵役义务;进而还规定,在民兵为联邦政府服役时,总统有权决定不超过 9 个月的服役期限。更重要的是,对于那些没有完备的民兵法的州,总统可以制定必要的法规。根据这一法律,总统在 8 月 4 日下令征召 30 万民兵服役 9 个月。他宣布,在那些到 8 月 4 日仍不能完成招募服役三年志愿人员的州,将实行征兵。在那些还没有实行征兵的州,陆军部要求州长指定一些官员负责新兵入伍登记,决定是否免征和实施征兵。陆军部还任命由州长提名的一名文职宪兵司令,监督每个平民执行这个法律。①

1862 年根据《民兵法》而宣布的征兵制是美国政府使用征兵权的第一次尝试。事实上,1862 年征兵法从未得到认真贯彻执行。各州州长对于征兵前分给各州的分摊名额以及规定的短促的完成时间表示不满。各地爆发了骚乱,公众还以暴动相威胁,进行抗议。于是,陆军部只好同意各州推迟征兵。最初是推迟一个月,后来变成无期限推迟。征兵的强硬倒是配合了募兵的工作。政府既接收服役三年的志愿人员,也招收服役 9 个月的民兵。最后根据陆军部公布的数字,根据 1862 年 7 月 2 日和 8 月 4 日命令招募的人数为:志愿人员 431958 人,民兵 87588 人。②

在此之后,战争更加残酷。在昌斯洛斯维尔战役后,服役 9 个月的民兵都期满回家了。1863 年初,战争看似更加遥遥无期。战

① [美]拉塞尔·韦格利:《美国陆军史》,丁志源等译,解放军出版社 1989 年版,第 220 页。

② *The War of the Rebellion: A Complilation of the Official Record of the Union and Confederate Armies*,参见:http://sunsite.etk.edu.civil-war/warweb.html。

斗伤亡造成了严重的减员,报纸杂志对于战争残酷性的描写使人们对战争更加恐惧,应募的人就很少了。为了动员全国的人力物力来进行总体战,保证军队有足够的人力供应,林肯大胆破除了沿袭已久的"志愿兵役制",代之以具有历史意义的"义务兵役制"。1863 年 3 月 3 日,北方联邦政府颁布了《合众国征兵法》(又叫"注册登记法"),规定:"凡年龄在 20 岁到 45 岁之间男子皆有服兵役的义务,并进行登记。"且不论其中有关军事的条款,该法律是根据宪法拥有保持和支持军队的权力而公正制定的。只有身体和智力不合格的人、重要职位的高级官员才能免服兵役。应征人员分为两类:20 岁到 35 岁的男子和 36 岁到 45 岁的未婚男子属于第一类,其余的属于第二类。法令规定:除非第一类人员征完,一般不征收第二类人员。在《合众国征兵法》公布的两年中,入伍人员都算是征兵。一旦被征,他们必须服役三年或者服役至战争结束。这个法案规定:征兵机构包括国会选区组织的军官、各州征兵委员会、宪兵司令,以及在华盛顿设立的宪兵总监。宪兵总监负责监督陆军部的全部征兵工作。这个法令同时规定,交 300 美元或者雇人代替,都可以豁免当兵的义务。①

为实行这项法律,陆军部成立了"宪兵总署",负责征兵工作。全国分为 185 个区,每区设一个宪兵队和兵役局负责征兵的登记工作。该法令是美国历史上的一次大变革,它使参军服兵役成为每个国民的义务,变成了强制性的行为。这项法律虽然有助于解决兵员问题,但是它也有很大局限性,如规定只要交 300 美元便可雇人顶替或者让豁免兵役。这暴露了法律的阶级实质,是为了维

---

① William McDonald, *Select Statutes and other Documents Illustrative of the History of the United States, 1861-1898*, New York, 1922, pp.68-72.

护资产阶级的利益,把兵役负担转嫁到人民头上。

在《合众国征兵法》中,关于全国征兵的声明措辞是强硬的,然而实际执行的情况却不是这样。募兵官员挨家挨户去尽力劝说人们当兵,把征兵作为一种试探。这就损害了征兵的严肃性,引起了很多争论。另外,法案还允许雇佣别人替自己服役,还允许缴纳抵偿金。一个应征青年花费 300 美元就可以彻底解除兵役义务。替身制度和抵偿金都是由过去的民兵制沿袭下来的。然而,在一场需要动用全部人力资源、旷日持久的战争中,这种变通的办法就显得不公平、不正常。

后来,联邦政府对这一规定做了修改:1864 年 2 月 14 日以后,抵偿金只能买到特别征召令的免役权,而不能买到后来的一般征召命令的免役权。到 1864 年 7 月 4 日以后,只有征召凭良心拒绝服兵役者时,抵偿金才起作用。替身的办法也还在继续,但替身本人必须不在应征之列。只有替身在部队服役的情况下,被代替的人方可真正免役。虽然替身和抵偿金的现象在减少,但它们仍然妨碍实施《合众国征兵法》。这些现象的存在,不仅说明联邦国会对于阶级利益的妥协,而且也体现出其对实施《合众国征兵法》的对立情绪。

实施征兵制度推动了招募志愿人员的工作。很多地区通过招募志愿人员去完成分摊的名额,从而避免了征兵。《合众国征兵法》推动了募兵,也促使民众始终希望美国能够主要依靠招募志愿人员进行战争。国会的思路也是只要有希望募兵,就尽量不硬性使用征兵。内战期间,北方共动员了 2666999 人,其中只有 6% 是应征兵。根据 1863 年《合众国征兵法》应该应征服役的人有 249259 人,其中 86724 人用抵偿金的办法逃避了兵役,在余下的 162535 人中,又有 116188 人是替身,事实上只有 46347 人是本人亲自应征服役。①

1864 年,北方军发生了实施征兵制后最严重的危机。当 5 月到 7 月格兰特发动对南方军的全线出击时,1861 年入伍的服役三年的大批志愿兵正好期满退伍。年初,尽管军队进行了耐心的劝说,动员士兵延长服役期限,以保证军队全线出击前不至于丧失战斗骨干力量。但是这些士兵目睹了三年的残酷战争,说服他们并非易事。他们认为应该由别人来承担剩下的工作。为了应对危机,政府采取措施增加奖金,给每个再入伍的老兵 400 美元奖金,加上老兵所在州或社团的奖金,共约 700 美元,还有 30 天休假,享有老志愿兵的称号以及授予适当的肩章袖章。为了保住老部队团的编制,政府规定:如果一个团的四分之三成员愿意再次入伍,他们就可以作为一个单位回家乡集体休假 30 天,归队后还可以回原单位和保留团旗,还有其他名目繁多的精神和物质鼓励。到 3 月底,波托马克集团军有 26767 人再次入伍,这个数目虽不足该部队员额的半数,但是维持了部队的基本活动。最终,有 136000 名服役三年的志愿兵继续留在部队,加上应征兵,保证了部队能够完成最后的战斗任务。

为了保证兵员,志愿兵的奖金已经超出了政府的控制。根据 1861 年 7 月 22 日法案,国会批准的奖金额是 100 美元。1864 年提高到新兵入伍时领取 300 美元,老兵退伍时再领取 400 美元。州和市颁发的奖金按比例增加的就更多了。到头来,联邦政府颁发的奖金总额达到 58500 万美元,各州颁发的奖金至少有 28600 万美元。军队颁发的奖金数和同战争期间人的薪金一样多,超过

① Russell F. Weigley, *Towards an American Army: Military Thought from Washington to Marshall*, New York: Columbia University Press, 1962, p.204.

了后勤服务费用,是武器装备费用的 5 倍。高额的奖金也引发了有些人和社会团体的恶意骗奖,只要不被识破,他们就一而再、再而三地入伍,当逃兵,再入伍。

由于义务兵役制是以法律为手段,带有强制性的,入伍是被迫、非自愿的,因此仍难完成征兵任务。林肯又采取了许多政策配合实行。一是对应征入伍者实行奖励。1861 年 7 月,国会曾立法,对入伍者奖 100 美元,第二年 200 美元,第三年 300 美元。老兵退伍发 400 美元,如老兵再入伍者,奖 400 美元,加上老兵所在州和政府的奖励,共可得到 700 美元,还有 30 天假期,并缝上肩袖章作为荣誉符号。应征入伍者在各州市也都受到各种奖励。据统计,联邦政府共发放奖金达 5. 85 亿美元,州发放了 2. 86 亿美元,这些钱是武器装备费用的 5 倍。① 这些奖励措施大大鼓励了人们当兵的积极性,尤其是老兵纷纷再次要求入伍,仅波托马克军团就有 26767 人再次入伍,有 13. 6 万服役三年期满者继续留队。② 二是采取消除种族隔离的措施(见后面“武装黑人”部分)。三是废除 300 美元免征条例。1863 年“征兵法”规定出 300 美元者可以免征兵役,这极大地挫伤了劳动人民的积极性,因为他们很难筹到这笔资金,这就形成了穷人在前线送死,富人花钱买命的状况,引起人民不满。国会中激进派强烈要求废除这一规定。前线将领如格兰特和谢尔曼也抱怨出钱免役导致士兵质量的下降,因为许多人雇残疾人或其他不健康的人应征入伍。林肯接受了他们的意见,于 1864 年 7 月废除了 300 美元免征条例,任何被征者都必须入伍。四是颁布《宅地法》。上述

① [美]拉塞尔·韦格利:《美国陆军史》,丁志源等译,解放军出版社 1989 年版,第 223 页。

② [美]拉塞尔·韦格利:《美国陆军史》,丁志源等译,解放军出版社 1989 年版,第 223 页。

措施都不能从根本上使人民自觉自愿地参军,还带有半强迫性。这是因为广大劳动人民还没有真正把内战当成自己的事业。林肯认识到:为了充分调动人民的积极性,动员全国人民万众一心,有钱出钱,有力出力,万众一心地支援政府进行战争,就必须对人民做出让步,满足人民的一些迫切要求,于是,林肯颁布了《宅地法》,满足了人民对西部土地的要求。因此许多劳动人民踊跃参军入伍。

二、人力动员的其他措施

除了实行征兵制满足军队的人力供应外,北方还采用了其他一些措施:

(一)实行武装黑人的政策

为鼓舞人民参军,林肯又采取了一项重大措施,1862—1863 年,林肯决定实行武装黑人的方针。这个政策一宣布,马上有大批黑人涌到征兵站,争先恐后地报名参军。在前线,也不断有逃亡奴隶参加到北方军的行列。黑人参军给北方军队增添了一支生力军。因为黑人最仇恨奴隶制度,具有为自己的解放和自由而献身的强烈愿望,所以作战非常勇敢。

关于招募黑人入伍,北方内部各种观点都有,北方反对武装黑人的人大有人在。当时武装黑人不是武装北方的自由黑人,因为北方自由黑人中适合当兵年龄的人并不多,据统计不过 4.5 万人。① 问题的实质是武装那些从南方逃来的刚刚获得解放的奴隶。保守派议员托马斯·史蒂文森在 1863 年初曾公开说,宁可被南方打得一败涂地,也不愿看到用黑人部队打胜仗。② 很多对黑

---

① 刘祚昌:《美国内战史》,人民出版社 1978 年版,第 293 页。

② Allan Nevins, *The War for the Union*, Vol. Ⅱ, New York: Scribner, 1971, pp. 516-517.

人怀有偏见的人认为:让黑人当兵,就等于是让黑人来保卫白人的自由,因而是对白人的侮辱。而实际上,由于战事的需要,早在1862年春,北方军的一些将领就已经开始武装黑人了。在南卡罗来纳州罗亚尔港指挥作战的亨特将军手下只有1000人,但是他必须控制佐治亚、南卡罗来纳和佛罗里达的整个沿海地区。在多次向陆军部要求增兵未果之后,为了完成任务,1862年5月亨特不得不在当地黑人中招募志愿军。结果在他的部队中成立了第一支实验性的黑人部队。亨特认为黑人士兵完全可以完成驻守沿海阵地的任务。而且,当地沿海和岛屿上的种植园主都逃光了,大批黑人奴隶留下来无人过问,从这些黑人中征兵,就可以解决他们的生活问题。①

1862年国会通过决议,质问了这件事。亨特将军给陆军部的报告中解释说:"就我曾经做过的武装黑人的试验而论,它是一个完完全全的,甚至令人难以置信的成功。他们认真、驯服并且很热情,表现出当兵的天赋能力。他们现在比什么都热望出阵打仗……我希望……在明年秋天以前能够组织4.8万到5万名这样强悍而忠实的士兵……"②这是内战中第一支黑人队伍。但是由于国会的反对,亨特不得不把黑人士兵遣散,只留下一个连守卫圣西门岛。

对于各种争论,林肯一直采取回避、暧昧的态度。但是陆军部长斯坦顿一直支持招募黑人。1862年8月5日,南军进攻新奥尔良地区的巴吞鲁日。为了保卫该地区,军区司令巴特勒将军请求陆军部派兵增援,但是没有得到回信。8月22日,巴特勒下令组

① Allan Nevins, *The War for the Union*, Vol. Ⅱ, New York: Scribner, 1971, p. 116.

② W.E.B.DuBois, *Black Construction*, New York, 1935, pp.92-93.

织黑人部队。这个命令得到了黑人的响应,在14天之内就组成了一支联队,其中一半以上是逃亡奴隶。不久又组建了第二和第三支联队。1862年8月25日,陆军部首次正式批准征募黑人,斯坦顿向南卡罗来纳州的军事州长鲁弗斯·萨克斯顿将军下令,授权他武装和装备5000名有色人种作为志愿军的一部分,但仅限招募5000名黑人用作警卫和劳工勤务。于是,萨克斯顿手下有了南卡罗来纳第一支黑人部队。不久,著名的反奴隶制战士托马斯·温特沃斯·希金斯担任了该部队的指挥官。他不但出色地完成了训练和指挥的任务,而且还把这支黑人部队的英勇战绩写成文学作品,在北方广为流传。在招募黑人的问题上,《解放黑奴宣言》给了北方政府新的启示。林肯在宣言中说,前奴隶"只要条件合适,他们将被吸收加入美国武装部队,担任兵营、驻地和其他地方的警卫,还可以分配到军内各种舰船上"。[①] 由于各州在招募黑人问题上意见不够统一,1863年5月22日,陆军部成立了有色人种部队局,直接承担招募黑人的工作,负责组建和监督黑人部队。北方各州不断招募黑人,并把黑人作为完成征兵指标的一部分。招募来的黑人都编入了美国有色人种志愿兵团,后来简称"有色人种部队"。随着北方军深入南方领土,一批又一批的南方奴隶加入了联邦军队的行列。在内战期间,大约有9.3万名黑人士兵是从南方领土上召集来的。[②] 为了鼓励黑人积极性,国会在采取武装黑人政策时,又于1864年7日规定:黑白人士兵同酬,这进一步消除了军中的种族歧视,大大鼓舞了黑人士兵的士气。黑人入伍十分

① 谢德风、郭圣铭等编译:《1765—1917年的美国·世界史资料丛刊初集》,生活·读书·新知三联书店1957年版,第86页。

② E.Merton Coulter, *The Confederate States of America, 1861-1865*, Texas: LSU Press, 1950, p.263.

踊跃，黑人应征入伍共计 23 万（直接参加战斗的有 18.6 万），另有约 25 万黑人在军中服务；组成黑人团 160 个，其中步兵团 140 个，骑兵团 7 个，炮兵团 13 个，还有 11 个独立中队和炮兵中队。黑人部队统称为"联邦黑人部队"，但大部分由白人军官指挥。①他们打了几场漂亮仗，战绩也被广为传颂，比如马萨诸塞州的第 54 团一举摧毁了查尔斯顿附近的瓦格纳堡。但是，黑人部队更多的是用在警卫和勤务等工作上。与以前美国的战争不同的是，黑人终于在美军中有了一席之地。

黑人部队的军官全是清一色的白人。联邦政府不许黑人与白人编在同一个连队里，而是把黑人组成单独的连队。唯一的例外是，1863 年夏天，有一支黑人、印第安人和白人混合部队在西南边境的艾尔克河上打了一次胜仗。同样是士兵，白人士兵每人每月 13 美元报酬，服装津贴是 3.5 美元，而黑人士兵每月只领 7 美元报酬，服装津贴只有 3 美元。白人士兵可以领入伍奖金，黑人没有。战争中，废奴主义者一直在为清除薪金待遇上的歧视而努力，但是没有成功。

（二）关于各州人力动员的措施

内战开始后，美国没有像 1812 年战争那样建立大规模的正规军。相反，政府通过组织各州的力量进行战争，因为各州能鼓动起爱国主义精神和以各自编成的民兵连队为核心扩充部队。各州志愿人员组成的部队在加入联邦部队后，仍保留各州团的番号。在开战后，由于受到地方自豪情绪的激励和以民兵组织为基础，战斗部队便初具规模。联邦政府充分利用了这些有利因素，逐步采取

① 南开大学历史系：《美国黑人解放斗争简史》，天津人民出版社 1977 年版，第 86 页。

措施,直接进行征募而设法避开各州,逐步把各州的部队编成联邦的部队。在征募兵员方面,全民服役的义务兵役制不仅要对各州负责,而且也要对联邦负责。联邦政府直接招募的兵员组成的部队一般同各州没有正式的关系,有色人种部队就是这样。随着战争的延续,这种情况越来越多。在独立战争时期,大陆会议曾经试图取消组成大陆军部队各团的番号,但是没有成功。现在,联邦政府再次谨慎地力图将战斗部队的名号确定为全国性的武装力量。

第一批联邦志愿兵只有两个团被授予了这样的番号,但与其说是全国武装大统一趋势的体现,还不如说是特殊军事需要。1864 年夏天,从 8 个州服役三年的人员中抽调人员组成了联邦志愿兵神枪手第一团和第二团。他们在波托马克集团军中表现出色,1864 年底整编为一个团。这是联邦政府为建立全国性武装力量编制而努力的开端。

在美国军事史上,比建立联邦神枪手团更重要的改革是建立联邦后备队的尝试。这支部队有可能取代各州民兵,支援正规部队作战。1863 年 4 月 23 日,陆军部指令组建美国志愿兵病弱人员兵团。这个兵团由不再适合在一线作战、但是还可以继续服役的官兵组成。这个军团的人数一度达到 6 万人,其中包括 24 个团和 186 个独立连,每个满员团第一营的 6 个连队全是能承担执勤放哨和紧急后备等有限战地任务的人员。第二营的 4 个连士兵只能承担书记员、炊事员、医院勤杂工等任务。1864 年这支部队更名为“老兵后备兵团”。这些部队是联邦部队团的建制,不受州的管辖。

由于南方的进攻造成战事紧张,建立比“老兵后备兵团”更具有强制性和数量更多的后备队显得更加迫切。尽管很多州部队中合格兵员并不足,但各州还是积极恢复民兵建制。最典型的是纽约州。该州民兵部队的组织和战备都处于良好状态,它保持了一支国民警卫队。这个名称是从第七团抄袭来的,并推广到了所有民兵部队。这个部队在南方军队进攻北方时,在哈里斯堡战役中发挥了作用。这支从纽约调来的部队缓解了宾夕法尼亚州兵员的短缺。

这次行动之后,陆军部长斯坦顿开始建议组建联邦政府管辖的长期后备队,其任务不仅限于应对突发的危机。他提议:在萨斯金哈斯和孟农加希拉的边区军事部门建立由 18 岁到 60 岁的男子组成的志愿兵团。这些人员听从总统召唤,为战争提供服务,但只是在紧急事件中服现役。扩大征兵年龄有助于建立永久性部队。联邦政府负责训练、装备和指挥。这样一来,具有悠久历史的州民兵的地位就不再像以前那样重要了。但是由于对无限期服役的担忧,人们对该政策的反应并不积极。由于兵员匮乏,陆军部只好暂时放弃了这个计划,而继续接受紧急入伍的各类人员。其中有的服役期限只是紧急动员期,有的是 30 天,有的是 6 个月,还有服役 90 天的州民兵。

总之,在整个战争中,纽约等一些州努力保持了 12. 5 万到 20 万左右的有组织的民兵,充当了预备队。他们不仅在出现危机的时候发挥作用,而且在守卫战俘营、重要工业设施、铁路干线和替换印第安边疆的正规部队等方面发挥了重要作用。陆军部还建立了另一支联邦志愿兵部队,专门应对印第安边疆的需要。由南方部队老兵组成的美国志愿兵团第一到第六团的人员,都是从战俘营中征召过来的,执行对付印第安人的任务。

虽然建立联邦后备队的设想落空,但是陆军部仍坚持变相地设立战争后备队——联邦志愿兵部队。在这类部队中,有色人种部队的人数增加最多。林肯招募兵员的号令也与以前不同,不只针对各州或者州长,而是针对全国的人力资源。1864 年 7 月 18 日,林肯宣布征召 50 万人服役 1 到 3 年。各州承担的组建部队的任务,几乎所有应募者都是各州的志愿兵,而不是全国志愿兵部队的人员。实际上,各州分摊的数字不是50万,而是346746人。因为联邦的压力,应募人数多达384882人。1864年12月8日,林肯发布了最后一道征召令,要求征召30万人。招募志愿兵团的工作更加紧急了。汉考克斯少将被从波托马克军团调离,专门负责为联邦志愿兵老兵兵团招募有经验的士兵,尽管人们对他的组织能力有一些批评,但是联邦的决心从这个人事变动上可以体现出来。最后响应号令参军的有204568人,其中多数人与以前一样,是来自各州编成的团。因此,建立联邦政府直接领导下的战时部队的做法并不能说完全成功。但是陆军部持续不断的努力表明,联邦集权的趋势是不可避免的。

战斗双方致力于动员战时部队。民兵编成的连队成为战斗的主力,而民兵是归属各州的。由于认识到在军事体系上国家机构和战争的关系,所以陆军部在尽力实施联邦兵役制。尽管内战初期,民兵编成的连队打头阵,但内战还是一场主要以志愿兵部队参加的战争,也是美国最后一场由国家部队和志愿兵部队共同参加的战争。正因为志愿兵部队在战争中的种种问题和矛盾,美国后来就不再用这种方式组建巨大的战时部队。从这个意义上说,内战最大的经验是联邦征兵制。

由于实行了征兵制、武装黑人的政策、《宅地法》及各项奖励政策,这些政策的综合效力使北方的人力动员达到最大限度。1861年战争开始时,北方军队为1.6万人,1862年底的北军兵力只有55.6万人,1863年底便达到了92万人,1864年又征兵30万,①1865年1

---

① [美]卡尔·桑德堡:《林肯传》,云京译,生活·读书·新知三联书店1978年版,第504页。

月达到95.6万。内战期间北方军陆军动员总数多达267万人,但实际现役人数从未超过100万人。北方军队人数一直超过南方军队人数一倍以上。北方成功地动员了人力,是它战胜南方的一个重要因素。

三、经济总动员体制

如前所述,内战爆发时,对于南北双方来说,北方在总体实力上占有明显的优势。为了进行总体战,需要动员国家的全部资源和财力,这样才能弥补总体战的巨大消耗。林肯根据国家的经济状况,尤其是人民群众普遍贫困无力承担战争重负的情况,采取了一系列政策。

(一)从经济上打击参与叛乱的分子

1862年7月17日,国会颁布了惩治叛乱分子的没收法案。根据这一法案,国会宣布叛乱者为国事犯,没收其全部财产,解放他们手中的奴隶。同日,国会通过《民兵法》,宣布凡进入联邦军队并为联邦军队服务的奴隶为自由人,其家人也为自由人。

(二)推动国家工业化的措施

林肯政府采取了三项推动国家工业化的措施:

一是1862年7月1日林肯签署了《太平洋铁路法》,修筑横跨北美大陆的太平洋铁路,政府给予参加修建铁路的公司大量经费和土地。这项法律对于开发美国西部具有重大意义。

二是林肯在1862年12月的国情咨文中提出了发展电讯和整个交通事业的设想。这是十分具有前瞻性的设想,因为当时无线电通信刚刚出现。

三是通过了《国民银行法》,这是美国历史上第一个关于统一管理全国银行业和金融业的联邦金融法。该法及其修正案施行后,美国初步建立起比较规范的国民银行体系,联邦政府对银行体系的监管也有所加强。这对于美国工业化起了重要的金融保障作用。

这三项措施涉及国家工业化的交通、通信和金融这三个基础。林肯在战争时期提出,可以看到他对战争胜利已有充分的信心,并对战后的美国经济发展做出了战略规划。

(三)进行总体战的税收和金融货币政策

为了进行总体战,需要巨额金钱,为了筹措这笔巨大的经费用于战争,北方政府采取了各种税收和金融政策。

向富人腰包伸手,让富人承担战争的消耗,拿出更多的金钱来支援战争;同时还可减轻人民的压力,缓和人民的不满情绪。战争爆发后,政府就扩大税收的征收范围,由单一的收取关税转向对有收入者征收所得税。1861 年 8 月,美国历史上第一部《联邦所得税法》得到国会批准。该法规定,凡收入超过 800 美元的居民须缴纳 3%的税款。但是该法获得的税收没有达到预期的数字。

为此,北方采取了“累进所得税”制。1862 年 7 月 1 日,国会通过了征收累进所得税的法案。该法律确立了一个国内消费税的综合体制,规定:每年收入在 600 美元到 1 万美元的人,要缴纳 3%的所得税;每年收入在 1 万美元以上的人要缴纳 5%的所得税,后来又提高到 10%。纽约大富翁斯图尔特年收入为 400 万美元,他不得不缴纳 40 万美元的所得税。① 在内战期间,政府的所得税收入 5500 万美元。② 可以看出,当时累进税的税率比例还是比较缓

① 刘祚昌等主编:《世界史 · 近代史》(上),人民出版社 1984 年版,第 502 页。

② Allan Nevins, *The War for the Union*, *Vol. II*, New York: Scribner, 1971, p. 214.

和的。其中1863年,仅凭国内各种税收,联邦政府就获得了4630万美元的收入。① 但是累进税制具有很大保守性,从富人身上征收的税在战争期间总共只有5500万美元,仅占北方战争总支出60亿美元②中的很小一部分,大部分还是从劳动人民身上搜刮的。这反映了资产阶级改革的局限性。但是累进所得税毕竟是让富人负担战争费用的措施,尽管税率较低,但仍部分减轻了人民负担。

北方政府在实行累进所得税的同时,为了保证军事体系的运转,获得战争的胜利,军费的筹措是关键环节。北方政府围绕财税政策的制定和实施,还采取各种方式筹集资金,最终保证了战争的胜利。北方于1862年开始征收商品税。烟、酒、棉花、羊毛、亚麻、大麻、铁、钢、木材、石料、车辆、弹子台、游艇、金银器皿等商品都要征税。到1864年,商品税和累进所得税加在一起给政府带来了20960万美元的收入。③

随着战争的深入进展,北方的税收政策也在不断调整,1864年一年内,国会就批准了两个国内税收法案。1864年6月公布的第一个法案,主要就是不断提高税率,提高了遗产税、消费税、许可证税和商业总收入税以及印花税和制造业从价税。并且该法案规定年收入在600美元到5000美元之间的,所得税税率为5%;年收入在5000美元到1万美元之间的,税率为7.5%;超过1万美元的,税率为10%。纽约的斯图尔特每年收入400万美元,他不得不

① US.Bureau of the Census, *Historical Statistics of the United States, Colonial Times to 1970*, Washington D.C., 1975, p.306.`

② [苏]叶菲莫夫:《美国史纲》,苏更生译,生活·读书·新知三联书店1962年版,第337页。

③ 刘祚昌:《美国内战史》,人民出版社1978年版,第316页。

缴纳 40 万美元的所得税。① 新法案几乎对每一件产品都课税,而且税率较高。有人评价说,政府事实上对每一件制成品的税率在 8%到 15%之间。②

实行保护关税也是内战时期的一项重大经济政策。早在 1859 年到 1860 年,众议院就通过了一项由议员莫里尔提出的关税法案,但是直到南部各州脱离联邦之后,参议院才通过了这个法案。这个法案的核心内容是增加了铁和羊毛的进口税率。内战爆发后,由于战争需要政府进一步扩大增加收入的途径,另外,战时的美国工业也需要保护,避免英国商品的冲击,所以美国的关税一再提高。

内战期间,1862 年关税法案和 1864 年关税法案最为重要。1862 年 7 月 14 日制定的关税法进一步提高了进口税率,因而遭到西部代表的抗议。他们指出,这个关税法案将大大加重西部农民的负担而有利于东部工业资本家。③ 1864 年关税法案又把进口税提高到前所未有的高度,有的项目达到了百分之百,平均税率为 47%,是 1857 年的将近两倍。

北方政府最有效的筹款措施是为了战争发行公债。四年内战期间,仅海陆军部的军费支出就超过 30 亿。这个数目是战前四年财政支出的 20 倍以上。为了应付这笔庞大的支出,国会采取了高利息的借债措施。到 1865 年 9 月,政府发行的公债共有 28 亿

---

① 刘祚昌等主编:《世界史 · 近代史》(上),人民出版社 1984 年版,第 502 页。

② F.W. Taussing, *The Tariff History of the United States*, The Knickerbocker Press, 1910, p.102.

③ Allan Nevins, *The War for the Union*, *Vol. Ⅱ*, New York: Scribner, 1971, p. 490.

4600 万美元,公债的利率一般为 6%—7%,有时会更高。而林肯就职时的公债只有 7498.5 万美元。一般情况下,可以用政府发行的绿背纸币(绿币)购买公债。而偿还公债的时候,本金和利息却要用金币。由于绿币不断贬值,债券持有人每年所得利息可以达到规定利息的 2 倍到 3 倍。这个规定一度导致在公债购买中投机横行。

内战时期,北方政府为了弥补军事上庞大的开支而采取的对策中,除了增加税收、发行公债,还有一项具有历史意义的措施,就是发行法定纸币。据计算,税收收入为 6.67 亿美元,发行公债的收入是 26.21 亿美元。① 仅次于税收收入的来源就是发行法定货币的收入。北方法定纸币是"绿背纸币"(其纸面颜色为绿色),又称"绿币"或"林肯绿币"。

1862 年 2 月国会通过了发行纸币的法案。根据这个法案,财政部第一次就发行了 1.5 亿美元的绿币,以后又发行多次。内战期间发行的这种纸币共有 5.5 亿美元。1862 年的法案规定,绿币可用于一切公私交易,但是缴纳关税、偿付公债及公债利息必须使用金币。②

大量发行这种法定不兑换货币的结果,就是绿币的不断贬值。1862 年 7 月,每个美元绿币可以兑换 0.87 美元金币,1863 年降到 0.77 美元,1864 年 7 月进一步降到 0.39 美元金币。③ 纸币的不断贬值造成了物价上涨。工业品价格 1863 年比 1860 年上涨了

---

① Charles Austin Beard, Mary Beard, *The Rise of American Civilization*, *Vol. II*, New York: Kessinger Publishing Ritter, 1927, p.107.

② 刘祚昌:《美国内战史》,人民出版社 1978 年版,第 389 页。

③ Louis M. Harold, *The Shaping of the American Tradition*, *Vol. II*, Columbia University Press, 1947, p.585.

59%,到 1864 年竟然上涨到 125%。但是,林肯绿币的发行在美国金融史上是一个创举。政府暂时摆脱了金融资本家的控制,通过通货膨胀的政策,筹集了战争经费。

北方通过上述政策,筹措了进行总体战的巨额经费,保证了战争的胜利。

四、建立了空前庞大的后勤补给系统

在现代大规模战争中,军事后勤已经成为决定战争胜负的最终因素。战争初期,北方的军事后勤并没有发挥出应有的作用,甚至一度还成为制约战事的因素,但是,随着战争规模的扩大,整个联邦卷入战争,北方的军事后勤体制逐步发挥出作用,保证了战争的胜利,其根本原因就在于北方拥有大的工业基地和庞大的人口,而北方恰当其时地把分散负责后勤改为由联邦政府负责后勤,并采取了有效的动员措施。

大量的部队招募而来,部队的训练和装备问题就凸显出来。林肯说:“政府面临着困难的问题之一是如何避免出现招募兵员速度超过提供给养能力的局面。”在战争开始的几个月里,北方军的后勤补给漏洞百出,甚至有些人损公肥私,贪污腐败。军服的数量和质量满足不了需求,在首都执勤放哨的士兵甚至只穿着衬裤。

战争爆发时,美国作为一个现代化大国已经走上发展的轨道,全国的生产和技术力量是能够满足战争需要的。部队需要大批物资,但一般都是简单产品。根据 1808 年法案存储的大批小型武器基本能够满足部队的需要。但是这些武器并不先进,而且性能差别很大。在第二次马那萨斯战役中,联邦陆军军械官在一份报告中要求为他部队的各种枪支领取所用的弹药达到 11 种之多。当然,战争初期,南方的武器与北方类似。北方军火库中有 457660

支来复枪和滑膛枪，其中有 35335 支是由滑膛枪改装的来复枪和 0.58 英寸口径的来复枪。①

开战后，北方和南方都从欧洲购买军火。北方采购代理商的经济实力和信誉应该远远强于南方。但是，北方政府为了不让欧洲武器落到南方手中，要求代理商什么武器都买，包括很多古老而过时的武器。这浪费了大量资金不说，而且毫无效果，南方通过各种途径从欧洲买进了 20 万件武器。

在军工生产上，北方拥有规模较大的斯普林菲尔德兵工厂。开战之后，北方加大了它的生产能力。在工厂生产了 10 万支来复枪的时候，它的产能已经达到每年 20 万支。林肯早就极力主张在伊利诺伊州石岛建设新的兵工厂。到 1862 年 11 月 21 日，北方进口了 726705 支滑膛枪，30788 支来复枪，31210 支骑枪，还从国内工厂购买了 86607 支手枪。到战争结束时，联邦政府的兵工厂共生产了 170 万件武器。

战争初期，南北两方一样，火炮少，小型武器多。联邦政府有 4167 门火炮，其中只有 163 门野战炮和曲射炮可供实战使用。因此提高生产能力迫在眉睫。北方的工业基础发挥了作用。到葛底斯堡战役的时候，北方波托马克军团已经达到了每 1000 人有 3.4 门火炮的比例(1870 年的普法战争，普鲁士每 1000 人为 3.5 门火炮)。在战争期间，北方共铸造了 7892 门火炮。

在战争中，南方军和北方军的装备和补给都由各州以至城镇和群众团体承担。华盛顿和里士满政府都不能掌握足以满足那么多军队需要的行政机器。联邦陆军部只有一个部长，若干名局长、

① Russell F. Weigley, *Towards an American Army: Military Thought from Washington to Marshall*, New York: Columbia University Press, 1962, p.214.

助手和职员。各州已经装备了编成的民兵连队,使之成为第一批志愿人员中的精锐。各州都有专管本州军事的小陆军部,与需要满足庞大军队军需的联邦陆军部相比,各州陆军部只需要满足各自部队的需要,所以相对负担轻一些。各州自行募兵,州长物色军官,各州及其平民负责士兵的装备。联邦政府为了减轻负担,采取了扩充行政部门来促使各州履行责任。北方军的补给是由平民、州和联邦政府三级来承担,联邦负主要责任。他们向部队发放步枪和滑膛枪,提供射程更远的火炮。北方军依靠铁路和电报就建起了初步的现代化交通和通信。

北方军的后勤供应已经与独立战争时期不可同日而语。它表明,在建国80年之后美国的经济实力和军事后勤能力已经开始向一个军事大国迈进。但是也有不足之处。北方军初期的后勤供应问题就出在发达的经济所造成的供应系统上。合同商和后勤军官肆无忌惮地侵吞后勤物资,巨大的利益使很多人耐不住诱惑。在战争初期,情况尤为严重。直到斯坦顿出任陆军部长的时候,经过他和军需部长梅格斯的努力,这种情况才有所好转。他们为联邦军队制定了一套严密监督的后勤和供给机制,避免了不必要的浪费和贪污腐败。美军第一次向士兵发放食品配给。新的技术也开始应用,罐头食品出现在军队补给中。

在1861年进行战争动员的时候,大量的后勤工作不是由各州负责,而是落在了陆军部非正式的特设委员会身上。由于陆军部工作人员和有关局根本无法承担迅速膨胀到50万人的部队的后勤供应任务,所以任命了一个负责该项工作的特设委员会。军需部在开战时只有13名职员,在华盛顿的特设委员会有37人,其中很多都是陆军部长卡梅伦任命的政治盟友。很多人对军事后勤没有经验,在其他方面也不称职。他们挥霍浪费,还勾结承包商,侵吞国家财产。尽管后勤部门人员很少,但是在战争期间却扩编很小,军需部的花名册上,委员会人数只从 37 人增加到 64 人。采购工作缺乏监督,经常由一个人完成采购任务。

1861 年,很多采购工作是未经竞标而进行的,原因是多方面的:有的是工作疏忽或人为故意,有的是时间紧迫;有时候是因为需求量太大,以至于要动用所有的渠道。国会注意到浪费和贪污的现象,组织调查核实之后予以惩处。后来,有关签署采购合同的法律又趋严格。根据有关规定,采购活动必须经下述程序:登广告征聘建议,广泛选择和协商,相互竞争并允许有充分的时间投标,然后再决定中标人。但法律也允许在紧急情况下无序竞标而直接采购。1862 年 6 月 2 日,国会规定所有合同必须有文字文本和向长官提出执行合同条款的书面保证。每个合同副本连同所有投标书和广告副本,都要交内政部存档。这样的规定尽管规范,但是手续繁杂。以至于以工作诚实、正派负责著称的梅格斯都认为立法太严,行不通。于是,在斯坦顿的帮助下,陆军部发布命令删掉了一些苛求的规定。

由于很多供货商为部队提供的服装质量低劣,所以当库存充足时,陆军部也自己制造军服。有的军服仍旧从合同商那里购买,但主要是买进料子自制。陆军部利用在费城的军需工厂和纽约、辛辛那提以及圣路易斯新建的工厂,把原料裁剪成固定的式样,由裁缝手工制成军服后再送回军需仓库。陆军认为手工缝制的军服更结实,所以没有使用新发明的缝纫机缝制军服。

毯子、帐篷、鞋都是从私人供应商购进的。由于缺乏帐篷原料,军需部一直使用模仿法军的帐篷,也就是由两个士兵分别携带的掩体式帐篷。由于部队需要和鞋匠的短缺,部队在购买军鞋时采用了完全由机器制造的军鞋。这一时期机器制鞋厂得到了很大的发展。由于不断征召新的部队,军需部的库存也缺乏规划。1861 年底,梅格斯注意到军需品库存积压,曾一度中断了新的采购。

1861 年夏季之后,大部分后勤工作又转回到陆军部原来的机构。陆军部有三个局主管后勤:军械局,负责制造、采购和分发武器弹药;军粮局,负责采购和分发食品供应;军需局,负责其他所有物资供应——军服、装备、帐篷、军营、马匹、粮草,以及江河、铁路、海洋和公路各类交通运输工具的供应。军需部长梅格斯曾这样描述他管辖的部门:

"就其对战争的真正影响而不是其次要的军事地位而言,一位少将在一条战线上指挥一个军,一个中将指挥一个集团军。而军需局长负责全部后勤工作,保障全军及其司令部转战大西洋、太平洋,从河流到海洋。"①

1862 年夏天,征召民兵和志愿人员的命令把军服和补给消耗殆尽,迫使梅格斯动用库存并再次恢复采购。到 1863 年,库存又一次积压,足够用到战争结束。纽约和费城的军需仓库都存有足够供应 100 万军队的军服和装备。

梅格斯起初指挥着一个非常分散的军需采购系统。除了费城的主要军需仓库之外,在波士顿、纽约、辛辛那提、路易斯维尔、印第安纳波利斯、圣路易斯、底特律和伊利诺伊州的斯普林菲尔德,还建立了新的仓库。军用仓库的军需官承担他们各自负责地区的采购任务。大多数军用物品先集中到军用仓库,然后再分发至各野战部队。在紧急情况下,如果野战部队不能保证在军需仓库领

---

① Russell F.Weigley, *Towards an American Army:Military Thought from Washington to Marshall*, New York:Columbia University Press,1962,p.211.

取给养,野战部队或者分队的首席军需官可以奉指挥官之令,直接采购军需品。梅格斯注重军需队伍的建设,到 1864 年,他手下的工作人员已增加到 184 名职员和 29 名女誊写员,有 6 位稽查员因为不断走访部队和军需仓库,精心核查军需物资,工作出色而被授予上校军衔。

为了进行总体战,北方逐渐建立了完善的后勤体系。后勤指挥机构由军械部、军需部、军粮部三部分组成,地方后勤供应设立联邦、州和平民三级体系,配合向军队供应物资。军械部门负责制造采购和分配军用物资。军粮部负责购买和分发食品供应。军需部负责其他各项物资供应,如服装、营房、装备、牲畜和各种交通工具。各部下设各专业局。如军需部原来只有服装局,1864 年 7 月 4 日正式立法。各局的主要职责是:第一局,为部队提供牲口;第二局,军装被服;第三局,海洋湖泊运输;第四局,铁路和河流运输;第五局,油料粮草;第六局,兵营和医院;第七局,马车货运;第八局,督察;第九局,档案和通信。经过改组,确立了更集中的采购制度。除紧急情况之外,所有军需补给都由华盛顿军需部相应的局负责签订合同。

后勤指挥下属各级仓库和兵站。联邦建立了一系列大型仓库,设在各大战区,仓库下设兵站,负责各部队的物资供应。

为把大批物资运往前方,北方建立了三级运输体系,以铁路为骨干。内战也是第一次大规模的铁路战。铁路为部队提供了强大的机动能力。北方充分利用了 2 万多千米的铁路,战争一开始便把铁路置于军队控制之下。陆军部从社会上聘请铁路专家,把军队的铁路运输管理得井井有条。最初,在陆军部扩编期间,卡梅伦部长就任命宾夕法尼亚州中央铁路公司的托马斯·斯科特为陆军部部长助理。斯科特在战争初期为调集军队做了大量的铁路运输的协调工作。铁路办得很有效率。因为斯科特制定了价目表,这就要上缴盈利所得税。为此,国会很快做出决定,免除了铁路军用的税。国会还于1862年1月31日通过了《铁路法》,保证了铁路继续为战争提供充分的服务。该法规定,在需要时,政府有权占用美国任何铁路干线,控制和监督所有部队和军用物资的铁路运输。忠于联邦的北方各州从未受到铁路收归国有的威胁,陆军部可以和他们协商制定合理的价格。北方铁路公司继续坚定地为军队服务。北方还专门组建了1万多人的铁路工兵团,用于铁路运输的保障工作。

在内战期间,铁路显示了战争中的巨大作用。在查塔努加战役中,使用列车运输了一个集团军的全部人员和物资。波托马克集团军的第6军、第7军共计2.5万人、10个炮兵连以及战马和100车行李,从弗吉尼亚运送到查塔努加,1200英里的距离,在11天完成。这还包括途中很多铁路遭到破坏进行修复的时间。在部队之后,另有一列火车运载1000多匹骡马、炮、野战运输器械以及一个野战集团军所有的辎重。

虽然铁路增加了部队的机动能力,但是铁路还是具有局限性。如果完全依靠铁路,部队就不能远离铁路作战。内战中,很多战役是为了抢占铁路的战斗,而且铁路线非常容易被破坏。在远离铁路线的地区和河流的地区运输补给物资还是靠畜力,其中多数是骡子拉的货运车。军需部向部队提供牲口的工作量不少于提供军服和装备的工作量。1864年,42.6万部队拥有22.1万匹牲口,其中包括113864匹马,87791匹骡子和一些牛。士兵同牲口的比例接近2比1。骑兵和炮兵使用的牲口由于消耗大,需要经常补充和替换。在1864年头8个月的时间里,波托马克军团骑兵的马匹换了两次,用了将近4万匹马。在美国很多地区,特别是南方,路况很差。尽管军用品的设计不断改进,保证耐用程度,但是问题还是很多。1862年，军需部必须每天从后勤仓库和兵站为10万军队的前进基地运送600吨物资，运输的压力很大。进入南方作战之后，因为南方很多地区粮草短缺，以至于拉货车牲口的粮草都成为问题，据统计，在半岛战役时，为麦克莱伦的部队运送一天的粮食需要150辆货车，而运输牲口的草料却需要300辆货车。依赖辎重货车补给的部队补给受到严重的影响。

马匹不仅军队需要，而且平民生产也需要。联邦的军马供应是依靠了北方强大的经济实力。据1860年统计，仅北方地区各州就有4688878匹马。军马供应的主要问题是对马匹的鉴别，一些代理商弄虚作假，致使很多病马混入军队，但是总体上还是保证了需要。1864年北方军队共使用各种牛、马、骡22.1万头。① 1862年，北军每千人平均要用26辆大车运物资补给。在1864年弗吉尼亚战役时，每千人要用33车物资，②牲畜、大车发挥了重要作用。

北方还充分利用纵横交织的河流，尤其是密西西比河的宽阔河道运输物资。情况允许时，运兵和部队补给通过江河轮船和帆船运输。战争期间，北方建立了庞大的水上运输船队，军需部购买了183艘海洋轮船，43艘帆船和86艘驳船，包租了轮船753艘，帆船1080艘，驳船847艘。除了这些海洋船只，陆军部还拥有599艘内河船只，其中轮船91艘。另外包租了822艘内河船只，其中轮船633艘。半岛战役时波托马克军团十几万人的补给品，③都

① ［美］拉塞尔·韦格利：《美国陆军史》，丁志源等译，解放军出版社1989年版，第232页。

② ［美］拉塞尔·韦格利：《美国陆军史》，丁志源等译，解放军出版社1989年版，第236页。

③ ［美］拉塞尔·韦格利：《美国陆军史》，丁志源等译，解放军出版社1989年版，第234页。

是通过水路运输的。波托马克集团军在弗雷德里克地区打仗的补给也是由水路运输的。格兰特集团军在彼得斯堡战线的补给主要来自詹姆斯河的基地。西部集团军的补给则利用西部河流。在谢尔曼通过海路抵达萨凡纳时,梅格斯的军需船队已经准备好充足的制服、装备以及丰富的其他物品。这些船只源源不断地来到北卡罗来纳州的港口,确保了谢尔曼军的后勤供应。供应物资包括火车头、车辆和兴建铁路的设备。

除了后勤补给运输外,北军还重视卫生保障工作。后勤的另外一个重要组成是军医工作。美国卫生委员会——一个旨在改善部队医疗事业的民间组织,在内战时期得到很大的发展。卫生委员会是由北方医生本着人道主义精神建立的,多数成员是中产阶级的女性,组织中的很多领导人是富裕而有影响力的慈善家。卫生委员会做了很多积极的工作。它筹款贡献了很多医疗设备和药品。在它的影响下,斯坦顿和巴恩斯接受了机构改革的建议,克服卫生署的一些官僚主义习气。战争一开始,委员会就向官兵散发了一本前所未有的指导性手册:《保护士兵健康规定》。1861 年 6 月,委员会执行陆军部的一项规定:除了在营区和行军途中,军队医院可以使用女护士,但申请者必须是 30 岁以上的妇女,并持有两名医生和两名专职教师的证明。这项规定颁布之后,改善了军队医院的服务。有的志愿者组织了自己的救护车队,克拉克·巴顿的救护队甚至获得特许,参加了波托马克集团军的作战行动。

斯坦顿曾经和美国卫生委员会的领导人发生了争论,因为斯坦顿担心他们会促使陆军部的医务局脱离陆军部的控制。后来,美国卫生委员会确实利用影响力促使威廉·哈蒙德出任了军医局局长。斯坦顿与哈蒙德进行了长期的权力争夺。最终,在斯坦顿的努力下,1864 年巴恩斯取代哈蒙德出任了军医局局长。北方政府还设有医院管理局,负责对军队的卫生保障。北方还建立了医院制度,这是由波托马克军团的军医乔纳森·莱特曼创立的。即在团一级设立急救站,伤病员先经急救站初步处理,再由救护车送到野战医院,重的伤病员则送到战区外的基地医院。1864 年 3 月 11 日,国会正式批准在全军推广建立这种医院制度。医院制度的建立使北军得到了良好的医疗服务,大大降低了伤亡率。

北方后勤体系满足了军队的补给,使军队获得了丰富的食品、衣服和各种军用物资。北方的军用仓库里衣服堆积如山,1863 年仅纽约和费城的仓库便存有可供 100 万人使用的服装和装备。1861 年 11 月,欧文·麦克道尔准将评论说,北方军的慷慨补给,超过了世界上的任何部队,他说:"我认为仅我们浪费的物资和装备,就足以供给只有我们军队半数的法国军队。"①

在历次战争中,美军的食品供应在营养价值和鲜美可口方面都没有什么改进。但是从内战的一些文献记录上看,这一时期的食品供应还是很丰盛的。当时的定量供应是这样的:

"12 盎司猪肉或火腿,或 20 盎司新鲜牛肉或腌牛肉;18 盎司面包或者面粉,或者 12 盎司硬面包或 20 盎司麦片;每 100 份定量供应 8 夸脱蚕豆或者 10 磅大米,或者每周两次,每次 150 盎司脱水土豆和 100 盎司脱水杂菜;10 磅咖啡或 1.5 磅茶;15 磅糖,4 夸脱醋,1 磅鲸脑蜡烛或 1.25 磅硬蜡烛或者 1.25 磅牛脂蜡烛,4 磅肥皂和 2 夸脱食盐。"②这是在营区的标准。行军期间,每个士兵分配 1 磅硬面包,0.75 磅腌猪肉或 1.2 磅鲜肉,还有糖、咖啡和

---

① Russell F. Weigley, *Towards an American Army: Military Thought from Washington to Marshall*, New York: Columbia University Press, 1962, p.217.

② [美]拉塞尔·韦格利:《美国陆军史》,丁志源等译,解放军出版社 1989 年版,第 233 页。

盐。为了供应部队鲜肉,很多时候牛群尾随部队行动。脱水蔬菜不能满足士兵营养需要的时候,部队也配发土豆和洋葱之类的新鲜蔬菜。谢尔曼回忆说,进入南方行动的部队有时候也自己寻找补给食品,避免长期食用脱水蔬菜造成坏血病的危险。

北方的后勤系统十分成功,为北方的胜利立下了汗马功劳。

北方进行的上述军事建设,对于调动人民的积极性,动员人力和经济,起到了非常重要的作用。实践证明:这些措施和制度,是北方取得内战胜利的根本保证,也为以后美国进行总体战取得了可贵的经验教训。

第四节　北方建立的其他军事体制

为了进行总体战,北方除了建立人力和经济动员体制以及建立庞大的后勤供应体制之外,还进行了一系列军事改革,建立了其他一些体制,保证了内战的胜利进行。

一、建立集中统一的军事统帅机构

前面已谈过,美国总统虽从法律上讲,是全军的总司令,但在具体军事指挥问题上从不过问,由陆军部长和陆军总司令负责。这两个人又因权限不清常常闹矛盾、扯皮。而军队的高级将领由于是由国会任命的,往往不听从总统的号令。如麦克莱伦便不把林肯的三令五申当回事儿,几个月按兵不动,错过了战机,招致半岛战役的惨败。此外,北方各战区司令也是"将在外,君命有所不受",各自为政,不听华盛顿本人的号令。

林肯认为这种体制极不适合战争的进行,妨碍了他意志的贯彻。为了更好地进行总体战,就必须对军事统帅机构动大手术,进行彻底改组。

早在战争初期,林肯便不甘于当挂名的总司令,想确立自己对军队的控制。战争刚一开始,他便通过国会扩大了总统的权限:总统在得到参议院同意后可以任命将军,并按自己的意图对部队进行武装。他还通过刚发明的电报系统和各集团军保持密切联系,并亲自参与对战略与战役计划的制定,他还行使紧急权力,扩充军队,封锁南方海岸,筹集军费,中止人身保护权以镇压叛乱分子。上述行动都在事后才由国会追认。他说:“形势迫使我作出抉择,是政府马上垮台呢? 还是在发生叛乱的情况下运用宪法赋予我的广泛权力,努力来挽救它。”他甚至表示:宁愿在有限范围内违反某项法律,也不愿因无法镇压叛乱而使政府崩溃,导致全部法律无法执行。[①] 但是,林肯采取的加强总统权力的各项措施,并未能使统帅问题——即统一指挥、统一号令——得以解决。

在战争进入关键时刻时,林肯决心采取果断措施,从根本上解决指挥问题。他毅然撤换了平庸保守的麦克莱伦,几经挑选,于1864 年春天任命格兰特担任全军总司令。格兰特又撤换了平庸的伯恩赛德、比尔等高级将领,任命智勇双全的谢尔曼为密西西比河战区司令。通过改组,确立了以林肯为首的最高统帅机构。他负责全权,陆军部长斯坦顿负责兵员的征集、训练和给养。哈勒克为总统顾问,担负总统与军方之间的联络。格兰特则通过小而精干的参谋部负责全军和波托马克军团的实际指挥,17 个战场司令都要听其号令行事。但是,格兰特要随时向林肯和斯坦顿汇报工作,执行后两人的指示,这体现了文官高于军权的原则。这样,可以在总统统一领导下,动员一切人力物力从事战争,把行政权和军

① 李昌道:《美国宪法史稿》,法律出版社 1986 年版,第 188 页。

事权有机地结合起来,大大提高了中央政府在军事问题上的权威。中央政府取得了指挥、调动各州军队和民兵的权力。在军事问题上,州武装力量的调动都服从于中央的指挥。这在一定程度上削减了原来州所享有的部分军事权。

为了更好地行使指挥权,陆军部也在斯坦顿领导下进行了改组。陆军部长通过参谋部及各局进行行政管理。到战争结束前,陆军部共有11个下属局:副官局、军需局、军区局、军法局、军械局、军粮局、军饷局、工程局(1863年测地工兵整编为工兵,归工程部领导)、通信局、宪兵局和工程兵。陆军部长和各局长组成参谋部,管理部队的实际事务。①

需指出的是,为了防止总统权力过大,国会专门成立了"两院联席战争指挥委员会",对总统实行监督,并向总统施加压力,使总统接受控制国会的激进派的意见。1861年12月2日,由于对战事失利的不满,国会中成立了一个由激进派议员组成的"战争指导委员会"。开始时是激进派议员康克林在国会中提出一项决议案,要求追究马那萨斯以及鲍尔斯高地两次失败的原因与责任。在讨论康克林决议案的过程中,激进派议员们决定成立一个常设的"战争指导委员会",以加强对军事的领导和监督。该委员会由3名参议员和4名众议员组成,这样一来,在国会中也有了一个战争领导监督机构,加强了国会对战争的领导。这是内战军事体系中指挥机构的一个特点。而且这个委员会是完全符合宪法的,因为美国宪法容许国会有权力成立有关研究政治、军事、经济以及外交等问题的委员会。战争指导委员会的职责是,加强军事效率,揭

---

① [美]拉塞尔·韦格利:《美国陆军史》,丁志源等译,解放军出版社1989年版,第261页。

发错误,并且为总统提供建议。[1] 激进派经常通过这个委员会提出许多有关战争的措施,并且对总统施加压力,推动他实行这些措施。在内战期间,委员会的人员时有变动,但主要成员未变。激进派领袖史蒂文斯虽然没参加这个委员会,但是在这个委员会的工作中起了很大的作用。

由于建立了集中统一的军事统帅机构,北方军队在战争后期保持了指挥的高效率,为战争胜利作出了决定性的贡献。

二、建立总体战的军队编制

为了适应新的装备和总体战争的需要,北方对部队的编制也进行了改进。

1861 年 1 月 1 日,北方只有正规军 1.6 万,他们分布在大西洋海岸和加拿大边境以及广大的西部地区。部队的基本单位是团。1861 年 5 月 4 日,陆军部颁布一项命令,要求应征入伍的人员按照团的建制编组。这些团的建制和正规军团的建制是平行的组织。每个步兵团有 10 个连,每连有 1 名上尉,1 名中尉,1 名少尉,1 名二级军士长,4 名中士,8 名下士,2 名乐师,1 名车夫和 64 到 82 名新兵。一个团的人员包括 1 名上校,1 名中校,1 名少校,1 名副官,1 名军需官,1 名医师,2 名医助,1 名技师,3 名军士(军士长、军需军士、兵站军士),1 名医院管事,2 名主乐师和一支 24 人的乐队。事实上,在战争中,乐队的建制很难保留。联邦军队共有 1098 名军官和 15259 名士兵,组成 19 个团(10 个步兵团,4 个炮兵团,2 个重装骑兵团,2 个骑兵团,1 个步枪骑兵团)。这些团有 198 个连队,其中有 183 个分散在西部前线的 79 个驻地。另外 25

---

① J.G.Randall, *Lincoln the President*, Vol. Ⅱ, New York, 1945, pp.63-64.

个连部署在大西洋沿岸和加拿大边境以及一些军事仓库附近。

随着战争的继续,北方军很快建成了庞大的军事机器,战争中军队人数有很大增长,北方入伍人数共计 276.5 万。[①] 以前,美军编制的最大单位是旅和团。旅、师、军,包括后来出现的集团军也都是从团抽调人员组成的。到了 1864 年,北方军队的编制为:18 个军区和 21 个军。[②] 每军 2—3 个师,每师 3 个旅,每旅 2 个团,每团 10 个连,每连 80—100 人。南方编制也大体相同。后期,双方还组编了集团军,每个集团军通常由 2 个军组成。

在战争中,由于战场的伤亡,团的编制人数难以保证,一个团最少的有 869 人,最多的有 1049 人。减员的团不能补充兵员,这样,后来多数团已经不能保持最低人数。在昌斯洛斯维尔战役时,一个典型的团一般有 530 人,到葛底斯堡战役时就只有 375 人了。在这之后,人数稍有增加。虽然每个团配有一名中校和一名少校,但他们可以把团分为两个营,各自带领一个营行动。这样做更多的是出于战术考虑。骑兵团也有营这一级,每团 6 个营,每营 2 个连。实际上,把团分成几个营的组织形式在 19 世纪中叶的欧洲非常普遍,因为营具有更大的战术机动性。内战中的正规步兵团,大多顺应了这一潮流,每团至少两个营,每营 8 个连。每团有 3 个营职少校,每营分别负责一个地区,并从中招募兵员。这反映了欧洲对美国的影响。由于新兵宁愿去当纪律较松、奖金高的志愿兵,正规部队基本没有保持满员。葛底斯堡战役时,没有一个正规军的团拥有 8 个连以上的战斗力。

---

① [苏]叶菲莫夫:《美国史纲》,苏更生译,生活·读书·新知三联书店 1962 年版,第 311 页。

② [美]桑德堡:《林肯传》,云京译,生活·读书·新知三联书店 1978 年版,第 381 页。

战争期间，美军招募的兵员编成了 1696 个步兵团、272 个骑兵团和 78 个炮兵团。这些团合起来，又编为更高一级的战斗单位，即旅、师、军和集团军。起初，陆军部下令制定一旅 4 团和一师 3 至 4 旅的编制。事实上，团以上单位都不列入正常序列，因为团以上单位是特混部队，其组成必须根据不同情况和紧急事件来决定。旅通常包括 2 到 6 个团，有时甚至更多。师由 2 到 3 个旅组成。最常见的编制是一师 3 旅、一旅 5 团的编制。除了步兵，师一般还有直属炮兵，也就是长期配属的炮兵。葛底斯堡战役之后，在波托马克集团军中，炮兵主要配属军，每个军有 9 个炮兵连。到战争中期，一个步兵师的规模平均 6200 人。

内战时由于急剧扩军，使军队单位编制也扩大了许多倍，开始出现了像军、集团军这种较大的基本单位。美军第一次组建了集团军（又叫军团）。集团军是最大的单位，开始由师组成，没有设军。但集团军兵力很多。1862 年 8 月，国会在林肯的努力下，在波托马克军团建立军的编制。一个军一般有 3 个师、45 个团和 9 个炮兵连。每个师 6200 人，分 3 个旅，每旅 2 个团，每团 10 个连，每连 80—100 人。每个集团军一般由 2 个军组成，波托马克军团最多，曾达到 8 个军。每个集团军所含的军的情况差别很大。除步兵之外，一般每个集团军含师属和军属炮兵，还有骑兵。截至 1864 年，北方共有 16 个集团军。一般以最初组建的地区命名，像波托马克集团军、詹姆斯集团军、田纳西集团军、俄亥俄集团军、坎伯兰集团军等。到战争结束时，虽然北方军经常使用今天称之为集团军群的单位。但是，其实质只是一个战斗区域内的很多部队。

战争初期，像波托马克集团军这样的战斗集群由 15 个师组成，有 15 万人的臃肿部队没有军这一级组织。尽管集团军司令官麦克莱伦反对建立军的编制,但理由只是缺乏能够领导军一级组织的军官。最后,在林肯的督促和命令下,波托马克集团军建立了 4 个军。1862 年 7 月 17 日,国会宣布集团军一般都建立军级编制。波托马克集团军又增加了两个军。其他集团军也有了军的编制。在这之后,美军所有军都依次编号,各军所有的师也依次编号。美军各部队的标准徽章也是从这时候开始的。像菲利普·卡尼少将以红宝石作为第 3 军第 3 师的徽章。徽章用法兰绒制成,一般以蓝、白、红色代表每个军的 1、2、3 师。徽章缝在士兵军帽明显的位置,既可以鼓舞部队的自豪感,又便于寻找掉队的人。

由于行政管理的原因,战争期间仍旧保留和平时期的军区。官方的文献资料显示最多的时候有 55 个军区。这说明不是所有的军区都配有野战集团军。而且集团军也不归属军区的领导。甚至时常有矛盾发生。战争后期,几个军区有时合并成较大的军区,并成立司令部。军事长官由野战集团军的司令兼任。

军队编制的改革大大改善了部队的调遣和开展军事行动。提高了军队的作战能力。

三、建立科技成果广泛应用于军事领域的体制

在经济动员当中,建立科技成果广泛应用于军事领域的体制具有特别重要的意义。

北方拥有丰富的自然资源和雄厚的工业实力,政府在把这些生产力更好地为战争服务的同时,也在生产中广泛利用最新的科学技术成果,从而生产出了更多更好的军用物资。

在战争中,政府军用品的订货合同总计超过 10 亿美元,有力地刺激了毛织品业、造船业、钢铁工业和采矿业的发展。1860 年

北方铁路长 23476 英里,战争结束后已达约 3 万英里。[①] 其中贯穿北美大陆的大西洋铁路开始修建,而联结纽约与密西西比河的宽轨铁路"大西洋——大西方"铁路则已完工,这条铁路对北方经济发展具有重要意义。詹姆斯·迈尔在 1861 年夏天发明了轻便发报装置,能加强集团军与其下属部队的联系。1861 年 11 月,迈尔又在火车车厢上装上了发报机,在整个战区保持了无线电报通信。但无线电通信设备还比较粗糙,需要进一步地改进。但是,无线电报的发明大大方便了军事指挥,使远距离指挥成为可能。

此外,陆军广泛使用了装甲列车,步兵大量使用前装式来复枪,使用每分钟发射 175 发子弹的速射枪;炮兵大量使用线膛炮,最大口径为 13 英寸,可发射 200 磅重的炮弹。火箭、火焰地雷、机枪都在战场上使用,还采用了照相技术和高空气球进行侦查。北方庞大的工业还生产了大量先进的武器装备,其中各类武器 170 万件,大炮 7892 门。[②]

1860 年时,美国海军的规模和实力都非常有限,但是内战的爆发却成了美国海军建设的转折点。战争的需要全面推动了海军的建设,包括创新精神、战斗热情、专业能力和团队合作,然而首先变革的是武器装备和技术。[③] 美国内战见证了海军领域对几项新技术的引入。例如,蒸汽动力首次被广泛运用到战舰和潜艇的建造。同时,鱼雷和水雷也开始广泛应用。北方海军最突出的成就要数铁甲舰的大量建造。双方都修建了装甲战舰,装甲舰设有旋

---

① 刘祚昌:《美国内战史》,人民出版社 1978 年版,第 381 页。

② [美]拉塞尔·韦格利:《美国陆军史》,丁志源等译,解放军出版社 1989 年版,第 215 页。

③ Richard Hill, *War at Sea in the Ironclad Age*, Harper Collins Publishers, 2006, p.73.

转炮台,并且安装了后装式线膛炮,以蒸汽为动力,速度更快,火力更强,完全取代了木制战舰。双方还进行了世界海军史上第一次铁甲舰之间的交锋。

铁甲舰之间的对抗,是工业革命带来的技术进步在海战中第一次充分的体现,它彻底打破了职业海军人员对于以铁代木建造军舰的怀疑和抵制。这项新技术的广泛应用,给海军今后的发展带来了深远的影响。不仅使铁甲舰开始大批量地建造,而且带来了武器类型和作战方式的巨大变革。由于铁甲舰被广泛地在战场上使用,北方海军的海陆军协同作战战略才能得以实施。①

内战开始时,北方海军共有 90 艘战舰,其中 21 艘未服役,只有 42 艘参加了战争。② 在 42 艘战舰中,19 世纪 50 年代的 30 艘蒸汽舰算是战斗力比较强的,包括 6 艘“梅里马克”级的螺旋桨蒸汽舰。12 艘大型的单桅炮舰,以“哈特福德”号为代表。这些舰艇都安装了新式的达尔格伦炮。这种大炮的炮管形状上细下粗,很像汽水瓶。它可以发射实心弹,也可以发射爆破弹,口径达 11 英寸。而南方还没有海军。曾担任美国参议院海军军事委员会主席、南方海军部长的马洛里,极具战略眼光,于 1861 年 5 月提出了“装甲政策”。因为他清楚地认识到:根据南方现有的工业基础,永远不会造出足够数量的舰船来压倒北方。因此,他决定采用新技术来弥补数量上的劣势。他把眼光放在了欧洲已经投入使用的铁甲舰上。他说:“拥有铁甲舰是第一要务。这种军舰可以截断所有通向北方海岸的航道,阻止其封锁南方,并在遭遇对方海军时

① David Murphy, *Naval Strategy During the American Civil War*, Alabama: Maxwell Air Force, 1999, p.18.

② Bern Anderson, *By Sea and By River: The Naval History of the Civil War*, New York: Knoft, Reprinted by Da Capo, 1989, p.8.

大获全胜。"①

北方得知南方在制造铁甲舰后,马上成立了铁甲舰审查委员会,决定拨款 150 万美元建造 3 艘铁甲舰,其中两艘按照欧洲当时铁甲舰的常规进行设计。另一艘便是埃里克森设计的"莫尼特"号,它是北方第一艘参战的铁甲舰。"莫尼特"号体长 124 英尺,排水量为 1000 吨,船体侧壁装有 4.5 英寸厚的铁甲,铁甲后衬有橡木,平面有 1 英寸厚的甲板以抵御俯射。这艘铁甲舰最大的特点是把旋转的炮塔装在低低的甲板上,发动机和舰员战位全部用铁板覆盖起来。

"莫尼特"号上的炮塔高 9 英尺,宽 20 英尺,由 1 英寸厚的 8 层铁板构成。炮塔内装有两门 11 英寸的达尔格伦滑膛炮。它是世界上第一艘装备有炮塔炮并成功运用于实践的军舰。使用炮塔炮意味着,造价不那么昂贵的小型战舰能够对付火炮固定的大型战舰。这种新式旋转炮塔炮的发炮速度比对手的固定火炮更快。更重要的是,炮手只需要转动火炮瞄准,而不用调整战舰方向。因此,炮塔炮是一种不寻常的、十分优良的技术,同时也是一项重大的武器革新。它对以后海军武器的发展产生了深远影响。在以后的几十年里,它被装备到每一艘战列舰上,淘汰了固定式的火炮。

汉普顿锚地海战是铁甲舰的第一次交锋,它向世界海洋国家显示出炮塔炮蒸汽装甲舰的威力。此后,北方海军开始大量建造这种类似"莫尼特"号的装甲舰,用于海洋沿岸和内河的军事行动。英国和其他海洋国家也立即紧随其后,大量建造具有远洋航行能力的蒸汽战舰,从而掀起了战舰及武器技术改革的浪潮。

---

① Nathan Miller, *The US Navy: An Illustrated History*, New York: American Heritage, 1985, p.135.

内战期间,技术进步的影响或许已经远远超过了战争本身。海军在战争进程中,发明了带有电子装置的鱼雷和水雷。自驱式鱼雷在内战时期还没有被发明出来,当时的鱼雷叫作水雷或许更为恰当。鱼雷的设计思想由来已久,直到 1860 年,撞击式雷管的发明使鱼雷更容易爆炸。在整个内战期间,北方为了加强对南方海岸的封锁,广泛大量使用鱼雷。鱼雷不仅可以摧毁舰艇,而且还让舰艇上的船员心惊胆战。① 北方海军在战争中使用了许多不同型号的鱼雷,取得了不俗的战绩。22 艘南方舰船被北方海军鱼雷击沉,还有 12 艘被击伤,如果算上汽艇等小型船只,那么上述的数字可能会达到 29 艘和 14 艘。

第一颗鱼雷是北方军队 1861 年 6 月于波托马克河上布设的。它长 4.5 英尺,直径 18 英寸。这颗鱼雷十分原始,它的最上边是一根导火索,浮在水面之上。最常见的一种水雷是铁杆水雷,经常用于浅水水域。这种水雷将炸药装在铁杆的前端,置于水下,只要一发生碰撞就会爆炸。铁杆水雷往往被置于容易攻击的位置和深度。同时,为了更好地封锁内河,北方还在水中架起了木桩。在每根木柱的顶部都安装有触发式水雷,这些水雷的高度在大致与蒸汽机相当的位置。

漂浮式水雷也被海军广泛地使用。最初,这种水雷被布置在离海岸不远的地方,由一根线与岸上的人员相连接,只要有舰船经过水雷旁边,岸上的人员一拉线就会引爆水雷。后来,这种水雷被触发式水雷所取代。

此外,潜水艇和扫雷装置也发明并投入了实战。引起了海战

---

① Ian V.Hogg, *Weapons of the Civil War*, Greenwich CT:Brompton Books Corp, 1987, p.125.

的变革。北方雄厚的工业生产了潜艇700多艘。

北方由于成功地将科技和工业生产相结合,生产了大量军用物资用于战争,为战胜物资、工业贫乏落后的南方起了重要作用。

四、建设总体战的中坚——海军

在总体战略中,北方把海军当作关键性的力量。因为总体战成败的关键,是要封锁南方海岸线,切断南方与外界的联系,最后使南方被“窒息”,经济被彻底摧垮。

战争初期,北方海军有7600名官兵和90艘各类舰只,其中30艘是50年代新造的蒸汽战舰,但许多舰艇年久失修,仅有42艘能够使用。① 战争初期,北方被打了个措手不及,1861年4月21日,全国最大的诺福克海军造船厂为了防止落入南方军队手中被仓促焚毁。

海军部长韦尔斯为了更好地统一指挥海军,把海军部原有的5个局扩充为8个局,即原来的军械和水道测量局,分为航海局和军械局;原来的造船、装备修理局,分为装备补给局、造船修理局、蒸汽发动机局、②航海局、军械局等。韦尔斯对海军的人事大权进行了改革。经过他的努力,终于将海军的人事任免权从那些思想守旧的人那里争夺过来。同时,他制定了军官考核制度,要求所有的志愿兵部队都必须接受考核。这样就可以把累赘人员淘汰掉,把年富力强的军官提拔起来。他们还采取了两项新措施:一是对不同情况的军官择优录用,委以重任。二是将国会反对给海军军

① Bern Anderson, *By Sea and By River: The Naval History of the Civil War*, New York: Knoft, Reprinted by Da Capo, 1989, p.8.

② Nathan Miller, *The US Navy: An Illustrated History*, New York: American Heritage, 1985, p.130.

官授予高军衔的偏见扭转过来。他于 1862 年说服国会同意,可以授予海军军官准将、少将军衔。①

北方海军的扩充速度相当惊人:1861 年 7 月 24 日,国会通过《暂时扩编海军法》,增加了 7500 名志愿军官。

1861 年 9 月海军舰只为 82 艘,1861 年 12 月便增加 2 倍,达到 264 艘,1862 年 12 月达到 427 艘。1862 年还组建了内河舰队,后改为密西西比舰队。北方海军很早就认识到装甲舰的重要性,1861 年 8 月 7 日,联邦批准了建造 7 艘装甲舰,并成立装甲委员会组织生产装甲战舰。

1862 年末,北方全面推行总体战略,把海军作为这一战略实施的中坚力量。北方海军加快发展步伐。开始把蒸汽战舰作为重点,海军部成立了蒸汽机工程局,由本杰明 · 艾什伍德为局长。他与造船维修局的伦索尔密切合作,加速建立了一支蒸汽舰队。北方海军以飞快的速度扩大:

1863 年,拥有舰艇 588 艘,3. 4 万人;

1864 年,拥有舰艇 671 艘,5. 15 万人;

1865 年,拥有舰艇 700 多艘,②其中蒸汽战舰 200 多艘。

此时美国海军也已组建了 4 支强大的舰队,成为世界第三大海军强国,很快开赴海上执行任务,对内战的胜利起了决定性作用。这种发展速度不仅在美国历史上是空前的,在世界上其他国家也是非常罕见的。

长期以来,美国实行的是志愿兵役制,即公民都是自愿入伍,战时的扩军名额按人口数分配给各州。和平时期,由于危险性小、部队

① Nathan Miller, *The US Navy: An Illustrated History*, New York: American Heritage, 1985, p.130.

② 刘祚昌:《美国内战史》,人民出版社 1978 年版,第 198 页。

待遇稳定,还能够勉强招募到足够的兵员。可是到了战时,便很少有人自愿参军了。在内战初期的海军招募中,这种矛盾尤其突出。

北方海军通过各种途径招募人员,到战争快结束时,海军已有5万多人,每5个现役军官里有4个是志愿军官。① 这些人员来自于各个不同的阶层,在海军造船厂给他们安排了一些为期很短的军事课程,大部分训练和学习都是通过海上的实践来积累经验。

同时,志愿兵也大量涌入海军中,领取每月20美元的补贴。1864年,海军人员总数达到了最高峰的51500人。其中,外籍人占了相当大的比例,本国的青年很少有人愿意参加海军。1863年,"哈特福德"号上有324名船员,其中216名是外籍人(意大利人占84名)。② "韦伯西"号上有一半是外籍人。在小型战船上,这种比例恐怕更高。在这种情况下,海军的战斗力可想而知。

北方后勤保障体系满足了海军的补给需要,使海军人员获得了丰富的食品、衣服和军用物资,同时,良好的卫生保障系统大大减少了海军人员伤亡和致残率。这一切为北方获得最后的胜利提供了保障。

总之,在总体战中,海军起了关键作用,他们对南方海岸线实行严密封锁,切断了南方与外界的几乎所有联系,窒息了南方的经济,为战胜南方起了决定性作用。

五、其他改革措施

除了上述革命性的改革措施外,在内战期间北方还在军事制

① Nathan Miller, *The US Navy: An Illustrated History*, New York: American Heritage, 1985, p.129.

② Nathan Miller, *The US Navy: An Illustrated History*, New York: American Heritage, 1985, p.130.

度方面进行了许多重要改革,主要有:

(一)建立了军人退休制度

在美军内,由于一直没有制定必要的退休制度,军官大量超期服役,50 岁的中尉、上尉比比皆是,高级军官更是充斥了白发苍苍之辈。由于这些人不退休,占据了重要职位,堵住了年轻军官的升迁之路,从而大大挫伤了他们的积极性和进取心。因此,国会于 1861 年 8 月 3 日通过了一项法案,批准了第一个军人退休计划。法案规定:凡受伤致残或服役期满 40 年的军官,退休后可以领取全部的薪金和津贴。这一措施十分重要:一是明文规定了服役退休的年限,有了这项措施,才有可能安置和平时期超龄的高级军官。二是为退休和伤残者规定了与在职人员享有同等的经济收入来源,从而避免了他们的后顾之忧,并使军官退休形成了制度。该计划的缺点,是没有规定晋升制度。同时,服役期限太长,规定为 40 年,无助于克服军官年龄偏大的问题,而且没有为不同级别的军官规定不同的服役年限。这就可能使一个尉官干满 40 年才退休,同样会出现白发者当连、营长这样的怪现象,也不利于年轻人更快晋升。

(二)建立了军官考核制度

战争爆发后,西点军校毕业生成为重要的军官来源。内战时,军队能够迅速有效地把新兵编成团乃至集团军,主要归功于西点军校培养的毕业生。当然,相对于动员的庞大数字来说,西点毕业生的人数显然无法满足需要。而且战争开始后,西点中的南方学生很多提出了辞职。有 115 名退伍的西点军校学生到北方军队服役,399 名毕业生加入由志愿兵组成的团队。除此之外,有 440 名西点毕业生留在了正规军部队。随着部队的发展,很多西点毕业生进入了高级指挥岗位。但是,部队中多数上校是军事上的外行,下级军官更是如此。即使政府解散正规军,把军官分散到志愿兵部队,仍旧满足不了需要。

在这种情况下,部队采取了让士兵选举他们的中尉、上尉,由上尉选举校官的办法。由于没有现成的军官产生办法,选举至少可以发现一些有领导才能的人。即使尽快建立军官培训学校,也无力为第一批部队输送军官。同时也没有足够的称职的人来组建学校。

随着战争的推进,为了清除不称职的军官并选拔优秀人才,国会于 1861 年 7 月 22 日通过法案,陆军部则于 7 月 25 日下达命令,要求所有的志愿兵部队军官必须接受考核。考核委员会由陆军司令和军衔最高的将军共 3 人到 5 人组成,后来这个委员会发展成“美军军官考核委员会”。考核合格者替换不称职者。在开始实行考核时,因方法和内容不统一规范,加上军官文化素质不高,许多人根本不参加考核,所以考核未达到预期效果。但这一制度的建立为以后更好更科学地选拔人才下了基础。

(三)规定了正规军的服役期限

战争爆发后不久,林肯便多次要求征召服役期三年的军队,但未能成功。1861 年 7 月 22 日,林肯签署法令,规定士兵的服役期是半年。半年后士兵可自行决定是继续服役还是复员。但是三天后,迫于失败的压力,国会立法予以修正,授权林肯征召 50 万志愿军,服役期限为三年或整个战争期间。该法案把军队的服役期延长,从而避免了以往历次战争中士兵服役期一到便离开军队、影响军事行动进行的情况。

(四)建立了晋升和奖励制度

美军以前没有奖励制度,这样不利于调动官兵的积极性。为更好地提高士气,北方军政当局开始对于立有战功的官兵给予各种形式的奖励。这些措施主要有:一是授予各种荣誉勋章和军徽。1863年开始,北方军队开始对有功士兵授予"荣誉勋章"。同年,波托马克军团司令胡克指示各师都要将自己独有的徽章缝在军帽上,每个部队的徽章图案各不相同。这样既可以提高对部队的辨认程度,又能提高部队官兵的自豪感。一年后,各部队均仿照波托马克军团的做法,制定自己部队独特的军徽标志。二是对有功者优先晋升。战争期间,北方有150名军官因功而晋升为准将和少将军衔,①还有大批士兵被晋升为中下层军官。晋升奖励制度以后逐渐完善,对于调动军人积极性,焕发士气起了很大作用。

六、军事教育和训练制度的发展

在内战中,武器装备有了很大的改进,而且总体战使作战的复杂性和战斗中的伤亡比以往战争大大增加,为了保证兵员,除了要有大量军官负责招募工作之外,士兵的训练问题也十分重要。如果没有良好的下级军官做好士兵特别是新兵的训练工作,军队的战斗力是无法保证的。第一次马那萨斯战役之后,林肯在分析失败原因时,认识到北方军官兵训练很差,士兵服役期短是这次失败的重要原因。北方的舆论界也有同感。大家一致认识到:为了与军事上占优的南方军进行较量并取得胜利,必须加强部队的训练。尽管南方士兵因为传统的原因,其战斗力和战斗经验都高于北方士兵,但是,北方军在非常困难的情况下,在战争中坚持军事训练,使士兵的战斗力在战争中不断得到成长。

内战是一场总体战,需要动员大批军队上战场。因此,从建国时期就已存在的美国职业常备军及后备力量不足的问题在这次战

① Walter Millis, *American Military Thought*, New York, 1966, p.84.

争中就显得尤为突出。

为了解决职业常备军兵力不足的问题，南北双方在战争初期都重新开始重视并组建民兵。在北方，多数州重建的民兵承担了内部防卫、驻守要塞和战俘营、保卫交通线和工业系统、巡逻加拿大和印第安人交界的地区等任务。但是，以往被忽略的军官问题仍然困扰着北方军队。美国职业常备军的各级将领大多数出生于南方奴隶主家庭，西点军校的毕业生大都是奴隶主子弟。战争爆发后，他们投靠了南方，致使北方军事人才一度极为匮乏。北方陆军曾估计在同南方作战的最初阶段，将需要约 2 万名各级军官来领导部队。西点军校和诺维奇的毕业生至多仅能提供 1500 名忠诚的军官。① 面对这样的局面，北方军队不得不起用非职业军官，但是，从未接受过任何正规军事训练的平民军官通常很难胜任指挥职责。这种不利的现状促使人们开始重新反思美国的军事教育体制。然而，很少有人认为应该扩大军事院校的建设。相反，美国人更多地将目光再次投向了普通高等院校，将其视为真正解决问题的最终方法。这主要是出于两方面的原因：一方面，在内战爆发之前，美国军事体制的发展抛弃了以往双重成分军队的传统，转而只重视军队职业化建设，这使一小部分高度职业化了的军官集团开始逐渐与平民隔离。这些军官集团的成员主要是来自社会结构的顶层，依靠家庭背景取得官职。而军事院校尤其是西点军校在此期间也发生了变化。它已不再如杰斐逊所期望的那样，是军民合一的军事教育模式的代表。在民众心目中它具有贵族的名声，并产生了一种独特的、不同于大众文化的军事文化。它提出杰出

① Michael S. Neiberg, *Making Citizen-soldiers: ROTC and the Ideology of American Military Soldiers*, Harvard University Press, 2000, p.20.

人物统治论,对军官集团的贵族化负有着不可推卸的责任。正是这样的军校毕业生在联邦军队中的表现并不能让人感到信任和满意。另一方面,在内战之前,以奴隶主阶层为主的军官集团具有反民主的倾向。这使美国人民再一次产生了类似于建国初期的对民主自由的担心。在大众的思想和文化中再次兴起了对公民军及军队非职业化的偏爱,以此来抵消弥漫在公众中的,对职业化常备军的忧虑。人们希望依靠地方武装力量来减轻对威胁民主自由和反联邦的恐惧。

正是基于上述原因,1862 年 7 月,联邦国会批准了《莫里尔法案》。该法案的内容主要是联邦政府为支持建立公立高等学校,向一些州赠予土地。佛蒙特州众议院议员贾斯廷·史密斯·莫里尔(Justin Smith Morrill)是法案的提出者。1857 年《莫里尔法案》第一次被提交国会审议,并且在 1859 年得到通过,但是布坎南总统否决了这项法案。内战的爆发使情况发生了改变。1861 年,莫里尔对法案中有关开设课程的规定进行了修改,即受资助的学校除了开设工程和农业课程外,还需要开设军事策略课程。法案再次在国会得到通过,1862 年 7 月,林肯总统正式签署了《莫里尔法案》。

该法案规定:联邦政府按各州在国会中的参议员和众议员的人数向各州赠予公共土地。土地的数量按每一位参议员和众议员 3 万英亩计算。各州出售土地后所获得的资金用于资助至少一所该州的大学。在这所大学中,应有科学和古典文学的研究,还包括军事策略、农业和机械制造等学科。① 法案实施以后,联邦政府总

① Henry Steele Commager, *Documents of American History*, New York: Prentice Hall, 1973, p.413.

共向各州赠与了约 1300 万英亩土地以建立类似的公立学校。① 莫里尔期望这一创建公立大学并教授军事战术的计划将培养出更多的受过训练并拥有军事知识的非职业军官。正如人们所认为的:“莫里尔提供了这样一种选择,将平民教育机构中的军事训练作为一种措施,使民主的人民通过这一措施既能够得到可以胜任的军官集团……而又没有对他们的基本自由的威胁。”②因为公众普遍相信,那些就读于通过政府赠予地所建立的普通高等院校的学生与西点军校的学生之间有着本质的区别。普通高校的毕业生尽管接受过军事训练,然而他们首先是公民,其次才是军人。他们更为平民化,不可能出现贵族化的趋向。而且这些普通院校的毕业生在参军以后,还有可能将民主自由的风气带入军队,对于职业常备军所具有的潜在贵族化和专制化传统起到了重要的平衡作用。因此,普通大学毕业的学生将有助于抵制职业常备军中存在的专制和贵族因素,良好的学校教育会保卫美国的自由。正是这一点使《莫里尔法案》在军队现役军官的问题上与美国自由民主的传统信仰相协调一致。一方面,它规定了那些普通院校的毕业生可以自由选择是否为军队服役,这与杰斐逊的军事教育思想有着不谋而合之处。另一方面,它以地方训练的非职业军官部分地取代西点军校的毕业生,也在一定程度上减轻了美国人民在心理上对职业常备军所具有的恐惧。

为了保证兵员,除了要有大量军官负责招募工作之外,士兵的训练问题也十分重要。如果没有良好的下级军官做好士兵特别是

① Henry Steele Commager, *Documents of American History*, New York: Prentice Hall, 1973, p.412.

② Michael S. Neiberg, *Making Citizen-soldiers: ROTC and the Ideology of American Military Service*, Harvard University Press, 2000, p.21.

新兵的训练工作,军队的战斗力是无法保证的。第一次马那萨斯战役之后,林肯在分析失败原因时,认识到北方军官兵训练很差,士兵服役期短是这次失败的重要原因。北方的舆论界也有同感。大家一致认识到:为了与在军事上占优的南方军进行较量并取得胜利,必须加强部队的训练。而军事训练也是北方获得胜利的一个间接因素。尽管南方士兵因为传统的原因,其战斗力和战斗经验都高于北方士兵,但是,北方军在非常困难的情况下,在战争中坚持军事训练,使士兵的战斗力在战争中不断得到成长。

1861 年秋天,接近 60 万志愿兵被组织起来接受训练。由于没有足够训练有素的军官,训练士兵必然是一件苦差事。陆军部从未制订过有连贯性的训练计划,这对训练是不利的。斯科特将军曾经想制订一项系统的训练计划。他特别有志于搞好训练,甚至说服了陆军部长卡梅伦,要求州长们为首批服役三个月的新兵集结地点提供训练营。然而,由于需要尽快集结一个集团军保卫首都,以及后来要把这支军队用于发动进攻,斯科特的计划没有得以实施。北方部队的团为参战而训练的时间是不固定的,这不仅取决于军官的经验和知识,还要靠他们认真的态度。麦克莱伦就任波托马克集团军指挥官之后,往往长时间地延迟发动攻势,这不是没有道理的,因为训练部队需要时间。

北方军中那些颇有认真负责精神的业余军官,花费了很多时间去研究陆军规则、战术手册以及其他军事著作。他们走出帐篷,力图将这些写在纸上的条文运用到战场上。国会对训练的态度是支持的,先后两次拨款 5 万元为志愿兵部队购买战术手册。那时,最盛行的教材是斯科特将军的《步兵战术》,1855 年被采用定为正式教材的威廉・J.哈迪的《步枪和轻步兵战术》(尽管作者已经叛逃南方,但是其著作还是在流行);还有塞拉斯・凯西的《步兵战术》,这本由一名忠诚的军官所著的书,1862年代替哈迪的著作成为官方正式教材。许多军官勤奋学习这些著作,他们把学习研究的内容应用到实践,取得了显著的成绩。由于军事院校的毕业生和正规军人的监督协助和示范作用,业余军官相当出色地把自己和士兵培养成了军人。

内战时期的军事训练除了缺乏时间和有经验的军官之外,还有一个弊端就是训练内容和战争实践脱节。在19世纪60年代,除了阅兵场上的操练之外,没有人把训练同模拟战斗或者困难的实际结合起来。就连职业化的军人也是如此。例如,军队的射击训练就没有定式,完全根据军官的主观意念和军事背景自由进行,所以,射击训练在每个部队是千差万别的。军事训练的主要内容是操练,这种操练旨在训练军官迅速把他们的军队从行军纵队转换成战斗队形,并在战斗中保持手册所规定的制式队形。队形必须严格遵守手册的规定,受到严格的纪律束缚。由于操练队形需要很长时间,战争中几乎没有军队认真进行过这种刻板的训练,南方军队也是如此。

在战争开始后不久,志愿兵部队既能补充经过考核的军官,也能自己训练新兵。当战争持续下去,从士兵中提拔军官,是确保补充军官的最通用的方法。集团军和军的优秀指挥官命令所有的团,包括老兵成分多的团,都要把一切可以利用的时间进行武器使用和战术训练。但是由于后来实施的新兵独立编团,大大降低了训练的效果,新兵还没有从老兵那里获得经验和训练,就要在同样没有多少经验的新军官的领导下投入战斗。

志愿兵部队遇到了各种与训练有关的纪律问题。平民战士不愿盲目服从不久前还是他们邻居的军官,因为军官所掌握的军事知识,充其量不过是刚从书本上搬来的东西。为迁就和吸引新兵,志愿兵部队放弃了在正规部队中实行的严厉的纪律惩处。鞭打处罚在1861年被废除,这使长期以来一直反对鞭打的人道主义者十分满意。但是按照正规部队的标准来衡量,包括在外国军事观察家眼中,内战时期的军纪是非常松弛的。当军官提高了能力和自信心的时候,他们又想按照规定的条款和精神行事。1864年,步兵中的残忍惩罚和炮兵中鞭打的惩罚又成了家常便饭。

训练中存在的问题造成了战争初期很高的伤亡率。士兵只会在阅兵场上操练,不懂在面对敌人时如何更好地保护自己。随着战争的继续,尽管战争经验的丰富和战术技术的提高可以降低敌军的射击精度,但伤亡率仍在上升。在第二次世界大战中,10%的伤亡率就会让人无法接受,而在美国内战中,有的部队一次伤亡率就达到50%,个别的甚至高达80%。显而易见,这就不仅是训练的问题了。在技术进步的同时,战术却根本不能适应战场需要,或者适应得很慢。

内战中,为了适应总体战的需要,北方恢复了中断已久的平民军事训练,在战时加强了对征召入伍士兵的训练,大大提高了官兵的军事技能和作战素养,这是北方取得内战胜利的重要原因。

以上的改革和制度建设,不但为内战胜利铺平了道路,还为将来美国军事制度的建设奠定了坚实的基础。

第五节　美国南方的军事制度

美国南方挑起了内战,原是想速战速决,打败北方,迫使北方承认其独立。但是没有想到,北方越战越强,对南方采取了灭亡其制度的总体战,南方为了生存,也被迫采取总体战回击。因此也建立了相应的军事制度进行总体战。

一、南方的经济基础和前期的战争准备

南部的经济基础是远远不及北方的，南部共 11 个州，900 万人口，其中有 400 万人是黑人，黑人中奴隶为 383 万人。南方是一个以农业活动为主的地区，绝大多数人从事的是农业。南方只有 1.8 万家工厂，产业工人 11 万人左右，工业基础薄弱。当战争爆发，需要加强工业生产的时候，就需要大量的技术工人，这是南部所欠缺的。

但是，南方既有自己的不足，也有自己的优势。从战争的角度看，南方处于内线作战，军队多半不离开本土，熟悉地形，易于就近得到补给。在军事人才方面，南部更是占有很大的优势。南部地区是独立战争时期美国军队的重要基地，很多将领来自南部。辉煌的历史使南方人，特别是奴隶主阶级，历来有崇尚军事的传统。在和平年代，为了应对奴隶的逃亡和反抗，奴隶主一直保持着军事力量和骑射训练的习惯，军事基础比北方要雄厚。内战前，在南部地区进行征服并驱逐印第安人的战争和侵略墨西哥的战争，使南部地区延续下了殖民地时期就形成的尚武传统。一些奴隶主世家子弟，往往选择军校求学，毕业从军。美国的军事院校集中在南部各州，为南部培养了一大批军事人才。南部脱离联邦后，南部军官大多数选择了加入南部邦联阵营。其中包括名将罗伯特·李、托马斯·杰克逊、约翰斯顿以及博雷加德等。美军陆军军官的三分之一、海军军官的四分之一加入了南方的军队，①为南方提供了丰富的军事人才。内战中，南方先后有 8 人提升为上将。这在对授衔极其严格的美国军方是很少见的。1860 年美国全国的 8 所军事院校中，有 7 所在蓄奴州。1861 年弗吉尼亚军队的战场指挥官

① Maurice Matloff, *American Military History*, Office of the Chief of Military History, United States Army, Washington D.C., 1969, p.188.

中,有三分之一是弗吉尼亚军事学院的毕业生。在就学于弗吉尼亚军事学院的 1902 人中,有 1781 人为南方而战。① 西点军校的情况也是如此。

南部邦联各州在战争开始前就开始了军事准备。南方的战争准备进行了长达 10 年,早在 1850 年,南方政治的代表人物威廉·特列思考特就宣称:“没有一个国家政治上的成熟不是经过严酷而灼热的内战。”②南部的蓄奴州在做出脱离联邦的选择之后,就已经开始组建并不断扩大各州的志愿兵。当时,一些分离运动的领导人,纷纷在地方上召集志愿兵,组建志愿兵部队;另一方面,州政府开始加强州志愿部队的建设。早在 1860 年大选期间,由于预料到林肯的胜利,南卡罗来纳州首先成立了效仿独立战争时期的快速民兵部队“一分钟人”,进行军训。林肯当选后,南部其他州也出现了“一分钟人”的组织。南卡罗来纳脱离联邦之后,进一步增加了武装部队,在几乎每一个城市都建立了武装卫队。在一些地方,秘密组织起来的号称“骑士”的武装以林肯的木板像作为射击的靶子。这时,各州的立法会议共同承认这些武装组织为合法组织。③ 他们的先期行动,为南方邦联军队建立了兵员基础。

南部邦联成立之后,备战活动更加速进行。南部邦联国会通过法令,建立正规军 1 万余人,皮埃尔·博雷加德被任命为陆军准将。1861 年 2 月 28 日,南方国会授权“邦联总统”戴维斯指挥各

① James M.McPherson, *Battle Cry of Freedom*, *The Civil War Era*, New York: Oxford University Press, 1988, p.328.

② [美]塞缪尔·埃利奥特·莫里森等:《美利坚共和国的成长》(第一卷第一分册),南开大学历史系美国史研究室译,天津人民出版社 1975 年版,第 832 页。

③ Athur Clarles Cole, *The Irrepressible Conflict*, *1850—1865*, New York: Pearson College Div, 1934, pp.289-290.

州的武装部队或志愿军。各州也积极建立武装部队。

为了战争,南方还提前进行了武器装备的准备。他们同纽约、新英格兰和巴尔的摩的军火商订立供货合同。戴维斯在 1862 年 2 月就派人到北方抢购武器和物资。内战爆发前,军用品大量流入南方。另外,布坎南在任期间,曾把一些武器装备运往南方的仓库储存。由于历史的原因,美国重要的军火库、军事要塞和海军基地多设在南方。南方在脱离联邦之后很快占领了这些军事设施,获得武器 19 万件,财产总值 3000 万美元。在从英国得到了 5 万支步枪的援助之后,南方还从英法等欧洲国家陆续购买了 40 多万支步枪。南军强行占领了各州境内属于联邦的要塞、兵工厂、海军船坞、税关、邮政局以及造币厂。路易斯安那在巴吞鲁日的联邦兵工厂被夺取了 4.7 万件以上的小型武器;佐治亚州在奥古斯丁夺取了接近 2.3 万件武器;北卡罗来纳在拉菲德夺取了 3.7 万件;南卡罗来纳、亚拉巴马和阿肯色分别在查尔斯、维尔农山以及小石城夺取了大量的武器。战前,布坎南的内阁中亲南方的官员也利用职务之便帮助南方备战。陆军部长把 11.5 万支来复枪及滑膛枪运往南方,还把一些亲南方的军官安排到南方驻军中。财政部长赫尔·科布还把大量款项转移到南方银行去。

南方海军基本上是白手起家,虽然在战争爆发时有 350 名训练有素的海军军官加入,但是南方海军却没有船只可以使用。南方海军部长马洛里在没有造船厂和军舰的基础上开始建立南方海军。1861 年 5 月,他派海军代表詹姆斯·布洛克前往英国购买军舰,同时改装了一艘铁甲舰“弗吉尼亚号”。由于购船需要时间,同时针对北方的封锁,南方海军的另一个重要战略就是武装袭击商船。因为美国保留了民用船只拥有武装的做法,所以,1861 年 5 月 6 日,南方邦联国会投票决定签发民用船只捕押和报复敌方船只特许证。从此,袭击商船成为南方海上战场的重要打击方式。

二、南方的军事思想

(一)南方的战略思想

战争伊始,南方便制定了周密的战略计划。南方总统戴维斯本身就是一名经验丰富的军人,他原本推崇进攻战略,但是从他的政策和行动上分析,内战中戴维斯还是主张防御战略。他想通过持久防御争取时间,同时等待欧洲势力的干涉,造成复杂的形势,迫使北方承认南方独立的现实。戴维斯的防御战略就需要南部邦联把防御的设备和人力沿着整个陆海边界散开,那就会出现很多薄弱点。如果这样,将正中林肯战略思想的下怀。但是,战争中,罗伯特·李又根据战争的形势和力量对比提出了自己的战略计划。

罗伯特·李是美国最杰出的军事统帅之一。他 1829 年毕业于西点军校,参加过墨西哥战争和镇压约翰·布朗起义以及对印第安人的战争。内战初期任南军主力北弗吉尼亚集团军司令,后担任南方军司令。他根据双方力量悬殊的状况,制定了以守为攻、掌握战略主动权的战略。他认为,在南方处于人力劣势的情况下,应当由南军而不是北军来决定关键性的决战发生的地点。应该采用以攻为守的战略,在关键地点集合起足够数量的人力物力。所以他不迷恋夺取华盛顿和里士满,而是寻找机会与北军决战。只有把部队集中起来才能获得局部优势,重点保卫首都以便歼灭北军主力。当然这个战略也要付出人力上的代价,迫使北军接受南方独立的现实。

在战争的第二阶段,李也清楚地认识到:在力量悬殊的战争中,南方胜利的可能性不大。因此要尽力用军事压力迫使北方与南方讲和。要以彻底进攻的战略使南军攻入北方领土,在北方土地上击败北方军队,必要时进攻费城、巴尔的摩或华盛顿等大城市,从而彻底摧垮北方继续进行战争的意志。为此,战争后期,他指挥的弗吉尼亚集团军不断主动发起进攻,而不顾自己的人力资源限制和后方供应的困难,结果在进攻中耗尽了元气,铸成了败局。罗伯特·李的目的是:用延宕的战术把战争拖下去,使北方厌倦战争,造成北方内部反战情绪的高涨和打击北方政府继续战争的决心。同时把希望寄托在1864年的总统选举上,指望民主党势力上台,结束战争,承认南方政府。这种思路是由李的政治短见造成的。李始终没有意识到战争的第二阶段,随着革命战争方式的推行,斗争的矛头已经指向了南部的生存根基——奴隶制度。而这个问题上,南北方的矛盾是不可调和的。

南军另一位重要将领约翰斯顿在战争后期的策略,除了没有采取主动进攻之外,其思维的核心也是类似的,那就是不管用什么办法,把战争拖延下去,通过拖延使北方民穷财尽到放弃战争的地步。南方战略的三位代表人物中,罗伯特·李的观点占主导地位,主要执行者是约翰斯顿和戴维斯。

(二)南方的战术思想

南方面积广大,道路缺乏,主要以农业为主,所以,南方军人自然会采用游击战法。南方人崇尚武力,具有习武的传统,军事素养好。尽管就整体数量而言,南方的军队处于劣势,但是,就个体而言,南方军人却能快速适应多变的环境,不像北方军人只想根据操典的要求来克服遇到的困难。良好的军事传统使南方军人的单兵作战能力强过北方军人。除了缺乏纪律性以外,南方军人就个体来说,可以说都是当时最优秀的战士。南军将领丹尼尔·希尔曾经这样写道:“他们总是具有极高度的自信力,只服从他们愿意服从的东西,对于操练和纪律都是感到不耐烦。在担负搜索任务和以散兵线作战时,他们可以算是盖世无双的。但是对于正规的战法,与一切以操练和纪律为基础的行动,他们却都不懂得,也不注意。所以在战场上他们很像古代的游侠之士,而不像一部机器。他们在前进时,好像是一群乌合之众,毫无秩序可言。”①

南方军人的这种特点在内战中获得了很大优势。因为在过去的 20 年中,武器的革新使步枪的射程超过了火炮,而且精确度也比以前有了大的提高。这样,在战斗中,单个士兵的射击精确比排枪齐放赢得火力优势更重要,士兵的主动精神和疏散的队形成为重要因素,而这种战术上的变化,对于南军士兵来说是非常适合的。例如南军的进攻,分别由单个士兵按照自己的线路前进,没有规律也没有秩序。但是,当冲锋号令发出之后,全线就从不同的角度发起进攻。

在美国内战中,南军的士兵一贯轻装上阵,他们每个人背负的重量不过 30—40 磅,而北军士兵负重大约要到 60 磅。南军的散兵战术也使南军在战役中获得了主动。但是南军自由散漫的性格也造成了很多战事上的不利。在战斗时,他们英勇善战,可是一旦脱离了战斗,他们简直就不能称其为军人。正如南军将领泰勒将军所言,当战况愈紧急,则他们愈可靠,可是当没有战斗发生时,他们却愿意坐在家里照顾他们的妻子和料理私事。② 战争中,南军士兵经常离队处理私事。在南军士兵心中,离队是一个合法权利,

① [英]J.F.C.富勒:《西洋世界军事史》,钮先钟译,战士出版社 1981 年版,第 16 页。

② [英]J.F.G.富勒:《西洋世界军事史》第三卷,钮先钟译,广西师范大学出版社 2004 年版,第 18 页。

这个毛病曾经多次使他们功败垂成。

三、南部邦联的战争动员(征兵)体制

由于北方对南方实行了总体战,在人力物力上处于劣势的南方也被迫打起总体战,实行了人力物力的总动员。

南部同盟一个将军写道:“战争中全体人民和国家的全部产品(士兵和军队的给养)都是战争的基础,各种支援战争的制度无不建立在该基础之上,每个公民、每个工业部门此时都只能采取一种态度——为全民防御做出贡献。”①

由于在人口和经济实力上,南方同北方的差距很大,南方的战争动员工作就尤为重要。由于南方的战争准备相对北方要更加充分,所以战争初期,南方的动员工作开展得比较顺利。同时,南方奴隶主的战争宣传也起到了鼓动作用。与北方充足的人力相比,南方处于劣势,尽管北方于 1862 年 4 月 16 日在美国历史上第一次实行义务兵役制,但因为战争的非正义性,南方劳动人民和黑人奴隶纷纷抵制,使南方军队始终在 50 万人以内徘徊:1863 年 1 月为 44.6 万,1864 年 1 月为 48.1 万,1865 年 1 月为 44.56 万。②

(一)志愿兵的征召

为了应对马上到来的战争,1861 年 3 月 6 日,南部邦联国会通过立法,授权戴维斯使用南部邦联的民兵、陆军和海军保卫南方,并征召 10 万人的志愿人员服役。志愿兵服役时间为 12 个月,

---

① [美]阿伦·米利特:《美国军事史》,军事科学院外国军事研究部译,军事科学出版社 1989 年版,第 153 页。

② [美]塞缪尔·埃利奥特·莫里森等:《美利坚共和国的成长》(第一卷第一分册),南开大学历史系美国史研究室译,天津人民出版社 1975 年版,第 833 页。

民兵服役期限不超过 6 个月。到了 4 月,战争爆发,为了赢得胜利,南部迅速做出了大规模扩军的决定。1861 年 5 月 8 日,南部邦联国会立法规定,除了已经征召的志愿部队,继续授权总统接受应征的志愿人员。接受的人数,由总统视各种武器的数量而定。除非被批准退伍,否则这些人员的服役期将为整个战争期间。为了快速召集军队,5 月 11 日,南方邦联国会又通过立法,授权总统戴维斯,不必向各州提出正式要求,就可以接受自愿服役的部队和应征人员,以免耽误时间。服役期由总统确定。1861 年 8 月 8 日,国会还通过了进一步增兵的决定,授权总统招收人数不超过 40 万的志愿人员为南部邦联服役。他们可以自愿作为骑兵、骑步兵、炮兵或步兵。接受各兵种的人数,由总统视各种武器的数量情况而定。这些志愿兵自入伍之后,服役时间不超过 3 年,但除非更早被批准退伍,否则服役期限不少于 12 个月。1861 年 8 月 21 日,国会又授权总统征召紧急志愿兵来保卫危险地区或总统认为需要的特别任务,数量和服役期限视需要而定。1861 年底,授权陆军部长采取措施,为服役期限为战争期间和服役期限为 3 年的连队招募人员。1862 年 1 月 23 日,国会通过法令,修改了 1861 年 3 月 6 日立法确定的志愿兵服役期为 12 个月的规定,授权总统要求各州提供部队,服役期为 3 年或者整个战争期间。

南部邦联的兵员发动还扩大到了边界的蓄奴州。内战爆发前,南部邦联就派人在马里兰招募志愿者。内战爆发后,邦联国会于 1861 年 8 月 8 日通过法令规定,接受上南部没有脱离联邦州的志愿者。该法授权总统委任上尉以上军衔的军官,招募和指挥来自肯塔基、密苏里、马里兰和特拉华州居民组成的志愿团队和营队。1861 年 8 月 30 日,国会授权总统在南部邦联建立招兵站,招募来自边界州的人作为志愿兵为南部邦联服兵役。内战期间,确实有一批边界州的人组成了志愿军队,加入了南部邦联的军队。

当邦联政府发出征召军人的号召时,南部社会立即做出了积极的回应,年轻人纷纷涌向军营,出现了志愿参军的热潮。一时间,南部应征的志愿者远远超过了邦联政府征召军队的数额。但是,随着战争的全面展开,战争越来越不可能在短期内结束。漫长的战争岁月,激烈残酷的战场和高得吓人的伤亡率摧毁了南方人民对战争的浪漫想象。军队士兵开始劝告自己的亲人不要再参军,服役到期的军人很少有人愿意继续服役。到了 1862 年,随着南方军队在西战场的不断失利,南方军队的军心更加不稳。

为了鼓励志愿兵继续服役,保证兵员,南部邦联国会于 1861 年 12 月 11 日通过法令,给愿意继续服役三年或者整个战争时期的临时军队的所有士兵、非委任军官和乐手每人 50 美元的奖金。原定服役期为 12 个月的现役军人,如果在服役期到期前,重新参军,继续服役,并且服役期能延续 2 年、3 年或整个战争期间,则给予不超过 60 天的休假。允许这些重新参军的人组成自己的连队,选举自己的军官。这些连队还可以组成营和团,选举他们的第一任营团军官。以后出现军官职位空缺,由该连、营、团中提拔人员填补。但是这个政策不仅没有取得积极效果,反而造成了一些服役到期的军人借休假之机脱离部队,影响了南部军队的兵员。

1862 年 1 月 27 日,南部国会通过立法,要求征召原定服役期为 12 个月的现役志愿军人到连队继续服役,这些连队可以征召或接受志愿人员,使连队官兵人数达到 125 人,服役期为 3 年或整个战争时期。通过这种途径征召的连队,在其原来连队的服役期到期时,可以选举他们委任的军官。以后这些连队的委任军官职位出现空缺时,将提升这种选举产生的委任军官来填补。法令还规定,这些原定服役期为 12 个月的团、营和骑兵中队的上校或指挥官可以特派出一位委任军官以及每个连不超过两名士兵,去为他们的连队招募新兵。这些招募的新兵将获得50美元的奖金。1862年2月3日,南部国会又立法规定,目前在任何州服役、服役期不少于3个月的其他军人,如果重新参军为南部邦联服务,原服役期加上新的服役期达到3年的,也享受临时军队中重新参军的那些军人的各项优待。

尽管不断出台政策和法令,南部的兵员问题始终没有得到根本的解决。因为南部邦联的人口本来就少,能够投入战争的青壮年自由民则更少,加之战争的延续使人们对参军的热情不断消退,南部的兵员不足始终是难以克服的困难。南部邦联被迫走上了强制征兵的道路。

(二)《强制征兵法》

在南部邦联政府实行强制征兵政策之前,一些州已经采取了强制征兵的政策,或采取了变相强制征兵的行动。佐治亚州就要求年龄在18岁到45岁的所有健康男子到县城或者人口中心去参加游行,通过制造热烈的气氛,诱使一些热情冲动的人自愿参加州军队。然后把这样召集起来的州部队提供给南部邦联当局,完成佐治亚州的招兵任务。对于通过这种办法仍然不能完成征兵配额的县,州长布朗就诉诸强制征兵活动。通过这种造势宣传配合强制手段的办法,布朗招募了22000人,远远超过了该州12000人的配额。①

1862年2月起,戴维斯在给国会的报告中不断提出新的征兵要求。先是要求延长部队的服役期限以保证有足够的兵员应对长

① E. Merton Coulter, *The Confederate States of America, 1861 - 1865*, Baton Rouge: Louisana State University Press, 1950, p.328.

期的战争。到3月初,又提出增加部队和装备的要求:陆军应该增加到30万人,海军应该增加50艘铁甲舰以及一支由10艘巨型战舰组成的舰队。军队增加后,相应地增加750000件轻武器,5000门大炮,500万吨火药。① 1862年3月28日,戴维斯向国会提出了征兵要求。他在给国会两院的咨文中说:"……除了老幼之人外,没有依法免除兵役正当理由的所有人,都必须为国家尽其服兵役的义务。这样,负担就不会完全落在最勇敢和爱国热情最高的那些人身上"。据此,他建议国会通过征兵法,规定所有年龄在18至35岁的、居住在南部邦联的人,都有服兵役的义务。②戴维斯的建议和要求,除了受南部经济条件制约的、增加海军和装备的要求没有得到完全支持,其他的几乎都得到了南部国会的支持。

1862年4月16日,美国历史上第一个《强制征兵法》出台。法令规定:授权总统召集南部邦联居民中年龄在18岁到35岁之间的所有白人男性为南部邦联服兵役。除非战争更早结束,否则由此征召的军人服役期为3年;现在仍在军队服役的人,如果其现在的服役期在战争结束前到期,则从原参军日期计算,将服役期延长到3年。那些现在军中服役的年龄在18岁以下或35岁以上的人,除非他们的位置能够被年龄在18到35岁的新兵填补,否则他们必须继续在军队服役90天时间。法令的第九条规定:接受没有

---

① *Journal of the Congress of the Confederate States of America*, 1861–1865, Vol. V, p.56. 资料来源:http://memory.loc.gov/cgi-bin/query/r? ammem:@field(DOCID+@lit(cc0057)。

② *Journal of the Congress of the Confederate States of America* 1861–1865, Vol. V, p.157. 资料来源:http://memory.loc.gov/cgi-bin/query/r? ammem:@field(DOCID+@lit(cc0057)。

服役法律责任的人作为替身,代替他人服兵役。①

这个《征兵法》出台之后,产生了一系列的问题。奴隶主可以免服兵役,造成了白人平民的不满。义务兵役制对青壮年男子的需求同样对南部后方的生产和后勤产生了负面影响。

南部本来就不丰富的人口资源,难以满足前线和后方同时作战的要求。矛盾的加剧使后方的生产和后勤供应陷入困境。更重要的是,这个强制征兵的政策,彻底改变了美国的征兵传统,使人们在思想和感情上难以接受。尤其是《征兵法》一刀切的做法,并不适合当时南方的社会环境。所以《征兵法》自颁布之后,就不断出台补充的规定,来完善这项政策。

1862年4月21日,南部国会通过了第一个豁免法,豁免的范围包括邦联和各州政府的司法和行政官员、国会议员和州议会议员、法律许可的邦联和各州政府的文职官员、邮差、渡口工人、河流和铁路运输工人、电报操作员、矿工和冶金工人、棉毛纺织厂工人、报纸印刷工人、每个企业的一名药剂师、牧师、大学教授以及有20名学生的教师、聋哑盲学校的教师、医院的护士和陪护护士。1862年10月11日通过的豁免法扩大了豁免的范围,增加了身体和精神有疾病不适合服兵役的人员、邦联和各州政府雇佣的办公人员、已经在各州服役的志愿军人、政府出版物的公共出版人及其必要的雇员、由于宗教信仰而不愿服兵役的人(但这些人必须提供一个替身或缴纳500美元税款),技术工人的范围也扩大了,还增加了对农牧业人员的豁免。这些豁免条款的主要目的就是缓解前方

① James M.Matthews ed., *The Statutes at Large of the Confederate States of America, Commencing with the First Session of the First Congress*, Richmond, 1862, pp.30-31.

和后方在人力资源问题上的矛盾。

南部邦联的豁免政策引发了南部社会新的问题和矛盾。雇佣替身的政策使贫富人群之间的矛盾加深,豁免种植园主或监工服兵役的政策,让不是奴隶主的南部自由平民十分不满。因为有了豁免政策,南部很多人为了逃避兵役弄虚作假,很多人伪造职业身份以求获得豁免。为了解决这些问题,南部邦联不得不修改豁免政策。

1863 年 4 月 2 日,南部邦联国会通过法令,解除当选为文职官员的军人的军事服务义务。1863 年 5 月 1 日,南方国会立法修改豁免法,新法规定:废除拥有 20 名奴隶的种植园豁免 1 个白人服兵役的规定;在所有白人都有服兵役责任的农场和种植园,为了监督和管理奴隶,对于有 20 名以上奴隶的每个农场或种植园,其所有人是未成年人、心智不健全之人、寡妇,或在南部邦联军队中服役而不在家园之人,则豁免 1 个人,由此被豁免的那个人必须在 1862 年 4 月 16 日前已经被雇佣担任监工;对于在 1862 年 10 月 11 日后从任何农场或种植园分来黑人,从而将奴隶人数增加到 20 人的农场或种植园,则不能获得 1 人的豁免;被豁免的每一个人在其被豁免期间,由奴隶的主人每年向邦联财政缴纳 500 美元的钱款;对于白人或奴隶监工遭到过度征调的地区,由于进行粮食生产的需要,总统可以本着正义、公平和必要性的原则进行豁免;允许州长豁免各州的官员。这一条规定实际上是南部邦联向州做出的让步。由于南部一些州反对南部邦联的征兵活动,州政府利用掌握的豁免权竭力豁免本州人员。北卡罗来纳州豁免了 25000 人,佐治亚州 15000 人。① 其他州也有类似的情况。

① E.Merton Coulter, *The Confederate States of America, 1861–1865*, Baton Rouge in Louisana State University Press, 1950, p.317.

由于南方战斗部队不足,邦联当局不得不进一步加大征兵的力度。1862 年 9 月 27 日,南方国会修改征兵法,把征兵年龄的上限从 35 岁扩大到 45 岁,如果战争不更早结束的话,18 岁到 45 岁的南部白人男子将为南部邦联服役 3 年。①

残酷的战争对兵员的需求越来越大。事实上,南方军队始终兵员不足。1863 年 12 月 8 日,戴维斯在给国会的报告中全面通报了南部邦联的形势。在谈到军队情况时,他指出:尽管南部军人已经成为战争经验丰富的老兵,但兵力不足仍是大问题。为了应对北方大规模的征兵和征召志愿者的活动,南部也应该尽快增加自己的战斗部队。他建议:"兵员的来源是,使所有不正当离开部队的人回到部队;终止替兵制度;修改豁免法律;限制人员特派范围;将所有现在担任马车夫、护士、厨师及其他工作而黑人又能胜任这些工作的人征入军队。"关于豁免制度,他认为,采取豁免政策的目的并不是给某些人授予特权,而是免除那些专业技术人员的兵役,让他们在其技术岗位上为南部邦联提供更好的服务。戴维斯甚至主张将这些专业技术人员也纳入军队,用特派的方式让必需的人员为国家服务,而且这些特派人员可以由技术人员中年龄超过兵役年龄的人担任。他还建议进一步扩大服兵役的年龄范围,"将 45 岁以上身体健康的人纳入征兵范围,让这些人从事守卫据点、铁路和桥梁的工作;在发生士兵逃离部队的地方,侦查逃兵的行踪;担当其特派到陆军部下辖的硝石局、军工局、军粮局和

---

① James M.Matthews, *The Statutes at Large of the Confederate States of America, Commencing with the Second Session of the First Congress*; 1862, Richnond, 1862, pp. 61 - 66, 资料来源: http://docsouth. unc. edu/imls/csstat62/csstat62. html。

军需局的年龄更轻的人的工作”。①

为了进一步征集新兵来缓解白人平民对《征兵法》的怨愤情绪，1863 年 12 月 28 日，国会立法废除了替身制度。规定不允许任何有服兵役责任的人提供替身代替其服兵役，不接受任何替身为南部邦联服兵役。② 这个不再接受替身的法令不利于南部军队吸收那些没有服兵役任务的人参加军队。于是很快，在 1864 年 1 月 5 日，国会立法规定，任何人不得以提供 1 个替身为理由，获得免于提供军事服务的豁免。不过又规定，对于没有服兵役责任而提供了替身去服兵役，则不受此规定的限制。③

1864 年 2 月 17 日，捉襟见肘的南方再次修改《征兵法》，将征兵的年龄范围扩大为 17 岁到 50 岁，年龄在 18 岁以下和 45 岁以上的人组成州防卫后备队，不到本州以外的地区服役；所有白人男性居民，年龄在 17 岁到 50 岁之间者，将在战争期间服役；年龄在 18 岁到 45 岁之间的人，现在已经在军队服役的，在战争期间不得停止服役；年龄在 18 岁到 45 岁之间的尚未参军人，将按照总统规定的时间地点报名参军：密西西比河以东地区报名时间不得超过 30 天，密西西比河以西地区报名时间不超过 60 天。没有合理理

---

① *Journal of the Congress of the Confederate States of America* 1861-1865, Vol. Ⅵ, pp.507-508. 资料来源：http://memory.loc.gov/cgi-bin/query/r? ammem:@field(DOCID+@lit(cc0058)。

② James M.Matthews, *The Statutes at Large of the Confederate States of America, Commencing with the Second Session of the First Congress*; 1863—1864, Richnond, 1863, p.172. 资料来源：http://docsouth.unc.edu/imls/23conf/23conf.html。

③ James M.Matthews, *The Statutes at Large of the Confederate States of America, Commencing with the Second Session of the First Congress*; 1863-1864, Richnond, 1863, p.172. 资料来源：http://docsouth.unc.edu/imls/23conf/23conf.html。

由而没有报名参军者,经总统查实年龄在 18 岁到 45 岁之间者,同样将被征入军队,在整个战争期间服役;属于州地方防卫和特派职位人员,则不需在其居住州之外服役;使用身体不适宜服兵役的人充当政府行政人员。从法令颁布后,监狱看守、医院卫士和职员的工作,军粮、军需和军火部门以及海军机构的工作人员和劳工的工作,由被军医证明是不能服现役的年龄在 18 岁到 45 岁之间的人承担;可以免服兵役的人包括:陆军部确定的不合适服兵役的人,南部邦联副总统、国会和各州议会议员和官员,总统和州长认定为行政必需的政府官员,在教堂主事的牧师,聋哑盲人救济院和精神病院的主管和医生,正在出版的报纸的 1 名编辑和必需的雇员,南部邦联和州政府的公共承印商以及必需的流动承印商,在 1862 年 10 月 10 日已经经营药店并此后不间断继续经营的 1 名药剂师,在过去 7 年一直在行医的年龄在 30 岁以上的医生(但不包括牙医),拥有 20 个学生以上的学院、神学院和学校的校长和教师,公立医院的院长和必需的医生护士,拥有 10 名年龄在 16 岁到 50 岁奴隶的农场或种植园豁免 1 个监工或奴隶主,豁免铁路公司的董事长、司库、审计员、主管以及必需的办事员和工人服兵役。

南部邦联成立了征兵局,负责征兵工作。征兵局使用州政府官员进行征兵活动。1864 年初,戴维斯报告说,南部邦联有 2813 名官员从事征兵工作。第一任征兵局长是加布里尔·J.雷恩斯准将,任职到 1862 年 5 月 25 日。第二任征兵局长是查尔斯·W.菲尔德,任期到 1864 年 7 月 30 日。最后一任局长是约翰·普雷斯顿。1865 年 3 月 7 日,征兵局被撤销,其职权交给负责各州后备部队的将军们。①

---

① 王金虎:《南部奴隶主与美国内战》,人民出版社 2006 年版,第 136 页。

战争中,南方的征兵工作始终面临困难,到了战争后期尤甚。南方人通过各种办法逃避兵役。比如按照兵役法,药剂人员可以免除兵役,因此很多地方出现了一些新开张的小药铺,柜台上摆出各种假药。① 很多人冒名或造假来逃避兵役,有些地方甚至出现了武装对抗征兵。田纳西州还有很多白人加入了北方的队伍。在南方军队中,士兵开小差的情况也很严重。1862 年春天以后,叛乱军队中出勤人数经常达不到名册上全体人员的半数。1863 年夏天,罗伯特·李给戴维斯写信说:"军队中逃兵人数是如此之多,并且仍在继续,除非采取某些措施予以制止,我担心战场上的胜利将受到严重的危害。"这些因素最终造成了南方兵员的全面枯竭。

分析南方的征兵政策,我们可以了解到,除了战争初期因为保卫家乡的热情的因素,南部迎来了一轮征兵的热潮之外,南部在内战中的征兵始终存在困难。其主要原因,是因为南方人对战争的恐惧和反感。随着战争的延长和战争伤亡的加剧,这种恐惧和反感与日俱增。南方人想方设法地逃避兵役。而为了征召到足够的兵员,邦联政府的征召措施也越来越强硬。这与北方以志愿者征召为主,靠征兵推动志愿兵,同时辅之以奖励政策的做法不同。南方的奖励措施没有太大的发展,而强制措施却不断强化。这一政策的变化体现了南方因为人力资源缺乏造成的客观困难。内战中南方征兵总数为从 1227890 人到 1406180 人②这样巨大的数字,与不断强化的征兵政策是密切相关的。

---

① W.E. Woodward, *A New American History*, New York: Garden City Publish Co., 1938, pp.557–558.

② [英]J.F.C.富勒:《战争指导》,解放军出版社 1985 年版,第 92 页。

(三)武装黑人

当各种措施都不能完全解决南方的兵员问题时,束手无策的南方甚至考虑过武装黑人的做法。使用黑人士兵的思想和实践并不是南部邦联当局的发明。在殖民地和独立战争时期,都有武装黑人和接受黑人从军的思路和措施。前文所述,北方也有使用黑人士兵的尝试。由于内战造成的兵员紧张,南方也有一些人提议用奴隶做军人的建议,其中既有奴隶主,也有南军军官。

1864年1月2日,田纳西军团的将军级军官在佐治亚的达尔顿召开会议,听取帕特里克·克里伯恩少将关于在邦联军队中使用黑人奴隶的建议。田纳西军团的指挥官约瑟夫·约翰斯顿在听取了克里伯恩的报告之后,组织了军官进行讨论。但讨论的结果是约翰斯顿拒绝了这个建议,约翰斯顿还拒绝将这个建议提交里士满邦联政府。后来一位少将把克里伯恩的报告直接提交了戴维斯,但是戴维斯对这份报告进行了冷处理,并要求保密。后来克里伯恩在富兰克林战役中战死,他的建议也无果而终。

1864年11月7日,在戴维斯给国会的报告中,他提出南方需要4万奴隶劳工。他一方面宣称不赞成武装奴隶做军人。但又暗示说,如果南部不得不在屈服和使用黑人军人之间进行选择的话,南部就选择武装黑人。他说:“我们完全是从政策和我们的社会经济角度来看待这个问题的。从这样的角度出发,我就必须反对那些主张普遍征集和武装奴隶担当军人职责的意见。如果将来情况证明,我们的白人人口不能提供足够人员满足我们的需要,并且不能满足需要投放到战场的军队人数时,使用黑人做军人就成了问题。培训黑人一直是为了让他们从事劳动;而白人从青年时期就习惯于使用火器。很少有人认为白人作为劳动工具有聪明的头脑和优势,这就是摆在我们面前的问题。但是,当我们面临被征服或使用奴隶作为军人之间的选择时,看来没有理由怀疑我们将做出那种决定。”①他私下里鼓励对武装奴隶的计划进行公开讨论,以造声势。

关于武装黑人奴隶成为军人的问题,在南部引起了广泛的争论,也形成了截然对立的两种意见和主张。赞成派的代表人物是罗伯特·李。他认为,在北方军大量使用解放的奴隶作为军人和军队后备力量的状况下,与其坐以待毙,不如主动以解放奴隶为条件,使用奴隶作为军人维护南部邦联,以弥补因为兵员不足所造成的军事劣势。从戴维斯的一些行动看,他是支持罗伯特·李的意见的。反对派也大有人在。他们认为,黑人素质低下,不可能成为优秀的军人,武装黑人于事无补。个别激进者甚至认为,南方完全有能力凭借白人的力量赢得这场战争。同时,反对派还担心,被武装的黑人要么会逃亡,要么会在战场上叛变,去迎合北方消灭奴隶制的号召。他们还认为,武装黑人的措施还会打击白人军人的信心,乃至整个南部的信心。最重要的是,南方之所以下定决心脱离联邦另立政府,就是为了维护奴隶制。如果解放黑人,战争的目的就失去了意义。查尔斯顿《信使报》的一篇文章一语中的地指出:正是为了捍卫奴隶制,南卡罗来纳才脱离联邦。在经过流血牺牲之后,更不能容忍奴隶制被消除。因为“没有我们的制度,我们就不需要邦联政府,我们将舍弃一切。我们与奴隶制生死相依,存亡共度,我们今天正在为此战斗”。②

最终,南部邦联在戴维斯和罗伯特·李的压力下,做出了武装奴隶的决定。但是战争的进程并没有给南部实施这个决定的时

① *Journal of the Congress of the Confederate States of America* 1861-1865, Vol. IV, p.258.资料来源:http://memory.loc.gov/cgi-bin/query/r? ammem:@field(DOCID+@lit(cc0058)。

② *The Clarleston Mercury*(*Clarleston S.C.*),13 Jan.1865.

间。他们还没真正建立起黑人军队,南方就失败了。所以,这一措施对于挽救捉襟见肘的南部邦联并没有起到实际作用。但是通过这一措施产生的过程和期间的争论,南部邦联后期在军事动员上的困境显露无遗。

(四)重视军事教育

南方具有重视军事教育得历史传统。南方各州中最早建立的军事院校是弗吉尼亚军事学院,也是全美国第一所州立军事学院,创建于1839年11月。此后,南方各州基本都建立起自己的军事学院。从马里兰州所属的牛津到得克萨斯州巴斯特罗普郡,一共建立起12所军事学院。截至1861年,南方蓄奴州共有96所军事性质的学校。此时,南方蓄奴州基本上每个州都有自己的军校。[①] 19世纪50年代,南方各州拥有的军事学校数量是北方的5倍。到1861年,南方共有12所州立军事院校,私立军事学校更是超过70多所,这些军校培养的学员超过了11000多人。这些受过军事教育的学员都在军队中担任各级军官。南方军队在内战中表现得十分出色,经常以少胜多,打败北方军队,如在钱斯勒斯维尔战役中,杰克逊率其部队突破北军防线时,看到部队中有的军人是弗吉尼亚军校的学生,遂说:“这会是弗吉尼亚军校扬名立万的日子。”

南方的军事动员制度还是很有成效的,能够最大限度地动员了南方的人力进行战争。尽管南方人口是北方的不到一半,这使得其军队在人数上与北方相差悬殊,但是军官和士兵的素质很高,加上有卓越的军事将领如罗伯特·李的指挥,南方在残酷战争中一直坚持了四年,甚至一度有取得胜利的可能。

---

① Jennifer R. Green, *Military Education and the Emerging Middle Class in the Old South* , Cambridge University Press, 2008, p.234.

四、南部邦联的经济动员体制

战争经费是战争的关键问题。经济薄弱的南方为了进行战争,采取了各种措施筹措战争经费。但是,因为南方单一的经济体制和薄弱的经济基础,这些措施几乎是竭泽而渔,不仅没有筹措到保证战争的必需费用,而且导致了南方经济的崩溃。

(一)南部的税收政策

早在脱离联邦的过程中,南方就把强行占有联邦在南方的财产作为备战的一项经济措施。1861 年 5 月,南部邦联国会通过废除欠北方全部债务的法案,强迫南方债务人把应该归还北方银行和商家的债款如数转交南部邦联政府。其中特拉华、马里兰、肯塔基、密苏里和哥伦比亚特区的债务除外。当时,南部欠北方债务的总额为 2.11 亿美元。① 南部由此获得了脱离之后筹措战争经费的第一桶金。内战爆发后,面对现代战争巨大的消耗,南部邦联政府的财政压力逐步加大。为了应对战争,南部邦联政府动用了一切政府资源和手段,筹措资金。

首先,南部邦联政府决定通过征税获得更多的战争经费。1861 年 5 月 21 日,邦联国会通过了《关税法》,决定对一系列进口产品征收关税。该法将产品根据需求分成几类,每类实行不同的税率。分类的标准是以物品对生活的重要程度和南部邦联的需求程度划分的。奢侈生活品的税率最高,达到 25%,生活必需品和战争需要的资源税率则在 5%到 15%不等,南部邦联紧缺的物资则免收关税。南部邦联的初衷是通过征税获得更多的财政收入,但是由于北方的封锁,南方不能进行正常的关税贸易,关税收入其

① Carl Sandburg, *Abraham Lincoln, The War Year, Vol. 1*, NewYork: Harcourt Brace & Company, 1936, p.261.

实并没有增加多少政府收入。1862 年 1 月 13 日,南部邦联的财政部长克里斯托弗·梅明杰报告说,自 1861 年 7 月 1 日征收进口税以来,仅仅征收到 63000 美元的关税。而且随着后来北方封锁的加剧,南部邦联的进口税收入继续减少。一些美国学者分析认为,南方进口关税的总收入也不过 350 万美元左右。①

在关税收入达不到预期的情况下,南部邦联加大了内部税收的征收力度,包括征收战争税。1861 年 5 月 10 日,财政部长梅明杰提出征收财产税。1861 年 8 月 19 日,邦联国会通过法令:为了支付公债的本金和利息,支持政府,要对价值每 100 美元的财产征收 50 美分的战争税。这些征税财产包括:各种不动产、奴隶、货物、银行股份、铁路及其他公司的股份、盈利货币,或为个人获利而投资购买的证券、票据和其他有价证券,以及牛、马、骡子、金表、金银盘子、钢琴和豪华马车。②

南部邦联没有自己专门的征税机构来征收战争税,邦联政府要求各州负责征收分配给他们的战争税额,然后上交邦联政府。邦联政府规定,如果各州承担其征税责任的话,可以将他们的战争税额减免 10%。结果,邦联各州政府都承担起了缴纳战争税的职责。但是,除了南卡罗来纳州进行了征税外,其他州都没有征税,而是由州政府筹集资金缴纳了战争税。得克萨斯通过没收北方人在该州的财产,获得了税款。密西西比州发行了一次政府公债筹集了资金,亚拉巴马州是从本州的银行中借了其税款。这次战争税收,并没有给南部邦联政府带来较大数额的资金。邦联的财政收入,在战争第

① 王金虎:《南部奴隶主与美国内战》,人民出版社 2006 年版,第 151 页。

② Matthews James M.ed., *The Statutes at Large of the Provisional Government of Confederate States of America*, *from the Institution of the Government*, *Feruary* 8, 1861, *to its Termination*, *February* 18, 1862, *Inclusive*, pp.177-178.

一年是6100万美元,到1863年9月30日,达到12亿美元;在战争第一年,财产税没有给政府带来多少收入。1863年,仅仅带来了2080万美元的收入,财产税仅仅占财政收入的1.7%。①

在财产税也不能带来大量财政收入的情况下,南部邦联继续开拓收入来源,开始征收收入税。1863年4月24日,南方邦联国会通过法令,规定:对所有松脂制品、食盐、酒类、加工过或没有加工过的烟草、棉花、羊毛、面粉、食糖、糖蜜、糖浆、稻米以及所有农产品,按8%的税率征税;对于在1863年7月1日持有的所有钱款,按1%税率征税;对于专业职业经营者,征收30美元到500美元不等的执照税;对于消费产品,征收从1%到10%的消费税。该法还规定对经济收入者征收累进所得税。除了在陆海军服役获得的薪水外,个人薪水不超过1500美元者,按1%的税率纳税;超过此数者,按20%的税率纳税;薪水不足1000美元者免税。对于经营者,其净收入在500美元以上1500美元以下,纳税5%;在1500美元以上3000美元以下者,则前1500美元部分纳税5%,超过部分纳税10%;3000美元以上5000美元以下者,纳税10%;5000美元以上10000美元以下者,纳税12.5%;10000美元以上者纳税15%。这种累进所得税从1864年1月1日缴纳,以后都在每年1月1日缴纳。该法的第11条规定对农民征收实物税。这项法令并没有给南部带来巨额资金,在第一年收入了大约8200万美元。② 1864年5月2日,梅明杰指出,"除了那些实物税外,今年从任何征税中,财政部

① Eugene M. Lerner, "The Monetary and Fiscal Programs of the Confederate Government: 1861 - 1865", *Journal of Political Economy*, Ⅵ, Vol. 62, 1954, p.510.

② Coulter, E. Merton, *The Confederate States of America, 1861 - 1865*, Baton Rouge in Louisana, 1950, p.180.

都得不到任何重要援助”。①

1864 年 2 月 17 日,国会又通过了《征税法》,提高了税率。该法令规定:个人的动产、不动产和混合财产纳税 5%,金银器皿和珠宝、钟表纳税 10%;公司股份或利息纳税 5%;金银币、金沙纳税 5%,外币或外汇券纳税 5%;有偿付能力的贷款、银行钞票和所有用作流通的纸币纳税 5%;金融买卖利润纳税 10%;对于在 1863 年 1 月 1 日至 1864 年 1 月 1 日买卖指定商品获得利润,还要征收 10%的税金。这些商品包括酒类、粮食以及利润超过 25%的企业获得的利润,除按照 1863 年 4 月 24 日《征税法》征税外,再增加肉类、皮革、牲畜以及部分工业品。② 1864 年 6 月 14 日,国会又通过法令,对 1864 年 2 月 17 日通过的税法进行修改。规定对于在 1864 年 2 月 17 日到 7 月 1 日之间销售商品所得利润,加征 30%的附加税。③

尽管邦联不断修改税法以增加政府收入,但是税收给南部邦联财政提供的收入微乎其微。库尔特指出:“在南部邦联存在期间,其收入的大约 1%来自税收。”④包括邦联最后开始征收实物税,本身也意味着货币税的失败。税收收效甚微的原因在于,南部的经济水平和经济实力造成南部税收资源的基础薄弱,客观上限

① Eugene M. Lerner, “The Monetary and Fiscal Programs of the Confederate Government: 1861-1865”, *Journal of Political Economy*, Ⅵ, Vol.62, 1954, pp. 510-512.

② James M.Matthews ed., *The Statutes at Large of the Confederate States of America, Commencing with the Fourth Session of the First Congress*, Richmond, 1863, pp.208-211.

③ James M.Matthews, *The Statutes at Large of the Confederate States of America, Passed at the First Session of the Second Congress*, 1864, Richmond, pp. 273-275.

④ E. Merton Coulter, *The Confederate States of America, 1861 - 1865*, Baton Rouge: Louisana State University Press, 1950, p182.

制了邦联的税收额度。再加上北方的封锁,使得邦联无法获得较大数额的关税。另外,征收内部税,又得不到社会的支持。这些因素结合起来,使南部的征税行动没有发挥出预想的作用。事实上,税收是维持政府在和平时期运行的主要财政来源。但在战争时期,面对庞大的军费,这项收入是远远不能满足需要的。如前文所说,即使在经济发达的北方,税收收入也不是北方筹集军费的主要方式。况且由于战争后期南方战事上的被动,南部政府已经失去了对南部社会的控制,任何法令已经不能产生多大的效果了。

(二)南部邦联的借贷政策

在税收措施达不到筹集政府开支和战争经费的情况下,南部邦联就只能靠借债来筹措资金了。对于南部政府来说,借债的方式有两个:一是发行国库券,另一个是发行公债。

内战期间,南部邦联曾经进行了发行外债的努力,但是收效甚微。邦联政府获得的唯一欧洲贷款是厄兰格贷款(the Erlanger Loan)。1863 年 1 月,邦联政府与法国巴黎的金融公司埃米尔·厄兰格公司签订合同,由该公司在欧洲资本市场上出售南部邦联的债券,为南部邦联筹措 300 万英镑贷款。南部邦联的债券利率为 7%,利息每半年用英镑支付。债券持有人可以将债券转换成南部邦联的棉花证书,南部邦联保证以每磅 6 便士的价格提供棉花,承诺将棉花运送到南部距离火车站和港口 10 英里以内的地方。

内战期间,邦联政府的财政收入的主要来源是发行国库券,其次是依靠发行公债。1861 年 2 月 28 日,邦联临时国会通过了发行公债筹集资金的法令。该法令授权总统,自该法通过之日起,一年内随时借贷数额不超过 1500 万美元的资金,用于支持政府和南部邦联国防。为此,授权财政部长,经总统同意,可以发行凭证式公债和债券两种形式的公债。公债自 1861 年 9 月 1 日开始起 10

年后到期,年利率 8%,利息每半年支付一次。债券要附带半年领取利息的利息凭证。①

1861 年 3 月 9 日邦联国会立法,授权总统发行国库券,数额视公共服务需要的情况而定,但每次发行额不得超过 100 万美元,票面面额不得小于 50 美元。这类国库券在发行日 1 年后到期,由邦联财政予以兑付,利息为每 100 美元每天 1 美分。这种国库券可以转让,可以用来支付除南方棉花出口税以外的所有缴费。②在 1861 年 8 月 3 日又修改立法,废除了每次发行额不得超过 100 万美元的限制,确定每次发行额不得超过 200 万美元。

1861 年 5 月 16 日邦联国会立法授权财政部长,经总统同意后,发行 5000 万美元债券,在发行日 20 年后到期,年利率不超过 8%,利息每半年支付一次。购买债券者必须用硬币、军事用品和外汇购买。为了替代债券,授权财政部长经总统同意,发行不附带利息的国库券 2000 万美元,票面面额不小于 5 美元。自发行日 2 年后到期,政府用硬币兑付此类国库券。③

1861 年 8 月 19 日,邦联国会立法,授权财政部长可以随时发行国库券。这类国库券在南北缔结和平和约后 6 个月到期,面额不小于 5 美元,一次发行的总额,包括先前立法发行的数额,不得超过 1

① Matthews James M.ed., *The Statutes at Large of the Provisional Government of Confederate States of America, from the Institution of the Government, Feruary 8, 1861, to its Termination, February 18, 1862, Inclusive*, p.42.

② Matthews James M.ed., *The Statutes at Large of the Provisional Government of Confederate States of America, from the Institution of the Government, Feruary 8, 1861, to its Termination, February 18, 1862, Inclusive*, p.42.

③ Matthews James M.ed., *The Statutes at Large of the Provisional Government of Confederate States of America, from the Institution of the Government, Feruary 8, 1861, to its Termination, February 18, 1862, Inclusive*, p.117.

亿美元。同时授权发行年利率不超过8%、期限不超过20年的债券,利息每半年支付一次。发行此类债券的总额不超过1亿美元。债券购买者需用硬币、军事和海军用品以及外汇购买债券。① 1861年12月24日,邦联国会又通过了补充法令,扩大了根据1861年8月19日立法发行的国库券数量,新增加了5000万美元的国库券。②

1862年4月17日,南部邦联国会立法授权发行500万美元面额为1美元和2美元的国库券,在北方与南方缔结和平条约6个月后到期兑付。该法还授权发行16500万美元附带利息、面额不小于100美元的国库券,利率为每100美元,每天2美分利息。这种国库券在南部与北部缔结和平条约之后6个月到期兑付。③

1862年9月23日,国会授权财政部长,除依法发行的债券、凭证式国债和国库券之外,为了给上次和本次国会会议做出的拨款筹集资金,增发与拨款数额相同的公债。④ 这就意味着南部邦联走上了根据需要滥发国债的道路。

1862年10月13日,邦联国会通过了一个减少国库券利息的法令,此法令的用意在于促使人们将国库券兑换成长期债券。法令规

① Matthews James M.ed., *The Statutes at Large of the Provisional Government of Confederate States of America, from the Institution of the Government*, Feruary 8,1861, *to its Termination*, *February* 18,1862, *Inclusive*, p.177.

② Matthews James M.ed., *The Statutes at Large of the Provisional Government of Confederate States of America, from the Institution of the Government*, Feruary 8,1861, *to its Termination*, *February* 18,1862, *Inclusive*, p.231.

③ Matthews James M.ed., *The Statutes at Large of the Provisional Government of Confederate States of America, from the Institution of the Government*, Feruary 8,1861, *to its Termination*, *February* 18,1862, *Inclusive*, p.34.

④ Matthews James M.ed., *The Statutes at Large of the Provisional Government of Confederate States of America, from the Institution of the Government*, Feruary 8,1861, *to its Termination*, *February* 18,1862, *Inclusive*, p.59.

定:自 1862 年 12 月 1 日后发行的国库券,只能转成年利率 7%的长期公债:财政部长有权发布通告通知国库券持有人,在通告通知后 6 个月内,将国库券兑换成利率 8%的公债。在这个时间内没有转换成公债的国库券,可以转换成以后发行的年利率为 7%的公债。1863 年 2 月 20 日,国会通过法令授权财政部长发行债券,用于兑换可以兑换利率为 8%的债券的国库券,债券利息每半年支付一次;同时发行利率为 7%的债券,债券利息每半年支付一次;政府在债券发行日 5 年后即可以兑付债券,但政府必须以信誉担保在发行日 30 年后兑付债券。

为了促使人们将持有的国库券转换成公债,1863 年 3 月 23 日,南部邦联国会又一次立法规定:所有在 1862 年 12 月 1 日前发行的不附带利息的国库券,都将在 1863 年 4 月 22 日前转换成利率为 8%的公债;在此日之后到 1863 年 8 月 1 日前,将转换成利率为 7%的公债;在 8 月 1 日之后,国库券持有人就不能再随意将国库券转成公债,但可以用其支付除棉花出口税之外的政府税收。邦联政府在南部与北部缔结和平条约后 6 个月按票面数额兑付。所有在 1862 年 12 月 1 日之后发行的不附带利息的国库券,在此法通过后 10 天内开始至 1863 年 8 月 1 日之前,将转换成利率为 7%的公债;8 月 1 日之后只能转换成利率为 4%的公债。政府在不超过 30 年期限内兑付;没有转成公债的国库券,可以用来缴纳除棉花出口税之外的所有政府税收。政府在南北缔结和约之后 6 个月兑付这些国库券。为了筹集资金,该法又授权每个月发行数额不超过 5000 万美元的不附带利息的国库券。这类国库券持有人,在发行当月第一日后 12 个月内,可以随意将其兑换成期限不超过 30 年的债券。利率规定:如果在发行当月第一日之后 12 个月内,可以转换成利率为 6%的债券,在此之后,可以转换成利率为 4%的债券。如果这类国库券不转换成债券,则按票面上注明的年月由政府兑付,但没有利息。1863 年 4 月 30 日,邦联国会又立法规定,根据 1861 年 5 月 16 日立法发行的 10 年期公债和 2 年期国库券的处理,继续实行 1861 年 5 月 16 日立法的规定,而不采取 1863 年 3 月 23 日立法的规定,但仍然没有兑付的 2 年期国库券,必须在 1863 年 8 月 1 日前转成公债。

为了迫使人们将国库券转换成长期公债,1864 年 2 月 27 日,邦联国会通过立法,决定取消一部分国库券。该法规定:对于不附带利息、面额在 5 美元以上的所有国库券,密西西比河以东地区的持有者,允许在 1864 年 4 月 1 日前将此类国库券转换成记名公债;密西西比河以西的持有者的转换时间是 1864 年 7 月 1 日前。这类记名公债在发行日 20 年后兑付,年利率为 4%,利息在每年的 1 月 1 日和 7 月 1 日支付。对于面额为 100 美元不附带利息的国库券,如果持有人不按规定将其转换成债券,则密西西比河以东地区在 1864 年 4 月 1 日开始,密西西比河以西地区在 1864 年 7 月 1 日开始,停止接受用其缴纳政府税收;并且在其用于流通时,除了每 1 美元国库券征收 33.3 美分的税外,再每月对其征收 10%的税。这些税的征收,将在这种国库券被用于付款和转换成公债时进行,从其面额中减除;此种国库券不能用来兑换根据本法新发行的国库券。对于持有人未按规定时间转换成公债的国库券,在 1865 年 1 月 1 日前,这些国库券可以以 1 美元兑换 66.6 美分的比率转换成债券,1865 年 1 月 1 日之后国库券不再转换公债。届时,对于没有兑付的国库券征收 100%的税。为了筹集政府开支资金,该法还授权财政部长发行利率为 6%的债券,发行数额不超过 5 亿美元。①

① James M. Matthews, *The Statutes at Large of the Confederate States of America, Commencing with the Fourth Session of the First Congress*, Richmond, 1863, pp.205-206.

国债的销售也存在着很多困难,经济窘迫的奴隶主购买能力相当有限,所以只能由银行出面认购。1861 年 2 月发行的国债到 10 月才勉强售完。后来,由于国债以棉花的出口税作担保,但是购买人发现棉花运不出去,税收大成问题,同时对长期国债也没有兴趣,所以购买者很少。到 1864 年 2 月,南部邦联发行的 5000 万 30 年期国债只卖出了四分之一,因为战局让人们相信,南部邦联已没有能力偿还这些国债了。

南部邦联的上述经济政策,在为政府筹集了战争经费和政府运转经费的同时,也给南部经济带来了严重的破坏。尽管邦联政府在战争后期做了减少流通货币数量的努力,但是货币发行量没有得到有效控制。到 1864 年 8 月 1 日,新国库券已经发行了 1.7 亿美元,但是以税收征收到的新国库券不足 1000 万美元,南部地区出现了严重的通货膨胀。邦联政府对南方经济失去了控制。在税收政策不能为南部筹集到足够的资金的情况下,南部政府走上了靠发行国库券和债券来筹集资金的道路。国库券的过度发行,加剧了通货膨胀,造成了南部地区物价飞涨。物价上涨又损害了南部筹集资金的效果,同时加速了南部经济秩序的崩溃。

五、南部邦联的军事后勤体制

南部邦联的工业基础薄弱,产业工人的人力资源少,生产能力有限,同时战争的主要战场又在南方本土,战争的破坏作用显而易见。由于北方在战争开始时的海上封锁政策,南部很难依靠进口来获得足够的军需品,所以内部挖潜是南部筹集战争军需物资的主要思路。

战争期间,南部邦联建立了一批军工厂。同时,国会还通过了一系列法令,授权总统和陆军部长与私营企业签订合同,帮助和鼓励私人企业进行军工生产，企业再将生产的军工产品卖给政府。在战争爆发前，1861 年 2 月 20 日，南部邦联临时国会通过立法决定，为了购买和制造武器以及军工机械，建立火药厂和制造火药，总统或陆军部长可以与私人企业签订合同，合同的方式和条件，“由总统视公共经济情况所需决定”。为了进行军工生产，政府还可雇用代理商和工匠。① 战争爆发后，为了促进用于制造火药的硝石开采和收集，1862 年 4 月 11 日，国会通过了建立开采硝石的军官团的决定。军官团的任务是建立一个高效开采管理体系，购买和订购南部邦联范围内的硝石，检查硝石矿的情况，通报私营业主的硝石生产情况，在主要城镇附近建立硝酸钾提炼处，鼓励企业生产战争用品。② 1862 年 4 月 17 日，国会通过法令规定：任何人在南部所辖范围内建立生产硝石和轻武器制造厂，南部邦联政府就以预付资金的名义为其提供建立工厂和准备机器所需资金的 50%。生产者将来把产品卖给政府，以抵消政府的预付资金。对于要扩大生产规模的已有的生产硝石和轻武器的企业，政府提供的预付资金金额是其计划扩大规模的投资数的 50%。过去已经投入的资金，不能计算为扩大规模计划投入的资金数。③ 紧接着，该法令的补充法令将法令的适用范围又扩大到开采煤矿和生产加

① James M. Matthews, *The Statutes at Large of the Provisional Government of Confederate States of America, from the Institution of the Government*, 1862, pp. 28-29.

② James M. Matthews, *The Statutes at Large of the Confederate States of America, Comencing with the First Session of the First Congress*, Richmond, 1862, pp. 27-28.

③ James M. Matthews, *The Statutes at Large of the Confederate States of America, Comencing with the First Session of the First Congress*, Richmond, 1862, pp. 33-34.

工钢铁的企业。邦联政府还建立了硝石和采矿局,负责与开采铁、铜、铅和煤有关的所有事务和开支;经陆军部长同意,可以租用土地和购买固定设施,以政府的资金开采矿物;可以订购铜、铁、煤、铅、锌和其他为进行战争所需要的矿物。

为了保证南方军的生活装备和给养,1861年8月21日,邦联国会授权陆军部长自主决定,给邦联接受的志愿骑兵连队提供一切必要的装备。1861年8月31日,邦联国会通过了两项决议,给战场上的部队提供面包、新鲜食物和蔬菜。为此,授权陆军部长在一些地点建立面包房或通过合同订购为军队供应的面包。① 为了生产军服、军鞋,邦联国会于1862年10月8日通过法令,授权总统免税进口梳棉机、棉布、生产军服必需的机器和零件、军服、军鞋或制造军服军鞋的材料。总统可以将免税进口这些物品的特权给予公司或个人。1862年10月9日,邦联国会通过了一个派遣军人制造军鞋的法令。授权总统应军需局长的要求,可以从军队特派出不超过2000个有制鞋技能的人,由军需局安排到制鞋厂制造军鞋。② 1863年4月29日,国会通过免税进口纺织机器的法令,规定在南部邦联与北方缔结和平条约前,允许免税进口制造棉毛产品的机械。

军队的粮食供应也是邦联政府必须解决的一个难题。南部虽然是农业区,但是粮食和牲畜产区主要在上南部,下南部是棉花产

① James M.Matthews, *The Statutes at Large of the Provisional Government of Confederate States of America, from the Institution of the Government*, 1862, pp. 213-214.

② James M.Matthews, *The Statutes at Large of the Confederate States of America, Commencing with the Second Session of the First Congress*, Richmond, 1862, p. 69.

区。战争开始后，上南部很快就成为交战地，粮食产区的问题就凸显出来了。由于农业生产的管制权在州政府，所以邦联政府只能通过劝说和呼吁的方式，动员下南部的种植园主减少种植棉花和烟草，多种粮食。他们一方面强调粮食对于战备的重要性，同时宣称战争是长期的，只有种植粮食，才可以确保在紧急情况下有足够的食物。但是呼吁的方式没有收到什么效果，南部邦联仍旧收集不到足够军队使用的粮食。于是，南部邦联采取了强制征用的措施。战争开始后的几年里，下南部棉花的产量逐步减少，但主要原因是战争造成的时局混乱，种植园主为了自己的生活考虑，种植粮食。1863 年春季，下南部虽然大面积种植了玉米，但对于南部军队的粮食供应并没有多少帮助，因为这时候南部的铁路运输已经遭到破坏，邦联已经失去了大量调集粮食的能力。况且由于北方封锁和南部的财政政策，南部经济濒临崩溃，通货膨胀，人们更不愿意出售自己的粮食。

1863 年 3 月 26 日，邦联国会通过了《强制征用管理法》，规定为了供应军队的需要，政府可以征用个人的财产；军队在紧急情况下必须强行征用草料、生活物品或其他财产时，征用工作由负责为军队提供草料、生活物品或其他物资的官员来进行；当陆军部长认为通过采购途径无法获得供应军队物品时，可以发布军事命令，授权下级军官夺取私人财产以供军用；为了维持平民的基本生活和生产活动的进行，规定对于维持家庭生活和农业与加工生产所必需的物资免于征用；除非紧急情况，否则不能征用生产粮食的种植园的奴隶。

为了具体负责军需供应工作，邦联政府于 1861 年 3 月 25 日成立了军需局，亚伯拉罕 · 梅尔斯担任局长。梅尔斯就任后，为了筹集邦联军队急需的军服、帐篷和毯子，便在南部征召承包人生产这些物品,在蒙哥马利、圣安东尼奥、查尔斯顿、新奥尔良、摩尔比、纳什维尔、里士满和林奇堡等城市设立军需供应站,采购军需物品。梅尔斯的工作面临着很多困难:南部薄弱的物质基础、原材料涨价造成的供货商不愿履行合同等因素经常出现。

1863 年 8 月 7 日,亚历山大·劳顿取代梅尔斯成为军需局局长。由于战争的发展,劳顿面临的局面更加困难,不仅军需供应形势紧张,资金供应也捉襟见肘。劳顿一方面在巴拿马和百慕大派驻了南部邦联的代理人,负责运送物资;另一方面派遣监督人员到与政府签订合同的企业去监督生产,并在亚拉巴马的蒙哥马利建立一座制鞋厂。为了从企业获得更多的产品,劳顿利用政府对原料、运输和人力的控制,迫使企业接受自己的条件。他提出,如果企业将其产品的三分之二供应军需部,他们就可以得到需要的原料和工人。政府原来规定企业最高利润为 75%,现在降到 33.3%。1864 年 4 月 9 日,劳顿命令亚特兰大军需站的坎宁汉少校负责管理南卡罗来纳、佐治亚、亚拉巴马、佛罗里达和密西西比的工厂,要求坎宁汉少校采取强制措施,把签订合同的权力收归军需局,企业上交政府的产品数量和价格也由军需局决定。

内战初期,南部邦联的军队并没有充分的军需保障。从当时一些法令的内容看,政府曾经因为服装不足而给士兵发放钱款而代替军服。这表明政府的物资供应效果并不理想,最起码不能完全满足部队需要。国会的征兵令中,经常有类似于按照武器数量决定征兵人数的语言。另一个要求集中轻武器给有效人员使用的法令中,居然有给部分军人装备长矛、组建以长矛做武器的部队的内容。这说明了南部军队武器缺乏的严重程度。

1862 年 2 月,陆军部长本杰明向戴维斯报告了南部军工生产的情况。积极的方面有,军事拨款使得南部的特使可以到国外购买武器。制造业的兴建使南部可以生产硝酸钾。邦联政府已经与3个铅矿签订了合同,也与其他生产者订立了协议,他们为邦联生产子弹、步枪、军刀。邦联的军工厂已经大批生产步枪和子弹。同时他也指出,部队的军需供应严重不足,“轻武器的制造,是一个缓慢冗长的过程。要积累起我们现在所需要的这样一支规模军队所需要的武器,需要付出许多年的劳动和资金投入”。他认为,法律并不能一下子把农民变成造枪师。除了进口武器外,没有其他解决办法。但由于联邦的海上封锁,通过进口途径获得武器的可行性也值得怀疑。①

不过,邦联的武器生产,确实取得了很大的成绩。在兵工局长乔赛亚·戈加斯的领导下,邦联建立了一批军工厂。1862年4月,在佐治亚州的奥古斯塔建成了一座火药厂。很快这个工厂每天就生产出30000发轻武器子弹,125—150发大炮炮弹。该厂厂长乔治·华盛顿·雷恩斯随后又购买当地的生产设备和厂房,生产火药箱和子弹袋。在1863—1865年间,南部邦联在奥古斯塔经营的企业生产了174辆大炮车架、15辆弹药车、10535个火药箱、110门发射12磅重炮弹的铜管野战炮、85800发定装式弹药、476207磅大炮炮弹、46260发铅弹以及10760000发轻武器子弹。此外,还生产有其他产品。② 南部邦联在里士满、费耶特维尔、奥

---

① Mary A. DeCredico, *Patriotism for Profit: Georgia's Urban Entrepreneurs and the Confederate War Effort*, Chapel Hill: University of North Carolina Press, 1990, p.28.

② Mary A. DeCredico, *Patriotism for Profit: Georgia's Urban Entrepreneurs and the Confederate War Effort*, Chapel Hill: University of North Carolina Press, 1990, pp.29-30.

古斯塔、查尔斯顿、哥伦布、梅肯、亚特兰大和塞尔马这些城市建立了大型军工厂。在丹维尔、林奇堡和蒙哥马利这些城市,除了建立了其他工厂外,也建立了规模较小的军工厂。在彼得斯堡建立了熔铅厂,并把它转交给了硝石和采矿局。在梅肯建立了大炮铸造厂,铸造重炮。在梅肯以及佐治亚州的哥伦布、奥古斯塔建立了青铜铸造厂。在北卡罗来纳州的萨利斯伯里建立了铸造厂,生产子弹和炮弹。在弗吉尼亚州的克拉克斯维尔建立了一个大皮革加工厂。在里士满建立了一个卡宾枪制造厂。在阿什维尔建立了一个来复枪生产厂(后转移到了南卡罗来纳的哥伦比亚市)。在梅肯新建了一座规模很大的兵工厂,其中包括一个手枪生产厂。另一个手枪厂建在了佐治亚州的哥伦布市。内战期间,佐治亚州奥古斯塔市的火药厂成了北美最大的火药厂。1863 年,南方轻武器的生产量比上一年增加了一倍,实现了自给自足。① 尽管南部的军事工业受到资源和劳动力不足的限制,但是确实取得了可观的成绩,有力地支持了前线的部队。

1862 年夏,邦联军服局在里士满建立了一个军服加工厂。制作军服的办法是在加工厂把布料裁剪好,然后将布料外包给家庭妇女,由她们在自己家中加工缝制。到 1862 年底,在里士满有 2000 名妇女从事这项工作。在从弗吉尼亚到密西西比各个分支工厂中,从事这项工作的妇女更多。下南部的军需供应总站设在亚特兰大。到 1863 年 4 月,那里有 3000 名妇女从事军人服装缝纫工作。军需部在里士满经营着一个制鞋厂,1864 年 6 月,这个厂一天就生产了 800 双鞋。在佐治亚州哥伦布市的南部邦联制鞋

① Emory M.Thomas, *The Confederate Nation: 1861-1865*, New York: Harper & Row, 1979, pp.210-211.

厂,1863 年 11 月一周就生产了 5000 双鞋。①

尽管南方的军事工业和军需工业取得了一些成绩,但是,这离满足战争的需求还有不小的差距。当情况紧急时,邦联政府就采取征用的办法满足军需。

从 1863 年开始,邦联政府几乎完全依靠征用物品来供应军需。在 1863 年 11 月 26 日呈送戴维斯的报告中,邦联陆军部长塞登承认,粮食和草料问题是军需部门面临的最严重问题。由于男劳力被从农业活动中抽调了出去,加上敌人的"野蛮破坏",又系统地毁灭南部的资源,再加上自然灾害,使得南方粮食和草料的生产受到空前的限制。在北弗吉尼亚军团的粮食来源地南卡罗来纳和佐治亚,粮食短缺最严重。战争对于牲畜的生长也造成极大破坏,下一年的猪肉和牛肉将十分稀少,草料同样稀缺。"但是,采购部面对的最严重困难是,他们只能通过一种途径获得物品,那就是征用。"然而,征用物品显然是一种苛刻的、不平等的和令人憎恨的供应方式。纵然是偶尔诉诸征用物品方式,这种做法也令人烦恼和愤怒。可是,现在这种活动成了盛行的普遍活动。在私人生活的几乎所有领域,都有不问青红皂白和草率进行的征用活动发生。一大批下级官员在进行这种工作。这种活动已经引起了人们的抱怨和不满。作为征用活动总指挥的陆军部长尚且如此评说这种征用活动,作为征用活动承受者的普通民众,满腹怨言就更是自然的了。南部邦联的第一个军粮局长是南卡罗来纳州的路西斯·B.诺斯洛普。此人毕业于西点军校,是戴维斯的朋友,由于南部的征粮活动遭到平民的反对,他于 1865 年 2 月被迫辞职。接任

---

① E.Merton Coulter, *The Confederate States of America, 1861-1865: A History of the South*, Baton Rouge in Louisana, 1950, p.210.

其职位的约翰提出了一个平民供养军人方案。他呼吁弗吉尼亚和北卡罗来纳的居民,每个家庭提供一个士兵的粮食,相当于收养了一个士兵。[①] 这个方案的提出说明,南部邦联军需的供应,已经到了山穷水尽的地步。

为解决粮食缺乏,南方有人竟然异想天开地提出一个捕鱼计划:利用 1 万名残疾军人和不适合征兵年龄的人,从事捕鱼,使用“捕鱼机、拉网、浮子和钩子、快步线、网、长枪、鱼叉、挠子等,他们可以沿河或者沿海建立渔场,以便为南部军队提供海产品”。而且在战争结束前不久,南方真的在沿海建立了一些渔场,但是时常遭到北方海军的袭击。

在战争结束前夕,邦联的财政部长甚至号召人们直接捐献。他本人拿出 20 万美元,但是这一切已经亡羊补牢,于事无补了。

六、南部邦联的战争外交体制

南部奴隶主发动内战时,有一个重要的心理支撑,就是南部寄希望于欧洲列强特别是英法会在关键时刻武装介入美国内战。南方认识到了自己在实力上与北方的差距,所以借助外力以谋求分裂现状的维持是南部的重要战争思路。

南部诸州是世界重要的棉花产地,也是英法棉纺织业主要的原料供应者。南方分析,一旦断绝了北美对欧洲的棉花供应,首先是英法的棉花工业会陷于停顿,从而迫使两国走上武装干涉的道路。1858 年 3 月南方参议员哈蒙德的言论就是这种观点的典型代表:“不需要放一颗炮弹,不需要拔出刀剑,我们就可以把全世

① E.Merton Coulter, *The Confederate States of America, 1861-1865: A History of the South*, Baton Rouge in Louisana, 1950, p.253.

界抱在膝上。假如他们胆敢和我们开战……假如在三年内不供应棉花的话,将会发生什么样的事情呢?我将不去详细谈你们每一个人都能想象得到的事情,但是有一点是不容怀疑的:英国将尽其全力去动员整个文明世界来挽救南方。不,你们不敢与棉花作战。在地球上还没有敢与它作战的政府。棉花统治着世界。"①南方奴隶主本杰明·希尔也强调棉花的威力说:"我们所指的那根小小的、细弱的棉线,一个小孩子就可以弄断它,但是它却能够把世界绞死。"②

南方试图在外交上获得支持,所以战争伊始,南方就开始了在欧洲的军事外交。前往英国购买军舰的海军代表就四处游说其他国家,承认南方为一个主权国家,他甚至试图促成南方与英国的结盟,这样的话,便可以使北方成为英国皇家海军的敌人。为了争取欧洲列强的干涉和援助,早在南部邦联成立不到一个月,它就派出3名代表到欧洲活动。他们的使命是争取欧洲国家承认南部邦联,宣布林肯政府对南方的海上封锁为非法,并且谈判商业友好条约。除了外交代表,南部邦联甚至还派遣了特务人员到欧洲秘密活动,进行金钱外交。为达到目的,邦联政府甚至允许他们花钱时不必提供付款收据。在英国进行的宣传活动中,他们不放弃任何一次机会和报纸媒体接近,表达自己的外交观点。在法国,他们的使命则是劝诱商业局向拿破仑三世请愿,要求他出兵干涉美国内战,以便恢复法国同南方的贸易关系。③

---

① 刘祚昌:《美国内战史》,人民出版社 1978 年版,第 235 页。

② Merton Coulter, E. *The Confederate States of America, 1861-1865: A History of the South*, Baton Rouge in Louisana, 1950, pp.184-185.

③ Clarles Austin Beard, Mary Ritter Beard, *The Rise of American Civilization*, Vol. *II*, NewYork, 1927, p.86.

在美国问题上,英国也有自己的打算。英国关心棉花的供应,而且英国还意识到北方的胜利会危及英国的世界霸权。因为北方统一之后,势必会出现一个强大的美国。英国国会多数议员公开表示同情南方。国内的土地贵族希望大洋彼岸的"可恶的民主"归于失败。而英国的资产阶级则希望南方打败北方,使英国在世界市场上从此少了一个劲敌。在经济上,美国再度成为英国的殖民地。而且分裂的美国也有利于英国在美洲大陆的扩张。

法国的拿破仑三世久有进入美洲扩张的想法,他希望借美国内战之机来实现法国在美洲的殖民势力。同时,也借对外干涉和海外冒险来巩固自己在国内不算稳固的政权。从经济利益上看,法国在1859年到1860年从美国南部进口的棉花达到59万包。虽然少于英国,但是美国内战爆发后,棉花出口锐减,这就造成了法国的棉花恐慌。所以很多棉纺织企业的资本家和经营棉花产品的商人都支持拿破仑的企图。

1861年5月3日,英国帕麦斯顿内阁的外交大臣约翰·罗素初次接见了南部邦联的外交使团人员。三天后,罗素就通知英国驻华盛顿大使查德·莱昂斯说,英国政府决定承认南部邦联为交战的一方。实际上,承认南方为交战的一方,不过是在政治上承认南部邦联的道路上迈出的第一步。英国本来想正式承认这个奴隶主国家,然后进行武装干涉。但是,由于考虑到英国的国内舆论,特别是国内工人阶级对北方的同情,英国政府没有贸然行事。

对于南方的外交活动,北方政府则针锋相对。林肯政府及其驻英国大使查尔斯·弗朗西斯·亚当斯始终立场鲜明地表示,任何承认南方邦联的行为都将导致联邦的宣战和立即入侵加拿大。当时的美国国力已经逐步迈进了世界前列,北方的强硬态度起到了威慑作用。尽管英国首相帕麦斯顿极其仇视北方,但他也只是发表了一则承认南方邦联为交战一方的声明,而不敢承认南方邦联是一个主权国家。1861 年 11 月 8 日的"特伦特号"事件本来为英国干涉提供了良好的机会,但是由于林肯政府务实的外交政策化解了争端,英国政府最终放弃了干涉的计划。

就在欧洲失去了美国南部这个棉花产地的时候,印度和埃及等地的优质棉花借机填补了这个供货真空,取代了美国南部原料产地的地位。同时毛纺等替代产业的复苏也降低了棉纺业的地位。这种国际经济贸易格局的变化是南部没有想到的。欧洲列强也不会仅仅因为棉花而干涉美国内战了。

由于外交技巧上不如娴熟的北方外交官,加之国际贸易形势的变化,使南方赖以依仗的棉花失去了原有的重要作用,南方的军事外交也处于了完全的被动。这样一来,到了 1862 年 1 月,南部邦联寄托在欧洲列强身上的希望,无论是外交上的承认,还是武装干涉,都化为泡影。被派到欧洲的南方代表扬西回国后,在新奥尔良的一次演讲中说:"你们在欧洲没有朋友","欧洲的情绪是反对奴隶制的"。他又说:"欧洲的政府在我们的征服之剑悬在拜倒在地的北方人的头上之前,是不会承认我们的独立的……说棉花是王,是错误的,并非如此。它在商业中是一个巨大而有影响力的因素,但不是发号施令者。"①

在内战中,南方为了进行战争,在军事建设上作出了许多努力,在军事制度上也有不少独特之处,为支撑战争、延缓南方的失败作出了贡献。但是,由于南方进行的是维护奴隶制度、分裂国家的非正义战争,加上南北双方力量的悬殊,其失败的命运从战争一

① Michael Krauss, *The United States to 1865*, The University of Michigan Press, 1959, p.498.

开始就已经注定了。这是历史的必然。

小　　结

美国内战以北方的胜利、南方奴隶制的灭亡而告终。北方胜利的原因,除了在客观力量的对比上,北方占有压倒优势之外,更重要的因素在于:北方所从事的这场以消灭南方奴隶制度、解放几百万黑人奴隶为目标战争,是正义的战争。“得道多助”,人民积极参与战争,林肯又能以政治家和军事家身份,顺应历史潮流,采取了一系列革命措施,调动了北方广大人民和南方黑人的积极性。美国人民万众一心,同仇敌忾,奋勇战斗,终于打败了穷凶极恶的奴隶主叛乱集团,埋葬了万恶的奴隶制度。

战争进程表明,前一阶段职业化改革经受住了战火的检验,证明了那些改革是富有成效的。比如:军事教育的发展使双方军官都有很高的素质。西点军校的毕业生在战争中又大出风头……

内战是战争史上的革命,总体战是工业革命的产物。战争双方为了进行战争,采取了史无前例的动员,建立了动员全国人力物力和经济力量进行战争的体制,建立了前所未有的庞大复杂的后勤供应体制。战争中的伤亡和物质财产损失都是惊人的。战争的结果是南方失败,南方的整个社会制度得到彻底的改造。

但是内战也暴露了美国军事体制中仍然存在许多的弊端,这些弊端主要有:

1. 后勤保障体系仍不完善。前面已讲过,尽管美国北方建立了复杂而庞大的后勤供应体系,但是后勤是一个大的系统工程,不可能每个环节都十分圆满。后勤最大的问题是医院问题。尽管北军建立了行之有效的医院制度,但这一制度是到战争后期才出现的。医院保障问题是:缺少医疗设备、医务人员尤其是护士,部队生活环境卫生条件差,未得到充分重视。因此,部队因水质污染、饮食不卫生、住处肮脏、日晒雨淋、蚊虫侵扰等,痢疾、伤寒、疟疾、肺结核等疾病流行,平均每个士兵一年因病住院 2 到 3 次,病亡是阵亡的 2 倍。据统计:北方军队战时因病而死者 224586 人,占军队死亡总数 360222 人的 60%以上。① 此外,后勤实行的是采购制度,这就很容易产生腐败现象。后勤采购军官与厂商相勾结,以次充好,贪污受贿等丑恶现象层出不穷。

2. 在人力动员上,也存在很大缺陷。征兵制把大批没有军事技术的平民征入北方军队中,军队规模也大大膨胀,但是陆军部却没有制订系统的训练计划。新兵在上战场前也只能临时进行培训,进行队列、射击这些简单的战术动作,无法进行战术演练,从而使部队战斗力大受影响。新兵上战场不会实战的战术,对怎么进攻、如何防守、如何进行白刃格斗,都不清楚。这是战争中军队伤亡人数大(战死者达 13 万人②)的重要因素之一。战争初期,斯科特对新兵进行系统训练,要求各州州长提供训练营地,但因首都华盛顿告急,大批新兵未来得及训练便开上前线,使部队士兵大批伤亡。战争后期,许多士兵甚至连武器要怎样使用都没有学过,便在没有军事指挥经验的军官指挥下投入冲锋。内战中血的教训说明:在和平时期,如何对平民进行军事训练,以便紧急时刻扩军,这

---

① [美]塞缪尔·埃利奥特·莫里森等:《美利坚共和国的成长》(第一卷第一分册),南开大学历史系美国史研究室译,天津人民出版社 1975 年版,第 833 页。

② [美]塞缪尔·埃利奥特·莫里森等:《美利坚共和国的成长》(第一卷第一分册),南开大学历史系美国史研究室译,天津人民出版社 1975 年版,第 833 页。

也是军队动员的一个重大问题,必须引起高度重视。

3. 总体战略仍有很大不足,特别是战术没有发生相应变化。北方军事领导人未认识到火力可以代替人力,仍采用旧战术,以人作为战争的主要手段,而不是以武器为主。战争仍主要是攻城夺地,而不是去夺取战略要点和歼灭敌军主力。因此,这还不完全是一场现代化战争,而只能算是从旧式战争到现代战争之间的一次过渡战争。

4. 文官和军人之间的矛盾未能很好解决。文官控制军队固然可以防止军人干预政治,但是由于绝大多数文官不懂军事,所以文人过多地干预军事决策和指挥,不可避免地影响到军事行动的进程以及出现失误而导致军事行动的失败。内战初期,由于林肯对军事过多地干预,造成了多次战斗的失利。内战拖延 4 年之久并造成巨大的人力物力损失和消耗,也说明了这一点。战争后期,林肯认识到了这一点,开始放手让格兰特指挥,自己很少直接进行干预,才使格兰特充分发挥自己的军事才干,自由行使指挥权力,贯彻自己的战略意图和决心,使北方很快地击败了南方军队的抵抗,取得了战争的最后胜利。内战说明,文武官员的关系要理顺,否则会妨碍军事政策的制定和军事行动的开展。

美国内战在世界军事史上占有重要一页。无论是战争的规模,双方动员的人力物力、双方武器装备的现代化,还是战争的激烈性和战争意义,在世界近代史上都是绝无仅有的。战争中,美国作为一个世界超级大国已初露端倪。战后,美国开始大步向世界超级军事大国迈进!

第六章　走向世界的军事体制变革

（1865—1900 年）

内战为美国资本主义的发展扫清了前进道路上的障碍，极大地解放了生产力。内战消灭了南方的奴隶制度，美国完成了国内市场的统一。美国国内市场的统一不仅体现在政治制度上，电报、电话等新技术与铁路建设把美国紧密地联系成一个整体，铁路建设尤为突出。在联邦国会与政府的资助下，美国铁路事业发展迅速。早在内战期间国会就通过并修订了《太平洋铁路法》，向铁路公司赠予土地并给予资金补助。到 1871 年，联邦为修建铁路共发放了 6500 万美元的贷款，划拨的土地达到 7 千多万公顷。① 从 1870 年到 1900 年，美国的铁路里程达到了 40 多万千米，总共修建了 5 条横贯大陆的铁路。如果说铁路把美国国内紧密联系成一个整体，那么 1866 年两条大西洋电缆的铺设完成则加强了美国与欧洲的联系。

美国国内统一市场的形成极大地刺激了美国的工业发展，从 19 世纪 70 年代起，工农业生产高速发展，到 1884 年美国的工业产值开始超过农业。19 世纪 70 年代的工业产值比 60 年代增加

① Stanley L.Engerman，"Some Economic Issues Relating to Railroad Subsidies and the Evaluation of Land Grants"，*The Journal of Economic History*，1972，p.444.

82%,80 年代又比 70 年代增加 112%。[①] 借助重工业和制造业的发展,农业生产逐渐实现机械化。集播种耕作于一体的双铧犁、锄草机、马拉收割机等农业机械的使用大幅提升了农业产量。19 世纪 80 年代的农业产值比 70 年代增加近 20%,[②]90 年代又几乎增加了同样多的数字。30 年间开垦的土地,超过了英、法、德三国面积的总和。[③] 小麦产量增长了 2.5 倍,玉米增长 2 倍,棉花增长 1.5 倍以上,牲畜头数增长 1 倍。美国成了世界农产品的主要供应者之一。

19 世纪后半叶至 20 世纪初期,是世界科学技术迅猛发展的时代。新的发明创造层出不穷。其中内燃机和电动机两个划时代的发明引发了第二次工业革命。内燃机为汽车和飞机工业的发展创造了条件。电气工业则促进了新技术的问世。电气照明、电话、无线电通信技术等相继问世。新兴的化学工业、光学工业也诞生了。冶金业、交通业也开始了技术革新。工业生产也以惊人的速度发展起来。到 1894 年,美国工业生产已跃居世界第一位。[④] 电力、石油、化学、汽车等新兴工业部门也迅速发展起来。

工农业产量的大幅提高造成产品的生产过剩,国外市场的地位变得更加重要。包括农产品在内的初级产品在 1876—1890 年间占世界出口贸易额的比重稳定在 14%—15%之间,工业品同期

① Joseph H. Davis, "An Annual Index of US Industrial Production, 1790 - 1915," *The Quarterly Journal of Economics*, 2004, p.1181.

② 韩毅等:《美国经济史》,社会科学文献出版社 2011 年版,第 400 页。

③ 王荣堂等主编:《世界近代史》(下),吉林文史出版社 1986 年版,第 93 页。

④ 王荣堂等主编:《世界近代史》(下),吉林文史出版社 1986 年版,第 95 页。

占到 7.4%—9.6%，[①]同时期的美国人口只占世界的 2%左右。1869—1872 年间，美国对外贸易占国民生产总值的比重一直维持在 12%以上。一些企业的运营在很大程度上都依赖国际市场。如约翰·罗奇和索思轮船公司在 1872—1877 年间一共建造了 32 艘轮船，其中有一半出口国外。辛格缝纫机公司 1890 年的产品有 3/4 销往国外。美国资产阶级对海外市场的依赖达到一个前所未有的高度。

生产力的迅猛发展带动了生产关系的深刻变化，资本和生产出现大规模集中的倾向。正如马克思所言："美国南北战争的结果造成了巨额的国债和赋税，产生了最卑鄙的金融贵族，使极大一部分公有土地被分送给经营铁路、矿山等的投机家公司，一句话，造成了最迅速的资本集中。"[②]以托拉斯为代表的垄断组织到 19 世纪末已普遍建立。20 世纪初出现了 8 大财团和 60 个家族。垄断组织已经控制了国民经济命脉，操纵了国家的政治。美国开始从自由资本主义向垄断资本主义过渡，美国已进入帝国主义时代。

这一时期，美国军事建设也发生了深刻变化。随着西部土地的开发完毕以及印第安战争的终结，美国战略思想从传统的地区性开始面向世界。美国武装力量逐渐变成垄断资本的工具。为了争夺世界市场、原料产地和投资场所，美国开始在世界范围内同列强展开角逐。为此，美国加快了国防建设的步伐，为参与对世界霸权的争夺作好准备。

① [美]乔纳森·休斯等：《美国经济史》，杨宇光等译，上海人民出版社 2013 年版，第 442 页。

② 《马克思恩格斯全集》第 43 卷，人民出版社 2016 年版，第 839 页。

第一节 现代化军事思想的形成

内战后,随着美国经济的发展和在北美大陆扩张结束,美国资产阶级迫切要向海外扩张。一些学者也积极从理论上为对外扩张进行鼓吹,在社会上掀起一股对外扩张的思潮。这股新的思潮被研究者们称为“新天定命运论”。“新天定命运论”在理论上为扩张进行辩护,宣传向海外扩张的正义性。例如,社会达尔文主义者们鼓吹:国家之间的关系与生物一样,适者生存。牧师乔赛亚·斯特朗宣称:“难道任何人能怀疑种族之间竞争的结果不会是‘适者生存’吗?”①也就是说强国欺凌弱国是合理且正义的。史学家布鲁克斯·亚当斯更是宣称:19 世纪末美国将会成为世界文明的中心。因此,美国应抓住时机积极向海外扩张,在世界范围内占据经济优势。许多宣传“新天定命运论”的学者强调美国的对外扩张并非是谋求扩展领土,主要是开拓市场。通过扩展海外市场,可以缓解国内生产过剩的局面,维持市场繁荣,从而维护国内安定。

为适应世界新形势和美国对外扩张的需要,美国军事思想发生了重大变化,产生了以马汉的“海权论”、厄普顿的职业化军事思想以及职业军事教育思想为代表的现代化军事思想。

一、“海军第一”战略思想的形成

19 世纪后期,由于西部土地开发完毕,美国军事战略的视点开始从北美大陆向海外扩张。垄断资产阶级迫切要求占有更多的

① 杨生茂:《美国外交政策史 1775—1989》,人民出版社 1991 年版,第 170 页。

海外殖民地作为市场、廉价原料产地和投资场所。向海外扩张必须有强大的海军作后盾,但是美国海军这时正处于破产边缘。于是许多有识之士开始为重振海军奔走疾呼。《美国海军学院学报》和其他杂志大量发表有关文章,强调海军对于对外扩张和保卫对外贸易的重要性,要人们关注欧洲列强海军的发展。如参议员马西克称:"世界上哪有作为一等强国而无海军之理。"参议员巴特勒主张美国应放弃传统的贸易掠夺的海上战略,采取建立远洋舰队作战的现代海军战略。① 而海军部长特雷西更提出了"海军第一"的思想,从而引起海军思想的变革。

本杰明·特雷西于1889—1893年期间担任海军部长。他上台后,改变了传统的海军思想。传统观念认为:海军主要目的是用于海岸防御的,战争时期除防御外,还攻击敌方商船,切断敌军供应线。而特雷西却抛弃了这些传统观念,主张海军是进攻性的,在所有军事力量中,海军占第一位。他指出:海洋是决定美国称霸世界的基础,"海洋是未来霸主的宝座,像太阳必然要升起的那样,我们一定要确确实实地统治海洋"。② "海洋是国家未来的活动中心"。③ 他认为美国海军的战略目的,在和平时期是防御性的,在战争时则要摧毁敌人的舰队和供应基地,并为美国的商业航线提供保护。④ 他主张:为了完成海军的战略任务,必须建立以铁甲战

① ［美］内森·米勒:《美国海军史》,卢加春译,海洋出版社1985年版,第71页。

② ［美］阿伦·米利特:《美国军事史》,军事科学院外国军事研究部译,军事科学出版社1989年版,第255页。

③ ［美］小阿瑟·施莱辛格:《美国共和党史》,复旦大学国际政治系译,上海人民出版社1977年版,第192页。

④ Walter Millis, *American Military Thought*, New York: Bobbs-Merrill Company, 1966, p.229.

舰为骨干的两洋舰队,即太平洋舰队和大西洋舰队,来保卫美国东西两侧的安全。舰队主力为战列舰。战时,以战列舰来歼灭敌人舰队与海军,然后取得制海权。[①] 他提出了一个计划:建造 20 艘战列舰,其中 12 艘在大西洋,8 艘在太平洋。还要建造 12 艘海岸护卫舰及 20 艘重护卫舰,将巡洋舰艘数扩大一倍。特雷西的思想产生了很大影响,美国海军在他领导下,又开始了重振雄风的建设。

在这期间,美国著名的海军战略家阿尔弗雷德·塞耶·马汉把特雷西的观点进一步从理论上系统地加以阐述和发展,提出了现代海军战略思想——海权论,把海军理论提高到一个新阶段。

阿尔弗雷德·赛耶·马汉(1840—1914)是海军理论家和历史学家。他提出了"海权论",其主要内容如下:第一,海权的作用。海权在一个民族和国家的形成中扮演极其重要的角色。"制海权,特别是在与国家利益和贸易有关的主要通线上的制海权,是民族强盛和繁荣的纯物质因素中的主要因素。"世界的统治地位可通过制海权获得。[②] 第二,海权体系。马汉给"Sea Power"下了定义:"它不仅包括海上的军事力量,还应包括和平时期的商业和航运",是"凭借海洋或通过海洋能够使一个民族成为伟大民族的一切东西"。海权体系是一个由各机构、设施、商船和海军舰队所组成的严密体系。[③] 第三,在国家各种力量中,海军处于第一位,是最重要的力量。只有强大的海军,才能使国运昌盛,在国际舞台

---

① Walter Millis, *American Military Thought*, New York: Bobbs-Merrill Company, 1966, p.239.

② 邓锋等:《西方军事思想发展史》,国防大学出版社 1993 年版,第 18 页。

③ 美国陆军军事学院:《军事战略》,军事科学院外国军事研究部译,军事科学出版社 1986 年版,第 209 页。

上占据主导地位，在战争中立于不败之地。[①] 海军是国力的最终体现。在平时，可以阻止分歧发展到武器冲突，同时做好迎接战争的准备。在战时，可以控制制海权。海军还是执行国家政策最有力的工具，可以把国家的海外贸易转变成为利益并扩大国家的政治影响。在调解国际争端时，海军也是一种有力的手段。[②] 第四，海军战略。海军的战略目标是在一场决战中打垮敌方舰队，从而夺取"制海权"。[③] 战争胜负取决于击败敌人的主力舰队。要达到这一目的，或是在总决战中消灭敌人的舰队，或是将其封锁在基地里，或是二者兼用。因此，必须在战前就建立起强大的舰队。海军的主要手段是进攻，"海军不是直接防御的武器，而是进攻的武器"。为打破敌人的海上封锁，切断敌人的海上交通线，在进攻中，必须集中优势兵力，在有决定意义的地区歼灭敌人的舰队主力，这样才能控制全部海上交通线，从而取得制海权。第五，海军是美国争霸世界的基础。美国首先要开辟国外市场，增加商船队，要建立能同时在大西洋和太平洋作战的、由战列舰组成的两洋舰队。第六，海权和陆权之间的关系：保持制海权，就能充分利用海权的无所不在性和机动性，对时间、地点有随意选择的自由，可发挥奇袭和集中兵力的优点，可以最小兵力分散和牵制巨大优势的敌军。马汉还引用拿破仑的话来说明这一点："在对岸保持 3 万人在运输船上，英国人就可使我的 30 万大军不敢动弹。"[④]此外，

① 李永采：《海洋开拓争霸史话》，海洋出版社 1990 年版，第 24 页。

② 美国陆军军事学院：《军事战略》，军事科学院外国军事研究部译，军事科学出版社 1986 年版，第 201—203 页。

③ 美国陆军军事学院：《军事战略》，军事科学院外国军事研究部译，军事科学出版社 1986 年版，第 195 页。

④ ［德］罗辛斯基：《海军思想的发展》，钮先钟译，台湾黎明文化事业公司 1987 年版，第 33 页。

海权国还可以利用海上交通对陆上交通的优势,迫使敌人劳师远征来消耗其优越的资源。

马汉从上述理论出发,推出了“霸权战略”。该战略包括三个原则:一是“平时部署战略”原则,即“创造夺取制海权的条件”,在平时“准备必要的兵力和必要的物资器材。为在一旦有事时能随时执行战斗任务编成部队,在战区内部署对敌保持优势的兵力,这些措施是必不可少的”。二是“确保制海权战略”原则,平时必须有强大的海军舰队来确保制海权。三是“显示力量战略”原则,强调军事力量在和平时期作为遏制力量的价值。马汉甚至还设想由美英两国来联合瓜分世界。马汉直截了当地把制海权和控制世界相联系,提出“谁控制了海洋,谁就控制了世界”。① 马汉创立了完整的海上战略思想体系,使美国从陆上战略时代开始转向海上战略时代,他被称为“海上战略的约米尼”。

上述思想家尽管都提到控制海洋的重要性,但是马汉更直接、深入和完整地阐述了这一命题,把这一命题写成了一部鸿篇巨著。他不但指出了海权的基本要素,而且提出了控制海权的战略手段和方法。他把这一切都归结到一点:建立一个强大的远洋舰队。马汉恢复了海军的地位,使海军建设成为20世纪初美国军事建设的重点,使一战后的美国很快便取得了世界头号海军强国的地位。

二、“陆军马汉”厄普顿的军队职业化思想

内战后,在新的形势下,美国军政界人士纷纷提高正规军的地位,鼓吹加强正规军的正规化职业化建设,以便为向世界扩张承担更大的责任和义务。这期间,军队职业化思想比以前更加系统和

① 吴纯光:《太平洋上的较量》,今日中国出版社1998年版,第380页。

完善,其中以厄普顿的思想最有代表性。

埃默里·厄普顿(1839—1881 年)在内战期间是谢尔曼的部下,在战争中表现得十分出色。内战结束后,先在陆军中服役,而后转至西点军校任教。1875 年被派往亚洲和欧洲进行访问。回国后,谢尔曼任命其为门罗炮兵学院的主管。1878 年出版的著作《亚洲和欧洲军队情况》是其考察成果的体现,这是他研究军事体制的开端。最能体现厄普顿研究成果的是其著作《美国军事政策》,厄普顿的主要军事思想在此著作中都有所体现。

他对德国的军事科学推崇备至,根据德国的体制并结合美国的国情,提出了以下改革设想:

第一,以正规军作为军事建设的核心。陆军战时从志愿人员中补充兵员,所有的兵员必须由正规军官领导。平时,应通过德国式的军事教育体系进行军事训练。民兵作为一种最后使用的后备力量,仅用于执法、镇压叛乱和抵御入侵。第二,建立一支较大规模的"可扩大的"正规军。他吸取了前人关于"可扩大军队"的思想,认为美国和平时期的正规军人数太少,远不足以镇压国内叛乱及同外国进行战争。应根据世界各国通用的比例来确定军队的人数,按人口千分之一的比例建立一支 5 万人的常备军。这仅是和平时的编制,要重军队的质量而非数量。如果战争爆发,则军队要大大扩编。为使扩编后的军队战斗力不致下降,和平时的军队应按战时的编制,建立三个营组成的团编制;每个营要按指定地区驻扎,管理和指导所驻地区青年人的军训。战时新兵便去受训的营报到。战时实行征兵制扩军。第三,军队应由职业军人而不是文官指挥,但要服从联邦政府的领导。"在我们国家之外,在任何国家里,无能的外行人指挥军队是非常可笑的事情。"首先应区分军人和政治家的责任和义务,"政治家应负责各种资源的提供和组织,总统更应负责资源管理的好坏。军队除应就在我国制度下所有组织的细节提出意见并提供咨询外,还应独自担负起我们野战军的管理与指挥之责。”①虽然根据宪法,总统作为总司令的地位不能改变,但是陆军司令必须由将军来担任,其权力必须增加。军队实权应由陆军司令掌握,陆军部长只负责军队的行政和后勤工作。军队应建立德国式的总参谋部以进行集中统一的指挥。参谋长居于陆军司令之下,协助其工作。总参谋部的职责是准备陆军的组织方案和制订备战计划。参谋部的成员都受过德国式的军事研究生教育。总参谋部完全由军方领导,不受文官领导和政府的行政干预,行动自由,专业化程度强,效率高。第四,大力发展军事教育事业。厄普顿曾经痛陈由于内战时高级将领缺乏军事指挥艺术而使北方军队损失惨重。美国应建立德国式的军事院校体系,以培养真正具有专业军事知识的职业化军官,使他们在将来任何时候的挑战中都可以构成政府的主要倚靠力量。② 第五,进行战术创新。厄普顿对战术颇有造诣,并能在实战中对战术加以改进。内战期间,由于武器装备的改进,使枪炮的杀伤力大大提高。厄普顿便采用多层次攻击的办法,改变了以往大纵队密集队形蜂拥而上的进攻战术。他把三个团编成了四列横队,依此相互掩护向前突击。攻入敌人阵地后再分散开并相互支援。战后,他继续对突破战术进行系统研究,1867 年写出《步兵战术》一书,探讨了在后装式枪炮出现的情况下,使用战斗小组组成的散兵队形进攻的战术。第六,厄普顿还提出了军事改革方案:一是建立强制性的退休制度。二是建立军官考

① [英]哈特等编:《剑与笔》,军事科学院外国军事研究部译,军事科学出版社 1990 年版,第 291 页。

② Russell F.Weigley, *Towards an American Army: Military Thought from Washington to Marshall*, New York: Columbia University Press, 1962, p.105.

核制度，打破传统的论资排辈的晋升制度，提倡进行晋升考核，量才录用。三是实行三营制步兵团，通过基干第三营进行扩军。

厄普顿的代表作《美国军事政策》是“第一部美国陆军史”，它“可能是美国军人所著的最有影响的一部书”，[1]被奉为美国军事学术的经典之作。“关于美国军事的任何书几乎都涂上了他的色彩。”[2]尽管他的思想在当时未得到采纳，但是却唤起了人们对正规军的关注，吹响了美国军事改革的号角。20 多年后，陆军部长伊莱休·鲁特将厄普顿的思想基本上实现。厄普顿的思想使美国的军事体制从 20 世纪起深深地打上了德国的烙印。他也成为美国军事史上一个划时代的人物，被称为“陆军马汉”。

三、职业军事教育思想

随着内战后科学技术的发展和生产力的提高，战争出现了革命。新形势使美国军方有识之士认识到美国原有的军事教育已不能满足现代战争的需要。发展军事教育、培养适应现代战争的军事人才势在必行。谢尔曼在内战结束后不久就萌生了改革军事教育制度的想法。在谢尔曼的影响和支持下，其得意门生厄普顿提出了比较完整的改革方案。厄普顿的老友、海军、少将卢斯在其影响下也参与到这次军事教育改革运动中，三个人共同确立了美国职业军事教育思想。

（一）谢尔曼的“军队就是学校”的思想

威廉·特姆库塞·谢尔曼内战结束后在 1869—1883 年间担

---

① Herman Hattaway, Archer Jones, *How the North Won: A Military History of the Civil War*, University of Illinois Press, 1991, p.123.

② [美]拉塞尔·韦格利：《美国陆军史》，丁志源等译，解放军出版社 1989 年版，第 1 页。

任联邦军队的陆军司令。谢尔曼很早就萌生了进行军事教育改革的想法,但是当时的环境使得改革难以落实。19 世纪 70 年代,国会一直在限制行政权力,自然也包括军事权力。在这段时间里,谢尔曼的司令机关不断遭到削减。他不断抱怨战争部剥夺了他在军中的权威。① 谢尔曼以司令官的身份向国会作报告时不止一次抱怨:“我无法指挥军队的任何部分。”②谢尔曼的尴尬处境使得改革难以展开,而且联邦也没有任何改革的想法。

菲利普·谢里丹将军是促成谢尔曼产生改革想法的关键人物。内战期间,谢里丹与谢尔曼一样是格兰特麾下的重要将领,在战争中表现十分出色。1869—1870 年,谢里丹作为军事观察员旁观了普法战争。战争中的普鲁士军队给他留下了深刻的印象。他对普鲁士军队的描述也影响了谢尔曼。

1871 年 11 月,谢尔曼启程前往欧洲,他决定实地研究欧洲军队,特别是普鲁士军队。经过 11 个月的考察,谢尔曼基本熟悉了普鲁士军队。他认为普鲁士军队的基本特点是专制主义、精英主义以及职业化。这些特点适应了普鲁士的传统、道德和政治体制。1872 年年末,他在给谢里丹的一封信中提出了自己的看法:“我国军队的情况是规模太小,民众对当局亦不完全信任,我军的军事经验与其他军队相较毫无优点可言。”③美国军队要实施建立在美国独特国情基础上的改革。1872 年 12 月,当记者询问谢尔曼和平

① *Report of the General of the Army*, October 1874, p.5.

② *Report of the General of the Army*, October 1874, p.26.

③ Mark R. Grandstaff, “Preserving the ‘Habits and Usages of War’: William Tecumseh Sherman, Professional Reform, and the US Army Officer Corps, 1865-1881, revisited.” *The Journal of Military History*, Vol.62, No.3, 1998, p.537.

时期军队应当如何定位时，谢尔曼第一次明确表达出将军队建设成一所大规模学校的想法："军队应当成为一所学校，它可以随意向志愿兵和民兵传达一种精神，即所有人都可进入正规军。""我们的军队人数很少，但应成为一个进行教育的学校"。"就每个士兵而言，更高程度的知识和勇气是力量的基础。"①"武器装备越是改进，很好的组织、纪律和知识就越有必要。"②

1872年末，谢尔曼返回美国一年后，他与陆军部和国会的关系恶化。为了缓和与陆军部和国会的关系，谢尔曼决定放低姿态。1874年5月，谢尔曼把司令部从华盛顿迁到了圣路易斯。在圣路易斯的19个月，谢尔曼完成了两卷本的回忆录。在回忆录最后一章中有关于未来军事改革的内容，这一章的题目是"内战中的军事教训"。在这章中，谢尔曼重点强调了需要改革的地方以及和平时期美国军队的定位。谢尔曼认为改革应该集中于四个方面：一是增强军队指令的联合性，不仅局限于直属部队与参谋间，而且应贯穿军队的整个结构；二是更完善的人员补充和军官晋升体系；三是研究以及使用最新式武器的重要性，目的是赢得对敌人的最大优势；四是所有军官必须接受一定程度的战争艺术教育。

谢尔曼进一步强调了美国国情的特殊性，对于和平时期美国军队如何定位提出了自己的看法。他认为："我们的军队规模太小并非坏事，应当按照最现实的军事原则进行组织和支配，和平时期也应保持'战争的习惯和惯例'，由此，当战争再次来临，也许我

① Russell F. Weigley, *Towards an American Army: Military Thought from Washington to Marshall*, New York: Columbia University Press, 1962, p.85.

② Russell F. Weigley, *Towards an American Army: Military Thought from Washington to Marshall*, New York: Columbia University Press, 1962, p.85.

们就不会再次经历1861年的耻辱、困惑及混乱。"①军队在和平时期的任务就是延续军官团体的"军事技能和经验",战时以这些军官为中心完成军队的扩充。他明确指出:"我深信把500名新兵补充到一个有经验的老团里,比把1000名新兵组成一个新团更有价值。在有经验的上尉、中尉和军士的带领下,老部队中的新兵很快就会成为有经验的老兵。但是,一般而言,新建部队的士兵在一年内却不怎么行。"②在这样的体制下,当军队大规模扩编时,把基本未接受过军事训练的新兵和老兵混编,使新兵以最快的速度形成战斗力。

1881年,谢尔曼在对国会的年度报告中进一步重申了自己的主张。他谈到"联邦政府过去的所有理论和实践都会延续至未来,即正规军的规模必须尽可能缩小。在遇到重大突发事件时,公民们依靠的是大规模的志愿兵。但是只有正规军才能认识到战争科学是不断进步的,而且我们必须与其步伐一致,必须教给志愿兵军事知识……从此意义上说,整个正规军就是一所学校"。③ 不难看出,谢尔曼一心希望建立"美国特色"的军事教育体系,加强军队,特别是正规军的军事训练,以期在战争发生时可以提供数量足够的训练充分的老兵和军官。而要加强军事训练,其中重要的一环就是对正规军中的军官进行职业化的军事教育,打造一个具有丰富军事知识的精英军官团体。谢尔曼的主张为军事教育改革指

---

① Mark R. Grandstaff, "Preserving the 'Habits and Usages of War': William Tecumseh Sherman, Professional Reform, and the US Army Officer Corps, 1865-1881, revisited", *The Journal of Military History*, Vol.62, No.3, 1998, p.538.

② [美]拉塞尔·韦格利:《美国陆军史》,丁志源等译,解放军出版社1989年版,第219页。

③ *Report of the General of the Army*, October 1881, pp.36-37.

明了方向,但是在具体规划上则显得比较保守。幸运的是,在谢尔曼周围有一群视野开阔的高级军官,他们进一步完善了谢尔曼的改革主张。

(二)厄普顿的军事教育"师法德国"的思想

1878 年 11 月,厄普顿把《美国军事政策》的手稿中关于 1812 年战争的篇幅寄给谢尔曼,征求谢尔曼的看法。谢尔曼首先表示了鼓励,然后提出了自己的建议。谢尔曼建议厄普顿把论证内容扩大:"我建议你逐渐把论证引导至更大的命题,即战争是一门需要教育、训练和实践的科学,必须指导和训练队列,战争爆发前必须习惯战争中的责任……本主题在我提到过的回忆录中第二卷的最后一章,第 386、387、388 页。"①谢尔曼对厄普顿的工作给予了很大的支持,他们两人之间的交流使厄普顿受益匪浅。

厄普顿认为内战期间,联邦军队损失惨重的重要原因之一,就是高级军官们指挥能力低下。造成这样的情况,是因为军事教育工作的欠缺。"在战争中我发现几乎没有将才,对此我感到非常遗憾。军队中的一些指挥官连做下士都不称职。他们非常懒惰……但是,命令我们进攻敌人时却毫不犹豫,不论对方有多少人、在什么地方。我们死伤的 2 万人本应在今日与我们共享一样的荣誉。"②他尖锐地批评内战中的将军们:"你知道战争中将军们对指挥原则是多么无知吗?"③联邦虽然在内战前已经建立了一些军事院校,包括大名鼎鼎的西点军校,但是这些军校不能满足战争

① *Sherman to Emory Upton*, 18 *November* 1878, Sherman Papers, LC.

② Russell F. Weigley, *Towards an American Amry: Military Thought from Washington to Marshall*, Pickle Partners Publishing, 2016, p.105.

③ Russell F. Weigley, *Towards An American Amry: Military Thought from Washington to Marshall*, Pickle Partners Publishing, 2016, p.105.

的需要。厄普顿根据自己在内战中的亲身经历做出了解释。他认为:“西点军校培养的军官在军校的训练远超任何外国的军事学院。但是一旦进入现役,就无法和欧洲的军事学院相比较了。”①虽然联邦拥有西点军校这样出色的军事学校,西点军校的毕业生们在内战中“也占有重要地位”,但是厄普顿认为西点军校的毕业生仍然无法满足实战需求。

厄普顿批评联邦政府“不重视军事教育,没有把受过军事训练的军官分配到志愿军中,担任团、营的指挥官”,而且军队“缺乏专门对军官进行战略和高级战争艺术教育的研究生院校”。② 他还在题为《亚洲和欧洲军队情况》的报告中指出:“战争中的陆军应该全由正规军组成,所有的志愿兵必须由正规军军官领导。和平时期则应该仿效德国式的军校制度进行战备工作。”③针对志愿兵训练不足、作战能力差的问题,他提出:“仿照德国人的做法,一个营负责一个地区的募兵工作,在其所负责的地区建立新兵训练基地。和平时期,该地区的青年在新兵训练基地训练。战时,公民到负责该训练基地的营报到。各营即以该地公民为补充兵源扩编至战时所需兵力,由正规军官负责指挥。”④可见德国的军事教育制度给厄普顿带来了深刻的印象,以至于几乎到了谈军事教育改革必提及德国的程度。因此,可以说厄普顿的改革主张,即是在美

① Russell F. Weigley, *Towards an American Amry: Military Thought from Washington to Marshall*, Pickle Partners Publishing, 2016, p.105.

② Russell F. Weigley, *Towards an American Amry: Military Thought from Washington to Marshall*, Pickle Partners Publishing, 2016, p.105.

③ [美]拉塞尔·韦格利:《美国陆军史》,丁志源等译,解放军出版社 1989 年版,第 267 页。

④ [美]拉塞尔·韦格利:《美国陆军史》,丁志源等译,解放军出版社 1989 年版,第 289 页。

国建立起德国式的军事教育制度。

相较于谢尔曼,厄普顿的主张更加激进,但是也更加具体和系统化。厄普顿照搬德国军事教育体制的想法固然不符合现实情况,但其明确提出了如何建立一个高素质的军官团体及提高预备兵员作战能力的方法。因此,可以说厄普顿的建议在谢尔曼的基础上前进了一大步,提出了一个比较完善的改革方案。厄普顿的建议得到了许多军界将领的支持。1878 年,在国会专门设立的研究陆军改革的委员会中,除一人外,所有的将军都极力支持厄普顿的主张。

(三)卢斯——海军战争学院之父

厄普顿的主张不仅在陆军将领中有着强烈反响,对海军也同样影响深刻。毕生致力于军事教育事业建设的海军上将斯蒂芬·布利克·卢斯(Stephen Bleecker Luce)就是厄普顿的支持者之一。在内战中,卢斯参与对南方的作战行动。战争期间被调往安纳波利斯海军学院任职。在海军学院任职期间,他为学院写作完成了航海技术教材。卢斯长期从事军事教育工作,对可以满足未来战争需要的军事教育机构有着更深刻的看法,提出了更加具体的建议。

在与厄普顿的交流中,卢斯产生了建立一所海军高级军事学校的想法。他说:“我曾经与厄普顿讨论过这个问题,他对此非常热情并鼓励我采取实际行动,但是当时我还没想好如何采取行动。”[①]1882 年,卢斯成为研究海军事务委员会的成员,开始有机会接触包括海军部长在内的海军高级领导层。从这一年开始,卢

① Stephen Bleecker Luce, John D. Hays, John B. Hattendorf, *The Writing of Stephen B.Luce*, Naval War College, 1975, p.44.

斯采取实际行动落实自己的建议。他尝试说服海军部长建立一所海军高级军官学校,指出:建立这所学校的目的是不仅能让海军军官根据自己的指挥岗位学习各自的专业知识,而且还可以学习战争科学,也就是“一个研究所有与战争相关的问题之场所”。[①] 在卢斯的设想中,这所学校在课程上应当是海军军官学校的延续,更进一步研习“军事科学、军械和国际法,以及与这三门学科相关的一些同类课程”。[②] 可以说,卢斯更希望这所学校侧重于军事理论教育。因为卢斯通过研究历史上的战争之后,得出的结论是:不管陆上还是海上的军事行动,都需要有总的普遍原则作为指导。

卢斯的建议遭到了很多人反对。他们的理由是:历史上的一些著名海军将领都没有接受过正规的军事科学教育,他们都是从战争实践中学习军事科学。尽管如此,卢斯还是进行了耐心的解释。他指出:风帆时代已经过去,未来的海战不会只限于单舰作战。一个优秀的海军军官不仅需要掌握精湛的航海技能和船艺知识,还需要熟悉带有普遍意义的战略原则。卢斯的眼光已经不仅仅局限于当下。随着总体战的到来,他已经意识到:未来任何单一军种或兵种的独自作战都将难以获得战争胜利。未来的高级军官必须学会指挥军兵种协同作战,也需要对本国和敌国所能承受的战争规模了然于胸。

从谢尔曼开始,以厄普顿及卢斯为代表的高级军官们对军事教育问题的认识不断加深,改革主张逐渐成熟。总结这一时期的军事教育思想,可以发现主要有三个内容:一是通过建立一批军校

---

① William E.Simons,*Professional Military Education in the United States:A Historical Dictionary*,Greemvood Publishing Group,2000,p.222.

② [美]罗伯特·西格:《马汉》,刘学成等译,解放军出版社1989年版,第155页。

提高军官们的职业素质;二是提高对战略和军事理论的重视程度,建立相应的高级研究教育机构;三是加强以志愿兵为代表的民兵组织建设,以便战时可以迅速以正规军为核心扩充部队。以谢尔曼为代表的高级军官们已经有了一个比较完善的军事教育思想体系。在这一思想体系的指导下,美国在这一时期形成了较完善的军事教育体系。

第二节 美国的军事行动和战争

内战使军事学术发生了变革。许多美国军事家充分认识到正规化的职业军队的地位是何等重要。在现代战争条件下,民兵几乎起不了什么作用。但是,由于战后国内经济繁荣,美国也没有来自国际上的压力,一片歌舞升平的景象,因而和平主义思想抬头。陆军又和从前那样,战争一结束,便开始大规模复员和裁军,百万人马到 1866 年仅剩下约 5.7 万人,随后进一步缩小。从 1871 年到 1897 年,美国陆军总数一直不超过 3 万人。①

1870—1897 年美国陆军兵力如下:

1870 年 37240 人;

1871 年 29115 人;

1872 年 28322 人;

1873 年 28812 人;

1874 年 28640 人;

1875 年 25513 人;

① Bureau of the Census, *Statistical Abstract of the U.S.1980*, Washington D.C., p.737.

1876年28565人;

1877年24140人;

1878年26023人;

1879年26601人;

1880年26594人;

1881年25842人;

1882年25811人;

1883年25652人;

1884年26666人;

1885年27157人;

1886年26727人;

1887年26719人;

1888年27019人;

1889年27759人;

1890年27373人;

1891年26463人;

1892年27190人;

1893年22830人;

1894年28265人;

1895年27495人;

1896年27375人;

1897年27865人。①

上述这些军队,分布于40余州或准州的200多个警备区,主要

① Bureau of the Census, *Statistical Abstract of the U.S. 1980*, Washington D.C., p.737.

是在西部地区保护移民并同印第安人作战。军队总人数与1860年相比还是扩充了三倍,军官总数的增长超过了258%。平时军队受到民众轻视,加上军队多分布在边远偏僻地区,远离繁华的城镇,所以军人们在文化、社交和精神生活上都关在军营封闭的环境里,与外界几乎隔绝。但是这也给军人们形成了一个环境,可以避免受到社会上的干扰,专心自身建设。在此期间,军队形成了献身精神、不问政事、注意提高专业水准等优良传统。直到1898年,因美西战争爆发,军队人数才突破了3万人,征兵达20万人之多。

海军状况也好不到哪去。内战后有十几年时间,海军受到了冷落,出现了停滞和倒退现象。国会不愿拨款建造新的舰艇,但对维修残破的旧军舰却热情很高,年拨款600万美元,甚至超过了建造新舰的款项。1869年还通过法令,要求军舰航行时全部使用风帆。蒸汽机的锅炉、叶片和发动机的规格也大大缩小,许多军舰上的锅炉被拆掉了,舰艇用煤也受到百般刁难,难以及时供应。到1880年,内战时曾威风显赫的舰队仅剩下48艘老掉牙的古董,“只能起吓唬敌人的作用”。① 海军的航海训练也放松了。由于海军军官晋升缓慢,海上生活单调艰苦,人们都不愿意当海军,只好雇佣外国水手。这些都导致海军官兵素质的下降。

海军受到忽视的原因主要是国家财政困难。一是由于战争所造成的破坏;二是由于战后的重建工作耗资巨大;三是由于全国的主要人力物力财力都用于西部的开发。此外,国内外一度出现的和平形势使和平麻痹思想抬头,人们不愿再耗费巨款建造舰船。在军事政治上,政府正忙于同印第安人打仗,以便完成向西部的扩张,许多

① [美]内森·米勒:《美国海军史》,卢加春译,海洋出版社1985年版,第166页。

人认为美国不需要海军,美国还没有向海外扩张的具体想法和计划。

这种状况远远不能适应正进入帝国主义时代的美国资产阶级对外扩张的野心。美国陆军在同西部印第安人作战时连吃败仗。美国海军情况也是如此。内战后,美国同外国发生了多起冲突,都因海军力量软弱而受挫。1866 年美国“谢尔曼”号军舰侵犯朝鲜时被击沉,1871 年美国借机发动侵朝战争,却未能迫使朝鲜屈服。1873 年 10 月,美国同西班牙又发生了“弗吉尼厄斯”号事件,美国海军根本无法应战,有人说:“只要有两艘现代化军舰,就可以在 30 分钟内把我们全部搞垮。”①

一、陆军职业化建设

美国军队这种状况引起美国许多有识之士的担忧,他们大力呼吁加强军事建设。在这种形势下,美国军界少数人士开始鼓吹加强部队的职业化建设,以便承担起更大的责任和义务。其中以阿尔弗雷德·塞耶·马汉和埃默里·厄普顿最有代表性(马汉和厄普顿的思想见前一节)。在谢尔曼(1869—1883 年任陆军司令)以及格兰特等人的大力推动下,陆军职业化建设取得了很大的成就(详见后面的内容)。

二、对印第安战争的终结

内战后,由于《宅地法》的实施,美国出现了开发西部土地的狂潮。1860—1913 年,美国耕地从 4 亿多英亩增至 9 亿多英亩。②

① [美]内森·米勒:《美国海军史》,卢加春译,海洋出版社 1985 年版,第 165 页。

② 王荣堂等主编:《世界近代史》(下),吉林文史出版社 1986 年版,第 80 页。

以往美国政府曾划出西部一些穷乡僻壤作为印第安人的“永久居住区”,把印第安人强行移往这些地区。但是在开发西部的过程中,这些地区发现了大量资源。随着铁路通车,移民大批涌入这些地区。政府煽动移民屠杀和驱赶印第安人,强占其土地。“永久居住区”已名存实亡。为此,政府决定取消这些居住区,把印第安人赶到更狭小、偏远的所谓“保留地”去。1887 年,政府颁布《道威斯法》,取消印第安人部落和公社土地所有制,把印第安人居住区的土地分给每个印第安人。名义上,25 年后印第安人就可获得资格和土地所有权,但实际上使剥夺印第安人的土地合法化。移民和投机者乘机大肆抢占印第安人的土地。在 19 世纪最后 20 年,印第安人的土地减少了 587.25 万公顷;1887—1933 年共丧失了 3650 万公顷;①到 1925 年,印第安人的土地还不到 18 世纪的 2%。② 印第安人被迫迁到在荒凉的不毛之地上建立的“保留地”,面临种族灭绝的威胁。

为了生存,为了保卫祖祖辈辈居住的土地,在从内战到 19 世纪末这一期间,印第安人的反抗更激烈,规模更大。美国政府不惜动用更多的军队,使用更现代化的手段,血腥镇压印第安人的反抗。

在从密西西比河到太平洋岸的广大西部地区,分布着大平原、大草原和西部山地,居住着 17.5 万印第安人。他们组成 99 个部落,每个部落都松散地组成 4—12 个勇士团。③ 他们同移民及美

① 王荣堂等主编:《世界近代史》(下),吉林文史出版社 1986 年版,第 218 页。

② 黄绍湘:《美国通史简编》,人民出版社 1979 年版,第 332 页。

③ Headquarters, Department of the Army, *American Military History*, Washington D.C., 1959, p.279.

国军队展开了英勇的斗争,影响较大的有 1867 年明尼苏达苏族起义,19 世纪 60 年代的苏族、阿帕奇族及奇奥瓦人的起义。著名的战斗有:“红云”指挥苏族勇士 1866 年全歼费特曼率领的美军分队 80 人;1873 年俄勒冈的印第安人击退了美军四次进攻,使美军损失惨重,包括击毙坎比准将;1876 年苏族首领“坐牛”指挥部下全歼卡斯特麾下的 300 余名美军,震动了全美国;1877 年在内兹佩斯战争中,印第安人利用山地密林曾使美军大吃苦头。此外,阿帕奇人也同美军进行了十几年的战斗。

面对印第安人的斗争,美军被迫改变了战略。以前陆军仅在印第安人居住区边境地带消极地巡逻,现在则采用积极进攻战略,以武力保护移民,强迫印第安人迁往保留地,违抗或逃跑者即派军“讨伐”。在实行这一战略时,美军采取了“总体战”的手段。格兰特说:为了保卫移民,“有必要灭绝全部印第安人部落。”①谢尔曼在对其弟谢里登屠杀印第安人的行径大加赞扬时称:“我们今年杀得越多,明年必须要杀的就越少。因为我越看,这些印第安人都必须被斩尽杀绝,或作为一种叫花子保留下来。他们也想搞文明,简直可笑。”②美军为了驱赶大草原上的印第安人,竟大量捕杀印第安人赖以为生的野牛。1862—1867 年,政府专门拨款 1 亿美元,作为围剿大草原印第安人的费用,其中就包括捕杀野牛的费用。③ 到 1880 年,大草原上的野牛几乎绝迹,饥寒交迫的印第安

① [美]拉塞尔·韦格利:《美国军事战略与政策史》,彭光谦等译,解放军出版社 1986 年版,第 193 页。

② [美]拉塞尔·韦格利:《美国军事战略与政策史》,彭光谦等译,解放军出版社 1986 年版,第 194 页。

③ [美]福斯特:《美洲政治史纲》,马明方译,人民出版社 1956 年版,第 281 页。

人被迫迁走。谢里登在攻打印第安人时,选择冬天行动,毁掉他们的衣服、食物和牲畜,以断绝其生路。

在讨伐战中,美军采用了各种战术:在草原,用骑兵作为快速机动力量;在丛林、山地,采用多路迂回、侧翼攻击;有时采用夜袭战。克鲁克在同阿帕奇人作战时还使用了游击战术,把部队化成小分队,用熟悉地形和阿帕奇人内情的印第安人情报员作战。美军在战斗中野蛮屠杀印第安人,如 1864 年,在里昂要塞一次就屠杀了 500 多名印第安人,其中有许多妇女儿童。1865—1891 年,美军用 10 个正规骑兵团同印第安人作战。最多时用兵达 1 万多人,共发动了 1067 次军事行动,进行了 13 次大的战役行动。① 美国在镇压印第安人的战争中耗资巨大,仅 1862—1867 年便达 1 亿美元,②还付出了几千人伤亡的代价,最后,终于征服了西部地区的印第安人。1890 年的“伤膝河之战”,是印第安人最后一次武装反抗。

印第安人捍卫家园的斗争是悲壮的、可歌可泣的。他们失败的原因,首先是处于原始社会的印第安人与资本主义高度发展的殖民者之间,力量对比过于悬殊。其次是印第安人缺乏民族的凝聚力和向心力,各部落之间不团结,各自为战。美国政府往往利用他们之间的矛盾各个击破。印第安人是第一流的骑兵,但没有严密的政治结构,没有一个领袖人物作为全民族的领袖。由于以上原因,印第安人的失败就是必然的了。

延续近 300 年的印第安人战争结束了。战争促成了“西进运

① Headquarters, Department of the Army, *American Military History*, Washington D.C., 1959, p.278.

② [苏]列·伊·祖波克:《美国史纲》,庚声译,生活·读书·新知三联书店 1972 年版,第 33 页。

动”的完成,加快了西部地区的开发。美军经受了实战的锻炼,造就出一批有经验的军事领导人。印第安人虽败犹荣,在美国军事史册上记载了他们英勇斗志的业绩,也留下了美国军队的耻辱和污点。印第安战争的结束,表明美国已经解决了内部问题,其战略重点开始转向外部,即向世界扩张。

三、抢占太平洋岛屿的挫折

美国海外扩张的最初方向是太平洋地区,建立“太平洋帝国”是美国人早已存在的构想。1853年,威廉·亨利·西沃德曾在参议员的演讲中告诫其同僚:“竞争者既不在大湖区和大西洋沿岸,也不在地中海、加勒比海及波罗的海,而是在太平洋及其岛屿和周边的大陆。”[①]美国控制太平洋的野心从早期的对华贸易中就已经萌发,“从那时起,政治家们就已经深信,美国扩张势力的理想方向在太平洋而非大西洋”。[②] 早在19世纪50年代,美国就强迫日本和中国签订不平等条约,换取了最惠国待遇等特权,从而打开了两国市场。因此,当国内稳定后,再次大规模对外扩张时,美国又选择了已经取得一定成果的太平洋地区。

1866年,美国“谢尔曼”号军舰侵犯朝鲜时被击沉,1871年美国借机发动侵朝战争,却未能迫使朝鲜屈服。1873年10月,悬挂美国国旗、一直为古巴起义者运送武器和补给的“弗吉尼厄斯”号运输舰被西班牙战舰捕获并拖到哈瓦那港,西班牙当局很快就处决了美国船长以及另外51名船员和乘客,美国海军根本无法应

① Walter LaFeber, *The New Empire: An Interpretation of American Expansion, 1860-1898*, Cornell University Press, 1963, p.6.

② Foster Rhea Dulles, *America in the Pacific: A Century of Expansion*, Houghton Mifflin Company, 1938, p.2.

战。后来西班牙进行了赔偿和道歉。

1875 年,美国与夏威夷签订了《互惠条约》,并在国会获得通过。通过条约美国取得了其他国家没有的特权,在政治上控制了夏威夷。正如美国参议院外交委员会讨论条约时指出的:“是为了在政治上控制夏威夷,使之在工业上、商业上成为美国的一部分,并防止其他大国在那里取得立足点。”①该条约使夏威夷沦为美国的殖民地,成为美国经济体系的一部分。对此,美国国务卿布莱恩称:“美国认为夏威夷群岛实际上是美国各州体系的一部分。”②之后,美国又多次强迫夏威夷签订新的不平等条约,得到建立军港等特权。英法试图阻止美国独占夏威夷,但是未能成功。最终,美国通过《麦金莱关税法》对夏威夷进行经济打击,并在1898 年正式兼并夏威夷。

1878 年,美国与萨摩亚签订和平友好条约。通过该条约,美国在萨摩亚得到治外法权和最惠国待遇,以及建立海军基地的权利。另外,条约规定美国有干涉萨摩亚与第三国冲突的权力。条约的签订引来英、德的不满。次年,他们强迫萨摩亚签订了不平等条约,得到与美国基本相同的特权。1884 年,德国试图独占萨摩亚,美国随后采取了针锋相对的措施。美国国务卿贝亚德抗议德国:“美国已经担负起作为一个仁慈的保护者责任,德国的干涉意味着美国事实上的优先地位会被取代。”③萨摩亚的局势变得骤然

① 杨生茂:《美国外交政策史 1775—1989》,人民出版社 1991 年版,第178 页。

② John M.Dobson, *The America's Absent*: *The United States Becomes a Great Power, 1880-1914*, Northern Illinois University Press, 1978, p.56.

③ Thomas G.Paterson, J.Garry Clifford, Kenneth J.Hagan, *American Foreign Policy*: *A History Since 1990*, DC Heath, 1988, p.191.

紧张。随后,英、美、德三国为避免军事冲突,在华盛顿举行会议。英德两国在会前达成利益交换,孤立了美国,最后会议没有取得任何成果。随后,三国在萨摩亚开始军事对峙,几乎到了爆发战争的边缘。但是在 1889 年,一场龙卷风摧毁了美德两国的军舰,两国再无力开战。于是,德国邀请英、美至柏林谈判。最终,1889 年,三国达成共管萨摩亚的协议。美国试图独占萨摩亚的行动由于实力所限,最终未能取得成功。

这一时期,美国尝试通过经济渗透和武力占领的方式对外扩张。美国通过经济渗透的方式把夏威夷纳入了自己的经济体系,最终在政治上得以吞并夏威夷。但是其试图通过武力独占萨摩业行动的失败,则充分暴露出其实力尚不足以击败其竞争对手。美国的经济发展虽然取得了巨大进步,但是其军事实力尚未达到与之经济实力相匹配的程度。英国依然拥有全世界最强的海军。已经完成统一的德国不仅拥有强大的陆军,其海上力量也不容忽视。在太平洋的西岸,完成明治维新的日本也在迅速崛起,逐渐成为美国在太平洋地区的主要竞争对手。新老列强都在积极对外扩张,但是,世界至 19 世纪 80 年代已基本被瓜分完毕。非洲大陆已经基本被英法瓜分,只剩利比里亚和埃塞俄比亚两个独立国家。在亚洲,英法两国已经把势力扩张至东南亚,基本完成对缅甸、越南等东南亚国家的控制。包括美国在内新崛起的列强向海外扩张的难度可想而知。海外市场的争夺也由于这些新列强的加入而愈演愈烈。

四、美西战争(1898 年 4 月 22 日—8 月 12 日)

19 世纪末,新生的美国垄断资本财团迫切需要开辟新的市场、投资场所和原料产地。1897 年,工商界喉舌《工商时报》称:美国工业品大大超过了国内需求，其中许多甚至超过4倍以上，“这就注定美国要争夺世界工业霸权”。总统麦金莱常常谈到国内市场狭窄、产品过剩，想打开国外市场。[①] 垄断资本的御用文人和工具也以“天定命运论”为中心，大造对外扩张的舆论，在19世纪90年代达到了甚嚣尘上的地步。斯特朗称：“盎格罗撒克逊种族具有不可超越的能力……显示了某些非常的进取特性，足以把它的制度传播于全世界，把它的统治扩大到整个地球。”[②]参议员贝佛里治于1898年宣称：“美国的法律、美国的秩序、美国文明以及美国的国旗，将在迄今还是暗无天日、满布血腥的大陆上确立起来。”[③]美国在此期间还建立了许多鼓吹殖民扩张的协会，如全国工厂主协会、泛美协会、美中日协会、美亚协会、美国在华利益协会等，为垄断资本的对外扩张大肆鼓噪。

美国是后起的资本主义国家，当它准备向海外扩张时，整个世界已为老牌殖民大国瓜分完毕。美国迫切想要重新瓜分殖民地，但此时还无力同英德两国中的任何一个竞争。只有老朽帝国西班牙是个好目标。这时西班牙已是日薄西山，殖民地仅剩下古巴、波多黎各和菲律宾。这些地区美国早就垂涎已久。于是，美国决定先拿西班牙开刀。美国首先在自己的周围取得立足点，于1894年以武力控制了夏威夷，使之成为美国在太平洋上的一个重要战略立足点。然后，把矛头对准古巴和菲律宾，想先控制中美洲和加勒

① 中国美国史研究会：《美国史论文集》，生活·读书·新知三联书店1980年版，第341页。

② ［苏］列·伊·祖波克：《美国史纲》，庚声译，生活·读书·新知三联书店1972年版，第389页。

③ ［苏］列·伊·祖波克：《美国史纲》，庚声译，生活·读书·新知三联书店1972年版，第380页。

比地区,再控制整个拉丁美洲。同时夺取菲律宾作为向远东和亚洲扩张的基地,进而为向太平洋地区扩张打下基础。因为“统治了太平洋,也就统治了全世界”。①

美国首先从古巴下手。古巴是加勒比海的最大岛屿,距美国仅一水之隔。这里气候温暖适宜,盛产热带作物,甘蔗产量居世界第一位。古巴还是大西洋和墨西哥湾的交通要冲,可以控制加勒比地区和中美洲。古巴从16世纪初起就成为西班牙的殖民地,成为西班牙征服拉丁美洲的重要战略据点。

美国早就对古巴垂涎三尺。1823年,国务卿约翰·昆西·亚当斯就指出:“古巴对我们的民族利益具有如此重大的意义,任何外国领土都不能与它相比。”从杰斐逊到麦迪逊、门罗这几任总统都想吞并古巴,但是均未得逞。原因是美国当时实力还不雄厚,无法同西班牙对抗,更不是英法等列强的对手。于是,美国提出了一个“熟果政策”,即等待时机成熟、美国军力强大后再吞并之。门罗称:“我们应该在最有利的时机把它并入我们的联邦。”美国一直没有停止过对古巴的侵略和经济上的渗透。到美西战争前,美国资本已经控制了古巴的采矿业和制糖业。美国在古巴投资达5000万美元,年贸易额达1亿元。② 到19世纪90年代,美国盼了70年之久的“最有利时机”终于到来了。在此期间,古巴人民掀起的争取民族独立的起义已呈燎原之势,西班牙派出20万大军进行血腥镇压。西班牙军队的暴行激起美国人民的义愤及对古巴人民深切的同情。在起义中财产受到损失的美国资本家也指责西班牙政府,要求美国向西班牙开战。西班牙的殖民统治已经摇摇欲坠,

① 黄绍湘:《美国通史简编》,人民出版社1979年版,第348页。

② [美]艾伦·内文斯:《美国史略》,王育伊译,商务印书馆1946年版,第265页。

在国际上也陷于孤立。这正好是美国的天赐良机,不但古巴,而且连菲律宾都像个"熟透的苹果"。美国想通过对菲律宾、古巴起义者的援助,来迫使西班牙放弃这两个地区。1898 年发生了"缅因号"事件。2 月 15 日,美国战舰"缅因号"在哈瓦那港外突然爆炸沉没。美军死 264 人,伤 100 人。该事件成了战争爆发的导火线。美国借机大造舆论,掀起战争狂热。4 月 19 日,美国向西班牙发出最后通牒。4 月 25 日,美国国会宣布同西班牙正式开战,美西战争爆发了。

美国敢于向西班牙发动战争,是因为早就做好了战备工作。总统麦金莱已估计到同西班牙一战是不可避免的,故一面向西班牙施加压力,一面进行军事准备。19 世纪 90 年代的扩军备战中,美国建立了一支强大的海军,计有:新式战列舰 5 艘、巡洋舰 16 艘,均为装有旋转式炮塔的装甲舰。① 美国海军规模居世界第三位,并具有远洋作战的能力。舰队集中部署在各重要战略要点上,亚洲舰队在香港升火待发。建造新舰的工作正夜以继日地加快进行。1898 年 3 月初,国会专门拨款 5000 万美元作为"紧急国防费用"。全国各地也在加紧生产军火。8 月,陆军按计划集中配置,古巴地图都下发到各部队。陆军战备工作十分仓促,没有计划,供应混乱,扩编工作还没有开始,全军只有 2.8 万人。国会于 4 月 22 日颁布了"动员法",征召 12.5 万志愿人员入伍服役,期限 2 年。后又在公众要求下,再征召 7.5 万正规军。② 征召来的军队,集结在美国南方靠近古巴的沿海营地进行紧张训练。美军装备精良,使用无烟火药的弹仓式

① [德]H.帕姆塞尔:《世界海战简史》,龚日译,海洋出版社 1986 年版,第 161 页。

② Maurice Matloff, *American Military History*, Office of the Chief of Military History, United States Army, Washington D.C., 1969, p.32.

来复枪、速射野战炮、电报、电话设备及日光反射通讯机等。

相比之下,西班牙对美开战毫无准备。在古巴的西班牙军队有20万人,远远超过美国宣战前军队的数目。但是,西军受到古巴起义军的牵制和打击,且装备很差,疾病流行,士气低落。1897年仅伤病员即达40万人次,被遣送回国者10万人,[①]仅有1.2万人能够作战。[②] 海军只有1艘战列舰、6艘铁甲巡洋舰及一些小型舰艇。[③] 此外,西班牙在菲律宾有4.2万军队和一支由10艘旧舰艇组成的分舰队。[④] 后来驶往古巴的增援舰队,也只有4艘装甲巡洋舰、3艘鱼雷艇,其中有的连10英寸主炮也未安装就出发了。以至舰队司令塞维拉在视察了舰队后,认为此行不是全军覆灭,就是必败无疑。[⑤] 在美国宣战前,西班牙政局一片混乱。政界人士纷纷认为同美国作战没有什么希望。卡诺瓦斯早在1897年就认为:"如果美国进行干涉的话,只能是我们不体面的屈服,不能设想西班牙能同美国巨人开战。"[⑥]西班牙政府想在美国参战前作出让步来避免战争,允许将"缅因号"事件交付国际仲裁,允许美国救济物资在古巴登陆,废除《集中营法》。4月初又公布在古巴停

---

① [古巴]罗其森林:《古巴独立史》,张焱译,王怀祖校,生活·读书·新知三联书店1971年版,第65页。

② [美]艾伦·内文斯:《美国史略》,王育伊译,商务印书馆1946年版,第267页。

③ [德]H.帕姆塞尔:《世界海战简史》,龚日译,海洋出版社1986年版,第161页。

④ [苏]苏联军事科学院:《苏联军事百科全书》第五卷(下),解放军出版社1986年版,第710页。

⑤ [美]内森·米勒:《美国海军史》,卢加春译,海洋出版社1985年版,第181页。

⑥ [古巴]罗其森林:《古巴独立史》,张焱译,王怀祖校,生活·读书·新知三联书店1971年版,第87页。

止军事行动,以便为和谈做准备,甚至准备把古巴让给美国。

但是,美国的胃口更大,不仅希望得到一个古巴,还想吞并波多黎各、菲律宾,并通过打败不堪一击的西班牙来提高自己的声望,以便日后参加同列强重新瓜分世界的角逐。

美国早就为这场战争制定了战略计划。1897 年 9 月,海军助理部长西奥多·罗斯福便制定了一个计划:用大西洋舰队封锁古巴,用亚洲舰队封锁马尼拉,并在可能时占领之。① 战争爆发前夕,罗斯福便命令亚洲舰队集结于香港待命,随时准备按照战前计划,歼灭驻菲的西班牙舰队,然后配合陆军和菲律宾军队攻占菲律宾。军方计划用海军封锁古巴,支援古巴起义军攻击和骚扰西班牙军,迫使其投降。而美国陆军仅担负支援和占领古巴的任务,不直接与西班牙军交战。

美西战争分为菲律宾和古巴两大战场:

(一)菲律宾战场

1797 年 4 月 27 日,杜威率亚洲舰队驶离香港,向菲律宾进发。5 月 1 日拂晓前驶至马尼拉港外,与西班牙舰队展开激烈海战。西班牙军舰多是老式木壳战舰。美舰是新式装甲舰,火力强,一次齐射可发射 3700 磅炮弹,而西班牙舰一次齐射仅 1273 磅。战至中午,西班牙舰队全军覆灭,3 艘被击沉,8 艘被焚毁,2 艘被俘。西班牙军方死亡 381 人,而杜威的中队只有 8 人受伤。② 西班牙曾派出增援舰队,包括 12 艘军舰和 2 团步兵、一营海军陆战队驰援,但因美国准备进攻西班牙本土而被迫撤回。

---

① [苏]列·伊·祖波克:《美国史纲》,庚声译,生活·读书·新知三联书店 1972 年版,第 405 页。

② Maurice Matloff, *American Military History*, Office of the Chief of Military History, United States Army, Washington D.C., 1969, p.336.

7 月底,美国远征军第 8 军 1.5 万人从美国赶来。此时,菲律宾起义军有 2.5 万人,包围了马尼拉地区。美军为夺取马尼拉,玩弄狡猾伎俩。杜威亲自与菲律宾起义军首领达成协议,承认菲律宾独立。起义军轻信了这一许诺,与美军共同作战。但美国也早与西班牙总督私下秘密会谈,在不准菲军入城的条件下,西班牙把马尼拉"转让"给美国。为照顾西班牙人的面子,由美军发动假进攻。8 月 13 日,美菲军队共同向有 1.5 万西班牙军防守的马尼拉发起总攻。经过激战,西军投降。美菲军死 17 人,伤 105 人。①西班牙死 200 人,伤 100 人。② 美军攻占了马尼拉及其郊区,俘虏 1.3 万人。战斗刚一结束,杜威就撕毁协议,以武力逼起义军撤至郊区,美军独占了马尼拉市。

(二)古巴战场

古巴是主战场,在古巴共有三大战役:

1. 圣地亚哥湾海战。1898 年 7 月 3 日,美西两国舰队在圣地亚哥湾展开了激烈的海战。西班牙舰队全军覆灭,被击沉舰艇 7 艘,俘获 2 艘,伤亡 474 名,1750 名被俘(包括司令塞尔维拉)。美国仅有 2 艘军舰受轻伤,死伤各 1 人。

2. 夺取圣地亚哥。美军与古巴起义军协同行动。古巴起义军包围了圣地亚哥城内的敌军,完全切断其与外界的联系。美军 1.7 万人在海军炮火掩护下,于 6 月 22 日在圣地亚哥以东登陆,29 日抵达关塔那摩郊外。在争夺城东制高点的战斗中美军伤亡 1700 人。30 日下午,美军向圣地亚哥发起总攻。不久,西班牙舰

---

① [菲]赛迪:《菲律宾革命》,林启森译,广东人民出版社 1979 年版,第 268 页。

② [菲]赛迪:《菲律宾革命》,林启森译,广东人民出版社 1979 年版,第 270 页。

队突围被歼。7月16日,西军弹尽粮绝,2.4万人放下了武器。美军同在菲律宾一样背信弃义,撇开古巴起义军而单独与西班牙谈判和受降,禁止古巴起义军入城。

3. 夺取波多黎各及太平洋诸岛。在战争过程中,美军还顺手牵羊,夺取了一些战略要点。6月20日,美国远征军在去菲律宾途中攻占了关岛。7月4日,美国第二批远征军又占领了太平洋上的重要战略岛屿威克岛。7月25日,纳尔逊·迈尔斯指挥3000人在波多黎各登陆,建立了基地。8月初,美军又增派1万名援兵。美军四路围攻波多黎各首府圣胡安,经过小规模战斗,仅付出50人伤亡的代价,①便占领了波多黎各。

战争以美国的胜利而告结束。1898年12月10日,美西两国签订了《巴黎和约》。西班牙把菲律宾、波多黎各和关岛割让给美国。美国付出2000万美元作为对菲律宾的抵偿。古巴虽然名义上获得独立,但美国利用《普拉特修正案》把古巴实际上变成了美国的保护国。在战争期间,美国正式吞并了夏威夷,占领了太平洋中的威克岛,并同德国、英国瓜分了萨摩亚群岛。这样,加勒比海成了美国的"内湖",美国在太平洋上获得了重要的战略基地,这对美国争夺太平洋及远东地区霸权具有重要意义。1899年,美国又提出了"门户开放"政策,跻身同列强对中国的争夺。

美西战争作为第一次帝国主义战争而载入史册。在这场战争中,美军第一次去海外远征作战。战争规模不大,时间不长。双方参战人数每一战役均不超过5万人。在战争中,美国付出了5000人死亡的代价(战死者不超过400人,多为伤病而死)。战争胜负

① Maurice Matloff, *American Military History*, Office of the Chief of Military History, United States Army, Washington D.C., 1969, p.334.

取决于海上。当美国海军分别在马尼拉湾和圣地亚哥湾歼灭西班牙分舰队后,战争就大局已定了。这是对于马汉关于“海军应是军事行动的决定性力量”的最生动的证明。美国迅速战胜西班牙,还得益于古巴和菲律宾两国人民起义军的配合。这两国人民军都解放了大片国土,歼灭了大批西班牙军队,在战略上有力地配合,支援了美军的作战,为美国胜利作出了巨大贡献。

通过这场战争,美国军政界痛感海陆军的软弱状态与对外扩张野心极不相称。美国只能打败正处于衰落之中的西班牙,还不是英法德这些强国的对手,必须克服上述薄弱环节,加紧扩军备战,建立一支强大的海陆军。

五、美菲战争(1899 年 2 月 4 日—1916 年)

美菲战争是美西战争的延续。战争起因是美国企图吞并太平洋上的重要战略岛国菲律宾。

在美西战争中,美国一直采用两面手法,支持和利用菲律宾人民起义军的力量同西班牙作战。早在 1896 年,菲律宾人民就在民族英雄波尼法秀领导下发动了武装起义,决心推翻西班牙的殖民统治。1897 年阿奎那多杀害了波尼法秀,篡夺了菲律宾革命的领导权。在西班牙军事进攻面前,阿奎那多屈膝投降,然后流亡香港。但菲律宾人民仍坚持斗争。革命军解放了菲律宾中部的广大地区。这时,美国假意支持阿奎那多。在歼灭了西班牙舰队后,便把阿奎那多送回菲律宾。6 月菲律宾独立,成立了以阿奎那多为首的政府。此后,菲律宾革命军乘胜前进,解放了几乎全部国土。8 月 13 日,菲美军队攻占了马尼拉。11 月 29 日通过了宪法。1899 年 1 月 23 日,菲律宾共和国成立,阿奎那多任总统,马比尼任内阁主席。正当菲律宾革命进入一个新阶段时,不料“前门驱狼,后门进虎”,美国又开始着手侵略菲律宾了。

攻占马尼拉后,美军便制造事端,不让菲军入城。1898 年 12 月,当美西和会召开之际,麦金莱宣称:菲律宾人民没有自治修养,独立只会更快地导致比西班牙战争时期更糟的无政府状态。美国唯一途径就是去占领菲律宾。在和会上,美国背弃了原先答应菲律宾独立的诺言,以 2000 万美元代价从西班牙手中接管了菲律宾,任命奥蒂斯为总督。翌年 1 月,麦金莱发表声明,称:“菲律宾属于我们。我们不是去剥夺它,而是去发展它、开化它、教育它,使它受到自治的科学训练。”①美军在经过一番准备后,于 1899 年 2 月 4 日突然向马尼拉市郊的菲律宾军队发起全面进攻。2 月 5 日,菲律宾共和国向美国宣战。菲律宾人民抗美战争(美国称之为“美菲战争”)正式爆发了。

开战时,在菲美军已有 2.1 万余人,其中近 1.1 万人驻扎在马尼拉。② 随后,美国不断增兵,前后共派遣 126248 人赴菲参战。③ 菲律宾共和国军由阿奎那多任总司令,其弟卢纳为军事总监。战争爆发时有 5 万军队,但装备简陋,仅有 2 万人持有型号繁杂的各式枪支,大部分人还使用大刀、弓箭、竹矛等原始武器。炮兵和骑兵甚少。麦克阿瑟曾说:任何菲军士兵阵亡,就会有许多士兵抢走他的枪接替他战斗。菲律宾海军仅有 8 艘快艇和轮船,最大的才 800 吨。④

---

① [美]加尔文·D.林顿:《美国两百年大事记》,诞延光等译,上海译文出版社 1984 年版,第 269 页。

② [菲]赛迪:《菲律宾革命》,林启森译,广东人民出版社 1979 年版,第 368 页。

③ [菲]赛迪:《菲律宾革命》,林启森译,广东人民出版社 1979 年版,第 406 页。

④ [菲]赛迪:《菲律宾革命》,林启森译,广东人民出版社 1979 年版,第 350—354 页。

此外,菲律宾士兵缺乏训练,仅凭热情作战。在力量对比上美国占有明显优势。

美菲战争从1899年2月4日—1916年,持续了17年之久。分为两大阶段。

1. 正规战阶段(1899年2月4日—11月)。战斗集中在马尼拉周围地区。2月4日,美军突袭马尼拉近郊的菲军。菲军奋起反击,打死打伤美军250多人,菲军伤亡达3000余人。① 菲军撤离马尼拉郊区。美军转攻共和国首都马洛洛。菲律宾则动员16至60岁居民入伍,以正规军抵抗。除2月22日卢纳率军进攻马尼拉外,主要是美军进攻。菲军一直避免同美军正面交战,主动撤退以避敌锋芒,伺机袭扰敌之侧背。美军以优势兵力攻下了怡罗怡罗、宿务、尼格罗、棉兰老、苏禄等岛屿。菲军灵活机动,顽强抗击,在蒙廷卢帕—拉斯皮尼亚斯之战中,击溃了美军劳顿师,美失踪达898人。一个师被击溃,在美陆军对外战争史上是罕见的。② 在菲军打击下,美军伤亡惨重。一名美国记者报道说:短短几个月,"我们由于被打死和受伤,包括病号在内损失了1000人,约有4000人住在医院里"。③ 半年内,美军仅向马尼拉以北推进了100至120千米。美国陆军部长承认:1899年2月至8月底,"……没有足够的军队在城市建立卫戍部队和保持长的交通线。因此,除了马尼拉四郊和对于保卫我们的战线所必需的那些据点之外,不

① Maurice Matloff, *American Military History*, Office of the Chief of Military History, United States Army, Washington D.C., 1969, p.337.

② [菲]赛迪:《菲律宾革命》,林启森译,广东人民出版社1979年版,第402页。

③ 中山大学历史系东南亚史研究所编:《菲律宾史稿》,商务印书馆1977年版,第74页。

企图占领全国”。美军改变手段，收买地主资产阶级上层，在菲律宾政府内部制造分裂，逼迫主战派马比尼下台，还刺杀了名将卢纳。从10月起，美军发动了三路进攻。占领北吕宋各沿海城市，切断了菲军的补给线，打垮了菲军主力。菲都北移，从马洛洛迁至圣费尔南多，后又迁往圣伊西德罗、卡班马图、沓路拉和巴延邦等地，坚持领导抗战。

2. 游击战阶段（1899年11月2日—1916年）。在优势美军进犯面前，菲律宾人民斗志不减。11月12日，共和国政府宣布转入游击战。全国分成若干游击区。菲军民采取灵活机动的战术打击美军。美军疲于奔命。1899年，在古巴立下战功的美国卢敦将军被击毙。在圣克鲁斯，一连美军被全歼。1900年春游击队最为活跃，因为许多美军参加了侵略中国的八国联军，减轻了对菲游击队的压力。美军仓库、火车、小股部队和据点到处遭到游击队袭击。萨马岛的大刀队曾使美军闻风丧胆。在马比塔克，游击队击溃了美军151团。据麦克阿瑟报告：美军从1900年5月5日至1901年6月30日与游击队交战1026次。① 美军司令奥蒂斯因镇压不力被撤职，麦克阿瑟继任。美军采取了血腥屠杀的残酷政策，公然在萨马岛屠杀了10岁以上的所有居民。美军司令史密斯称：“我不希望捉俘虏。我愿意你们去杀人、放火。你们在这方面做得愈好，你们就愈能使我欢喜。”②美军在“扫荡”中，烧杀掳掠，无恶不作。他们焚烧村庄，枪杀战俘，把老百姓赶入“集中营”。美国派“菲律宾委员会”代表团来菲发动和平攻势。麦克阿瑟也释

① 中山大学历史系东南亚史研究所编：《菲律宾史稿》，商务印书馆1977年版，第76页。

② 中山大学历史系东南亚史研究所编：《菲律宾史稿》，商务印书馆1977年版，第77页。

放了许多被俘的菲官员,还挟持亲美分子成立政府和党派。但这些都受到菲律宾人民的抵制。麦克阿瑟无可奈何地供认:"和平运动"只取得了"微不足道的结果"。①

在美国的野蛮镇压下,菲律宾南部各岛先后被美占领。1901年3月23日,阿奎那多被俘投降。他的投降使许多游击区的司令斗志消沉而缴械。

菲律宾第一共和国瓦解了。作为有组织的、统一领导的抗美斗争告一段落。但是,菲律宾人民仍在继续英勇斗争,马尔瓦尔将军在巴坦加斯发表《宣言》,号召人民:"前进!没有退却","所有为独立而进行的战争必须经受痛苦的考验"。在他的鼓舞下,许多游击队又重新拿起武器。1902年4月16日马尔瓦尔兵败被俘,但人民斗争并未因此止息。据菲律宾总检察官报告:1903—1908年菲律宾共爆发50次大的武装起义,528次小骚乱,出现了388个反美会社和团体。② 1902年吕宋岛马加里奥·沙卡依领导游击战争,一直坚持到1911年。此外,1903—1904年的哈桑起义、1905年的乌沙普起义和帕拉起义、1906年的布德·达约起义、1913年的巴格河之战等都很有代表性。在农村还出现了宗教形式掩护下的民族运动,如"圣教堂""红派"等,其纲领均要求民族独立,开展反美武装斗争,争取土地和反对封建剥削。1905年,农民起义者曾攻占莫达里班市。在伊萨贝拉,人民斗争使1907年的国会选举在该省无法投票。人民武装斗争一直坚持到1916年。

为了镇压菲律宾人民的斗争,美国不得不长期派重兵驻扎菲

---

① [菲]赛迪:《菲律宾革命》,林启森译,广东人民出版社1979年版,第430页。

② 中山大学历史系东南亚史研究所编:《菲律宾史稿》,商务印书馆1977年版,第88页。

岛。驻菲美军1900年为7万人,1901年5万人,1902年2.7万人,1905年后长期保持在1.3万人左右。美国还在菲保留了一支庞大的警察部队,1902—1917年间每年5000人。美国颁布了许多残酷法令血腥镇压菲律宾人民,如1901年的《危害治安取缔法》、1902年的《盗匪取缔法》、1903年的《重新集中营法》等。特别是把人民成批关进集中营,以切断游击队同人民之间的联系。美国费了九牛二虎之力,用了十几年时间,才最后把菲律宾人民的斗争镇压下去。

美国为这场战争付出了惨重代价:从战争爆发到1901年6月30日止,派往菲律宾的军官3477人,士兵108800人;死4243人,伤2818人;耗资10亿美元。① 在战斗中,菲律宾军民缴获手枪868支,来复枪15693支,炮122门,猎刀3516把。菲律宾人民为了独立和自由也付出了巨大代价,计1.6万人阵亡,因伤病饥寒及美军屠杀而死者达20万人以上。②

这场战争是美国第一次进行的海外殖民战争。作战区域地形复杂,后勤供应极为困难,而且是同熟悉地形的当地人作战。美国终于如愿以偿,把菲律宾变成了殖民地。美军之所以获胜,除了菲律宾内部的地主资产阶级软弱和叛变外,还由于美军武器装备方面占有压倒优势。同时,美军使用了同印第安人作战的经验,主要是使用小型武器和刺刀,采用分散的快速突袭,轻装部队机动,发挥个人的主动性。

---

① Ernest R. Dupuy, Paul F. Braim, T. Dupuy, *Military Heritage of America*, New York: McGraw-Hill, 1956, p.330.

② [菲]赛迪:《菲律宾革命》,林启森译,广东人民出版社1979年版,第446页。

第三节　建立军队介入国内事务的机制

《美国宪法》体现了“文官治军”的原则。宪法规定:军队要受政府领导。正规军只能用于对外战争反击外来侵略,不能干涉也不得参与国家的内部事务。但是,内战后这种限制被打破,美国资产阶级为了自身的利益,在这一时期,多次违反了宪法原则,派军队干涉国内事务。美国军队日益卷入国家内部各种事务之中,其卷入规模之大、次数之多,是建国以来所没有的,而且军队在国内发挥越来越大的影响。军队主要从四方面参与内政事务。

一、通过“南方重建”确立了军队干预国内事务的机制

1865—1877 年,北方政府对南方开始“重建”工作。所谓“南方重建”,就是对南方社会从政治到经济实行资本主义改造,彻底清除奴隶制度,使南北统一起来。这是内战这一号称“美国第二次革命”的第二阶段。在这场伟大的革命中,军队起了重要作用,保证了重建工作的顺利进行。

1865 年 4 月,在战火即将熄灭之时,美国国内局势仍很严峻。奴隶主阶级不甘心退出历史舞台,做垂死挣扎,于 4 月 14 日暗杀了林肯总统。副总统约翰逊继任总统后,对叛乱分子实行宽大政策,赦免了 13500 名叛乱分子,归还了财产和土地。在宽大政策的纵容下,旧奴隶主纷纷上台重新执掌南方各级政权。南方各地不但剥夺了黑人的各项权利,而且种族分子还组织起“三 K 党”等各种种族恐怖团体,向黑人反攻倒算。获得自由的广大黑人重新沦落到受剥削和被奴役的地步。奴隶主的东山再起,使北方资产阶级受到了严重威胁,并有可能使内战成果付诸东流。在此形势下,

北方政府开始了具有伟大历史意义的“南方重建”。

当时南方尚没有共和党的政权和基层组织，贫苦白人和黑人也没有形成有组织的力量，而种族分子的活动却十分猖獗。在此情况下，只有使用联邦军队来保障重建工作的进行。战争结束时，有 20 万联邦军驻扎在南方，军队成为打击复辟势力的重要力量。以后虽经大规模复员，到 1867 年仍然有军队 2 万人左右。许多有远见的将领，力主让军队参加重建工作。陆军部长斯坦顿曾建议以军事管制的方式对南方实行重建。谢里登也认为“仅靠立法不可能解决战后南方的问题”。

共和党激进派决定利用军队力量来改造南方。他们制订了以军事管制为手段的重建方案。1867 年 3 月，国会通过了《重建法案》，内容为：拒绝承认南方 10 个州的政府（田纳西州除外），把这 10 个州分成 5 大军区，各军区司令在本辖区内有权镇压叛乱，惩办罪犯。联邦法庭无权推翻军事法庭的判决。法案还授予军队以最高指挥权。与此同时，国会还通过了以下几项重要法案：

1.《官吏任期法》。原来总统可以任意罢免官员，该法规定只有经过参议院同意后，总统才能罢免官员。法案直接目的是保护陆军部长斯坦顿，使其免遭约翰逊的排斥，实际上限制了总统任意罢免官吏的权力，保证军队在一定程度上摆脱总统控制而听命于国会。

2.《军队指挥权法》，规定总统向军队发布命令必须经过“全军大将军”格兰特。法案提高了军队的权力。

3. 1867 年 7 月国会立法，强调南方各州政府在一切方面必须服从军区当局；官员一旦被发现不忠于联邦时，军区司令有权将其免职。至此，军队拥有了主宰南方行政、立法和司法各方面的最高权力。

1867年3月,约翰逊不得不按斯坦顿的推荐,任命了五大军区司令,从此开始了军队对南方军事管制的历史。

早在1862年北军占领新奥尔良后,林肯便指挥军队对路易斯安那州实行军管,着手重建。不过,那是在战争条件下进行的尝试。1867—1877年,是在和平时期由国会立法授权联邦军队对整个南方实行军管。就军队在各方面所起作用而言,最突出和最重要的在于政治方面。

联邦给予军队的任务很明确,就是建立资产阶级政府。为此军队采取了以下做法:

1. 撤销前南方邦联成员的官职。早在国会授予军队行政权之前,军队就自行其是了。第三军区的米德将军罢免了佐治亚州州长詹金斯。第四军区奥德将军罢免了密西西比州州长汉弗莱。第五军区司令谢里登更是大刀阔斧,1867年3月19日发布《第一号通令》,宣布路易斯安那州和得克萨斯州政府为临时政府,军队对所有官员拥有任免权。随即先后罢免了路易斯安那和得克萨斯两州的州长、新奥尔良市长以下22人的官职。接替谢里登的莫尔将军从9月上任到11月制宪会议召开前,又罢免了20名官员的官职。军方的这些举动不在于撤换了几个前南方邦联成员的官职,而在于强行破坏前叛乱分子把持的政府,为新的民选政府做准备。

2. 保障黑人履行选举权利。为了打击种族恐怖活动,防止奴隶主重新上台,各地军管当局作出种种规定,禁止前南方邦联的各级主要官吏进行选举登记。为保证黑人的选举权,又一再延长登记时间,使居住在边远地区或不敢登记的黑人得以登记参加选举。为保障登记的正常秩序,防止种族分子的破坏,还指派军官监察登记,一经发现有阻挠黑人登记者,即严加惩处。新奥尔良警察局长波伊朗就因此而丢了官。军事当局的这些措施,使“大约10%的白人失去了选举权”,而有660183名白人和703459名黑人进行了选民登记。从中可以看出,黑人参加选举的广泛程度大大高于白人。要在刚刚消灭了奴隶制而种族主义盛行的南方做到这一点,没有军队的积极干预显然是做不到的。此外,各军区司令还发布命令,不许白人干涉黑人的选举。凡是用暴力、恫吓、解雇等威胁手段阻碍黑人参加投票的行为,均被宣布为犯法行为,并派军队保证选举治安,派人监察投票和检票。

在军队保护下,美国黑人有史以来第一次行使选举权,其代表进入了国会、州议会和各地议会,并担任了各级公职。在重建时期,南方10州共有268名黑人当选为州议会议员,①12名黑人当选为国会参议员,16人当选为众议员。黑人还当选过代理州长、副州长及各级官职。军队对于阻挠黑人当政的做法进行了积极干预。如佐治亚州议会拒绝接纳当选的黑人议员入席,国会马上恢复在佐治亚的军管,任命特利将军为军区司令。特利不仅让黑人议员回到议会,还以违反宪法第14条修正案为由驱逐了24名民主党议员。

军队还干预了立法工作。田纳西是第一个为联邦接纳的原叛乱州,是唯一没有实行军管的南方州。它为何能获此殊荣呢?1866年田纳西州议会开会时,激进派人数不足以保证批准新的州宪法,联邦军队就逮捕了一定数目的不顺从的议员,而把他们的名字仍保留在名册上并记入赞成票的数字里面,这样就保证了田纳西最先制定出废除奴隶制的州宪法,批准了宪法第13、14条修正

① [美]威廉·福斯特:《美国历史中的黑人》,余家煌译,生活·读书·新知三联书店1961年版,第388页。

案。事后,军方才将此事电告约翰逊。由此可见军队对南方政治起着何等巨大的影响。

由于南方各州先后进行了民主选举,各州均建立了民主政府,通过了符合《重建法案》要求的新宪法。在此基础上,国会先后承认了南方各州的政府。随后,各州开始民主改革。军队在南方行使最高权力,强行贯彻落实激进派通过的一系列法案,参与了南方一切政治、经济、社会改革等方面的重建工作,最终建立了代表北方资产阶级利益的各州政府,从而消除了奴隶主重掌政权的可能性。

军队除了在政治改革中起了重大作用外,还在经济领域的改造方面做了大量工作。

《重建法案》的最大失败,在于没有制定出对南方经济进行资本主义改造的计划,尤其是没有涉及亟待解决的土地问题。在战时,军队在处理没收来的土地以及安置自由民的问题上,各军事当局和将领完全按自己的意愿办事。战争初期,当北军占领了罗亚尔港及附近海面时,军事当局允许黑人每人种 2 英亩土地,收获的粮食供自己吃用;同时,在另外拨出的土地上为政府生产棉花。以后又允许部分黑人自己购买小片土地。在新奥尔良,巴特勒将军指定专人管理被遗弃的土地并允许黑人耕种。规定头等劳力每天工作 10 小时,每月工资 10 美元。1862 年底,格兰特军派人在“大交叉点”收容黑人,让他们摘棉花,每摘一磅棉花报酬 0. 12 元。忠于北方的奴隶主也按此标准雇佣黑人。[①] 正是在军队管理的土地上,开始实行雇佣劳动制度。

军队不仅在没收来的土地上实行雇佣劳动制,而且还对种植

① 刘祚昌:《美国内战史》,人民出版社 1978 年版,第 347—348 页。

园经济直接进行干预,把无人耕种的种植园分成小家庭单位,鼓励黑人经济上独立。1863 年 1 月,班克斯将军发布命令,要求黑人与他们自选的种植场主签订年度合同,军队监督合同的签订。1865 年,梯尔森将军明确规定了最低工资限额,头等劳力月工资不得低于 12 美分或分到 8 蒲式耳的粮食。军队的干预,促使奴隶开始转变成出卖劳动力的雇佣劳动者,迫使奴隶主逐步采用资本主义经营方式。

军事将领还开了无偿分给黑人土地的先例。在斯坦顿默许下,1865 年 1 月谢尔曼发出《第 15 号特别战地命令》。在很短时间内,4 万自由民分到 40. 5 万英亩土地。同时,达纳将军也将南方邦联总统戴维斯的 1 万英亩土地拨出作为黑人自治居留地,800 名黑人分到了土地。诚然,将军们的上述措施仅仅是战时采取的临时措施,激励黑人为争取和保卫土地而顽强斗争。正是在谢尔曼分配的土地上,发生了规模最大、时间最长并获得胜利的黑人武装斗争,一批黑人小农就这样诞生和成长起来。

军队还大批拍卖、出租土地。1862 年《没收法》颁布后,军队将没收的许多土地出租或出卖,产生了一批采用资本主义生产方式的大土地所有者和农场主,奴隶主逐渐被消灭,南方的经济结构和阶级结构得到了改造。

"南方重建"的胜利,巩固了内战胜利的果实。在重建中,联邦军队起了关键性作用。可以说,没有联邦军队,就没有重建的胜利。联邦军队通过重建,确立了干预国内事务的先例和干预机制,这就是先通过相关的宪法修正案和法律,以法律作为军队干预国内事务的法律保障。在完成干预任务以后,马上交权给文官政府,军队撤出,结束干预行动。

二、美国军队终结了印第安人的战争

美国军队以压倒优势血腥镇压了印第安人的反抗,完成了对印第安人的最后征服,促成了美国西进运动的完成,加快了西部地区的开发。(参见本章第二节内容)

三、军队更多地参与国家经济建设

内战后,美国政府除用军队完成南方重建和镇压印第安人反抗外,还大量使用军队于国内各项建设事业。美国工兵起的作用最大,他们建设公路、码头和港口,勘探西部地区,修建了华盛顿的许多公共建筑。为进行首都建设,从1878年起,工兵专门派出一人作为总统任命的哥伦比亚特区三个政府专员之一。工兵还完成了两项重要的地质调查:北纬40度线地质探险和西经100度子午线以西的地理调查。

通信兵是个新兵种,在国家建设中起了重要作用。1870—1891年,陆军部通信兵领导实行了全国第一个国家现代天气服务,通信兵在主任麦耶领导下进行的气象服务团因支援国家建设而获得了国际声誉。但1890年后,气象服务由农业部接管,通信兵便只负责军事气象预报。

内战后军队还从事了探险工作。1881—1883年雷伊对波因特拜罗的探险工作十分出色,但1881至1884年陆军探险队去北极探险失败。此外,军队在医疗、抢险、救灾等工作中发挥了重要作用。

四、充当镇压人民运动的工具

在向垄断资本主义过渡时期,美国的社会矛盾空前尖锐,工人罢工、农民运动和黑人反抗种族压迫的斗争此起彼伏。这些斗争威胁到了资产阶级统治的稳固。因此内战后，尤其是19世纪七八十年代，军队开始不断地被用来镇压人民运动，尤其是用于镇压工人罢工运动。

1877年，宾夕法尼亚爆发了第一次全国性的铁路工人罢工和煤矿工人罢工。这场罢工蔓延到17个州，时间长达一年之久。工人控制了匹兹堡和巴尔的摩。美国政府大惊，出动军队镇压，但被工人赶出市区。政府下令实行紧急状态，派出大批军队及民兵，仅向匹兹堡一地便派了一万军队，而这时全国正规军不到3万人。工人进行了英勇抵抗，圣路易市工人击退了军队多次进攻，坚守城市达2周之久。最后，工人罢工被血腥镇压下去，死伤达数百人。这是美国历史上军队首次镇压工人罢工。

1894年，伊利诺伊州普尔曼铁路公司15万工人举行大罢工，美国北方铁路交通中断。克利夫兰总统派兵1.4万人进行镇压，同时还出兵2000多人镇压芝加哥工人的罢工。克利夫兰宣称他有权利用一切力量来执行联邦的法律。这次出兵还得到了最高法院的一致支持。结果，这两次工人罢工又被血腥镇压下去。

据统计，19世纪后20年，美国政府为镇压工人罢工共出兵300多次，①“实际上，这时的陆军已变成了宪兵队——即国家警察”。②

美国军队在战后大量介入国内事务，虽然促进了南方的民主改革，为国家经济建设作出了一定贡献，在国家生活中进一步突出了军队的形象。但是，由于军队主要还是资产阶级的军队，政府不

① [美]拉塞尔·韦格利：《美国陆军史》，解放军出版社1989年版，第292页。

② [美]阿伦·米利特：《美国军事史》，军事科学院外国军事研究部译，军事科学出版社1989年版，第250页。

断利用法律手段,以执行法律和镇压骚乱的名义,给军队镇压人民的行动蒙上一层合法的外衣,用军队来维护资产阶级统治,为资产阶级利益服务。自19世纪以后,美国军队的革命性便逐渐丧失,蜕变为资产阶级专政的暴力工具。

第四节　现代军事体制的初步建立

在世界进入帝国主义时代,各帝国主义国家的竞争激化,战争危险迫在眉睫。为适应形势发展的需要,尽管内战后,和平主义流行使人们一度忽视了军事建设,但是美国军界人士都在不声不响,扎扎实实地埋头苦干,准备迎接未来更大的挑战,19世纪后30年里军队职业化建设向纵深发展,又取得新的成就,主要表现在以下几个方面:

一、建立了现代军事教育体制(详见本章第五节)

二、加强军事专业和军事理论的建设

以往的历史暴露了美国军队的最大问题就是军事专业和军事理论的薄弱。为了弥补这一问题,美国军队成立了一批研究协会和团体作为军事教育的辅助机构。

研究学会始于民间,受欧洲学术界影响及国内学术队伍的扩大,从19世纪70年代起,美国开始出现各种各样的学术团体。特别是1876年之后,各种全国性、地方性学术团体如雨后春笋般出现,如美国化学学会、美国历史学会等。同期,与之密切相关的是出现了各种学术刊物。从1878年起,约翰·霍普金斯大学先后出版了《美国数学杂志》《美国化学杂志》等刊物。芝加哥大学也先

后创办了《政治经济学杂志》。

各种民间学术机构的大量出现也影响到了军队。1873 年,卢斯为了给那些热衷于宣传海权知识、维护美国海洋权益的军官和学者提供一个便于互相交流的场所,促成了美国海军学会的成立。1878 年,温菲尔德·斯科特·汉考克(Winfield Scott Hancock)少将创办了美国最早的军事专业学会。在谢尔曼的支持下,经陆军部批准在总督岛创立了美国军事学会。学会组织仿效英国皇家军事学会,正规军军官、民兵军官以及对军事感兴趣的平民都可以加入学会。学会旨在促进对军事科学、军事史的研究,为对军事有共同兴趣的人提供一个共同探讨专门知识的机构。学会为了方便学术讨论及扩大影响,创办并发行了双月刊杂志。后来,又从该学会派生出骑兵、步兵、炮兵等学会。军事刊物阵地也大为扩展,1879 年,《联合勤务》杂志创刊,1888 年,《骑兵杂志》创刊。1879 年,美国海军学会也开始定期出版刊物《美国海军学会会刊》。美国陆军后勤协会,刊物为《期刊》;美国骑兵协会,刊物为《骑兵杂志》;军事医学协会,刊物为《军事医学》;1892 年,炮兵学院创办了《美国炮兵杂志》;美国步兵协会,刊物为《步兵杂志》。此外,陆海军还合办了《联合服役》和《陆海军杂志》等。这些协会和杂志为提高各兵种专业理论水平和知识的普及起了巨大作用,大大促进了军队职业化向更高层次发展。

三、改革军队的人事制度

内战前,美国还没有一个职业化的军事人事制度,军官的晋升和退休均无制度可言。军官凭资历晋升,这就使军官队伍年龄老化,年轻军官晋升缓慢,大大挫伤了军官的事业心和进取心,给军队职业化建设带来了不稳定的因素。如 1891 年美国炮兵中的上尉平均年龄为50岁以上,没有一个上尉年龄在40岁以下,而10个年龄最大的上尉平均56岁。其他兵种情况类似。海军军官晋升更慢,海军学校毕业生要等7年才能升为少尉,有的上尉12年未得到提升。① 按照国会制定的军官晋升原则,数量较少的西点军校出身的年轻军官在晋升上处于不利地位。很多年轻军官意识到,他们将来的晋升不是取决于自己的学历,而是取决于那些高级军官何时辞职、退役或者死亡。因此,许多人批评那些内战期间提拔起来的军官军事素质低下。1889年,有一个年轻军官描述那些老军官:"在迷迷糊糊中步履蹒跚……没有在内战中或从那之后学到任何东西,这很可悲。"②这些年轻军官们认为内战中提拔起来的军官已经不符合时代的要求。

在内战中,人们才认识到退休制度的必要性,陆续对晋升制度和退休制度进行了改革。国会采取了一些措施,1861年规定失去能力者有义务退休。1862年及内战后的1870年又规定:一个军官在服役30年后,由总统决定是自愿还是强迫退休。但直到1882年,国会才立法规定军人到64岁都要退休,从而形成了军人退休制度。国会还设立了军官考核晋升制,规定从1890年起,所有军官晋升均要经过考试。陆军部还为所有军官建立了"品行和效率档案",作为军官晋升的依据之一,目的是淘汰效率低的军官,升迁更有能力者。1890年,陆军开始对少校以下的军官进行考核。同时,实行按照军种或参谋部门为单位晋升的制度。19世

① [美]内森·米勒:《美国海军史》,卢加春译,海洋出版社1985年版,第168页。

② Mark R. Grandstaff, "Preserving the 'Habits and Usages of War': William Tecumseh Sherman, Professional Reform, and the US Army Officer Corps, 1865-1881, Revisited", *The Journal of Military History* 62,3(1998), p.532.

纪 90 年代,陆军又进一步实行了为所有军官建立能力报告的制度。海军也对晋升制度进行了相似的改革。1899 年,海军实行了按照功绩晋升的制度,准许从基层军官中选择功绩突出者担任舰长职务。

四、建立国民警卫队

内战后,美国国内政局逐渐稳定,工业化及城市化发展迅速,无产阶级队伍快速膨胀。随着无产阶级队伍的壮大,工人开始通过工会组织起来维护自己的权利。从 1877 年的铁路工人大罢工开始,工人运动席卷全国。警察无法应对大规模的罢工,贫弱的民兵也无法有效应对工人罢工。各州政府转而向联邦政府求助,要求动用正规军镇压罢工。但是,正规军在镇压罢工时造成了工人伤亡,又唤起了美国人对正规军的警惕性。同时,镇压罢工这类充当治安警察的任务也干扰了军队的专业化建设,军队也不愿再负担此类任务。因此,各州的领导者不得不重新考虑强化民兵组织。

从 19 世纪 70 年代开始,各州在内战期间重新建立起来的民兵组织也在战后发展起来。内战以后,原来的民兵组织除了南方以外,均已名存实亡,其替代组织是国民警卫队。最初,国民警卫队的组织形式是 1877 年在里士满召开的全美民兵军官会议上建立的全国民兵军官协会。1879 年,各州的民兵领导人在圣路易又成立了国民警卫协会,其性质是研究国家防卫问题的官方组织。协会还通过了纽约州的提议,以法文“国民警卫队”来命名有组织的民兵连队。在 1881 年至 1892 年间,各州还修改了法律,规定联邦有调动民兵组织的权力,成立有组织、纪律良好、装备精良的民兵部队,各州的民兵组织几乎无一例外地都被冠以“国家警卫”

(National Guard)的称呼。[①]

这种民兵组织在形式和性质上同建国时期的民兵制度截然不同。首先,它带有俱乐部性质。国民警卫队的成员更为精干,主要来自城市中产阶层和熟练工人,在社会上受人尊敬,也能够有闲暇和财力参与奢华的业余军事活动。他们常常穿着完全不适于野战勤务的花哨制服,更热衷于参加各类游行、午宴、体育比赛和狂欢舞会。约瑟夫·霍尔姆斯曾将这一时期的宾夕法尼亚国民警卫队称为"逍遥自在的团体"。[②] 其次,所有国民警卫队一般都制定了平民化的规章制度,只有通过邀请才能成为会员,其成员的加入完全自愿,在功能上更类似于互助会。因此,尽管内战以后人们普遍反对军队建设,然而由于国民警卫队具有以往民兵的非职业化本质,美国社会又存在将强身健体、守纪互助和责任感视为美德的观点,民兵制度的复兴之火被点燃,并得到广大人民的支持。

19世纪八九十年代,在新的扩张主义狂潮中,这一组织也引起了军方的重视。军界将这一组织视为普及军事知识、开展军事训练以及维持社会治安的有力工具。1887年,国民警卫队协会获得了双倍的联邦基金,开始了迅速发展。到19世纪90年代初,国民警卫队的人数已超过11万人,[③]成为正规军的后备力量和地方治安的主力。

---

① [美]詹姆斯·M.莫里斯:《美国陆军史》,靳绮雯等译,湖南人民出版社2010年版,第107页。

② J.K.Sweeney,Jerry M.Copper,*The Rise of the National Guard:The Evolution of the American Militia 1865-1920*,Lincoln:University of Nebraska Press,1997,p.24.

③ J.K.Sweeney,Jerry M.Copper,*The Rise of the National Guard:The Evolution of the American Militia 1865-1920*,Lincoln:University of Nebraska Press,1997,p.31.

职业常备军与国民警卫队逐渐密切了相互的关系，陆军经常将大炮和迫击炮借给民兵部队，派遣军官视察国民警卫队的营区并协助训练，有时还举行联合演习。① 同样为后备力量所困扰的海军专业人士也开始谨慎地注视着新生的海上民兵组织。1888年，马萨诸塞州建立起美国第一支海上民兵组织。到1898年，共有15个州建立起自己的海上民兵组织。

随着国民警卫队的逐步发展，它渐渐与普通民兵相分离，开始具有了准军事化的性质。它平时接受军事训练，执行一定的军事任务，战时则是职业常备军扩军的首要兵源。国民警卫队的建立使平民军事教育的结构趋于完善，并与普通高校的军事教育计划共同奠定了平民军事教育体制的基础。但是，如何适应时代的要求，理顺平民军事教育与正规军队之间的关系，解决在控制权问题上产生的分歧，并在思想上和组织结构上进一步健全和发展，以改变平民军事教育在美国军事体系中无足轻重的地位，使其成为现代战争中的支柱力量，能真正在美国的军事体系和国家防御中承担军事任务，确立自己的地位，仍是亟待解决的问题。随着民兵组织的强化，以及其在国家政治、军事生活中地位的上升，如何处理其与正规军的关系成为一个棘手的问题。正规军希望民兵成为一支地方防卫部队，并为正规军提供预备兵员。但是民兵们并不满意这样的安排，他们更希望能够在战时得到志愿兵军官的身份。虽然正规军未能与民兵在任务定位上达成一致，但是两者还是加强了彼此之间的联系。国民警卫队实际上成了半职业化的“准”军队。

① ［美］阿伦·米利特：《美国军事史》，军事科学院外国军事研究部译，军事科学出版社1989年版，第268页。

五、初步建立了海外远征作战体制

美西战争和美菲战争是美国第一次进行的海外殖民战争。战争的作战区域辽阔,后勤供应十分复杂。在战争中美国初步建立了海外远征作战体制。

美国总统、政府和白宫是这一体制的核心。总统麦金莱亲自参与对军事行动的指挥。白宫专门开辟了一间“作战室”,里面墙上挂有大幅作战地图,上面用各种颜色的小旗和符号标明美军在各战场的部队和海军舰艇的分布情况,供总统和军方领导研究指挥作战使用。由于无线电通信和电话的改进和发明,使总统可以借助电报设备与海外部队保持联络,遥控指挥数千千米以外的美军。总统的命令从华盛顿以无线电报形式发往海外各地。总统还借助电话与国会和内阁阁员们保持密切联系。此外,总统还充当陆军和海军之间的联络人,参与作战指挥的各项具体工作。为了协调统一陆海军的行动,陆军部和海军部曾成立了一个“陆海军委员会”,但没有发挥作用,形同虚设,而由麦金莱充当各军种之间的协调人。海军还专门成立了“海军战争委员会”,由三人组成,马汉也参加了。委员会主要为海军部长出谋划策。

海外远征体制的骨干是海军。渗透了马汉思想建立起来的美国海军已经具备了远洋作战的能力。大西洋舰队和亚洲舰队很快便分别在加勒比海和马尼拉湾击败了西班牙舰队,掌握了制海权.海军还充当了联络海外美军与本国之间的纽带,负责向数万海里以外、跨越太平洋的菲律宾美国军队输送兵力和补给品、向古巴运输部队和给养。美海军用 32 艘运输舰向古巴运送了远征军 2. 5 万人和大批辎重,运送了 1. 3 万人进攻波多黎各。还向菲律宾输送了近 11 万官兵及大量物资。没有海军,美国根本无法取得这场战争的胜利。

在海外作战体制中，美国国内的动员训练体制发挥了辅助作用。美西战争爆发时，美国仅有军队2.8万人。在战争期间共征召20万人入伍。征集的兵员在靠近古巴的美国南方沿海的训练营经过短期军训后，很快便适应了作战需要。

战争中美军也暴露了许多问题，但是美国依靠这个不成熟的海外作战体制还是打赢了这场战争。这可以说是日后美国参加世界战争的预演。

六、远洋海军的建立

在马汉思想的影响和舆论推动下，美国开始重视海军建设，着手实施所谓“大海军计划”。1882年8月5日，国会批准建造2艘新型战舰，采用当时最先进的技术，如优质钢板、蒸汽机和旋转炮塔等。1883—1887年建造了4艘钢甲战舰。1885—1889年，国会批准建造总排水量10万吨的甲级战舰30艘，组成大白舰队。进入90年代，因对外扩张的需要，海军军费增长了3倍。1880年为1353万美元，1891年为2611.3万美元，1898年为5882.3万美元①。建造的战舰排水量为1万吨以上，装有13英寸主炮（当时世界上威力最大的大炮），适合远洋航行。海军建设步伐加快了。1890年，建造了3艘战列舰；1895年至1896年，国会又拨款建造了3艘战列舰和10艘鱼雷艇。海军官兵的素质也有了很大提高。1885年，成立了纽波特海军军事学院，由卢斯任院长。这是世界上第一所海军学院。学生主要学习海军战略和海军史。卢斯特别重视海军史的学习，认为从海军史中可以发现具有普遍意义的原则，可用于提出指导现在和未来的海上战略。为使海军在战时具

① 黄绍湘：《美国通史简编》，人民出版社1979年版，第350页。

有更充足的合格人才,国会1891年批准各州建立海军后备队,使用旧式装备,平时定期训练,紧急时刻应征入伍。海军后备队实际上是海军的预备队,在以后历次战争中为海军的扩编发挥了重大作用。

经过19世纪八九十年代的建设,"大海军计划"于1894年完成。到美西战争前,美国已拥有战列舰5艘,巡洋舰16艘,还有一些小型舰只,①实力居世界第三位。

通过上述努力,美国初步建立了现代军事体制,为参与各个帝国主义国家之间的竞争打下了基础。

第五节　现代军事教育体系的形成

19世纪后30年里,军队职业化教育向纵深发展,军政界领导人十分重视军队职业化教育工作,包括对军官和士兵的培训工作。

不同于此前建立一些军事教育机构的毫无章法,此次军事教育改革在发动前经历了长时间的酝酿,有了成熟的指导思想(详见本章第一节内容)。1869—1883年担任陆军司令的谢尔曼作为此次军事教育改革的核心人物更是重视并亲自推动这项工作,其得意门生厄普顿在总结内战经验时,发现了美国军官职业教育的问题:虽然美国军事教育为新的军官提供了很好的军事教育和训练,但是缺乏军事理论的教学和研究。一旦学生毕业进入现役,无法和欧洲同行相比。② 因此,他提出了比较完整的改革方案。厄

① [德]H.帕姆塞尔:《世界海战简史》,龚日译,海洋出版社1986年版,第161页。

② John W. Marsland, Laurence I. Radway, *Soldiers and Scholar: Military Education and National* Policy, Princeton University Press, 1957, p.81.

普顿的老友海军少将卢斯在其影响下也参与到这次军事教育改革运动中。

在改革中,建立了金字塔结构的四级军事教育网络,形成了由高级、中级、初级和全民教育体系组成的四级军事教育体制。

一、发展高级军事教育机构

在高级军事教育中,美国主要做了两件事:巩固在四级军事教育网络中处于金字塔尖的美国军事学院和海军学院的地位,其次是发展高层次的军事理论研究。

(一)巩固美国军事学院和海军学院的顶端地位

1876年,陆军部长威廉·贝尔纳普辞职,谢尔曼终于等来了发动改革的机会。新任部长阿方索·塔夫脱及其继任者与谢尔曼的关系要融洽得多,因此谢尔曼得以施展抱负,他和助手开始对军事教育制度进行改革。他首先巩固了美国军事学院(西点军校)和海军学院(安纳波利斯海军学院)这两个老牌学院在军事教育方面的顶端地位。

内战期间,在南北双方的军队中都可以找到西点军校的毕业生。战争开始之初,学院的许多南方教员及学员大部分都离开学校,参加本州的军队。1861年的278名学员中有86人来自南方,其中65人返回了南方。曾经担任过西点军校校长的罗伯特·李将军担任了南方军队的总司令。同年,被称为西点军校炮兵连的联邦军队炮兵D连也参加了马纳萨斯战役。整个战争期间,西点军校的毕业生在双方军队中都占有重要地位。有296名军校毕业生在南方军队中服役,其中151人成为上尉以上的高级军官。西点军校的毕业生在联邦军队中也占有重要地位,战争结束时有294人升至将军军衔。在内战的60次重要战役中,有55次交战双方的指挥官都来自西点军校,剩下的 5 次中至少有一方的指挥官是军校毕业生。[①] 西点军校毕业生所取得的瞩目成绩,让人们忽略了由于他们实战经验不足及指挥失误所带来的巨大伤亡。此后,很少有人再去批评西点军校,其地位在内战之后再次得到巩固。

作为美国最高军事学府的西点军校在内战后也经历了改革,以往偏重军事工程和技术的情况有了改变。战后,美国普通公立高校发展迅速,入学标准也提高了很多。因此,西点军校的许多教员要求提高入学标准,以争取更多高素质的学员,但是遭到了国会及谢尔曼的反对。谢尔曼认为,提高要求会“把贫困子弟拒之门外,因为那些家长的状况无力给孩子提供必要的教育”。[②] 谢尔曼希望通过维持原有的入学标准,保持学校对各个社会阶层的接纳度,从而继续保持民众对军校的支持。谢尔曼也反对西点军校进行大刀阔斧的改革。他解释道:“不改变令人满意的事物正是智慧的体现,现有的军事体系已经植根于学校。其培养的学员服从命令、尊敬上级,行事井井有条。毕业生把这些习惯带入军队,然后传遍全国,为维护民主制度创造了不可估量的价值。”[③]在军校任职的教员们也基本持有相同意见。为了维持军校的传统,学校委员会通常会向陆军部提名四到五年内毕业的学员,以填补学校出现职务空缺的部门。在不影响传统的基础上,西点军校也进行了细微的调整。以往校长大多出身于工兵,现在校长的选拔则面向所有兵种。这一调整加强了军校与军队的联系,削弱了文官掌

① [美]安布罗斯:《责任、荣誉、国家:西点军校史》,洪庆明译,暨南大学出版社 2006 年版,第 174 页。

② *Sherman to Rawlins*, *February*1, 1866, USMA Library.

③ *Sherman to Cameron*, *DeCember*2, 1879, Library of Congress.

控的陆军部对军校的控制。军校适当提高了学员的入学年龄，最低是17岁。以往偏重军事工程和技术的情况有了改变。课程中大大增加了军事理论和人文学科的内容。1866年，学校脱离工程部领导而归陆军部管辖，教员从职业军官中挑选担任。扩展了考试内容，增加对英语语法、几何和美国史的考核。与武器和战术相关的军事方面课程也增加了三分之一。教学上，改为小班制，每班20人以内，配备导师1人。但1871年，著名教授丹尼尔·马汉不幸意外去世，使军事理论课程停了下来。学校改革不了了之，又只抓武器的使用和战术的教育，不再进行军事理论和军事政策的教研工作。西点军校只培养了出色的下级军官，仍未能培养出高中级军事人才。从19世纪70—80年代这十年之间，西点军校培养了许多优秀的基层军官。

美国海军学院（安纳波利斯海军学院）也进行了改革：

一是调整了各州的招生名额。1860年以前，建国时的13个州所推荐的学员占总数的80%以上。即便到了1866年，大西洋各州仍占43%，新英格兰占25%，中西部占16%，南部只占5%。呈现出严重的地区不均现象。从1866年开始，情况开始有所改变，南部各州的学员人数逐渐增加。到1896年，大西洋各州的学员所占比例降到了32%，新英格兰降至10%，西部和南部各占36%和22%。① 学校生源在地域分布上非常不均衡的状况大为改观，学校招生范围大幅扩大，来自中西部和南部的学员人数大幅增加。这不仅可以团结回归联邦的南方各州，也显示出对中西部新州的重视，更重要的是让学校的影响力扩大至全美范围。

① ［美］彼得·卡斯滕：《海军贵族：安纳波利斯的黄金时期及现代美国海军至上主义的出现》，王培译，海潮出版社2011年版，第6页。

二是学校扩大了面向社会中下层的招生人数。家长从事农业和手工业的学员人数从 1865 年开始不断增加。从 1845 年开始，海军军官从安纳波利斯军校招募已经成为一项制度。海军学员许多人出生于富裕家庭,他们的父母大多是法官、议员和律师或者是军官。在 1870 年拥有这样出身的人占据了学员总数的 84.5%,工人和农民只占了 16.5%。① 1870 年以后,军校扩大招收来自社会中下层的学员人数,这就给他们提供了一个社会阶层上升的通道。在该校担任过校长的戴维 · D.波特(David D.Porter)在 1879 年写道:"年轻人参加海军……是为了得到一份体面的工作,并获得荣耀及晋升。"②显然,这样的举措可以让学校得到更多民众的支持。

三是海军军官只从学校的毕业生中进行招募的制度也延续了下来。卢斯创建了新的海军教育制度,以提高海军官兵的专业素质。1875 年 4 月,经过国会批准,卢斯招收了 750 名 16 岁至 18 岁的少年进入海军军事学校学习,直至 21 岁。这些少年首先在岸上的海军基地进行预科训练,然后到海军的风帆训练舰上进行航海、火炮等其他技能的培训。培训结束后,这些学员可以自由选择是否继续留在海军中服役。一年之后,卢斯建立的这一制度在海军中得到了推广。安纳波利斯海军军事学院的地位也因此变得更加稳固。

陆、海军军事学院在 19 世纪后 30 年里试图通过降低入学标准、扩大招生范围等方式争取各阶层民众的支持,也通过这些措施扩大自己在各国的影响力。同时,许多军校毕业的学员在毕业后

---

① [美]彼得 · 卡斯滕:《海军贵族:安纳波利斯的黄金时期及现代美国海军至上主义的出现》,王培译,海潮出版社 2011 年版,第 67 页。

② [美]彼得 · 卡斯滕:《海军贵族:安纳波利斯的黄金时期及现代美国海军至上主义的出现》,王培译,海潮出版社 2011 年版,第 22 页。

进入陆海军中服役，很多将军都毕业自这两所学院。因此，这两所学院对军队也有很强的影响力。至此，这两所学院的地位已经难以再被撼动，它们共同构成了美国职业军事教育制度的军事教育的顶端。

（二）建立研究生教育和研究机构

厄普顿等人希望建立讲授军事战略及战争艺术的研究生机构。美国的研究生教育制度最早诞生于地方大学，霍普金斯大学在 1876 年正式建立起这一制度。军方也希望把这一制度引入军校。在美国研究生院称为“Graduate Schools”，直译为“毕业后的学校”，可以简单理解为在学校毕业后，接受进一步更高层次的专业教育。研究生院可以向学员提供在各兵种中任职和担任参谋所需要的特殊知识。改革者们看到了研究生院在培养职业军官方面的重要性，但这并不意味着所有人都支持这样的改革，而作为美国军事教育重地的西点军校尤为顽固。他们试图在作为美国正规军事院校鼻祖的西点军校建立起研究生教育制度，但是结果却并不如人意。

斯科菲尔德内战期间曾经与谢尔曼并肩作战。他担任过陆军部长，但时间不足一年。任职期间，他致力于军事教育事业，并与厄普顿一起规划过改革。1876 年他被谢尔曼任命为西点军校校长，直到 1881 年。在掌管西点军校期间，他曾经试图在西点军校开设“实际上相当于研究生课程”的科目，在军校学习的年轻军官们可以在经验丰富的年长军官帮助下，更有效地学习更高层次的职业科目。斯科菲尔德的教学计划包括讲座、战役学习和讨论军事思想家著作等内容。但是事与愿违，计划执行得并不顺利。军校的教员们对此计划并不感兴趣。在军校任教的米基教授称西点军校“从过去到现在一直都是一所真实可信、细致全面、卓有成效的学校,利用它所能支配的材料做到最好,面向军队中的年轻人,认真培养他们的精神纪律,并将他们的天生能力提高到最高水平”。① 他认为通过自学就能获得其他知识,并不需要正规的研究生教育。虽然教授们并不反对研究生教育,但是对建立研究生教育制度持怀疑态度,认为实行研究生教育即是对西点军校的否定。这一时期,改革者们尝试在西点军校进行研究生教育的努力最终未能获得成功。海军则先声夺人,先于陆军建立起相当于研究生教育机构的海军战争学院。

1884年,海军成立了一个特别委员会讨论海军军官的研究生教育问题。负责人是卢斯。经过不懈努力和多方斡旋,1884年10月6日,担任海军部长威廉·钱德勒(William E.Chandler)签署了建立海军战争学院(Naval War College)的命令,卢斯担任第一任院长。学校设在罗德岛纽波特一所贫民院里。计划开设的课程包括两个方面,一方面是理论为主的战术、国际法、海军史、现代战略和政策;另一方面是实践为主的兵器部件研究、鱼雷课、水文学等。

经过一年的实践后,1886年卢斯制订了新的课程计划。新课程的重点是海军史、枪炮操作、战术和卫生学,还包括海岸防御方面的课程。卢斯格外看重海军史,因为他认为可以从过去的历史中发掘到可以用于制定现在及未来海军战略的普遍原则。阿尔弗雷德·赛耶·马汉的解释则更为明确。他认为:“开设这些课程的目的有两个:一是扩大海军军官的知识面,提高他们掌握现代化军队中最好武器装备的方法和各种战法的能力……二是有助于军

① [美]安布罗斯:《责任、荣誉、国家:西点军校史》,洪庆明译,暨南大学出版社2006年版,第171页。

官们就如何有效地使用正在研制的新式武器做出正确的结论。”① 根据两者的表述,不难发现他们更重视包括海军史在内的理论课程,希望为海军培养熟悉战争理论的高级军官。他们的做法遭到了来自海军内部的阻挠,国会甚至拒绝为学院拨款。时任院长的马汉不得不做出妥协,对学院的课程进行调整,积极联系实践。同时,他还认为:“把讲授电学、蒸汽机械以及借助机械学和物理学的其他研究成果,作为加强学院重要性的手段是行得通的。”②结果,在 1887 年学院的 146 节课中,有 75 节课的内容是实战和战术指挥,其余的 71 节课则涉及战略、理论和历史。学院的课程向海军的实际需要贴近。经过马汉等人的努力,学院逐渐稳定下来。

二、建立中级兵种专业学校体系

内战后,由于科技的迅猛发展,部队里的装备越来越先进,兵种的分工也越来越细。在这种情况下,谢尔曼在相对较短的时间内采取了一些关键举措,其中之一就是建立针对各兵种的专业军事院校。在谢尔曼的主导之下,所有的改革措施均出自高级军官之手。这些军官绝大多数在内战前就已经在军队服役,而且毕业于西点军校,如厄普顿、汉考克、波普等。其实,在此之前,以谢尔曼为核心的高级军官们已经做了一些努力。

1866 年,应用工程学院成立。这是工程兵专业从西点军校分出后,一批工程兵军官在纽约州威莱特建立了埃塞昂俱乐部,研究工兵专业问题。在谢尔曼的帮助下,以该俱乐部为基础,1885 年,

① [美]罗伯特·西格:《马汉》,刘学成等译,解放军出版社 1989 年版,第 172 页。

② [美]罗伯特·西格:《马汉》,刘学成等译,解放军出版社 1989 年版,第 173 页。

成立了应用工程学院,以培养工兵军官,规定工兵到军队服役之前必须在学院接受为期两年半的教育。教学内容包括 22 周的民用工程、10 周的军事工程和 40 周的爆炸及鱼雷课程。1868 年,在谢尔曼支持下,停办 8 年的门罗堡卡尔霍恩炮兵学院重新恢复招生。1868 年,通信学校成立,先设在格莱布尔堡,1869 年迁至威普尔堡。

利文沃思军校的创建过程格外体现出谢尔曼的主张。1877 年,约翰·波普建议在利文沃思集中 2 到 3 个团的部队进行军事训练和指导。谢尔曼在征求助手约翰·C.蒂德博尔的看法之后,不仅采纳了波普的建议,而且还采取了进一步的措施。

起初,内战结束后士兵们分布在铁路线上大大小小的兵站上。谢尔曼据此提议:削减较小的兵站,在铁路的关键枢纽上组建更大的兵站。谢尔曼想把士兵集中起来的计划主要有两个目的:一是提高部队的士气、纪律以及"团队精神";二是可以为军团训练和职业化提供时间。但是,国会没有同意谢尔曼削减兵站的计划。谢尔曼另辟蹊径,为步兵和骑兵在利文沃思申请成立一所学校。最终,得到了国会的批准。1881 年,学院在堪萨斯城利文沃思堡成立,这至少部分达成了"大兵站"计划。学院的学员主要是军队中的基层军官,所有的骑兵团和步兵团每隔一年抽调一名中尉进入学校学习。学校的学员经过测验后分成两个班级。在完整的两年课程中:第一个班级只需要学习高级军事课程,主要课程是战术和涉及军事的法律两个方面,例如作为教材的《前哨》一书,全称是《部队前卫、前哨、先遣支队,附属民兵、志愿军战略要则及战术要点》。这部教材的作者是大名鼎鼎的阿尔弗雷德·塞耶·马汉的父亲丹尼斯·哈特·马汉(Dennis Hart Mahan)。该书内容主要是军事历史和军事原则纲要,在内战期间数次再版,供不应求,大受双方军官欢迎。其他书有:伍尔西的《国际法和战争法》、艾夫的《军事法》。第二个班级以基本的语言、语法、写作、算数、几何、历史纲要、美国历史等课程为主，更像是普通学校的课程。这样的课程设置是为了提升文化基础较差的基层军官的基础知识水平。① 1886 年 6 月，在谢里登将军的支持下，学校名称改为联邦步兵和骑兵学院，后来又改为利文沃思总勤务与参谋学院。

在这两所学校建立发展的同时，军队还建立了多所其他学校，如针对通信兵、医务兵等专业技术兵种的学校，1893 年成立了陆军医学院。至此，组成陆军的各个兵种基本都拥有了各自的学校，陆军建立的军校专业性大为增强。上述兵种学院的实际水平仅相当于目前的中专学校，主要培养中下层技术军官。教学方法以利文沃思学校的教学方法为代表，每隔一年，从步兵和骑兵各团抽一名中尉入校学习。学习科目为小分队战术，强调分析问题和解决问题的能力而不是死记硬背。最后学习“战争科学和实践”的理论课程。学员毕业后可从事参谋指挥工作。这种方法后为其他学校所推广。

三、初级教育体系初步形成

内战后，军政界领导人十分重视军队职业化教育工作，包括对军官和士兵的培训工作。1869—1883 年担任陆军司令的谢尔曼十分重视这项工作，他建立了金字塔结构的军事教育网络。塔基就是在全军建立“兵营学校”及设在利文沃思堡的大型训练中心，对基层军官进行军事专业培训和教育。

美国军事教育虽然有了一定的发展，但是也存在很多问题，特

① Elvid Hunt, *History of Fort Leavenworth, 1827-1927*, Fort Leavenworth, Kan., The General Service Schools Press, 1926, p.137.

别是存在严重的种族歧视。虽然黑人在内战中为联邦立下汗马功劳,但是他们在军队中的地位并不高。正规军中有专门的黑人部队,他们与白人分开编在不同的单位。军校在内战前也从未招收过黑人学员。

内战结束不久,就有黑人被一些国会议员推荐至军校学习。西点军校首开招收黑人学员的先河,但是学校却未能很好地处理种族歧视问题。1870 年,第一位黑人学员詹姆斯·韦伯斯特·史密斯进入西点军校。他入校不久便被白人学员孤立起来。虽然校方极力压制白人学员的歧视行为,但是仍然有白人学员公开指责说:“他追求的不是教育,而是社会地位的平等。”①最后,史密斯在三年级时,由于两门课程不及格被学校勒令退学。第二位黑人学员的经历则较为顺利,经过四年的学习后成功毕业。在白人学员印象中他能很好地做到“与世无争”。② 显然,他在学校仍处于孤立状态,不易被白人学员接受。在西点军校担任过校长的斯科菲尔德认为:“指望黑人和白人竞争是不切实际的……让黑人尝试就是个错误。”③安纳波利斯军校也在 1871 年招收了一名黑人学员,不幸的是,由于受到凌辱等原因,他并没有能够顺利毕业。种族歧视问题的解决是个漫长的过程。

四、平民教育体系初步奠基

残酷的内战表明战争形态发生了很大的变化,总体战取代了

① George L. Andrews, “West Point and the Colored Cades”, *International Review*, 1880, pp.479-484.

② George L. Andrews, “West Point and the Colored Cades”, *International Review*, 1880, p.484.

③ *Schofield to Adjutant General*, November 11, 1880, Schofield Papers.

有限战争。战争不再是职业军队间的较量，而是战争双方动员全部人力、物力和能力的较量。总体战对预备兵员的需求大大增加。为提高预备兵员的质量，美国开始注意对平民在和平时期进行军事训练，提高平民的军事素质，以免遇到战时扩军再临阵磨枪的困难。联邦政府在这一时期开始通过立法等方式，加强针对民兵的军事教育。

政府所采取的主要措施是在民间的普通大学开设军事教育课程，展开军事训练。在内战爆发前，美国的高等教育已经有了长足发展，高等教育体系的轮廓已经初步形成。除了早期建立的教会大学和私立高校，到 1869 年，美国已经建立起 17 所州立大学。此外，为适应社会需求，还建立了大批公立或私立的职业技术学校和师范学校。高等学校的蓬勃发展聚集了大批可以服兵役的适龄青年，能够为正规军提供大批高素质的预备兵员。美国的政治领导者很快就采取措施，在高等学校开展军事教育活动，积极在高等学校培养预备军官。1862 年颁布的《莫里尔法》规定：在国家“赠与土地大学”要开设军事课程，以培养预备役军官。但是，由于这些非军事学校的学生拥有可以自由选择是否服兵役的权利，因此战时并不能把这些受过高等教育的预备军官召入军队服役。军队征召不到足够的拥有军事经验的军官和士兵，在实战中要达成作战目的经常要付出大量额外的损失，既包括大量的物资损失，也包括大量的人员伤亡。这项法案为以后的预备役军官教育和平民军事教育奠定了基础。

1866 年 7 月 28 日，国会通过法案，规定：即使在和平时期陆军也必须进行整编，此外还授权总统可以向男生超过 150 人的学校派驻 20 名军官，其任务是在该校教授军事课程。这是对 1862 年《莫里尔法》的补充。1870 年，国会又批准将多余的小型武器和弹药分发给各大学作训练用。军事教官的人数也在不断增加,从1876年的30名增加至1893年的100名任教军官。[1] 1900年,在陆军部的支持下,已有42所学院和大学开始了军训计划。在国会的支持下,普通学校开始设置军事课程,进驻军事教官,开展军事训练。在普通高校进行军事教育不再是临时或者可有可无的任务,而是经过明确立法、学校必须担负的国家义务。军事教育的内容也不再仅仅局限于教授军事策略,还增加了武器操练。从1866年法案通过开始,进驻学校的军官人数不断增加,展开军事训练的学校也不断增加。在普通高校进行军事教育在这一时期已经基本形成一项有法可依的、长期广泛坚持的制度。这项法案为以后的预备役军官教育和平民军事教育奠定了基础。此外,还有一些接受军校教育机构支持的军训计划。这部分计划通常是任用曾参加过内战的老兵来担任军训课程的教官。平民高等教育机构与正规军队建立起了松散的联系。此后,美国人民对于非科班出身的军官的偏爱成为美国文化中的一个特点。

但是这项制度还存在很多不足之处。如陆军并不保留受过军训学生的档案,这就难以保障学生毕业之后能够在战争爆发时得到及时征召。也就是说,这些受过军事训练的高校毕业生与成为正规军或民兵军官之间还缺少有效的衔接制度。此外,由于派驻各高校的军事教官水平并不一致,因此训练的效果也难以保证。例如著名的约翰·约瑟夫·潘兴(John J.Pershing)将军在1891年至1893年间任教于内布拉斯加大学,那时他才是一名中尉。[2] 相

---

① Russell F.Weigley, *Towards an American Army: Military Thought from Washington to Marshall*, New York: Columbia University Press, 1962, p.85.

② [美]拉塞尔·韦格利:《美国陆军史》,丁志源等译,解放军出版社1989年版,第293页。

反,一名 80 多岁的上校竟然曾经在北达科他州农业大学任教。更为甚者,在 1898 年到 1902 年间竟从未向堪萨斯州派遣一名教官。① 因此,这项制度在这一时期尚处于起步阶段,还需要后续措施来进行完善。

除了大学之外,民兵的军事教育也走上了正规化道路。如前所述,内战后,美国的民兵的训练逐渐强化,变成了“准”军队的国民警卫队。

正规军不仅派遣军官视察国民警卫队的驻地,还协助国民警卫队进行训练及举行联合演习,而且经常把大炮和迫击炮借给民兵部队使用。海军对海上民兵的支持力度也非常大。从 1898 年开始,海军每年划拨 2.5 万美元经费用于武装和装备海上民兵。此外,海军不仅将军舰借给民兵进行训练,还进行夏季联合巡航。一些民兵军官还被安排进入海军战争学院学习。这一时期,以国民警卫队为代表的民兵组织军事化程度不断加强,在正规军的帮助下不断提高训练水平,配合正规军执行军事任务。这个逐渐正规化的准军事组织已经成为国家武装力量中不可缺少的一部分。虽然民兵组织的正规化大大加强了,但是仍然作为一支独立的武装力量运作。

联邦和各州政府在大学进行军事教育,并对民兵组织进行正规化建设,这两项措施都起到了提升民兵军事素质的作用。此后,美国所采取的加强民兵军事教育的措施也是沿着这两条线路。美国针对普通公民的军事教育体制轮廓已经有了基本雏形。

在这期间,联邦政府、各州政府及正规军的高级军官积极推动

---

① Michael S. Neiberg, *Making Citizen-soldiers*: *ROTC and the Ideology of American Military Service*, Harvard University Press, 2000, p.22.

军事教育事业的发展,经过不懈努力,基本建立起美国军事教育体系的框架。这一体系以民兵的军事教育为基础,层层递进。在这之上是一套多层次的、金字塔形的院校军事教育网络制度。在这之上是针对各兵种建立的专业军事学校,如骑兵、炮兵、工兵学校等。体系的顶端是陆军军事学院(西点军校)、海军军事学院、研究战争理论及培养高级军事参谋的研究生军事教育体系以及战争学院。

小　结

内战后30余年的军事改革,在美国军事历史中是“美国武装力量历史上最富有成果的创造性发展时期”。① 美国的战略思想由于厄普顿和马汉这两位大战略家的努力,而发生了根本性变化,从“大陆主义”转变成扩张性的“海军主义”。正规军又恢复了显赫的地位,职业化水平提高,人数虽少,但是质量却大大提高了,官兵的文化、装备和战术水准与往日相比,已不可同日而语了。海军在经过一番曲折后,仅经过19世纪最后十几年的努力,便一跃成为世界第三大海军,并且具备了远洋作战能力。

美国的军事制度有了很大的发展:改革了军队的人事制度,实行晋升和退休制度,建立了军队干预国家内部事务的机制和四级军事教育网络,加强了军事学术和理论建设,初步确立了海外作战体制和国民警卫队。

美西战争是美国进行的第一次海外战争,美国的军事体制经过了战火的检验。尽管战争的胜利证明了近30年军事改革是卓

---

① Maurice Matloff, *American Military History*, Office of the Chief of Military History, United States Army, Washington D.C., 1969, p.288.

有成效的,但是战争表明,美国军事体制仍有很大缺陷。

一是军事机构的缺陷。陆军部对国外作战一直没有思想准备;长期以来军事预算不足;陆军部长和陆军司令之间职权混乱;指挥机关效率低下。

二是后勤供应混乱。由于没有后勤指挥系统,通信设备差且没有计划,以致部队用了两周时间装船。部队军装亦不适于热带。美军集结于塔巴准备登陆古巴时,缺衣少食,武器装备十分贫乏,耽误了部队的训练。医疗卫生条件很差。在古巴,军中流行的黄热病造成人员大批死亡,其数量为战场上阵亡的10倍。在这次战争中死亡的5426名士兵中,只有379名是死于作战,其余多死于疾病或者其他原因。在气候恶劣的热带地区,军队不仅得不到足够的食品和帐篷,更糟糕的是严重缺乏训练有素的医护人员。出现的大量非战斗死亡,引来了士兵和公众的强烈抗议。为了平息各界的愤怒,麦金莱总统于1899年9月专门组织了一个委员会调查陆军的行政管理工作。调查委员会询问了陆军部长及下属部门负责人,以及军官、士兵、医护人员等当事人。最后调查委员会得出的结论是:"陆军部缺乏整体上的管理。"①这样的结论显然并非真实原因。最根本的原因还是美军缺乏具有专业素质的军人,例如此次战争严重短缺的医护人员。当时并没有用来专门培养野战医护人员及后勤管理人员的军校,这是导致美军缺乏专业人才的一个根源所在。

三是组建不到10年的国民警卫队,无论训练、装备还是纪律都很差。美国战略后备役问题仍未能解决。

---

① [美]阿伦·米利特:《美国军事史》,军事科学院外国军事研究部译,军事科学出版社1989年版,第249页。

四是海军在训练、集中兵力、加强技术设备的研制、建立远洋作战使用的加煤站和海军基地等方面存在着不足。例如,在一次与西班牙军舰的海战中,美军军舰总共发射了 8000 发炮弹,战后检查西班牙军舰,却发现只命中了 120 发。此外,陆海军不能很好地协同作战,在圣地亚哥登陆的部队因未能与海军协同行动而陷于混乱。

上述情况说明:美国还远远不是一个世界军事大国,还无力同英、法、德这些欧洲大国进行军事对抗。必须继续深化改革,克服上述缺陷,才能承担起争霸世界的历史使命。

美国军事制度史

—下—

陈海宏／著

人民出版社

目　　录

下　　册

第七章　美国与第一次世界大战

(1900—1918 年)

19 世纪末 20 世纪初，世界各主要资本主义国家先后进入了帝国主义阶段。各列强之间发展的不平衡，使它们相互间的矛盾日益尖锐和白热化。美国同德国、日本这些“后起”强国迫切要求重新瓜分已被英、法等老牌西方大国占有的殖民地。经过一番明争暗斗和分裂组合，帝国主义国家分成协约国和同盟国两大侵略集团。双方扩军备战，剑拔弩张，局部危机和战争不断，终于酿成人类旷古浩劫——第一次世界大战。在此期间，美国对外进行侵略和扩张，最后也卷入了这场世界大战。这是美国军事制度发展的重要阶段。

第一节　进入帝国主义时代的美国

一、垄断资本统治下的美国

在新技术的推动下，美国经济继续高速发展。1900—1914 年，工业生产增长了一倍。工业生产水平不但稳居世界第一位，而且无论是技术，还是生产，规模都远远超过了世界上的任何国家。仅煤、铁、钢等主要工业品的产量就超过了英法德这三个资本主义大国的总和。到 1900 年，美国的工业产值已经占到全世界工业产值的 30%,英国占 20%,德国占 17%。[①] 美国工人人数从 1889 年的 470 万猛增到 1914 年的 700 万。1914 年,美国工业生产总值达到 242 亿美元,相当于欧洲工业生产的一半。[②]

美国经济高速发展的一个重要结果,是导致垄断组织进一步发展,并且集中的程度更高。从 1899 年开始,美国历史上出现了第二次大规模的企业兼并和资本集中,出现了许多体积庞大的垄断组织。1887—1897 年,资本在百万美元以上的垄断组织共计 86 个,资本股票及债券总额 14 亿美元,1898—1900 年,资本在百万美元以上的垄断组织共计 149 个,资本股票及债券总额 38 亿美元。[③] 以 1900—1903 年的经济危机为转折点,在四年危机中,每年倒闭的中小企业有 1.3 万家,企业兼并进一步加剧,连托拉斯和托拉斯之间也发生了兼并。1904 年,美国已有 318 家托拉斯组织,其中 100 家资金超过 1000 万元,最大的是拥有 10 亿美元的美国钢铁公司。这些公司中,26 家可控制本行业生产的 80%以上,57 家可控制 60%以上,还有 78 家可控制本行业产量的 50%以上。[④] 到一战前,美国已形成两个巨大的财团:一是洛克菲勒财团,控制了石油、铁路等托拉斯和花旗银行。另一个是摩根财团,拥有钢铁、橡胶等托拉斯及第一国民银行和全国商业银行。两个财团共拥有 222 亿美元,控制了 112 家公司,其影响遍及美国生活的各个角落。

---

① [美]H.N.沙伊贝等:《近百年美国经济史》,彭松建译,中国社会科学出版社 1983 年版,第 32 页。

② [苏]苏联科学院主编:《世界通史》第七卷(上),生活·读书·新知三联书店 1975 年版,第 604 页。

③ Eliot Jones, *The Trust Problem in the United States*, New York, 1926, p.39.

④ 顾学稼等:《美国史纲要》,四川大学出版社 1992 年版,第 290 页。

除两大财团外,还有一些较小的财团,如杜邦、梅隆、范德比、施福、哈里曼和胡根海……美国垄断资本不但控制了国家的经济命脉,而且还左右了美国的政局。总统西奥多·罗斯福和伍德罗·威尔逊和摩根家族有关系。另一位总统威廉·塔夫脱与洛克菲勒家族来往密切。各届政府的国务卿也由各大财团推荐。美国史学家也承认在国会中"有'美孚'的参议员,糖业托拉斯的参议员,煤矿工业的参议员"。对于垄断企业家来说,"在朝野的核心地位,有助于他们继续控制金融系统"。①

进行经济扩张成为美国经济不可逆转的发展趋势。早在 1897 年,印第安纳州参议院艾伯特·贝弗里奇就声称:"美国工厂正在生产美国人用不完的商品,美国的土地产出的粮食也超出了美国人的需求。命运注定我们要对外扩张,美国必须主宰世界贸易。"②同年,众议院的一份报告也指出:"商业问题在我国历史上从未像如今这样重要……拓展新的市场是非常迫切的需求。"民间舆论也极力鼓吹争夺海外殖民地。为争夺海外殖民地,就要建立强大的军事力量。

二、美国的军事改革与建设

美西战争后,美国进入一个"过渡与改革"时期。战争使美国的扩张欲望空前膨胀,但是战争中陆军所暴露的种种弊端又使这一欲望的实现大打折扣。上述问题在美西战争中暴露无遗(详见

---

① Charles R. Geisst, *Monopolies in America Empire builders and Their Enemies, from Jay Gould to Bill Gates*, New York: Oxford University Press, 2000, p.76.

② [美]霍华德·津恩:《美国人民史》,蒲国良译,上海人民出版社 2013 年版,第 253 页。Walter Lafeber, *The New Empire: An Interpretation of Expansion, 1860-1898*, Cornell University Press, 1898, p.372.

上章的小结部分)。按美国现有的军力,根本不是英法俄德等国甚至日本的对手。特别是在不久以后爆发的日俄战争中,双方动员了几十万军队,使用了各种现代化技术和武器,使伤亡人数大大增加。这场战争预示了未来帝国主义战争的许多特点,给美国以强烈震动。美国军方认识到,如不实行改革,在争夺世界霸权的角逐中是必败无疑的。

在改革指挥系统方面起重大作用的是伊莱休·鲁特。他进行了美国军事史上的“管理革命”(他的改革见下面的内容)。鲁特的改革虽然解决了部队的统一指挥、预备役及军官培训等重要问题,但是美国如何动员大规模军队参加同欧洲列强争夺海外殖民地斗争的问题仍未得到解决。日俄战争预示着未来战争中兵力的规模是巨大的,这正是美国军事上的主要弱点之一。在未来战争中如何动员大规模军队,就成为美国军事思想家所面临的主要问题。19 世纪末 20 世纪初,列奥纳德·伍德着手解决这一难题。

伍德的思想适应了垄断资本集团的利益和要求。因此,他的意见和建议虽然受到国会中反战集团的反对,但在威尔逊执政时期,均得以实现。美国在第一次世界大战中,不仅把数百万大军动员起来,远渡重洋投入欧洲战场,而且进行了经济总动员,成为“协约国的兵工厂”。这一切,都与伍德及他的前任实行的改革密切相关(详情见后面的内容)。

在陆军进行改革的同时,美国也加强了海军建设。海军在美西战争中所取得的重大作用验证了马汉的思想,使海军地位大大提高。战前,世界各列强都在进行海军军备竞赛。从西奥多·罗斯福到塔夫脱,这两届政府执政的十几年里,美国为了准备同列强打一场重新瓜分世界殖民地的战争,也在加快海军建设的步伐。这两位总统都把军事预算主要用于海军上面。在罗斯福任内,

“大海军政策”执行得很顺利。1907年12月,罗斯福下令,由16艘新型战列舰组成一支强大的“大白舰队”进行了一次环球旅行。到第一次世界大战前夕,美国已经拥有一支在世界上排名前三的强大海军(详情见后面的内容)。

三、20世纪初的对外扩张

在同其他列强展开军备竞赛的同时,美国以武力为后盾加紧对外扩张和侵略。

(一)实现其称霸西半球的野心

美国的战略重点是把西半球变成自己独占的势力范围,以“门罗主义”来排挤西方列强的势力。早在1889年,美国就发起成立了“泛美联盟”。美洲各国基本上都参加了这个联盟。该联盟是美国为建立美洲霸权在政治上采取的重要措施。美国通过对这一组织的控制,把英国等欧洲列强排斥于美洲事务之外。1895年,当英属圭亚那同委内瑞拉发生边界争执时,美国国务卿奥尔尼发表宣言,俨然以美洲霸主的身份,要求由美国仲裁这一争端。他声称:“美国在事实上已是这个地区的霸主,它的意志就是在它保护权所及的地区的法律……”①当英国拒绝时,克利夫兰便以战争相要挟。英国正陷在布尔战争的泥潭中,被迫让步。这样,美国又取得了仲裁美洲各国事务的权力。通过美西战争,美国把美洲最后一个欧洲国家——西班牙的势力赶出了美洲。西·罗斯福进一步发展了“门罗主义”,宣称:“任何一个美洲国家行为不端时,美国不能保证其不受惩罚。”②“说话要客气些,但必须带一根大棒,

① [苏]列·伊·祖波克:《美国史纲》,庚声译,生活·读书·新知三联书店1972年版,第665页。

② 王荣堂主编:《世界近代史》(下),辽宁人民出版社1984年版,第89页。

这样成就就大了。”意思是以武力为后盾来强制推行“门罗主义”。后来，塔夫脱又以“金元外交”即经济手段作为补充。美国便采用以下步骤，从军事、经济和政治各方面控制拉丁美洲各国。

1. 在“大棒政策”下，20 世纪初，美国对拉美国家进行了一系列武装干涉。其特点是次数频繁，规模小而收效大。每次派出几艘军舰和一队海军陆战队登陆，就能迫使受侵国签订“城下之盟”。最明显的例子是武装夺取巴拿马运河区。1899 年，美国趁原来承包开挖巴拿马运河的法国公司破产之际，收买了全部股票。1903 年当哥伦比亚政府拒绝美国吞并运河区的要求时，美国便策动政变，使原来是哥伦比亚一个州的巴拿马独立。当时西・罗斯福声称：美国为了“整个文明世界”的利益进行干涉是正当的。① 并派出 6 艘军舰驶入巴拿马水域，海军陆战队登陆支持新政府，最后迫使巴拿马政府签订条约，运河区于是成了美国的“领土”。美国负责开挖运河，历时 12 年，死亡 6 万多人，1915 年，运河正式竣工。美国通过驻军牢牢控制了这条战略通道。

2. “大棒”与“金元”并用，控制了中美洲和加勒比地区。美国为使中美洲各小国听任其摆布，不断挥舞“大棒”，通过制造军事政变或武装干涉，同时用“金元”为武器，控制了这些国家的经济命脉。1904 年，当法国、意大利、比利时、德国等国以武力威胁多米尼加还债时，美国以反对外国干涉为名，派舰队侵入多米尼加领海。1907 年，美国同多米尼加签订条约，攫取了管理多米尼加关税 50 年的权利。多米尼加实际上变成了美国的“保护国”。1913 年，美国海军陆战队又登陆多米尼加，解散了议会。1914 年 10

① ［苏］列・伊・祖波克：《美国史纲》，庚声译，生活・读书・新知三联书店 1972 年版，第 820 页。

月,美国海军和官吏监督多米尼加的选举,俨然是该国的太上皇。美国还扑灭了多米尼加人民起义,派军队维持治安。1916 年,当多米尼加又发生军事政变时,美国出兵干涉,建立了军政府。多米尼加实际上变成了美国的殖民地。此外,美国还对其他中美洲国家进行武装干涉:1909 年干涉尼加拉瓜;1912 年出动军舰和海军陆战队镇压尼加拉瓜人民起义并长期驻军该国;1914 年末,美国趁海地内乱,派海军陆战队登陆太子港,控制了海地的银行和关税;1915 年 7 月又出动海军陆战队占领海地并实行军管……到了第一次世界大战时,中美洲各国几乎均落入美国控制之中。

3. 吞并古巴。美西战争后,美国表面上承认古巴独立,实则对古巴军事占领,强行解散了古巴解放军,收买亲美政客组成各级政府。1901 年,美国国会通过的《普拉特修正案》规定:古巴不经美国允许,不能签订国际条约,并不得随意借外债。规定美国有随时以维护古巴的"独立"和"政治稳定"为借口,出兵干涉古巴内政的权力。在古巴接受这一修正案并建立了亲美共和国后,美军撤出了古巴。1903 年,美国租借了关塔那摩和翁达湾两处海军基地,古巴实际上变成了美国的"保护国"。以后,美国资本大肆涌入古巴,控制了古巴的经济命脉。为维护美国资本的利益,美国多次以武力干涉其内政。1906 年,当古巴发生了选举舞弊事件、人民举行起义时,美国派出 5000 人的"古巴绥靖军"镇压起义者,建立了以马古恩为总督的军政府。在扶植起亲美政府后,美军才于 1909 年 1 月 28 日撤军。1912 年,古巴黑人举行起义,美国又以维护美国利益为名,派出两艘军舰和海军陆战队登陆,伙同古巴军队共同镇压了这次起义。1917 年,当古巴人民再次举行起义时,美国一方面给古巴政府 1 万支步枪及 500 多万条机枪子弹带的军火援助,一面派海军陆战队前去镇压。美国政府声称:"在一切武装起义反对政府者未放下武器前，美国将被迫把他们视为自己的敌人而以适当方法对付之。”①美军镇压起义后一直驻在古巴，直到1922年才撤走。就这样，古巴实际上已变成美国的殖民地，丧失了一切独立和主权。

4. 干涉墨西哥革命。1910—1917年，墨西哥爆发了资产阶级革命。革命危及美国在墨西哥的政治、经济利益。美国以“保护美国公民权利和安全”为借口，于1912年2月集结了10万军队准备武装干涉。1913年，美国策动墨西哥右派军人政变，推翻了马德罗政府，建立了亲美的胡尔塔政权。但1913年，卡兰沙又发动反对胡尔塔的起义。美国便于1914年4月借口水兵被扣，派军舰和7000名士兵入侵维拉克鲁斯。威尔逊声称：这个行动是“要教训拉丁美洲人民选举好人”。② 维拉克鲁斯人民和海军学校官兵进行了一周的英勇抵抗，打死打伤美军80人，墨军民阵亡近200人。美国的强盗行径激起墨西哥全国的反美风暴和拉美各国的一致反对。墨西哥革命继续向纵深发展。胡尔塔逃亡国外，起义军占领了首都墨西哥城。美国11月被迫撤军。1916年美国又借口边境事件，派潘兴率军入侵墨西哥北部地区，并在边境陈兵10万。参议员福尔甚至叫嚣要用50万人占领墨西哥。③ 卡兰沙政府决心以武装反抗美国侵略，墨游击队神出鬼没地打击美军，使美军在墨西哥境内呆了11个月，耗资1.3亿美元而毫无所获。④ 墨西哥

---

① ［美］卡曼等：《美国全史》，龙倦飞译，台湾商务印书馆1972年版，第834页。

② 王荣堂主编：《世界近代史》（下），辽宁人民出版社1984年版，第347页。

③ ［苏］列·伊·祖波克：《美国史纲》，庚声译，生活·读书·新知三联书店1972年版，第749页。

④ ［美］托马斯：《拉丁美洲史》，寿进文译，商务印书馆1972年版，第132页。

军队也奋起反击,6月22日,特雷维尼约将军率部打败一支美军。美军被迫在1917年初撤军。墨西哥人民终于取得了击退外侵和革命的伟大胜利。美国武装干涉虽然失败了,但在这次行动中,美国正规军和国民警卫队经受了实战的锻炼,使美军能在参加第一次世界大战前,及时纠正在这次行动中暴露出来的问题。

20世纪初,美国用“大棒”和“金元”为武器,以很少的代价便控制了中美洲和加勒比广大地区,并迫使南美洲各国不得不听从美国的号令,基本上巩固了它在西半球的霸主地位。

(二)侵略远东和太平洋地区

美国安定其“后院”,为向全球扩张奠定了基础,下一步便开始向远东和太平洋地区扩张。19世纪末20世纪初,各帝国主义瓜分中国的斗争刚刚开始,美国也积极参与,妄图在中国夺取更多的权益和利益。1899年9月6日,美国提出了“门户开放”政策,要求和各列强机会均等,共同参与瓜分中国的行列。1900年,美国从本土和菲律宾抽调军队2500人及中国舰队,①参加八国联军。在进攻天津和北京的战斗中,遭到中国军民的英勇反击,伤亡达200多人。② 1901年《辛丑条约》签订后,美国取得了在中国从山海关到北京的驻兵权,分得“庚子赔款”4.5亿两白银中的3290多万两赃款。③ 这次军事行动是美国历史上第一次同其他列强一起进行的联合军事行动。美国向列强表明:美国已放弃传统政策,开始参与同列强瓜分世界的斗争。

---

① Ernest R. Dupuy, Paul F. Braim, T. Dupuy, *Military Heritage of America*, New York: McGraw-Hill, 1956, p.331.

② Maurice Matloff, *American Military History*, Office of the Chief of Military History, United States Army, Washington D.C., 1969, p.341.

③ 黄绍湘:《美国通史简编》,人民出版社1979年版,第336页。

"八国联军"侵华后,美国在远东和中国,同俄日两国展开激烈角逐。日俄战争时,美国居间"调停",用日本取代了俄国在远东的地位。战后,美国又同日本展开竞争。1907年,美国派舰队来远东示威。日本不甘示弱,同美国展开军备竞赛。日美矛盾遂成为帝国主义瓜分世界的一个焦点。1907年6月,罗斯福指示陆海军联合委员会制定一个战略计划,以准备万一同日本发生的战争。该委员会拟定了一项代号为"橙色"的计划,内容如下:考虑到美国海军力量大部分部署在大西洋沿岸,一旦同日本发生战争,美国应首先放弃菲律宾,把亚洲分舰队撤至西海岸,然后集中力量反攻。这个计划后来在太平洋战争中得到了实施。日美矛盾因第一次世界大战的爆发而暂时退居次要地位。

四、一战时期美国的战争准备

第一次世界大战的爆发给美国夺取世界霸权带来了良机。威尔逊总统一直在两大军事集团之间采取"中立"立场,超然于战争之外。但同时也在积极准备,以待时机成熟、双方两败俱伤时参战,夺取世界霸权。

1916年6月至8月,美国国会通过了以下重要法案:

(1)《国防法》:在5年内,正规军增至20万人,国民警卫队增至42.5万人。在各大学及专科学校设立预备军官训练团。但国民警卫队和军官预备队战时才能征用。成立国防会议,主要任务是发展国家工业潜力,把整个经济转到战争轨道上。拨款2000万美元用于生产硝酸盐,以供应生产火药的原料。

(2)《扩军法》:将正规军从31个团增至到65个团。建立32座军营以训练新兵。每座军营容纳4.1万人,其中16座供正规军使用,16座用于训练国民警卫队。1917年秋天起,由英法军官进行训练。

(3)《海军拨款法》:批准建造 10 艘主力舰、6 艘战斗巡洋舰和 140 艘小型舰艇。

在通过上述法案的同时,美国政府还做了大量备战工作(详见下面内容)。

当欧洲战事正浓时,威尔逊奉行“和平中立”政策,努力使美国避免卷入战争。美国以中立国身份同双方大做军火交易,获取超额利润。但事态的发展却与美国的如意算盘相反。美国的利益和 19 世纪一样,不断受到交战双方,尤其是德国的侵犯。德国成为美国最危险、最强大的敌人。美国资本的切身经济利益同协约国紧紧连在一起。德国将因战胜协约国而排挤美国在世界各地的经济利益。更可怕的是,远东将出现德日联盟。于是,美国在 1917 年 4 月 6 日对德宣战。

参战后,美国迅速采取一系列措施,把国民经济转入战时轨道(详见下面内容)。

五、美军赴欧及参战经过

美国宣战后,应协约国紧急要求,开始派远征军赴欧参战,到了 1918 年 11 月底,抵达欧洲的美军已有 197.1 万人。① 预计到 1919 年夏,美军应达 100 个师。②

1918 年 4 月 20 日,美军第 26 师经激战攻占了塞克普雷村,揭开了美军大部队参战的序幕。

---

① [美]阿瑟・林克等:《1900 年以来的美国史》,刘绪贻等译,中国社会科学出版社 1984 年版,第 222 页。

② Maurice Matloff, *American Military History*, Office of the Chief of Military History, United States Army, Washington D.C., 1969, p.374.

美国远征军在实战中表现了较高的战斗力。美军一共参加了4次重大战役：(1) 1918年5月在提埃里堡战役里，美军及时出动，阻止了德军的进攻，避免了法军全线崩溃和巴黎的陷落。(2) 1918年7月—8月，美军又参加了协约国军发起的局部反攻，27万美军在向埃纳—马恩突出部的德军进攻时，表现得骁勇善战，美军第1、3两个师与德军展开激烈的肉搏战。第3师38团因防守顽强荣获"马恩之岩"的称号。美军同协约国军共同努力，夺取了这一突出部，歼敌6万人。(3)圣米歇尔战役。1918年9月12—15日，在潘兴指挥下，美军集中55万兵力、2900门大炮、273辆坦克以及1100架飞机，第一次独立作战，向圣米歇尔突出部的德军发起攻击。但德军事先得到了美军进攻的情报，在攻击前一天便把部队后撤，使美军合围德军的企图未能成功。美军仅俘敌1.6万人，缴获460多门大炮，而美军伤亡却达7000人。这场战斗也暴露了美军的许多弱点。(4)默兹—阿尔贡战役。1918年9月至10月，联军向德国发起最后攻势。美军125万人、2417门火炮和324辆坦克，和法军一起，在默兹—阿尔贡一线向德军发动进攻。美军攻击开始时不顺利，受到一些挫折，但是经过整顿以后有了改观。经一个多月血战，美军终于完成了作战目标。美法军击溃了德军47个师，俘敌1.6万人，但美军也伤亡12万人。此外，还有一些美军参加了盟军对兴登堡防线的进攻。在联军总攻及国内革命的内外打击下，同盟国集团终于土崩瓦解，保加利亚、土耳其、奥匈帝国先后投降。最后，11月11日，德国也宣布投降。第一次世界大战终于结束了。

在大战中，美国远征军为协约国获胜起了重要作用。美军参加的几次战役，是有史以来美军参加的最大规模战斗。美军表现了很好的战斗力。但短短一年也付出了32万人伤亡的巨大代价。

美国远征军百万大军在短短几个月时间就达到如此水平,是与潘兴的贡献分不开的。他创建了可以打总体战的现代化军队,这与传统的军队是截然不同的。他创建了高效率的参谋部及严格的训练方法,陆空协同作战,大规模的后勤供应体系,这些在日后美军建设中具有难以估量的价值。

美国海军在参战后,使海战发生了有利于协约国的根本变化。美国共派出 5 艘战列舰、364 艘驱逐舰、10 艘潜水艇、200 多艘各类舰船及 30 个航空站、436 架水上飞机和 4 个飞艇队。美国为协同与协约国海军的作战,在伦敦设立了驻欧海军总司令部,西姆斯海军上将任司令。根据 1917 年 4 月英美法三国海军将领的会谈,初步划定了各自的职责范围。美国海军防守和巡防西半球,英国海军充当在英国周围水域反潜战的主力,美国海军则提供支援。

在战争中,美国海军的主要任务是反潜作战。美国刚参战时,德国的无限制潜艇战达到了顶点。仅 1917 年 4 月份便击沉了协约国的船只 88.1 万吨。美国海军采用了反潜和护航两种形式与德国潜艇作战。美国投入了 79 艘驱逐舰、19 万兵力以及海军航空队专门用于护航作战。美国的护航十分有效,使盟国船只损失大幅度下降:1917 年 10 月降到 9.1 万吨,11 月为 28.9 万吨。护航中船只的损失率不到 10%。美国的运兵船一艘也未损失。美国海军积极投入反潜作战,大战期间,美国共投入 85 艘驱逐舰,在爱尔兰的昆士顿、法国的布勒斯特和直布罗陀建立了三个驱逐舰基地,在大西洋和地中海地区还建有一些辅助基地。美国的 400 艘猎潜艇上装有先进的水听器,活动于从摩尔曼斯克到地中海的广阔水域。美国还同英国设置了巨大的北海水雷阵,布下 10.3 万枚水雷,对德国海岸实行了严密的封锁。在美国支持下,协约国仅在 1918 年便击沉了德国潜艇 72 艘,①取得了反潜作战的胜利。

美国海军的另一项重要任务是运输兵力和物资。美国为尽快把兵员和物资运过大西洋,专门成立了“应急船队有限公司”。公司从开始的 7 艘军舰和 6 艘货船,发展到 1918 年 11 月的 143 艘船只,排水量为 325 万吨。到 1918 年夏,平均日运兵员 1 万人,共运 200 万人到达法国,未损失一人一船。此外,还运输了大批军用物资。另外,美国海军还执行了一系列的炮击、侦察、警卫和联络任务。

到大战结束时,美国海军以其威武阵容和出色战绩,证明了它无愧于“世界第一海军”的称号。

美国远征军空军发展很快。到 1918 年 11 月停战时,已有驱逐机 20 个中队 330 架,侦察机 19 个中队 293 架,轰炸机 7 个中队 117 架。②

美国空军在战争中初试身手。美国空军积极参加了反潜作战。美国的飞机、飞艇和气球利用了法国、英国、爱尔兰、意大利等国的 27 个基地轮番出动,在德潜艇出没的海域巡逻,执行侦察和保卫过往船只安全的任务。美国海军至少击沉过一艘德国潜艇,击伤若干艘。美国飞机还沿比利时海岸,对德国的潜艇基地、机场、铁路、桥梁和仓库进行了广泛轰炸。空军指挥官米切尔指挥协约国空军执行过多次战斗任务。他计划并实施了协约国空军和地面部队相配合的战役。在提埃里堡战斗中,他指挥 1500 架协约国飞机,夺取了制空权,为支援地面部队发起的攻势,他还设想了一个空降作战计划:在 1919 年用 1200 架飞机在德军后方空降一个师。但该计划还未来得及实行,大战便结束了。在以后的攻势中,

---

① Ernest R. Dupuy, Paul F. Braim, T. Dupuy, *Military Heritage of America*, New York: McGraw-Hill, 1956, p. 360.

② [美]瓦格纳:《美国战斗飞机史》,三机部 628 所 1975 年版,第 60 页。

美国空军均积极参战,为最后战胜德国贡献了力量。战争中,美空军共击毁德国飞机 781 架,击毁气球 73 个,自己损失飞机 289 架及 235 人。[①] 美空军英雄埃迪·里肯巴克一人便击落德国飞机 22 架,气球 4 个。[②]

第一次世界大战以协约国的胜利、同盟国的失败而告终。美国虽只参战一年多,但也付出了沉重代价:军队损失 32 万余人,[③]其中阵亡 11.5 万人,伤 20.6 万人,被俘 4500 人。[④]

美国参战时间虽短,却起了决定性作用,主要表现在:

1. 美国参战后,成为协约国重要的物资供应基地和兵工厂。美国共贷款给协约国 100 亿美元。从 1918 年起,每月平均运给协约国 100 万吨物资,大大增强了协约国的战争潜力,使协约国获得了战胜敌人的物质基础。

2. 产生了巨大的政治影响。世界上有 17 个国家尾随美国对德宣战,使德奥集团处于完全孤立的境地。

3. 美国军队源源不断地开到欧洲,成为协约国最后反攻的强大生力军。美军的大量到来,振奋了协约国的士气,改变了双方的力量对比,从而使德军胜利的希望化为泡影。鲁登道夫惊呼:"这些美国人现在成了战争中的决定性因素了。"[⑤]"……随着美国大

---

① [美]阿伦·米利特等:《美国军事史》,军事科学院外国军事研究部译,军事科学出版社 1989 年版,第 358 页。

② [美]卡尔金斯:《美国扩张与发展史话》,王岱等译,人民出版社 1984 年版,153 页。

③ Maurice Matloff, *American Military History*, Office of the Chief of Military History, United States Army, Washington D.C., 1969, p.403.

④ [美]威廉·兰格:《世界史编年手册》(现代部分),高望之等译,生活·读书·新知三联书店 1978 年版,第 57 页。

⑤ [英]J.F.G.富勒:《西洋世界军事史》(第三卷),钮先钟译,军事科学院 1981 年版,第 242 页。

军源源开到前线,这种对比就越朝着不利于我们的方向改变……我们现在只好无可奈何地坐待敌人最后来攻了……”①美国的海空军也积极参战。海军协助英国击败了德国的“潜艇战”,空军为协约国夺取制空权助了一臂之力。最后,美军大量参加协约国的总攻,击溃了德奥军队。美国参战彻底改变了交战双方的力量对比,扭转了协约国的败局,缩短了战争的时间,对协约国取得大战的最后胜利起了决定性作用。

在大战中,美国进行了历史上第一次全国总动员,将国民经济纳入了战争轨道,从而向世界上证明,它的巨大工业潜力能够提供几乎无限的军用产品。今后任何一个国家如敢于同美国对抗,都必须从战略上充分考虑美国的经济潜力。

在战争中,美国动员了有史以来规模最大的军队,派出了历史上规模最大的远征军,第一次在欧洲土地上作战。空军第一次参战,海军第一次从事反潜战和运输战。从战争中,美国军队取得了动员、训练和后勤运输、兵种协同作战等方面的宝贵经验。美军官兵也在实战中取得了进行现代化战争的经验。

大战实践证明,以往美国的军事战略思想不能适应现代战争的发展。战前,美国同欧洲一样,军事思想上普遍认为:未来的战争将是短促的,军队是决定性的因素。必须保持一支数量可观、训练有素的军事力量,以便随时应对突发战争的需要。但是,在现代战争条件下,飞机、坦克的大量应用,能在短时间里决定战争的结局,很难有动员和训练的充分时间,甚至根本就来不及这样做。在大战中,美国仓促上阵,征召了大批后备人员,花费大量人力物力

---

① 蒋相泽:《世界通史资料选辑》(近代部分下册),商务印书馆 1983 年版,第 363 页。

和时间进行训练,在战争中还常因训练不足而使部队蒙受许多不必要的伤亡。此外,现代战争不单纯是军队的战争,而是综合国力的总体较量,要对全国人力、物力和资源的动员早做准备。因此,美国的军事思想、军事政策必须加以修改,才能适应现代大规模总体战的需要。

战争表明,美国必须在军队结构上进行改革。美军要改变以师、团为基础的编制,建立军和集团军编制;要建立坦克、炮兵、工兵等特种兵部队。以往像印第安战争那样的团、连规模的训练已远远不能适应现代战争的需要,需要进行大兵团、多兵种协同作战的演习。

大战使欧洲主要强国元气大伤,美国却确立了它作为世界上最大的军事强国的地位,为在第二次世界大战中取得世界霸权奠定了基础。

第二节 对外扩张与扩军备战思想

在20世纪初,世界各主要资本主义国家进入了帝国主义时期,各列强为了争夺霸权和殖民地,进行激烈的军备竞赛,美国也不例外。西奥多·罗斯福总统、伦纳德·伍德(1860—1927年)、F.罗斯福总统等人,都极力鼓吹对外扩张并大力开展扩军备战运动,为参加即将爆发的世界大战做好准备。

西奥多·罗斯福(1858—1919年,又叫老罗斯福)的军事思想是以白人种族主义优越论为基础的。他鼓吹“白人至上论”,认为盎格鲁—撒克逊种族是世界最优秀的种族,是上帝留在世界上“传播文明”和“承担责任”的种族。“盎格鲁—撒克逊种族的两支(指美国和英国——作者注)……并肩携手,就能主宰世界。”[①]从“白人优越论”出发，他提出了扩张主义理论，认为：通过扩张夺取落后民族的自治权，是执行上帝的使命。反对扩张就是反对上帝的意志。白种人民族的文明大国对落后国家负有不可推卸的统治责任。美国有义务将自己的优秀文化传遍世界各地，有责任去使那些处于野蛮状态的人摆脱野蛮而进入文明生活。[②] “文明的每一次扩张都有益于和平，换言之，一个文明大国的每次扩张都意味着法律、秩序和正义的胜利。”[③]他认为，文明大国教化落后民族的重要手段，就是在国际事务中使用武力和实行强权政治，“文明大国的武力干涉将直接有助于世界的和平”，“在国际事务中使用武力与国内事务中使用武力之间存在着一种真正的类似性”。[④] 在历届美国总统中，老罗斯福是最好战的。他曾说过：“凡是那些伟大的民族，都一直是好战的民族。”[⑤]他从武力扩张论出发，爱好战争，鼓吹战争，认为战争和运动在伦理上是平等的。战争推动历史的前进，“和平的功绩再大，也远远比不上战争的决定性胜利”。[⑥] “世界上没有比战争的胜利更伟大的了。”[⑦]为

---

① [美]托马斯·帕特森：《美国外交政策》(上)，李庆余译，中国社会科学出版社1995年版，第316页。

② Theodore Roosevelt, *The Strenuous Life, Speeches and Address*, New York, 1905, p.293.

③ William H. Harbaugh, *The Writings of Theodore Roosevelt*, New York: The Bobbs-Merrill Company, 1967, p.59.

④ Frank Ninkovich, “Theodore Roosevelt: Civilization as Ideology”, *Quotated in Diplomatic History*, Vol.3, 1986, p.233.

⑤ Harold Sprout, Margaret Sprout, *The Rise of American Naval Power, 1776－1918*, Princeton University Press, 1946, p.228.

⑥ [美]保罗·F.博勒：《形形色色的美国总统》，韩建中领译，文化艺术出版社1989年版，第216页。

⑦ 王堂英等：《世界现代战争》，重庆出版社1993年版，第29页。

此,他提出了著名的“罗斯福推理”:一个人不论其职业、社会地位、健康、年龄或政治观点如何,必然会心甘情愿地投入到他所拥护的战争中去。“假如我不努力实现自己所大力倡导的原则,我就会永远失去力量。”①

他为美国的对外扩张和争夺世界霸权拟定了计划:第一步,推行门罗主义,将拉丁美洲变成美国的后院。第二步,控制巴拿马运河,这可以使美国海军成为横跨大西洋和太平洋的两洋海军。第三步,在远东排挤日本的影响而扩大美国的影响。他还主张美国要在国际事务中充分发挥大国的作用,在欧亚强国的争端中充当调节人,扩大美国的国际影响力。他打着“和平”的幌子,极力鼓吹扩军备战,声称:和平是以强大的军事实力为前提和基础的,他特别推崇华盛顿关于“准备战争是促进和平的最有效的措施”的思想,认为“备战是争取和平的最可靠的保证”,“一个国家除非不得已不应该打仗,但应常备不懈”。②

他赞同马汉的思想,鼓吹“大海军思想”,认为美国必须建立“一支强大的海军以维护美国国旗的荣誉”。③ 他进一步阐述了海军的战略地位:海军是美国国防和对外扩张最主要的力量,“如果我们拥有一支令人畏惧的海军,那么,为了坚持门罗主义而拖入一场战争的机会实在是很少的。如果我们没有这样一支海军,战争可以在任何时候降临到我们头上”。因此,美国必须建立一支强

① [美]保罗·F.博勒:《形形色色的美国总统》,韩建中领译,文化艺术出版社1989年版,第217页。

② 杨生茂等:《美西战争资料选辑》,上海人民出版社1981年版,第50—51页。

③ Henry F.Pringle, *Theodore Roosevelt: A Biography*, New York: Harcourt, Brace- and Company, INC.1931, p.167.

大的海军。“我们认为拥有这样一支海军是和平的最可靠的保证。”①他强调指出:海军是捍卫门罗主义及西半球和平安全的“唯一手段”。他完全接受了马汉夺取制海权的思想,把夺取制海权提升到关系国运兴衰的战略高度。确定海洋控制战略为国家战略,其核心是主张与西方大国通过海洋竞争控制海洋,达到向全球扩张的目的,从而在全球实现美国的霸权。他赞成主动进攻的积极战略,认为现代海军的战略价值和用途在于采取攻势,先下手为强,即主动出击,在海外给敌人的舰队以重创。② 为此,必须夺取太平洋和大西洋的控制权:“有如大西洋那样,太平洋也必须是我们自由活动的领域;我们的舰队,将从这个大洋开到那个大洋,又从那个大洋开回到这个大洋。总之,来去自由,完全有权利在两个大洋上自由活动。”③他主张海军建设以战列舰为重点:美国需要“一支强大的海军,不仅要有巡洋舰,而且要有一大批能同其他任何国家抗衡的战列舰”。“那些希望看到我国与外国和平相处的人们”,如果“信赖的是甲级战列舰组成的一流舰队”,那么美国就能够实现自己的战略目标。在他看来,以战列舰为基础的海军是海洋控制战略的基础。平时使用武力这根“大棒”进行威慑。一旦威慑失灵,就把战列舰开上去,实行决战,以夺取制海权。他非常重视海军的全面发展及其综合实力的提高,认为海军建设不仅仅是军舰在数量上的增长,更重要的是其素质的提高:“建立具有相当规模的海军固然是重要的,但更重要的是在质量和效能上应

① 杨生茂等:《美西战争资料选辑》,上海人民出版社 1981 年版,第 50 页。

② 黄枝连:《美国 203 年:对“美国体系”的历史学与未来学的分析》,中流出版社 1980 年版,第 496 页。

③ 黄枝连:《美国 203 年:对“美国体系”的历史学与未来学的分析》,中流出版社 1980 年版,第 526 页。

当能和世界上任何国家的海军相比而毫不逊色。""要达到这一点,唯一的途径是对官兵进行高标准、严要求的训练。"①

1910年任陆军参谋长的伦纳德·伍德(1860—1927年)的扩军备战思想为美国参加世界大战做了舆论准备。伍德毕业于哈佛医学院,并就职于卫生部队。凭借与西奥多·罗斯福的亲密关系,伍德在古巴担任了第一义勇骑兵团的上校。此后,他平步青云,在1910年至1914年间出任陆军参谋长。作为军人他曾应邀参观过德国和法国的军事演习,掌握了他想竭力赶超的大规模军事体系的第一手资料。通过自己的戎马生涯,他洞察到美国所面临的严峻形势,敏锐地判断美国在不久的将来必然会与欧洲列强交战。同老罗斯福一样,伍德也十分看重美国在世界上所扮演的角色。他深信,以美国的财富和实力,在列强之间发生任何大规模的冲突时,决不能无动于衷、袖手旁观。② 他曾预言:在大国之间的未来战争中,美国再也不可能超然物外了。③ 为此,早在1908年,他就与预备役军官辛迪科波发起了一场持久的扩军备战运动,并提出了全民皆兵的扩军备战思想。他认为:公民军队既与美国的民主政体和谐一致,又可以通过军事训练,建立一支现成的后备兵力。伍德成为平民军事教育思想的积极鼓吹者。

他的思想是以社会达尔文主义为基础的。他认为:"一个无限的智慧已经确立了许多条件。在这些条件下,我们生活着。宇宙普

① [美]内森·米勒:《美国海军史》,卢加春译,海洋出版社1985年版,第194—195页。

② Russell F.Weigley, *Towards an American Army: Military Thought from Washington to Marshall*, New York: Columbia University Press, 1962, p.210.

③ [美]拉塞尔·韦格利:《美国陆军史》,丁志源等译,解放军出版社1989年版,第354页。

遍存在着法则,即最适者生存的法则。我们可以与之斗争,但是它仍以其普遍适用而发挥作用。在战争中,在军事方面最适合战争的国家……也将赢得胜利。人的本性是以利己和自私为特点并受其控制。在人类中,不论其善还是恶,均存在着战争。"①在 20 世纪,美国将与欧洲列强和日本在海外争夺殖民地,而只有胜利者才能取得生存和发展的权利。美国必须早做准备,准备同任何人打任何战争。② 此外,美国作为一个大国和强国,还应担负起一定的责任来维护世界和平。③ 为此,美国必须把正规军队扩充到欧洲大国的规模和效率,④以便在战争刚一爆发就有足够的兵力。

他的思想主张主要包括以下几个方面:

第一,20 世纪的美国已不可避免地要卷入到世界的战争中,美国应改变以往对战争毫无准备的状态,备战是军队当前的紧迫任务。伍德以军事社会达尔文主义为理论基础,分析了在 20 世纪,军队备战随着美国利益在世界范围内的扩展而具有的不可忽略的必要性。他认为:沉睡的美国巨人要觉醒并成为世界强国,就必定要抛弃往日的孤立政策,不断地参与到世界政治中。而且由于美国经济力量的日益强大,对海外殖民地和市场的依赖性也随之增加。因此,与其他资本主义强国之间的冲突是不可避免的,竞争必然会导致战争。美国陆军要做好同任何人、任何未来的敌人

① Russell F. Weigley, *Towards an American Army: Military Thought from Washington to Marshall*, New York: Columbia University Press, 1962, p.210.

② Walter Millis, *Arms and Men: A Study in American Military History*, New York: G.P.Putnam's Sons, 1956, p.200.

③ [美]拉塞尔·韦格利:《美国陆军史》,丁志源等译,解放军出版社 1989 年版,第 340 页。

④ Russell F. Weigley, *Towards an American Army: Military Thought from Washington to Marshall*, New York: Columbia University Press, 1962, p.225.

进行战争的准备。[1] 因为现代战争往往是不宣而战的,战争中的"一切都对有准备的侵略者有利,而不利于毫无防备的爱好和平的国家"。[2] 同时,伍德还注意到,未来的战争是"总体战",它需要同时进行人力与物力的大规模组织和动员,这要花费较长的时间,美国必须早做准备。伍德认为,如果以欧洲标准来衡量美国的武装力量,那么正规陆军中的改革仅仅是一个开始,尚待解决的一个重大问题就是需要有一支有战斗力的后备力量。

第二,重新认识和评价公民军队。伍德认为,在需要大规模武装部队的现代总体战中,美国解决正规军数量不足的唯一有效办法是实行普遍兵役制,依靠公民军队。因为做任何事情都必须符合本国的习俗和传统。在美国,要合理解决军事体制中所存在的各种问题,就绝不能忽视国家的政治和经济传统。美国的军事传统始终是在和平时期只保持一支小规模的正规军,到战时再进行扩军。这是基于民主政治和节约经济的理论。美国人认为,和平时期维持大规模军队,不但会威胁到人民的民主权利,而且还会给国家增加沉重的财政负担。因此,伍德指出,公民军队必须与美国人民所一贯信仰的民主自由传统相一致。美国的民兵制度正是遵守了这样一个原则:"无论是在战时还是和平时期,成年男子的投票权也意味着服兵役的义务,这是真正的代议制政府或自由民主政体要成功地抵制现代战争的打击所必须依靠的基本原则。"[3]伍

① [美]拉塞尔·韦格利:《美国陆军史》,丁志源等译,解放军出版社1989年版,第340页。

② Russell F.Weigley, *Towards an American Army: Military Thought from Washington to Marshall*, New York: Columbia University Press, 1962, p.212.

③ Walter Millis, *American Military Thought*, New York: Bobbs-Merrill Company, 1966, p.274.

德还认为,志愿兵制过去曾使美国招致失败,将来还是会使美国遭受失败。志愿兵制在作战上是不可靠的,它妨碍了有组织的战争准备,会毁掉个人服兵役的意识,而这种意识是每个公民所应该具有的。① 他指出:美国现在采用的志愿兵体制已无法满足介入欧洲战争对军队的需求,因为它并非建立在所有健康的适龄男子都应平等服役的原则基础之上。“在战争中(志愿兵体制使)那些缺乏勇气和爱国精神的人仍然可以继续享受家庭的舒适和安全,而战争初期的热情过后,这一体制只能靠不断增加的补助金来维持。”②不公平性阻碍了志愿兵体制在未来的重大战役中发挥主要作用。

同时,伍德又进一步批驳了厄普顿等职业军人对民兵不屑一顾的观点,大加赞扬了民兵所固有的爱国主义精神。他确信:只有通过类似于瑞士和澳大利亚的普遍兵役制所建立的公民军队,才是美国在战争中的最终依靠力量。一支公民军队同样会成为精锐的武装部队。但是,伍德也一针见血地指出了现存民兵体制的缺陷:一是各州拥有对民兵的控制权;二是缺乏军事训练。所以,伍德极力主张由联邦政府控制公民军队,以及为实施普遍兵役制度而对平民进行军事教育。

第三,伍德提出并阐述了平民军事教育体制的概念。由于问题的关键之一是公民军队的质量问题,因此在借鉴瑞士和澳大利亚的军事制度后,伍德明确提出,作为联邦武装力量的公民军队必须在某种体制下进行军事训练,这种体制将尽一切可能提供各种训练措施和机会,并允许人们利用在校期间的业余时间参加军训,

---

① 钱俊德:《美国军事思想研究》,军事科学出版社 1992 年版,第 82 页。

② Russell F. Weigley, *Towards an American Army: Military Thought from Washington to Marshall*, New York: Columbia University Press, 1962, p.213.

以极大减少最终在正规军军官领导下与正规军一起进行的集中军训的时间要求。① 伍德坚信,只要在和平时期对公民进行一定的军事训练,他就可以在六个月内训练出一名士兵。② 这一时间远远低于陆军中厄普顿派对将民兵转变成为有战斗力的士兵的时间估计。为了使这种军事教育体制的建立更适合公民军队的要求,伍德进一步强调:“我们也必须建立起这样一种体制,在这种体制之下,公民军队的官兵可以在最低限度地干扰他们的正常教育和从事实业生涯的情况下,接受军事训练。这些军事训练将在他们条件所允许的青年时期进行。一旦军训结束,将毫不拖延地立即让他们回到各自的正常工作中。”③他确信:一支有效的大规模军队应该建立在无需严重干扰美国公民正常生活的基础之上。而这种公民武装能够成为具有战斗力的部队。平民军事教育的全部目的仅在于使国家在战时有足够的兵力。至于平民军事教育与正规军的关系,伍德则认为:正规军应由那些参加过公民军训并渴望成为职业士兵的人组成,并且在某种程度上,承担平民军事训练中的指导核心作用。

在提出建立平民军事教育体制的同时,伍德还对这一体制所应包含的内容阐述了自己的观点。

一方面,他提议:美国各州政府应为18岁以下的在校男孩子提供基本的军事训练。而对于18—25岁或20—27岁的男子实行

① Walter Millis, *American Military Thought*, New York: Bobbs-Merrill Company, 1966, p.276.

② Russell F. Weigley, *Towards an American Army: Military Thought from Washington to Marshall*, New York: Columbia University Press, 1962, p.213.

③ Russell F. Weigley, *Towards an American Army: Military Thought from Washington to Marshall*, New York: Columbia University Press, 1962, p.199.

普遍兵役制。伍德认为:美国每年大约有 100 万人达到 18 岁的从军年龄,如果有一半人适合参加军训,那么每年就有 50 万人能够加入公民军。① 由于他们青少年时期已在学校接受了基本军事教育,因此可以在 3 个月内完成专业军训。② 直到 25 岁或 27 岁他们都将作为第一类预备役成员。这将使国家始终拥有一支由大约 350 万名身体健康的适龄士兵组成的第一类预备役武装力量。③ 这些无需穿军装的士兵至少应组成 25 个预备役部队,按照正规军的标准进行武装,并在联邦政府的控制下为紧急招募做准备。这样在大规模持久的战争中就可以解决后备兵源问题。

另一方面,伍德还考虑到了一直被人们忽视的有关预备役军官的问题。身为陆军参谋长,伍德清楚地知道:美国军队在战时最紧缺的是连级军官。他认为:预备役军官集团至少由 5 万名军官组成。④ "这些军官应由那些接受过较长时间军训的人组成,其成员除了由参谋部推荐以外,还应从军事院校和各类非军事院校的军官训练团中招募。其中非军事院校的军官训练团应包括军训夏令营的形式。而且所有参加军事训练营的人每两年就应军训 5 周,以便能够从实践和理论上接受教育,这些教育的大部分是学校课程所无法提供的。"⑤伍德指出:预备役军官团的迅速建立是美

① Walter Millis, *American Military Thought*, New York: Bobbs-Merrill Company, 1966, p.276.

② Russell F. Weigley, *Towards an American Army: Military Thought from Washington to Marshall*, New York: Columbia University Press, 1962, p.214.

③ Walter Millis, *American Military Thought*, New York: Bobbs-Merrill Company, 1966, p.277.

④ Walter Millis, *American Military Thought*, New York: Bobbs-Merrill Company, 1966, p.278.

⑤ Walter Millis, *American Military Thought*, New York: Bobbs-Merrill Company, 1966, p.279.

国军事改革中所要采取的至关重要的步骤之一,是绝对必要的。在未来战争中,为了快速而有序地扩军,接受过一定训练的预备役军官将起到重要作用。

第四,他分析评价了平民军事教育体制在美国军事体系中的重要作用。一方面,伍德认为:通过平民军事教育体制来维持公民在和平时期的最低限度的军事训练,可以大大缩短战时公民军向正规军转变所需的时间,从而使美国可以迅速动员起一支足以抵挡一流强国的军队,以适应现代战争的要求。另一方面,他还深信平民军事教育体制所产生的精神道德力量对人们所起到的重要作用。他认为:在未来的战争中,不仅仅需要人力和物力的大规模动员,更重要的是人民的士气,“所谓国民的准备……首先是民气的组成,有了这种民气,就能在每一国民的心中形成一种在战时为国家服务的责任感……”①因此,平民军事教育不但能让所有接受过军事训练的人具备初步的军事素养,而且还激发了他们的爱国精神,增强了他们的国防意识,这必然会产生更大的备战热情。甚至在工业生产、商业、金融和交通运输等领域,以这种通过普遍军训所产生的精神道德力量,来动员国家的各种物力和人力资源也将更为容易。因此,伍德指出:当人们被普遍义务兵役所象征的精神原则激励时,普遍的平民军训就成为美国对未来战争做好准备的保证。同时,也许由于伍德不是职业军人出身,因此除了备战,他认为,国家还可以以另外的方式,从采取广泛军训的普遍兵役制中获益。正如美国的正规军在古巴消灭了黄热病和波多黎各的钩虫,以及控制了密西西比河的洪水一样。他认为,公民军也可以在

① [美]拉塞尔·韦格利:《美国陆军史》,丁志源等译,解放军出版社1989年版,第355页。

更广阔的范围上做类似的事情。① 虽然伍德并未对此详加叙述，但是它却给后人以启迪。

这时期，美国的对外扩张与扩军备战思想推动了美国的扩军备战运动的开展，在一定程度上唤起了人民的国防意识，为美国参加第一次世界大战做了准备。

第三节 确立进行总体战的国内军事体制

尽管美国政府做了大量备战工作，但需要指出的是，直到1917年参战时，美国军事力量仍不能适应战争的需要，战争准备工作远未完成。陆军动员的大批军队大部分缺乏训练，以致他们不得不到了欧洲后，再集训投入战场。海军仅有6.7万人，舰艇“有三分之二尚不具备在国外作战的条件”。② 经济力量的动员更难尽人意。尽管美国具有世界最强大的工业生产能力，但缺乏转产军用品的能力。军火产品缺乏，以致参战初期要大量依赖协约国的供应。造成这种情况的原因在于：美国大多数人、包括许多军政界人士，都不愿意卷入这场战争。海军上将本森曾指出：“可不要受英国人民的蒙蔽呵，火中取栗不是我们干的！”③海军部长也不愿意对海军实行总动员。

前面已谈过，美国最终参加了第一次世界大战。在参战期间，

---

① Russell F. Weigley, *Towards an American Army: Military Thought from Washington to Marshall*, New York: Columbia University Press, 1962, p.216.

② [美]内森·米勒：《美国海军史》，卢加春译，海洋出版社1985年版，第215页。

③ [美]内森·米勒：《美国海军史》，卢加春译，海洋出版社1985年版，第215页。

美国根据战争的特点逐渐建立了进行总体战的国内军事体制。该体制包括以下内容。

一、建立现代军事动员体制

进入 20 世纪,欧洲列强的军备竞赛愈演愈烈,各国军队的规模迅速膨胀。1900 年,俄国军队规模达到了 116 万人之多,英法两国也分别达到 62 万人和 71 万人,新兴的德国也达到了 52 万人。美国如何动员大规模军队参与同欧洲列强争夺海外殖民地的斗争的问题仍未能很好地得到解决。美国这期间正规军的人数一直在 7 万人左右徘徊,如下所示:1904 年,陆军 70387 人,1908 年,陆军 76924 人。①

而日俄战争显示了未来战争大规模使用兵力的趋势,这正是美国军事上的主要弱点之一。可以说,美国在这场军备竞赛的开局中已经处于不利地位。但是建立一支规模与欧洲列强等量齐观的正规部队的做法在美国行不通。美国有识之士决定先建立强大的预备役部队,为战时扩军使用。

(一)建立和完善国民警卫队的体制

美国首先采取的措施是改革民兵制度,加强联邦政府对各州民兵组织的控制,从而增强联邦政府在军事动员方面的权力。

如前所述,国民警卫队建立之后,陆军想让其成为自己的预备部队,但是一直未能如愿。鲁特成为陆军部长后,积极推动包括国民警卫队在内的民兵制度改革。国会议员查尔斯·迪克(Charles W.F.Dick)是参加过美西战争的老兵,长期在国民警卫队服役,曾

---

① [美]阿伦·米利特:《美国军事史》,军事科学院外国军事研究部译,军事科学出版社 1989 年版,第 307 页。

经以少将军衔担任俄亥俄州国民警卫队指挥官。在迪克等人的推动下，1903 年，国会通过批准了新的《民兵法案》，因为迪克突出的推动作用，该法案也被称为《迪克法》。

《迪克法》取代了 1792 年《民兵法》。它除了保留普遍义务兵役的原则外，废除了旧民兵法中关于无例外地登记入伍和个人自备武器的规定，还将义务民兵的年龄限制为 18 岁至 45 岁。同时，《迪克法》还消除了长期以来“民兵”一词所造成的混乱，将民兵划分为两类：一类是未经组织的预备役民兵，另一类是包括国民警卫队在内的有组织的民兵。法令按照义务兵役制原则，规定 18 岁至 45 岁间的健全男子有被征召服兵役的义务。他们就是法令中所提到的未经组织的民兵，在紧急时刻要接受征召以保卫联邦和州的安全。在应对入侵、叛乱及捍卫联邦宪法等国防事务时，总统得到了征召各州国民警卫队服役 9 个月的权力，这已经远超此前服役 3 个月的期限。虽然总统得到了征召各州国民警卫队的权力，但是依然无权将其调离本州。作为交换条件，包括国民警卫队在内的有组织的民兵可以得到联邦政府的财政支持。到 1906 年，联邦政府拨给各州国民警卫队用于更新装备的经费达到 200 万美元，以购买现代化武器和军事装备。① 并允许各州使用 R.S.1661（Section 1661 of the Revised Statutes）基金为参加夏季训练营的州民兵提供交通费用、供给费用和津贴。《迪克法》的颁布具有积极意义：一是确立了国民警卫队的军事预备役地位，为国民警卫队执行增援任务奠定了基础。同时也为正规陆军与国民警卫队这一后备部队之间的逐步合作创造了条件。二是联邦政府通过拨款和提

① Jerry Cooper, *The Rise of the National Guard: The Evolution of the American Militia 1865–1920*, Lincoln: University of Nebraska Press, 1997, p.110.

供装备等形式加强了对国民警卫队训练和组织的领导。

但是,《迪克法》仍存在着诸多限制和悬而未决的问题。《迪克法》规定国民警卫队各部队参加联邦服役的期限虽然超过了3个月,但是也只规定了9个月的期限。而且只有在抵御侵略、镇压起义或执行联邦宪法时,经各州州长同意后,方可征召民兵。所征召的国民警卫队仍然仅限于在本土服役,只有志愿者才可以被派往海外作战。由于《迪克法》仍未完全解除国民警卫队的桎梏,再加上正规陆军对国民警卫队一直怀有敌意,导致了国民警卫队的发展迟缓,其部队几乎完全由步兵组成,并且没有自己的保障部队,这都极大地影响了国民警卫队实际效率的发挥。为了解决这些问题,1908年,国会再次颁布了《民兵法》,对《迪克法》做出修改。其中最重要的是,取消了一直以来对国民警卫队服役时间和地理区域的限制。国民警卫队不再只能为联邦服役9个月,总统有权规定其服役的期限。同时,国会承认国民警卫队是国内外一切战争的后备队,建制民兵可以在"美国领土之内或之外"应召参加联邦服役。① 因此国民警卫队的队员将按部队建制参战,而无需再像以前一样,到陆军团做单兵轮换。

1912年,伍德制订了改进预备役部队的计划。该计划成为陆军部长1912年年度报告的一部分。在伍德的计划中,一支全国性的民兵部队将取代现有的各州民兵组织。该计划将全国划分为16个民兵区,负责军事动员任务。新兵在正规军中结束三年的服役期后,将转入预备役部队继续服役三年。这样,战争爆发时,至少可以动员30万人的预备役部队。伍德还计划在西点军校及其

① Jerry Cooper, *The Rise of the National Guard: The Evolution of the American Militia, 1865–1920*, Lincoln: University of Nebraska Press, 1997, p.109.

他军校为民兵培养军官。但是国会出于财政问题方面的考虑,并没有把该计划确立为联邦长期遵守的原则,即没有成为联邦法案。但是该计划以后还是成为美国历次扩军所遵守的基本原则。

1914 年,国会又通过了《志愿兵法》,明确赋予了国民警卫队第一预备役的地位。它还要求陆军部在四分之三的民兵都参加志愿部队时维持建制民兵部队不变。

国会于 1916 年再次修改《国防法》。国民警卫队的队员应服役 6 年,3 年为国民警卫队的现役部队,另外 3 年为后备部队系统,并在各大学设立预备军官训练团,以备应急之需。此外,成立 50 万国防后备队。该法确立了美国传统的公民军队概念,将国民警卫队视为国家基本的地面武装力量,将美国的陆军力量划分为四部分:正规军、国民警卫队、联邦预备役军官团和一支仅在战时征召的“志愿军”。[①] 对于正规军和国民警卫队的体制关系,它不但维持了国民警卫队作为陆军第一预备役的地位,而且进一步加强了联邦政府的领导权。法案规定:在国家危急时刻,经总统授意,国民警卫队可以被硬性派往海外无限期服役,并且是作为建制部队而不是单个人参战。[②] 为确保国民警卫队的联邦标准,该法案规定国民警卫队的官兵入伍时在向州宣誓的同时,还要宣誓服从总统和保卫美国宪法,从而将国民警卫队进一步并入联邦国家防卫体系。[③] 国民警卫队的一切规章和供给与正规军相同,各部

① Russell F. Weigley, *Towards an American Army: Military Thought from Washington to Marshall*, New York: Columbia University Press, 1962, p.219.

② [美]阿伦·米利特:《美国军事史》,军事科学院外国军事研究部译,军事科学出版社 1989 年版,第 330 页。

③ Charles Reginald Shrader, *Reference Guide to United States Military History: 1865–1919*, New York: Facts on File, 1993, p.109.

队每年在训练场训练48次,并参加一次为期两周的夏季营野外训练,由正规军提供教官和补给品。

从《迪克法》到1916年的《国防法》,国民警卫队经过不断的改革,逐步被改编成由联邦政府控制下的可以到海外服役的联邦志愿军,国民警卫队正式成为正规军的预备役部队。这为美国在未来参加第一次世界大战乃至第二次世界大战,并在战争中起到决定性作用,都具有无法估量的重大意义。

(二)实行普遍义务兵役制

美国为了扩军备战,1916年成立了国防委员会。6月3日,威尔逊签署《国防法》,规定5年内正规军数量增至22万人,通过联邦训练经费的支持,在五年内使国民警卫队的实力由10万人增加到42.5万人。[①] 同时,加大扩军力度,号召年轻人"为美国的利益,为人类服务"而入伍。

美国政府针对大多数人民因反战而拒绝参加志愿兵役制、军队无法扩大到额定规模的状况,决定实行强迫性的征兵。国会为此展开了激烈辩论,1917年5月,威尔逊说服国会,修改了1863年的《义务征兵法》,取消平时募兵的做法,通过了著名的《选征兵役法》,决定实行普遍义务兵役制。法令规定:凡年龄在18岁至45岁之间的美国男性公民,都要应征入伍,否则要受到法律的惩处。对破坏征兵者,可判处20年监禁并罚款1万美元。法律规定:正规军扩至28.6万人,组成65个步兵团,25个骑兵团,91个海岸炮连及必要的支持部队。国民警卫队立即增至45万人;国民军(志愿兵)增至50万人。该法律对1863年的征兵法做了改进,

① Joseph W. A. Whitehorne, *The Inspectors General of the United States Army: 1903-1939*, Washington D.C., 1998, p.321.

取消了替身及交代偿金免服兵役的做法。征兵由宪兵总署执行,由各州官员和地区有关当局配合。为体现公民人人有应征义务和公平原则,在适征者中通过抽签来决定是否应征。应征者服役期为整个战争期间。该法案实行后,有 20 万地方官员配合实行征兵工作。1917 年宣战时,美国仅有军官 1000 人,正规军 21 万人,国民警卫队 9.7 万人,[①]海军现役和预备役 9.5 万人。此法案颁布后,美国本土及领地共有适龄男子 2423 万人登记,从中选征了近 400 万人,在短时间内便组建了美国历史上空前庞大的武装力量。陆军 1917 年 12 月为 118.9 万人,1918 年 11 月为 363.4 万人。[②]海军也发展到 60 万人,海军陆战队 10.4 万人。[③] 陆军共组建了 62 个师,还有 19 个师在组建训练。

应征入伍者中有许多人担心因在战争中负伤致残,会影响到今后的生活。为消除应征者的后顾之忧,鼓励更多的人参军,1917 年 10 月 6 日,国会颁布了《战争风险保险法》,规定:(1)士兵每月薪金扣 15 美元,外加最多可达 50 美元的政府津贴,作为士兵家属的生活费用;(2)每月发给因服役致残的退伍军人补偿金 30 美元;(3)退伍军人转业时可享受免费医疗及职业训练;(4)实行政府战争风险保险所领取的款项都不得征税。1918 年 6 月,又对 1917 年通过的法律进一步做了修订,规定所有应征入伍者应视为在当时是健康的。所有不能从事原来职业的退伍军人都可以进入任何职业学校接受职

---

① Maurice Matloff, *American Military History*, Office of the Chief of Military History, United States Army, Washington D.C., 1969, p.372.

② [美]阿瑟·林克等:《1900 年以来的美国史》,刘绪贻等译,中国社会科学出版社 1984 年版,第 232 页。

③ [美]德怀特·杜蒙德:《现代美国》,宋岳亭译,商务印书馆 1984 年版,第 316 页。

业培训。单身者每月80美元津贴,已婚者每月100美元津贴。《战争风险保险法》使士兵的家属有了生活来源,使伤残士兵及退伍士兵有了某种程度的保障。这就使得入伍士兵在一定程度上免去了后顾之忧,安心服役。这个法律为以后的退伍保险制度奠定了基础。

美国利用征兵制组建了一支历史上规模最大的"公民军队"。这支军队中的人大部分毫无军事知识和技能。同时,这支军队是被迫而非"志愿"的,战争中逃避兵役者占适龄者的11%,还有33万人拒绝登记。① 部队扩大后需要大批军官,但宣战时,美国仅有军官9000人,而扩军后仅军官便需要20万人。部队中受过训练的士兵更是少得可怜。可扩大军队的核心——受过训练的正规军每师只能分到981人,仅占全师兵力的6%左右。②

为解决上述问题,政府加紧对征召的人员实行军训。军官来源主要有三个:一是从平民中直接征召医生和技术人员;二是来自预备役军官训练团;三是开办了16个军训营地。每个军官训练营组建为一个临时训练团,包括9个步兵连,2个骑兵队,1个工兵连。这些训练营共吸收了3万名文职人员和8000名后备队军官。经过短期训练后,有27341人获得军官资格,加入现役部队。后来,又建立了一些军官训练营,各陆军师也自办军官训练营。当这些师开赴欧洲时,又开办了8个军官训练学校,培训期3个月。参谋部门和海岸炮兵也开办了自己的军官学校。战时共有80568人毕业于各级训练学校并成为中、少尉军官。③ 这些军官因培训期

① 萨那等:《第一次世界大战史》,人民出版社1979年版,第812页。

② [美]拉塞尔·韦格利:《美国陆军史》,丁志源等译,解放军出版社1989年版,第388页。

③ [美]拉塞尔·韦格利:《美国陆军史》,丁志源等译,解放军出版社1989年版,第389页。

短,又被称作“90 天产物”。

对于仓促征来的士兵,美国也采取了突击强化集训,把正规军分到各营地当作骨干。开始,士兵住在帐篷里,条件很差。后来,政府紧急动员了 20 万工人,日夜加班修建了 32 座军营,其中有 16 座是永久性的,设备齐全,供正规军训练用;有 16 座是临时性的,供国民警卫队训练用,设备十分简陋。士兵受训时因缺乏武器,许多人使用木头枪凑合训练。后来才用上协约国提供的武器装备。为提高美军的实战水平,协约国还派出数百名军官来到美国指导训练。训练中,美军方采用了多种方法。截至 1918 年 2 月,总参谋部作战计划处便提供了 55 种训练资料和技术资料,还利用电影协助训练。总参谋部军事学院处一年内制作了 57 部教学片,在各训练营地放映。此外,在大中小学校,还有成千上万的学生接受各种形式的军事教育。

在短短的一年中,美国进行的全民军事教育工作量可以说超过了有史以来的总和,使千百万平民几个月内便成了合格的士兵,能上阵杀敌。

美国在一战时的动员计划和训练体制基本上按照伍德的设想进行,为协约国取得战争胜利提供了重要的人力资源保障。美国军队在战斗中表现出的战术素质超出了德军与协约国军队的预料。正如潘兴所言:军官们的出色指挥与士兵的英勇作战功不可没。不容忽视的是,美国的军事教育体系正是这些出色军人的摇篮。

二、建立适应现代战争的军事教育体系

美国在此时期对军事教育制度进行了改革,以适应现代战争的需要。改革分为专业军事教育体系和平民军事教育体系两部分。

(一)重组军事院校

鲁特十分重视军事教育工作。早在 1899 年,他在第一个年度报告中便提出要建立一所陆军大学,用来指导陆军的“智力演练”、获取信息和制订计划。鲁特到任后,在威廉·卡特(William H.Carter)准将和富兰克林·贝尔(Franklin Bell)准将的帮助下,分析了美国职业军事教育的现状,得出的结论和建议被鲁特写入题为“军事教导”的 1901 年年度报告之中。鲁特在报告中总结了以往的战争经验,并结合军中教育的现状,指出军官们非常有必要接受彻底且内容广泛的军事教育。他认为,美西战争前“没有普通军事教育系统……没有有效的措施发掘杰出的个体或者让他们人尽其才”。①

对此,鲁特所采取的措施是重组既有的陆军军校,并根据现实需求建立一批新的学校。鲁特任内建立的军校中,最重要的是陆军战争学院(Army War College)。创立这所军校的目的一开始是配合建立总参谋部的计划。鲁特在其第一个年度报告中提出建立一所陆军战争学院,他规划中的这所学院能够收集信息,制订军事计划,可以为陆军司令出谋划策。1900 年初,他组织成立了一个由威廉·路德罗准将负责的军官委员会,研究建立陆军战争学院的可行性。经过一段时间的调查讨论之后,委员会提出,陆军部长有权力通过行政命令建立一所军事学院,即该计划是可行的。1901 年 11 月 27 日,陆军战争学院在华盛顿兵营正式成立。1903 年 2 月,在华盛顿麦克奈尔堡(Fort McNair)学院的办公大楼奠基仪式上,鲁特指出:建立陆军战争学院的目的“不是为了发动战

---

① Elvid Hunt, *History of Fort Leavenworth, 1827–1927*, Fort Leavenworth, Kan., The General Service Schools Press, 1926, p.152.

争，而是通过智慧和充分的准备去制止侵略，从而维护和平”。① 他进一步强调，为了达成这个目的，学院必须致力于“研究关于国防、军事科学和可靠的指挥等重要问题”。② 1903 年国会通过了设立总参谋部的法案，战争学院改隶于战争部下属的总参谋部。

最初，学院的主要目标是为战争部及其下属的总参谋部输送人才，并参与拟定军事计划。到塔斯克·布里斯（Tasker Bliss）准将担任院长时，对学院的教学方法进行了一些调整。他认为，作为总参谋部的下属单位，学院不仅仅是学术机构，学生要通过“实际途径”，在“实践中学习”。后来，学院把这种教学方法称之为“实验性学习”。这种教学方法实际上是把学院的教学和参谋工作结合起来。其主要的教学内容围绕参谋业务制订，包括图上作业、操演指令等。设计这些课程的目的是培养学员的思考能力，让学员熟练掌握参谋技能。在鲁特的支持下，陆军战争学院发展成为美国职业军事教育体系中的最高学府。

鲁特通过调查发现陆军中的军官尚有三分之一没有接受过正规的军事教育。他认为，仅凭借已有的几所兵种学校，不足以完成军官的培训任务。1901 年 11 月 27 日，他命令设立陆军大学委员会，任务是促进陆军的教育并研究军事政策。陆军大学委员会由 5 名军官组成，即工兵主任、炮兵主任、军官学校校长和利文沃思学校校长等，由塞缪尔·扬格少将担任委员会主席。委员会研究制订了规模分别为 2.5 万人、5 万人、15 万人或 25 万人的军队所需要的编制和装备，还探讨了陆军后备队的问题。1903 年总参谋

① William E.Simons, *Professional Military Education in the United States: A Historical Dictionary*, Greenwood Publishing Group, 2000, p.62.

② William E.Simons, *Professional Military Education in the United States: A Historical Dictionary*, Greenwood Publishing Group, 2000, p.62.

部成立后,大学委员会便让位于总参谋部,主要工作由陆军学院承担了。

陆军部发布的命令不仅包括建立战争学院,还宣布改组陆军的既有兵种军校。鲁特改组军校的目的是让更多的军官接受正规的军事教育,因此,他首先做的事情是在军中普及军事教育。其主要做法是建立兵营学校,即在陆军的驻地建立一所学校,以向军官教授规定的理论课和实践课。兵营学校中的出色学员会被送到各专业的兵种学校进一步学习。这些兵种学校即是经过重组的学校。

鲁特及其继任者还新建了一些兵种学校,扩大了兵种学校的涵盖范围。截至 1911 年,陆军所属各兵种学校已经基本重组完成。重组后的学校有:陆军作战学校、陆军野战工程学校、通信学校、陆军野战军医学校、海岸炮兵学校、参谋学院、工程兵学校等。① 重组后的学校继续负担各兵种的训练工作。如 1881 年创立的步兵和骑兵学校重组为勤务和参谋学院。学院招收的学员仍然是来自步兵与骑兵部队中的尉级军官。1904 年,学院把学制调整为两年,第一年在下设的步兵与骑兵学校学习,第二年进入学员所属的参谋学院学习。② 学院仍然负责步兵与骑兵两个兵种的教育工作,只是随着军队中总参谋部的设立,学校也增加了一年的课程,让这些军官学习参谋业务。这些学校基本上覆盖了陆军已有的各个兵种,兵种学校制度经过改革也变得更加稳固。最重要的是,选拔兵营学校中的出色学生去兵种学校学习,这个措施不仅为军中有潜力的军官提供了进一步深造的机会,而且改变了埋没人才的状况。

---

① Richard W. Stewart, *American Military History*, Washington D. C.: Center of Military History, 2005, p.350.

② Elvid Hunt, *History of Fort Leavenworth, 1827-1927*, Fort Leavenworth, Kan., The General Service Schools Press, 1926, p.152.

鲁特改革之后，总统罗斯福也十分重视军事教育和科研工作。他支持创办了陆军作战学院、利文沃思通用参谋及兵种学院、赖利堡骑兵学院、门罗堡海岸炮兵学院、华盛顿工兵与卫生学院；还创办了通信学院、陆军野战工程学院、陆军军医学院、野战勤务函授学院、水下防卫学院、野战炮兵及射击学院等各类兵种院校，用来培养各种专业军官。为了弥补海军造船厂熟练工人的不足，1903年，他下令建立海军技工学校，专门培训造船技术工人。这是美国较早成立的军事技工学校。

他还加强军官的在职培训，规定：部队驻地的学校，无论大小，都要有一所为军队军官讲授文化课程。各驻地学校还有义务把有培养前途的学生送到各兵种院校去学习和深造。在他当政时期，美国初步形成了从平民到初级、中级和高级的完整的军事教育体系。他对军事科研工作十分重视。在担任海军部助理部长期间，飞机刚刚发明出来，他从军事战略的角度认识到飞机具有特别重要的潜在军事意义，于是敦促海军专门成立了一个研究组，研究飞机用于海军作战的问题。大概这是世界上最早的此类研究。

至此，陆海军的军校已经基本调整完成，两者的军校层次安排基本相同。两者皆有培养基层军官的军官学校，培养中级军官的各类专业学校，培养高级军官及高级参谋人员的战争学院。之后，空军及海军陆战队也建立起类似的军校制度。因此，可以说陆海军建立起基本相同的军校体系，标志着美军院校军事教育已经发展成熟，标志着正规军教育制度的最终确立。

（二）课程改革

作为美国陆军职业军事教育体系基础的西点军校，对学校课程进行了改革和调整。1897 年，奥托 · L.海因（Otto L.Hein）到西点军校任职并负责战术系的工作，发现西点军校所教授的战术严重落后于时代发展,学员们竟然还在学习密集的队形战术。为了培养出能在实战中胜任指挥任务的合格军官,海因革新了战术课程。海因的目的是把军校学员训练成为少尉,为军队提供合格的基层军官。因此,战术课程的最大改变是要求学员们学会使用山炮、机枪、迫击炮等现代武器。此外,海因还要求学员掌握散兵队形、步兵和骑兵的进攻编队及警戒、侦查、射击等基本战术要领。不过,海因最有创意的制度是让军校学员轮流担任军队中的不同职务,学员们因此可以熟悉陆军中尉、骑兵、炮兵、值日官等职位。① 为了让这些未来的军官熟悉诸如陆军供给、军需官、连队档案等繁文缛节的工作,海因特意把讲义编写成小册了。经过海因的改革,军校所教授的战术更加贴近实战,学员们也得以熟悉当时陆军中基层军官的工作。

除了战术教育上的革新,西点军校的其余课程也在改变。1907年,军校的监察委员会提出更新学校课程,目的是为国家提供能够在现代军队中担任军官的毕业生。委员会的建议是把学校的课程扩展至"军校学员毕业时学会的一般文化教育,能够接近国内最好大学的水平"。② 第二年,学校增加了学习外语和历史的课程。1907年,西点军校建立起由来自耶鲁大学教授约翰·C.亚当斯(John C.Adams)负责的英语和历史系。亚当斯要求低年级的学员学习莎士比亚的作品,还把查尔斯·A.比尔德等人所著的《当代欧洲发展》作为历史教材使用。其继任者鲁修斯·H.霍尔特(Lucius H.Holt)又把帕尔格雷夫的作品列为英语教材。格特尔的《政治学导论》则被他定为历史教材。图书馆馆长爱德华·S.

---

① [美]安布罗斯:《责任、荣誉、国家:西点军校史》,洪庆明译,暨南大学出版社2006年版,第234页。

② *Annual Report of the War Department* Ⅳ,Washington D.C.,1907,p.171.

霍尔登(Edward S. Holden)结束了西点军校图书馆的混乱状态。霍尔登首先纠正了图书分类方法,又进一步增加了图书馆的藏书,使图书馆的藏书量由46000册增加到了93000册,并在学校建立起国内设备最全而且最方便的小型图书馆。①

总的来说,西点军校在这一时期的变革并不多,其任务仍然是为军队培养基层军官。1906年西点军校校长休·L.斯科特(Hugh L.Scott)说:"我……没有给学校带来狂飙突进的改革计划……在上述意义下,西点并不需要改革。它继续按'荣誉、责任、国家'的传统前行,直到使命完成……想通过改革出名的人很快就会被抛弃。"②正如军校监察委员会在报告中所指出的那样,西点军校的变革是根据军事发展现状进行的调整,目的仍然是为国家的现代军队提供合格的基层军官。

海军的安纳波利斯军校也适时进行了课程调整。从19世纪80年代起,电力通信、汽轮机等相关海军装备得到应用及改进,海军开始重视实用工程技术。军校的一些激进主义者主张在学校开设关于电力、建筑、摄影、蒸汽工和现代火炮射击等方面的"实用且先进"的课程。军官们的主张反映出他们对于美西战争中海军的表现并不满意,尤其是把火炮射击列为课程的要求,说明他们对于战争中火炮低下的命中率心有余悸。这些激进主义军官通过海军的报纸、杂志宣传自己的主张,阐明学习新技术的必要性。最终,军官们的行动得到来自国会的回应。1899年,国会把工程技术员纳入海军编制序列。同时,安纳波利斯军校开设了工程技术课程。此后,学校的毕业生必须熟练掌握工程技术以及航海基本

① [美]安布罗斯:《责任、荣誉、国家:西点军校史》,洪庆明译,暨南大学出版社2006年版,第238页。

② Hugh Lenox Scott, *Some Memories of a Soldier*, The Century Co., 1928, p.420.

原理。这两部分内容构成了课程的主要元素。[①] 安纳波利斯军校的课程也在朝着实用方向发展。因为战争的科技含量在不断提高,武器的复杂程度也随之提高,军队需要能熟练操作各类装备的军人。

与西点军校一样,安纳波利斯军校基本上没有进行十分剧烈的变革,只是根据实际需求,对课程内容进行了一些调整。对这两所地位已经非常稳固的学校而言,它们已经不需要通过重大的变革来维持自己的地位,这两所军校的任务仍然是为军队培养基层军官。军校只需要紧跟时代发展步伐,教会学生军队所需的新技术就可以很好地完成自己的任务。

(三)确立民兵军事教育制度

《迪克法》也十分重视民兵的训练和民兵军官的培训事务。法案规定:各州国民警卫队每年进行操练或者打靶的次数不能少于 24 次,其中还包括为期不少于 5 天的夏季野营拉练。[②] 为了鼓励国民警卫队积极参与训练,法案允许联邦政府给予参加夏季训练的国民警卫队部队更多的财政支持。法案还同意在陆军部组织正规军和国民警卫队进行联合演习。不同于以往,现在参与联合演习的部队同样有联邦财政补贴。同时,国民警卫队的军官也可以进入陆军军官军校学习,而正规军军官有义务负责检查和指导国民警卫队。联邦在付出更多财政支持的同时,也加强了对国民警卫队在训练和组织上的控制力。《迪克法》的通过,说明陆军对国民警卫队的训练和教育支持通过立法的形式确立下来,国民警

① Richard W. Stewart, *American Military History*, Washington D. C.: Center of Military History, 2005, p.333.

② [美]拉塞尔 · 韦格利:《美国陆军史》,丁志源等译,解放军出版社 1989 年版,第 332 页。

卫队的训练进一步正规化和制度化,针对民兵的教育政策基本固定下来,标志着民兵军事教育制度的正式确立。

(四)确立平民军事训练制度

除了对民兵进行军事训练,美国还重视对普通平民大众进行军事训练,以便提高全民的军事素质,为大规模动员做准备。1911年,战争学院经过研究之后,制订了一个关于动员程序的草案。草案提出,在和平时期对平民进行军事训练是非常有必要的。伍德继承了谢尔曼的观点,认为正规军应当主导平民的军事训练工作。他表示:"我们还应当确定一种制度,即组织民兵训练时尽可能不扰乱他们的学业或工作。要让他们在青年时就完成军事训练,训练结束后,就立即允许他们回到各自的正常生活。"①国家应当集中适龄的公民在业余时间进行军事训练,目的是减少战时的集训时间。具体而言,按照修订后的《民兵法案》所确立的普遍兵役制原则,联邦每年至少可以征召 50 万人组成民兵预备役部队。伍德还提出,减少集训时间的另一个有效措施是建立预备役军官团。通过军训夏令营的方式组织非军事院校学生接受军事教育,每两年集训 5 周时间。

伍德充分发挥了依据《莫里尔法案》及《民兵法案》确立起来的预备役制度的作用。按照伍德的分析,战时迅速扩编的预备部队至少需要 5 万名军官,基层的连级军官尤为紧缺。受到 1862 年所颁布的《莫里尔法案》启发,伍德计划借助非军事院校的资源培养预备部队军官。内战后,建立在《莫里尔法案》基础上的普通高校军训计划已经取得了不错的成果,仅 1911 年就有近 3 万名在校

① Russell F. Weigley, *Towards an American Army: Military Thought from Washington to Marshall*, New York: Columbia University Press, 1962, p.199.

大学生接受军事训练。伍德在此基础上大胆创新,开始落实自己的军训夏令营计划。1913年,伍德组建了两个大学生夏季军事训练营,取得了强烈反响,[1]得到参训军官和学生的称赞。有了良好开端,此举得以顺利推行。1914年,伍德进一步组建了4个训练营,有1000人自费参加训练。1915年,伍德在新任参谋长休·斯科特的坚决支持下,扩大了夏季军训营的规模,并由私人出资在纽约州的普拉茨堡设立了4个营地,约有4000人参加。[2] 在参训者中,除了来自东海岸的大学生,还包括商人和专业技术人员。自此,夏季军训营就以"普拉茨堡"运动而得名。

从军训夏令营发展成为声势浩大的"普拉茨堡运动"(Plattsburg Movement),极大地影响了政、军两界的决策者。在民间及一些军方人士的强烈建议下,同意延续自赠地法案在各大学开展军事教育的活动,以及建立夏季军事训练营的做法也被写入法案,成为国家意志。这些接受训练的学生及其他人员组成预备军官团,在战时有机会得到来自正规军的任命,在部队中担任低级军官或者技术人员。联邦政府为国民警卫队的训练提供财政支持,正规军为其提供教官,由总参谋部民兵局进行监督。在美西战争时,赠地大学出身的预备军官只有1500人成为正规军军官,一战期间,这一数字上升至大约9000人。[3] 由于商业界、劳工界、技术界和宗教界的联合支持,"普拉茨堡运动"蓬勃发展起来并逐渐

① [美]阿伦·米利特:《美国军事史》,军事科学院外国军事研究部译,军事科学出版社1989年版,第329页。

② [美]阿伦·米利特:《美国军事史》,军事科学院外国军事研究部译,军事科学出版社1989年版,第329页。

③ William E.Simons, *Professional Military Education in the United States: A Historical Dictionary*, Greenwood Publishing Group, 2000, p.59.

开始由平民领导。1916 年,在纽约成立了由律师克伦维尔·克拉克领导的“军训营协会”,具体领导“普拉茨堡运动”。由于公众对备战工作的日益关注,在 1916 年夏,“普拉茨堡运动”达到了高潮,约有 1 万人自费在全国各地的 10 个营地参加军训。陆军部也为军训营配备了训练教官和装备。“普拉茨堡运动”显示了美国公众对业余军事训练的浓厚兴趣,确立了日后美国“公民军训团”的基本模式。同时也达到了为美国参加第一次世界大战准备基层军官的目的。此外“普拉茨堡运动”还体现了在和平时期平民军事教育的重要价值,不但唤起了公众的国防意识和保家卫国的责任感,而且为将美国的青年人培养成为领导力量做准备。

1916 年《国防法》确立了《预备役军官训练团计划》(简称为 ROTC),在各大学及专科学校设立预备役军官训练团。这一计划最初是由诺维奇大学发起的,该大学长期有 100 名正规军军官帮助对大学生进行军训,并由军队提供各种装备。1916 年《国防法》则进一步规定,在由国家赠予地建立的大学中应设立两年的后备军官训练团课程,并且将由陆军部为执行这一计划的学校提供资金,保证课程和设备实现标准化,以使青年学生在接受正规化军事训练时能学到更多的军事技能和知识,而不再仅限于行军。陆军总参谋部将 ROTC 计划的创立视为“尽可预见的选择……对于一个极大扩展的军事学院”。① 国防法还规定工商业人员的夏季训练营和学生的军训将继续举办,并将以军官后备团和后备军官训练团的形式使他们实现军事化,为战时扩编陆军提供后备作战军

① Michael S. Neiberg, *Making Citizen-soldiers: ROTC and the Ideology of American Military Service*, Harvard University Press 2000, p.24.

官和专业技术人员。1916年《国防法》为普通大学的学生和“普拉茨堡运动”的参与者提供了通过在大学的后备军官训练团和夏季军训营的训练来获得预备役军衔的机会。这得到了广大普通高校的学生、教师和行政管理者的支持。大学的校长和几乎所有的教师都相信,学校有责任服务于社会,与军队的合作对大学有诸多益处。[①] 爱国主义和公共责任感成为各大学建立ROTC训练团的最初动力。甚至许多学校为了申请获得ROTC训练团而展开了激烈的竞争。此外,《国防法》还重申了普遍义务兵役制的传统:“所有年龄不小于18岁,不超过45岁的体格健壮之美国男性公民有义务参加美国民兵。”[②]这对美国军事体系的发展具有深远的意义,全民义务兵役制的法律化不但奠定了美国军事体系结构的未来发展方向,而且使正在迅速兴起的平民军事教育有了一个更为可靠的原则基础。

总之,1916年《国防法》从立法上初步为美国平民军事教育体制的形成构建了一个框架,使之成为美国军事体系中不可或缺的重要组成部分。虽然它还存在许多不完善之处,如制订的ROTC计划强调了学校中以学生为主要对象的军训课程,却同时忽视了公民中普遍军事训练在现代战争中的重要作用,未将普通公民的军事训练与预备役军官团的训练区分开。但是作为一种体制,美国的平民军事教育已具雏形。1916年《国防法》为美国未来平民军事教育体制的最终确立打下了良好的基础。

---

① Michael S. Neiberg, *Making Citizen-soldiers: ROTC and the Ideology of American Military Service*, Harvard University Press 2000, p.25.

② Charles Reginald Shrader, *Reference Guide to United States Military History 1865-1919*, New York: Facts on File, 1993, p.109.

美国的军事教育体系确立之后，联邦建立起有效的预备兵员动员制度，战时可以迅速补充军官，并且基本上可以保证军官的军事素质。一战期间，美国对德宣战后，随着军队规模的扩大，联邦政府开始大规模征收各军校的学员入伍。对德宣战两周后，西点军校 1917 届学员于当年 4 月毕业，1918 届学员于该年 8 月毕业。翌年，陆军部决定让 1920 届和 1921 届学生提前毕业，虽然遭到部分教授反对，但这两届学生还是在 11 月毕业。[①] 利文沃思军校的毕业生也被安排担任军中的一些关键职位，1918 年新组建的第一军中就有许多利文沃思军校毕业的学员。[②] 海军军官队伍也从 4400 人迅速扩大至 2.3 万人。扩充的大部分是低级军官，主要来源于海军军官学校和负担培训预备军官的民间学校。潘兴高度肯定了这些军校毕业生在一战中的表现："在世界大战期间，利文沃思军校和战争学院的毕业生在军中担任最重要的职务……在我看来，如果没有这些学校所培训出来的忠诚且有能力的军官帮助，涉及战斗、供给、运输的重大问题就无法有效解决。"[③]在战争中，来自各个军校的毕业生不仅负责军队的指挥工作，还负责军队的后勤保障工作。他们出色的能力使美军的战斗力得到了充分发挥，为协约国赢得战争的胜利立下了重大功劳。

美国军事教育体系的确立为协约国取得一战胜利作出了重要

---

① [美]安布罗斯：《责任、荣誉、国家：西点军校史》，洪庆明译，暨南大学出版社 2006 年版，第 243—244 页。

② Elvid Hunt, *History of Fort Leavenworth, 1827-1927*, Fort Leavenworth, Kan., The General Service Schools Press, 1926, p.154.

③ Elvid Hunt, *History of Fort Leavenworth, 1827-1927*, Fort Leavenworth, Kan., The General Service Schools Press, 1926, p.155.

贡献。但这并不能说明它带来的都是积极影响。美国在制度建设过程中没有处理好社会公平问题,造成了社会不公,主要体现在种族歧视方面。[①] 在内战结束后的整整50年中,西点军校总共只招收了13名黑人学员,其中只有3人顺利毕业,1人军衔晋升至陆军上校。同一时期,安纳波利斯军校则没有任何一名黑人学员顺利毕业。

黑人不仅在军校被孤立,黑人民兵在训练时也遭到歧视。19世纪90年代至20世纪初,南方的白人民兵部队拒绝与来自北方的黑人部队进行交流。弗吉尼亚州政府就曾经拒绝来自华盛顿的黑人民兵部队参加纪念庆典。有学者就此批评1903年《民兵法案》,认为法案延续了种族主义政策。凯利·L.罗斯(Kelley L. Ross)教授认为《民兵法案》是在合法地解除黑人武装,"1903年的《民兵法案》增强了种族隔离,对美国人的自由造成前所未有的坏影响……该法案破坏传统民兵制度并加强国民警卫队的做法是明显的种族隔离政策,因为南方州不希望黑人受训并武装起来。"[②] 罗杰·D.坎宁安也强调,《迪克法》加强了联邦政府对国民警卫队的控制力,使歧视黑人变得更困难,但是一些州直接解散了黑人部队。

军队的种族歧视问题使黑人部队中的许多军官未接受过正规的军事教育,平时训练不足,导致黑人部队战术素养较低,影响到了战争中的表现。

虽然,美国军事教育体系的确立在一定程度上加剧了种族歧视问题,但是这并不能否认其成功之处。主要有以下几个方面:

① [美]彼得·卡斯滕:《海军贵族:安纳波利斯的黄金时期及现代美国海军至上主义的出现》,王培译,海潮出版社2011年版,第41页。

② Ross Kelly,"I Am A Union Man",*Rtrieved*,December 23,2015,p.2.

第一,建立起一个比较完善的军事教育体系。美国的军事教育体系包含民兵和职业军人两大模块,基本上覆盖了美国所有可以服兵役的适龄男青年。从《莫里尔法》开始,联邦政府可以在普通大学展开军事教育及训练工作,将普通高校的适龄男青年当作预备军官来培养。军队的各兵种基本上也都拥有为自己培养军官的学校。陆军的骑兵、步兵、工兵自19世纪80年代至90年代都拥有了自己的军校,海军也在同一时期建立起鱼雷学校。鲁特对军事院校进行重组之后,专业兵种学校的种类变得更加齐全。1903年《民兵法》及其后续修正法案授权联邦政府组织全国18—45岁身体健康的男青年进行军事训练,将其全部纳入军事教育体系。

第二,军事教育体系层次分明,实用性较强。从内战开始,战争朝着总体战发展,战略、战役、战术的区分更加明显。战争规模的扩大需要国家能够在战时动员大规模合格的预备兵员,战争的不同层次也需要相应的军官承担指挥任务。在普通大学进行军事教育以及加强民兵的组织化建设,为国家在战时能够大规模动员预备兵员提供了有力的保障。不同层次的军校负责培养不同层次的军官。以陆军为例,初级的军事教育机构以西点军校为代表,主要教授武器操作和基本的战术动作,主要负责培养承担战术指挥任务的基层军官。中级的军事教育机构以各兵种院校为代表,教授各兵种的作战要领,培养能够指挥各兵种基本构成单位的中级军官。高级的军事教育机构以陆军战争学院为代表,训练军官制订军事方针及计划的能力,培养能够运用不同兵种达成战略目标的高级军官。因此,按照不同的战争层次设置不同的军事教育机构,逐层提高教学目标,扩展教学内容,最终形成层层递进的一个整体。

第三，在建设过程中积极借鉴国外经验，不断发展创新。作为一个移民国家，美国的许多方面继承自欧洲。西点军校在建立过程中就曾积极借鉴欧洲经验。内战结束后，美国军事教育制度初步确立的这一段时期更加重视欧洲经验。谢里登以及谢尔曼等高级军官甚至直接去欧洲实地考察其军事建设状况。如前所述，厄普顿则更直白地提出通过模仿德国的方式建立美国的军事教育制度。鲁特对职业军事教育制度的完善参考了厄普顿的理论，也借鉴了当时德国的经验。鲁特创造性地建立了兵营学校，为军官的学习晋升开辟了一条新道路。

截至20世纪初确立起来的军事教育体系基本上实现了谢尔曼、厄普顿等人的构想。按照战争的不同层次建立军校的做法已经超越了他们早期的计划。美国逐步建立了四层次的军事教育体系。

三、建立国民经济总动员体制

美国参战后，政府采取了一系列重大措施，力争尽快把国民经济转入战时体制。

(一)建立经济总动员的领导机构

一战前的美国已经出现了政府干预经济的机构和法案。美国政府第一个干预经济的机构——州际贸易委员会，成立于1887年。其最初职责只是对州际贸易的主要运输手段即铁路实行监督，并没有真正的干预权。在1906年的《赫伯恩法》中，州际贸易委员会被授予决定铁路运费率的权力，这在一定程度上扩大了委员会对铁路部门的干预。1914年成立的“联邦贸易委员会”，是美国政府在进步主义时期成立的经济干预机构，其任务在于配合反托拉斯法案，查处违反公平竞争原则的企业和个人，并对企业的用工制度进行监督。州际贸易委员会和联邦贸易委员会作为美国政府反垄断的主要机构,被长期保留下来,并发挥了积极的作用。1913 年,美国联邦储备制度建立,成为政府利用货币金融手段干预经济的机构。除此之外,美国政府还成立了一些直接管理企业内部的机构,如职业安全及卫生管理局、消费者保护局等。

第一次世界大战前,美国政府干预经济的方式还不成熟,没有设立更多的机构来管理经济,主要是通过推动立法。这一时期的立法主要是围绕反垄断展开的。1890 年《谢尔曼反托拉斯法》是美国政府反垄断努力的第一个成果,不过在罗斯福总统上台之前,这一法案的作用并没有得到充分发挥。直到 1902 年 2 月,美国才第一次对北方证券公司运用了此法。之后,美国政府开始通过一系列法案进一步完成反垄断的任务,如 1903 年 2 月 4 日、11 日分别通过了《埃尔金斯法》和《迅速处理法》,对州际贸易中的不公平行为进行处罚,并创造条件使联邦政府为州际贸易确定铁路运费;1913 年 10 月的《安德伍德—西蒙斯关税法》,通过降低关税,提高了中小企业竞争力。此外,1914 年的《联邦贸易委员会法》和《克莱顿反托拉斯法》,进一步扩大和加强了《谢尔曼反托拉斯法》的作用。在反托拉斯过程中,这些法案成为联邦政府干预经济的重要法律保障,也为一战时期美国管制经济奠定了法律基础。

虽然一系列反垄断政策,已经使政府权力在经济领域不断扩大,但对于长期实行自由市场经济体制的美国来说,要在战争时期建立一个完全由政府控制的经济体制,确非易事。政府为了建立起有秩序的经济动员体系,应对庞大的战争需求,必然要利用垄断企业的优势和资本家的经济专长,这就在垄断资本家与联邦政府之间形成了一种共识,这种共识推动了所谓"中央政府指导下的、主要依靠大型企业的利益来推动运转的彻底的战时计划经济”。①

根据 1916 年《国防法》设立的国防委员会,由内阁 6 位成员组成,这是美国历史上首次成立的由内阁部长组成的政府机构。具体办事机构是“咨询委员会”,由工业、商业、铁路和劳工代表组成,这些代表全是垄断企业家,任务是编制出美国全国工厂的清单。1917 年 3 月,设立“军需品标准局”,不久改名为“军需总局”,统一协调陆海军的防务,处理交通、内政、商业、工农业、军需和劳工等各项重大事宜,为国民经济进入战时体制做准备并负责军火采购和供应工作。1917 年夏天,为克服经济上的混乱状况,国防委员会撤销了威信不高的军需总局,设立了“战时工业局”,负责全国工业生产,使其为军事服务。1918 年 3 月任命工业家巴鲁克为局长后,战时工业局扩大了权力,可以保护自然资源,采购军用品,决定工业生产和分配。巴鲁克集中了全国 100 名企业家,使该局成为美国庞大工业机器的领导者。

铁路是国民经济的动脉,在经济中占有举足轻重的作用。1917 年,政府成立了“战时铁路委员会”,它与国防委员会合作运输军用品和军队。但因负担过重,又缺乏统一管理,到了 1917 年 12 月,铁路几乎崩溃。12 月底紧急成立了“铁路管理局”,统一管理全国的铁路运输,使客货运输服从军事需要,从而使全国铁路成为一个统一有效的运输体系,满足了战时的需要。

1918 年 4 月,成立了战时劳工局,以解决战时劳动力供应问题以及劳资关系问题。除此之外,美国政府在一战时期成立的直

① Jeremy Atack, Peter Passell, *A New Economic View of American History: From Colonial Times to 1940*, New York: Norton, 1994, p.555.

接管理机构，还包括控制了全部对外贸易的战时贸易局和为各私营企业办理战争时期海运保险业务的战时海运局等，这些机构都成为战时动员体系中的主要机构。在宏观的机构体系框架下，一些半官方性质的行业机构，也发挥了重要作用：如 1917 年成立的美国谷物公司、美国房屋公司、应急船队有限公司和 1918 年成立的战时金融公司等。战争期间，国家还成立了战时贸易委员会、粮食管理局、燃料管理局、战时劳工局和铁路管理局，由这六个局对工业进行管理。

到 1918 年夏天，美国国内所有经济部门都建立起了统制机构，形成了从中央到地方庞大的机构体系，成为实现战争动员的基础。在这些机构的保障下，全国直接用于战争的产品和劳务达到总数的 20%—25%。①

（二）用法律推动国民经济总动员

一战时期，国会为满足战争经济动员，通过了一系列法案。1916 年的《国防法》，是总统权力扩大的开始。它规定总统有权订购国防物资，并可强制各个企业优先执行有关战时的政府政策和合同，违者将被政府接管。同年，国会通过《美国航运法》，将海上交通的经营权交于总统领导的行政部门；1917 年的《对敌贸易法》授权总统及其政府管制对外贸易、检查外国邮件等权力。此外，国会还通过 1917 年的《利弗法》和《食品生产与食品和燃料管理法》1918 年的《李奥弗曼法》，明确规定总统有建立统制机构、调整行政部门的权力。为增加政府财政收入，国会分别颁布了《战时岁入法》和《自由公债法》，通过提高税率、发行公债筹集战款。为保

① Gilbert C. Fite, *An Economic History of the United States*, Boston: Houghton Mifflin, 1959, p.631.

障劳工顺利生产,政府还推动国会制订了《童工法》(《基延—欧文法》)、《铁路工人工时法》(《亚当森法》)、《工业事故赔偿法》(《凯恩—麦克基利卡迪法》)等。上述法律为国民经济总动员奠定了法律基础,保证了国民经济总动员的顺利完成。

(三)由政府控制重要物资

对于紧缺的战略物资与人民生活密切相关的物资,政府严加控制,以防短缺。美国对经济的控制还扩大到粮食与燃料。不管是战时还是平时,粮食是一个国家重要的战略物资。大战伊始,为防止战略物资和与国民生活息息相关的日用品的短缺,赫伯特·胡佛在1917年5月出任粮食管理局局长。为应对巨大的粮食需求量,他一方面努力扩大耕种面积,提高粮食产量。截至1919年,小麦的耕种面积从1917年的4500万英亩增加到7600万英亩左右。小麦产量也由1917年的6.4亿蒲式耳增长到1918年的9.2亿蒲式耳。① 另一方面,胡佛又唤起人们保护食物与禁止浪费的消费意识。他借助爱国主义精神,提倡“吃尽盘中餐”,推行了一种匪夷所思的节俭计划:星期一、三的“无麦日”,星期二的“素食日”和星期四、六的“无猪肉日”。② 为稳定物价,1917年8月美国又采取一些措施:一方面加强国家对粮食与燃料的管制,防止囤积居奇,哄抬物价,牟取暴利,杜绝操控食品交易;另一方面建立国家粮食管理局,创建一个有效应对过度供应的制衡机制。此外,美国在1917年8月又颁布《食品生产与食品和燃料管理法》,设立燃

① W.Clinton Mullendore, Herbert T.R.Haswell Lutz, *History of the United States Food Administration: 1917-1919*, London: H.Milford Oxford University Press, 1941, pp.10-11.

② USFA, *War Economy in Food, with Suggestions and Recipes for Substitutions in the Planning of Meals*, Hammod, Ind.W.B.Conkey Company, 1918, pp.9-10.

料管理局，负责燃料生产、储备、分配以及定量供应制度。为增加煤和石油的产量，哈利加·菲尔德局长提高了企业的机械化程度。例如，当出现煤油短缺时，他责令民用企业停工，实施“无热日”等措施。国民经济的转轨，无论是农业还是工业，都为军队提供了军事装备、武器弹药、被服粮食等，保证了前线所需。法律还禁止抬高物价、囤积居奇、垄断供给。规定总统有权为军用而征收粮食及其他食物，制定干涉市场物价的条例，制定小麦价格，规定军用品和煤的价格，这几个法律对稳定全国生活用品价格，起了重大作用。

（四）把民用工业转为生产军火

为把美国庞大的工业变成兵工厂，政府采取了一系列措施。为使工业有足够的劳动力，1918 年 5 月政府颁布了《工作或打仗》的法令，规定 45 岁以下男子必须工作。执行过程中各地又制定了许多变相的强制劳动法，从而保证了工业有充裕的劳动力。战争使 400 万工人或潜在的工人入伍，从而有更多的妇女参加了工厂或军工厂劳动，在战时电视、飞机和食品加工业的工人总数中，女工占了 20%。①

政府为有效地领导军工生产，把美国庞大的工业制造能力变成兵工厂。战时工业局为加速国民经济军事化，加强军事订货，把全国分成 21 个军事工业区，令许多民用企业转向军工生产，准备筹建 16 座新厂。在庞大的需求刺激和严厉的计划管控下，美国的军工生产高速运转起来。战时生产了 4000 门大炮，350 万支枪，2 万架飞机，294.1 万吨的 875 艘舰船，1.9 万辆坦克，3.5 万辆卡车。②

---

① 杨生茂：《美国史新编》，中国人民大学出版社 1991 年版，第 337 页。

② Ernest R. Dupuy, Paul F. Braim, T. Dupuy, *Military Heritage of America*, New York: McGraw-Hill, 1956, p.364.

(五)财力总动员

战争其实是敌对的双方用黄金、现钞和贷款抢购战争物资的竞赛。为赢得战争,战时美国进行了大规模的财力动员。

美国筹措战争费用的手段主要有两种,税收和发行公债。

税收方面:1917年10月,国会通过《战时岁入法》,提高了所得税、遗产税、公司所得税和超额利润税,并增加了运输税、烟酒税等各种娱乐消费税,共筹得了战争费用的1/3约103.5亿美元。当然,费用大部分是从累进所得税中取得的。1913年10月《安德伍德关税法》中规定:"收入在4000美元以下者免税;收入在4000美元—20000美元之间者在公司缴纳1%的税;收入在50万元以上者最高缴纳6%的税。"①1917年累进所得税的正常税率提高到6%,附加税最大限度提高到65%。② 10月又规定:收入在3000美元(或夫妻4000美元)以下者免税,个人所得税率提高1倍,超额累进所得税从20000美元降至5000美元,公司所得税率提高到6%,地产税率提高到2%—25%,超额利润税率提高到20%—65%。这种税收在1917年到1918年财政年度共达30亿美元。美国政府通过适时调整财税政策,尤其是提高累进的所得税,保障了军费的稳定来源。

战争费用的另外250亿美元,大致相当于美国的军事设施所需费用,是通过发行自由公债、胜利公债和战时储蓄券而取得的。这些公债发行的日期、利率和数量如下:

第一期自由公债(1917年6月):3.5%、20亿美元,

第二期自由公债(1917年11月):4%、38亿美元,

---

① 杨生茂:《美国史新编》,中国人民大学出版社1991年版,第323页。

② [美]德怀特·杜蒙德:《现代美国》,宋岳亭译,商务印书馆1984年版,第279页。

第三期自由公债(1918 年 5 月):4. 25%、42 亿美元,

第四期自由公债(1918 年 10 月):4. 25%、60 亿美元,

胜利公债(1919 年 4 月):4. 75%、45 亿美元。①

为保证公债的出售,保护自由公债市场,美国政府特地建立“战时财政局”。

通过以上措施,美国初步把国民经济转到了战争轨道,满足了对前方的军用物资的供应。正如 1917 年伯纳汽车公司经理霍华德·柯芬所说:“20 世纪的战争意味着士兵们的鲜血要有三到五成是在参战国的工厂、车间,矿井和田地里劳动的人们所流的汗。”②这真是一针见血。

四、建立将科技进步转变成军事装备的机制

这一时期正当“第二次工业革命”,世界上科学技术迅猛发展,新的发明和创造层出不穷,其中内燃机和电动机这两个划时代的发明引发了军事装备的革命。

电气工业促进了新技术设备的问世。电气照明、电话、无线电通信技术的相继问世,使无线电通信广泛用于军事。内燃机的出现为汽车、飞机工业的发展创造了条件。飞机、汽车、潜水艇、自动化武器、炸药、坦克等先进武器的相继问世,使军事装备面目一新。

在把科技成果用于军事领域方面,美国走在各列强的前面。汽车是美国先发明的,汽车也最早装备到美军。1906 年,陆军军需部首次使用 6 辆汽车进行有关军事用途的各项试验。1911 年

① Robert H.Ferrell, *Woodrow Wilson and World War I, 1917-1921*, New York: Happer&Row Publishers, 1985, p.86.

② [美]阿伦·米利特:《美国军事史》,军事科学院外国军事研究部译,军事科学出版社 1989 年版,第 813 页。

开始在演习中使用汽车运输和摩托车侦察。1912年,载重汽车试验部队驱车1500英里,速度是骡车的2倍。1916年,陆军在讨伐墨西哥游击队期间,首次大批采用汽车装备部队。陆军部购买了500辆汽车价值45万美元,组建了22个卡车连用于部队运输,已处在摩托化时代的边缘。

第二次科技革命后的新兴产业,如电器照明、电话、无线电通信技术等,也在政府的扶持政策下有了更快的发展。在通信方面,无线电通信设备比美西战争时期有了进一步改进,部队已使用有线电话指挥作战。美国专门成立了通信兵部队,使通信兵成为一个独立兵种。

这期间美国军事技术的革命之一,就是发明了飞机并投入军用。1903年12月17日,莱特兄弟试制成功世界上第一架以内燃机作为动力的飞机,开创了航空事业的新纪元,震撼了世界。但是美国国会迟迟不愿拨款发展飞机。陆军部直到1908年才拨款给1907年成立的通信兵部队,用于购买、试制和改进莱特兄弟的飞机。1909年,陆军接受使用飞机,加紧把飞机用于实战。1910年底到1911年初,飞行员伊利成功地进行了在巡洋舰甲板上的起飞和着陆试验。1912年,菲斯克发明了可使飞机携带和投放的鱼雷,并建议在吕宋岛建立四个空军基地,每个基地有飞机100架,以便保持对日本海军的优势。① 1913年,美国又在飞机上安装了装甲座舱和射击校正器。1914年又试验成功了3英寸口径的飞机用机关炮。当军队对飞机的实战研究进展顺利之际,国会却反应冷淡,1911年才拨款12.5万元给航空部队。1908—1913年,美国仅用

① [美]内森·米勒:《美国海军史》,卢加春译,海洋出版社1985年版,第207页。

了43万美元来研究军用和海上的飞行，而其他国家却十分重视发展航空业。同期，德国、法国分别用了2200万美元，俄国也用了1200万美元，比利时用了200万美元，甚至墨西哥也用了40万美元。① 直到1914年7月，美国国会才拨款在通信兵中建立一支正式的飞行部队，拥有60名军官和260名士兵。② 为实现"天空布满美国飞机"③的理想，美国政府进行了不懈的努力。一战期间，美国国会通过了一项6.4亿美元的拨款计划，用于发展军用飞机的制造业，在这项计划的推动下，观察机、轰炸机等军用飞机的研制过程进一步加快。另一方面，为发展飞机制造业，美国政府还加大了对发动机研制工作的投入，到战争结束时，美国共制造12气缸自由式发动机13.5万台。但由于长期的忽视，到第一次世界大战爆发时，美国仅拥有6架飞机和169名飞行员。④

在常规武器方面，美国拥有世界上第一流的装备。马克西姆、路易斯等人研制出各种型号的自动步枪。1903年，部队装备了当时世界上性能最优良的斯普林菲尔德式步枪。1906年，这种步枪又使用了射程更远、穿透力更强的子弹。1911年，陆军装备了新型的柯尔特自动手枪。在炮兵方面，1902年采用了有先进的液压气动复进装置的后膛式火炮，使用了无烟火药。1908年，试制炮弹也先后研制成功。迫击炮和榴弹炮等新炮种也开始装备部队。

---

① Headquarters, Department of the Army, *American Military History*, Washington D.C., 1959, p.325.

② Headquarters, Department of the Army, *American Military History*, Washington D.C., 1959, p.325.

③ [美]拉塞尔·韦格利：《美国陆军史》，丁志源等译，解放军出版社1989年版，第378页。

④ Headquarters, Department of the Army, *American Military History*, Washington D.C., 1959, p.325.

美国常规武器的射程、速度和精度在此期间分别提高了3倍。①

经过十几年的努力,美国军队的装备无论是从技术上还是从质量上,均在世界上堪称一流水平,使美军的作战能力有了很大的提高。

五、政治动员体制

政治动员,是国家从政治上、组织上、思想上发动军队、民兵参加和支援战争的措施。美国在一战时期为了完成全国总动员和进行战争,创立了政治动员体制。

当欧洲处于一战的水深火热之中时,美国人民奉行"和平中立"政策,努力使美国避免卷入战争,反战情绪特别高涨。而在"卢西塔尼亚号"事件后,美国人民对战争的态度开始逐渐发生变化。美国人民群情激愤,无不认为这是"在公海上肆意谋杀的行径",愤怒的西奥多·罗斯福的讲话反映了大多数人的情绪。他说:"很难想象我们会克制而不采取行动——不仅从人道方面考虑,从国家尊严考虑也应该采取行动。"②同样愤怒的威尔逊总统向柏林发出了一系列照会,可德国不理睬,依旧实行无限制潜艇战,又使许多美国人遇难。美德关系迅速恶化。美国人民反德情绪日益激昂,要求备战的呼声日益高涨。

1917年4月,一向宣称"在思想上和行动上同样做到不偏不倚"的威尔逊,③建议国会"立即采取步骤,不仅要使全国进入更彻底的防御状态,而且要发挥国家的全部力量,利用国家的一切资

① [美]阿伦·米利特:《美国军事史》,军事科学院外国军事研究部译,军事科学出版社1989年版,第320页。

② 杨家祺等:《美国战争全景》,作家出版社2000年版,第220页。

③ 萨那等:《第一次世界大战史》,人民出版社1979年版,第210页。

源,迫使德意志帝国政府答应条件并终止战争”。[①] 他说,“我们只是捍卫人类权利的战士之一”,“必须使世界适宜于民主的推行”。[②] “我们将为我们一向最珍视的事业而战——为民主,为屈从于权势的人们在自己的政府中有发言的权利,为弱小民族的权利和自由,为自由人们协力合作的普遍权利而战。这种自由人民的协力合作必将能给各国带来和平与安全,并使世界本身最后获得自由。”[③]随即,美国国会决定对德宣战。威尔逊向全国发出了战斗号召:“武装起来,最大限度地武装起来,毫无限制地武装起来。”

在政治动员中,美国十分重视宣传和舆论动员工作。美国的宣传工作起源于一战时期。宣战后不到一周,威尔逊为了鼓励民众参战,成立了公共信息委员会,任命著名记者乔治·克里尔担任领导,所以委员会又叫“克里尔委员会”。委员会成员有国务卿、陆军部长和海军部长。委员会下设国际部和国内部以及 20 多个机构。各机构分别对不同行业、不同阶层进行战争宣传。委员会的职责是战争宣传和新闻审查。委员会在战争期间进行了卓有成效的宣传工作。

当时美国还没有全国性的无线电广播或电视来迅速地影响整个国家。于是克里尔组建了四人一组的招之即来的系统。这是一个覆盖全国约 3000 个县的自愿参加者网络,共有 7.5 万人,也就

---

① [美]拉塞尔·韦格利:《美国陆军史》,丁志源等译,解放军出版社 1989 年版,第 367 页。

② [美]德怀特·杜蒙德:《现代美国》,宋岳亭译,商务印书馆 1984 年版,第 271 页。

③ Robert H.Ferrell, *Woodrow Wilson and World War I, 1917–1921*, New York: Happer&Row Publishers, 1985, p.3.

是我们说的“四分钟演讲者”(Four Minute Men)。这些自愿参加者收到来自华盛顿的电报后,立即分散去通知学校、教会、服务俱乐部和其他人群集中的地方。到战争结束时,近8000条这样的四分钟消息已经传递给约40万人。

克里尔把美国所能见到的一大群卓越的和有才能的新闻记者、学者、新闻代理人、主编和其他舆论机构的控制者聚集起来了,并为这一个共同的目标联合起来。卡特里普对如此庞大的机构评价道:“这一机构的庞大及其令人吃惊的活动范围,直到战后极权主义的独裁出现以前,都无以匹敌。”这些人在一战之后迅速成长为公共关系领域的领军人物。第一次世界大战属于宣传的时代。克里尔委员会高度重视宣传,他在《宣传与士气》(*Propaganda and Morale*)中说,“问任何海军军官或者陆军将军,他都会承认宣传——为公众舆论而战——就像任何轮船、枪和飞机等战争机器一样,是战争所必需的”。人们的思想和人们的力量都必须全部动员起来。克里尔委员会最大限度地调动当时能够动用的媒介,把各种宣传手段运用到了极致。

克里尔委员会利用了刚刚诞生的电影业进行宣传,在《假面具》《以免我们忘记》《直到我回到你身边》《威廉二世,柏林的野兽》《把威廉二世打下地狱》《普鲁士人的野种》《从军梦》《直到我回到你身边》等电影中,用最直观的视觉效果告诉公众:德国人凶狠残暴,发动了非法战争侵略,战争危及了美国的生存与自由。影片把德国人恶魔化、丑陋化,并把战争的责任推给德国,号召人们进行复仇。

克里尔委员会在努力激起公众对于战争的支持方面做得非常成功。当时,所有的美国人都知道仇恨德国人。人们把德国书籍付之一炬,连贝多芬的音乐也被禁止演奏。克里尔委员会还使用

“堆牌法”，为美国公众列举了所有应对德国暴行的可能性，而后指出唯有在战场上击败他们，才是真正的解决之道。美国对德国的战争自然就是“为了结束战争的战争”，“为了民主的战争”，是正义的战争，从而赢得国内的民众对战争的支持。

委员会还在美国国内印制并分发了关于美国理想和战时目的的 30 种不同的小册子的大约 7500 万份复制品，在国外也散发了几百万册，召开了 45 次战争会议，组织了 75000 位“四分钟演说家”在 5200 个社区举行了 755190 次义务反德讲演会。举行了一系列协约国的战争展览，创作了 1438 幅漫画，创办了发行量 40 万份的《官方公报》，拍摄了《潘兴的十字军》《美国的回答》《在四面旗帜下》等影片，发行了 20 万张立体感投影幻灯片，每天有 700 张军事活动的照片通过审查。他们的任务就是告诉民众战争的正义性，以赢得民众的理解和支持来劝募公债和激发人们的爱国心。国内一切可以开展宣传的途径——从电影到幻灯片，都被利用起来，并且向国外派出大量使者，让世界相信美国是为和平而战。①

宗教界也进行了动员。基督教青年会、救世军等宗教组织的宗教人员奔走于国内和欧洲各地，进行战争布道，成为军队的“政治委员”，极大鼓舞了士气。

美国卫生界也积极响应动员，美国的红十字会在欧洲的阵地医院大显身手。

在政治动员体制的努力下，美国全国掀起了备战的热潮，仅妇女为战争筹措的经费就高达 30 亿美元，②约占国内总额的 1/5。

---

① [美]德怀特 · 杜蒙德:《现代美国》，宋岳亭译，商务印书馆 1984 年版，第 280 页。

② H.Ferrell Robert, *Woodrow Wilson and World War I, 1917-1921*, New York: Happer&Row Publishers, 1985, p.86.

有 200 万妇女参加了胡佛发动的节约粮食运动;①孩子们也加入筹措战争费用的行动中,他们把节省下来的硬币购买 25 美分的"节约邮票"。到战争结束时,该邮票销售额达 8. 34 亿美元。②

政治动员有力地支援了战争。

美国建立的国内动员体制,尽管有许多不如意之处,但是仍然有效地动员了全国的人力物力财力和全民的战斗精神,为美国顺利进行一战,奠定了坚实的基础。

第四节　建立海外作战的远征军体制

第一次世界大战给美国打了强心剂和催化剂,给美国对外扩张和夺取世界霸权提供了天赐良机。美国参战后,多年建设而发展起来的军事力量突然大大地膨胀起来。美国大军和供应品像潮水一样,从大洋彼岸源源不断地涌向欧洲战场。在战争中,美国帮助协约国集团打败了同盟国集团,取得了战争的胜利,以一个军事强国的面貌出现在世界的舞台上。在第一次世界大战中,美国建立了行之有效的海外作战的远征军体制。潘兴所建立的海外远征军体制是一个庞大的架构体系,不仅包括严密的指挥体系,高效的参谋体系,还包括完整的后勤供应体系。

一、建立指挥海外作战的统帅机构

世界大战是全球战争,是总体战,动员的军队数目庞大,又要

---

① Robert H.Ferrell, *Woodrow Wilson and World War I, 1917-1921*, New York: Happer&Row Publishers, 1985, p.94.

② Robert H.Ferrell, *Woodrow Wilson and World War I, 1917-1921*, New York: Happer&Row Publishers, 1985, p.86.

在欧洲作战，美国需要建立与以往截然不同的、复杂而有效的军事统帅机构，才能完成指挥作战的任务。进入 20 世纪后，美国就已经在探索建立适应现代战争的统帅体制了。

伊莱休·鲁特于 1899 年任陆军部长。他深受厄普顿思想的影响，为了美国能够适应与各列强争霸世界的战争，他想成立一个既能制定战争计划、又能统一指挥的总参谋部。鲁特得到了西奥多·罗斯福总统的支持和采纳，于是开始了美国军事史上的“管理革命”。

一是成立总参谋部。

1903 年，美国制定了《参谋部条例》，规定参谋部的职能是：“为国防和战时动员军事力量而制定计划；对一切有关陆军效率及陆军对军事行动的准备状态的问题调查并提出报告；对陆军部长、将军和其他高级指挥官提出职业的援助和帮助以及协同各军种军官，监督参谋长及执行总统签署的其他法令”。① 以参谋长代替原来的陆军司令，建立起从总统经过陆军部长到参谋长的指挥系统，从而解决了长期以来陆军部长和陆军司令在指挥权问题上的矛盾。参谋长由总统在将官中挑选，任期四年。他是文职领导和军队之间的真正桥梁。参谋长对各部、局实行具体领导，可以有效地进行指挥，能更好地适应现代化战争的要求。这就确保了文官领导军队的原则，加强军队的集中统一领导，使美国的军事机器可以同时打大规模战争和远洋战争。② 总参谋部一成立就显示了活力，制定了《野战部队规程》及派遣远征军去古巴的计划。

---

① Walter Millis, *American Military Thought*, New York: Bobbs-Merrill Company, 1966, p.259.

② Walter Millis, *Arms and Men: A Study in American Military History*, New York: G.P.Putnam's Sons, 1956, p.177.

1911 年改组陆军参谋部,组建了陆军机动处、海岸炮兵处、民兵处和战争学院处。其中前三个部门负责处理与军事动员相关的问题,最后一个主要负责研究战争计划方面的问题。

二是成立陆军联合委员会。

1903 年,为了协调陆海军的行动,还成立了"陆海军联合委员会",由杜威担任主席。委员会的任务如下:为保卫美国及其属地和西半球而提出总的原则:提出建立基地和兵力分配的建议;协同陆海军的行动;制定同潜在敌国进行战争的计划。该委员会是美国第一个不同军种之间的计划机构,是日后参谋长联席会议的前身。

三是海军指挥机构的改革。

美西战争暴露了美国海军指挥机构不统一,令出多头,各自为政等问题。为加强统一指挥,美国总统西 · 罗斯福采取了以下措施:

首先,罗斯福于 1900 年成立了"海军总委员会",任务是制定国家及其属地的防务计划,收集有关情报并与陆军合作。这实际上是一个顾问团体,没什么权威。1903 年,他下令该委员会拥有如下权力:计划舰队的储备、维修保养、分配及扩建;制定与陆军的协同作战计划;海军的发展规划及人员数量和军衔;对海军基地、院校和各部门的协调及政策的制定。从而使该委员会拥有了计划和政策制定的权力。

其次,罗斯福尝试建立海军参谋部,但遭到反对未能成功。

再次,改革海军部。罗斯福先成立"穆迪委员会",由前海军部长穆迪、参议院海军委员会成员戴顿和马汉组成,进行调查研究。在调查的基础上,决定设立 5 个同等地位的分支机构,其领导由脱离了各局业务的分局长担任,再加上一些官员组成海军综合委员会和海军军事委员会,隶属于海军部长。这样,海军的统一指挥就大大增强了,并为未来海军统帅机构的改革铺平了道路。

四是 1909 年,成立了“海军助手小组”,任务是咨询、促进总委员会的工作,并对舰队的战备工作作出评价。

“管理革命”后,美国陆海军的指挥效率有了很大的提高,但是还不适应大规模的总体战。

第一次世界大战爆发后,美国继续改革和完善统帅机构的建设:

(1)1914 年 12 月,成立了“国家安全同盟”,主要任务是研究有关训练志愿兵和加强各州民兵的问题。

(2)进一步改革总参谋部。

由于这次战争中的作战方式发生了极大变化,美军在海外作战的规模更大,因此以往指挥机构已远远不能适应战争的需要,尤其是后勤的运输等部门暴露的问题最多。几百万人的军队主管总参谋部只有工作人员 19 个,根本不可能承担繁重的指挥管理任务。

为解决这一严重问题,新任陆军部长 N.D.贝克和总参谋长 D.C.马奇少将对指挥机构特别是总参谋部进行了改组。贝克扩大了总参谋长的权力,认为总参谋长是“权力最高的军人”。宣布总参谋长权限不仅限于陆军部,还包括欧洲远征军的全部人马及远征总司令潘兴。他明确指出:“总参谋长在一切与军队有关的事物方面是陆军部长的直接顾问。他受陆军部长的委托,负责陆军工作的规划、发展和实施。根据法律(1917 年 5 月 12 日法)的规定,总参谋长应有高于陆军一切军官的军衔和地位,并凭借这一地位,根据陆军部长的授权,以陆军部长的名义发布命令,以确保陆军部的方针政策,通过各兵种、各部局以及军队的其他部门加以实施,确保陆军工作迅速而有效地进行。”①这就给总参谋长以前所未有的权威,使其职权更加清楚。以前总参谋部各局长常常越过总参谋长与陆军部长打交道,现在规定各局长必须服从总参谋长的指挥,只有总参谋长才有权向陆军部长汇报。

在贝克的支持下,马奇进一步改组了总参谋部,设立了作战部、情报部、战争计划部、储存与运输部这四大部。特别是情报部的设置。以前军事情报为人们所忽视,战争初期只有2名军官和2名文职人员从事情报工作。马奇重视情报工作,把情报工作提高到重要地位,人员大大增加,情报部拥有282名军官,29名士兵和949名文职人员,成了一个大部。其他部的人员经过改组后,人员也有很大增长。尤其是军人第一次取代文职人员取得了对后勤的控制权。经过改革,鲁特所设想的那种参谋部终于变成了现实。这也是鲁特改革的进一步深化。

1915年,国会批准成立海军作战部,负责海军的具体作战指挥,取消了原来的“助手小组”。为了加强海军的集中统一领导,国会还把海军作战部扩大。在1915年成立该部时,原计划设一个部长,15个次长,从属于海军部,负责指挥海军的作战行动。但因担心这一机构会扩大军人对海军政策的影响,影响到文职海军部长对海军的领导,所以国会在批准成立该部时,对其权力进行了约束。减少了作战部领导的人数,规定该部不得以自己的名义向海军各局、舰队下达命令。这种情况很不利于海军的作战指挥。1916年通过的《海军法》,扩大了海军作战部的权限,并任命了15位次长,分工负责辽阔海域的海军行为,并允许该部以自己的名义

① [美]拉塞尔·韦格利:《美国陆军史》,丁志源等译,解放军出版社1989年版,第396页。

向下发布命令。这就大大方便了海军指挥,提高了效率。

经过改革,美国的统帅机构较好地实现了权力的集中统一,指挥美国军队取得了第一次世界大战的胜利。

二、建立“世界第一”的海军

进入20世纪,美国把马汉的思想作为与列强夺取世界海洋霸权的指导思想,十分重视海军建设。首先是西奥多·罗斯福建立了一支“大海军”。

1901—1909年担任美国总统的西奥多·罗斯福十分重视海军发展。为建立“大海军”,他聘请已退休的马汉作军事顾问,在军事建设中侧重于海军建设。美西战争验证了马汉的思想,海军在战争中扮演了举足轻重的角色。战后,世界各国都在扩建海军,进行海军军备竞赛。罗斯福更是极力推行“大海军政策”。他说:“大海军政策”就是要建立仅次于英国的世界第二大海军,目的是要为未来10到20年的危机做好准备。①

他进行了海军军事统帅机构的改革(详见前面的内容)。

他对海军编制也进行了改革。美西战争暴露了海军人员不足的问题,尤其是军官严重缺乏,主力舰上的军官仅相当于英国的一半。为解决这一问题,罗斯福提出三个措施:第一,扩大军事院校的招生,以增加1000名海军军官的名额。第二,设立专门的人事委员会,进行具体的人员扩充计划规划;第三,增加征兵数额,提高海军现役和退休人员薪金的10%,对重新服役者给予优待,大大提高海军的生活待遇。他还提出了“参加海军,看看世界”的诱人

---

① Walter Millis, *Arms and Men: A Study in American Military History*, New York: G.P.Putnam's Sons, 1956, p.195.

口号。由于采取了以上措施,使海军人员成倍增长。罗斯福还对晋升制度进行改革,规定军官每一级别的退休年龄,某级别的军官到年龄提不上去就要退休。同时,还规定了评估制度,让有能力的军官通过评估得到晋升。这样就在一定程度上打破了军官晋升中论资排辈的现象,使许多有才华的军官得到晋升。

罗斯福根据他的全球扩张思想,对美国海军的战略部署作了调整。他改变了美国海军在全球的战略配置,使海军由分散走向集中。他首先撤销了美国海军的欧洲基地和南大西洋基地,把两地的舰艇并入北大西洋舰队。同时他还加强亚洲舰队,将亚洲海军分舰队改为亚洲舰队。接着,他撤回太平洋上的所有主力舰,共同组成太平洋舰队。到 1907 年,美国海军已有各由 16 艘战舰组成的太平洋舰队和大西洋舰队。随着巴拿马运河的开通,这两个舰队实际上就成了一个舰队,大大提升了美国海军的作战效率。同时,美国还在太平洋的夏威夷、威克岛、萨摩亚以及加勒比地区的古巴关塔那摩建立了海军基地,为美国向全球扩张奠定了基础。

罗斯福十分重视海军素质的提高而非数量的增加。他指出:"建立具有相当规模的海军固然是重要的,但更重要的是在质量和效能上应能和世界上任何国家的海军相比而不逊色。……要达到这一点,唯一途径就是对官兵进行高标准严要求的训练。"①海军部长丹尼尔斯把海军看成是一所大学校。下令每个基地、每艘舰艇都要建立教学班,学习基本技能和知识。学院必须无条件听课,此外还选送水兵升学深造。专门规定海军学校必须留出名额给应征入伍的士兵以入学和提升为军官的

① [美]内森·米勒:《美国海军史》,卢加春译,海洋出版社 1985 年版,第 193 页。

机会。为了解决军官短缺问题,还扩大了海军学校的招生名额;让年龄大的军官退役,以便给青年军官腾出位置,强调提升是量才择优而非论资排辈。

他上任后,选用了年轻有为、勇于创新及实践的新一代海军训练指挥官西姆斯,因为后者给他写信,冒着被撤职的危险揭露北大西洋舰队在训练射击时的严重问题。罗斯福立刻任命他为全国海军射击演习的总检查官。西姆斯不负重任,采用了先进的训练装置和训练方法,如"点标器训练法",创造性地开展标准射击演练,模拟实战演练,确立一年一度的海上军事演习制度以及确立新的训练评估和奖励机制。在罗斯福和西姆斯的共同努力下,美国海军的射击水平提高了3倍至5倍。海军少将梅森宣称:"在整个过去的几年,海军历史上最辉煌的成就就是火炮技术方面的进步。这种射击成绩达到这种水平,在几年前是不可想象的。"罗斯福也在一封信中指出:"与西姆斯指挥官改进海军射击方法以前相比,美国海军现在的战斗力至少提高了5倍。"①美国海军从此获得了现代化的火炮射击技术。

他采纳了马汉的主张,改变了海军战略思想。以前,美国的海军战略是在近海实行防御,去远洋袭击敌方交通线。而罗斯福把海军看作是美国对外扩张的"唯一手段"。他认为:海岸防御是海防工事的任务。现代海军的战略价值和用途不在于海岸防御,而在于采取攻势,先下手为强。"能有效地保卫我国沿海、反对外国海军可能行动的唯一方法是摧毁那支外国的海军。"②

① Henry F. Pringle, *Theodore Roosevelt, A Biography*, New York: Blue Ribbon Books, INC. 1931, p.153.

② Millis Walter, *American Military Thought*, New York: Bobbs-Merrill Company, 1966, p.271.

他把建立战列舰队夺取制海权作为海军建设的重点。为超过英国海军,他不惜耗费巨资每年至少造一艘战列舰。1903年批准造3艘战列舰。1907年后,美国与英国、德国之间展开了海军竞赛。1907年,美国已拥有世界第一流的战列舰20艘。他的后任塔夫脱也积极支持"大海军"的建设。

1899—1916年美国海军的建设情况如表7-1所示:①

表7-1　1899—1916年美国海军建设情况

年份	经费(百万美元)	海军官兵(人)	海军陆战队(人)	主力舰(艘)
1899	64	16354	3142	36
1904	102	32158	7584	29
1908	118	42322	9236	62
1916	153	60376	10601	77

(注:主力舰包括6英寸的巡洋舰)

美国海军也开始按战争需要部署。原来舰只分散在世界各地,后集中编成两支舰队:大西洋舰队(拥有8艘战列舰)和太平洋舰队(拥有3艘战列舰)。1905年撤销了欧洲及南大西洋分舰队,其舰船编入大西洋舰队。亚洲舰队被保留下来,但数量已大大缩减,仅在中国内河有几艘炮舰和巡逻舰。罗斯福再三告诫后任总统塔夫脱:"千万不要把海军分成两半。"②20世纪初,巴拿马运河的开通具有重大的战略意义,美国再也不用在两大洋分别保持一支舰队了。只要保持一支大舰队,便可以利用运河实施机动了。

① [美]阿伦·米利特:《美国军事史》,军事科学院外国军事研究部译,军事科学出版社1989年版,第306页。

② [美]拉塞尔·韦格利:《美国军事战略与政策史》,彭光谦等译,解放军出版社1986年版,第226页。

美国海军装备也“鸟枪换炮”、大为改观。1914 年美国批准建造“新墨西哥”级战列舰，排水量 3.2 万吨，安装有 12 门双层炮塔的 14 英寸巨炮。同时还下水了美国第一艘燃油战列舰“内华达”号。后来海军的许多舰艇都安装了内燃发动机，拆掉了笨重的烧煤锅炉，减轻了军舰的重量，大大提高了效率。海军还建造了 36 艘驱逐舰，配备了鱼雷艇和潜水艇。1914 年以前，美国服役的潜水艇超过了德国。美国海军还配备了飞机，进行了在巡洋舰上起降的实验。这些飞机主要用于侦察和照相，海军瞄准装置和射击技术的改进，大大提高了舰炮的威力。为加强整体作战的能力，从 1902 年起，海军每年都要进行一次海战演习。

在西奥多·罗斯福及后任塔夫脱等人的努力下，“大海军政策”进展顺利。1907 年，为了炫耀美国海军的实力，罗斯福下令由 16 艘新型战列舰组成一支强大的舰队进行环球旅行。1907 年 12 月，这支“大白舰队”（因舰体为白色）浩浩荡荡地从美国东海岸的汉普顿港出发，经麦哲伦海峡进入太平洋，经过旧金山、澳大利亚、菲律宾、中国和日本，再经苏伊士运河返回美国的西海岸。这次环球旅行向世人展示了美国海军的强大实力，使世人对美国海军刮目相看。一方面，它大大刺激了世界列强进行海军竞赛，特别是日本加紧建造军舰并成为美国最大的潜在敌人；另一方面，它使美国海军经受了一次远洋航行的洗礼。到了美国参战前夕，美国海军规模已位居世界第二位，在本土建有 10 个基地，在太平洋菲律宾的苏比克、甲米地及夏威夷的珍珠港建有大型海军基地。美国海军正为参加世界大战而跃跃欲试。

1914 年，美国还成立了海岸警卫队，由海关缉私艇队和救生队合并组成，任务是警卫漫长的海岸线，在战时配合海军行动。

大战给美国实现马汉的思想、夺取世界海洋霸权提供了良机。

1916年,威尔逊在扩建美国海军时指出:“世界上没有一个舰队像美国海军那样,需要保卫那么广大的区域,所以我觉得美国应有一个超过世界其他各国的海军。”①

美国加快了海军建设的步伐。1915年,根据总统要求,海军部长丹尼尔斯拟订的长期海军建设计划,借鉴了欧洲战场的经验,要求建立“世界第一”的海军,使“美国海军最终将与世界上任何国家所保持的最强大的海军力量相匹敌”。② 报告要求美国用10年时间,在1925年达到这一目标。为此,在今后5年,每年平均用1亿美元,建造10艘战列舰、6艘战斗巡洋舰、10艘轻型巡洋舰或侦察舰、50艘驱逐舰、15艘潜水艇及其他小型舰艇。这项计划在国会讨论时因民主党反对而暂时搁置,仅达成一项妥协法案,即批准建造5艘战斗巡洋舰。

宣战后,由于德国的潜水艇疯狂肆虐,使海战出现了新形势,美国便放弃了1916年的海军计划,全力建造鱼雷艇、驱逐舰、潜水艇和猎潜艇。仅1917年,美国便批准建造了273艘驱逐舰、400艘猎潜舰。③ 美国造船厂的造舰周期大大加快。以前造一艘驱逐舰需要一年多时间,但战时已达到70天甚至45天便有一艘驱逐舰下水。到战争结束时,美国海军已拥有舰艇2000多艘,人员53.3万人,名列世界第一。④

---

① Walter Millis, *American Military Thought*, New York: Bobbs-Merrill Company, 1966, p.271.

② Walter Millis, *American Military Thought*, New York: Bobbs-Merrill Company, 1966, p.333.

③ [美]阿瑟·林克等:《1900年以来的美国史》,刘绪贻等译,中国社会科学出版社1984年版,第394页。

④ [苏]罗斯图诺夫:《第一次世界大战》,钟石译,上海译文出版社1981年版,第995页。

美国航运委员会还大量建造运输船,改装俘获的德国船只,共搜集了1000万吨的船只,满足了运送军队和补给品去欧洲的需求。①

到大战结束时,美国海军以其威武阵容和出色战绩,证明了它无愧于“世界第一海军”的称号。

三、美国空军的诞生

在一战期间,美国军事发展史上的重大事件就是它的空军诞生了。

美国是飞机的故乡,早在1903年莱特兄弟便发明了世界上第一架飞机,震撼了世界。但是美国长期以来没有对飞机在军事上的应用给予应有的重视,结果到了宣战时,美国仅有109架飞机、130名飞行官和1000名士兵及工作人员。② 飞机中只有55架可以使用,但没有一架战斗机,都是些测量和侦察用的飞机。一战中,由于交战双方都大量使用飞机作战,飞机在战斗中发挥了重要作用,这也引起了美国军方的重视。

1917年6月19日,美国专门成立了飞机生产委员会。委员会刚一成立,便派博林上校率领代表团去欧洲考察,为美国的飞机生产计划索取所需要的资料。代表团选出了几种协约国的飞机,但这些飞机只有DH-4型飞机成批生产。1917年7月24日,国会拨款64亿美元用于飞机制造,选用协约国飞机,计划到1918年春天生产4500架飞机。因为战斗机在设计上机型变化太快,美国最后接受了协约国设计的机型,不再自己试制战斗机。在战争期

① [苏]罗斯图诺夫:《第一次世界大战》,钟石译,上海译文出版社1981年版,第1052页。

② [美]加尔文·D.林顿:《美国两百年大事记》,谢延光等译,上海译文出版社1984年版,第305页。

间,美国建起了 24 家飞机制造厂,形成了年产 2.1 万架飞机的能力。① 战时生产了飞机 3227 架,其中有 1885 架赴欧参战。美国空军这时分别隶属陆海军,总人数 11425 人。② 海军飞机 2705 架,多为本国制造,只有 142 架是外国生产的。而陆军远征军航空兵的 6287 架飞机,则多数为协约国提供,仅有 1216 架飞机是本国生产的。③

美国空军在战争中初露锋芒。远征军司令潘兴十分重视空军的作用。早在 1916 年 6 月,他便指定一批军官组成一个委员会,研究在远征军中所需要的飞机,米切尔也是委员会的成员之一。委员会经过研究后,指出了空军的重要价值:“……现在一条基本的作战原则是:必须首先谋求和取得空中的胜利,然后才能取得地面的胜利。绝对的、不受挑战的空中优势也许是永远达不到的,然而空中优势可能在短时间内取得。3 年的战争经验已充分表明,哪一方在关键时刻能够在空中压倒敌方,哪一方就朝着胜利迈出了第一步,即便不是决定性的一步。”④远征军抵达法国不久,1917 年 7 月潘兴便为远征军制订了使用航空队的计划,要求配备的 59 支中队中,有侦察机中队 39 支,驱逐机队 15 支,轰炸机中队 5 支。这时,美空军奠基者威廉·米切尔对潘兴的计划进行了修订,他要求把重点放在战略空军上,建议除了 59 支中队外,再建立 201 支中队的战略空军,其中观察机中队 41 支,轰炸机中队 55 支,驱逐

① Maurice Matloff, *American Military History*, Office of the Chief of Military History, United States Army, Washington D.C., 1969, p.377.

② [美]瓦格纳:《美国战斗飞机史》,三机部 628 所 1975 年版,第 10 页。

③ [美]美国陆军军事学院编:《军事战略》,军事科学院外国军事研究部译,军事科学出版社 1986 年版,第 233 页。

④ [美]美国陆军军事学院编:《军事战略》,军事科学院外国军事研究部译,军事科学出版社 1986 年版,第 233 页。

机中队105支。他的计划很有说服力,很快便被采纳。① 1917年,陆军航空兵又成立战略空军,由戈雷尔上校负责。戈雷尔为美国远征军制订了战略轰炸计划。他认为:"战略轰炸具有重要价值。美国远征军的空军如能在战场上部署足够的夜间轰炸机对德国实施系统的轰炸,那么肯定会对德国人的精神和物质造成巨大破坏。"②他同卡帕罗尼、克雷格等人共同制定了对德国的全面轰炸计划,但因缺乏轰炸机及潘兴等人反对,其计划未得到执行。

美国远征军空军发展很快,到1918年11月停战时,已有驱逐机20支中队330架,侦察机19支中队293架,轰炸机7支中队117架。③ 航空队因处于创建阶段,归远征军司令指挥。1918年前,有三名意志坚强的年轻人指挥陆军航空队,这就是米切尔、本杰明·弗洛伊斯、雷纳尔·波林。但三人之间团结不好,常闹矛盾。后来潘兴派老资格的梅森·帕特里克少将担任最高领导,任驻法空军战指挥,弗洛伊斯抓后勤。再后来成立了战略空军,由戈雷尔上校指挥。

美国空军在战争中初试身手,为战争的胜利贡献了力量。经过大战洗礼,"美国之鹰"以矫健的形象出现在世界军事舞台上。

四、建立庞大的后勤供应体系

一战期间,美国共动员了480万军队,消耗物资价值320亿美元,战时军队消耗了国民生产总值的四分之一。④ 而要满足这么

① [美]美国陆军军事学院编:《军事战略》,军事科学出版社1986年版,第235页。

② [美]美国陆军军事学院编:《军事战略》,军事科学出版社1986年版,第234页。

③ [美]瓦格纳:《美国战斗飞机史》,三机部628所1975年版,第60页。

④ [美]阿伦·米利特:《美国军事史》,军事科学院外国军事研究部译,军事科学出版社1989年版,第332页。

多人的供应,还要把军队和物资远渡大洋,从美国运到欧洲,确实是一件极其困难复杂的问题,也给后勤提出了严峻的考验,美国为此建立了庞大的后勤供应系统。

美军首先建立了行之有效的后勤指挥机构。

美国宣战后仅2天,便成立"军需部",代替原来的军需品标准局,专门负责军需品的采购工作,由20人组成,其中包括陆军后勤供应军官和总参谋部的军官。但因后勤需求量庞大,此局难以胜任,不久便取消而由战时产业局代行其职责。陆军后勤供应专门由军需部负责,这是由以前的军需、粮秣和薪俸三部合并组成的,负责除武器、工程及医疗物品以外大部分物资的供应。1916年国防法规定:军需部有士兵5400人,军官369人,由总参谋长领导。并把采购、储备与运输、建筑之类职能部门分离出去,成立单一机构。1917年冬,解甲归田的乔治·高塞尔斯少将被召回担任代理军需兵司令,后被参谋长佩顿·C.马奇少将安置在总参谋部,负责供应工作。为加强对陆军的全部供应工作的监管,高塞尔斯又出任新设立的总参谋部采购、储藏与运输处处长。如此一来,他既掌管了运输和储藏工作,也掌握了采购工作。实际上,他直接对参谋长负责。陆军有史以来第一次有了真正意义上统一的供应系统。①

1918年3月,F.R.伍德准德准将任代理军需部队司令。军需部主要负责军用品的采购和分发工作。其他职能部门分离出去,如营地处脱离军需部改名为修建处,负责军队营房的修建和维护。在原有的运输处之外又设立搭乘处,负责用船运送陆军去法国的

① [美]拉塞尔·韦格利:《美国陆军史》,丁志源等译,解放军出版社1989年版,第384页。

工作。1918 年 1 月成立内陆运输处负责铁路运输工作,设立汽车运输处管理汽车运输工作,设立财务部储藏和运输处,负责协调海陆运输各部门的工作及美国境内的仓库设施。总参谋部又设立采购、运输与储藏处,监督全军的后勤供应工作。军需兵失去了其掌握的大部分物资和职能,变成了总参谋部的一个供应机构。

"兵马未动,粮草先行。"后勤运输保障的重要性无需赘述。交通运输成为后勤动员中最重要的一环。铁路如同国家经济的大动脉一样,成为连接生产、供应和分配的桥梁和纽带,在国民经济中有着举足轻重的地位。美国在 1917 年设立"战时铁路委员会",与国防理事会一同运送军队和物资,但因不堪重负,又缺少统一的管理调度,结果铁路几乎瘫痪,差点重蹈覆辙(美西战争时期)。12 月底,美国紧急成立了掌管全国铁路运输的铁路管理局,使客货运输服从军事需要,从而使全国铁路成为一个统筹规划的运输体系。为缓解铁路运输的压力,铁路运输向海上运输分流,美国在 1916 年 9 月签署了《合众国航运法》,规定拨款 5000 万,扩充商船队,增加海上运输能力,美国航运局也应运而生。除此之外,政府还接管了商船运输,动员了 1000 万吨庞大的商船队及大批协约国船只把几百万军队和物资渡海运到欧洲。

为了给扩编军队提供住房,政府紧急动员了 20 万工人修建了 32 座军营。16 座永久性军营设施齐全,有自来水、电灯和医院等。每座军营都好似一座小城市。如设在伊利诺伊州的"格兰特军营"里,有 1600 幢建筑物,能容纳 4.5 万人和 1.2 万匹马,以及永久性军营供正规军训练用。而供国民警卫队修建的临时军营是三个月里仓促建成的,设备简陋。为修建和管理这些营房,陆军专设营地处(后改为修建处)统一负责。

后勤的医疗保障在吸取了前几次战争的经验后,有了很大改进。早在参战前,就建立了大量军用医院,制造了专用医疗列车,上面设有卧车、餐车、药房车、手术车等,可在列车上进行各种治疗。医务部还同美国红十字会和地方的卫生机构密切合作,通过红十字会与美国国内的50家医院商定,以这些医院为基础组建陆军野战医院。在战争期间,卫生部门对兵营的卫生、预防工作十分重视,大大减少了军中疾病的发生。到战争结束时,美军战地医院一共有28.4万张病床。20万军官中,其中有1.6万人是医生。① 美军医疗工作如此卓有成效,以至于战地死于疾病的人数远远低于阵亡人数。在美墨战争死于疾病的人数占100‰,内战中占65‰,而一战中占15‰。② 这堪称世界战争史上的奇迹。

更值得一提的是,潘兴在欧洲建立了大规模的后勤供应体系。潘兴十分重视后勤工作,深信"步兵赢得战役,后勤赢得战争"这句谚语。他把后勤工作置于自己参谋部的直接指挥之下,他以惊人的效率和周密的计划性解决了这一问题。他首先选择巴黎东南部为美军的集结地点,在这里可以利用法国南部和西南部的港口和铁路线,而且不会和巴黎附近已超负荷的铁路混在一起。此外,这儿还有丰富的煤铁资源。潘兴设立了军需总部,下设几个基地部队。每个基地部队都拥有一个或几个港口;用铁路连接港口至部队的中间区段。中间区段把货物分类后再运到战区的前进基地。从前进基地运到每个师的终点站,最后再由卡车送到前线各部队。在军需部长詹姆斯·G.哈伯德的领导下,克服了初期的混乱状况,使后勤供应走上正轨,井井有条。美军最先抵达欧洲的是

① Robert H.Ferrell, *Woodrow Wilson and World War I 1917-1921*, New York: Harper &Row Publishers, 1985, p.16.

② [美]拉塞尔·韦格利:《美国军事战略与政策史》,彭光谦等译,解放军出版社1986年版,第386页。

后勤和工程兵部队,他们为作战部队做了大量的准备工作,主要有:铺设铁路1600千米,架设电话线16万千米,修建了大量的兵站、医院、仓库和机场。① 在远征军中有三分之一的兵力、数千名战俘及几十万军民从事后勤工作。在战争期间,军需部在法国修建了17个新的港口泊位、1000英里长的铁路桥、2500万平方英尺的储存场和1.6万间兵营。② 另外还修建了大量的医院和机场。潘兴也知道,光凭美国国内的供应是远远不够的,还必须依靠同盟的帮助。1917年8月,他提升查尔斯·道威斯为准将,由其负责组建购买总局,并作为驻欧远征军采购总办。道威斯不负众望,不遗余力地在欧洲各地寻找契机,千方百计为远征军提供物资,全权代理为远征军、红十字会、基督教青年会、救世军等购买欧洲物品。

美国在一战期间建立的这套庞大的后勤供应体系,可以说是战争史上的奇观。这一体系在大战中较好地发挥了作用,为以后美国进行总体战提供了宝贵的经验。可以在某种意义上说:美国在一战中所取得的胜利实际上是“后勤供应的胜利”。

五、建立美国远征军体制

美国宣战后,马奇除了加强总参谋部外,在战争期间还对部队编制作了改组。美国实行兵役制后,部队种类繁杂,有正规军、国民警卫队、国民军、预备役部队、州民兵等等。为了便于统一指挥和管理,1918年8月7日,马奇发布命令,将所有的军队合称为美国陆军,发放统一的识别符号,消除了各类部队之间的差别,番号

① [苏]罗斯图诺夫:《第一次世界大战》,钟石译,上海译文出版社1981年版,第813页。

② Ernest R. Dupuy, Paul F. Braim, T. Dupuy, *Military Heritage of America*, New York: McGraw-Hill, 1956, p.364.

也一致起来。规定正规军部队是第 1 至第 25 师;第 26 至 75 师是国民警卫队;第 76 至 93 师为国民军(新兵师)。师的编制由远征军司令潘兴根据欧战的经验和实战需要进行了改编。每个师有 2.8 万人,两倍于德国、法国和英国师的人数。每师有 2 个步兵旅,每旅 2 个团;有 1 个野战炮兵旅,包括 1 个重炮团和 2 个轻型炮团;1 个工兵团;3 个机枪营;外加通信、医疗和其他辅助部队。经过这一改编,师的火力更强了,战斗力大大提高。

因协约国前线吃紧,应协约国的紧急要求,美国开始向欧洲派遣远征军。因准备工作仓促,缺乏装备及出现了混乱,派往欧洲的第一步兵师直到 1917 年 7 月底,才抵达法国。起初,美军运往欧洲的速度比较慢,到 1918 年初在法国的美军只有 20 万人。后因战局吃紧,美军赴欧的速度才大大加快。美军赴欧洲情况如下:

1917 年 12 月,12.9 万人

1918 年初,约 20 万人

1918 年 6 月,89.7 万人

1918 年 7 月,超过 100 万人

1918 年 8 月底,150 万人

1918 年 11 月底,197.1 万人

美国原计划 1918 年底派往欧洲 30 个师共 137 万人,因战况不利于协约国,于是美国决定加快运兵速度:到 1919 年夏天,美军应达到 100 个师。

美国赴远征军总司令是著名军事家约翰·约瑟夫·潘兴(1860—1948 年)。他毕业于西点学校,后任军校的战术教官,参加过对印第安人的战争和侵略菲律宾、古巴和墨西哥的军事行动,因功升为准将。他为建立美国第一支大规模的海外远征军作出了

巨大贡献。

他根据欧战经验，对远征军的师进行了改编，使之火力更强。同时又加强了军队的后勤供应体系的建立和完善。（如前所述，此处略）

在远征军的指挥权上，潘兴强调独立自主，集中统一，建立了严密的指挥体系。

他坚持指挥权的相对独立。自文官制度实施以来，美国陆军部长与作战部队司令之间危机不断，到了贝克—潘兴时代，两者“化干戈为玉帛”，停止了这种相互倾轧、谩骂攻击的局面。潘兴不仅精于计谋，而且善于政治。他的精明老练之处在于让追随他的美军士兵敬佩之至，也让接触他的政治家心悦诚服。这从陆军部长牛顿·贝克在 1917 年 5 月 26 日授权潘兴指挥美国远征军的命令可以看出：“一个命令是去，另一个命令是回来。”①威尔逊总统在对待潘兴的态度上，和贝克相似。在有关美国远征军的规模及人数这一本该由美国总统、陆军参谋长和陆军部长等做出决策的重大问题上，都由潘兴一人说了算，远在千里之外的华盛顿完全顺从了他的意愿，从不干预。“将在外，军令有所不受。”潘兴不但拥有“美国法律、条令、制度和习惯所能赋予一位战时指挥陆军司令官的一切权利和职责”，②而且“拥有根据本指示精神积极进行战争的直到获得胜利的所需的一切权力”。③ 即便是美国内战时身兼陆军总司令和波托马克军团司令二职的格兰特将军所拥有的权力，也无法与他相提并论。

---

① Gene Smith，Nelson Runger，*Until the Last Trumpet Sounds：The Life of General of the Armies John J.Pershing*，New York：John Wiley&Sons，1998. p.149.

② 车吉心主编：《世界著名将帅传》，山东教育出版社 2000 年版，第 774 页。

③ 车吉心主编：《世界著名将帅传》，山东教育出版社 2000 年版，第 775 页。

潘兴坚决反对英法等国要求由他们指挥美国远征军或把美军分解并入英法军队中的主张,坚持美军指挥权是独立、统一和完整的。在这一点上,他得到了总统和参谋部长的支持。协约国总司令部建立后,他仅分出少量部队归英法军队指挥,美军主力仍由他统帅。

他仔细研究了英法两国的参谋制度后,建立了远征军参谋部及军、师各级参谋部,均下设了3个部门:总参谋部、技术参谋部和行政参谋部。设有1名参谋长、1名副参谋长,以及分管人员、情报、作战、供应和训练的5名助理参谋长。潘兴的总参谋部只有3个部门:作战部、行政部和情报部。这3个部门一方面规模太小,难以满足战争需要;另一方面权责不明,难以适应现代战争的作战需要。如何在短时间内组建一个新参谋部成为美军亟需解决的问题。1917年7月5日,潘兴根据英法建议改组了参谋部,新的总参谋部下设五个部:行政部、情报部、作战部、供应部、军训部。对于挑选参谋人员,潘兴要求:从美国在欧洲设立的参谋学院毕业生中挑选年轻、身体素质好、遵守"西点式纪律"的人员。

潘兴参谋部的建立没有先例可循,是在实践中逐渐完善起来的。为完善军官选拔和革除军队晋升中论资排辈这一顽疾,潘兴任命罗伯特·C.戴维斯担任行政人事主任,负责实施新的军官晋升制度以及评估标准:战术素养,参谋职责,军容军纪,体格检查以及上一级指挥和参谋部的意见。从士兵中选拔军官是何等的重要,潘兴都亲自面试,严格要求,不留情面。

在潘兴的支持下,保罗·马隆中校领导军训部,组建远征军培训学校。参谋部学校、步兵学校、坦克兵学校等有条不紊地建立起来。此举旨在提高官兵军事理论素养以及"指导士兵学习从钉马掌到任总参谋官水平的一切事务”。[①] 此外,潘兴非常重视对情报的搜集,任命丹尼斯·诺兰组建军事情报部,该部卓有成效的工作对协助指挥作战起到了极大的作用,诺兰因此被尊称为“美国军事情报之父”。[②] 此外,美国远征军中还有一个不成文的规定,也是潘兴的明智之举:任何参谋人员必须身临战场,轮流同作战部队并肩作战,体验训练和待在战壕里的滋味。这使参谋部人员的工作安全或与作战部队失联之类的怨言中道而止,得到了美军一致认可和好评。

为解决实战中化学、医疗、通讯、作战工程和航空飞行等领域专业问题,潘兴又在五个部之外,设立特殊技术参谋部,以便在训练和作战方面为参谋官和指挥官提供技术帮助。他对航空兵青睐有加,十分重视空军的作用。早在美墨战争中,潘兴意识到飞机的军事价值,把仅有的 6 架飞机当作侦查机使用。1916 年 6 月,他组织了一批经验丰富的军官组成立一个委员会,调查研究飞机在远征军中的作战应用问题。经过调研之后,委员会提出:“……现在一条重要的作战原则:必须谋求和取得空中的胜利,然后才能取得地面的胜利,哪一方在关键时刻能够在空中压倒敌人,哪一方就朝着胜利迈进了一步,即便不是决定性的一步。”[③]潘兴在扩大航空兵规模的同时,还提升了它的地位。他任命威廉·肯利准将出任该部的参谋长,如此一来,航空部队提高到了与远征军总参谋部

① James J.Cooke, *Pershing and His Generals*: *Command and Staff in the AEF*, New York: Praeger, 1997, p.9.

② James J.Cooke, *Pershing and His Generals*: *Command and Staff in the AEF*, New York: Praeger, 1997, p.92.

③ [美]美国陆军军事学院编:《军事战略》,军事科学院外国军事研究部译,军事科学出版社 1986 年版,第 233 页。

的同级,也与美国的通信部队平级。而在此前,航空部队只是通信部队一部分。1917年,陆军航空兵又成立战略空军。为了发挥空军的更大作用,潘兴在1918年5月任命梅森·帕特里少将出任航空兵的参谋长。技术参谋部成立之后,美航空兵部队的发展迅速,且在大战中初露锋芒。

潘兴不打无准备之仗,认为军队领导要为士兵的生命负责。毕竟大多数士兵从平民征集而来,只在国内训练了4个月,毫无作战经验。他在法国巡视战场后,不仅被大屠杀似的消耗战感到震惊。残酷的事实让他意识到:不管是在体能、技术、还是心理上,美军之前所准备的军训是远远不够的。匆忙上阵,只会招致伤亡惨重。于是,他决定在远征军学会保护自己之前,无论如何也不能投入战斗。作为一位厄普顿军事理论的信奉者,潘兴追求面面俱到的训练方式,建立许多训练中心和学校,还制订了一项长时间训练计划:由3800名协约国教官对远征军官兵进行阵地战、毒气战、爆破战、白刃战及迫击炮等课程的教学。在他看来,美军在内战后所建立纪律、战术和兵器军队生活的训练,已经不适用空前惨烈的一战。例如:炮兵必须进一步加强射击技术的训练。即便是步兵也需要补充训练,不但要通晓射击技术和拼刺刀等军事技能,而且要学会新的堑壕战术和使用新式武器——机枪、手榴弹和迫击炮等。潘兴非常重视部队机动作战和灵活进攻,他一方面命令美军向作战经验丰富的英法军官请教;另一方面他又强调美军必须摆脱传统作战模式,学会越过堑壕发起进攻,开展旷野运动战。为取得实战经验,从1917年10月开始,他命令远征军的每一个团轮流去法军的战壕里待上10天。直到轮完,他才认为美军可以在战场上独当一面了。他还建立了一所总参谋部学院,学习课程为期三个月,主要是培养参谋人才。

除了军事训练之外，潘兴还严肃纪律。众所周知，美军大多数由国民警卫队和应征入伍的平民组成，军纪涣散，军容不整现象随处可见，战斗力亦可见一斑。为提高军队的战斗力，潘兴要求美军在上战场之前，必须以西点军校的标准严格要求自己，使他们不仅学会军人礼仪和举止，还要保持军营整洁干净。要学会军人的礼仪和举止，无论是刚应征的人员，还是国民警卫队员，在外表、衣着和举止上，都要像正规军人。为防止性病的传播，他制定了非常严厉的惩罚措施，严禁美军嫖娼，对违犯者严惩不贷，还要在报纸上曝光。经过严格训练，美国远征军的战斗力和效率有了质的飞跃，战斗力大大提高，成为美军历史上真正具有现代意义的军队。

潘兴的另一大贡献是为美国远征军建立了有史以来最庞大的后勤供应体系（详见前面的内容）。

潘兴根据美国作战需要，建立了独立指挥体系，倡导独立作战。同时他顶住英法企图混编美军的压力，组建美国独立军团，保证了指挥权的独立。在军事上，潘兴进行了大刀阔斧的全面改革，解决了部队的统一指挥、预备役、军官培训等问题，组建了规模空前庞大的远征军。潘兴带领着美国远征军发动了史无前例的进攻战役，进行了历史上首次争夺制空权的航空兵作战，这些都促进了美国军事力量的空前发展。潘兴领导的美国远征军为欧战注入了一剂“强心剂”，逆转了敌对双方的实力对比，使胜利的天平加速倾向到了协约国，是一战胜利的重大转折。同时，经过了一战的洗礼，美国建立起现代化的远征作战军事体制，拥有了适应现代战争要求的强大作战部队，这为以后美国取得世界霸权奠定了坚实的军事基础。

美国远征军体制是一个以陆海空三军为一体的综合作战体系，是现代意义上的首次联合作战。联合作战在提埃里堡战役中初露端倪，并在圣米歇尔、默茨—阿尔贡等著名战役中不断发展。

在联合作战中,美国海军完成了反潜作战、远洋护航、运输部队、炮火支援等任务。同时,空军也参加了警戒侦查、战略轰炸以及配合地面的部队发动攻击等。虽然这些战役无法与真正意义的联合作战相提并论,但毕竟具备了联合作战的多数特征和基本属性,可以说是现代联合作战的雏形和缩影。

潘兴在战略、战术上是拔群出萃的。经过几次与协约国协同作战,他主张美军不能实施现行的"堑壕战",应采取"旷野机动"作战战术,发动大兵团攻击,集中炮火掩护,在进攻时疏散队形,以减少伤亡。美国军队的出色表现使德国参谋部处长埃里希·冯·鲁登道夫将军惊呼:"这些美国人现在成了战争中的决定性因素了。"① 他整军经武的经验为美国军事史写下了浓墨重彩的一笔。潘兴不但在军事建设上提出了许多真知灼见,还有军事家高瞻远瞩的准确预见力。他预测空军将成为战场上的主角,制空权争夺将成为战役乃至战争胜利之关键。为此,他在一战中成立远征军航空部队的基础上,又组建战略空军。一战期间制空权争夺与战略轰炸,虽然规模小和效果不明显,对大战的影响也不如地面作战那么明显,但是揭开了空中作战的序幕,也为空中力量在下一次世界大战中大放异彩埋下了伏笔。

潘兴以他杰出的才干,把美国有史以来这支规模最大的远征军整编和训练成为一支强大的力量,在战场上大出风头。

美军的进攻使其他地区的德军防线也崩溃了。德军兵败如山倒,美军继续乘胜前进。潘兴坚决主张德国要无条件投降,否则一直打到其首都柏林。这时候德国国内发生了革命。11 月 11 日德国

---

① [英]J.F.C.富勒:《西洋世界军事史》,钮先钟译,战士出版社 1981 年版,第 242 页。

宣布投降,同协约国签订了停战协定,第一次世界大战结束了。在战争的最后关头,潘兴指挥的 200 万美军起了关键性作用:改变了双方的力量对比,击退了德国的最后攻势,稳定了协约国的战线;提高了协约国军的士气,并在最后总攻中起了决定性作用。潘兴认为:他的进攻加速了德国的投降。因为美军防线不到协约国的 1/10,却牵制了 1/4 的德军,大大减轻了英法军队的压力。英国著名的军事史专家利德尔·哈特高度评价了潘兴和美国远征军的作用:“可能不会有第二人能像潘兴那样把美军建成如此规模的部队。没有这支部队,第一次世界大战几乎不可能出现转机,更谈不上取胜。”

潘兴在美国军事史上占有独特的地位:他组建了美国历史上第一支大规模的海外远征军,他运用自己的智慧和杰出的组织才能,将 200 万人的军队组建成一支由陆海空三军组成的高素质的武装力量,为第一次世界大战的胜利起了决定性作用。他还建立了空前复杂但适合现代总体战争需要的后勤供应体系,满足了远征军的庞大需求,为战争胜利奠定了雄厚的物质基础。他对统帅机构的改组适应了现代战争的需要,为创建陆军参谋部奠定了基础,也为以后的美军建设提供了蓝本,给美国对外政策带来了深刻影响。他对空军的看法以及他指挥大兵团作战的出色能力在战争中得到了充分的展示,并为战后美国军事建设和参加第二次世界大战铺平了道路。总之,他为美国向全球扩张、夺取世界霸权,在军事上做了充分准备。正因为他的杰出贡献,他被授予美国历史上第一个五星上将,美国的坦克和战略导弹都曾以他的名字命名。

小　结

这一时期是美国走上世界舞台、争夺世界霸权的准备时期。

在列强纷争、国际形势空前激化并最终导致第一次世界大战爆发的险恶形势下,美国统治集团中的明智人士认为这种形势为美国提供了夺取世界霸权的有利时机。美国必须在战备上早做工作,抓住这一历史机遇。于是,经西奥多·罗斯福和威廉·塔夫脱两位总统的努力及鲁特和伍德等人改革运动的推动,美国的军事面貌有了质的变化:指挥系统更加统一、集中和有效率,适于打对内对外的战争。军事教育体系也有了进一步发展,使军官素质进一步提高。美国还建立了适合进行大规模战争的动员和培训体制。"大海军计划"的实施使美国拥有世界上第一流的装备。这些成就,为美国不久参加世界大战、与列强展开争夺世界霸权的斗争奠定了基础。

但是,尽管政府做了大量备战工作,到1917年参战时,美国军事力量仍不能适应大战的需要,战争准备工作远未完成。陆军动员的大批军队大部分缺乏训练,以致不得不在到了欧洲以后,还要再经过集中训练投入战场。海军仅有6.7万人,舰艇"有三分之二尚不具备在国外作战的条件"。① 海军还忽视了潜水艇的战略价值,没有发展潜艇制造业。经济力量的动员更难尽人意。尽管美国具有世界上最大的工业生产能力,但缺乏转产军用品的能力,军火产品严重缺乏,以致在参战初期要大量依赖协约国的供应。造成这种情况的原因在于:美国大多数人包括许多军政界人士都不愿意卷入战争。海军部长也不愿对海军实行总动员。但历史不以人们的意志为转移,不出几个月,美国便不得不投身到这场人类大屠杀之中。

① [美]内森·米勒:《美国海军史》,卢加春译,海洋出版社1985年版,第215页。

美国在大战中为协约国的胜利取得了决定性作用。美军参战彻底改变了交战双方的力量对比，提高了协约国的士气，扭转了败局，并缩短了战争的时间。在战争中，美国动员了它有史以来的规模最大的军队，组建了历史上规模最大的远征军，第一次在欧洲土地上作战。为进行战争，美国进行了历史上首次全国总动员，对经济和人力作了动员，使国民经济纳入战争轨道，取得了进行总体战的初步经验。此外，美国组建了"世界第一"的海军，空军也崭露头角，还取得了动员、训练、后勤运输和各兵种协同作战等方面的宝贵经验。尤其是美国强大的工业潜力和雄厚的物资供应为军队的后勤提供了几乎是无限的装备。美国在建立世界上最庞大复杂的后勤供应体系方面积累了丰富的经验，为之后的第二次世界大战所借鉴。

尽管大战对美国军事力量发展起了巨大的促进作用，但大战的实践证明，美国以往的军事战略思想已不能适应现代战争的需要。以前，美国一直认为，未来的战争是短促的，只要保持一支数量有限、训练有素的"可扩大的"军队，便可应对突发战争了。但是，第一次世界大战证明了：现代战争已不单纯是军队的战争，而是综合国力的总体较量，要动员全国的人力、物力和资源，全力以赴与敌作战，才能获胜。大战期间，美国仓促上阵，由于以往未对经济动员做好准备，所以一度造成了混乱。工业从民用转为生产军工产品的过程太慢。当美国工业转产飞机大炮的工作完成时，刚刚生产出少量飞机大炮，战争便结束了。而在此之前，部队只好使用协约国的装备。此外，美国平民的军事常识太少，匆忙征召的大批人员要花费大量人力、物力和时间进行训练，在战斗中还常因训练不足而使部队遭受不必要的伤亡。另外，美国后勤供应中浪费现象非常严重。由于军事订货不考虑实际需要，因此订购了大批无用的东西,如欧洲战场很少使用骑兵,主要是阵地战,但陆军部却买了100万条马毯、200万个饲料袋、94.5万个马鞍、10万个马笼头,造成了大量浪费。在法国几平方英里的后勤基地里,堆满了浴缸、痰盂、书柜、办公桌……乃至割草机等物品,根本不能在战场上使用。①

战争表明,美国必须从军事思想到结构上都进行改革。在军事思想上要适应现代战争的发展,在军事编制上,要扩大军队编制,建立军和集团军的编制。要大力发展空军和坦克、炮兵、工兵等特种兵部队。部队要进行大兵团多兵种的协同作战演习。

大战使主要强国元气大伤,美国却确立了它作为世界上最大的军事强国的地位。美国继续雄心勃勃,进行军事建设,向着世界霸主的目标大步迈进。

① [英]杰克·雷恩:《第一次世界大战的著名战役》,寿进文译,上海译文出版社1980年版,第222页。

第八章　建立夺取世界霸权的军事体制

（1919—1945 年）

两次世界大战之间的 20 年，是美国历史上的动荡时期。美国经历了托马斯·伍德罗·威尔逊（1913—1921 年）、沃伦·甘梅利尔·哈定（1921—1923 年）、小约翰·卡尔文·柯立芝（1923—1929 年）、赫伯特·克拉克·胡佛（1929—1933 年）、富兰克林·德拉诺·罗斯福（1933—1945 年）等几届政府，政治混乱，美国经济发展极不稳定。1922—1929 年，柯立芝总统当政，经济短期繁荣，被称为“柯立芝繁荣”。在此期间，美国工业生产增长了 69%，生产总值超过了所有欧洲资本主义国家。钢产量为英法德三国的总和，汽车由 1923 年的 1300 万辆增至 1929 年的 1450 万辆，航空、无线电和化学工业等工业部门的生产都增长了一倍，对外贸易居世界第一位，纽约取代伦敦成为世界最大的金融中心。市场上充斥着电冰箱、洗衣机、收音机、电唱机乃至汽车，展现出一片“繁荣”景象。美国经济“繁荣”的主要原因在于，美国在第一次世界大战中发了战争横财，垄断资本从军火生产中获得巨额利润。而战后欧洲各国经济处在医治战争创伤的恢复阶段，根本无力和美国竞争国际市场。这为美国经济高速发展创造了良好的外部环境。

但“柯立芝繁荣”并没有解决资本主义社会内部的固有矛盾，“繁荣”是一种假象。果然好景不长，1929 年 10 月底，纽约证券交易所的股票市场崩溃,随之经济危机像滚雪球般席卷了全国各个经济部门,大批工厂和银行倒闭。在 1929—1933 年的经济危机期间,美国约有 14 万家工厂企业倒闭,1700 多万工人失业,100 多万农民破产,工业生产下降了 53.8%,对外贸易缩减了四分之三。①

美国爆发的经济危机迅速波及整个资本主义世界。在 1929—1933 年期间,资本主义世界工业大国的工业生产下降了 44%,贸易额下降了 66%,分别倒退到 1908 年和 1913 年的水平。成千上万工厂企业和银行倒闭,4000 万工人失业,几千万农民破产。危机期间资本主义世界损失了 2500 亿美元,大大超过了第一次世界大战损失的 1700 亿美元。② 经济危机使资本主义世界的各种矛盾空前激化。在德国、日本和意大利出现了法西斯势力上台执政,这三国加紧扩军备战,决心用战争来转移危机的影响和人民的视线。在欧洲和亚洲分别形成了战争策源地。另外,国际上的冲突和局部战争也不断发生。

为克服经济危机,富兰克林·罗斯福于 1933 年上任后,便大刀阔斧地实行了“新政”,通过国家干预来消除经济危机的影响,使国家资本主义有了进一步的加强,使美国较顺利地度过了经济危机,恢复和刺激了生产的发展。到 1936 年,大多数工业部门恢复到了 1929 年的水平。“新政”还改善了劳动人民的境遇,稳定了社会秩序。

第一次世界大战并没有解决帝国主义各国间的矛盾。战胜国根据《凡尔赛和约》对德奥等战败国的掠夺性瓜分,使这些矛盾进一步深化。此外,还有资本主义阵营与社会主义的苏联之间的矛

① 杨生茂:《美国史新编》,中国人民大学出版社 1991 年版,第 372 页。

② 王阁森:《世界历史问题全解》,齐鲁书社 1985 年版,第 565 页。

盾,以及各战胜国瓜分世界殖民地的矛盾。战后各帝国主义国家之间发展的不平衡使这些矛盾更加激化。德国、意大利和日本的军事、经济实力发展迅速,迫切要求重新瓜分世界。其中德国还具有强烈的复仇欲望。战后各国扩军备战的步伐并没有因华盛顿会议、《非战公约》和裁军运动而有所放慢。1929—1933 年资本主义世界的经济危机给各国以强大冲击。德日意三国法西斯集团为了转嫁国内矛盾,于 1936—1937 年结成了“轴心国”侵略集团,先后在世界各地发动了一系列局部性侵略战争,从而使帝国主义国家的矛盾白热化。英法美等国从各自利益出发,采取了“绥靖政策”,纵容这些侵略行为,妄图在保护自己利益的前提下将侵略的矛头引向苏联。德日意的侵略气焰愈发嚣张。1939 年 9 月,德国向波兰发动侵略战争,宣告“绥靖政策”彻底破产。英法两国被迫对德宣战,第二次世界大战爆发了。

第二次世界大战对美国来讲,是千载难逢的良机。美国的军事体制经过多年的改革之后,在大战中经受了战火的考验。美国在战争期间扩充军力,终于崛起为世界超级军事大国。美国积极参加大战,在打败德意日三国法西斯阵营中起了重要作用。大战后,美国如愿以偿,爬上世界霸主的宝座。

第一节　美国全球军事战略和全球总体战思想的确立

第一次世界大战后,美国始终把夺取世界霸权作为其战略目标。虽然这时期国际国内局势瞬息万变,但是万变不离其宗,美国始终不改初心,战略目标始终保持不变。为了实现这一目标,美国的军事思想有了新的发展,为夺取世界霸权制定了全球军事战略和全球总体战思想。

一、全球军事战略思想

1919—1939 年,世界经济和政治处于动荡时期,美国的军事战略思想也发生了根本变化,从单纯的军事战略发展到政治、外交、军事和经济领域的全方位的总体战略。一战是对总体战略的最好检验,像 19 世纪拿破仑那样仅凭几次决战就决定了战争胜负的速决战已经不存在了。战后,美国军界围绕战争的本质和战争的目的等许多根本问题展开争论,越来越多的军界人士接受了克劳塞维茨关于战争目的的论述:“战争无非是政治通过另一种手段的继续”“战争是迫使敌人服从我们意志的一种暴力行动……”“为了完全达到这个目的,敌人必须被彻底解除武装;因此,解除敌方武装在理论上成了敌对行动的直接目的。”①克氏的上述思想成为一战后美国军界采用“总体战战略”的理论基础,军事家们开始从各个角度阐述这一战略。O.P.鲁宾逊中校在《军事战略的原理》中指出:“只要稍微作一些研究,稍微进行一些学习和思考,就能明白克劳塞维茨关于战争的论著对于军事专业的研究来说几乎有着《圣经》对于全部宗教研究所具有的相同关系。”②海军中校乔治·J.迈耶斯在《战略》一书中,把战略定义扩大为整个国家的全面战略:“战略之应用于武装力量,并不是与其他活动相分离和截然无关的事情,而是我们称之为国家战略这个整体的一部分。这样,战略便从纯军事领域扩大到贯彻国家政策各个方面的问题,不仅包括陆军和海军,而且还包括经济和外交等因素。”③战略就

---

① [德]克劳塞维茨:《战争论》(第一卷),军事科学院译,总参谋部出版局 1964 年版,第一、二章,第 21—22、50—51 页。

② 钱俊德:《美国军事思想研究》,军事科学出版 1992 年版,第 80 页。

③ [美]拉塞尔·韦格利:《美国军事战略与政策史》,彭光谦等译,解放军出版社 1986 年版,第 288 页。

是“在和平时期以及战时，为实现国家政策的目的而对外交及国家武装力量的保障、准备和使用”。① 霍洛韦·弗罗斯特德海军中校也把美国未来的军事战略阐述为“总体战略”。1925 年在《国家战略》一书中，他用一战为例来说明未来战争的特点：19 世纪的战争能很快决出胜负，是因为双方的优势劣势明显。而一战就不同了，“两支大军，只要其士气未溃，往往会达到一种平衡状态……只有当比利时、塞尔维亚或罗马尼亚这样一些较小国家受到攻击时，才能纯粹以军事决定胜负。纵然在这种情况下，雄厚的资源还必须辅之以出色的选择”。② 他扩大了战略的定义，认为未来的战争不仅要消灭敌人的军队，也要向敌人的经济和政治制度开战。

但是，在如何实施“总体战”方面，许多美国军事家仍然认为应以敌人的军队为主要目标。其代表陆军军事学院教官 W.K.内勒上校在《战略的原则》一书中，赞成格兰特的观点，即战争的目标是歼灭敌人的武装力量，这一目标只有通过战斗才能达到：“战争意味着搏斗。战争从来就不是靠机动而赢得的……历史表明使一个国家丧失战斗精神的百无一失的办法就是打败它的主力军，所有其他被考虑来使敌人屈膝投降的手段都是辅助于主要目的的。这个主要目的现在——正像从来就是的那样——就是击败它的军队。”③

面对动荡的国际形势，一战后美国军方确定的战略目标主要有三个：一是保卫美国本土及海外领地不受侵犯；二是阻止欧洲介入

① 王阁森：《世界历史问题全解》，齐鲁书社 1985 年版，第 551 页。

② [美]拉塞尔·韦格利：《美国军事战略与政策史》，彭光谦等译，解放军出版社 1986 年版，第 248 页。

③ [美]拉塞尔·韦格利：《美国军事战略与政策史》，彭光谦等译，解放军出版社 1986 年版，第 269—270 页。

西半球的事务;三是保持中国的主权和领土的完整。这是因为美国这时的首要敌人已成为日本了。① 随着战略目标的改变,一战后美国的军事战略开始向全方位的战略转变,从单纯的以军事为根本目的的战略,变成一切以国家利益为根本目标的国家战略,而且这种战略已无法脱离国际事务了,因为国家利益必然要与其他国家的利益发生矛盾。因此,美国军事战略就具有全球军事战略的性质。

在二战期间美国军事思想中最大的变化,就是它的全球战略的发展和完善。早在大战爆发之际,美国便根据在战前制定的战略思想,采取中立政策,仍想像一战那样,等交战双方都精疲力竭、两败俱伤时再参战。珍珠港事件发生后,美国军方认为争霸世界的机会到来了,便开始着手制定参加大战的"全球战略"。美国的"全球战略"包括外交和军事两大部分。在外交上,美国促成国际反法西斯同盟成立。在军事上,美国制定了总战略。早在大战前,美国便制定了"彩虹计划",以日本为主要敌人。直到"慕尼黑事件"之后,美国才把德国列为主要敌人。1941年初,美英两国总参谋部签订了《ABC—参谋协定》,确立了"德国第一,日本第二"的总战略。珍珠港事件后,罗斯福及美国统帅部顶住了压力,坚持"德国第一"的总战略。

在这一战略的制定中,乔治·马歇尔起了重大作用。早在美国参战的前一年,他就力主采取"首先击败德国"的战略。他在致罗斯福的一封信中指出:"东方的问题很大程度上要取决于欧洲问题的解决。"这一想法后来就成了美英两国的共同战略。② 直到

① [美]阿伦·米利特:《美国军事史》,军事科学院外国军事研究部译,军事科学出版社1989年版,第365页。

② [美]美国陆军军事学院编:《西方近代战略家》,友生等译,军事译文出版社1984年版,第27页。

法国战败投降。面对欧洲战场不断恶化的形势,使马歇尔断定美国的参战只是时间和地点问题。马歇尔将军分析全球的战略形势时认为:“在法西斯轴心国中,德国是军事势力最大的一个国家,而且地处经济发达的西欧,一旦德国征服了欧洲,那么欧洲巨大的工业潜力和先进的科学技术将使它的军事力量进一步加强。那时,美国只有独自对付德国法西斯,处境将十分被动,即使能够取胜也要付出高昂的代价。只有先集中力量在欧洲决战,才能够发挥联盟战略的威力,借助英苏的力量先打败德国,之后共同对付日本。”①马歇尔在联合计划委员会 1940 年 12 月 21 日的报告中表达了作为美国参加即将与英国共同召开的会议的指导原则:“不愿意从事任何反对日本的战争。如果美国被迫与该国交战,美国在太平洋的行动应受到限制,以便能在大西洋运用兵力开展主要攻势。”②除了 1941 年夏季略做修改、加强美国在菲律宾的地位外,马歇尔始终将这些观点保持到珍珠港袭击之后。

1941 年 4 月 23 日,当史汀生认为太平洋舰队必须留守珍珠港时,马歇尔坚决反对。马歇尔认为:“我们有重型轰炸机和新型歼击机,夏威夷防务坚不可摧,地面部队能够建起防线使日本人不敢攻击夏威夷,尤其是在他们远离本土的情况下。而如需空防可从美洲大陆增援。”马歇尔之所以支持增强大西洋的海军力量,是因为陆军的力量还不是很强,不足以保卫美国本土,他坚持“先欧后亚”的思想不动摇。1941 年 6 月,当法国贝当元帅要求德国停火时,马歇尔将军提前召开会议,研究盟国的失败,主要考虑仍

① 史成群、徐金洲:《二战时的美国“军事设计师”——马歇尔》,《军事历史》1995 年第 1 期。

② *Foreign Relations of the United States*, *Japan*(*1931-1941*,) Washington D.C., Government Printing Office, 1943, p.140.

是大西洋区域的安全,在太平洋采取纯防御行动,把主要力量放在大西洋一侧,而不愿把海军力量集结到太平洋去。“我们必须做好准备,面对最坏的形势,即在大西洋我们不再有盟国的舰队。”①他敦促斯塔克上将避免分散海军的力量,集中力量帮助英国渡过难关,并反对接受英国邀请美国派海军增援新加坡的请求,他认为:更好的方案是美国海军能够分担英国在大西洋的一部分责任,以便英国自己调遣军队去远东。在这种形势下,美国政府也终于开始制定其欧洲战略方针。1941 年 9 月 8 日,马歇尔与海军作战部长斯塔克遵照罗斯福的要求,共同签署了《对世界战事的综合基本战略估计》。该文件指出:美国首要的战略目标应当是在军事上彻底打败法西斯德国,并规定美国应当以积极参战作为对抗纳粹德国的手段,同时把“日本约束住”。②

珍珠港事件后,马歇尔更坚定了先欧后亚的战略方针。尽管马歇尔希望在菲律宾集结起一支威胁日本的军事力量,但他将战略重点放在大西洋的想法却从未变过。马歇尔坚持认为,在欧洲大陆直接和德军主力作战的战略是正确的,先对付欧洲战争,然后再将盟军全部力量投入到太平洋战场。“德国可以在没有日本帮助下赢得战争,而日本没有德国的帮助就不可能赢得战争。我们必须首先在欧洲作战,而取得对德作战的唯一方法就是通过入侵欧洲大陆。”③因此,他建议总统仍要坚持“先欧后亚”的战略。在

---

① Frrest C. Pogue, *George C. Marshall*: *Ordeal and Hope* (*1939 - 1942*), New York: Viking Press, 1966, p.128.

② *Foreign Relations of the United States*, *Diplomatic Papers*: *The Conference at Berlin*, Washington D.C., Government Printing Office, 1960, p.22.

③ Ed Cray, *General of the Army*: *George C. Marshall*: *Soldier and Statesman*, New York, 1990, p.2.

随后召开的美英两国首脑参加的“阿卡迪亚”会议上，美国再次确认了这一方针，使“先欧后亚”的战略得以继续贯彻执行。因此，马歇尔是美国二战战略的总设计师。

美国为了夺取太平洋战争的主动权，制定了“太平洋计划”，其着眼点是扬长避短，尽可能发挥美国的优势。计划规定：太平洋战争在一定时间内必须实行积极防御、持久消耗的战略。罗斯福1942年2月23日概述了这一“基本战略”思想：战争“要通过对日本本身的一个消耗过程而打赢”。3月16日，美国决策机构通过了马歇尔和艾森豪威尔的战略计划，即在集中兵力对付德国的同时，在太平洋实行战略防御，不过早地发动攻势，全力坚守与美国切身利益相关的地区，为扭转战局创造条件。美国放弃了“橙色”计划，放弃菲律宾以及西太平洋地区，退守中太平洋和西南太平洋，迫使日本劳师袭远，分散兵力。美国要固守西海岸以及南纬10度以北的美洲大陆战略要点及巴拿马运河区，保卫沿海交通线的安全；增援阿拉斯加、阿留申、夏威夷及中太平洋群岛，确保从美国本土到这些基地的海上交通；以上述各地连线为战略前沿，构成稳定的对日防御。在兵力增长的情况下，从上述基地出发，对日本海上交通及舰队进行海空攻击，以保持对日压力。

美国在二战期间和盟国间先后举行了11次最高级会谈，这些会谈都紧紧围绕“德国第一、日本第二”这个总战略，分别制定出对德、日两国作战的各项具体作战战略。美国对德战略：限制地中海作战，直接跨越英吉利海峡打入欧洲大陆。最后在德黑兰会议上才确定了美国的“霸王计划”。美国对日战略：在集中兵力对付德国的同时，在太平洋实行战略防御，不过早发动攻势，全力坚守与美国切身利益相关的地区，为扭转战局创造条件。从1943年开始，随着欧洲和北非战场盟军的胜利，美军开始将较大的力量投入到太平洋战场,制定了新的战略:一是实施封锁,尤其是切断日本和东印度群岛之间的石油运输线;二是对日本城市进行持续的轰炸;三是如有可能,直接进攻日本本土。美国制定的军事战略,实际上就是总体战略。它以彻底打败德、日、意三个法西斯国家为目标。正如罗斯福总统所言:"这场斗争不可能以任何妥协而结束。善恶之间从来没有过、也永远不可能有成功的妥协。只有彻底胜利才是为宽容、情理、自由和信仰而战斗的人所应得的报酬。"[①]美国和盟军经过制定周密的战略,携手作战,终于打败了德日意法西斯集团,取得了二战的胜利。同时美国也实现了它全球战略的目标,如愿以偿地登上了世界霸主的宝座。

二、全球总体战思想

为夺取全球霸权,实现全球战略的目标,美国产生和发展了全球总体战思想,这是个庞大的思想体系,主要包括以下内容:

(一)积极主动的扩军备战思想

一战后,美国军政领导人都极力倡导主动的战备。F.罗斯福总统很早就意识到德国是对美国安全的严重威胁。[②] 他多次指出:"在一个高度紧张和混乱的世界,在一个稳定的文明受到实际威胁的世界,对每一个努力争取和平的国家而言……强大成为其责任。"但是美国的"国防对于国家安全却是不充分的"。[③] 他还

① 车吉心主编:《世界著名元首传》,山东教育出版社1994年版,第1494页。

② [美]阿伦·米利特:《美国军事史》,军事科学院外国军事研究部译,军事科学出版社1989年版,第395页。

③ Walter Millis, *Arms and Men: A Study in American Military History*, New York: G.P.Putnam's Sons, 1956, p.267.

多次向在孤立主义影响下的国人暗示战争的危险:“我们决心置身战争之外,可是我们不能保证美国不受战争的灾难性的影响和免于卷入战争的危险。我们正采取将我们不卷入的危险减至最小限度的一些措施,但是在一个信任和安全已经遭到破坏的骚乱的世界里,我们不能得到完全的保障。”①因此,他就任总统后的首要任务就是要求扩军备战:“我将要求国会授予我一件唯一足以应对目前危机的武器,这就是让我拥有足以对付紧急事态发动一场大战的广泛行政权。”②他采取的主要措施是扩建海军和制定经济动员计划,使美国能很快进入战时体制,为进行全球战争奠定了基础。

1935 年任陆军参谋长的麦克阿瑟也为战备大声疾呼:“每个国家,要想保存宁静、财富、独立和自尊,必须保持其军事热情,时刻准备保卫自己。”③他曾为反对削减军费而与总统进行激烈的争论,还提出用“举国奋战”来代替由来已久的“全民皆兵”的思想。他认为:“在将来任何大规模的战争中……须依靠积极的综合发挥个体及群体力量。但此种情势毕竟是‘举国奋战’而非‘全国皆兵’。”④他主张在军事建设中应坚持经济原则:“和平时期保持一支不必要的庞大军队,在经济上实属浪费。”军事建设应依靠质量而非数量:“运用现代化武器和机械化装备的较小兵力要比一支兵力虽然多然而装备简陋、临时进行训练的乌合之众,更能担负可

① 车吉心主编:《世界著名元首传》,山东教育出版社 1994 年版,第 1486 页。

② 李昌道:《美国宪法史稿》,法律出版社 1986 年版,第 257 页。

③ 车吉心主编:《世界著名将帅传》,山东教育出版社 2000 年版,第 633 页。

④ [英]哈特等编:《剑与笔》,军事科学院外国军事研究部译,军事科学出版社 1990 年版,第 373—374 页。

靠的防卫义务。坚持此项政策,还有助于经济利益。因为一切直接和间接的战争代价,其不可弥补的与惨重的程度,莫过于让青年人甘洒热血。”①他强调:陆军建设应增强军官队伍,应增加陆军飞机的数量。他还制定了一个军事总动员计划。

接替麦克阿瑟的乔治·马歇尔认为:美国最终将参战,“组成接力式递水桶灭火队可扑灭小火,扑灭世界战火则需要有严密的组织和现代化装备的消防队。”②马歇尔对美国备战具有严密的组织方案。他坚信,没有强大的、训练有素的军队和充足的财力、标准化的军工生产,详细的作战计划无异于纸上谈兵。他一直在做着战争突然爆发的准备并积极地建设军队与发展军工产业。他要求财政部拨款,于 1940 年 9 月底之前,把正规军的兵力扩大到 28 万人,在第二年底动员 75 万人及后备力量,配备现代化的武器和装备,并要求得到用于正规军兵力的增加和支付现在国民警卫队 23.5 万人的所有费用,拨款还要有维持一旦投入战斗时向联合部队提供关键装备的费用。

1940 年 10 月 2 日,马歇尔提供给财政部一个陆军部关于解决战争供给混乱状态的建议。马歇尔指出:“在一年内可能会出现来自国外的强大威胁,而美国不得不出面保卫西半球。陆军部队为了承担其责任,必须现在就有武器和装备用于训练大批部队。”③不过当时美国的工业生产能力还没能满足英国的全部要求

① [英]哈特等编:《剑与笔》,军事科学院外国军事研究部译,军事科学出版社 1990 年版,第 373 页。

② Forrest C. Pogue, *George C. Marshall: lnterviews and Reminiscences*, Marshall Research Foundation, 1986, p.98.

③ Forrest C. Pogue, *George C. Marshall: Ordeal and Hope, 1939 - 1942*, New York: Viking Press, 1966, pp.66-67.

以及美国的紧急军需。马歇尔认为:美国的工业能力可以通过加班加点和制订严格的优先项目来打开瓶口,以提高产量。他也希望作出有利于陆军部队的调整。对影响美国拿到飞机发动机、军火和消防设备的外国订单按配额予以限制,机床的出口应全部停止。并认为应有一个由财政部、陆军部、海军部以及国防委员会的代表组成的委员会来监督这项政策的落实,①使美国为英美两国的生产项目实现标准化,以提高美国的工业生产能力。

1941 年 2 月 8 日,国会通过了《租借法案》。马歇尔认为:他的部队可以按部就班地获得军需物资,今后对武器和装备的订单将得到认真的协调,工业生产的扩大将得到周密的筹划。“我认为《租借法案》的通过清晰地表明了与英国的关系,虽然它并没有说明我们与他们一起参战,但说明了有这种潜在可能,更使我们提高了军事动员能力。”②他顶住了民众和国会的巨大压力,在美国参战前加强军备建设。

美国在二战爆发时拥有一支准备较好的军队,F.罗斯福、麦克阿瑟和马歇尔功不可没。

(二)全民军训思想

为了解决战时的兵员问题,伦纳德·伍德认为:总体战需要大规模的武装部队,而美国又恰恰缺少大规模的正规军,可以利用公民武装来解决这个问题。他对厄普顿等职业军人对民兵不屑一顾的观点进行了批驳,对民兵的爱国主义和献身精神大加赞扬,认

① Lloyd Wendt, *Chicago Tribune: The Rise of a Great American*, Chicago: Rand McNally, 1979, p.3.

② Watson Mark S., *The United States Army in World War Two*, Washington D.C., Office of the Chief of Military History, Department of the Army, 1950, pp. 44-55.

为:“民兵的失败不是公民武装所固有的缺点,而且是被错误使用的结果。他们无可匹敌的勇气,怎么评价都不过分。”①他主张,通过建立类似于瑞士和澳大利亚那样的、以普遍兵役制为基础的公民军队,才是解决正规军数目不足的唯一有效的办法。这一做法也符合民主原则:“无论是在战时还是和平时期,成年男子的投票权也意味着服兵役的义务,这是真正的代议制政府或自由民主政体要成功地抵制现代战争的打击所必须依靠的基本原则。”②民兵在联邦政府的统一管理下,避免各州的政治影响,选拔有经验懂军事的职业军官,对他们进行训练,就会成为优秀战士。伍德主张建立平民军事教育体制:“我们必须建立这样一种体制,在该体制下,公民军队的官兵可以在最低限度地干扰他们的正常教育和从事实业生涯的情况下,接受军事训练。这些军事训练将在他们条件所允许的青年时期进行。一旦军训结束,将毫不拖延地立即让他们回到各自的正常工作中。”③正规军应成为实施平民军事训练的指导核心。④ 伍德特别强调应迅速建立预备役军官团。因为在未来战争中,为了快速而有序地扩军,接收受过一定训练的预备役军官,就可以大大缩短战时公民军队向正规军转变所需的时间,从而使美国能迅速动员起一支足以抵挡一流强国的军队,以适应现代战争的需要。

---

① Russell F.Weigley, *The American Way of War: A History of the United States Military Strategy and Policy*, New York, 1973, p.211.

② Walter Millis, *American Military Thought*, New York: The Bobbs-Merrill Company, 1966, p.274.

③ Russell F.Weigley, *Towards an American Army: Military Thought from Washington to Marshall*, New York: Columbia University Press, 1962, p.199.

④ Walter Millis, *American Military Thought*, New York: The Bobbs-Merrill Company, 1966, p.276.

在一战期间，美国虽然动员了大批军队，但因缺乏训练，必须进行一段时间的强化训练才能参加实战，大大影响了军事行动。有鉴于此，一战后，总参谋长约翰·麦考利·帕尔默否定了厄普顿"可扩大的军队"的思想，提出了全民军训的思想。他认为：厄普顿最大的错误就在于以德国的军事体制作为样板。而德国体制是贵族式的体制，并不适于民主制度下的美国。① 只有建立在民兵基础上的军事政策，才"与美国制度的本质相一致"。"军事制度的形式必须由政治基础来决定，也要适当考虑国家的本质和传统。军事空谈家提出：以国家本质所不容许的形式建立人员充足、经济上节约的军队，这是行不通的。"②"一个自由的国家不可能在和平时期民主而在战时却专制……一个持久的人民政府必须在其机构中包括一支人民的军队。"③他主张按瑞士方式，以职业军队为主，对人民进行普遍军训，将民兵按连、团、师的编制组建。他还提出了具体的军训计划，在受训者中选出有领导能力者再对其进行补充训练，作为后备军官。④ 将职业军人和受过训练的民兵混合起来，可以互补，一旦打起仗来，不用大规模动员，就能迅速投入战争。

在他的影响下，美国在 20 世纪 20 年代扩大了公民军训团（CMTC）和预备役军官训练团（ROTC）计划，并最终导致选征兵役

---

① Russell F. Weigley, *Towards an American Army: Military Thought from Washington to Marshall*, New York: Columbia University Press, 1962, p.231,

② Russell F. Weigley, *Towards an American Army: Military Thought from Washington to Marshall*, New York: Columbia University Press, 1962, p.236.

③ [美]拉塞尔·韦格利：《美国陆军史》，丁志源等译，解放军出版社 1989 年版，第 418 页。

④ Russell F. Weigley, *Towards an American Army: Military Thought from Washington to Marshall*, New York: Columbia University Press, 1962, p.236.

制的实行。

(三)"空军第一"思想

一战后,威廉·米切尔(1879—1936 年)继续进行理论研究,系统阐述了"空军第一"的思想,主要内容有:

1. 预见到空军在未来的战争中将起重要作用。传统战争已经走进了死胡同,空军将在未来战争中起重大的甚至是决定性的作用。他有一句名言:"空中力量就是出路。"①

2. 提出了战略轰炸的思想。"空中力量可以直接攻击敌对国家的要害,彻底摧毁它们或使其瘫痪。"②空军作战的"真正目标是(敌国)生死攸关的中心区","对生产、人口中心区轰炸,使中心区瘫痪,生产不能进行,使敌方人民的意志被摧毁",这"将迅速决定胜负",③"必须摧毁成为敌国战争能力的一切基础,包括工厂、农田、燃料、石油和城市等"。④

3. 空军是国防战略的基础。他坚信:空军会战胜海军。保卫海防和近海水域应主要依靠航空部队,其他兵种均已过时。应重点发展空军,用空军消灭敌人的海军。空军单单保卫海岸是不够的,因为敌人也会有空军。防御敌人飞机的唯一办法是要有足够的预警时间,在敌机到达前用截击机进行拦截攻击。⑤

---

① [美]美国陆军军事学院编:《西方近代战略家》,友生等译,军事译文出版社 1984 年版,第 23 页。

② [美]拉塞尔·韦格利:《美国军事战略与政策史》,彭光谦等译,解放军出版社 1986 年版,第 278 页。

③ 华人杰等:《空军学术思想史》,解放军出版社 1992 年版,第 69 页。

④ Dale O.Smith, *US Military Doctrine: A Study and Appraisal*, New York, 1956, p.135.

⑤ [美]拉塞尔·韦格利:《美国军事战略与政策史》,彭光谦等译,解放军出版社 1986 年版,第 272 页。

4. 重视空军同其他兵种的协同作战和统一指挥问题,认为空军应配合地面部队的行动,除了攻击敌方的要害地区外,还要以空军对敌人地面军队进行攻击。他主张建立陆海空三军的统一领导机构——国防部。①

5. 从世界角度来探讨美国空军的作用。空军将来的使用不仅限于本土,还可扩大到世界各地。②

米切尔的学说中也有许多是不切实际并为日后证明是错误的东西,比如:他认为攻击敌方中枢地带以及用少量炸弹就能使敌方经济瘫痪的说法,在二战中被证明是错误的。他还夸大了空军的作用,无视其他军种。尽管有以上不足,但他关于空军的作用以及战略轰炸的思想,已成为当今美国空中战略的基础。他提出建立一支独立而统一的空军以及强调空军支配作用的想法,都在以后得到了实现。他还提高了大众对于空军的认识。因此,他被称为“美国空军之父”。

二战中,美国发展了米切尔的学说,形成了更加成熟的一整套空军作战思想体系。主要有:

1. 空军独立的思想。美国陆军航空队司令亨利·H.阿诺德就主张空军独立,认为空军将是未来战争中的决定性因素。空中优势是任何陆战或海战的先决条件。③ 美军一些将领极力鼓吹空军独立。

2. 战略轰炸的思想。美国空军的战略思想原来是以杜黑理

① [美]美国陆军军事学院编:《西方近代战略家》,友生等译,军事译文出版社 1984 年版,第 23 页。

② [美]拉塞尔·韦格利:《美国军事战略与政策史》,彭光谦等译,解放军出版社 1986 年版,第 290 页。

③ 中国大百科全书军事卷编审室编:《中国大百科全书·世界军事史分册》,军事科学出版社 1987 年版,第 295 页。

论为基础的,即争夺制空权是多余的,应直接打击敌人要害的中心地区。阿诺德后来认识到:“除非消灭德国空军,否则绝无可能实施‘霸王’或‘铁砧’计划。”①1944年,鉴于飞机损失过大,美国才明文规定:夺取空中优势是“第一需要”。② 夺取空中优势应重点发展战略空军。阿诺德指出:“主要用来对付敌人深远后方的重要目标的远程轰炸航空兵是空军的基础。”认为战略空军应在美国空军发展中占首要地位。③ 美国空军领导人均认为:“美国人所认可的空战战略理论包含下述原则:对敌人生命攸关的重要地区的空袭应该耗尽敌人的工业和经济资源并疲惫它的抵抗意志,使它不可能继续进行战争。”④但是进行战略轰炸必须掌握制空权。第八航空队司令斯帕茨就指出:“空权在欧洲的战争中具有决定性……我不认为仅凭轰炸就可以赢得战争,但我却相信制空权对于胜利有决定性的贡献。”⑤他认为实施战略轰炸是空军的主要任务。但战争后期,美军在空战中重创了德国空军,掌握了制空权,保证了战略轰炸的进行。在海战中,夺取空中优势和制空权的重要性超过了制海权。在陆战中,空军的配合也使陆军添上翅膀,在战争中,美国利用空中掩护和战略轰炸,保证了地面作战的胜利。日本陆军航空司令承认:“空中的失败使我们打输了这场战争。”⑥

① [美]拉塞尔·韦格利:《美国军事战略与政策史》,彭光谦等译,解放军出版社1986年版,第413页。

② Dale O.Smith, *U.S.Military Doctrine: A Study and Appraisal*, New York, 1956, p.146.

③ 邓锋等:《西方军事思想发展史》,国防大学出版社1993年版,第278页。

④ 邓锋等:《西方军事思想发展史》,国防大学出版社1993年版,第278页。

⑤ 车吉心主编:《世界著名将帅传》,山东教育出版社2000年版,第828页。

⑥ Dale O.Smith, *U.S.Military Doctrine: A Study and Appraisal*, New York, 1956, p.111.

在强大空军力量的掩护下实施大规模两栖登陆，则是陆海空三军完美地协同作战的生动体现。

3. 空降作战思想。二战中，在欧洲战场，交战双方都非常重视空降作战。美军空降作战的指导思想是：(1)充分做好准备工作。不管进行什么规模和类型的空降作战，都要做好周密的准备工作。(2)强调掌握空降地域的制空权。(3)强调隐蔽突然，出敌不意。

4. 航母制胜的思想。1903年美国人莱特兄弟发明了飞机，这是20世纪最伟大的发明之一。飞机的出现使军事科学发生了革命，极大地改变了战争的面貌。海军航空在第一次世界大战时虽然还没有发展成熟，但与其他军事技术一样，冲突与战争引发的需求推动了它的发展，同时，它的发展也为第二次世界大战中的一系列空战（如珍珠港事件）搭好了舞台。航空母舰并非二战的产物，1923年，英国生产出了世界上第一艘可起降陆基飞机的第一代现代航母"竞技神"号，标志着现代航母的诞生。1919—1939年间，美国军方继续坚持"海军第一"的思想，海军一直强调马汉式的海战理论，强调战列舰的战略作用，而忽视了航空母舰和飞机的巨大战略价值。1921年，米切尔用飞机对战列舰的空袭获得成功，证明空军可以击沉战列舰。以后海军一度放弃了建造战列舰的计划，而集中精力发展航空母舰、飞艇和远程潜艇。哈尔西进入海军学院进行学习，有幸结缘飞机，又结缘航空母舰。他就已经对两者产生了浓厚兴趣并有了航空和航母制胜的思想，他相信在以后的战争中，它们一定会发挥至关重要的作用。1927年，他被调到母校任一艘练习舰的舰长，有幸获得了结识飞机的机会，后他又来到位于佛罗里达彭萨克拉的海军航空站接受飞行训练，并于1935年被任命为海军飞行员。哈尔西开始认识到以航空母舰为主的作战战术的一个首要原因就是航空兵的发展，他重视海上力量和空中力量，特别是与航母舰载机部队密切地配合。20世纪30年代至二战前,航空技术得到了突飞猛进的发展,这一发展应用到海军装备上也使航空母舰的关键技术得到了解决。哈尔西认为:"如若舰载飞机掌握了制空权,既可对空作战,又可对海上、陆上目标进攻,成为一座活动的岛屿,为其他舰只提供能量保障,也可以为登陆部队输送兵员。"

1934年,他成为美国海军最早的航空母舰指挥官之一,也从此开始创造舰队航空兵的奇迹。从1938年开始,哈尔西就一直在指挥美军的航空母舰,到1938年1月,美国海军共有5艘航母,其中2艘是由他指挥的。已是高级指挥员的哈尔西仍在潜心研究航空母舰战术。根据当时的局势,哈尔西感到日本可能要进攻美国,战事日益临近。他潜心研究对策,想尽一切办法提高飞行员的战术技术水平,组织了多次近似实战的演习,通过演习训练又进一步深入研究舰载机协同进攻战术,使他所指挥的第8特混舰队的作战能力有了很大提高。与此同时,他还是海军引进新技术的积极倡导者,例如,他主张舰载机使用无线电话和雷达。

由于重视空军的作用,美国建立了世界上最强大的空军,为二战的胜利起了重要作用。

(四)坦克作战理论

坦克是一战期间发明的一种进攻武器,它的出现具有革命意义。但是由于当时坦克刚刚发明,存在许多缺陷,未能在战争中发挥更大的作用,因此一战后,美国军界普遍忽视了坦克在军事上的潜在价值,坦克部队被取消,人们只把它看成是"一个计划用于支援步兵前进的活动装甲攻击部队。坦克兵种是步兵的一个分支"。①

---

① [美]拉塞尔·韦格利:《美国军事战略与政策史》,彭光谦等译,解放军出版社1986年版,第264页。

但是小乔治·史密斯·巴顿却对坦克情有独钟。他在坦克部队被取消而向部队告别时,充满感情、意味深长地说:“坦克部队是我的心血和希望,我相信它是不会衰亡的。总有一天,我还要与它重聚,我的生命和荣誉全都与它息息相连。”①早在1919年,他就认为:坦克具有极大的战略价值。② 他曾经指出:“坦克是一种特殊的技术性高和威力强大的武器。坦克兵既不是骑兵,也不是步兵。但是,如能给它一半的机会,只要有合适的地形,分配给它适当的任务,坦克就会在同步兵和骑兵的合作中起着决定胜负的作用。”③

当时美国流行的是坦克部队司令罗肯巴克的坦克理论。他认为:美国要比它的盟国更有可能使坦克的潜力得到充分的实现。坦克对“每一个兵种都具有巨大的价值”,“坦克应大量使用,否则就干脆不用”。④

总参谋部的查菲少校较早地提出了组建机械化部队的思想。他认为机械化部队作为一种新型兵种的核心,具有骑兵的快速和冲击力,同时具有步兵的某些持久力。他主张组建几个完全机械化的坦克团、摩托化步兵和摩托化炮兵。⑤

陆军参谋长麦克阿瑟赞同查菲的思想,他认为美国陆军以后

① 车吉心主编:《世界著名将帅传》,山东教育出版社2000年版,第28页。

② 世界军事思想宝库编委会编:《世界军事思想宝库》,济南出版社1992年版,第485页。

③ [美]拉塞尔·韦格利:《美国军事战略与政策史》,彭光谦等译,解放军出版社1986年版,第264页。

④ [美]拉塞尔·韦格利:《美国军事战略与政策史》,彭光谦等译,解放军出版社1986年版,第264页。

⑤ [美]拉塞尔·韦格利:《美国陆军史》,丁志源等译,解放军出版社1989年版,第428页。

的发展重心应该是重质而不是重量。他坚信在战争突然爆发时,“运用现代化武器与机械化装备的较少兵力,要比一支兵力虽多而装备简陋临时训练的乌合之众,更能担负可靠的防卫任务”。①具体而言,麦克阿瑟认为建设一流作战部队的标准应该涵盖四个方面:(1)以“机动与火力至上”为原则的现代化与机械化装备水平;(2)以现代战术原则和武器装备为基础的高强度军事训练水平;(3)满足战时迅速扩军时所需要的具有“高超作战技巧和领导才能”的现役和预备役军官的培养机制;(4)能够支撑高烈度和高消耗的大规模战争的现代后勤补给和运输能力。1934年,他领导美国陆军参谋部制订了军队现代化的先后顺序:坦克和炮兵现代化,野战部队机械化,飞机、通信设备和新式半自动步枪的现代化。大萧条造成的预算削减使他的计划未能实现。但是,他还是用机械化装备代替了马匹,大大提高了部队的机动性和速度。他还组建了美军历史上第一个机械化团作为拳头力量,以应对突发事件。

他的后任乔治·马歇尔也意识到坦克在军事上的重要意义,在二战前夕,他感到美军迫切需要组建一支具有实战能力的坦克部队,并使陆军实现机械化。为此,他慧眼识英雄,提拔重用了巴顿将军。

二战期间,美国大量使用坦克作为主要的机动和突破力量,因此美军的坦克和机械化部队的作战思想在实战中有了进一步的发展和提高。小乔治·史密斯·巴顿指出:“随着战争的进展,使用坦克的原则也发展了,其正式的定义如下:坦克是一种辅助武器,它的任务是为强行进攻的步兵创造便利。为此,坦克必须能填补

① [英]哈特等编:《剑与笔》,军事科学院外国军事研究部译,军事科学出版社1990年版,第372—373页。

由炮火延伸射击直到白刃战之间的空隙。”①“装甲兵的主要任务是攻打步兵和炮兵。敌人的后方是装甲部队最理想的猎物。要千方百计地到达敌人后方。”②他上任后，用“一品脱美国人的汗水可以挽救美国人的一加仑鲜血”作为口号，③进行了以坦克为核心的机械化大兵团的演练，形成了自己独特的坦克战术，并第一次通过无线电对装甲部队进行指挥。他的坦克战思想就是：以坦克作为进攻的主力，集中坦克力量形成战役突破，快速机动前进，迅速插向敌人的侧后方，对敌主力形成包围，最后歼灭。他说：“我把坦克远远地放在后面，这样敌人就不知道将在什么地方使用坦克，而后，当步兵打破缺口时，坦克便迅速地蜂拥而入。这种方法能保证胜利，减少损失，但要成功地使用这种方法，则要有优秀的领导。”④他特别强调在进攻中集中兵力的重要性：“在进攻中，不论是在兵力、坦克还是弹药方面，你投入的力量越大，进攻越猛烈，你自己的损失比例就越小。”⑤集中兵力可以发挥火力的威力：“镇住敌人就可能打胜仗，给敌人造成伤亡就会使他感到恐惧。火力能造成伤亡，从敌人背后开火更能致命，比正面开火有效三倍。”“……应以自己的火力去压制敌人的火力。”⑥他的指导思想就是

① 世界军事思想宝库编委会编：《世界军事思想宝库》，济南出版社 1992 年版，第 632 页。

② 世界军事思想宝库编委会编：《世界军事思想宝库》，济南出版社 1992 年版，第 582 页。

③ 车吉心主编：《世界著名将帅传》，山东教育出版社 2000 年版，第 29 页。

④ 世界军事思想宝库编委会编：《世界军事思想宝库》，济南出版社 1992 年版，第 485 页。

⑤ 世界军事思想宝库编委会编：《世界军事思想宝库》，济南出版社 1992 年版，第 533 页。

⑥ [美]拉塞尔·韦格利：《美国军事战略与政策史》，彭光谦等译，解放军出版社 1986 年版，第 311—312 页。

进攻,而且是不停顿地进攻:“去进击敌人,不论他们在哪里,就在哪里把他们消灭。”要“迅速地、无情地、狠狠地攻击,不让敌人休息”。要“前进,前进,前进”。[①] 他还用许多名言警句来形象地概括他的作战思想,如:“对待敌人要猛打狠揍,就是双膝两肘着地爬行,也要去完成任务。”“如果我们不顾一切地前进,如果我们进展神速,勇猛作战,敌人是抵挡不住的。”[②]“用火力牵住敌人的鼻子,并且在运动中把敌人打得落花流水。”[③]巴顿在二战期间表现出了高超的指挥艺术,他的装甲部队在欧洲战场所向披靡。

(五)两栖作战思想的产生和发展

由于一战时加里波利登陆战的惨败,战后美国和世界军事界都对两栖登陆持悲观及否定的态度。W.S.派伊上校认为:“由于现代武器、现代舰艇、空中侦察及无线电通信效率的提高,由于军队规模的扩大及装备的复杂性和数量的增加,大型联合(两栖)行动正在变得越来越困难……海外输送来的军队进行入侵,其成功的机会正变得越来越少。岸上军还有许多缺陷,因此未能在战争依靠铁路和机动车辆所取得的行动上的更大便利,快速通信、活动式火炮威力的增强、潜水艇及飞机业已提高了的效率以及正规陆海军在规模和战斗力上的增加,所有这些已经使得海上入侵至少在持久地获得登陆点附近的基地,持久而可靠地掌握制海权以前,几乎成了一件不可能的事情。”[④]

---

① 世界军事思想宝库编委会编:《世界军事思想宝库》,济南出版社1992年版,第569页。

② 黎宁:《巴顿性格素描》,《军事史林》1997年第5期。

③ 世界军事思想宝库编委会编:《世界军事思想宝库》,济南出版社1992年版,第655页。

④ [美]拉塞尔·韦格利:《美国军事战略与政策史》,彭光谦等译,解放军出版社1986年版,第314—315页。

美国军方认识到将来可能同日本作战,有人已在考虑横渡太平洋对日作战和两栖作战的问题。1919 年,埃利斯少校在讲座中论述了美国在太平洋基地的战略地位和作用以及横渡太平洋攻占日本基地的问题。1920 年,莫顿少将在《步兵杂志》上撰文,简单分析了加里波利战役的经验和教训,提到在日本登陆的可能性及步骤,并指出:登陆敌方海岸是美国陆军未来活动的主要内容。① 20 世纪 20 年代初,埃利斯提出:为了跨海攻击日本本土,应先以两栖作战攻占太平洋中的一系列岛屿,在上面建起前进基地。② 这一想法是日后美国太平洋战略的基础。埃利斯还具体地提出了两栖进攻的方法和步骤。

一些海军将领也对两栖作战进行过研究。海军军事学院院长威廉·V.普拉特海军少将就曾模拟战争中的实际问题,让学员们从历史和理论上研究两栖作战的问题,并将在研究中出现的问题和新的战术拿到演习中去检验。学校还专门修建了两栖作战训练场进行训练和演练。20 世纪 20 年代以后,海军、陆军和海军陆战队的高官们经常声称两栖作战是海军陆战队的主要使命。1927 年,陆海军联合委员会发表文件称:海军陆战队"将在登陆作战的行动方面做好专门准备"。1933 年,陆海军联合行动委员会发表了一个文件,专门阐述了两栖战争的主要问题,并提出了解决问题的要点。它把两栖登陆解释为:"实际上对某个有组织的防御阵地所发动的进攻,做了更改的是用海军的炮火支援取代了师、军、兵团的炮兵部队。同时一般说来,用海军的飞机支援取代了陆军

① [美]拉塞尔·韦格利:《美国军事战略与政策史》,彭光谦等译,解放军出版社 1986 年版,第 311 页。

② Walter Millis, *Arms and Men: A Study in American Military History*, New York: G.P.Putnam's Sons, 1956, p.261.

的飞机支援。”①1934 年,匡提科海军陆战队学校将联合委员会的文件进行详细阐述,编成《登陆作战试行手册》作为两栖作战的战术指南。书中对两栖登陆作战的各个具体步骤作了详细的描述。该书被称为两栖作战的《圣经》,成为美军两栖作战的理论基础和教材。

二战充分实践和发展了两栖作战思想。美国跨过太平洋和大西洋,将几百万大军运到世界各地作战。美军进行了多次大规模的两栖登陆作战。

美军两栖作战思想主要是:

1. 强调在登陆地区利用陆海空三军协同立体作战,特别是利用海军和空军力量夺取制海权和制空权,从而确保登陆作战的胜利。②

2. 强调登陆的准备工作要周密细致,因为现代化条件下的两栖登陆是异常复杂、艰巨和困难的。美军一般要进行长时间的准备工作。

3. 强调正确选定登陆地域和登陆时间,隐蔽企图,达到出其不意、突然袭击的效果。

4. 重视后勤供应是登陆部队的生命线。登陆作战对后勤保障提出了很高的要求。登陆作战需要大量物资,而且距离遥远,并受到敌海空军的威胁。因此,美军十分关注后勤保障工作,有力地保证了各次登陆作战的胜利。

5. 美军采取“越岛进攻”战术,向敌人不断施加压力,攻占其

---

① [美]拉塞尔·韦格利:《美国军事战略与政策史》,彭光谦等译,解放军出版社 1986 年版,第 318 页。

② 钱俊德:《美国军事思想研究》,军事科学出版社 1992 年版,第 122 页。

盘踞的岛屿,向日本本土挺进。太平洋战争初期,盟军进攻日军固守的岛屿伤亡惨重,进展缓慢。这种局面使盟军高层深感忧虑。罗斯福指出:"我们不能靠一岛一岛的进攻来使日本无条件投降。""我们不希望仅仅在广大的太平洋上,从此一岛到彼一岛以浪费最后击溃日本之时间。"盟军高层决定采用"越岛进攻"战术。麦克阿瑟阐明了这一战术的特点:"避免伴有可怕伤亡的正面进攻,绕过日本人的据点并用切断敌人供应线的办法使敌人的据点失去作用,进而孤立敌人的军队,使他们在战场上挨饿,然后……敌人哪里空虚,就打它哪里。"①美国海军参谋长欧内斯特·金上将设想在中太平洋以吉尔伯特群岛、马绍尔群岛、马里亚纳群岛和帕劳群岛为进攻轴线,跳跃前进,最终在中国的东南沿海登陆,以此为立足点直捣日本本土。而麦克阿瑟则认为:"太平洋进攻行动的最佳路线应该是从澳大利亚出发,经新几内亚到棉兰老岛。"②最后,参谋长联席会议采取折中的办法,由各战区自行决定进攻路线。

美军在太平洋战场的胜利在很大程度上归功于两栖登陆作战。

(六)陆海空三军协同立体作战的思想

在20世纪20年代,由于空军的发展,海军也尝试把空军与海军结合起来。1921年,成立了海军航空局。20世纪20年代中期,已有人提出了海空作战的理论。一般人认为,航空母舰的首要任务是为舰队提供空中掩护,但更多的人认为这是一种进攻手段。

---

① [美]拉塞尔·韦格利:《美国军事战略与政策史》,彭光谦等译,解放军出版社1986年版,第340页。

② *Telegraph from Douglas MacArthur to George Marshall*,The George C.Marshall Foundation,1944.

海军作战部长谢尔曼认为:航空母舰的主要任务就是进攻敌人的空军和舰队。夺取海域上空的制空权。① 西姆斯海军上将则认为:航空母舰将取代战列舰的传统位置,在未来战争中,有航空母舰的舰队将能在海战中歼灭敌人的舰队。

二战期间,麦克阿瑟较早地提出了陆海空三军协同进行立体作战的思想。他在1942年7月至1943年1月的巴布亚战役中形成了这一思想,在西南太平洋和菲律宾群岛指挥美军进行蛙跳式跃进的过程中,提出了立体化的陆海空三军联合作战的思想。在两栖登陆作战中要成功夺取海空控制权,除掌握绝对的海空优势外,还需要"将所有的陆地、海上和空中所有的军事力量的活动协调一致"。② 即"利用现代空军力量的灵活机动性……以机场作为目标,使中短程轰炸机可以在同等航程的战斗机掩护下进行战斗,占领前方基地"。随着空中打击范围的向前延伸,使"海军获得在敌人广阔阵地上无可争议的动脉——海上交通线",从而实现"陆海空军完全彻底协作的新型战争——立体战争"。③

他在这一思想指导下制定了美军在太平洋的"越岛进攻"战略:由航空母舰为核心的舰队控制制海权,用飞机为步兵提供空中掩护,由海军装载陆军登陆,为空军夺取拥有飞机场的前进基地。再绕过敌人坚固设防的岛屿,使用海军切断敌人的交通线;再以下

① [美]拉塞尔·韦格利:《美国军事战略与政策史》,彭光谦等译,解放军出版社1986年版,第306页。

② Speller Lan, Tuck Christopher, *Amphibious Warfare: The Theory and Practice of Amphibious Operatings in the 20th Century*, London: Spellmount Publishers, 2001, p.27.

③ [美]道格拉斯·麦克阿瑟:《麦克阿瑟回忆录》,上海师范学院历史系翻译组译,上海译文出版社1984年版,第56页。

一个机场为目标，夺取又一个岛屿。然后依此类推，不断向下一个目标前进。美陆海空三军配合默契，协同作战，步步逼近日本本土。诺曼底登陆是三军协同作战的另一个范例。美军司令艾森豪威尔指出："战争虽在陆、海、空三个方向进行，但这三个方向却不是彼此分离的。如果这三个方面不能有效地结合和采用协同行动以打击一个经过适当选择的共同目标，它们的最大潜力就不能得到发挥。"①

二战期间，哈尔西在南太平洋及菲律宾地区指挥盟军实行"越岛进攻"战略的过程中，将海陆空三军联合立体化作战付诸实践，即利用空军的灵活机动性，以机场为目标，中短程轰炸机在同等航程的战斗机掩护下进行战斗，以占领前方基地，随着空中打击范围逐步向前延伸，海军获得敌军广阔阵地上的海上交通线，从而实现海陆空三军完全协作的新型立体化战争。哈尔西指挥南太平洋战区的盟军开始打造美国海陆空立体化作战模式，在航母特混舰队的基础上很快组成了美国军事史上第一个真正的三军联合指挥部，并迅速展开了对三军协同作战的指挥，胜利地进行了瓜岛争夺战。

海陆空三军联合立体化作战使现代战争中的计划与准备变得尤为复杂，是作战手段的协调与整合最为密切的作战模式。纵观整个二战，我们可以发现现代海陆空三军联合立体化作战的成败之关键在于能否掌握海空控制权，以瓜岛之战为例，美日双方在所罗门群岛及附近海域打了近 30 场各种规模的海空战，目的都是为夺取对海空的控制权，可见，海陆空三军联合立体化作战中要夺取

---

① 世界军事思想宝库编委会编：《世界军事思想宝库》，济南出版社 1992 年版，第 485 页。

海空控制权,不仅要掌握绝对的海空优势,还需将陆海空三军所有的军事力量协调一致。

在三军协同作战中,集中统一指挥至关重要。马歇尔较早地认识到这一问题。珍珠港事件后,马歇尔说服他的海军同僚,成立参谋长联席会议,讨论涉及有关两个军种的问题和制订联合作战计划。经过马歇尔的协调努力,海陆军真正融合在一起,开始并肩作战。随着战争的深入,英美合作变得愈加重要。1941年12月22日至1942年1月14日,在美国华盛顿召开了阿卡迪亚会议。在与英国代表们的讨论和交锋中,马歇尔淋漓尽致地表达了其在太平洋地区建立全面统一指挥的军事思想。马歇尔认为:只有一名司令官对整个战区负责时,他才能够决定防御兵力的部署问题。他坚持认为盟军目前最重要的事就是建立联合司令部:“我相信必须有一个人对整个战区进行指挥,包括陆军、海军和空军。我们无法只靠表面的合作来解决实际问题——极不情愿把自己的部队置于其他部队之下是人类固有的弱点。如果我们现在能够制订一项统一指挥的计划,那么我们所面临的麻烦十分之九都会得到完美解决。”①美英荷澳联合司令部虽然统辖范围广阔,组织松散,但它使英美在夏威夷至印度的太平洋和远东地区的现存指挥体系实现了某种程度的统一。马歇尔的目光已越过了太平洋地区眼前局势的发展。他所希望的是在美军所至的各个战区确立统一的指挥道路。美英荷澳联合司令部并不尽如人意,但它成为全面接受这一原则的开端。

麦克阿瑟也重视联合指挥的问题。他认为:“在战争中的种

---

① Forrest C. Pogue, *George C. Marshall, Ordeal and Hope, 1939－1942*, New York: Viking Press, 1966, p.259.

种错误的决定中，最不可解的也许就是没有在太平洋实行统一的领导。在友好、温厚以及多数称职人员的太平洋的两个司令部中，其光辉的协作是代替不了权力集中的统一指挥的。”为了保证统一指挥，麦克阿瑟甚至愿意接受“一个次要的职位”。① 早在1941年7月担任美国驻远东陆军总司令时，麦克阿瑟就开始寻求建立能适应协调多军兵种协同作战的联合司令部。当时他的指挥机构成员包括：驻菲美军司令官乔纳森·温莱特中将，亚洲舰队司令托马斯·哈特上将，空军指挥官刘易斯·布里尔顿，工兵司令休·J.凯西上校，情报主官查尔斯·A.洛比，军需主官理查德·J.马歇尔等。麦克阿瑟“反对任何分散盟军力量的做法，建议与其把有限的兵力消耗在各个地区，不如在联合指挥下，实行统一的进攻”。他认为这种联合统一指挥体制必须打破各军兵种间的界限，根据战场的实际情况、战役规模的大小和参战的各军兵种的复杂情况，建立权威的、统一的指挥机构，并明确其指挥关系，所有参战部队都必须在统一的意图下，按照统一的计划行动。太平洋战争初期，麦克阿瑟试图组建三军联合统一指挥机构的努力是不成功的。在菲律宾保卫战时期，麦克阿瑟的地面部队基本没有得到过亚洲舰队的海上支援。移师澳大利亚的东部海港布里斯班后，麦克阿瑟开始完善战区联合指挥部，并千方百计加强自己所能辖制的海空军力量。到1943年底，麦克阿瑟统率的西南太平洋战区已经建立起一支军兵种比例相对合理的现代机械化部队，有效地进行了作战任务。

哈尔西也指出：立体化战争需要将所有的陆地、海上和空中所

① [美]道格拉斯·麦克阿瑟：《麦克阿瑟回忆录》，上海师范学院历史系翻译组译，上海译文出版社1984年版，第61页。

有的军事力量的行动协调一致,那么建立一个三军联合指挥部的任务势在必行。

为更好地进行全球的三军联合作战,美军和盟军后来建立了全球性的战争联合指挥系统(参见专门内容)。

这一时期,美国的一切军事活动都是围绕着夺取世界霸权展开的。经过两次世界大战战火的洗礼,原已成形的军事思想得到了进一步的发展和完善,成为博大精深的思想体系。在这一思想体系的指引下,美国终于登上了世界霸主的宝座。

第二节　为美国全球战略服务的美国军事外交

在动荡时期,美国的军事战略思想发生了变化,从单纯的军事战略发展为政治、外交和经济领域的全方位战略。战略的变化左右了美国军事力量的建设。一战后,美国的外交和军事紧密结合,互相配合,在战后的国际关系中得到生动体现。

一、美国发起国际裁军运动

一战后,帝国主义列强间争夺殖民地的斗争更加激烈。德俄等战败国退出了角逐,日本却在东方崛起,英法两国虽然元气大伤,仍颇具实力。这3个国家成了美国夺取世界霸权的最大障碍。列强的竞争集中在海军竞赛上。英国仍是海军强国,法国是欧洲最强大的陆军国。他们强烈反对美国充当世界霸主的企图。日本则在战后接管了德国在中国山东的全部权益,夺取了德国在太平洋上的领地,大大巩固了它在远东和太平洋地区的优势地位,严重威胁到美英的利益。因此,日本成了美国最危险的敌人。日美间的战争很可能在海上进行。因此,在两次世界大战之间这20年里，美国的主要军事政策是夺取海上霸权。但是，海军建设耗资巨大，美国国力难以承担。特别是战后人民反战情绪高涨，国会也不支持扩军政策。为此，美国发起了国际裁军运动，以此为幌子来达到扩充军备的目的。

美国在巴黎和会以及在后来所建的国际联盟中取得支配地位的企图因遇到英法日等国的反对而未能实现，故美国拒绝批准《凡尔赛和约》和参加国际联盟。为了保全面子，美国表面上奉行“孤立主义”的外交路线，实际上在世界各地积极参加同英法日等国的竞争。《凡尔赛和约》签订后，德奥等战败国的殖民地全部被英法日等国所瓜分，美国一无所获。

列强争夺殖民地的斗争日趋激烈，各国都在扩充海军军备，以便争夺海上优势。美国 1919 年通过了近年内建造 75 艘各类军舰的计划。日本在 1921—1922 年的海军拨款占国家全部军事预算的 1/3。英国首相劳合·乔治则声称：英国将用最后一分钱来使它的海军优于美国或任何一个国家。1919 年，英国拥有主力舰 43 艘、102.3 万吨，美国仅有 22 艘主力舰（包括巡洋舰）47 万吨。1921—1922 年，英国决定再造 8 艘主力舰。

这时美日矛盾成了帝国主义各国在远东和太平洋的主要矛盾。“要防止美日之间日益尖锐的冲突是不可能的。”①事实上，两国舆论已在公开讨论战争问题了。日本此时因独吞山东而引起了美英两国的忌恨，在国际上陷于孤立境地，加上中国掀起的反日运动也使日本在政治、经济上受到沉重打击，处境困难。

美国便利用这个机会向列强提出裁减军备的呼吁，发起召开了华盛顿会议。会议名为讨论裁军及亚太和远东地区的问题，实

① 《列宁全集》第 27 卷，人民出版社 1958 年版，第 341 页。

则想利用日本的困境拆散英日同盟,孤立日本,限制日本军备并阻止日本在中国的扩张,从而为美国的扩张铺平道路。美国本身不害怕裁军,因为一是美国有战后立即裁军的传统,已积累了扩军、裁军的丰富经验,而别的国家很少这样做。二是美国拥有雄厚的工业生产能力,可以在紧急时刻马上转产军用设备。在这点上其他国家是难以望其项背的。三是美国可以通过裁军减少军费开支,缓和国内人民的不满;同时可使主要竞争对手英、日、法三国的军事实力尤其是英国的海上霸权明显削弱,而且削弱以后难以恢复到以前的水平。四是美国可以通过发起这一运动而重获对世界事务的领导地位。

1921 年 11 月 12 日,华盛顿会议正式开幕。出席会议者有美、英、日、法、意所谓“五强”,外加中国、荷兰、葡萄牙和比利时,共 9 个国家。美国是东道国并起主导作用。会议的中心议题是中国问题,实质则是美日双方争夺在远东特别是中国的势力范围,以及列强争夺海上霸权。会议通过了以下重要文件:

1.《四国条约》,由美、英、日、法签订。规定:缔约国相互尊重各自在太平洋的属地。但是该条约的实质不在于维持太平洋的现状,而是用它取代英日同盟。英日同盟首先是海军同盟。美国一直把这一同盟视为潜在威胁。拆散英日同盟是美国召开这次会议的主要目的。

2.《五国海军协定》,协议分为两部分:一是确定美、英、日、法、意五国主力舰之比为 5∶5∶3∶1.75∶1.75,使英国放弃了历来坚持的“两强标准”,实际上放弃了它 200 多年的海上霸权,和美国平起平坐。二是禁止在西太平洋区域包括菲律宾、关岛、阿留申群岛和新加坡修建海军基地,以维持西太平洋现状。这是对日本的让步。日本获得巨大的战略好处,使它在二战中一举摧毁了英美在远东和太平洋的海军力量。这一条约是现代史上第一个裁军协议,它结束了列强在主力舰上的竞赛,在远东和太平洋保持了均势。条约还规定各国可有一定比例的航空母舰,但对潜水艇、巡洋舰等所谓“辅助舰艇”未作规定。

3.《九国公约》,由美、英、日、法、意、荷、比、葡、中九国签署。其承认中国独立、主权和领土完整。中国实行“门户开放”、各国机会均等。这就使日本独吞中国的企图受挫。

华盛顿会议和以前的巴黎和会所建立的“凡尔赛—华盛顿体系”,确立了战后列强瓜分世界的势力范围。它是战后帝国主义力量对比发生变化的结果。但这一体系是不稳定的,因为它并没有解决列强之间的矛盾,只不过使矛盾暂时缓和。美国虽然根据条约拆毁了价值3亿多美元的15艘战列舰和战斗巡洋舰,[①]但收获极大。美国由于主持了华盛顿会议,又恢复了在巴黎和会上所失去的领导地位。它还成功地拆散了英日同盟,这是美国战略上的巨大成就,为以后在第二次世界大战中击败日本奠定了基础。此外,美国还迫使英国放弃了海上霸主地位。

华盛顿会议后,各国都在“辅助舰只”的名义下,加紧建造巡洋舰、潜水艇等各类舰只,力争夺取海上优势。华盛顿会议的协议已名存实亡。

海军军备竞赛对于各国财政都是不堪忍受的负担。美国于1927年2月10日建议五强于年内在日内瓦重开海军裁军会议。美国与日本、英国三国于1927年6月20日—8月4日在日内瓦开会,谈判限制辅助舰只数额分配的问题,法意两国未参加。美国要

① [美]拉塞尔·韦格利:《美国军事战略与政策史》,彭光谦等译,解放军出版社1986年版,第298页。

求把华盛顿会议关于建造主力舰的比例同时用于辅助舰只,遭到英国的反对。英国只同意使自己的重巡洋舰相当于美国的 2 倍,但在轻巡洋舰数额的分配问题上未达成一致意见。日内瓦会议表明,美英矛盾已上升为当时列强之间的主要矛盾。

各国的海军竞赛有增无减。1929 年 2 月,美国又一次通过扩建巡洋舰的法案,规定在今后 3 年内建造 15 艘万吨级的巡洋舰。① 为使无止境的海军军备竞赛停下来,减轻经济负担,1929 年,美国同英国开始谈判限制海军军备问题。两国同意将所有各类舰只合并计算,使两国战斗实力相等。1930 年 1 月 21 日—4 月 22 日,英国发起召开了伦敦海军会议,经过激烈的讨价还价,各国终于达成了《伦敦条约》。美、英、日三国同意将停止建造主力舰的日期再延长 5 年,同意总共拆毁战列舰 9 艘;三国的重巡洋舰之比为 10 ∶ 10 ∶ 6,轻巡洋舰和驱逐舰之比为 10 ∶ 10 ∶ 7;潜艇三国相等。条约规定:各国 1931—1936 年不再建造新的战列舰,潜水艇排水量不超过 2000 吨。② 该条约同《华盛顿条约》一样,确认美国同英国的海军力量地位平等,击败了英国想重新恢复海上霸权的企图。但条约不过是一纸空文,各国海军军备竞赛仍在暗中进行。不久,国际形势紧张,各国又开始了新的一轮海军竞赛。

总之,战后美国打着"裁军"旗号,通过华盛顿会议、日内瓦会议和伦敦会议,在战略上达到了四大目标:一是结束了英国称霸世界海洋 200 多年的历史,取得了和英国海军平等的地位。二是拆散了英日同盟,使美国保持了对日本的战略优势。三是在"裁军"

① [美]加尔文 · D.林顿:《美国两百年大事记》,谢延光等译,上海译文出版社 1984 年版,第 329 页。

② [苏]奥加尔科夫主编:《苏联军事百科词典》,军事科学院外军部译,群众出版社 1984 年版,第 658 页。

口号下,美国建成了有史以来最强大的海军力量,为夺取世界霸权奠定了基础。四是利用发起裁军运动,美国重新在国际舞台中起主导作用。

二、实行军事绥靖的外交政策

一战后,美国虽长期奉行孤立主义的外交政策,却从未放弃争霸世界的企图,其外交始终是为这一战略目标服务的。在 20 世纪 20 年代,美国一方面推动裁军运动来同英、日等国争夺海军优势,另一方面扶植德国军国主义复活,以便同英法对抗。1924 年,美国提出“道威斯计划”,为外国资本大量流入德国铺平了道路,促进了德国经济的恢复。到 1927 年,德国工业便已恢复到战前水平,1929 年超过了英法两国。1929 年的“杨格计划”和 1931 年的《胡佛延期付款令》,完全解除了德国经济发展的外来限制,同时还从经济上支持了法西斯的兴起。仅福特公司就资助了希特勒的纳粹组织 20 亿美元。①

进入 20 世纪 30 年代,日本和德国、意大利三国在亚洲、非洲和欧洲发动侵略战争,气焰极其嚣张。美国又采取军事绥靖的外交政策,采取“不干涉”而实际是纵容德意侵略扩张的政策,目的是把法西斯的祸水引向苏联。美国供给大批军事装备,让德意支持佛朗哥叛军镇压了西班牙革命。罗斯福承认:“佛朗哥的飞机在巴塞罗那的平民头上扔下了美国的炸弹,这些炸弹是由美国厂商卖给德国政府或德国公司而运往德国,然后又转运去西班牙给佛朗哥的。”②1933—1934 年,德国从美国进口大批军火,在美国

---

① 黄绍湘:《美国通史简编》,人民出版社 1979 年版,第 583 页。

② 黄安年:《二十世纪美国史》,河北人民出版社 1989 年版,第 171 页。

专家帮助下,建立了德国空军,扶植了德国军火工业。1936—1939年,美国向德意日提供了大量的经济技术援助和军火武器。如意大利侵略埃塞俄比亚以前,就得到过洛克菲勒和摩根财团提供的巨额现金、原料、武器和军事技术的援助,美国最后还默认了意大利侵略的事实。美国1935、1936、1937年分别颁布了3个《中立法》,试图平息人民对卷入欧洲战争的担心。表面上,法令禁止美国把武器输往一切交战国以及一国内战的双方,但是并不禁止交战国从别国得到美国的武器装备。《中立法》实际上支持和纵容了德意等国的侵略行为。美国大使鲍尔斯承认:"中立法的运用实际上有利于侵略者。"①美国还支持英国和法国对德国推行的"绥靖政策"。罗斯福明确支持"慕尼黑协定",承认德国对捷克斯洛伐克领土的吞并。美国这样做的目的,就是以牺牲小国人民的利益为代价,让德国法西斯进攻苏联,以便使德国和苏联两败俱伤,美国好从中渔利。但随着德国的扩张,美国已感到德国是它最强大的竞争对手,对德政策渐趋强硬。

在远东,美国对日本的侵略行径也采取了妥协姑息的态度。在日本侵华的问题上,美国奉行的是"先欧后亚"政策,即:在保障美国在华权益、坚持"门户开放"的前提下,不干涉日本对华侵略,企图把日本引向反苏的方向。美国驻日大使格鲁克在电报中称:"如果我们坚持妨碍日本的政策,日本对美国的友好政策将会迅速化为乌有。"②在日本对华发动全面战争前,美国给日本以大量军火、物资,并向日本军火工业大量投资,帮助日本建立起现代化的军火工业。美国对日本并未援引《中立法》来禁止出售武器及

---

① [苏]库达科夫:《现代国际关系史》,国际关系学院编译室,世界知识出版社1958年版,第399页。

② 黄安年:《二十世纪美国史》,河北人民出版社1989年版,第174页。

物资,直到1937年9月14日才宣布“现购自运”原则:禁止用美国船只运送武器装备出口,但用自己的船只、以现金购买者除外。由于中国缺少海上船只,又被日本海上封锁,所以实际切断了对中国的物资供应。反之,日本却从美国源源不断地输入原料和战略物资。1939年,美国又把“现购自运”原则扩大到军火。日本从1937—1940年共输入美国物资98674万美元,其中70394.2万美元是军火。美日贸易也大幅度增长。这些都极大地助长了日本的侵略气焰。虽然1937年罗斯福发表了著名的“防疫演说”,不指名地批评了日本,号召建立一条反侵略的“防疫线”,但这对日本来说只不过是“隔靴搔痒”而已。1938年7月,美国又宣布对日本实行所谓“道义禁运”,反而促进了对日本的输出。1937年美国售给日本飞机价值248.4万美元,1938年增加到1745.4万美元。①

美国的军事绥靖的外交政策完全是为了美国的战略利益,美国的政策使德日意三国军事上变得强大,助长了它们的侵略气焰,对第二次世界大战爆发负有不可推卸的历史责任。

三、大战初期的美国军事外交

1939年9月1日,德国向波兰发起全面进攻。9月3日,英法对德宣战,第二次世界大战爆发。美国开始从外交和扩军两方面进行参战前的准备。

尽管美国政府对日本、德国和意大利采取妥协的绥靖政策,但也预见到有卷入战争的可能。为了应对未来的突发战争,罗斯福在战前采取了两大战略步骤:

一是对拉丁美洲实行“睦邻政策”,以便稳定战略后方,防止

① 黄绍湘:《美国通史简编》,人民出版社1979年版,第615页。

法西斯势力染指美洲。1933年3月4日，罗斯福在就职演说时宣布："在对外政策方面，我认为我国应该奉行睦邻政策——决心尊重自己，从而也尊重邻国的权利——珍视自己的义务，也珍视与所有国家和全世界各国协议中所规定的神圣义务。"①据此，美国暂时放弃了以往干涉拉丁美洲的政策。1934年，美国签署了体现不干涉原则、和平解决争端的《泛美公约》。同年，废除了干涉古巴内政的《普拉特修正案》，从海地和尼加拉瓜撤军。1936年，美国同巴拿马签约，从形式上放弃了对巴拿马的武装干涉。同年还取消了有权派兵干涉墨西哥内政的《美墨公约》。美国还同许多拉美国家签署了互惠的贸易协定。1938年，美国促使拉美各国在利马开会，发表了《利马宣言》，宣传以和平手段解决国际争端，反对使用武力。1939年，第二次世界大战迫在眉睫，美国又召集拉美各国召开了巴拿马会议，宣布西半球周围300英里为安全地带。罗斯福的"睦邻政策"，虽有摆脱国内经济危机、扩大外贸市场、争夺对拉美控制的企图，但也缓和了美国同拉美国家长期以来的紧张关系，有利于西半球反法西斯阵营的形成和壮大，有利于拉美国家的政治独立和经济实力的增长。

二是实现了美苏关系正常化。1917年十月革命以后，美国一直对苏联采取敌对态度，并曾出兵进行武装干涉，拒绝承认苏联。但是20世纪30年代国际形势发生了变化。苏联经济、军事实力日益增长，美国资本迫切要打开苏联这个巨大市场。罗斯福为了摆脱严重的经济危机，对抗法西斯的威胁，维持欧洲的力量均势，于1933年11月决定承认苏联，同苏联建立外交关系。这为后来

① [美]富兰克林·德·罗斯福:《罗斯福选集》，关在汉译，商务印书馆1982年版，第17页。

形成世界反法西斯联盟创造了条件。

战争爆发后,美国进行的军事外交行动如下:

(一)通过逐步废除《中立法》,支持英国抗击德国

一开始,美国实行了"中立政策"。9月5日罗斯福根据《中立法》,宣布:"我国将继续是一个中立国家……我希望美国将置身于这场战争之外。"①美国立即取消了给英国和法国的900万美元的军事订货,对交战国实行军火禁运。罗斯福之所以这么做,实出无奈:一是因为美国人民强烈反对参战。民意测验表明,仅10%的美国人主张立即参战。② 二是美国在军事上还没有做好准备。三是国会中的民主党孤立主义者影响极大。四是美国想像第一次世界大战那样,先采取中立观望立场,待到时机成熟后再出来夺取世界霸权。

但是罗斯福一直在努力使国会修改《中立法》。他认为《中立法》"实际上有助于侵略者而无助于受害者"。早在7月,罗斯福便要求国会修改《中立法》,"称这些条约对于美国的中立、美国的安全尤其是美国的和平具有致命的极大危险"。③ 9月21日,他又要求国会废除《中立法》中的禁运条款。罗斯福的建议遇到孤立主义者的强烈反对。国会为此展开了大辩论。1939年11月4日,国会通过了第四个《中立法》,保留了以前法案的大部分条款,实际上废除了武器禁运,扩大了"现购自运"原则。由于英国具有地理上的有利条件和海上优势,所以这个法案有利于英法而不利于德意。虽然英法和美国积怨很深,但权衡利弊,罗斯福认为

① [美]德怀特·杜蒙德:《现代美国》,宋岳亭译,商务印书馆1984年版,第643页。

② 黄安年:《美国历史纲要》(现代上册),北师大历史系教材,第286页。

③ [美]富兰克林·德·罗斯福:《罗斯福选集》,上海师范学院历史系翻译组译,商务印书馆1982年版,第82页。

德国是美国最危险的竞争对手,于是采取了亲英法的立场。

这个法案通过后,美国随即给英国提供180万军队的装备。① 1940年6月,法国沦陷,美国开始加速向反法西斯各国援助的步伐,以便让这些国家拖住德国,以期两败俱伤,好从中渔利。6月10日,罗斯福声称:"美国政府正在力图使同盟国政府获得其急需的物品。""保卫美国最好的办法就是英国能保卫其本身。"②在英国从敦刻尔克撤退后,美国政府秘密下令,凡新造军火,多余的一概以快船运往英国。同时采取双边转让的办法,即英国将大西洋西岸的8个海军基地租给美国,换取美国的50艘驱逐舰。这样,既可以增强英国海军的作战能力,也为美国下一步护航和参战创造条件。接着,美国又派特使去英国实地考察分析,判断德国将于1941年5月向英国本土发起进攻。1940年12月,罗斯福接到丘吉尔的紧急求援信,要求美国援助英国以防英国沦陷。

12月17日,罗斯福提出了著名的《租借法》草案,规定:任何一个国家,只要总统认为对美国的防卫是必不可少的,那么总统就有权批准给予援助。12月29日,罗斯福庄严地宣告:"美国决心负起民主国家兵工厂的责任。"1941年3月8日,参议院以60∶31票通过了《租借法案》,决定拨款70亿美元支援盟国。美国在整个战争期间共拨款600多亿美元,实际支付49096155000美元。各主要国分到份额如下(单位:亿美元):

大英帝国(包括英国、印度、加拿大、澳大利亚和南非等):307.53;

苏联:111.41;

---

① 黄绍湘:《美国通史简编》,人民出版社1979年版,第622页。

② [美]罗伯特·达莱克:《罗斯福与美国对外政策(1932—1945)》,陈启迪等译,商务印书馆1984年版,第329页。

法国:23.77;

中国:13.35;①

各国用这些款项购买了坦克3.7万辆,卡车80万辆,火车头3400台②及其他物资。

《租借法案》的实施,使38个国家受益。英苏等国获得大量急需的作战物资,顶住了德国的攻势。

随后,由于美德关系明显恶化,1941年,美国又采取了以下措施:

2月,美国宣布冻结德国在美资产。

4月,美国宣布扩大美洲安全区,下令海军在大西洋护航巡逻。

5月,把《租借法案》扩大到中国。

9月,下令中立区的美国海军可以摧毁"西大西洋的敌军"。

10月9日,要求修改《中立法》,武装商船。

上述措施使美国一步步走上对德开战的道路。

(二)对付日本侵略,以退求和

对于日本在远东的侵略,美国一直以妥协来推迟甚至避免同日本冲突,以防出现两线作战的局面。1938年10月,日本占领武汉后,加紧向解放区进攻;对国民党则展开诱和活动。美国伙同英法两国企图召开"太平洋国际会议",以牺牲中国来换取同日本的妥协,保卫其在华利益。但因中国人民坚决抗战,这次会议未能召开。

---

① [美]德怀特·杜蒙德:《现代美国》,宋岳亭译,商务印书馆1984年版,第674页。

② Maurice Matloff, *American Military History*, Office of the Chief of Military History, United States Army, Washington D.C., 1969, p.469.

1940年8月,日本抛出了“大东亚共荣圈计划”,想建立以日本为主宰,包括中国、朝鲜、印尼、缅甸、泰国、马来西亚、菲律宾、印度支那在内的殖民大帝国。罗斯福对日政策为:“避免在太平洋发生公开的斗争”“继续经济压力,援助中国,但不把日本推到其军方要求战争的地步”。① 1941年3月,国务卿赫尔同日本驻美大使野村秘密会谈,美国想以牺牲中国东北为条件,换取日本同意恢复在中国的“门户开放”。日美从3月至12月,共谈了近10个月56次之多。由于中国人民坚决反对以及美日矛盾难以克服,“远东慕尼黑”才没有出现。

1940年9月—1941年7月,日本通过同法国“维希”傀儡政府签订的协定,侵占了印度支那,进一步加剧了同美英之间的矛盾。美国加紧向日本施加压力,要求日本撤军,同英国一起冻结了日本资金,实行石油禁运。美国早已得到日本要通过战争来寻找出路的情报,但未能进行充分准备。太平洋战争的爆发,说明了美国对日政策的失败。

(三)组建世界反法西斯同盟

德日意的侵略扩张,构成对全人类的威胁。反对法西斯已成为世界各国人民共同的斗争任务。社会制度不同的各个被侵略国家都迫切要求采取联合行动。美国首先通过废除《中立法》和通过《租借法案》,解决了反法西斯侵略各国的资金和物资匮乏的问题。接着于1941年3月,美英两国军方达成了《ABC-1参谋协定》,确定了美国参战后两国首先打败德国,然后再对付日本的原则。这样,美英首先建立了同盟。

1941年6月22日,苏德战争爆发。丘吉尔和罗斯福立即发

① 黄安年:《二十世纪美国史》,河北人民出版社1989年版,第180页。

表谈话,表示将尽力援助苏联。8 月 9 日,丘吉尔和罗斯福在纽芬兰会晤,讨论了军事援苏的问题,并致函斯大林,建议召开三国会议。8 月 14 日,美英发表联合声明,史称《大西洋宪章》,表示:不承认法西斯国家通过侵略所造成的领土变更;联合打败“纳粹暴政”;尊重各国人民选择自己的政府形式的权利;不追求领土扩张等,从而为世界反法西斯联盟规定了共同行动的准则。9 月 24 日,苏联也加入《大西洋宪章》。10 月 1 日,美英苏三国签订第一个议定书,规定美英向苏联提供武器和军火物资,苏联则向英美提供原料。11 月 6 日,美国宣布把《租借法案》施行于苏联。三国协定建立了美英苏同盟,为日后全世界反法西斯联盟的形成奠定了基础。

太平洋战争的爆发,进一步推动了国际反法西斯统一战线的形成和壮大。1942 年 1 月 1 日,美英苏中等 20 个国家的代表在华盛顿签署了《联合国家宣言》,宣布所有的签字国家保证运用其全部军事与经济资源,反对德意日及其仆从国家,不单独同它们签订停战协定或合约。《联合国家宣言》的签署标志着国际反法西斯同盟的形成。它汇集了全世界一切反法西斯力量,彻底改变了双方力量的对比,使二战形势发生了根本变化。

(四)建立美洲共同防御体系

为防止战火波及美洲,1940 年 7 月,美国召集拉美各国在古巴首都哈瓦那开会,通过了《哈瓦那宣言》,宣称:对美洲任何一个共和国的进攻,就是对美洲所有共和国的进攻,并以美洲及四周围水域为安全区,由美国海军巡逻。8 月 18 日,建立了美加联合防御。9 月,美国以 50 艘旧驱逐舰换取了英国在西印度群岛中的 8 个岛屿,美国可在这些岛屿上建立海空基地,并无偿使用 99 年。美国取得了西大西洋的海空防御控制权。通过以上步骤,美国和拉美各国一起建立了反法西斯侵略的防御体系,在参战前巩固了战略后方,免除了后顾之忧。

美国上述军事外交行动,为反法西斯联盟的扩大奠定了基础,并为即将参战做好了外交准备。同时,还极大地鼓舞了英、苏等国人民,他们浴血奋战,粉碎了希特勒的“空中战争”和“闪电战”,为美国参战赢得了宝贵的准备时间。

为了推行夺取世界霸权的全球战略,美国在此期间的军事外交行动,有成功也有失败,除了军事绥靖政策外,都是成功之笔。美国的军事外交是二战胜利的有力保障。

第三节　美国参加全球总体战
——第二次世界大战

日美之间的长期会谈难以愈合双方的分歧。虽然美国早就得到日本即将发起攻击的情报,但日本还是利用美军防御中的漏洞,于12月7日奇袭珍珠港,使美国太平洋舰队主力遭到了毁灭性打击。

在偷袭珍珠港的同时,日军还向马来亚、新加坡、菲律宾、印尼、缅甸、中国香港等地发起进攻。12月8日,美英对日宣战。12月9—10日,中国对德日意宣战。12月11日,德意对美宣战,罗马尼亚、保加利亚、匈牙利等仆从国对美宣战,随后20多个反法西斯国家对日宣战。第二次世界大战全面开打。

日本偷袭珍珠港在战术上取得了巨大成功,但在战略上却是一大失策。美国在军事上受到惨重损失,但不是致命的。航空母舰的离港执勤和造船厂未被摧毁,为美国迅速恢复海军实力创造了前提。在政治上,美国彻底放弃了孤立主义政策,正式加入反法西斯阵营参加对日、德的作战，使战争的力量对比发生了根本的转变。

一、美国在欧洲和北非战场的作战

珍珠港事件后，美国便全面投入到欧洲和太平洋两个战场的战斗。1943年前，美军的作战重点是在太平洋战区，1943年后为实行“德国第一”的战略，特别是在德黑兰会议之后，重点便转移到欧洲战场。

美国的作战概况如下：

（一）北非登陆战役

美国参加对德作战，是以北非登陆战役揭开序幕的。“火炬计划”要求1942年秋美英在北非登陆，对德意作战，以肃清地中海南岸的德军，打开地中海的通道，进攻德国的软弱伙伴意大利。

1942年11月8日凌晨，美英联军11万余人在650余艘各类舰艇支援下，分三路在阿尔及利亚和摩洛哥登陆，仅遇到法国维希政府军的微弱抵抗。11月11日，法国达尔朗海军上将接受美英条件，签订了停止抵抗的协定。美英联军遂顺利占领了摩洛哥和阿尔及利亚，突入突尼斯境内。

美英军于1943年3月21日，突破马雷斯防线，德意联军向北后撤至突尼斯东北角。4月20日，美英军和法国抵抗力量的军队发起总攻。于5月6日、7日突破敌军防线，攻占了突尼斯城和比塞大港，25万敌军投降。德意军共损失349206人，被击毁坦克250辆，飞机2300多架，舰船232艘。盟军伤亡7万人。①

① ［美］阿瑟·林克等：《1900年以来的美国史》（中），刘绪贻等译，中国社会科学出版社1984年版，第233页。

北非战役是战争史上第一次使用登陆舰艇进行“由舰到岸”的大规模渡海登陆战役,为之后西西里岛、诺曼底等登陆战役提供了有益的经验。

(二)西西里岛战役

西西里岛是地中海的最大岛屿,盟军总兵力47.8万人,拥有各类舰艇2600艘,飞机约4000架。1943年7月9日深夜,美英军在登陆地域各空降了一个师,占领了重要桥梁和机场。10日3时45分,盟军开始登陆,利用夜暗和风暴掩护,登陆达成了突然性;进展顺利。头4天,登陆部队达16万人。此后,美军向西、北发起进攻。8月17日,美军首先攻进墨西拿,占领全岛。战役胜利结束。美英军伤亡约2万人,其中美军7445人。① 德意军伤亡被俘达16万人,损失飞机600架,大炮1000门。②

至此,德意军队在地中海和北非的作战彻底失败。

(三)进攻意大利本土及意大利投降

意大利接连的惨败,加深了国内危机,1943年7月25日,意大利发生政变,墨索里尼下台,巴多格里奥上台执政。9月3日,新政府宣布无条件投降,10月13日向德国宣战。德国则于9月21日劫走墨索里尼,重建了一个傀儡政府与盟军对抗。

1943年8月底,驻意德军共17个师,盟军有40个师、3000余架飞机及650余艘舰艇。美第5集团军和英第8集团军分两路登陆,向意大利本土发起攻击。作战经过:

1. 意大利南部战役。9月2日夜间盟军发起攻击,盟军顺利登陆。意大利投降英美军后,德军又调来10个师占领了意大利大

---

① 朱贵生等:《第二次世界大战史》,人民出版社1982年版,第464页。

② 陈漫远:《第二次世界大战概况》,湖北人民出版社1984年版,第232页。

部,解除了几乎全部意军的武装。9 月 9 日,盟军兵不血刃占领了海军基地塔兰托。但在萨莱诺,盟军遇到德军的顽强抵抗。在萨莱诺,战况十分激烈,盟军经苦战于 11 日占领萨莱诺。到 10 月 6 日,盟军才占领了意大利南部。与此同时,盟军还占领了撒丁岛和法国的科西嘉岛。11 月初,德国 C 集团军群防守横贯半岛东西的"古斯塔夫防线",阻止了盟军的进攻,使盟军整个冬天在防线前裹足不前。

2. 安齐奥战役。盟军 19 师又 4 个旅,飞机 4000 架,舰船 3000 余艘,于 1944 年 1 月 18 日对"古斯塔夫防线"发起正面佯攻,吸引德军主力。22 日,盟军 5 万人,在安齐奥登陆。开始时进展顺利,前进 10 英里即遭到德军顽强抵抗,盟军损失巨大,寸步难行。一直到 5 月份,盟军无所进展,对"古斯塔夫防线"的三次攻势战果甚微。盟军于 5 月 11 日夜发起全线攻击,突破了"古斯塔夫防线",安齐奥的登陆部队于 5 月 22 日发起攻击,25 日与正面进攻部队会师。德军北撤至"哥特防线"。6 月 4 日,盟军攻占罗马。以后盟军缓慢北进,8 月底突破了"哥特防线",10 月前停止了进攻。

3. 最后攻势。在 1945 年冬季,盟军仅实施一系列小规模作战,压迫德军逐步北撤。这时意军开始对德作战,意北部游击队也日趋活跃,牵制和消耗了大批德军。4 月初,意大利北部有德军 26 个师。4 月 9 日盟军从东西两侧发动攻势,进展顺利。16 日,盟军发动全线总攻。美军突破敌军防御,前进至波河流域。至此,德军的抵抗被打破。5 月 2 日,德军无条件投降。

盟军在意大利的攻势以胜利而告终。在西西里岛和意大利共歼德意军队 65.8 万人。① 此外,盟军还一直牵制着德军一个集团

① 黄玉章等:《第二次世界大战》,世界知识出版社 1984 年版,第 460 页。

军群的兵力,有力地配合了其他战场上的盟军作战。盟军伤亡达 32 万多人。①

(四)诺曼底战役

1944 年,苏联在东线转入进攻,美英军在北非和西西里连连得手,意大利退出战争,日本在太平洋战区转入守势。盟军在西欧也准备采取大规模两栖登陆作战。

龙德施泰特元帅指挥德军西线守军共 58 个师。美英为登陆做了大量周密细致的准备工作。登陆部队共 36 个师 288 万人,其中美军 153.3 万,飞机 13700 余架,舰艇 9000 余艘(内登陆艇 4000 艘)。②

盟国空军在登陆前几个月,对法国北部和比利时的重要目标进行了持续大规模的轰炸,使德军的运输系统几近瘫痪,登陆区 85%的机场受到破坏,德远程雷达站大部分受损。盟军还采取了一系列战役伪装措施,使德军判断失误,以为盟军是在加来登陆。

6 月 6 日凌晨,盟军空降兵 1.7 万人乘 1200 架运输机在德军"大西洋壁垒"后方伞降着陆。盟军 2500 架轰炸机实施航空火力准备,轰炸登陆区域及其附近区域,投弹约 1 万吨。5 时 30 分,100 余艘火力支援舰对 80 千米宽的登陆正面实施舰炮火力准备。登陆部队分别在 5 个地段突击登陆,9 时已基本突破德军阵地。美军在"奥马哈"地段遭遇德军顽抗,进展缓慢。6 月 6 日、7 日两天,美英军登陆部队已达 17.6 万人,车辆 2 万台。6 月 16 日,装配好的两个人工港投入使用。

6 月 18 日,美军切断科唐坦半岛,21 日向瑟堡发起总攻,经 5 天激战,瑟堡守军投降。英军预定在登陆日攻占卡昂,因德军顽

① 朱贵生等:《第二次世界大战史》,人民出版社 1982 年版,第 484 页。

② 黄玉章等:《第二次世界大战》,世界知识出版社 1984 年版,第 484 页。

抗,直至 7 月 9 日才攻占成功。

至 7 月初,盟军已登陆 100 万人,车辆 17 万台,物资近 60 万吨。因登陆场过小,盟军又展开扩大登陆场的作战,形成了正面宽 150 千米、纵深 13—35 千米的登陆场。7 月 24 日,诺曼底登陆作战胜利完成。盟军伤亡 12.2 万人,其中美军 7.3 万人,英军与加拿大军 4.9 万人。德军损失 11.4 万人。

盟军完成诺曼底登陆后,东线苏军攻势也节节进展。德国内部的政治危机在进一步加剧。7 月 20 日发生了谋杀希特勒事件。形势对盟军极为有利。

7 月 25 日起,盟军向法国西北部德军发起攻击。2000 架飞机进行了密集轰炸。美军进展缓慢,到 27 日才突破德军防线 15—20 千米。以后进展加快。德军这时才恍然大悟:诺曼底是盟军的主要战略行动方向。8 月 1 日,美第 8 集团军向布列塔尼半岛发起攻击,4.5 万法国游击队展开活动,把 7.5 万德军围困在几个港城。美军未遇德军抵抗,主力挥师东进。盟军两翼齐飞,合围德军 10 个师,于法莱兹歼德军,死伤 11 万人。8 月 25 日在法国人民起义的配合下解放了巴黎。

诺曼底战役胜利结束,盟军共歼敌 40 多万人,其中俘虏 25 万;敌损失坦克 2200 辆,军车 2 万辆。盟军伤亡 209672 人,其中阵亡 36976 人。①

(五)盟军在法国南部的登陆

诺曼底登陆成功后,盟军即着手实施"龙骑兵计划"。盟军在法国南部海面集结了 50 万大军,其中法军 26 万人,坦克 1000 辆,

① 朱贵生等:《第二次世界大战史》,人民出版社 1982 年版,第 553 页。

飞机4700架,舰艇850艘。① 8月15日晨,美法军实施空降;当日下午部队开始登陆。在强大火力支援下,登陆进展顺利,8月28日,盟军攻占了马赛和土伦,9月3日,盟军开进里昂。之后,盟军便追击德军,9月11日与从巴黎向东南推进的美军在第戎以西会师。法国西南部的德军很快放下了武器。盟军通过“龙骑兵计划”行动,占领了法国南部。俘敌8万人,盟军伤亡7200人。②

(六)进攻荷兰、比利时并突破“齐格菲防线”

盟军于9月17日发起攻击。同时,盟军在阿纳姆地区进行了有史以来最大的空降,共机降34876人,③但侧翼进攻的两个军受阻。德军兵发起反突击,盟军突击集团面临被合围的危险。英军费尽力气才顶住德军的进攻,转入防御。盟军在荷兰的攻势进展也不大,被迫在阿纳姆一线转入防御。美空降82师参加了争夺雷马根渡口的战斗,101师则在埃因霍温站住了脚。

美军10月21日攻占亚琛,打开了通往鲁尔工业区的道路。因后勤补给困难,被迫停止了行动。11月16日,盟军向“齐格菲防线”的进攻没有成功。美第3集团军11月11日在萨尔试图突破防线,也未成功。同月,盟军进抵莱茵河。

在法国及荷兰、比利时的作战中,盟军从人员到装备都占有绝对优势,并掌握了制空、制海权,还有法国各地人民起义的配合,因而很快占领了法国全境。但在向德国西境进攻时,因德军主动后撤,盟军正面进攻,无法集中主要突击力量,故很少歼敌有生力量,德军得以保存实力,撤至“齐格菲防线”后面固守。

---

① 黄玉章等:《第二次世界大战》,世界知识出版社1984年版,第447页。

② 朱贵生等:《第二次世界大战史》,人民出版社1982年版,第559页。

③ [苏]苏联军事科学院:《苏联军事百科全书》(第五卷),军事科学院译,解放军出版社1986年版,第18页。

（七）阿登战役

1944 年秋，希特勒决心在美军防守薄弱的阿登地区发起反攻，企图重占比利时的列日和安特卫普，切断美英补给线，围歼其主力，从而迫使美英与德国媾和。德军参战兵力 25 万人，火炮 2617 门，坦克 900 辆，飞机 800 架。12 月 16 日，德军于拂晓风雪中突然发起攻击。美军措手不及。17 日，美军阵地被突破，2 个团近 9000 人投降。18 日，双方在交通枢纽巴斯托尼激战，美军死守。双方为争夺这一要地血战了 20 天。到 25 日，德军已在 100 多千米宽的正面向西突入纵深 100 余千米，形成突出部。美军急调大批军队增援，阻击德军进攻。

1945 年 1 月初，德军出动了 1000 架飞机对盟军机场猛烈轰炸，炸毁盟军飞机 260 多架，德军也损失 300 架。1 月 3 日，德军 2 个军向巴斯托尼发起最后一次攻击，在巴顿反击下失败。巴斯托尼解围后，盟军 1 月 3 日全线反击，德军兵力不足，阿登反攻失败。

此役，德军损失 10 万人，坦克和自行火炮 600 辆，飞机 1600 架，军车 6000 台。美军损失 8.1 万人，英军伤亡 1400 人。① 这是西线最大的一次阵地战，美军虽蒙受重大损失，但严重削弱了德军在西线的防御力量和东线的机动兵力。

（八）进攻德国本土

阿登战役后，1945 年盟军开始向德国本土进军，共进行了三次重大战役。

1. 马斯—莱茵河战役。而盟军集中了 31 个师又 4 个旅（包括 9 个装甲师、4 个装甲旅）及 3600 架飞机，编成南北两个突击集团实行钳形进攻。

---

① 黄玉章等：《第二次世界大战》，世界知识出版社 1984 年版，第 456 页。

2月8日攻击开始。北部英加军从奈梅根向东南发起攻击,进展缓慢,美军原定于2月10日进攻,因敌军炸毁了河堤,鲁尔河水泛滥,直到2月23日南突击集团才开始攻击。美军强渡鲁尔河后,建起登陆场。尔后向东北、北两个方向发起进攻,于3月2日前进到莱茵河,并于次日与加拿大军会师。在战线中部的美军进攻发展顺利,战线南部的美加两军发起攻击,德军迅速后撤。3月25日,盟军全线压到莱茵河畔。此役,盟军肃清了莱茵河西岸的敌军,把"齐格菲防线"抛到了身后,为尔后攻占德国经济中心鲁尔区创造了条件。德军损失20个师,死伤6万余,被俘27.5万。①

2. 强渡莱茵河,攻占鲁尔区。从3月7日至31日,盟军300万人在9000架飞机和空降兵的掩护下,以排山倒海之势强渡莱茵河,并对鲁尔工业区的德国B集团军群合围。4月17日,32.5万德军投降。

3. 最后攻势。鲁尔集团被合围后,德军西部防线已基本瓦解,于是盟军把主力集中到中央方向,在全线发起最后攻击。盟军向东推进,几乎未遇德军抵抗,于4月16日进抵易北河畔,19日攻占莱比锡,尔后进入捷克斯洛伐克境内。25日,美军在托尔高同苏军会师,德国被分割成南北两部分。在北部,英军向东北迅速推进,从4月19日至月底前抵易北河多处。英军强渡易北河后继续东进,汉堡守军不战而降。5月初,英军在易北河以东与苏军会师。在南部,盟军迅速东进,5月初攻入奥地利。5月2日苏军攻克柏林。5月8日,德国正式投降。5月11日,美苏军队在捷克斯洛伐克会师。盟军同德军作战至此结束。

从诺曼底登陆到德国投降,德军在西线被击毙26.3万人,4.9万人残废,810.9万人被俘。盟军阵亡186900人,伤545700人,失

① 黄玉章等:《第二次世界大战》,世界知识出版社1984年版,第457页。

踪 109600 人(后有些人作为战俘被遣返)。①

(九)对德战略轰炸

二战使美国有可能对米切尔的"空军胜利论"进行检验。战时美国空军的战略思想是以杜黑理论为基础的,即:争夺制空权是多余的,应直接打击敌人要害的中心地区。这一战略思想早在 1941 年 8 月空军作战计划处制订的 1 号文件中就得到了体现。阿诺德在同年年底也认识到:"除非消灭德国空军,否则绝无可能实施'霸王'或'铁砧'计划。"②但是直到 1944 年,才明文规定:夺取空中优势是"第一需要"。③

美国的海空军在大战中扬威海空,取得了赫赫战果。空军对德、日两国进行了大规模战略轰炸。从 1942—1945 年,美国空军共出动了 927460 架次投弹 155 万吨,④击落击伤敌机 18880 架,自己被击落 8471 架,⑤阵亡飞行员约 43742 人,伤 1923 人。⑥ 轰炸给德国经济造成了严重影响。据 1944 年 12 月统计,德国铁路货运减少了 85%,合成氮损失 91%,造成弹药匮乏。⑦ 由于航空和潜艇工业被炸,119 艘新型的 XXI 型潜艇报废了 118 艘,飞机生产减少了

① 朱贵生等:《第二次世界大战史》,人民出版社 1982 年版,第 582 页。

② [美]拉塞尔·韦格利:《美国军事战略与政策史》,彭光谦等译,解放军出版社 1986 年版,第 413 页。

③ Dale O.Smith, *U.S.Military Doctrine: A Study and Appraisal*, New York: Duell, Sloan and Pearce, 1956, p.146.

④ Ernest R.Dupuy, Paul F.Braim, T.Dupuy, *Military Heritage of America*, New York: McGraw-Hill, 1956, p. 526.

⑤ [美]瓦格纳:《美国战斗飞机史》,三机部 628 所 1975 年版,第 208 页。

⑥ [美]小戴维·佐克等:《简明战争史》,军事科学院外国军事研究部译,商务印书馆 1982 年版,第 366 页。

⑦ [美]小戴维·佐克等:《简明战争史》,军事科学院外国军事研究部译,商务印书馆 1982 年版,第 364 页。

5000—15000 架。[①] 轰炸还造成了强大的心理效果。1944 年初,77%的德国人便已相信战争打输了,1945 年 5 月,大多数德国人已完全丧失了信心。[②] 但轰炸也造成平民大量伤亡,反而增强了其人民战斗到底的决心,美国的战略轰炸是导致德国战败的重要因素。正如德国军需与军备部长斯皮尔所言:“美国的空袭针对的是一系列明确的工业目标……正是这些空袭导致了德国军备工业的崩溃。”[③]德国元帅凯塞林和龙德施泰特也认为:打败德国的是盟国对德国后方的战略轰炸,战斗机的轮番低空轰炸系统地摧毁了德国的工业。[④]

海军和空军一样,在打败敌人方面功不可没。美国海空军配合盟军同德国潜艇在大西洋展开了殊死搏斗,最后以德国潜艇的惨败而告终。美英参战的舰艇有 300 多艘,飞机 800 多架,击沉德国潜艇 780 艘,其中美国击沉的有 191 艘。[⑤]

二、美国对日作战(又称“太平洋战争”)

太平洋战区的盟军共有 22 个师 37 万余人,舰艇 218 艘(其中航空母舰 3 艘,战列舰 10 艘),飞机 1500 架。[⑥]

---

① [美]拉塞尔·韦格利:《美国军事战略与政策史》,刘绪贻等译,解放军出版社 1986 年版,第 431 页。

② [美]小戴维·佐克等:《简明战争史》,军事科学院外国军事研究部译,商务印书馆 1982 年版,第 365 页。

③ [美]阿瑟·林克等:《1900 年以来的美国史》(中),刘绪贻等译,中国社会科学出版社 1984 年版,第 267 页。

④ [美]拉塞尔·韦格利:《美国军事战略与政策史》,刘绪贻等译,解放军出版社 1986 年版,第 432 页。

⑤ [日]乡田充:《空中力量发展史及战术的演变》,张健等译,空军学院研究部 1983 年中译本,第 203 页。

⑥ [苏]苏联军事科学院:《苏联军事百科全书》(第 5 卷),解放军出版社 1986 年版,第 968 页。

美军作战经过大体分四个阶段：

(一)战略防御阶段(1941年12月—1942年4月)

日本共对美进行了3次大的战役：

1. 偷袭珍珠港

珍珠港是夏威夷的军事、政治中心，是美国通往亚澳的交通枢纽和太平洋舰队基地。为了消灭或瘫痪太平洋舰队，夺取制海权，解除对日本南进的威胁，日本以6艘航空母舰(400架飞机)为中心，组成24艘战舰的机动部队，由南云忠一指挥。1941年12月7日7时55分，日本开始攻击，击毁击伤港内的美国8艘战列舰及10余艘其他舰只，击毁美机180架，毙伤美军3500多人。日本只付出了29架飞机和5艘特种潜艇的代价。但太平洋舰队的3艘航空母舰因出海执行任务未受到袭击。此外，毁伤的舰只除两艘外均很快修复并投入使用。袭击珍珠港使美太平洋舰队在战争初期失去了战斗力。

2. 攻占菲律宾

1941年12月8日，即珍珠港事件的第二天，日本空军突袭，击毁吕宋岛的美军飞机100余架，掌握了制空权。陆军从10日起登陆。10至12日，海军击沉美舰4艘，又掌握了制海权。22日，日陆军主力登陆。1942年1月2日，日军攻占马尼拉。美菲军主力固守巴丹半岛。经3个月苦战，美菲军投降。哥黎希律岛的1.5万美菲军也放下武器。战役中，美军损失3万人，菲军损失10万多人。日军伤亡约1.2万人。①

3. 爪哇海战

美军失去菲律宾后，亚洲舰队撤至荷属东印度群岛(即印度

① 黄玉章等：《第二次世界大战》，世界知识出版社1984年版，第200页。

尼西亚),同英国、荷兰和澳大利亚四国组成联合舰队,共 9 艘巡洋舰、26 艘驱逐舰和 39 艘潜艇。1942 年 2 月 27 日,盟军分舰队 15 艘军舰同日军 14 艘军舰发生海战,盟军损失 5 舰,从爪哇海突围时候又损失 6 舰,美国有 2 艘重巡洋舰被击沉,其余盟军舰只好撤往澳大利亚。日本很快占领了荷属东印度。

这一阶段,日本以突然袭击和优势军力取得了制海权和制空权,占领了菲律宾、缅甸、马来亚、荷属东印度、新加坡和中国香港,以及太平洋中的威克、关岛等战略岛屿。连中国沦陷区在内,日本占领的区域面积 700 万平方千米,人口 5 亿。

(二)战略相持阶段(1942 年 5 月—1943 年 2 月)

美国向战区增调了大量军队,国内生产了大批飞机和舰只,从而军力大增。美国进行了数次重大军事行动。

1. 珊瑚海海战

美海军在珊瑚海海域同日军展开了激战。5 月 7 日至 8 日,双方同时用飞机攻击对方的航空母舰。美击沉日本 1 艘轻航空母舰,重伤 1 艘,而日本也击沉击伤美航空母舰各 1 艘。日本损失飞机 105 架,美国损失飞机 81 架。珊瑚海之战是世界上第一次航空母舰的交锋,日本在战略上失败,被迫停止向莫尔兹比港的推进。

2. 中途岛之战

中途岛是太平洋中重要的战略岛屿,日本海军集中了 8 艘航空母舰(400 多架舰载机)和 120 多艘其他舰只,袭击中途岛。美方破译了日海军的无线电密码,掌握了日方的企图。此时,美航空母舰编队对日各航空母舰实施连续攻击。日军 4 艘航空母舰及 1 艘重巡洋舰被击沉,损失飞机 332 架,另有 6 艘舰只受伤,死亡 3500 人。美国损失航空母舰和驱逐舰各 1 艘,飞机 150 架。这次战斗具有重大战略意义:日本战略主动权开始丧失,美国开始掌握了制海权。

3. 瓜达卡纳尔之战

中途岛之后,日本在太平洋地区只留少量军队维持秩序和在外围作战,大部分军队调回日本本土,一部分调到中国东北和关内。日本南方军的任务是占领莫尔兹比港以加强对澳大利亚的威胁,阻碍美澳交通。而美国为了确保美澳海上交通,需巩固这个反攻基地。

瓜岛在所罗门群岛东部,面积6500平方千米。日军在岛上有机场和基地,日方守岛部队为陆军第17军,并有大量海军配合。美军有3艘航空母舰、1艘战列舰、14艘巡洋舰和各类舰只数十艘,以及2个陆军师。

双方从1942年8月开始到1943年2月止,共进行大小海战30余次,其中大海战7次,双方各损失驱逐舰以上的舰只24艘,日本损失飞机600余架,大大超过美方损失。陆战也十分激烈:美军先后参战6万人,阵亡1600人,负伤4200人;日军参战3.6万人,阵亡2.4万人,被俘1000人。① 日军惨败,被迫放弃该岛,从此丧失了战略主动权,被迫由攻转守。而盟军则挫败了日军向东南太平洋的推进计划,为战略反攻创造了条件。

(三)局部反攻阶段(1943年2月—1944年6月)

1943年初,日本计划巩固亚洲大陆的阵地,加强太平洋尤其是外线的防御,做好对苏开战的准备。日军在东南亚和太平洋区域共有280万人,210艘舰艇(其中航空母舰6艘),4600架飞机。盟军有401.6万人,舰艇170余艘(其中航空母舰10艘),飞机3500架。②

① 黄玉章等:《第二次世界大战》,世界知识出版社1984年版,第224页。

② [苏]苏联军事科学院:《苏联军事百科全书》(第5卷),军事科学院译,解放军出版社1986年版,第969页。

盟军采用了“越岛进攻”战术。在辽阔的太平洋,逐步攻占其盘踞的各个岛屿,把战争步步向日本列岛推进。

1943年8月,当盟军攻占特罗布里恩德群岛和新乔治亚群岛之后,当地日军司令估计盟军下一个目标是科洛姆班加腊岛。为此集重兵1万人于该岛,企图迟滞盟军进攻。但美南太平洋战区司令哈尔西却越过科岛,直接于8月15日攻占了防守薄弱的维拉—拉维拉岛,使日军不攻自破,不得不在一个月后撤离。西南太平洋总司令麦克阿瑟在攻占布干维尔岛的同时,对驻有10万日军的腊包尔实行严密封锁,围而不打;然后一跃而过,继续北上,使日军在腊包尔的设防形同虚设。

在太平洋中部,尼米兹也展开了越岛进攻。1943年11月盟军夺取吉尔伯特群岛后,日军急忙设防米里岛。尼米兹却绕过米里岛,直取马绍尔群岛中部的瓜加林岛,打乱了马绍尔群岛的防御体系,并很快夺取了这个群岛。

盟军在越岛进攻中,跳跃跨度最大、对战局影响最大的,是越过特鲁克岛进攻塞班岛的战役。加罗林群岛首府特鲁克岛是日本在太平洋中部最大的海空基地,易守难攻。盟军决定绕过该岛,挥师北上,进攻塞班岛。美军出动7.7万人、250艘军舰和1170余架飞机,于1944年6月15日发起登陆作战。近8万日军拼死反抗,血战25天,美军终于攻占该岛,歼日军23800人,俘1800人;美军伤亡16700人,失踪335人。① 此战一举打破了日军所谓的“绝对国防圈”,隔断了日本和加罗林群岛的联系,为尽快夺取冲绳岛、直接威胁日本本土创造了条件。

---

① 陈漫远:《第二次世界大战概况》,湖北人民出版社1984年版,第301页。

（四）全面反攻阶段（1944 年 6 月—1945 年 8 月）

美军在控制了太平洋中部和西南部的大部分岛屿后，在兵力、装备上占绝对优势，仅航空母舰便已达到 100 艘，并牢牢控制了制海权和制空权。盟军发起了全面反攻，反攻重点放在菲律宾。在反攻中，美军进行了 7 次重大军事行动：

1. 菲律宾海战

日联合舰队决定在菲律宾同美海军决战。日本第 1 机动舰队有 9 艘航空母舰（430 架飞机）、5 艘战列舰及 41 艘其他舰只，人员 4 万。美军第 6 舰队有 15 艘航空母舰（890 架飞机）、7 艘战列舰及 88 艘其他舰只，人员 10 万。① 6 月 19 日起，日军连续派出飞机发起 4 次攻击，均被美军击退。随后美军发起了攻击。日军共损失 8 艘航空母舰和 450 架飞机，美军只损失 130 架飞机和 76 名飞行员。此战的意义在于，日本的海军航空力量实际已被消灭。

2. 莱特湾之战

当美军在菲律宾莱特岛登陆时，日军拼死抵抗，因为失去菲律宾就意味着日本与南亚的原料来源中断，败局已定。日军投入几乎全部海军力量，共 73 万吨军舰、116 架飞机（还有吕宋岛 300 架飞机支援）、4.3 万人，企图歼灭登陆美军，夺回制海权。美舰艇总吨位 133 万吨，飞机 1000 架，人员 14 万。② 双方在莱特湾进行了 4 次大规模海战，美国最终取得了这场世界上最大规模海战的胜利。日方损失 4 艘航空母舰、3 艘战列舰、9 艘轻巡洋舰和 8 艘驱逐舰，共 30.6 万吨，飞机 150 架，阵亡 1 万人。美方仅损失轻型航

① ［德］H.帕姆塞尔：《世界海战简史》，龚日译，海洋出版社 1986 年版，第 249 页。

② ［德］H.帕姆塞尔：《世界海战简史》，龚日译，海洋出版社 1986 年版，第 255 页。

空母舰1艘、护航航空母舰2艘、驱逐舰8艘,共3.5万吨,飞机100架,阵亡1500人。① 经过这次战斗,日本丧失了全部航空母舰,联合舰队从此失去了远洋作战的能力。

3. 菲律宾战役

美企图从菲律宾中部的莱特岛实施中间突破,尔后占领整个菲律宾。10月20日,主力在岛东北登陆,美军遭遇日军顽强抗击,进攻速度缓慢。到26日,日军有组织的抵抗才结束。美伤亡1.5万人,日死亡7万人。

1945年1月9日,美军18万人在233艘舰艇、800艘登陆舰艇及1000余架飞机支援下,在吕宋岛西海岸仁牙因湾登陆。日军在吕宋岛有28.5万人,飞机250架,双方激战至2月25日,美军攻占马尼拉。残余日军退至吕宋岛山区顽抗,直至日本投降,才放下武器。美军还在2—5月占领了菲律宾其他岛屿。

在菲律宾战役(包括莱特湾海战在内)中,日军损失45万人,舰艇68艘,飞机7000余架(包含"神风"飞机700架)。美军伤亡6.2万人,损失舰只21艘,飞机900余架。② 日本与南亚的海上运输线被切断,战略物资供应中断。

4. 硫磺岛之战

硫磺岛是日军在太平洋中部的前哨。美军于1945年2月发起进攻。日军守岛部队2.1万人,有飞机30余架。美军参战22万人,得到1800余艘舰艇和2000多架飞机支援。在74天连续轰炸和3天的火力准备后,于2月19日在岛东南登陆。美军原计划5天占领该岛,实际上打了36天。此战,美军共伤1.9万人,亡

① [德]H.帕姆塞尔:《世界海战简史》,龚日译,海洋出版社1986年版,第269页。

② 黄玉章等:《第二次世界大战》,世界知识出版社1984年版,第410页。

7000 人。日军被击毙 2.5 万人,被俘 1000 余人。占领硫磺岛使美国获得了进攻日本本土的前进基地。

5. 冲绳战役

冲绳是琉球群岛的最大岛屿,是日本的南部屏障。日本守军约 10 万人,飞机 2990 架(包含自杀飞机 1230 架),战舰 10 艘,自杀艇 600 多艘。日本计划摧毁美海军主力于冲绳海域,歼灭上陆部队,争取时间,加强本土防御准备。美军参战兵力 45.2 万人,舰艇 1500 余艘,飞机 2500 架。

美军 3 月 23 日起对冲绳岛进行火力准备,摧毁岛上部分机场和防御设施,消灭了日本近海攻击艇队。4 月 1 日,美军开始在冲绳西岸登陆,2 日美军向纵深推进,4 日将全岛拦腰切为南北两部。7 日,美舰队击沉敌舰 7 艘,包括“大和”号战舰,并击退了日潜艇攻击,解除了海上威胁。日本出动大批自杀飞机对美军,共发动 10 次自杀空袭,双方损失惨重。美军 4 月 21 日攻占冲绳岛北部。在向南攻击中遇到日军顽抗,进展缓慢。直到 30 日结束战斗。日军死亡 9 万余人,被俘 9000 人,岛上居民死亡 10 万人,损失飞机 7830 架,舰艇 20 艘。美军伤亡 7.5 万余人(内含 2.6 万非战斗减员),损失飞机 763 架,被击沉舰艇 36 艘,被击伤 368 艘。

冲绳之战是美日在太平洋岛屿作战中规模最大、时间最长、损失最重的战役,也是最后一次战役。美军占领冲绳,便打开了日本门户。

6. 对日战略轰炸

从 1944 年 6 月起,美国空军开始对日本本土进行战略轰炸。6—10 月为准备与尝试阶段。11 月至次年 8 月初,为昼间精确轰炸阶段。在这期间,由于美军航空兵力不足以及投弹不准等原因,效果不显著。真正给日本经济、后勤以沉重打击的是 1945 年 3—

8月的轰炸,这期间,美国大量使用B-29轰炸机和燃烧弹,最后采用原子弹,给日本经济造成巨大破坏。

美国轰炸目标主要是城市工业区,目的在于摧毁日本的战争基础,促其无条件投降。从1945年3月9日—6月15日,美出动B-29轰炸机6960架次,对东京、横滨、名古屋、大阪和神户五大工业中心轰炸,投下燃烧弹41592吨,摧毁工业区102平方英里。6月中旬至8月中旬,重点轰炸中小城市工业区,出动飞机8014架次,投弹54184吨,破坏了工业区76平方英里,使52个城市遭到全面破坏,6个城市部分受到破坏。美空军除用燃烧弹大面积轰炸外,还对日本一些重要工业、政治目标,如飞机制造厂、兵工厂、炼油厂、钢厂等进行昼间精确轰炸,造成极大破坏。自3月27日起,美国还对日本近海实施布雷作战,目的是破坏日本近海运输。美机先后出动飞机1614架次,投放12000枚水雷,击沉日船77万吨,严重损坏船只47.8万吨。为加速日本投降,摧毁日本军民的战斗意志,美国于8月6日和9日两次进行原子弹攻击,使广岛、长崎化为灰烬,死亡11万多人,伤13万人。①

一年多的对日战略轰炸,炸死33万人,伤50万人,毁坏房屋215万栋及66座城市的40%。② 日本经济开始崩溃:燃油业下降83%,飞机引擎业下降75%,电子工业下降70%,造船业下降15%,钢铁业下降15%,陆海军武器业下降30%。③ 美国的战略轰

① [日]乡田充:《空中力量发展史及其战略战术的演变》,张健等译,空军学院研究部1983年中译本,第12章第14、15节。

② [美]阿瑟·林克等:《1900年以来的美国史》,中国社会科学出版社1984年版,第267页。

③ [日]乡田充:《空中力量发展史及其战略战术的演变》,张健等译,空军学院研究部1983年中译本,第12章第14、15节。

炸达到了从经济上摧毁日本工业能力、从心理上挫伤日本人战斗意志的双重目的。但美国也付出了相当的代价:仅第 20 航空队就损失 B-29 轰炸机 485 架,战斗机 212 架,飞行员死亡和失踪 3041 人,伤 332 人。①

7. 潜艇作战

在太平洋战场,美国海军也大显神威,经过瓜达尔卡纳尔、珊瑚海、中途岛、莱特湾等几次大海战,日本在开战时由包括 10 艘航空母舰、10 艘战列舰及近 200 艘军舰组成的庞大舰队已几乎全部葬身海底。同时美海军潜艇还击沉日本商船 1113 艘,总吨位在 500 万吨以上。击沉敌舰 200 多艘,总吨位 58 万吨。② 日本的海运业和进出口全部陷于瘫痪,美国在战争期间,共计损失:航空母舰 5 艘,护航母舰 6 艘,战列舰 2 艘,巡洋舰 10 艘,驱逐舰 70 艘。③

美军在战略反攻中取得了重大胜利,日本海空力量已消耗殆尽,盟军几百万大军兵临日本城下。但日本在 1945 年夏季仍拥有 720 万军队,飞机 1 万多架,舰艇约 100 艘。战争仍无停止可能。这时,根据克里米亚会议和雅尔塔会议的精神,8 月 8 日,苏联对日宣战,出兵中国东北,进军萨哈林南部和千岛群岛,在朝鲜北部登陆,一举歼灭日本 59 万关东军。中国军队也发动全面反攻。在各国军民共同打击下,日本被迫于 8 月 15 日宣布无条件投降,9 月 2 日正式签署投降书。第二次世界大战至此结束。

---

① [日]乡田充:《空中力量发展史及其战略战术的演变》,张健等译,空军学院 1983 年中译本,第 203 页。

② [美]小戴维 · 佐克等:《简明战争史》,军事科学院外国军事研究部译,商务印书馆 1982 年版,第 412 页。

③ [美]德怀特 · 杜蒙德:《现代美国》,宋岳亭译,商务印书馆 1984 年版,第 683 页。

全世界的人民团结一致,浴血奋战,终于取得了反法西斯战争的伟大胜利。美国在战争中所起的作用是巨大的。据统计:美国军队共歼灭德意两国军队850万人,其中击毙373600人,俘虏8108983人;击毙日军109.3万人,俘虏10万人。① 又据马歇尔报告书,美英两国及中国在缅甸的远征军共歼、俘敌124.7万人。② 美国也付出了历史上最大的伤亡代价:阵亡253573人,伤651042人,被俘114204人,失踪65834人,共计108万余人。③ 美国海军在各战场共计损失:航空母舰5艘,护航母舰6艘,战列舰2艘,巡洋舰10艘,驱逐舰71艘。④ 在经济上,美国发挥了民主国家兵工厂的作用。如前所述,各国的抗战都受益于美国各种各样的军火和物质援助。从1941年3月11日至1946年9月30日,美国通过《租借法案》向战时盟国提供的援助及各国所欠美国的债务共506亿美元,其中英国占60%,苏联占22%。⑤ 正如斯大林所指出的:"如果不是通过《租借法》而有这些机器(指飞机、汽车等——作者注)可供利用,那我们就会战败。"⑥"美国在整个欧战期间作为租借向苏联提供了武器、战略物资和粮食……大大促进了反对

① [美]阿瑟·林克等:《1900年以来的美国史》,中国社会科学出版社1984年版,第190页。

② 黄玉章等:《第二次世界大战》,世界知识出版社1984年版,第514页。

③ [美]阿瑟·林克等:《1900年以来的美国史》,中国社会科学出版社1984年版,第190页。

④ [美]德怀特·杜蒙德:《现代美国》,宋岳亭译,商务印书馆1984年版,第683页。

⑤ [美]德怀特·杜蒙德:《现代美国》,宋岳亭译,商务印书馆1984年版,第674页。

⑥ [美]W.哈里曼:《特使》,生活·读书·新知三联书店1978年版,第122页。

共同的敌人——希特勒德国的战争顺利结束。”①

第四节 称霸世界军事体制的酝酿

美国之所以取得第二次世界大战的辉煌胜利，是它制定了全球战略和确立了全球总体战思想，并在这一战略和思想的指引下，酝酿和建立了进行全球战争和称霸世界的军事体制。

从第一次世界大战到第二次世界大战之间的20年，是世界现代史上激烈动荡的时期。史无前例的经济危机像地震一样，给资本主义各国的经济以强烈震撼。各帝国主义国家之间的矛盾空前激化。为摆脱经济危机的影响，各大国又重整军备，企图通过战争来寻找出路。法西斯主义怪胎的出世使新的世界大战的阴影笼罩着整个世界。美国统治集团预感到新的世界大战不可避免。他们把新的世界大战作为实现其霸主梦的重要阶段，加紧进行军事体制的改革，努力建立能在未来称霸世界的军事体制。

一、《国防法》的颁布与平民军事教育的扩大

一战后，美国庞大的武装力量迅速复员，325万本土和远征军仅用了半年多时间便遣送完毕，②到1920年，全军仅剩下20万人。1918年11月停战以后，陆军部曾要求国会批准建立60万人的正规军，并对平民实行3个月训练的制度，以便应付新的世界大战的爆发。但国会以费用过高，并有军国主义倾向为由，拒绝批

① 《斯大林文选》(1934—1952)(下)，人民出版社1962年版，第430页。

② Maurice Matloff, *American Military History*, Office of the Chief of Military History, United States Army, Washington D.C., 1969, p.405.

准。1922—1936年,国会每年只拨款给陆军3亿美元,还不到1920年的一半。[①] 陆军长期以来仅仅保持了15万人的水平。1920—1938年的美国陆军人数如下:

1920年,204292人;1921年,230725人;1922年,148763人;
1923年,133243人;1924年,142673人;1925年,137048人;
1926年,134938人;1927年,134829人;1928年,136084人;
1929年,139118人;1930年,139378人;1931年,140516人;
1932年,134957人;1933年,136547人;1934年,138464人;
1935年,139486人;1936年,167816人;1937年,179968人;
1938年,185488人。[②]

这样规模的军队根本无法和列强中的任何一个相抗衡。

为了保证战时有足够合格的兵员,根据一次世界大战的经验教训,1920年6月4日,国会颁布了由帕尔默起草的新的《国防法》。该法规定,美国军队由三部分组成:职业正规军、半职业的国民警卫队和有组织的平民预备队。以28.8万正规军为骨干,国民警卫队为第一联邦后备队,和平时期有43.5万人。战时国民警卫队直接归联邦政府领导,征集预备役扩军。“有组织的平民预备队”是第二联邦后备队,由参加过一战的退役官兵组成,保留师团的框架及其指挥机关。这些框架师将吸收和训练战时的应征者。这样,在紧急动员下,60天便可扩军至230万人。为便于和平时期训练和战时扩军的管理,新法律废除了老的本土师,将其改为军事管理部门。平时既是战斗编组,也是管理性的组织。全国

① Maurice Matloff, *American Military History*, Office of the Chief of Military History, United States Army, Washington D.C., 1969, p.412.

② Bureau of the Census, *Statistical Abstract of the U.S.*, Washington D.C., 1980, p.736.

分为 9 个军防区,属 3 个集团军司令部管辖。每个军防区包括一个正规军师、2 个国民警卫队师和 2 个一类后备队师。正规师和附属的训练团负责训练军防区的民兵。法律规定,陆军设 4 个兵种,即:步兵、骑兵、海岸炮兵和野战炮兵司令部,与传统的兵种局同级。新建的航空兵、防化兵和财政部地位相同。作战兵种司令部职责是研究本兵种的作战条令,对总参谋部负责。法律还规定由大学训练预备役军官。和平时期正规军军官人数为战前的 3 倍,达到 17723 人,还增加了空军、化学兵等新军种及财政部等单位。法律目的是促进正规军和民兵尽量一致,以便应对像一战那样大规模的扩军。该法是对 1916 年《国防法》的修订,反映了总参谋长帕尔默的思想,他否定了厄普顿"可以扩大的军队"的思想。因为战时扩编的平民军事素质很低,要花费大量的人力物力财力来进行训练,会贻误战机。而依靠和平时期普遍军训来提高平民的军事素质,战时就可以迅速扩大一支战斗力强的高素质军队,夺取战争的主动权。

有鉴于此,战后的军事教育受到极大的重视。根据 1920 年《国防法》,加强了对公民的军事训练。正规军也改变了以往关在兵营里长期与平民社会隔绝的状况,积极参加对平民的军训。美国军方开始执行著名的《公民军训团计划》(CMTC)及《预备役军官训练团计划》(简称为 ROTC)。

ROTC(预备役军官训练团计划)最先是诺维奇大学创办的,在一战前,该大学长期有 100 名正规军官协助对大学生进行军训,并由军队提供各种装备。1920 年以后,ROTC 计划开始扩大,在 325 所学校里有正规军官及预备役军官对学生进行军事训练。正规军官往往被聘为军事科学教授。每年有 6000 名学生接受训练后毕业,成为预备役军官。该计划花费不大,却培养出了一大批合格的、受过高等教育的预备役军官。

CMTC(公民军训团计划)主要对平民进行军训,每年夏天都要让平民中的志愿人员到兵营里进行为期4周的军训。对平民提供军训服务的还有31所特别服务学校。两次世界大战期间,每年平均对40万平民进行军训,培训出预备役军官10万人。① 到了20世纪30年代,陆军部还提供了大批军官和一战的旧装备来对国民警卫队进行正规军训,同时还提供了军事预算的十分之一来维持国民警卫队。国民警卫队一年要进行48天的集训及15天的野战训练,这样,国民警卫队和大批平民的军事素质有了很大提高,可以很快地转为现役。

在此期间,军事院校也有了发展。1928年新建了利文沃思指挥和参谋学院,主要培养师一级以及总参谋部高级军官;在华盛顿建立了陆军作战学院,用于培养中级指挥人员。1924年,成立了陆军后勤学院,主要培养后勤指挥人员。

在军队对平民普遍军训的同时,由于1929—1933年的经济危机,全国大批人失业。1933年,国会通过法律,组织大批失业青年去造林和垦荒。军队在7周之内动员31万人,住在1315个军营里,由军队统一进行管理。这是美国历史上动员最快的一次。部队为此抽出了数以千计的军官进行组织和管理,这也为战时动员积累了经验。

二、继续保持"世界第一"的海军

一战后,美国海军一直以日本为假想敌,海军假设在未来将要

---

① Maurice Matloff, *American Military History*, Office of the Chief of Military History, United States Army, Washington D.C., 1969, p.412.

与日本在太平洋上决战。因此,海军一直强调马汉式的海战理论,强调战列舰的战略作用,而忽视了航空母舰和飞机的巨大战略价值。海军战略家小耶茨·斯特林上校在《海上力量的若干基本原理》一书中就鼓吹:"如果海军果然拆毁战列舰与战列巡洋舰而代之以航空母舰,那么我们将发现航空母舰很快将用重炮把自己装扮起来。"①1929年,海军进行了"舰队问题第9号演习",航空母舰"萨拉托加"号对巴拿马运河进行了成功的进攻,却被说成是为敌战列舰重炮所"击沉"。舰队司令亨利·威利海军上将竟说:"凡对'舰队问题第9号演习'所做的公正评价,没有一个不把战列舰看作为海军命运的主宰。"②直到二战爆发后的1941年,战略家们仍把战列舰看成是海上的决定性力量,认为:"我们的海军主要是一支重炮海军,也就是说,是一支归根结底依赖重炮和出色设计技术的舰队。"③

在上述思想的支配下,美国在两次大战之间的海军建设一直以建设强大的战列舰队为重点。一战后,美国只有16艘战列舰,而英国却有42艘。因此,战后美国便投入了国际海军竞赛。1919年,美国决定建造75艘各类军舰。1920年,美国有2艘3.5万吨级战列舰下水,4艘在建。英国也不甘示弱,决定再建8艘战列舰。美国利用裁军运动,在1921年华盛顿会议上,通过《五国海军条约》把英美两国战列舰规定为同一标准,各为50万吨,美国轻

① [美]拉塞尔·韦格利:《美国军事战略与政策史》,彭光谦等译,解放军出版社1986年版,第317页。

② [美]拉塞尔·韦格利:《美国军事战略与政策史》,彭光谦等译,解放军出版社1986年版,第312页。

③ [美]拉塞尔·韦格利:《美国军事战略与政策史》,彭光谦等译,解放军出版社1986年版,第313页。

易在战列舰问题上追上了英国,两国平分秋色。

华盛顿会议后,美国继续在战列舰以外的军舰上加紧扩建,力争夺取海上优势。但是由于公众对海军的冷淡以及和平主义思想盛行,国会对海军经费也加以限制。国会对海军的拨款虽比 1916 年高出一倍,但主要是维修战列舰,很少试验新的战舰。不过,因这期间各列强都在“辅助舰只”的名义下加紧海军建设,所以美国也不甘落后,1921 年,海军军费拨出 2.45 亿美元,占国家预算的三分之一。1921 年,米切尔用飞机对战列舰的空袭获得成功,证明空军可以击沉战列舰。此后,海军一度放弃了建造战列舰的计划,而集中力量发展航空母舰、飞艇和远程潜艇。1924 年,国会通过了扩大海军的法案,决定建造 8 艘万吨级巡洋舰。1927 年,国会又通过法案,把海军预算提高到战前的 4 倍,短期内要建造 71 艘各类舰只,以夺取海军优势。① 日内瓦会议失败后,各国又加紧进行海军竞赛,1929 年 2 月,美国又一次通过扩建巡洋舰的法案,规定在今后 3 年内建造 15 艘万吨级的巡洋舰,并建造一艘小型航空母舰。1921 年,美国曾建造了试验性的航空母舰。1922 年,第一艘航空母舰“兰利”号正式下水。1929 年,美国建立了快速航空母舰特遣舰队。

在 20 世纪 20 年代,美国吸取了一战的经验教训,给予潜水艇以应有的重视,主要精力用在横渡太平洋时的技术改进工作。1921 年,在首次进行横渡太平洋的航行,耗时 7 个月,但实验不成功,出现了许多问题,几乎使潜水艇沉没。后来,海军科研人员进行了长期的努力,从技术上改进潜水艇的性能。到 20 世纪 20 年代末,美国潜水艇已达 51 艘。

① 黄绍湘:《美国通史简编》,人民出版社 1979 年版,第 523 页。

进入20世纪30年代,海军建设经历了起伏发展。由于经济危机的影响,国会大幅度削减军费,海军也大批裁减人员,一些造船厂停工。海军军官减少薪金15%,军官被强迫退休。[①] 海军学校1933级毕业生仅有少部分被分到海军部队。这时期,胡佛政府仅批准建造重巡洋舰,不为轻巡洋舰及改造旧的驱逐舰队拨款。海军原想建28艘新式驱逐舰,以代替一战时造的87艘旧式四层甲板驱逐舰,但国会只批了8艘。预算的大幅度削减使舰队的人员、作战、维修和现代化建设的资金大大低于申报水平,比1922年计划还降低20%。海军官兵徘徊在8万人左右,比1922年的计划缺20%。国会还拒绝在珍珠港修建大型海军基地。[②] 美国为减轻经济负担,促使英、日两国在伦敦召开了限制海军竞赛的会议。美国拆毁3艘战列舰,英、日两国各拆毁3艘,美国获得了建巡洋舰32.5万吨、驱逐舰15万吨、潜艇5.27万吨的配额。

但进入20世纪30年代中期,国际形势日趋紧张,美国在富兰克林·罗斯福时又加紧海军建设,海军军费又有了较大幅度的提高。国会1933、1938年两次通过扩建海军的《文森法》,共拨款20亿美元,增加海军吨位20%以上,以建立一支足以同德意日三国海军相抗衡的庞大海军。战列舰又引起重视。罗斯福在上台后不久,便根据《工业复兴法》,拨出2.38亿美元。以解决失业为名,让海军工厂加班工作,造出32艘军舰,其中有2万吨级航空母舰"企业号"和"约克城号"、4艘巡洋舰、4艘潜水艇和20艘新式驱

① [美]内森·米勒:《美国海军史》,卢加春译,海洋出版社1985年版,第235页。

② [美]阿伦·米利特:《美国军事史》,军事科学院外国军事研究部译,军事科学出版社1989年版,第379页。

逐舰。1937年,美国新建了"来纳"号和"华盛顿"号,这两艘战列舰的火力和速度都是当时世界上最先进的。1938年,罗斯福要求国会立即增加20%的海军军费,用于建立一支能同时保卫大西洋和太平洋的两洋海军。

到了1939年,在大战阴云越来越浓的情况下,美国已建立了一支强大的海军,计有航空母舰7艘,海军飞机1700架,战列舰15艘,巡洋舰38艘,现代驱逐舰73艘,旧式驱逐舰153艘,海洋辅助船51艘,①海军官兵12.5万人,海军陆战队194732人,②美国海军是按对日作战的"橙色计划"部署的,即:将战列舰重点布置在太平洋,在大西洋沿海,只部署了轻型巡洋舰、驱逐舰和炮舰组成的小型分舰队。航空母舰的力量也集中在西海岸。这时的美国海军,从数量到质量,均列世界第1位。

三、美国空军力量的崛起

在第一次世界大战中,由于飞机发挥了重大作用,得到了广泛应用。战后,由于米切尔等人的大力推动,战后美国空军逐渐发展起来。

一战刚刚结束,空军普遍受到人们轻视。1919年,美国政府在总结美国参战的迪克森委员会的报告中得出结论,认为在战争中陆军起了决定性作用,而只字不提空军。这时人们对空军还不了解,嫉妒飞行员的报酬和待遇,对空军多有非难。人们普遍认为:战时空军主要是协助法国作战,"飞行员的任务是看而不是打

---

① Ernest R. Dupuy, Paul F. Braim, T. Dupuy, *Military Heritage of America*, New York: McGraw-Hill, 1956, p.416.

② [美]阿伦·米利特:《美国军事史》,军事科学院外国军事研究部译,军事科学出版社1989年版,第395页。

仗”这一说法广为流行。战后，政府停止制造飞机，航空工业几乎解体。到 1925 年，美国的 1396 架飞机中只有 34 架可以使用。①

米切尔提出的关于发展空军的思想和计划普遍受到人们的怀疑，经米切尔奔走呼吁，1925 年国会派出“莫罗委员会”对空军进行研究后，在报告中指出：美国空军的状况极为落后，甚至远远落在日本之后。防空火力也少得可怜。“美国现在面临着来自海外各个方面的空中攻击而束手无策。”②委员会要求重视空军建设，建立分属陆军和海军的空军，以适应现代化陆战和海战的需要。莫罗还特别强调海军航空兵，提出了加强航空工业的具体建议。莫罗的报告产生了影响：国会开始重新调整对于空军的政策。把用于航空的经费从 1925 年的 2500 万增加到 1931 年的 6900 万美元。③ 1926 年，国会立法决定建立陆军航空兵，拥有飞机 6900 架。④ 1927 年，把轰炸机放在研制飞机的首位。此外，如前所述，海军在 20 世纪 20 年代也开始发展了自己的航空兵。

20 世纪 30 年代，美国航空有了较大的发展，但也同海军一样一波三折。在经济危机中，罗斯福下令陆军航空兵接管了国内航空邮政业务，造成事故频出。当时的国际形势也十分紧张。在中日战争、西班牙内战及意大利对北非的侵略中，飞机大显神威，这迫使陆军部任命以贝克为首的委员会调查和研究空军问题。1934 年，贝克提出了报告，认为：自 1926 年以来，美国空军“已经取得了

---

① Walter Millis, *American Military Thought*, New York: Bobbs-Merrill Company, 1966, p.376.

② Walter Millis, *American Military Thought*, New York: Bobbs-Merrill Company, 1966, p.376.

③ ［美］瓦格纳：《美国战斗飞机史》，三机部 628 所 1975 年版，第 15 页。

④ Walter Millis, *Arms and Men: A Study in American Military History*, New York: G.P.Putnam's Sons, 1956, p.258.

突出的、令人满意的进步”。在一般航空业方面,美国在世界上领先,海军航空兵则是世界上最强大的。① 但是,陆军的防空能力很差。而下一次世界战争很可能从空中开始。美国空军为此要时刻做好准备,夺取战争初期的空中优势至关重要。因此,要大力发展空军。报告建议建立航空部,管理所有的军用和民用航空事业。海军仍保留自己独立的航空兵。但报告反对空军独立,尤其批评陆军航空队实际上独立地作战。强调陆军航空队要在陆军部及总参谋部直接领导下加紧建设。和平时期拥有 2320 架飞机,要建立航空工业、机场、学校和后勤设施。民航设施要能够适应空军需要,大力发展空军预备队,提高飞行人员的待遇。民航飞行员应作为空军的预备役,等等。贝克的报告引起极大反响,从此,人们才开始重视空军建设。

在米切尔的努力下,美国于 1935 年成立了航空兵司令部,指挥在美国本土的所有各类军用飞机,并与陆军航空兵一起,致力于研制轰炸机。20 世纪 30 年代,飞机的研制取得了突破,一批性能先进的飞机先后问世。20 世纪 30 年代单翼飞机已经取代了 20 世纪 20 年代的双翼飞机。1933 年研制成功了远程导航设备和精密轰炸瞄准具,大大提高了轰炸的效率。1935 年,高性能的 B-17 远程轰炸机问世,使米切尔的战略轰炸理论能够付诸实施。在此期间,空军在菲律宾、夏威夷和巴拿马运河区还建立了远程巡逻机和轰炸机基地。1939 年,罗斯福制定了空军扩建计划,计划用 3 亿美元把陆军航空兵团和海军航空勤务部队分别扩大到 34 个大队 5500 架飞机和 3000 名飞行员。②

---

① [美]内森·米勒:《美国海军史》,卢加春译,海洋出版社 1985 年版,第 329 页。

② [美]瓦格纳:《美国战斗飞机史》,三机部 628 所 1975 年版,第 17 页。

到 1939 年,美国陆军已有飞机 2400 架,海军拥有 1700 架飞机,人员 2 万人,①美国的空中力量已成为世界上屈指可数的强大力量。

四、建立适应现代战争的军队体制

美国陆军指挥机构吸取了第一次世界大战的经验,大大加强了总参谋部的地位和权力。1921 年,潘兴任参谋长。他对陆军的总参谋部进行了改组,把总参谋部分为五个部,除了原有的人事部、情报部、训练与作战部、供应部外,还新设了战争计划部,这个部负责制定战略计划以及为未来战争作准备工作。每个部的部长又是助理参谋长。1920 年《国防法》已使总参谋部有了足够的编制:总参谋长,4 个助理参谋长,88 个不低于上校的军官,总参谋部的职责被定为制定总计划,而不是陷于属于专业参谋部门的日常琐事。"制定国家计划和保卫国家使用军事力量(单独使用和海军一起使用),为在紧急状态下动员国家的人力和物资资源制定计划;对所有影响美国陆军战斗力的问题以及军事行动的准备情况进行调查和报告;为陆军部长和参谋长提供专业方面的帮助。"②

为了更好地协调海军的行动,在战后恢复了陆海军联合委员会。这个委员会早在 1903 年就成立了,但长期无所事事,后便逐渐消失了。一战后,根据战争中的经验教训和海军在战争中所起的重要作用,而重新恢复了这个组织。改组后的陆海军联合委员会,陆

① Ernest R. Dupuy, Paul F. Braim, T. Dupuy, *Military Heritage of America*, New York: McGraw-Hill, 1956, p.417.

② [美]拉塞尔·韦格利:《美国陆军史》,丁志源等译,解放军出版社 1989 年版,第 422 页。

海军代表一起准备作战、协调计划以及制订未来和列强可能发生战争的“彩虹计划”。海军对此很感兴趣,但是陆军的兴趣不大,为了动员人力物力,做好后勤工作,于1922年成立了陆海军军需局。

在全国军队分布方面也做了调整,全国划分为9个军区。陆军以师为基本单位。每个军区有一个正规军师和2个国民警卫队师及3个预备役师。为增强部队的机动性,陆军根据战场实践使师成为三三制编制,把原有的4个团减为3个团,师的人数仅比一战时师的规模的一半稍大。平时使用摩托运输。在太平洋地区,还组建了驻巴拿马、菲律宾和夏威夷的独立师。还有一个骑兵师分布在美墨边境巡逻。由于军费紧张,长期以来,9个正规师中只有3个实际存在。部队多以团或营的形式分散配置,如1932年全国有24个步兵团,分布于45个兵营中。在一战中,由于化学战和毒气战的出现,所以战后美国组建了防化兵部队,专门用于反毒气战和化学战。20世纪20年代的其他编制变化还有:军队专门成立“牧师长办公室”,领导随军牧师在军中进行宗教活动。航空兵部队脱离通信兵部队独立,成为一个新的兵种。

20世纪30年代,紧张的国际形势迫使陆军进一步改革。1932—1935年在道格拉斯·麦克阿瑟担任总参谋长期间,对陆军又做了进一步改革。以往的战争中,美国没有一支能迅速投入战斗的军队。麦克阿瑟便想建立一支可以随时投入战斗的、中等规模的机动部队。

第一步,他成立了和平时期的野战集团军司令部。1920年,本来计划建立的3个集团军司令部因种种原因一直没有建立起来。麦克阿瑟便把全国分为14个集团军管区,由原军长暂任各集团军司令。他指出:“集团军司令官是战术指挥官,在军事行动中可以迅速指挥所属各军,但其作用不同于军防区司令官,后者的主要作用是行政管理。”①

第二步，他精心安排了一项紧急战备计划，对正规军每个军官都事先做了安排，动员时马上就可进入各指定单位。在动员开始时，参谋长将成为野战集团军的司令，战争计划部将成为总参谋部和野战司令部的核心。

第三步，他希望把几个师改编为紧急待机部队，并加强几个国民警卫队的师作为后援，同时还要有足够的兵力保卫美国的外围领地。总参谋部计划陆军至少要有16.5万正规军。但麦克阿瑟几次向国会提出扩军计划，都没得到总统和国会批准。后麦克阿瑟便尽力把动员计划定得更加周密详细。他还组织制订了一个6年计划，用于发展、研制部队的装备问题。

经过一系列努力，美国军队的体制比一战前有了很大改进，这为二战爆发后的大规模扩军奠定了基础。

五、建立国民经济总动员的机构和制定计划

由于国际风云变幻，美国预感到战争早晚要发生，因此在一战后，美政府吸取了经验和教训，建立了国民经济总动员的机构并制定了周密的国民经济动员计划。

1920年，《国防法》专门设立了陆军助理部长一职，其责任是在陆军部长的指导下，“负有监督所有军需采购以及属于陆军部其他事务的职责，同时还负有确保有足够的战时所必需的物资组织和工业组织的预备措施的责任”。②

① [美]拉塞尔·韦格利：《美国陆军史》，丁志源等译，解放军出版社1989年版，第424页。

② Robert H. Connery, *The Navy And Industrial Mobilization in World War II*, New York: Da Capo Press, 1972, p.34.

1921年,国会任命哈伯德委员会在研究如何对陆军总参谋部进行改组时,建议由总参谋部对所需要的物资提出计划,而陆军助理部长们研究未来战争的需求,在经济上早做准备。1924年成立了陆军工业学院,专门研究和学习战时的物资采购和工业动员问题,培养从事工业动员的组织和管理方面的专业人员。20世纪30年代,海军和海军陆战队的学员也入校学习。到1940年6月,共培养了几百名工业动员方面的军官。

1922年10月成立了陆海军军需局,由两军种的部长助理领导。但是因为《国防法》未规定海军助理部长有工业动员的责任,因此海军助理部长没有积极性。该机构长期无所事事,直到工业动员计划出台后,才渐渐发挥作用。

1926年,陆军部助理部长办公室对全国的电力工业进行了调查和研究,制定了初步的战时电力控制和供应计划。与此同时,总参谋部拟定了一系列的动员计划,主要是1923年、1924年、1928年、1933年和1936年的动员计划。同时,陆军助理部长在他的职权范围内设立了计划司,与陆军供应部门专门采办计划的专门人员进行合作,派到计划司的每名军官都要求研究大战动员机构的档案材料,为制定工业动员计划提供依据。陆军部还向全国工商企业界人士就动员计划的草案征询意见,其中有1.4万名企业家提供了自己的意见或建议,大企业家巴鲁克也提出了他的建议。经几易其稿,反复征求各方意见和修改后,陆军部1930年提出了有名的《工业动员计划》。后来又经三次修改才臻于完善。

《工业动员计划》内容共分两大部分:第一,关于生产和采购计划的拟定。第二,关于战时工业全面动员的建议。这些建议有:(1)战时应采取的措施和建立管理机构的问题。规定:战时设立战争资源署,下设财政局、战时贸易局、战时劳工局和战时物价局。(2)在战争资源署未成立之前,由陆海军军需局担任过渡性的经济管理机构。“慕尼黑事件”发生后,罗斯福立即下令更新军火生产计划,做好战争准备。但直到大战爆发前,因行动不果断,战略物资的储备仍不充足。比如在日本进攻时,美国就非常缺乏橡胶。但不管怎样,《工业动员计划》为二战时美国对工业的动员绘制了蓝图。

20 世纪 30 年代末期,欧洲、亚洲上空的战云密布,在孤立主义盛行的美国,还有一些头脑清醒的人士,要求美国做好战争准备。1937 年被任命的陆军部长助理刘易斯·约翰逊(Louis Johnson)就是其中之一。他除了负责工业动员计划的制定外,还不辞辛劳地走访私人工厂、政府兵工厂,不遗余力地向工业界、劳工界等发表演讲,宣传工业动员计划,而且还制造舆论,向报纸透露防御计划和采购需求量的估计,其目的就是为加强战备工作造声势。随着 1939 年计划的完成以及战争乌云加重加浓,罗斯福于 1939 年 8 月成立战时资源委员会(War Resources Board,WRB),而不成立工业动员计划中的战时资源管理局(WRA),以免挑动孤立主义的神经。

战时资源委员会主席是美国钢铁公司的总裁斯退丁纽斯(Stettinius,Jr.)。斯退丁纽斯与陆海军需局的两位部长助理挑选了该委员会的其他几名成员,有麻省理工学院的校长、布鲁金斯学会(Brookings Institution)的会长、美国电报电话公司的总裁、通用汽车公司的前副总裁和一名准将。陆海军需局希望委员会能成为转轨时期的工业动员指导中心,全权负责工业动员、生产事宜。但是总统并没有明确规定其职责。孤立主义者认为该委员会的设立是通往战争之路标志,因此该委员会受到广泛的反对。[①] 这就决定了委员会不能发挥多大作用,而且是短命的。1939 年 9 月,委员会向罗斯福提交了一份报告,阐述了委员会的职责,建议总统成立工业动员计划设想的战时资源管理局(WRA)。在紧急状态下,总统通过管理局对国家整个工业、资源等经济的各方面进行管制,同时建议成立单独的各局,如价格管理局、劳工局等,在总统的指导下由文官领导。这份报告基本上照搬了工业动员计划(IMP)的机构设置。总统却并没有按照委员会的报告行事。委员会名存实亡,直到 1940 年 5 月由国防顾问委员会取而代之。

美国在战前建立的这些机构和制定的计划,为二战动员全国的经济奠定了基础。

在两次世界大战之间的"多事之秋",经过国内动荡和国际风云的冲击,美国的军事改革取得了重大成就,初步建立了适应夺取全球霸权的军事制度。这表现在:美国的战略思想开始向全方位的"全球战略"转变,全球战略初具框架。美国以政治和外交为工具,为促成其全球战略目标的实现服务,成功地利用裁军运动削弱了列强的海军力量,而美国海军却成为世界第一,保持了对列强的海上优势。同时,美国空军也迅速崛起,傲视群雄。美国还调整了军事政策,实行了对平民和预备役人员的普遍军训,制定了《国防法》和《工业动员计划》,在外交上巩固了战略后方,争取了新的盟友。这一切,都为即将到来的世界大战做好了准备。

但是,直到参战前,美国的战备工作仍不充分,还有很大的漏

---

① R.Elberton Smith, *The Army and Economic Mobilization*, Washington: GPO, 1959, p.102.

洞，这些都使它在战争初期吃了很多苦头。这些弊端主要有：美国的陆军人数仍然太少，1939 年，只有正规军 118750 名士兵和 12000 名军官，国民警卫队 17.5 人，预备役有 2 万军官。① 陆军分布在本土的 130 个营地，还有三分之一驻扎在海外领地。9 个步兵师只有 3 个保留，其余均为不满员的旅。这支军队仅是德日意三国军队的零头。

陆军的装备也很落后，有 20 年时间，部队要使用一战遗留下来的装备。特别是当时世界上坦克发展迅速，引起了战争的巨大变革。各大国均重视坦克的制造、使用和战略价值。当时美国流行的是罗肯巴克的坦克理论，让陆军应继续使用一战时的旧坦克。一战中，美国曾订购了 23405 辆坦克，但战争结束时仅造了 26 辆。战争结束后，政府便立即取消了订货。1920 年，国会立法还取消了坦克部队。以后 10 余年里，美军只使用 1100 多辆法国老式轻型雷诺及英国马克 8 型坦克。由于经费短缺，战后虽然也先后试验了轻型坦克、装甲汽车等，但没有取得明显作用。这时的坦克主要是供骑兵所使用的快速机动武器，军方还没有认识到坦克强大突击性的战略价值。

进入 20 世纪 30 年代，陆军着重发展半自动步枪、105 毫米榴弹炮以及新型机动运输车辆，而忽视了当时世界各地竞相发展的坦克。以后又遇到 20 世纪 30 年代初期的经济危机，军费大幅度削减，大大影响了坦克的发展。陆军研制的新型坦克只强调速度，不考虑其火力和装甲防护能力，而且多使用易燃易爆的汽油发动机，在二战中根本不是德国坦克的对手。1931 年，陆军曾组建了

① Ernest R. Dupuy, Paul F. Braim, T. Dupuy, *Military Heritage of America*, New York: McGraw-Hill, 1956, p.416.

第一个机械化团,但到二战前,仅发展成由轻型坦克和装甲汽车等组成的第七骑兵旅。1933 年,美军参谋长不得不承认:陆军的坦克在现代战争中完全无用。①

两栖作战也和坦克一样受到了忽视。尽管美国早已意识到将来可能同日本开战,战场主要是在太平洋地区。但是海军只忙于打一场日德兰式的战争,陆军则对欧洲的另一场战争感兴趣。军方决策人物中很少有人考虑到跨海作战的问题。早在 20 世纪 20 年代初,埃利斯就曾研究过对日太平洋作战的问题,提出了两栖战略:为了跨海攻击日本本土,应先以两栖作战攻占太平洋中的一系列岛屿,在上面建起前进基地。② 这一想法是日后美国在太平洋战争中的战略基础。1920 年,莫顿少将也曾提出了在日本登陆的可能性及步骤,并指出:登陆敌方海岸是美国陆军未来活动的主要内容。③ 但上述正确的见解却遇到了军方的强烈反对。反对者以一战时英法联军在加里波利登陆惨败的战例,来证明在现代科技条件下两栖作战既无法进行也无法取胜。在这种思想支配下,美国的两栖作战的研究及其装备研制处于衰落状态,以致在二战初期给美国造成很大麻烦。

除了陆军外,海军建设中也有很大不足,海军人力极度缺乏,缺编达 20%。④ 海军的基地缺乏,不能有效地支援海军远洋作战。

---

① Headquarters, Department of the Army, *American Military History*, Washington D.C., 1959, p.368.

② Walter Millis, *Arms and Men: A Study in American Military History*, New York: G.P.Putnam's Sons, 1956, p.261.

③ [美]拉塞尔·韦格利:《美国军事战略与政策史》,彭光谦等译,解放军出版社 1986 年版,第 311 页。

④ [美]阿伦·米利特:《美国军事史》,军事科学院外国军事研究部译,军事科学出版社 1989 年版,第 395 页。

1938 年,海军向国会建议拨款 2. 38 亿美元,用于新建和扩建 26 个基地,其中 6 个在太平洋。但总统和国会反应冷淡,连太平洋中关键的关岛,也仅有少量资金用来建水上飞机机场。此外,海军中的反潜、布雷、扫雷舰艇极度缺乏,大多是一战时的老掉牙军舰。二战中大显威风的登陆艇,这时也仅处于试验阶段。空军则忽视了对战斗机和防空武器的研制,以及战斗机对地面部队的战术支援。

美军的上述弊端使它在二战中付出了惨重代价,珍珠港事件的鲜血促使美国军事建设出现了革命。

第五节　全球总体战体制的形成

第二次世界大战是美国称霸世界的天赐良机。美国参战后,立刻在短时间内建立了全球总体战战争体制,在全世界范围对德日意法西斯轴心国集团开战。

一、建立国民经济总动员体制

第二次世界大战是一场典型的总体战争,交战各方都动员了各自国家的一切力量进行战争。美国由于在战前已经预见到这一点,做了较为周密的动员计划,所以一参战,便很顺利地将国民经济转为战时体制。

第一,建立经济总动员的管理机构。欧洲战争爆发后没几天,罗斯福宣布国家进入有限紧急状态,根据 1939 年《重组法案》,罗斯福在总统行政办公厅下设立紧急管理署,统一管理战时设置的一切机构。

1940 年 5 月 29 日成立的国防顾问委员会由 7 个委员组成,

各自负责动员中的一个方面:努德森领导工业生产,斯退丁纽斯抓工业原料,希尔曼负责就业,亨德森管理物价,戴维斯主持农产品生产,巴德处理运输工作,艾利特挑起维护消费者权益重担。后来纳尔逊被任命为“生产顾问”、国防采购协调员。这种人事安排显然吸取了人们对战时资源委员会指责的教训。国防顾问委员会还是不能肩负计划设想的重担。总统仍然没有赋予委员会权责,委员会没有一个领导,原则上纳尔逊的地位高于其他委员,但实际上与上述 7 人地位平等。

此时的欧洲战局十分危险,法国沦陷,英伦三岛命悬一线。罗斯福政府不得不采取措施加紧战时生产,1941 年 1 月 7 日,总统第 8629 号行政令组建生产管理局。生产管理局立即接管国防顾问委员会生产和就业等事务。4 月,总统建立价格管理和民用供应局。5 月,成立农业国防关系局负责农产品的职能。10 月,国防顾问委员会负责审查、批准税收折旧权力也被剥夺了。至此,国防顾问委员会被架空了。

生产管理局主要由希尔曼和努德森领导。该局较前身有较大改善,可在工业生产、设施的扩大、税收折旧等方面受总统制约。该局直到 4 月才有统一的政策和程序。在此之前,在工业转轨过程中浪费了许多宝贵的时间。出于文官治军的原则(这点后面会涉及),该局拒绝军方代表到重要部门任职,因此缺乏军事需求的数量,更无法处理高于军需品采购的工业动员方面事宜,妨碍了工业生产能力扩大的进程。

1941 年 5 月 27 日,总统宣布国家进入无限紧急状态。为设立工业动员计划中超级管制机构提供了便利。1941 年 8 月 28 日,总统成立了以副总统华莱士为首的供应优先与分配局(Supply Priorities and Allocations Board,SPAB),为陆军、海军、《租借法案》、急需的民用生产大开方便之门,向它们优先供应所需的人力物力等。该局广泛地收集工业分布、物价、交通运输等各方面的信息,为制定工业转轨、削减非必需品、扩大工业生产能力等政策提供了参考依据。但是供应优先与分配局只是政策制定机构,没有自己的执行部门(依靠生产管理局执行),不能保证其政策贯彻执行。

1942年1月17日,总统以行政手段成立了以纳尔逊为领导的战时生产局(War Production Board,WPB)取代供应优先与分配局和生产管理局,全权负责处理工业动员、战时生产所有事务。战时生产局主席拥有"根据战时采购和生产的实际情况,包括工厂转轨、工厂征用、工厂扩建以及工厂资金,确定多个联邦政府部门、企业、机构的政策、计划、程序和方法"。战时生产局全权领导工业动员、战时生产,在许多方面代表了计划中的战时资源管理局(WRA)。尽管在1943年下半年,政府设立以贝尔纳斯为首的经济稳定局,凌驾于战时生产局之上,但具体负责工业动员、生产的事宜仍由战时生产局主持。战时生产局各职能部门的各种会议、政策、程序等档案记录高达几万英尺,除去分给商务部、财政部等近100英尺外,剩下的记录(不包括已经丢失、毁坏了的)就有50000—70000英尺高。① 由此可窥见战时生产局的管理权限之广泛,而且其工作人员由成立时的6600人上升到1942年7月1日的18000人,在短短的5个多月时间里,人数增加了近2倍。②

1943年5月又成立了战时动员局,负责对国内经济全面控

① The National Archives, *Federal Records of World War Ⅱ*, Vol.I.: Civilian Agencies, p.333.

② Civilian Production Adminstration, *Industrial Mobilization for War*, Vol. I, Washington D.C.: GPO, 1947, p.248.

制。国会为加强对经济的领导,于 1942 年 3 月颁布《战争权力法》,授予总统给军火工业分配物资和生产设备的权力,并可对经济动员实行集中控制。这实际上使总统拥有经济动员方面的最高权力。

第二,制定军火生产计划。美国政府根据《防卫性动员计划》的规定,拟定了《1940 年 6 月 30 日军火计划》。德国进攻苏联后,罗斯福又于 1941 年 7 月 9 日指示陆海军部长马上拟定《打败潜在敌人的军工生产总需要量计划》(又称《胜利计划》)。珍珠港事件后,美国对《胜利计划》所规定的装备和弹药总需求量又进行了重新计算,1942 年年底对这一计划再次进行了修订。由于计划周密,所以保证了战争期间对军火的巨大需求,并在一定程度上避免了浪费。

第三,建立了战略原料的管理和分配制度。早在 1936 年 6 月,美国国会便制定了《关于战略原料的法令》,拨出专款 1 亿美元,专门用于收购和储备战略原料,以便战时需要。但在刚宣战时,由于军火工业订货剧增,对重要物资和原料的需要远远超过了原来的储备。为此,政府加强了对物资的控制。1942 年设立"经济稳定局"。局长贝尔纳斯上任后,首先推行了一系列计划,对钢、铝、铜实行政府控制。1942 年底,陆海军军火生产委员会费迪南德·埃伯施塔特制定了《物资控制计划》,规定:由战时生产局根据罗斯福和参谋长联席会议的战略计划来调整生产计划,其方法是向 12 个主要的政府承包单位(政府承包商有数千个)分配钢材、铝、铜等物资。战时生产局还通过控制紧缺原料和零部件来控制生产。从 1941 年 12 月起,美国开始对战时原料和军火的进出口实行严格的管制。最初列入管制的物资为 50 种,1942 年底增加到 150 种,1943 年底达到 860 多种。在战争期间,美国还大量进口各种战略物资和通过资助增加国内的矿产量,对战略物资实行一系列的监督、分配和限制措施:一是对军工生产部门实行优先供应制度;二是限制或禁止军工生产部门消耗稀缺的原材料,在生产中实行标准化和利用代用品制度,以节约紧缺的原材料。三是对原材料实行国家直接分配制度。美国战时对物资的严格管制具体情况是:把每年用于私人建筑业的 3300 万吨钢改为军用,对汽车轮胎实行配给;停止生产小汽车;对汽油和食品实行配给;禁止生产收音机、洗衣机和电冰箱等产品。严格的物资管制使军工产品的生产得以顺利进行。

第四,广泛挖掘财力,增加国防开支。战争的消耗是十分惊人的,为完成国民经济总动员,所需经费达到天文数字。从 1940 年 7 月到 1945 年 8 月,美国政府的预算开支共计 3367 亿美元,其中直接和间接用于国防的开支为 3044 亿美元,占政府预算总开支的 90%以上。在军费开支中,军火生产和采购的开支又占 60%以上,达到 1845 亿美元。美国是从三个途径获得这些巨额军费的:一是 1941 年国会通过了《加税法案》。根据该法案,美国政府采取降低个人所得税起点,扩大纳税人数,提高税率和征求超额利润税等办法,共征得税款 1396 亿美元,相当于国防总开支的 45%。二是增加公债的发行。从 490 亿美元增至 2600 亿美元。① 三是增发货币。1938 年美国的货币流通量只有 65 亿美元,1945 年增至 267 亿美元,增加了 3.1 倍。

第五,大力生产军工产品。在战时工业局的组织下,全国庞大的工业转而生产军工产品。1941 年 5 月 27 日,罗斯福宣布全国

---

① [美]阿伦·米利特:《美国军事史》,军事科学院外国军事研究部译,军事科学出版社 1989 年版,第 418 页。

处于紧急状态,“要求最大限度地动用我国实力加强国防”。根据工业布局,全国分成14个军工生产和采购区,每区设有一个办事处,组织各区的军工生产。大多数办事处还设有顾问委员会,由知名企业家组成。1940—1944年,全国新建了2600多个企业和兵工厂,其中用15亿美元建了几座大型兵工骨干企业,主要有:犹他州的日内瓦钢厂,内华达州的镁加工厂,威洛朗的福特轰炸机制造厂,底特律的克莱斯勒坦克兵工厂,里士满的凯撒造船厂等。最引人注目的成就是在短时间内于1943建成合成橡胶工业,使合成橡胶生产满足了军用需要。除建立新厂外,全国还有9万多个工厂由生产民用产品转为军工产品。战争期间,全国工业生产扩大了40%,国民生产总值从1941年的910亿美元增至1945年的1660亿美元,而军火生产比战前增长了一倍。4年间,政府同18539家公司签订了1750亿美元的军工产品订货合同。美国战时生产了大批军工产品和战略物资,主要产品有:①

表8-1　美国战时生产的主要产品

产品	1941年	1945年
合成橡胶	8283吨	82万吨②
镁	1000万吨	5.869亿磅
铜	25万吨	78.6万吨
铝	30万磅	22.57亿磅
电力	1610亿度	2790亿度

① [美]阿瑟·林克等:《1900年以来的美国史》(中),刘绪贻等译,中国社会科学出版社1984年版,第198页。

② [美]德怀特·杜蒙德:《现代美国》,宋岳亭译,商务印书馆1984年版,第675页。

还生产出：

飞机:296429 架

舰艇:87620 艘

商船:4500 万吨

坦克和自行火炮:102351 辆

大炮:372431 门

卡车:1455964 辆

吉普车:240 万辆

机枪:2811 万挺

步枪:1740 万支

子弹:414 亿发

炮弹:420 万吨①

美国在生产军工产品时,坚持以不影响人民生活为原则,注意军工生产和民用生产的合理比例。从 1939 年至 1945 年,美国所有的商品和服务的总值增长约 75%,而与战争有关的商品从未超过工业生产的三分之一。② 战时除了汽油、咖啡、牛肉、糖等实行定量供应外,一般日用商品和粮食货源充足。总之,美国经过国民经济总动员,把它占世界第一位的工业投入为战争服务中,源源不断地生产出了几乎是无穷无尽的产品,为打败法西斯势力作出了重大贡献。但需要指出的是,美国国民经济总动员是建立在使垄断资本集团获得超额利润的基础之上的。战争中政府的军火购货合同,67%是与 100 家最大公司签订的,其中 30%是与 10 家最大公司所签。1942—1945 年,美国垄断资本年均获利

① [美]德怀特·杜蒙德:《现代美国》,宋岳亭译,商务印书馆 1984 年版,第 676 页。

② 杨生茂:《美国史新编》,中国人民大学出版社 1991 年版,第 417 页。

226 亿美元。①

二、全国人力总动员体制

战前，由于孤立主义者的反对，美国陆军人数长期在 18 万左右徘徊，陆军为未来扩军抓紧了对军官的培训工作，所以到了 1938 年底，已有 10 万名陆军预备役军官登记，为未来扩军打下了基础。

1939 年 9 月，德国进攻波兰，美国立即宣布国家进入有限紧急状态，增加正规军和国民警卫队人员，使之分别达到 22.7 万人和 23.5 万人。② 部队抓紧更新装备，但实际扩军人数有限，正规军只增加 1.7 万人，国民警卫队增加 3.5 万人。国会认为："这是公众所准备接受而不致引起过分不安的全部数字。"

法国沦陷后，罗斯福加快了扩军步伐。1940 年 8 月 27 日，国会授权总统征召国民警卫队人员服现役并征召预备役人员，使陆军达到 140 万，即：正规军 50 万，国民警卫队 27 万，征召预备役 63 万人。③ 这是美国历史上第一次征召未受过军事训练的平民服役的立法。9 月 16 日，又颁布了《选征兵役与训练法》（又称《伯克—沃兹沃斯法》），要求所有 21 岁至 35 岁的男子都要进行登记并接受 12 个月的军训。每年要从 1700 万登记者中选出 90 万人军训。受训者在 10 年内有应征服役的义务。当国会宣布紧急状态后，可以把受训者留下服役一年以上。应征入伍的顺序以抽签的方式决定。不得把受训者派到西半球以外的地方服役。从事紧

① 黄绍湘：《美国通史简编》，人民出版社 1979 年版，第 618—619 页。

② Walter Millis, *American Military Thought*, New York: Bobbs-Merrill Company, 1966, p.439.

③ Maurice Matloff, *American Military History*, Office of the Chief of Military History, United States Army, Washington D.C., 1969, p.418.

要工作或有家事可以缓服兵役。这部法律是美国历史上第一次在和平时期征兵,这说明了局势的严重性。

这一年,正规军的编制也做了改动,师由四团制改为三团制,每团三个营。由于步兵师编制缩小,便可将 3 个“四团制”师改为 5 个“三三制”师,使师更机动灵活。经过 1940 年春天的野战训练,陆军开始把所有师(包括国民警卫队)全都改为三三制。1940 年 7 月,组建陆军司令部,负责军事训练,同时还组建独立的装甲兵部队、防空部队和反坦克部队。1940—1941 年,所有的军校及新成立的装甲兵学校对国民警卫队和预备役的军官加紧培训工作,使之达到现役军官水平。1940 年 10 月,4 个军承担了对陆军部队的指挥,后在总司令部的监督下进行军训。军区司令只负责行政和训练服务工作。增加了海外驻军,对阿拉斯加和波多黎各派驻了军队。这两地原来几乎没有正规部队。

进入 1941 年,陆军仍在紧锣密鼓地备战。6 月,成立了陆军航空兵,指挥美国的空军部队。7 月,又把司令部改编为可以从事野战指挥的机构。到了珍珠港事件前,美军已扩充至 1643477 人,分成 5 个军 37 个师。① 但其中 100 万人训练不充分,仅有 17 个师做好了战争准备。空军有一线飞机 1157 架,海军有 347 艘各类舰艇,其中航空母舰 8 艘,战列舰 17 艘,海军官兵 33. 7 万人,②还有海军陆战队 6. 6 万人,海岸警卫队 2. 5 万人。③ 珍珠港事件爆发

---

① Ernest R. Dupuy, Paul F. Braim, T. Dupuy, *Military Heritage of America*, New York: McGraw-Hill, 1956, p.569.

② Ernest R. Dupuy, Paul F. Braim, T. Dupuy, *Military Heritage of America*, New York: McGraw-Hill, 1956, p.569.

③ [美]阿瑟・林克等:《1900 年以来的美国史》(中),刘绪贻等译,中国社会科学出版社 1984 年中译版,第 189 页。

后,美国开始为全球大战做准备。首先面临的就是人力问题,要动员 1500—1600 万人服现役,同时又要为庞大的军火生产提供充足的劳动力。1942 年时,美国出现了人力短缺问题,失业人口几乎没有了,劳动力在许多地方紧张。可是军事动员人力还未完成,征兵服役,劳动力就紧张,而满足劳动力的供应,又会使军队达不到额定的人数。

为解决这一捉襟见肘的问题,1942 年初,美国政府专门成立了两个机构:战时人力委员会和战时劳工委员会。这两个机构负责协调政府与工业间的关系和政策,制定计划来保证工业有足够的劳动力。战时人力委员会制定了强制措施,规定:不经美国就业局批准,国防工业工人不能擅离职守。此外,还从失业工人中补充 700 万人到工业部门。为解决军事工业劳动力问题,1943 年原计划制定一个《国民服役法》,征召工人到军事工厂作业,但因工会的反对而未获通过。1944 年 1 月,总统又继续呼吁制定《国民服役法》。到年底,众院提出了《劳工征集法》草案,但还没经参议院讨论,德国便垮台了。但这两个人力动员机构仍取得很大成绩,美国共动员了 7300 万劳动力在各行各业就业。① 许多妇女也穿上了工作服,同时又有 500 万技术工人缓征兵役。不过,另一方面也付出了代价,如农业劳动力减少了 500 万人,不能不影响到农业的生产。

在工业人力基本满足的同时,美国尽了最大努力,扩建了有史以来规模最大的军队。1941 年 12 月 22 日,国会通过了新的《选征兵役法》,把几个月前刚颁布的法律中的征兵范围进一步扩大。

---

① [美]阿伦·米利特:《美国军事史》,军事科学院外国军事研究部译,军事科学出版社 1989 年版,第 414 页。

规定所有 18 至 64 岁的男子必须登记，所有 20 至 44 岁的男子必须应征入伍（后年龄降至 38 岁）。但为保证工业生产，对有技术的工人规定了“职业缓征条款”。经过兵役登记，有 3600 万人登记，其中 640 万人因健康问题免征，有 500 万技术工人免征。[①] 应征者在 1000 万以上，美陆海空三军兵力在珍珠港事件之后迅速增长：

1941 年，1801101 人

1942 年，3858791 人

1943 年，9044745 人

1944 年，11451719 人

1945 年，12123455 人[②]

美国迅速扩建了一支历史上最大的军队，这支军队包括：

陆军：军官 835443 人，士兵 8266373 人

海军：军官 320293 人，士兵 2988207 人

海军陆战队：军官 37067 人，士兵 474610 人[③]

海岸警卫队：241902 人[④]

其中陆军中包括 230 万人的陆军航空队，全军女兵 33.3 万人。[⑤] 美军编制以师为基本单位，共编成：步兵师 68 个，装甲师 16

---

① ［美］阿伦·米利特：《美国军事史》，军事科学院外国军事研究部译，军事科学出版社 1989 年版，第 413 页。

② Bureau of the Census, *Statistical Abstract of the U.S.*, 1980, Washington D.C., p.736.

③ Ernest R. Dupuy, Paul F. Braim, T. Dupuy, *Military Heritage of America*, New York: McGraw-Hill, 1956, p.637.

④ ［美］阿瑟·林克等：《1900 年以来的美国史》（中），刘绪贻等译，中国社会科学出版社 1984 年版，第 188 页。

⑤ ［美］阿伦·米利特：《美国军事史》，军事科学院外国军事研究部译，军事科学出版社 1989 年版，第 413 页。

个,空降师5个,海军陆战队师6个。① 根据1943年的改编,步兵师编为3个团,4个炮兵营及一些辅助部队。每个团3个步兵营和1个炮兵营。全师总兵力14253人。② 装甲师为3个中型坦克营,3个装甲步兵营和3个装甲炮兵营及一些辅助部队。③ 空降兵师编为2个伞兵团,1个滑翔团,1个105毫米榴弹炮营及支援部队,原有8500人,后增至12979人。④

空军这时分属于陆海军,到1945年,陆军航空队有245个大队,72726架飞机;海军有41180架飞机,⑤人员约230多万。

海军到1945年,已拥有各类舰只5万余艘,吨位达500万吨,堪称世界上规模最庞大的海军力量。

美国军队组成了它有史以来规模最大的远征军派往海外作战。派往海外军队的情况如下:在1942年3月前,每月仅派驻海外5万人。后来随着船只的增加,到1944年为每月25万人,1942年8月以前,海外驻军达52万人,飞机2600架,其中60%的人员及1300架飞机驻守在太平洋地区(包括阿拉斯加)及新组建的中印缅战区,其余分布在西大西洋及拉美地区。⑥ 1944年欧洲战场的美军在200万人以上,有34个师和103个空军航空队,超过太

---

① Walter Millis, *Arms and Men: A Study in American Military History*, New York: G.P.Putnam's Sons, 1956, p.289.

② Maurice Matloff, *American Military History*, Office of the Chief of Military History, United States Army, Washington D.C., 1969, p.461.

③ Maurice Matloff, *American Military History*, Office of the Chief of Military History, United States Army, Washington D.C., 1969, p.462.

④ Maurice Matloff, *American Military History*, Office of the Chief of Military History, United States Army, Washington D.C., 1969, p.462.

⑤ [美]瓦格纳:《美国战斗飞机史》,三机部628所1975年版,第17页。

⑥ Maurice Matloff, *American Military History*, Office of the Chief of Military History, United States Army, Washington D.C., 1969, p.465.

平洋地区的 120 万人,这是美国历史上派往海外的最大规模的军队。

为使应征入伍者在战后免除就业和医疗等后顾之忧,美国政府吸取了以前的教训,采取了一系列措施:1943 年 3 月,国会立法,决定为有残疾的退伍军人提供特别的教育和训练条件。1944 年 6 月,又通过了《士兵权利法》(又称《军队调整法》),规定所有服役超过 90 天并光荣退伍的士兵,都可获得现金资助,完成中等或大学教育,都可以向退伍军人管理署借贷以购置房屋、农场或作为营业资本。对找不到工作的退伍军人,提供每周 20 美元的失业补助,为期一年。1944 年 9 月,陆军部宣布了复员方案,规定:参照服役年限、参战经历、立功多寡、靠其抚养的子女数目等因素来评定军人的积分。退伍所必须要达到的最低分为 85 分。这些措施的颁布,提高了入伍人员的士气,同时也为以后确立复原退伍制定政策奠定了基础。美国的大规模扩军,大批毫无军事常识的平民一夜之间就穿上了军装。陆军开始对入伍者进行大规模军训。

美国政府费了九牛二虎之力,用了各种办法,征召了历史上最大规模的兵力,并在短期军训后,很快便把这支军队送上前线。

三、建立进行全球战争的军事教育和训练体制

为了适应全球战争的需要,美国在二战期间对征召的数量惊人的军队进行了紧急培训,以便投入战场作战。美国加紧了对预备役军官和新征集入伍新兵的培训工作。国会在 1940 年 9 月 14 日批准了《选拔性服役和训练法案》,这部法案是美国历史上第一部在和平时期关于如何使用未经训练平民力量的法律。同年,国会还拨款 8 亿美元用于提升军官职业教育机构的教学水平,并为此建立了一套行之有效的军事训练体制,这种体制包括两方面

内容:

(一)对士兵的军事训练体制

“新政”以后,美国陆军部队一直保持在 18 万人左右。二战在欧洲爆发以后,罗斯福就宣布国家进入紧急状态,并且授权常规部队和国民警卫队的人数分别增加至 227000 和 235000。[①] 1940 年 8 月,罗斯福签署的命令中规定:所有 21 岁至 35 岁的符合条件的青年都有必要参加军事训练。到了 1940 年的 8 月 27 日,国会批准了将国民警卫队和预备役军人组成新的军队以及将国民警卫队和预备役军人加入现役的提案,从 1940 年到 1941 年,利用陆海军军官职业教育机构和后来新建的装甲兵学校的教学资源,提高后备军官和国民警卫队军官的指挥能力,从而使他们尽快加入现役。1941 年初建立了候补军官学校,从中选拔合适的人员训练,以适合基层指挥职位。同时。当美国政府决定参战时,大量青年踊跃参军。但是问题随之而来,这些青年既没接受过军事训练,也没有做好相应的准备。而军官职业教育机构则提供了相应训练。[②] 例如向新兵训练营派遣军事教官,利用兵种学校教学资源和训练军官,满足了当时战场上对于人力资源的大量需求。

二战期间,美国征召了 1000 多万人参军,其中大部分人没有受过军事训练。美国军方为使入伍士兵早日参战,建立了行之有效的军事训练体制。1940 年刚实行征兵制时,总参谋部计划让新兵受全面的基础训练,并将其逐渐编进越来越大的单位。新兵从排、连、营、团、师和军的战术一步步学起,循序渐进,使军官逐渐取

---

① Richard W.Stewart, *American Military History*, Washington D.C., 2005, p.98.

② Jack Shulimson, “Military Professionalism: The Case of Marine Officer Crops, 1880-1898”, *The Journal of Military History*, 60, 1996.

得指挥经验，这种过程太慢，便很难这么按部就班地训练了。

莱斯利·麦克奈尔将军制订了一个训练计划：在训练过程中，对每一个步骤都进行专业程度测试。强调把基础训练和全面的熟练程度作为专业训练的先决条件并不断进行测验。战斗部队组成后，要进行模拟实战训练，目的使入伍者在最短时间里尽快熟习实战经验。士兵入伍后，先从新兵报到站送到新兵培训中心，进行为期 13 周的基础训练。基础训练结束后，按麦克奈尔的计划，再进行三阶段训练，即：小部队训练，联合训练（各种武器的协同训练）以及大部队演习。从 1940 年开始，美军每年从 1700 万人中选出 90 万人参加军事训练，受训者在 10 年内有参加军队的义务，这就满足了军队对人员的需要。除此之外，各个军校也承担了突击训练这些平民的任务，通过训练使这些平民学习到一些军事知识。

同时，各军兵种学校还承担了军训平民的任务，培养了大批平民走向战场。海军兵种学校在军事培训工作方面 走在了陆军的前面，海军成立了 7 个新兵训练中心，每月吸收 5000 人参加。因有许多人从未见过军舰，训练中便设立了模型舰，供新兵训练用。新兵仅经过几周训练，便成为水手。1944 年 6 月，海军还开办了 947 所各类学校，每天听课者 30.3 万人，①为海军输送了大批人才。

（二）培训军官的教育机构

“新政”以后，陆军已经加紧了对于预备役军官的培训，1938 年就有 27685 名军官接受现役训练，到年底已经有 10 万军官登记

① Maurice Matloff, *American Military History*, Office of the Chief of Military History, United States Army, Washington D.C., 1969, p.465.

入册。随着战争的爆发,美国为了适应战争的需要,对战前高中低三个层次的军官教育机构进行相应的缩减和增加,对课程和教育理念也针对战争的新变化进行调整。

1. 军官教育机构设置的调整

高级教育方面:

以陆军战争学院为代表的研究生层次教育被大幅度削减。一方面是由于缺乏有经验军官作为教员,因为他们很多都被派往战场率领军队;另一方面,由于陆军战争学院占据了太多的教学资源,不能应对战争紧急动员的需要,所以美国政府在战前就把陆军战争学院停办了。陆军工业学院由于1940年全国的战争动员,课程也发生了缩减,但没有停办。陆军工业学院作为美国1920年《国防法案》的一部分,由工业家伯纳德·巴鲁克倡导建立。① 这所学院的建立主要是解决美国在一战中力量投送不足的问题。学院主要的研究方向包括:作战胜利同国家经济动员之间的关系以及如何让专门训练的军事人员和平民之间有效配合的问题。它给军官职业教育注入了对战争的全新认识,那就是研究战争中的非战争因素对于战争的影响。这所学院在研究美国如何进行有效的经济、军事动员进行战争方面开展了卓有成效的研究。这所学校在1924年至1940年为包括德怀特·艾森豪威尔和亨利·阿诺德在内的800名军官提供了一个学习军事战略和国民经济的机会。

中级教育方面:

首先,利文沃思堡陆军指挥与参谋学院在战争中发挥了应有

① Cynthia A.Watson, *Military Education: A Reference Handbook*, Praeger Security International, 2007, p.10.

的作用,它解决了美国军队在一战中缺乏参谋军官的问题,集中力量为陆军、海军以及外国军官提供了短期培训,从而使这些军官能够胜任指挥与参谋工作。① 整个二战期间,大约有 1800 名军官参与了培训,毕业后他们大多成为参谋军官,填补了参谋军官的空缺。美国海军研究生教育机构的海军战争学院由于其校长卡尔·布福斯的努力得以保留,他还为海军预备役军官开设 5 个月的指挥参谋课程。

其次是在西点军校和安纳波利斯海军学校,学员任职前教育的时间跨度也被缩减。由于培养周期长,无法适应战争进程的紧急需求,两个学校的相关课程都被简化了,课程的进度明显加快。以西点为例,学制由四年缩减为三年,同时将军校学员的毕业时间提前,学校经过研究决定 1943 届毕业生于同年 1 月毕业;1944 届改为 1943 年 6 月毕业;1945 届改为 1944 届毕业;1946 届改为 1945 届毕业。一年级才入学的新生彻底改变过去的老模式,学校让他们直接接受和步兵一样的训练。入学以后直接把他们送往新兵训练营地,正规军校学员不再接受漫长的文化课程和军事技能培训,而是直接接受速成军事技能训练。

初级职业教育方面:

原本充当军官技术培训的兵种学校逐渐成为战争时期培养军官职业教育机构的中坚力量。二战爆发以后,美国开始重视利用现有军官职业教育资源对平民进行军事训练,利用民间教育资源培养后备军官。1940 年 6 月美国国会举行的名为"教育与国防"的专题讨论,反映了高校在国家危机情况下与政府之间的关系。

① Peter J.Schifferle, *America's School for War: Fort Leavenworth, Officer Education, and Victory in World War II*, University Press of Kansas, 2006, p.10.

同年 8 月国会通过了高等教育和国防为题的系列报告。罗斯福总统参考了这一系列报告,在他签署的命令中规定:所有 21—35 岁的符合条件的青年都有必要参加军事训练,很明显的是他们考虑到如何保证大学的教学秩序,因为青年进入大学的平均年龄都是低于 18 岁。① 还是有很多学生志愿参加军事训练,其中就包括大学生、一部分研究生以及需要专业课学习两年或者更多的大学预科学生,这些学生有的学习医学、法律或者其他一些专业,他们可以随时响应国家的号召加入军队。国会也很重视满足高等教育人力资源需求以及保护那些提供高等教育人力资源的机构。在他们的要求下,国会强制当地延长大学学生进入现役的时间直到 1940—1941 学年度。而大学则按照政府的要求,尽可能拓宽他们的研究领域,例如军事领域。许多机构的教学计划给予更多关注的是欧洲战争爆发的原因、国际事务等与战争相关的专业。

1941 年 6 月,罗斯福签署命令:建立科学研究与发展开发办公室,这是政府第二次对大学科学家研究的支持。科学家开始以国家安全作为研究的首要目的,这也开了利用民间教育资源服务战争的先河。虽然利用民间高等教育资源培养后备军官,最早可以追溯到内战时期的《莫里尔法案》,政府向民间赠送土地建立大学,以换取这些大学开设军事相关的课程。在二战时期,利用民间教育资源养后备军官达到了最大的规模。为了能够利用高等教育资源,陆海军纷纷在大学设立各自的培养后备军官计划和机构。1942 年夏天,美国教育办公室任命了一个委员会,由汉密尔顿

① George F.Zook,"How to college went to the war",*The Annals of the American Academy of Political and Social Science*,Higher Education and the War,Jan,1944,p.10.

学院的校长考利起草了关于如何让学生从事海军、陆军以及涉及战争的民事职业，同时为参加计划的学生提供财政帮助和让更多的机构参与这一项目的计划。但是这个计划没有得到相关政府机构的关注。为了最终解决陆海军后备军官培养计划中存在的问题，在美国教育理事会于 1942 年 6 月 15 日召开的第二次巴尔的摩会议上，人们要求尽早建立一个协同计划，以便使陆海军在执行高校培养后备军官计划时能充分、协同有效地利用高等教育资源。

美国政府于 1940 年颁布了《征兵役与训练法》，规定所有 21 岁到 35 岁的男子必须接受军事训练，大量平民进入兵种学校接受军训。进入 1941 年，陆军仍在紧锣密鼓地备战。年初，陆军部又成立了一所候补军官学校，对从正规军中选出的士兵进行培训，使之能达到初级军官的水平。陆军虽然保留了战前的后备军官训练团计划，但是其主要依靠候补军官学校来培养成千上万初级军官。同时还设立了陆军专业人才培养计划，录取在 18 岁至 22 岁的青年，利用多所民间高校对他们进行医学、牙科、工程、心理学等技能的培训。[①] 这个计划只针对参加陆军后备军官训练计划的青年，不针对普通军官，虽然这个计划考虑十分周全，但是一开始就遭到来自陆军内部的反对，因为在他们看来，毕业生很少运用到他们所学的技能和知识。

相比陆军，海军在战争期间利用民间教育机构进行的一系列后备军官培养计划显得更加卓有成效。到 1942 年海军部分别执行后备军官培养计划和陆海军后备军官培养计划，这些计划以英

① Edward M. Coffman, Peter F. Herrly, "The American Regular Army Officer Crops Between the World Wars: A Collective Biography", *Army Force and Society* 4, no.1, 1977.

文字母“v”为代号,分别叫作 v1、v5、v7 以及 v12 计划。[①] 其中 v12 是最大也是最全面的后备军官培养计划,这是大学和海军于 1943 年 5 月 14 日至 5 月 15 日在哥伦比亚大学举行的一个全国性会议上确定下来的。这个计划中大约有 131 所美国的高校和学院参与其中,包括耶鲁大学和哈佛大学。美国海军将这些参与计划的大学按照专业分为牙医单位、医疗单位、技术单位,从而为海军输送具有专业知识背景的学生。一旦他们完成所有课程,就会接受国会的委任,成为少尉军官。同时还有 209 所院校参加了陆军特别训练项目。在这些机构里参加这些训练计划的学生的大致人数:陆军为 130000 人,海军为 125000 人,总数 255000 人,共有 49000 名学生因为在大学后备军官训练计划的参与中表现优异而获得奖学金。接受过 v12 训练的许多人在战争中、在战后各个领域都作出了杰出贡献。此外,还有一些参加 v12 计划的学生日后在科技、文化、体育以及历史研究领域都有建树。可以说,参加 v12 训练计划,增强了学生的爱国意识、磨砺了他们的意志,这些学员在接受军事训练的同时,保证了大学专业课程的学习,在战争中以及战后都为国家的发展作出了贡献。

各兵种学校都办起速成训练班,重点培训国民警卫队和后备役军官。后来这些兵种学校又开始办更高级的军官班,并为即将建的师办一个月的军官特别班,还新建了装甲兵学校、反坦克炮兵学校和高射炮兵学校。这些学校也突击培训了许许多多的平民军官,使他们雄赳赳地开赴战场。

1941 年 5 月,战争部少校参谋艾尔伯特・魏德迈在研究了战

---

① John Wesley Masland, Laurence I.Radway, *Soldiers and Scholars: Military Education and National Policy*, Princeton University Press, 1957, p.99.

争形势之后,认为美国政府对于即将到来的与德日两国的两线作战缺乏准备,而且政府也没有制定统一的战争准备计划。他估计:美国如果要取得两线作战的胜利,至少需要 870 万的部队,这个计划后来被罗斯福批准执行,所以又称为“胜利计划”。①“胜利计划”顶峰时期大约有 810 万人加入部队。这么多平民加入军队导致了军官的紧缺,而且这些平民大多没有接受过军事教育。为了把他们尽快培养成为能上战场的军人,原来承担初级军官任职后教育的兵种学校和其他军种的专业学校承担起了对平民的军事训练的任务,各兵种学校迅速成立了大量的速成培训班,重点培养预备役军官。这些兵种学校还开设了更高级的军官速成班,甚至为刚成立的师级单位举办为期一个月的军官特别培训班。

高等教育的发展关系国家的未来,所以罗斯福总统甚至还考虑到战后如何恢复高等教育的正常教学秩序,他任命了一个特别委员会,负责制定战后教育调整计划,让中断学业参加军事服役的学生恢复学业。

2. 课程内容的调整

美国军官职业教育机构利用本国大学教育资源发达的优势来培训军官最早可以追溯到 20 世纪 20 年代,在麦克阿瑟担任西点军校校长时发起的一项改革。内战以后美国赠地大学和私人高等教育迎来了大发展,西点军校却没有跟上潮流,逐渐退向保守。麦克阿瑟对西点军校的所有课程进行了审查,删除了受普通大学影响的不健康内容,②在一战期间被废止的四年制课程得到了恢复。课程的内容得到了修改和扩展,开设了像空气动力学、内燃机学和

---

① Richard W. Stewart, *American Military History: The United States Army and Forging of a Nation, 1775-1917*, Washington D.C., 2005, p.93.

② 于大清:《目击西点》,解放军出版社 2005 年版,第 40 页。

演讲艺术等新课程。课程内容上不再局限于军事事务,而是开设了新颖的政治学和经济学科目。特别是聘请耶鲁大学卢修斯·霍尔特教授领导英语系的教学,以提高外语教学水平。到 1925 年,西点甚至获得了美国大学联合会的认可,承认西点军校为“合格技术大学”,可见对其外语教育的水平认可。

到了二战时期,美国军官教育机构针对战争情况,对于课程进行了相应的调整。

(1)军官教育机构预见到未来可能在战争中暂时占领很多具有不同语言、不同文化的地区,而美国现有的军官职业教育机构并不擅长提供相应的教育。于是借鉴了 20 世纪 20 年代西点聘请耶鲁大学外语教授的做法,通过利用民间学校在语言研究领域的优势,来教授军官外语。这些学校都和军方签订了合同,并且把教学重点放在外国地区,尤其是德国和日本的文化和语言。海军效仿陆军,最先是在哥伦比亚大学,然后是在普林斯顿大学也同样设立了一些军事管制和民政事务的学校。同时,为了提高办学质量,海军还委派了一些军官到陆军民政事务训练学校任职,熟悉相关的专业知识。

(2)由于在战争中国家将近一半的资源都被用于军事,军事和民事之间的界限变得十分模糊,所以许多职业军官从事的不再是原来的本职工作,而是开始从事外交家、经济学家、科学家和总经理的工作。很多军官职业教育机构在原来研究方向的基础上增加了一些关于国际事务和经济事务的教学,以适应战争形势的需要。最后,是对军官军事管制方面教育的加强。早在珍珠港事件以前,艾伦·吉隆少将就提议对于军事管制进行特别训练。到 1942 年,在他担任宪兵司令期间,他就在弗吉尼亚大学里设立了一个由军队管理的军事管制学校。另外,还设立了民政训练事务学校。①

(3)军官职业教育理念的创新。军官职业教育表现出一种趋势,那就是军种之间的联合教育。最早具有联合教育特征的院校是1924年成立的陆军工业学院。它的成立是充分吸收了美国在一战中没有充分动员的教训,因为动员工作要求不同军种之间配合。到1939年二战爆发初期,学院中的62名学员军官分别来自海军、陆军部队,其教员和行政管理人员也是来源广泛,所以陆军工业学院可以看作美国军官职业教育联合趋势的起点。

二战爆发以后,在亨利·阿诺德将军的建议之下,罗斯福总统效仿英国建立了参谋长联席会议,用于协调陆海军的联合作战行动。但是为了大规模动员国家的人力资源,许多高层次的军官职业教育机构纷纷关闭,这就导致了参谋长联席会议建立以后,缺乏相关专业的人员而无法有效运行。以培养联合作战的指挥和参谋军官为目标的陆海军参谋学院在1943年建立。在二战各种资源都极其缺乏的情况下,美国还投入了一定的力量建立跨军种的联合教育机构,可见其在培养具有联合指挥才能的军官方面的深谋远虑。② 陆海军参谋学院在建立之初,直接利用了原来陆军战争学院的教学设施,学制为21周左右。此外,还在利文沃思堡指挥与参谋学院、海军战争学院流动教学,随后2个月在华盛顿进行教学。学习的内容主要包括陆海军联合作战的3个经典案例,目的是让学员了解不同军种之间的能力和局限性。学员还以委员会为

① [美]约翰·W.马斯兰德,劳伦斯·I.瑞德韦:《军人与学者:军事教育与国家政策》,陈勇、王春茅、范玉芳译,军事谊文出版社2011年版,第127页。

② Charles S.Hyneman,"The Army's Civil Affairs Training Plan",*American Political Science Review*,1944,pp.342-353.

单位,集体分析如何制定计划实施陆海军两栖联合作战。各年级学员还要到锡尔堡炮兵学校、本宁堡步兵学校、波士顿造船厂等众多机构参观、观摩,了解新装备和训练过程。学院共有12个班,每个班30—40人,由陆军、海军以及海军陆战队军官组成。从1944年开始,陆海军参谋学院也开始招收国务院的官员,在课程最后5周,国务院会派遣一些代表来参加最后5周的课程。每一期的毕业生大约有30人。在整个二战期间,陆海军参谋学院共培养了大约400名上校级别的参谋军官。

通过建立全球战争的军事训练体制,美国组建了历史上规模最大的军队,在整个战争期间,军官职业教育机构总共培养了陆军军官835443人,海军军官320293人、海军陆战队军官37067人,培训士兵1200万人。① 美国军校在课堂上培养了一些优秀的军事将领,而且承担了美国大规模人力资源动员以后对平民的军事训练的任务。应征者经过强化训练后,投入全球各个战场,为二战的胜利作出了重要贡献。正如温斯顿·丘吉尔所言:"美国在二战中能够取得胜利的根源在于战争期间军官职业教育的课堂。"②这是对于美国军事教育体系最贴切的评价。

四、建立全球作战的军事指挥体系

第二次世界大战是全球范围的战争,战争规模和波及的范围大大超过了第一次世界大战,战区包括了亚洲、欧洲、非洲、大洋洲的大多数国家和地区及太平洋、大西洋和印度洋、北冰洋等各大洋,卷入人口之多、参战范围之广、战争激烈之程度,都是历史上所

① Ernest R. Dupuy, Paul F. Braim, T. Dupuy, *Military Heritage of America*, New York: McGraw-Hill, 1956, p.637.

② *Basic Field Manual & Military Training*, War Department, 1941, p.37.

罕见的。美军分布在全球各地进行海、陆、空立体作战，作战使用了大批先进武器，战争的复杂程度和技术要求更高了。为了有效地指挥分布在世界各地的美国陆海空三军，美国在战争期间建立和完善了全球作战指挥体系。这一体系分为两大部分：

一是美国与盟国的联合指挥体系。美国参战后，在丘吉尔的敦促下，建立了“美英联合参谋会议”，用于统一指挥美英两国军队，协调两国的全球战略，保证人力得到最大限度的利用，管理情报机关和情报交换，监督攻占地区的行政管理，负责制订运输、后勤和军火供应等项计划。联合参谋会议的成员，美方有：参谋长马歇尔上将，海军作战部长 H.B.斯塔特海军上将（1942 年是金海军上将），空军司令阿诺德中将，1942 年 7 月又增加了作为罗斯福总统代表的李海海军上将。英方有：约翰·迪尔元帅，李特尔海军上将和哈里斯空军元帅。联合参谋会议下设四个委员会：军火分配委员会、原料委员会、航空调整委员会和生产资源委员会。这些委员会负责具体事务的分工。

1942 年春天，美英双方同意在全球范围内划分双方的战略分工范围：美国主要负责太平洋战区，英国负责中东和印度洋战区；欧洲—地中海—大西洋战区由双方共同负责；中国战区由蒋介石指挥（后划为中印缅战区，由史迪威指挥）。此外，在远东战场还建立了美英荷澳四国联合司令部，由英国中将韦维尔全面指挥。1942 年 12 月，双方联合参谋会议决定对德作战，改组了美国海军，美国建立了“东西海疆防御指挥部”，英国也派海军参加。1943 年卡萨布兰卡会议认为，在反潜战争胜利之前，进攻欧洲是不可能的，便把大西洋反潜作战放在盟国战略的优先地位。为此成立了美英加三国海军联合指挥部，共同协调指挥三国海军对德国潜艇作战。

二是美国建立了自己的作战指挥系统。参战前，1940 年 7 月建立了总司令部和防空司令部。按照一战后制定的计划,规定在动员时将按照潘兴远征军总部的模式建立,由参谋长马歇尔任野战部队司令兼参谋长。但实际上,野战部队司令部由麦克奈尔指挥。总司令部下设 4 个集团军,由总司令部负责指挥训练。但总司令部只管作战部队,不包括新兵。总司令部长时间只有 7 个人。1941 年 6 月扩军前也才只有 23 名官员。1941 年 7 月 3 日,总司令部改为作战和训练司令部,主要负责部队的训练工作。1940 年 2 月成立的防空司令部,主要组织美国本土的对空防御。

参战后,美国开始组建统帅机构。罗斯福根据宪法是最高统帅。他热心于军事问题,对军事和战略颇有研究。他不像以前许多总统那样不懂军事,只当挂名总司令。他像林肯一样,从一开始就抓外交和军事问题。他直接领导参谋长,决定全球战略的基本原则,亲自制定战争政策。他有时直接行使总司令的权力。比如,他直接挑选了一批有能力的军事将领,如马歇尔、艾森豪威尔、麦克阿瑟、尼米兹等二战中的杰出将领。

罗斯福还明确规定了陆军部长的权限,解决了长期以来陆军部长和参谋长之间权限不清的老问题。1942 年 2 月,他发布“9082 号行政令”,其中第 6 条明确规定:“陆军部长有权和受命规定美国陆军各部队和司令部的指挥官及陆军部各部门的作用、职责和权力,并且经常就人事、档案、财产、通信安排以及为执行本命令的规定所必需的其他事务发出详细指示。陆军部长在行使这些职责时必须服从总统在有关战略、战术和作战方面直接通过参谋长行使的职权。”①这个命令使陆军部长主要成了行政方面的领

① [美]拉塞尔·韦格利:《美国陆军史》,丁志源等译,解放军出版社 1989 年版,第 471 页。

导,而具体的军事权力由参谋长行使。从此,陆军部长就渐渐脱离了有关军事的决策和指挥中心,只处理管家式的行政事务了。

为了协调陆海军的行动,1942 年 2 月,根据总统“9082 号命令”,美国还建立了“联合参谋部”,在陆海军的参谋部辅佐下进行工作,是陆海军的最高指挥机构,对总统负责。其任务是建立计划和工作委员会的有关机构。联合参谋部下设:联合参谋计划委员会、联合战略调查委员会、联合后勤委员会。这些委员会主要是提出各项计划,制定具体的政策。

实际指挥作战的系统为:

1. 总参谋部,由陆军参谋长领导,下设作战部、计划部与情报部三个部。三个部中,作战部权力最大。该部在 1941 年 3 月 9 日改组后,取代了战争计划部,主要是协助参谋长指挥作战。作战部制定计划,对各部队进行指挥和调动,相当于“总参谋部里的总参谋部”。作战部还下设 4 个组:一是战区小组,负责与各战区部队联络和指挥;二是行政组,是秘书部门,处理总参谋部的日常事务;三是战略与政策组,负责制定战略计划;四是后勤组,负责后勤的协调和组织工作。计划部与情报部地位下降,成为作战部服务的业务部门。作战部成了指挥这场大战、调动千军万马的一个中心部门,地位非比寻常。后来因庞大军队的调动和派遣工作量太大,便又专门成立了部队调动部,专门负责海外部队的调遣。此外,还有陆军军需部,负责全军的后勤供应和运输。

2. 海军,总参谋长为欧内斯特·金海军上将,下辖:斯塔克海军上将指挥的驻欧海军;尼米兹海军上将指挥的太平洋海军;韦维尔海军上将指挥的西南太平洋海军;哈尔西指挥的南太平洋海军。

3. 空军,归陆军领导,由阿诺德中将指挥。空军这时非独立军种,陆海军均有自己的航空兵,但空军已具有相当的独立自主性。空军完全控制了新飞机的研制、发展、人员管理、训练以及作战、战略和计划等。空军仍是参谋长联席会议成员。空军独立的原因,是不曾拥有一个独立军种所必需的后勤机构。但战争的实践特别是 1943 年对德战略轰炸表明:只有在统一指挥下,空军才能更好地发挥作用。1944 年,为协调战略轰炸,成立了"战略空军司令部",独立指挥对德战略轰炸,取得了重大成果,把对德战略轰炸上升到一个新的阶段。这又一次证明了:空军独立才能更好和更有效地开展军事行动。空军独立已势在必行。

二战中,战争的复杂性,地域的辽阔以及武器装备的现代化,使军事指挥系统也日趋庞大。美国全球战争指挥体系的一个显著特征,就是"大总部",有 11.4 万名军人在作战指挥系统工作,从事各种繁杂的指挥业务。① 美国建立的这种全球性作战指挥系统有效地指挥美军在全球各地的军事行动,与盟军密切协同,终于取得了战争的胜利。

五、建立世界首屈一指的海空军

二战期间,美国的海军和空军力量空前膨胀。美国主要依靠它那占压倒优势的海空力量,充分掌握制空权和制海权,配合陆军,在欧洲和太平洋两大战场上打败了不可一世的德日意法西斯军队。

前已谈过,珍珠港事件前,美国空军仅有一千多架作战飞机,海军只有 300 余艘舰艇。虽说在世界上也是支强大的力量,但是与德、日两国相比,却处于下风。德国 1939 年军火产量已为英美

① Maurice Matloff, *American Military History*, Office of the Chief of Military History, United States Army, Washington D.C., 1969, p.464.

两国总合的两倍多，年产飞机 8295 架，坦克 1700 辆，仅年产的飞机便是美国现役飞机的 8 倍。德国海军还拥有 1000 艘潜艇。小小的日本也年产飞机 2400 架，舰艇 40 万吨。战争期间日本生产了 105 万吨舰艇和 62400 架飞机。珍珠港事件后，日本取得了太平洋的制海权，拥有航空母舰 10 艘，重巡洋舰 18 艘，轻巡洋舰 20 艘，驱逐舰 102 艘，潜艇 64 艘。① 而美国只有 8 艘航空母舰，其中在太平洋的仅 3 艘，战列舰 17 艘，但在太平洋的 9 艘中有 8 艘在珍珠港事件中非沉即伤。重巡洋舰 18 艘，其中在太平洋有 12 艘，轻巡洋舰 19 艘，其中在太平洋仅 9 艘，此外，美国在太平洋仅有 28 艘潜艇和 67 艘驱逐舰。② 日本占有压倒优势。

为了弥补数量上的差距，美国进行了经济总动员，利用其庞大的工业优势加速生产大批的飞机和军舰。

1940 年，美国国防费用仅 133 亿美元，1941 年便提高到 500 亿美元。③ 国会批准了罗斯福增加飞机产量的请求，使飞机年产量从 1 万架提高到 5 万架。1940 年 7 月，罗斯福签署了《两洋舰队法》，拨款 40 亿美元增建 132.5 万吨的舰艇 257 艘。但珍珠港事件后，很快便突破了这一数目。空军飞机产量飞速增长，1944 年竟达年产 95272 架的高水平。战争期间共生产飞机近 30 万架。1945 年，陆军航空兵有飞机 72726 架，其中战斗机 41961 架，分为 245 个大队。海军航空兵有飞机 41180 架，其中战斗机

① [德]H.帕姆塞尔：《世界海战简史》，龚日译，海洋出版社 1986 年版，第 215 页。

② [美]阿瑟·林克等：《1900 年以来的美国史》(中)，刘绪贻等译，中国社会科学出版社 1984 年版，第 190 页。

③ 黄绍湘：《美国通史简编》，人民出版社 1979 年版，第 617 页。

28032架。①

海军的实力增长更为迅速。船只生产周期一再缩短,造船厂加班加点开工。造一艘“自由”型轮船的周期从242天缩短为41天。舰船年产量与年俱增,每年造的舰船吨位如下:

1940年,63.4万吨

1941年,168.8万吨

1942年,809万吨

1943年,约1700万吨

1944年,1900万吨

1945年,约1000万吨。

从1940年7月至1945年8月,合计生产了舰船5520万吨。②美国海军到1945年,已拥有航空母舰27艘,护航航空母舰110艘,战列舰8艘,巡洋舰48艘,驱逐舰352艘,护航驱逐舰498艘,潜水艇202艘,各类舰艇总数5万余艘,吨位500万吨。③ 这是世界上力量最强大的海军。

美国建立了世界上规模最大的海空力量,使战争发生了根本性转折。二战从某种意义上说是海空战争,美国大规模使用海空力量协同陆军作战。航空母舰是马汉和米切尔思想结合的体现。空军使强大的舰队如虎添翼,而航空母舰可以在辽阔的海洋中任意建立机动的空军基地。以航空母舰为核心的特混舰队使美国取得了制海权和制空权。在某种意义上,夺取空中优势和制空权的

① [美]瓦格纳:《美国战斗飞机史》,三机部628所1975年版,第17页。

② [美]阿瑟·林克等:《1900年以来的美国史》(中),刘绪贻等译,中国社会科学出版社1984年版,第267页。

③ [美]德怀特·杜蒙德:《现代美国》,宋岳亭译,商务印书馆1984年版,第683页。

重要性甚至超过了制海权。空中的配合也使陆军插上了翅膀。在战争中,美国利用空中掩护和战略轰炸,保证了地面作战的胜利,空中配合也使陆军插上了翅膀。在战争中,美国利用空中掩护和战略轰炸,保证了地面作战的胜利。日本陆军航空司令承认:“空中的失败使我们打输了这场战争。”①在强大的空中力量掩护下实施的大规模两栖登陆,则是陆海空三军完美地协同作战的生动体现。

海军和空军一样,在打败敌人方面功不可没。美国海空军配合盟军同德国潜艇在大西洋展开了殊死搏斗,最后以德国潜艇的惨败而告终。

在太平洋战场,美国海军也大显神威,经过瓜达卡纳尔、珊瑚海、中途岛、莱特湾等几次大海战,日本海军主力被歼灭。美国强大的海空军是美国取胜的关键。战争结束时,美国的海空力量已成为世界海洋和天空的霸主。

六、建立科技与军事相结合的体制

美国在二战中获胜的一个重要因素,是把先进的科学技术广泛应用于战争,使美国在武器装备的质和量上远远超过了德日意等轴心国家,保持了海空军的优势。

美国虽然有世界上最先进的科学技术,但是在战争开始时军事技术方面远逊于德国。战争开始时,美国科学家在研究核裂变、喷气推进和火箭方面远远落后于德国,也比不上英国在雷达、电子仪器和喷气推进方面的成就,华盛顿卡内基学会主席尼瓦尔·布

① Dale O.Smith, *U.S.Military Doctrine:A Study and Appraisal*, New York:Duell, Sloan and Pearce, 1956, p.111.

什担心国家可能在科学上毫无准备的情况下参战。①

为了改变这种状况,美国政府抓紧建立科技军事的科研领导体系。1940年6月,尼瓦尔·布什说服总统建立由军队各部、各大学和私营企业代表组成的“国防研究委员会”,用于科技与军事相结合的问题。1941年6月,罗斯福又调整了政府的科研规划,建立了科学研究和发展局,由布什任局长。该局的权力很大,有权批准或否决所有的科研项目,并提出新的科技任务。政府对科研采取了优惠政策,比如:免除了一万名科学家和工程师的兵役义务,使他们集中精力进行科学研究。布什设计了一个科研与发展相结合的基本体制,即通过政府签订合同,使各大学和科学界相结合的基本体制,该体制使各大学和科学界的实验室转而研究关键性的军事课题,研究成功后马上由工厂投入批量生产。二战期间,美国科学家在许多领域里都取得了令人瞩目的成就。

美国在科技方面最突出的成就就是试制成功了世界上第一枚原子弹。

早在1939年初,一批流亡到美国的欧洲物理学家发现德国有可能使用原子弹,他们向美国政府报告险情,可费米等人的呼声没人理睬。爱因斯坦亲自向罗斯福写信,忧心忡忡地说:“我预感到不远的将来,铀元素将会被转化为一种新的重要能源。目前,形势中的某些方面似乎在提醒我们的警惕,并且要求政府方面在必要情况下,尽快采取行动……在最近四个月里,通过法国的约里奥、美国的费米和席拉德的工作,建立大规模铀原子链式反应已成为可能,由此可能产生出巨大的能量和大量像镭一样的放射性元

① [美]阿瑟·林克等:《1900年以来的美国史》(中),刘绪贻等译,中国社会科学出版社1984年版,第190页。

素……这一新现象还可导致炸弹的制造……由此可制造一种新型的有巨大威力的炸弹。一枚这样的炸弹,用船运输,或者让它在一个港口爆炸,即可十分有效地摧毁全部港口及其周围的部分地区……"①为此,他敦促美国政府加紧进行原子能的研究。

随着战争的进程以及听到德国正在加紧研制原子弹的消息后,美国开始于 1942 年 8 月执行"曼哈顿计划",参加这项计划的有美国、英国、加拿大三国科学家,合作研制原子弹。工程设在美国田纳西州的奥克雷奇专门建立的曼哈顿区,由莱斯利·格拉夫斯将军组织领导这项秘密研究计划。研究工作在哥伦比亚大学、普林斯顿大学、加利福尼亚大学、芝加哥大学和设在新墨西哥州的洛斯·阿拉莫斯原子实验室进行。1942 年 10 月 2 日,恩里克·费米等人在芝加哥大学第一次完成了受控核裂变连锁反应的实验。1945 年 7 月 16 日,在新墨西哥州的阿拉莫戈多成功地试爆了第一颗原子弹,并在一个月后,向日本的广岛和长崎投掷了两颗原子弹,从此开始了人类战争的新纪元。原子弹的试制成功,使美国有了战略威慑武器,这是二战期间美国最大的科技成果。

在航空技术方面,美国也取得了令人瞩目的成就。美国在德国的战略轰炸中,便使用了许多新技术,如:雷达可使飞机全天候进行轰炸;使用金属箔干扰敌方雷达,采用"穿梭飞行"的新战术,使用高性能的 P-51 型"野马"式战斗机及 B-29 型"空中堡垒"远程轰炸机……这些新技术和装备可使轰炸规模和范围扩大,而且可以白天黑夜进行,使美军在诺曼底登陆后掌握了欧洲战场的制空权。诺曼底登陆后,轰炸的规模更大了。为提高作战效果,空军

① 赵一凡编:《美国的历史文献》,生活·读书·新知三联书店 1989 年版,第 295 页。

成立了“作战研究”组织,在各部队配备“作战分析组织”并配有经济、统计、物理、工程等方面的专家,采用数理统计技术,从轰炸数据资料中,分析提出改进轰炸、提高效率的办法,从而大大提高了轰炸效果。1943 年的轰炸准确度为 15%,1945 年便上升至 60%。①

在海军方面,美国也依靠技术优势掌握了制海权。美国在二战期间加强了对海洋的科学研究。海洋科研人员从参战时的 400 人增至 2000 人,科学经费从 170 万美元增至 1945 年的 1370 万美元。② 科研重点从生物转到海洋物理学。1941 年 2 月,伍兹霍尔海洋研究所发表《海水中的声音传播》的报告,这是水下声学划时代的事件。海军利用这一成果研制出潜水用温深仪和各种先进的声呐。1942 年秋天,为配合诺曼底登陆,科学家又发明了利用天气图预报波浪的方法。此外,在防水雷、防潜水艇和护航的各项技术方面也取得多项成果。美国利用先进的科技和强大的工业生产能力,生产了许多先进的舰用火炮、引航设备、舰载飞机、鱼雷、水雷等。美国制造了性能优越的航空母舰和轻型护航航空母舰,使用了尖端雷达、B-24 轰炸机、声呐、刺猬弹、磁探仪等先进设备,在大西洋之战的反潜战以及在太平洋日本海军司令部与大洋中的“狼群”潜艇的无线电通信中侦测出潜艇,机载雷达系统可使敌人的雷达探测仪失效。深水炸弹使用火箭推送,可下到更深的海洋里爆炸,音响鱼雷是敌舰的“克星”……美国还使用 10 厘米波雷达,装备在飞机和舰艇上,可以查明潜艇的位置。美国海军凭借技术优势,挫败了高技术装备起来的德国潜艇,并击败了技术低劣、

① US Government, *Scientific Technology and War*, Washington, 1969, p.91.

② Ernest R. Dupuy, Paul F. Braim, T. Dupuy, *Military Heritage of America*, New York: McGraw-Hill, 1956, p.642.

庞大而笨拙的日本舰队。

在火炮方面,美国研制成功了无线电引信(迟发引信),可在理想的距离和高度爆炸,提高杀伤力。美国炮兵还通过无线电和电话网实行了火炮射击的集中控制和指挥。美国陆军装备了各种自行火炮及105毫米大炮。特别是各种自行火炮,可以不停地灵活机动射击。美步兵还装备了火箭筒,研制出各种火箭炮和火箭发射器。仅一架战斗机上的火箭威力就和一艘驱逐舰的火力相等。美国炮兵火力的猛烈和集中使敌军胆战心惊。巴顿曾骄傲地说:“我用不着告诉你们是谁打赢了这场战争,你们知道吗,正是我们的炮兵。”①马歇尔也曾说过:“我们使用密集的重炮火力远比德国人的办法有效,并且显然大大地超过了日本人。尽管我们105毫米以上的重炮一般和德国人不相上下,但是我们使用这些武器的方法一直是我们在全世界进行地面战役的决定因素之一。”②

无线电技术所起的作用远远超过了火炮的威力。轻型高效的通信设备特别是高频无线电设施,使美国全球作战的雷达做了技术改进,使轰炸机可以夜航,使飞机准确及时地发现敌潜艇的位置,使大炮的瞄准更准确;敌方一发出无线电信号,美方便可通过高频测向装置探测到;还利用先进的技术破译敌方的无线电密码,掌握敌人的动向。在二战中双方都竞相发展无线电技术,其也是一场竞赛,但“道高一尺,魔高一丈”,盟军总是占了上风。后来盟军还发明了雷达干扰和无线电欺骗技术。到1945年,美军已获得了30亿美元的雷达设备和7100万美元的远距离无线电导航设

---

① [美]拉塞尔·韦格利:《美国陆军史》,丁志源等译,解放军出版社1989年版,第495页。

② Ernest R. Dupuy, Paul F. Braim, T. Dupuy, *Military Heritage of America*, New York: McGraw-Hill, 1956, p.639.

备。由于美军在无线电技术上占了上风,因此,军方认为无线电技术对二战的胜利起了“决定性作用”。①

美军从1943年起使用的武器在技术、质量和性能上已是世界上最好的了。美国使用M-4型谢尔曼式中型坦克和M-26潘兴式重型坦克作为主战坦克,美军使用的76毫米穿甲弹能击穿德国任何一种坦克的装甲。美步兵使用了世界上最优越的加兰德半自动步枪和大量越野卡车、吉普车及装甲运兵车。使用了燃烧弹、凝固汽油弹、无后坐力炮、聚能炸药、野战输油管、登陆艇、野战舟桥等各种性能先进的武器装备。这些都是美国取胜的有利因素。

二次大战也是高技术战争,美国的技术优势和强大的生产力相结合,转化为从事战争的强大战斗力,最终和世界人民一起战胜了凶残的法西斯集团。

七、建立全球总体战的后勤保障体制

二次大战是全球性总体战争,美国组建了有史以来最大规模的军队,其被派往世界各地,与敌人在空中、海上和地面浴血厮杀。战争的消耗量是巨大和惊人的。如何保证近千万大军的后勤供应呢?

参战初期,美国军队的后勤供应状况不佳。后勤计划仍受一战的影响。部队现有装备和将要得到的装备远不敷需要,运输计划也未设定。德国潜艇的活动造成美国和加拿大沿海混乱,直到1942年,物资分配仍处混乱状态。领导后勤工作的总参谋部军需部已成为一个有200多人的大部,但只忙于具体事务,忽视了制定

① [美]拉塞尔·韦格利:《美国陆军史》,丁志源等译,解放军出版社1989年版,第459页。

周密的计划。总司令部要抓后勤工作,又与总参谋长发生了矛盾。

为改善后勤供应工作,美军方首先对后勤指挥系统进行了改组。取消了陆军总司令部,陆军后勤部队由萨默维尔中将任司令。他受双重领导:在采购方面要请示陆军部长,在需求和分配方面要请示总参谋长。除了空军的特殊装备外,萨默维尔负责所有装备的供应。由后勤部队拟定物资供应计划及美军的供需单位的“运输名单”。后勤部队下属 7 个部:军需部、军械部、通信部、化工部、工兵部、卫生部和运输部。后勤部队负责绝大部分美军的物资供应和运输。萨默维尔还成了总参谋部长马歇尔的后勤顾问。

后勤部队后来把陆军部副官署、财务部、宪兵司令办公室、随军牧师队、军法署和国民警卫队的事务局等机构也合并了。还负责《租借法案》中物资的分配工作,并在很大程度上控制了联合军火分配委员会的工作。而后勤部队同各战区的后勤供应和协调工作由后勤组负责。后勤组是作战部下属的“资源与需求组”的简称。它负责制定战略供应计划,使需求与资料之间达到平衡。各战区均有自己的后方地域组织。该地域归各战区司令领导,华盛顿想控制这些组织的企图没有成功。

后勤部队和其他的经济动员机构密切配合来完成物资的采购与供应。战时生产局控制原料和生产设备,由陆军部和海军部分别提出所需装备和物资的计划,由战时生产局安排生产。再由这两个部分配给部队。由陆军技术部队和海军各局采办物资,由陆军船运生产管理局安排物资的海运。该局和英国的战争运输部合作把物资从美国运到欧洲。此外,还有许多民间机构协助部队采办诸如食品、油料和橡胶等产品的供应。1943 年春天,这些机构统一由战争动员局领导。军火物资的分配由两个军火分配委员会负责:一个设在华盛顿,负责分配美国产品;一个设在伦敦,负责英国产品的分配。这两国产品也分配到西方各盟国。

美国建立了一个全球后勤供应体系,主要包括:在靠近北极的格陵兰和冰岛建立了海空基地。开辟了越过北大西洋的航线,即由新科舍—纽芬兰—拉布加多—冰岛—爱尔兰。第二条航线是:向南经迈阿密—西印度群岛—巴西—非洲的北部沙漠和丛林—埃及—伊朗—印度。运给俄国的供应品有三条线:经太平洋到海参崴;经大西洋到摩尔曼斯克和阿尔汉格尔;经伊朗的230英里美英合营的铁路到里海地区。往中国的货物经大西洋—非洲—印度—中国。为了更好地组织空运,专门成立了空运司令部,负责用飞机把物资人员运给世界各地的美军。

后勤地位日益显得举足轻重。1943年以后组建的部队主要是后勤部队。1943年陆军增加了200万人,作战部队仅占36.5万,其余均是后勤人员。1945年,在陆军的830万人中,除有近400多万在作战部队外,余皆为后勤部队。① 珍珠港事件前,勤务部队只占陆军总兵力的26.3%,1942年9月,为34.4%,1945年战争结束时,陆军作战部队为204.1万人,后勤部队为155.8万人。②

美后勤部队使用了许多先进的装备,如浮动干船坞、供应船、驳船、医院船、维修船等各类船舶。但对于远离基地获得油料、弹药、食品、替换人员及其他人员,美军在太平洋除了对海舰的补给外,还利用珊瑚礁修建了临时基地。组建了"后勤支援团",包括快速货船。还成立了专门修建各种后勤设施的"海上蜜蜂"修建营。该营在太平洋战场上修建了许多基地,包括建立机场、仓库等

① [美]拉塞尔·韦格利:《美国陆军史》,丁志源等译,解放军出版社1989年版,第469页。

② [美]拉塞尔·韦格利:《美国陆军史》,丁志源等译,解放军出版社1989年版,第469页。

设施。1945 年,仅在太平洋战区的便有 3000 多艘船组成的勤务船队。在太平洋建了 256 个基地,在大西洋为 228 个基地。①

后勤地位从未像这场战争中这样重要,它决定了作战的时间、地点、规模和方式。比如诺曼底登陆前 2 年就开始进行后勤准备工作。美军后勤部门为 120 万大军准备了住房、物资和运输,包括 9.4 万个医院床位,185.8 万平方米的隐蔽部、仓库和商店。408.7 万平方米的场地,3.25 万平方米的停车场,270 英里铁路,2 万多节车皮,1000 多台机车和 163 个飞机场。② 在战役期间,物资消耗量惊人,一个月共更换了坦克 500 辆,汽车 2000 辆,迫击炮 700 门,武器 3.6 万件;步兵人均消耗 10 万吨物资。③ 充分的后勤保障使诺曼底战役大获成功,因此诺曼底的后勤保障被称为"战争史上最惊人的后勤计划之一"。

除物资供应外,二战期间的卫生保障也发挥了重要作用。由于磺胺、盘尼西林等药物的发明以及输血等方法的使用,加上抢救及时,战地医院的认真治疗和护理,使美军因伤病死亡比一战时降低了一半。④ 但是对传染疾病预防仍嫌不够,使局部地区的军队一度流行疾病。

二战中,美国的全球后勤供应体系发挥了重要作用,它充分满足了前方部队的巨大物资供应,为战争的胜利立下了汗马功劳。

---

① [美]德怀特·杜蒙德:《现代美国》,宋岳亭译,商务印书馆 1984 年版,第 696 页。

② [美]阿伦·米利特:《美国军事史》,军事科学院外国军事研究部译,军事科学出版社 1989 年版,第 451 页。

③ [美]阿瑟·林克等:《1900 年以来的美国史》(中),刘绪贻等译,中国社会科学出版社 1984 年版,第 190 页。

④ [美]阿瑟·林克等:《1900 年以来的美国史》(中),刘绪贻等译,中国社会科学出版社 1984 年版,第 190 页。

小　结

第二次世界大战以德日意法西斯轴心国集团的投降而告终。全世界人民团结一致,浴血奋战,是战胜法西斯侵略势力的重要原因。美国在战争中起了巨大作用。其进行了一系列改革,充分动员了全国的人力物力,源源不断地生产出了大批飞机、军舰、坦克、大炮,并且和世界反法西斯各国结成统一战线,在世界正义力量的配合下,取得了第二次世界大战的伟大胜利。作为美国本身而言,其胜利还有几点主要原因:

一是制定了正确的全球战略,这是取胜的关键。美国正是制定了联合全世界反法西斯力量和"德国第一、日本第二"的全球战略,才保证了战争的胜利。

二是把先进的科学技术广泛应用于战争,使美国在武器装备的质和量上远远超过了德日意等轴心国家,保持了海空优势。战时,美国建立了国防研究委员会,1941年又建立科研和发展局,负责研制新装备。美国使用了世界上第一颗原子弹,使用了B-29"超级堡垒"轰炸机、野马式战斗机和大型航空母舰。高频无线电设备使全球性战争的指挥成为可能。雷达、声呐的使用赢得了反潜战的胜利。此外,还有使用无线电引信的炮弹、火箭炮、无后坐力炮、登陆艇、输油系统、水陆两用卡车、潘兴式坦克、装甲车、水雷等等。这些先进的武器装备投入战场,使得战争面貌为之改观。在前线厮杀的人员仅占军队总人数的很小一部分,大部分人员在后方从事训练和后勤保障工作。

三是建立了历史上最复杂和庞大的后勤供应系统。第二次世界大战是全球性战争,美国除了作为兵工厂为英苏等国提供了大量军援外，还在全球建立了供应系统，在保障己方后勤供应的同时，切断对方交通补给线是克敌制胜的关键。“蛙跳战术”就是切断敌方的基地和交通供应线，从而迫敌投降。“大西洋之战”则是保护己方交通线安全的范例。

四是美国大规模使用陆海空军协同作战。在强大空军力量的掩护下实施大规模两栖登陆，是陆海空三军完美地协同作战的生动体现。

美国在战争中所使用的战略战术有了很大变化。美国的军事战略仍以歼灭战略为主，主要目标是歼灭敌人的军队；但也辅之以消耗战略，用战略轰炸摧毁敌方军民的斗志。二者相配合，达到使敌人无条件投降的目的。战争结局证明这一战略是行之有效的。就战术而言，美国使用了高度发展的步坦炮协同作战。在战斗中大量使用坦克和火炮，强调集中火力和兵力，保持对敌的火力优势，以装甲力量为主要突击力量，步兵已基本机械化，从而保持了高度的机动性。此外，还大量使用了空降和两栖作战的战术。美军机动性以巴顿在西西里的作战及在阿登反击德军的作战为代表；节约兵力原则在意大利的作战中得到体现；集中而简明的领导在诺曼底登陆中表现得淋漓尽致；两栖作战则以诺曼底、冲绳的战役为范例。

但是在第二次世界大战中，也暴露出美国军事结构的许多弊端。

一是和平时期准备不足。美国正规军的兵力仍然过小，在战前只有 18 万人，这点军队在世界性战争中太微不足道了。两次大战美国分别动员了 400 万和 1200 万军队作战，而且全民军训没有完全铺开，所以在战时仍要花费很多时间和精力进行训练。

二是这次战争中空军唱了主角，在空军飞速发展的时代，制空权也大大超过了制海权。二战实践证明,没有飞机掩护的军舰,再大也只能是空军的活靶子,其命运只能是葬身大海。日本超级战列舰“大和”号的命运就是很好的例子。但是在战前,美国军方没有给空军以足够重视,以致战争开始后不得不花大量时间来重建空中力量。此外,在二战中发挥了重要作用的坦克和两栖登陆作战,在战前均受到了忽视,使美军在战争中付出了许多无谓的牺牲。

三是海空地之间协同作战不够。海军战前制造了过多的战列舰,在反潜作战中速度太慢。而空军又太强调发展战略轰炸机,而忽视了掩护它们的战斗机以及与地面部队的空地战术配合。空军和海军、陆军协同合作不够。珍珠港的悲剧原因之一,就是三个军种间缺乏合作,驻夏威夷军种间很少进行通信联系,而是各自独立,鲜有来往。战争期间,太平洋战区的尼米兹和麦克阿瑟之间经常发生争吵,而在联合参谋会议中,陆海军代表间的关系也很紧张。到战争接近尾声时,问题更加严重。空军独立性日益增强,战略空军司令部的设立使尼米兹、麦克阿瑟和空军司令斯帕茨之间形成了三足鼎立的关系。陆海军经常就如何分配使用空军的力量而争执不休。

四是战略原则过于僵硬。拘泥于“无条件投降原则”,关闭了谈判大门,只能逼迫敌人作垂死挣扎,从而使战争延长,造成人力物力的不必要损失,特别是在战场胜负已见端倪的情况下仍使用原子弹,造成了平民的不必要伤亡。此外,在战略轰炸中忽视了对敌人动力和运输中心的轰炸,使德国的战争机器长期未受到轰炸影响而持续运转。同时,还忽视了对战后政治中心的攻占,如不及时攻占柏林和维也纳这些战略要点,最后导致了冷战。

五是在后勤卫生保障中,忽视了对传染病的防治,以致在部分战区传染病流行,大大影响了部队战斗力。如在太平洋战区,仅1942年下半年至1943年上半年,美军得疟疾者便达50万人,因病减员为战斗减员的10倍。在二战中,美军还有20万人患上病毒性肝炎,有1.8万人患恙虫病,得其他病的也不少,造成了严重后果。①

第二次世界大战给美国带来深刻的影响:

第一,美国通过参战实现了长期以来的梦想,成为世界超级大国,爬上了世界霸主的地位。美国在二战中的损失微小,所得巨大。经济获得长足发展,其经济实力在世界占全面优势。此外,美国在联合国、国际货币基金组织和世界银行中也占支配地位。

第二,美国摆脱了孤立主义的传统,从美洲国家走上了向世界扩张的霸权主义道路。战后至今,美国一直是世界最大的军事强国,在全球进行扩张。

第三,战争中美国酝酿和兴起了第三次科技革命,加速发展原子和电子技术,成为世界最先进的科技大国。

第四,战争大大强化了国家垄断资本主义,使战后美国的社会、政治和经济发生了深刻变化。

---

① 郑彼得等:《传染病的秘密》,战士出版社1979年版,第7页。

第九章　冷战时期美国的军事制度

（1946—1991 年）

第二次世界大战使美国终于如愿以偿，登上了世界霸主的宝座。美国人自夸 20 世纪是“美国世纪”。战后，美国以“世界宪兵”的身份到处插手世界事务，随心所欲地干涉别国内政。但是好景不长，由于中国、苏联等一批社会主义国家的崛起，亚非拉民族民主运动的风起云涌，使资本主义世界面临严峻的挑战和竞争。在动荡的世界面前，美国极力阻挠和镇压各国人民的革命斗争，为了称霸世界，又同苏联为首的社会主义国家展开了以“冷战”为标志的全方位的激烈斗争。朝鲜战争（1950—1953 年）和第二次印度支那战争（1955—1975 年）的惨败使美国称霸世界的全球战略受到沉重打击。半个世纪的冷战以美国为首的西方国家的胜利和苏联解体、东欧国家的演变而告终。随着核武器的发展，美国从根本上改变了传统的军事战略。战后几十年间，美国军事战略和政策的演变，其幅度和多变性都明显地超过以往，其军事制度也有了重大的改变。

第一节　美国的霸权主义与战争

二战后，美国成为世界头号超级大国，军事、经济、文化、科技等始终保持世界第一。美国保持了庞大的武装力量，和苏联进行冷战,并奉行霸权主义和扩张主义,在世界各地进行侵略和扩张,并发动了几次局部战争。

一、经济始终保持世界第一

第二次世界大战使美国梦想成真,成为世界超级大国。美国在战争中的损失最小,所得最大。美国经济在战争中获得长足发展,其经济实力在全球无一国能望其项背。美国在资本主义世界工业中所占的比重,从1938年的36%增长到1948年的54.6%,是西欧和日本总和的两倍多。美国的黄金储备占资本主义世界的70%,国外投资1948年达到313亿美元。① 美国出口也占世界第一位,从1938年占世界出口额的13.28%增长到1948年的22.02%。美国在联合国、国际货币基金组织和世界银行中也占支配地位。此外,美国还是世界上唯一拥有原子弹的最强大的军事大国,同时也是世界上最富有的经济大国。1947年,占世界人口6%的美国生产了世界制造业产品的50%、石油的62%、钢的57%、汽车的80%,一般美国人的平均收入为外国人的15倍。②

进入20世纪50年代,美国经济持续发展。尽管在1949年、1954年、1957—1958年和1960—1961年出现过经济危机,经济出现了短时间衰退,但在此期间(1946—1970年)美国经济的年增长率达到3.5%。国民生产总值从1946年的2000亿美元增至1970年的近1万亿美元。③ 人均收入由1947年的约3000美元增至1965年的6000美元。实际购买力自1946年至1960年增长了22%,在20世纪60年代中期,占世界人口仅5%的美国人却生产

① 黄绍湘:《美国通史简编》,人民出版社1979年版,第654页。
② 杨生茂:《美国史新编》,中国人民大学出版社1991年版,第436页。
③ 杨生茂:《美国史新编》,中国人民大学出版社1991年版,第466页。

和消费了世界产品和劳务的三分之一。[①]

美国经济到 20 世纪 70 年代又增长了 38%。但是从 20 世纪 70 年代中期起,美国经济出现了长期的滞涨,即经济停滞不前并伴随着通货膨胀,物价上涨率达到两位数:1974 年为 11%,1979 年为 12%,1980 年为 13%;失业率上升,1975 年为 8.5%。[②]

1980 年里根总统上台,推行经济改革,使美国经济在 20 世纪 80 年代有所好转。但是到了 1990 年,美国经济又出现了新的更严重的滞涨,公私债务总和为 10.1 万亿美元,是 1989 年国民生产总值的两倍。[③] 尽管如此,美国仍是世界第一经济大国。

经济发展使美国垄断资本进一步发展,集中的程度更高了。战后以摩根、洛克菲勒等十大财团为标志的垄断体系正逐渐演变为以跨国公司为特点的垄断体系。原来的十大财团为:洛克菲勒财团、摩根财团、第一花旗银行财团、波士顿财团、杜邦财团、梅隆财团、克利夫兰财团、芝加哥财团、美洲银行财团、得克萨斯财团等,到 1990 年则变成了埃克森公司、通用汽车公司、福特汽车公司、通用电气、国际商业机器公司、莫比尔公司和可口可乐公司等著名的跨国大公司。

二、保持庞大的武装力量

二战后,美国虽然又和从前一样,实行了大规模的复员计划,1200 万大军不到一年就减少到 300 万人,但是再没有恢复到二战前那种"可扩大的"小军队的状况。为了实现其称霸世界的野心,

① 杨生茂:《美国史新编》,中国人民大学出版社 1991 年版,第 466 页。

② 李群主编:《英语国家概况》,东方出版社 2001 年版,第 365 页。

③ 陈治刚等编:《英美概况》,上海外语教育出版社 1994 年版,第 256 页。

美国开始在战后始终保持一支二三百万人的庞大军队,是二战前军队的10倍。其主要年份的军队人数如下:

美国军队人数(1946年—1985年)(万人)①

1946年:303	1966年:309.4
1947年:158.3	1967年:337.7
1948年:144.6	1968年:354.7
1949年:161.5	1969年:348.7
1950年:146	1970年:345
1951年:325	1971年:271.3
1952年:363.6	1972年:232.2
1953年:355.5	1973年:225.3
1954年:330.2	1974年:216.2
1955年:293.5	1975年:212.8
1956年:280.6	1976年:208.2
1957年:279.6	1977年:207.4
1958年:280	1978年:206.2
1959年:280	1979年:202.9
1960年:248.9	1980年:205
1961年:220	1981年:204.9
1962年:282.9	1982年:211
1963年:180	1983年:212.8
1964年:268.8	1984年:213.6
1965年:265.6	1985年:214

① Bureau of the Census, *Statistical Abstract of the U.S.*, 1980, Washington D.C., pp.736-737.

30年里,年均保持军队在200万以上,是二战前年均军队人数的10倍以上。

战后美国军队建设一个显著特点是:没有一个稳定均衡的军事政策,忽而空军受重视,忽而海军受到青睐。这期间美国军事建设情况如下:

(一)1946—1950年,在这期间是重空轻海时期。海军在二战中战功卓著,但是战后美国海军却面临被取消的危险。海军从150万人减至50万人,有9800多艘舰艇退出现役。出现了取消海军的言论。如空军将领兰克·A.阿姆斯特朗便公开说:"空军不仅在战时是主力,而且在和平时期也是主力……空军将逞雄于天空。而海军,除了几艘航空母舰之外,什么也拿不出来。就是那几艘航空母舰,也很可能在战争一开始就被炸沉,因而毫无用处。"①但是尼米兹对这种言论痛加驳斥:"这种取消海军舰队的论调并不新鲜。在潜艇出现时,在鱼雷出现时,在飞机出现时,都曾经叫嚷过。结果,这些预言海军末日的预言家只是徒然喊哑了自己的嗓子。正确的态度应该是使海军建设适应于新式武器的发展。具有海军传统的智慧的美国人民决不会听任海军衰亡!"②

尼米兹继续指出制海权在当代的重要性:"我国凭借海上力量可以获得对外的影响,靠手中的制海权以保持这种影响。没有制海权,我们就将被限制在本洲的边界之内。"③他反对取消

① [美]内森·米勒:《美国海军史》,卢加春译,海洋出版社1985年版,第292页。

② [美]内森·米勒:《美国海军史》,卢加春译,海洋出版社1985年版,第292页。

③ [美]内森·米勒:《美国海军史》,卢加春译,海洋出版社1985年版,第302页。

海军,认为应"使海军建设适应于新式武器的发展"。① 海军仍然为自己的地位而努力,建成了新型航空母舰"珊瑚海号",还建立了具有核打击能力的航空兵部队。但因预算吃紧,要求建更大型号航空母舰的要求未能如愿。在朝鲜战争中,海军由于在支援地面作战、封锁和两栖登陆中发挥了重要作用,其地位才又上升。

相比之下,空军这时受到宠爱。1947 年,空军独立成为一个新的军种,有一万架飞机和 30 万名官兵。空军力图使用喷气式飞机及各种先进的轰炸机。但受经费影响,到 1950 年仅建成 48 个中队,飞机 1.7 万架,但有一半是二战时的飞机。② 美空军在朝鲜战争中发挥了巨大作用。

在陆军建设上,杜鲁门政府的国防部长马歇尔力主建立公民军队,实行普遍军训,反对耗资巨大的职业军队,要求"每一个年轻力壮的美国人都要接受训练来保卫国家"。③ 他认为"公民士兵"是反对"滥用权力"的保证,④"公民军队的基础是普遍军训"。⑤ 二战时美国动员巨大的人力经验说明,公民军队是切实可行的。因此,为节约经费,和平时期不应保持一支庞大的职业军队。他和帕尔默都提出议案,要求实行普遍军训,但因受到国会反对未能通过。

---

① [美]内森·米勒:《美国海军史》,卢加春译,海洋出版社 1985 年版,第 292 页。

② [美]瓦格纳:《美国战斗飞机史》,三机部 628 所 1975 年版,第 23 页。

③ Russell F. Weigley, *Towards an American Army: Military Thought from Washington to Marshall*, New York: Columbia University Press, 1962, p.223.

④ Walter Millis, *American Military Thought*, New York, 1966, p.437.

⑤ Russell F. Weigley, *Towards an American Army: Military Thought from Washington to Marshall*, New York: Columbia University Press, 1962, p.246.

战后,美国陆军正规部队经大规模裁军,1948年降至144.5万人的最低点。后因“冷战”加剧,很快又在1948年3月恢复了选兵制。国会批准和平时期的最高兵力为200万人。取消了海岸炮兵和骑兵两个兵种。1950年又把入伍年龄从19岁降至18.5岁,且规定所有男子必须在18岁时登记,服役时间从21个月延长至24个月。[①]

1950—1953年朝鲜战争的爆发,给美国军队扩军备战以充分的理由。美军又加以扩张,迅速从1950年的146万人增加到1952年的363.6万人,这是二战后迄今美国军队的最大兵力。

(二)1953—1960年,美国重点发展空军和导弹部队。朝鲜战争的失败使美国认识到,苏联及其核武器是它的主要威胁。为了实现大规模报复战略,美国大力发展导弹核武器和战略空军。空军军费1959年为192亿美元,而海军为117.25亿美元,陆军仅为94.6亿美元。美空军经费几乎是海陆军的总和。1956年,空军拥有2.6万架飞机,海军航空兵有飞机1.24万架。[②] 1960年,空军的战略轰炸机已有2000架。在这期间,美国的战略导弹部队也发展起来。美国于1957年修成了从阿拉斯加的李恩博恩角到巴芬岛的雷达警报站网,这个雷达早期警报系统得到加拿大军方的配合。1958年,这个系统又扩大到格陵兰岛。

海军在这期间仍然受到冷遇。海军加紧发展核动力潜艇和战舰及海军舰用导弹。1954年,核潜艇问世;1960年,水下发射的“北极星”导弹发射成功。1957年,核动力航空母舰和核动力巡洋舰相继问世。这样,海军的战略价值逐渐被人们认识,成为美国战

---

① [美]加尔文·D.林顿:《美国两百年大事记》,谢延光等译,上海译文出版社1984年版,第390页。

② [美]瓦格纳:《美国战斗飞机史》,三机部628所1975年版,第23页。

略打击力量不可缺少一环。

陆军这时地位一落千丈。为了节约经费用来发展战略打击力量,朝鲜战争以后削减了大批陆军,从1953年的155.4万人减至1958年的不足90万人,并尽可能地削减后勤部队。为适应核战争的需要,陆军编制作了重大改组,把"三三制"师改成了"五群制"师。每个师由5个战斗群组成,每个战斗群小于团而大于营,每群由5个步兵连组成。原子步兵师每群还多一个迫击炮连。这个师还配有战术核导弹部队。每师1.3万人,每群都可独立作战,在炮兵和导弹支援下,可以打常规战争和核战争。国民警卫队和预备役师1960年也完成了这种改革。陆军为了提高机动性,于20世纪50年代中期组建了"空中骑兵"部队,即以直升飞机作为部队的运载工具。1956年,陆军决定重点发展直升飞机。1960年,陆军已有12个直升飞机营,2700多架直升飞机。这样,美陆军的火力和机动性有了很大提高。

(三)1960—1970年,美国军备建设进入以常规为主的多样化时代。陆军受到了重视。这是因为:越南战争日益扩大,美军深陷越南泥潭中难以脱身。而核武器和核威慑在越南根本不起作用。同时,美国政府对战争形势的估计也发生了变化,认为美苏之间可能首先发生常规战争而非大战。常规战争虽可能逐步升级为核战争,但仍将以常规战争为主。因此,侧重于建立一支在核威慑掩护下准备打特种战争和有限战争的多样化的常规军事力量。战略报复部队的经费从1962年的76亿美元降至1966年的45亿美元,而常规部队经费从145亿美元增至190亿美元。在20世纪60年代先进行了以下几次重大改革:

一是麦克纳马拉的改革。1961年担任国防部长的麦克纳马拉,为了适应"灵活反应战略"需要,对美军进行了较大改组。

1961 年,他组建了“美国进击司令部”,把陆军部队和战术空军合在一起,以随时应对突发事件和增援国外的部队。平时陆军和空军分属各自军种指挥,出现危机时,由“进击司令部”统一指挥,该司令部编制内有:1 个步兵军,1 个空降军,1 个战术空军指挥部,进击司令部直属于参谋长联席会议。

麦克纳马拉还将陆军从 87.5 万人增至 100 万人,对国民警卫队和后备队进行了改组。他发现,这两个部队间有许多方面功能重叠,还要有两套领导机构。于是 1961 年他裁减了这两者的人员,国民警卫队减至 46.7 万人,后备役部队减至 37.5 万人,对人员规定了较高的标准。1964 年,他进一步进行改革,实际上取消了陆军后备役部队,使部队编制更合理,每年可节省经费 1.5 亿美元。

二是组建了特种部队。特种部队早在 20 世纪 50 年代便已成立,1952 年,陆军学院的特种战争专业从莱利堡迁至布莱格堡。1957 年,美军成立了特种战争学校;1961 年,特种战争学校已毕业学员近千人,并将招生规模从每年 1500 人增至 9000 人。肯尼迪成立了有 2000 人的反暴乱特种部队,以绿色贝雷帽为其标志,又称为“绿色贝雷帽部队”。肯尼迪认为,美国不用大规模军队,仅通过绿色贝雷帽部队与所在国军队共同采用反游击战的战术,就可以遏止共产主义的民族解放战争。特种部队受政府中的“反游击战特别小组”的领导,进行各种反游击战和心理战的训练。特种部队发展迅速,1966 年已达 10500 人,分布在世界的 7 个特种部队大队中,其中以越南的第 5 大队人数最多。此外,美国在冲绳、越南、巴拿马和法国还组建了特种部队中心,帮助这些国家发展特种部队。

三是增强空中机动能力。为了应对突发事件,加快反应能力,从 1965 年起,美国开始组建两个空中机动师。每个师有 428 架直升飞机,共计 1.6 万人。空中机动师的装备轻型化,全师装备总重量比一般步兵师减少了三分之一，具有较高的机动能力和较强的火力。为提高部队快速机动能力，陆军 1966 年还开始大批装备 C5A“银河”式大型运输机。

四是对师作进一步改革。“五群制”师经实践证明不太理想，1961 年，陆军又将师编制改为“三旅制”。1962 年，美军建立了四种师：步兵师、装甲师、空降师和机械化师。每师都有一个直属队和 3 个旅。全师共 1.6 万人。“三旅制”师机动性和火力大大超过了“五群制”师。

20 世纪 60 年代，海空军也有很大发展，到 1970 年，空军已有 86.1 万人，海军 77.2 万人，海军陆战队 31.5 万人，空军有飞机 10600 架，海军有飞机近 1 万架，军舰 890 艘。此外，美国战略核力量 1967 年已拥有洲际导弹 1054 枚，“北极星”潜射导弹 656 枚，导弹潜艇 41 艘，战略轰炸机 697 架，核弹头 4500 个。

（四）1970—1975 年，美国仍侧重发展常规军力。这是因为美苏核力量持平，双方都慑于对方的核报复。美国估计发生核战争的可能性越来越小，而常规战争将是主要的冲突形式，于是加强常规力量的建设，但国防开支大大压缩，从 1960 年占联邦预算的 40%降至 1975 年的 25%，①海军受到重视。1973 年，海军军费第一次超过了陆军和空军，美国又组成了以航空母舰为核心的特混舰队。战略核力量大力发展多弹头分导式弹道导弹以及各种先进的反导弹体系（详见后面内容）。

三、美国推行霸权主义的侵略和扩张政策

战后美国制定了称霸世界的全球战略，具体表现为：对外政策

① ［美］J.布卢姆：《美国的历程》（上、下），杨国标等译，商务印书馆 1988 年版，第 632 页。

主线是对苏实行封锁、包围和遏制的冷战政策;对外政策的重点是对西欧从政治、经济和军事方面严密控制,对亚洲和太平洋地区加紧侵略扩张,对中东和非洲进行积极干预,对拉丁美洲则进行全面控制。为了实施这一战略,美国武装力量扮演了全球战略的工具和镇压革命的“国际警察”的双重角色。

战后美国对外扩张的特点是:在全世界,以美国为中心建立了许多侵略集团;在欧洲,同苏联及东欧各国敌对;在亚洲,不断侵略中国、朝鲜和越南;在拉丁美洲,扶植亲美政权或直接出兵干涉。

(一)美国对外侵略扩张概况

1945—1950 年,美国在“防止共产主义扩张”的名义下对外扩张,以维护自己的霸权地位。杜鲁门以“实力政策”为基础,在世界各地扩张和侵略。艾森豪威尔则以“多米诺骨牌”理论来对抗所谓的“共产主义的扩张”。他认为:一个国家一旦落入共产党之手,其他邻国就会相继垮台。为此,美国一方面使用军事力量干涉、阻止欧亚国家民主革命运动的发展,防止殖民体系崩溃,另一方面同苏联争夺世界霸权,扩大自己的势力范围。在这期间,美国支持中国国民党打内战,伙同英国武装镇压希腊革命力量,镇压菲律宾人民武装起义。1950 年,美国伙同南朝鲜当局发动朝鲜战争,同年美国武装干涉波多黎各,1954 年干涉危地马拉,1958 年出兵黎巴嫩。同时,为了遏制苏联势力的扩张,发起“冷战”,建立包围苏联及其他社会主义国家的全球军事基地网。1947 年,美国在 56 个国家驻有军队,共有 484 个军事基地。[①] 美国还组建了各种类型的侵略性军事集团,例如“北大西洋公约组织”。该组织的各国

① 黄安年:《美国历史纲要》(现代部分下),北京师范大学历史系教材,第 126 页。

军队和驻欧美军组成了主要的突击集群。根据分工负责原则，美国负责北约的军事战略领导，保障海空军参与作战和军队武器装备的供应，由盟国提供人力。美国还分别同丹麦、冰岛、法国、西班牙、沙特阿拉伯、利比亚、葡萄牙、希腊签订了双边军事条约或协定，在这些国家设立军事基地。1955 年，美国同伊拉克签订了《巴格达条约》，最后完成了对苏联的战略包围。在同苏联的军事对峙中爆发了"柏林危机"，双方几乎兵戎相见。在亚洲，美国也企图建立类似的侵略基地网，因各帝国主义国家矛盾重重而未能实现，美国只建立了区域性的"美澳新集团"和"东南亚条约集团"。美国提出了建立"自由世界统一军队"的思想。这个军队分两个战略梯队：第一梯队是美国在亚洲、近东和非洲盟国的军队；第二梯队是美国军队。1959 年，因"巴格达条约组织"解体，美国在中东又建立了"中央条约组织"。

在此期间，中国革命的胜利冲破了美国在东方的战略包围圈，中朝两国人民使美国遭到了历史上最大的失败。苏联为加强国防力量，试制成功核武器，从而打破了美国的核垄断。但由于美国及其帮凶军在力量上的优势，所以波多黎各、危地马拉、菲律宾、希腊等国的革命力量被镇压下去。

20 世纪 60 年代，美国在准备全球核战争的同时，把局部战争和军事干涉作为侵略扩张的主要手段。在欧洲，美国继续加强北约的军事力量来与华约的军队相对峙；在亚洲，从 1961 年起，美国侵略的重心从远东转到了东南亚，扩大了侵略印度支那三国的战争；在拉丁美洲，1961 年侵略古巴，1964 年干涉巴拿马，1965 年干涉多米尼加，并且建立了新的侵略集团——"中美洲国家防务委员会"（1962 年）和"美洲共同部队"，扩大"美洲国家组织"的军事职能。美国在对拉美的侵略中，同苏联发生了对抗，发生了几乎导致核战争的“加勒比海危机”。美国还提供援助,支持以色列、南非、葡萄牙、罗得西亚、澳大利亚等国镇压各自殖民地的民族解放运动。在此期间,美国连连受挫,深陷越南的泥沼,对古巴的侵略也以失败告终,但在同苏联的冷战对抗中得了分,迫使苏联在“加勒比海危机”中作出了让步。

20世纪70年代以后,战略形势发生了新的变化。美国无力发动全面核战争,在局部战争中也屡遭失败,特别是1973年在印度支那遭到了惨败。于是,美国开始寻找新的出路:保持核优势,而将镇压革命和民族解放运动的担子交给各国傀儡,美国仅提供军事和经济援助,必要时才直接出兵。美国主要是在近东支持以色列同苏联对抗,争夺具有重要战略意义的中东地区。进入20世纪80年代,向阿富汗抵抗力量提供武器。在波斯湾地区,伊朗革命后美伊关系恶化,伊朗曾扣押美国使馆的人质,美国援救人质的行动以失败而告终。美国一直伺机打击伊朗的军事目标,尤其是近来一直不断打击伊朗的海空目标,而美国的军舰飞机也受到相应的损失。此外,美国还以反恐怖为名,袭击利比亚。在拉美,美国直接出兵格林纳达,以及援助尼加拉瓜叛乱分子。

苏联自1985年戈尔巴乔夫执政以来,以他提出的“新思维”作指导,不断改善同美国的关系,两国间在限制战略武器方面取得了一些进展,但争霸世界的斗争仍在继续。

自二战结束至80年代初,美国共参与了215次军事冲突。①对这些军事冲突和美国的主要军事活动,以及美苏军备竞赛和军控谈判,将在下面作简要评述。

① [苏]И.Е. 沙夫罗夫:《局部战争今昔》,军事科学院外国军事研究部译,解放军出版社1984年版,第5页。

（二）美国对亚洲太平洋地区的侵略

二战后，美国十分重视亚洲太平洋地区。杜勒斯阐述了美国的亚洲政策：“如果从战略角度来看，美国在远东的利益是同被称为近陆岛屿连接成的链条紧密联系在一起的。在这个链条上还应该把大陆上的两个基地加上去，这就是北边的朝鲜和南边的印度支那。”①战后美国进行的局部战争主要就是在亚洲地区。美国先后进行了朝鲜战争和印度支那战争，均遭到惨重失败。1975 年，美国又抛出了“新太平洋主义”，即给亚洲盟国以军事和经济援助，使之成为美国抗击共产主义扩张的主要力量，其基础是同日本紧密合作，扶植南朝鲜亲美政权，对泰国、菲律宾、马来西亚、印度尼西亚、新加坡等国以及中国台湾地区进行军事援助。美国在亚洲的军事活动主要有：

1. 朝鲜战争（1950—1953 年）

（1）战争的爆发

朝鲜战争是二次世界大战后规模最大的一次局部战争。

1945 年 8 月日本投降后，美苏两国军队在朝鲜半岛北纬 38 度线南北两侧分别接受日本投降。美国扶植李承晚在朝鲜南方建立“大韩民国”。同年 9 月，北方成立了“朝鲜民主主义人民共和国”。美国把南朝鲜看作是在远东对中苏实行战略包围圈的重要组成部分，从军事、经济、政治诸方面大力给以扶植。

朝鲜南北方都想统一朝鲜，矛盾步步激化，终于在 1950 年 6 月 25 日，朝鲜战争爆发了。

（2）战争的经过

朝鲜战争是在狭小的半岛展开的、有几百万兵马参加的大战，

① ［苏］И.Е.沙夫罗夫：《局部战争今昔》，军事科学院外国军事研究部译，解放军出版社 1984 年版，第 112 页。

战况空前激烈、残酷。战争经过可分为四个阶段。

第一阶段:朝鲜人民军进攻(1950 年 6 月 25 日—9 月 15 日)

战争爆发后,朝鲜人民军向南方推进,主攻方向是汉城(现首尔)。朝鲜人民军的战略是:在美国“动员大批兵力之前,在短时间内消灭李承晚伪军和已侵入我国疆土的美军……完全解放我们的祖国疆土,并在全国各地机动性地部署我们的武装力量以阻止美帝国主义增援部队的登陆”。①

美国方面则采取了拖延战术,以防御战迟滞北方的攻击,等待外援到来后再实施反攻。

朝鲜人民军于 6 月 28 日攻占汉城(现首尔)。6 月 30 日,美军参战,麦克阿瑟任总司令。7 月 4 日,美宣布封锁朝鲜海岸,并派第七舰队去台湾,以武力阻止中国解放台湾。

联合国于 7 月 7 日在美国操纵下通过决议,组成“联合国军”干涉朝鲜战争。朝鲜人民军于 20 日在大田地域围歼了美军第 24 师,歼、俘敌 3. 2 万人。

8 月 8 日,朝鲜人民军将敌压缩到釜山面积约 1 万平方千米的狭小地区。

战争第一阶段,朝鲜人民军以势如破竹之势打得美韩军溃不成军,歼敌 9. 4 万人,解放了 90%的南方国土和 92%的南方人民。

第二阶段:美韩军反攻、朝军后退(1950 年 9 月 16 日—10 月 24 日)。

朝鲜人民军的胜利使世界为之震惊。美国打着“联合国军”的旗号,裹挟了 15 个国家参战。麦克阿瑟任“联合国军”总司令。

---

① 柴成文等:《抗美援朝纪实》,中共党史资料出版社 1987 年版,第 32—33 页。

美军 7.5 万人，飞机 500 多架，舰艇 300 多艘，于 9 月 15 日突然向仁川发起登陆攻击。

与此同时，釜山地区的美韩军发起反攻，突破朝军防线向北推进。朝军陷入腹背受敌的局面。

美军充分发挥海空优势，成功地实施了两栖登陆，一举扭转了战局。人民军因忽视了侧后方尤其是美国两栖作战的能力，孤军冒进，被敌人抄了后路，蒙受了巨大损失。

第三阶段：中国人民志愿军参战及中朝军队反攻（1950 年 10 月 25 日—1951 年 7 月 9 日）

美军越过“三八线”向北进犯，把战火烧到了中国的大门口。美国飞机多次轰炸安东（今丹东）等中国城市，美机美舰多次侵入中国的领海和领空，美国海军还在台湾海峡布防。

1950 年 10 月，中国志愿军入朝参战，使力量对比发生了变化。志愿军先后入朝轮战部队的兵力，最高时达到 130 万人。此外，朝鲜人民军有 7 个军团。

而以美国为首的所谓“联合国军”，参战兵力达 110 余万人，其中美军 54 万人。由于不断被歼不断补充，累计参战兵力为 200 余万人。

中国人民志愿军入朝初期发起了五次战役。

第一次战役（1950 年 10 月 25 日—11 月 5 日）

志愿军于 10 月 25 日发起突然的攻击，重创南朝鲜 1 个军，肃清了清川江以北之敌，歼敌 15500 人，把敌人从鸭绿江边赶到清川江以南。

第二次战役（1950 年 11 月 25 日—12 月 24 日）

志愿军采取故意示弱、诱敌深入，集中兵力各个歼敌的方针，美军第 8 集团军右翼便被击溃，美军海军陆战队第 1 师和步兵第

3 师在长津湖地域几乎被全歼。第 8 集团军司令沃克在逃跑中遇车祸身亡。美军在兴南地区靠优势火力和空军轰炸转入防守,同时从海路撤走了 10.5 万美韩军和 9.8 万市民,中朝军解放平壤,几乎全部解放朝鲜北部,进抵“三八线”。此役歼敌 3.6 万余人,俘敌 7000 人。

第三次战役(1950 年 12 月 31 日—1951 年 1 月 8 日)

12 月 31 日,在“三八线”全线发起进攻,数日内全线推进 80 至 110 千米,抵达 37 度线,解放了汉城、仁川、原州等大城市。歼敌 1.9 万余人。

第四次战役(1951 年 1 月 25 日—4 月 21 日)

联合国军乘志愿军转入休整之机,向北发起进攻,直逼汉城。中朝军队采取坚守防御、从侧翼实施反突击和进行顽强的机动防御作战的方针,在西线区进行防御,钳制敌主力。在东线横城地区,则集中主力实施反突击。中朝军队经艰苦奋战,终于阻止住敌人进攻,将战线稳定在“三八线”南北。此役中朝军队共歼敌 7.7 万余人。

第五次战役(1951 年 4 月 22 日—6 月 10 日)

中朝军队集中 14 个军(内有朝鲜人民军 3 个军团)42 个师,发起战争以来中朝军队发动的最大规模的进攻。中朝军队突入敌方 20—40 千米。此役中朝军队共歼敌约 8.2 万人,缴获敌方大量装备。

这一阶段,主要是以运动战为主。中朝军队尽管在装备上处于劣势,但作战英勇,不畏困难和牺牲,终于将敌人从鸭绿江边赶回到“三八线”附近,共歼敌 23 万多人,迫敌转入阵地防御。

在中朝人民沉重打击下,美国统治集团矛盾激化,4 月 11 日,杜鲁门撤销了麦克阿瑟的职务,改由李奇微继任。

第四阶段:配合停战谈判的阵地战(1951 年 7 月 10 日—1953 年 7 月 27 日)

1951 年 7 月 10 日,联合国军被迫同意与中朝方面在板门店举行停战谈判。美国力图通过开展外交活动和加强战场争夺,来取得有利的停战条件。战争进入对峙的阵地战阶段。

中朝军队沿“三八线”构筑了长达 1250 千米长的坚固工事,采取持久作战、积极防御的方针,以战术反击作战同美军周旋,边打边谈,力争巩固战前局面。

1951 年 8 月 18 日—9 月 18 日,美军集中 30 万人,发起“夏季攻势”,但未能突破中朝军队的防线,伤亡达 7.9 万人。9 月 29 日起又发起“秋季攻势”。激战一个月,其攻势又以失败告终,付出了 17 万人的伤亡代价。

1951 年 12 月至 1952 年 8 月,中朝军队开展了春、夏季巩固阵地的作战。联合国军以大量飞机对中朝军队后方狂轰滥炸,妄图“绞杀”后方补给线。并进行了细菌战。针对这种情况,中朝军队加强和完善了以坑道为骨干的防御体系,并以小分队出击。这期间,中朝军队共歼敌 11 万余人,使阵地空前地得到巩固,同时还粉碎了敌人对后方的轰炸和细菌战。

1952 年 9 月—10 月 31 日,中朝军队为打击敌人气焰,发起了“全线战术反击作战”。全线共对敌发起 77 次攻击,击退敌人排以上反扑 480 多次,歼敌 2.7 万人。

1952 年 10 月,美军发动了“金化攻势”,集中兵力 6 万人进攻上甘岭地区。志愿军依托坑道工事与敌展开激烈争夺,血战 43 天,终于粉碎了敌人的进攻,歼敌 2.5 万人。

从 1952 年 12 月中旬至 1953 年 5 月初,美军企图利用其海军优势,从中朝军队侧后实行登陆。中朝军队部署周密,准备充分,用20个军的兵力进行反登陆准备。正面战场的中朝军队以积极的战斗行动进行配合,仅1月至4月即在全线组织了760余次战斗行动,歼敌5万余人,攻占了许多战术要点。美军被迫放弃了登陆计划。

1953年6月起,各项停战协议均已达成。但联合国军不甘心失败,南朝鲜无理扣押了2.7万名中朝战俘,妄图破坏停战。为配合停战谈判,志愿军5个军于7月13日至27日发起了“金城反击战”。在1000多门大炮的火力支援下,部队迅速突破敌4个师的坚固防御阵地,深入敌区纵深15千米,在中朝军队的沉重打击下,美国不得不于7月27日在《停战协定》上签了字。

(3)朝鲜战争的海空作战

在战争中,美国充分掌握了制空、制海权。中朝军队尽管居于劣势,但经过顽强奋战,终于挫败了敌人的海空优势。

尽管美国海军占有压倒优势,但弱小的中朝海军不畏强暴,英勇作战,给美国海军以沉重打击。整个战争中,美英等国舰艇被击沉击伤共达560多艘,以致美国先遣队司令史密斯哀叹:“美国海军在朝鲜水域已失去了制海权。”①

在战争期间,“联合国军空军”共出动了飞机1040708架次,投弹70万吨,中国年轻的空军在地面炮火配合下,击落击伤敌机10629架,缴获11架;加上朝方战果,共击落击伤和缴获敌机11080架。② 美国空军受到历史上最惨重的失败,仅拥有有限的制空权。

① [美]内森·米勒:《美国海军史》,卢加春译,海洋出版社1985年版,第326页。

② 军事科学院军史部:《中国人民志愿军抗美援朝战史》,军事科学出版社1988年版,附件第5页。

(4)朝鲜战争的总结

朝鲜战争是美国历史上遭到的第一次惨败。战争中,美国动用了1/5的空军、1/3的陆军及太平洋舰队,纠集了15个仆从国的军队,耗费200亿美元,7300万吨物资,动用了除原子弹以外的所有新式武器,结果未能在“三八线”越雷池一步。美国及其仆从军付出了惨重代价。

美国首都华盛顿朝鲜战争纪念碑上刻的总损失数字:

美军172847人,联合国军2256523人,总计:2429370人。其中阵亡:美军54246人,联合国军628833人,合计:683079人;失踪:美军8177人,联合国军470267人,合计:478444人;被俘:美军7140人,联合国军92970人,合计:100110人;受伤:美军103284人,联合国军1064453人,合计:1167737人。

战争中美方三换主帅。马歇尔认为,这是“美国所进行的一次代价最大,流血最多”而又“旷日持久难以解决的战争”。克拉克在停战协议上签字时哀叹:“我成了历史上签订没有胜利的停战条约的第一位美国陆军司令官……我感到一种失望的痛苦。”①

朝鲜战争戳穿了美国“不可战胜”的神话,中朝人民打败了拥有世界上最先进的军事技术和装备的美国军队。但战争使垄断资本大发其财。美垄断组织1951—1953年获纯利润720亿美元,超过1946—1950年所获利润的5倍。②

2. 第二次印度支那战争(1955—1975年)

印度支那战争是美国历史上进行的时间最长、损失最大、影响

---

① 国防大学战史简编编写组:《中国人民志愿军战史简编》,解放军出版社1986年版,第151页。

② 黄安年:《二十世纪美国史》,河北人民出版社1989年版,第338页。

最深远的战争。这场战争是美国推行侵略扩张政策和冷战政策所造成的。

战后,在法国侵略印度支那的越南、柬埔寨和老挝三国战争期间,美国支持法国,想借法国力量把三国并入美国的势力范围。以免整个东南亚落入共产党之手。

法国战败后,1954 年美国直接插手越南,排挤了法国势力,全力支持以吴庭艳为首的南越傀儡政府,妄图以南越为基地,吞并越南北方,进而占领整个东南亚及侵略中国。

(1) 扶植越、老傀儡集团时期(1955—1960 年)

美国公然破坏日内瓦协议的执行,扶植吴庭艳。吴庭艳倒行逆施,引起越南人民的反抗。

越南人民从 1959 年初起开展了游击战争。到 1960 年底,南方游击队已经解放了 1/3 的南方土地。同年 12 月 20 日,南方民族解放阵线宣告成立,建立了"南越解放军"。

在老挝,美国大力扶植以萨纳尼空为首的右派政府。右派于 1959 年发动了内战。

这样,日内瓦协议签订才 6 年,印度支那又重燃战火。战争主要是以内战形式出现,即美国提供金钱和顾问在幕后操纵,右派势力在前台发起进攻。越、老两国人民各自组织起自己的政府和军队进行坚决的回击。

(2)美国开始直接卷入的"特种战争时期"(1961 年—1964 年 6 月)

印度支那内战呈扩大趋势,越、老两国人民武装节节胜利,右派政局不稳,迫使美国越来越深地陷入泥潭,被迫采用政变和换马方式以图稳定阵脚。同时,肯尼迪发动了"特种战争",即:美国提供金钱、武器,派顾问指挥傀儡军,并在一定程度上投入美军作战。

1962 年 2 月,美国驻越南军事援助司令部在西贡成立,标志美国正式直接卷入了新的印度支那战争。

美国通过讨伐“绥靖”越南南方人民;加强南越军队的实力;进攻北越。美国建立了集中营式的“战略村”1.7 万个,把南越农村居民大部分赶入“战略村”。

1963 年末,美国在南越的军事人员增至 2.3 万人。美军已直接参战。从 1954 年至 1963 年的 9 年中,美国及其走狗进行了 9.2 万次扫荡,有 15.6 万人被杀,67.2 万人被捕和被拷打致残,37 万人被关在 1000 多所监狱里,还有 300 万人被关在“战略村”。①

美伪的暴行激起了越南南方人民的反抗。从 1961 年初至 1964 年 6 月,南方人民武装力量打了 6.4 万次仗,消灭和击溃 30 多万敌军,包括美国人 2300 多名,缴获数万支枪;解放了南方 2/3 的土地及 700 多万人口。美国于 1963 年 11 月 1—2 日策划了军事政变,吴庭艳被打死。但政变并没有使美伪摆脱困境,政局反而更加不稳,在以后的 20 个月连换了 9 届政府。

在老挝,1961 年 4 月 19 日成立了美国军事援助顾问团。右派军队在美国人的扶植下,向巴特寮大举进攻。寮国部队经两年战斗,打退了右派军队的进攻,解放了 60%的国土和近一半人口。敌人被迫同意再次举行谈判。1962 年 5 月,各方在日内瓦签署了有关老挝的协议,在老挝重建三方联合政府。但是美国仍收买和拉拢中右势力,使联合政府陷于瘫痪。

(3)“局部战争”时期(1964 年 6 月—1969 年夏)

越、老人民斗争的大好局面使美国万分惊恐,美国政府害怕出

① [美]拉尔夫·德·贝茨:《1933—1973 年的美国史》(下),南京大学历史系英美对外关系研究室译,人民出版社 1984 年版,第 293 页。

现“多米诺现象”,即:一旦共产党在南越获胜,整个东南亚就将崩溃,中国就将控制这一地区。为挽回败局,美国决定亲自出马参战,把“特种战争”扩大为“局部战争”。

“局部战争”的特点是逐步升级。美国想以不断投入军事力量、加大军事压力,来击败越共。然而事实却相反,它所蒙受的损失和失败都在“逐步升级”。见表 9-1。

表 9-1　越南战争的升级(1963—1968 年)①　(单位:人)

		1963	1964	1965	1966	1967	1968	合计
美军在越南总数		16300	23000	184300	385300	485600	535500	
美军伤亡	受伤	1039	6114	30093	62025	92820	192582	
	死亡	147	1369	5008	9378	14592	30614	
南越伪军伤亡	受伤	17017	23118	20975	29448	54739	169429	
	死亡	7457	11243	11953	12716	16353	73848	

1964—1968 年,是约翰逊政府扩大侵越的局部战争阶段。1964 年 8 月 4 日夜,越南北方鱼雷艇在东京湾附近袭击美驱逐舰,美国以“东京湾事件”为借口大举轰炸越南北方,“东京湾事件”标志美国对越干涉已从“特种战争”发展成为“局部战争”。

1965 年 2 月,约翰逊下令采取“滚雷行动”,开始了对越南的空中战争。

从 1965 年 3 月起,美国海军陆战队开始在岘港登陆。到 1968 年,驻越美军已达 51.3 万人。

① [美]拉尔夫·德·贝茨:《1933—1973 年的美国史》(下),南京大学历史系英美对外关系研究室译,第 375 页。

面对敌人的疯狂进攻,越南南方解放军英勇作战,给美伪军以沉重打击。解放军利用四通八达的地道进行游击战,逐渐又掌握了主动权。到1967年底,虽然美伪总兵力已达130万,仍被迫转入防御。

1968年初,南越解放军已有正规军30万,民兵100万。① 解放军发起"新春攻势",把战争从农村发展到城市。从1月底起,南方43个大中城市(其中包括西贡)及3100多个敌据点和基地同时受到攻击。解放军在游击队和人民起义配合下,经45天激战,歼灭美伪军15万余人(其中美军约4.8万),"新春攻势"沉重打击了美国的"局部战争"战略,使美军士气低落,美国国内反战运动进一步高涨。在对北方的轰炸中,美空军也受到惨重的损失。

在老挝,美国破坏1962年日内瓦协议,继续扶植右派军队力量,1967年底,右派军队发展到7万多人。美国还派出特遣部队并裹挟泰国和南越伪军以志愿军名义参战。老挝军民进行了英勇还击,击退了敌人的"蚕食进攻"。

(4)"战争越南化"时期(1969—1973年)

在越南的惨败使美国内外交困,美国急于脱身。美国国防部长莱尔德提出了"越南化"的主张。他认为:"应该加强南越军队,使之替代美军把战争进行下去,美军的撤离取决于越军承担美军作战任务的能力。越南化是用越南人的伤亡来代替美国人的伤亡,这样可平息国内舆论。"尼克松指出:"我们采用了越南化政策,主要是由于莱尔德的热情倡导,这项决定是我们政府在对越战略上的又一转折点。"②

① [苏]И.Е.沙夫罗夫:《局部战争今昔》,军事科学院外国军事研究部译,解放军出版社1984年版,第140页。

② [美]理查德·尼克松:《尼克松回忆录》(下),马兖生等译,商务印书馆1979年版,第35页。

1969 年 7 月 25 日,尼克松在关岛发表了“尼克松主义”——“越南化”的扩大。

美国“越南化”的扩大政策在缓慢推行,因为美国不甘心退出印度支那,但军事上的失败又使它走投无路,别无选择,只能采取这一体面做法。

为了挽回败局和体面撤军,美国仍在扩大战争,企图摧毁越军主力。1970 年 4 月 20 日,尼克松宣布在未来一年内撤军 15 万,但 4 月 29 日就伙同南越伪军入侵柬埔寨,从而把战火扩大到柬埔寨。1971 年 6 月 22 日,美国参议院通过了关于从越南撤军时间表的第一个决议案。

1969 年 3 月:54. 1 万人;

1970 年:43 万人;

1971 年春:28 万人;

1971 年 11 月:13. 9 万人;

1972 年 5 月:7 万人,并停止地面战斗;

1972 年 12 月:2. 7 万人;

1973 年 8 月:全部撤走战斗部队。①

在美军撤走的同时,解放军日益壮大。1969 年,解放军已拥有 100 多万兵力及坦克等重型装备。②

由于美军大批撤出,战斗主要由伪军进行。美国则大规模使用空军支援地面部队活动,并大举轰炸北方。

1972 年 4 月,美出动东南亚全部空军,还使用了 B-52 战略轰

① [美]阿瑟·林克等:《1900 年以来的美国史》(下),刘绪贻等译,中国社会科学出版社 1984 年版,第 255 页。

② [苏]И.Е.沙夫罗夫:《局部战争今昔》,军事科学院外国军事研究部译,解放军出版社 1984 年版,第 142 页。

炸机，对越北方进行大规模轰炸，并将轰炸扩大到河内、海防，同时对北方港口布雷进行轰炸。这未能使越南屈服，反而激起国内外的强烈抨击，终于迫使美国于1973年1月27日在《巴黎协定》上签了字。协议规定：双方宣布停火，交换俘虏，撤走外国军队，尊重印度支那三国的独立、主权、领土完整、统一和中立。它宣告美国遭到了彻底失败。

美国的侵略战争，使印度支那“和平绿洲”的柬埔寨也陷于战火之中。柬埔寨奉行和平中立政策，对支援越、老两国的抗美战争起了很大作用。越南在柬境内设立了后勤基地和指挥机关。美国早就想拔掉这一肉中刺。1970年3月18日，美国策动右派朗诺—施里玛达发动政变，建立了亲美政权。1970年4月29日，美军3.2万人伙同南越伪军侵入柬埔寨。

为挽救民族危亡，反击敌人进攻，柬埔寨爱国力量联合组成民族统一阵线，由诺罗敦·西哈努克任主席，并建立了民族解放军，1970年仅3000人，到1972年便发展到3万人。①

美军把歼灭柬东南部地区的越军作为主要目标，先后实施了4次战役。越军灵活作战，转移到柬北部地区。1970年6月，美国迫于国际舆论压力，从柬撤军。但南越伪军仍留在柬境内同朗诺军队一起作战。

三国四方（柬、老、北越、南越）领导人于1970年4月24日至25日在中国某地举行了最高级会议。这次会议标志着三国抗美救国战争已联成一个整体。

柬埔寨人民英勇战斗，到1973年1月，解放军已控制柬埔寨

---

① ［美］阿瑟·林克等：《1900年以来的美国史》（下），刘绪贻等译，中国社会科学出版社1984年版，第253页。

90%的领土。

在老挝,爱国武装打退了敌人的“蚕食”进攻,粉碎了“战争老挝化”阴谋。2月8日,美军和南越伪军入侵老挝,企图切断“胡志明小道”。在代号为“蓝山719”的行动中,美伪军共出动了4万人,有2000多架飞机和直升机支援。越军集中5万兵力于九号公路两侧,激战43天,在老挝境内毙伤俘敌1.7万人,在南越溪山地区歼敌7000多人(其中美军4000多人)。① 美伪军被迫从老挝撤退。“九号公路之战”标志着“战争越南化”遇到了严重挫折。

1972年,越解放军发起进攻,歼灭大量敌人。1972年4月,解放了4/5的领土和100多万人口,解放区连成了一片,并与柬埔寨东北部解放区和越南南方解放区连成一片。老挝右派被迫同爱国力量谈判,于1973年2月21日在万象正式签订了《关于在老挝恢复和平和实现民主和睦的协定》,规定双方停火,实现和平,内部分歧协商解决;美军撤出并停止在老挝的军事行动。这个协定是老挝人民的伟大胜利。

(5) 印度支那人民总反攻时期(1973年2月—1975年底)

《巴黎协定》的签字并没有使战争结束。美国在南越留下2万多名军事顾问,继续推行“战争越南化”政策,给阮文绍集团60亿美元的援助,支持伪军蚕食解放区。

1975年3月1日,越解放军发起春季总攻势,首先从西原地区进攻。战役进展顺利,敌人节节溃败。接着在顺化—岘港战役中歼敌10万多人。这两次战役为实现总攻创造了条件。随后发起“胡志明战役”。越军如摧枯拉朽之势,向前推进。5月1日,越

① 《人民日报》1971年8月6日。

军解放西贡,取得了战争的最后胜利。这次攻势共歼敌 100 余万人,缴获飞机 1000 余架,坦克和装甲车 1000 余辆,各种炮 1500 门,舰艇 300 余艘,价值 60 亿美元。①

在柬埔寨,从 1975 年 3 月底起,柬人民武装发起最后攻势,4 月 17 日攻占金边,推翻了朗诺政权,取得了最后胜利。

在老挝,1974 年各派组成了联合政府。1975 年 5 月 5 日,全国军民发起战略进攻,在右派控制的万象地区和中立派地区夺权,建立了人民政府。宣布废除君主制度,成立人民民主共和国。老挝革命获得了最后胜利。

(6)美国海空力量的运用

在战争中,美国投入了大量的空军力量。1967—1968 年间,仅在越南南方就有 4100 架飞机和直升机。相比之下,越南空军 1964 年只有各类飞机 90 多架,20 部雷达和 700 件常规防空武器。② 空战中,美国占压倒优势,掌握了制空权。

在战争初期,美国主要是对南越军提供运输和火力支援。"东京湾事件"后,开始对越南北方进行"空中战争"。在南方,对老挝、柬埔寨等国及南越的解放区大肆轰炸。1966 年底,美国在越南、泰国建立了战术空军半自动化指挥系统,该系统保证了对第 7 航空队和海军航空兵的指挥。

美国对越南北方空袭的特点是:1964 年 8 月 5 日—1965 年 2 月 7 日,仅对北方的个别目标空袭。从 1965 年 2 月 7 日起,开始轰炸北方全境目标(与中国毗邻的狭长地带除外)。这年实施

① [苏]苏联军事科学院:《苏联军事百科全书》第 5 卷,军事科学院译,解放军出版社 1986 年版,第 1174 页。

② [日]乡田充:《空中力量发展史》,张健等译,空军学院研究部 1983 年中译本,第 304 页。

的“滚雷行动”,摧毁了 1500 座兵营、800 辆卡车、650 台铁路机车及部分经济目标,阻断了越军的补给。1966 年后,重点轰炸电站、油库、防空阵地、雷达、铁路和桥梁,几乎全部摧毁了北方的主要油库。1967 年,美国进一步扩大了轰炸范围,并使用电子对抗手段来对付越军的导弹攻击,使越军平均使用 55 枚导弹才击落一架美机。这年,美空军摧毁汽车 5260 辆,火车 2500 列,船舶 11500 艘,北方 85%的电站;击毁太原钢铁厂及大批经济目标。① 1968 年,轰炸的主要目标是海防,以孤立这个北方最大的港口,切断其同外地的联系。但为了促成越南和谈,美国缩小了轰炸范围。越南北方趁机重建了后方补给系统。这时北方的防空力量得到增强,有导弹阵地 300 多处,高炮 8000 门及早期预警系统,因而给美机造成了更大损失,到 1968 年共击落 3000 多架美机。

1968 年 11 月后,美国被迫同越南北方在巴黎秘密谈判,暂停了轰炸。谈判期间,美国为取得更体面的撤军条件,在 1972 年年底前,美出动了驻东南亚的全部空军及驻关岛的 B-52 战略轰炸机,曾对河内、海防等城市进行了 12 天的狂轰滥炸,投弹 10 余万吨。越南军民英勇战斗,击落美机 80 架,其中有 B-52 飞机 23 架。美国的空中轰炸计划彻底破产。

美国空军在南越为支援地面作战共出动 129 万架次,投弹 775 万吨。仅 1969 年,美国就出动直升机 820 万架次。在 7 年战争中,直升机共运送兵员 2760 万人次,货物 260 万吨。

美空军还担负了从美国本土向战区空运物资的任务。从美国

① [日]乡田充:《空中力量发展史》,张健等译,空军学院研究部 1983 年中译本,第 312 页。

本土到印度支那有1.6万千米，仅1968年空运量便达91万吨。①

美国在第二次印支战争中共投下700多万吨炸弹，而在第二次世界大战中仅投弹205万吨。美国还投放了大量化学药剂，毁坏了183.6万公顷农田和森林，造成65万人中毒，无数人民死伤，城市几乎全部毁坏。但美国未能挽回其败局，战争中被击落飞机（不包括直升机）8612架，其中在北方被击落4125架；被俘飞行员500多人。②

美国在第二次印支战争中使用海军规模较小。美国海军参战的主要是第7舰队，其中，以3艘航空母舰组成的第77特遣航空母舰舰队停在离越南北方海面100海里处，其飞机可飞至越南任何目标。美军在三角洲水网地带还组建了有150艘舰艇的浅水舰队。

海军航空母舰是主力。战争中，北部湾经常有1艘至4艘航空母舰，最高时有6艘。

海军进行炮击的主力是“新泽西”号战列舰，它用16英寸大炮轰击越南北方的岸上目标。③

为了切断越南北方同外界的海上运输交通，美海军还开展了水雷战。从1972年5月9日至12月30日，美国使用飞机，对以海防为中心的狭窄航线和沿海江河，布设了43个雷区共1万枚水雷，使北越海上交通及水路运输中断。④

---

① ［苏］И.Е.沙夫罗夫：《局部战争今昔》，军事科学院外国军事研究部译，解放军出版社1984年版，第30页。

② ［苏］И.Е.沙夫罗夫：《局部战争今昔》，军事科学院外国军事研究部译，解放军出版社1984年版，第149页。

③ ［日］乡田充：《空中力量发展史》，张健等译，空军学院研究部1983年中译本，第314页。

④ 全庆武等编：《水下伏兵——水雷》，战士出版社1979年版，第58页。

美国海军还承担了大量的运输任务。除海军舰只外,还动用了一些商船。在战争期间,2/3 的军队和 98%的军用物资是通过海路输送的,每月平均运量达 200 万吨。①

美国海军在战争期间基本掌握了制海权。越南军民英勇战斗,给予美海军以沉重打击。海岸炮兵仅在 1972 年的 2 个月就击伤巡洋舰和驱逐舰近 20 艘。② 美海军仅在 1968 年就死亡船员和飞行员 83 人,失踪和被俘 200 多人,有 300 余架飞机被击落,1000 多架被击伤。③ 美军在湄公河的巡逻艇队中有 1/3 的水兵受过伤。④

(7)战争的总结

第二次印度支那战争是美国历史上遭受最惨重失败的战争,其失败程度超过了朝鲜战争。美国前后共投入 260 万军队,使用了除核武器以外的所有最先进的武器,耗资 1460 亿美元。⑤ 在战争中,美方承认:阵亡 5.6 万人,伤 30 万人以上,仆从国及伪军损失 65 万人以上。⑥ 印支人民也付出了重大牺牲,三国军队阵亡 100 万人以上,几百万人民死亡,1000 万人沦为难民,无数房屋、农

---

① [苏]И.Е.沙夫罗夫:《局部战争今昔》,军事科学院外国军事研究部译,解放军出版社 1984 年版,第 324 页。

② [苏]И.Е.沙夫罗夫:《局部战争今昔》,军事科学院外国军事研究部译,解放军出版社 1984 年版,第 326 页。

③ [美]内森·米勒:《美国海军史》,卢加春译,海洋出版社 1985 年版,第 314 页。

④ [美]内森·米勒:《美国海军史》,卢加春译,海洋出版社 1985 年版,第 315 页。

⑤ [苏]苏联军事科学院:《苏联军事百科全书》第 5 卷,军事科学院译,解放军出版社 1986 年版,第 1173 页。

⑥ [美]阿瑟·林克等:《1900 年以来的美国史》(下),南京大学历史系英美对外关系研究室译,中国社会科学出版社 1984 年版,第 262 页。

田、庄稼、城镇毁于战火。

这场战争突出的特点是:第一,美伪军队面对的是整个人民的反抗。印度支那三国人民大打人民战争,利用游击战、地道战、运动战等,灵活机智地打击敌人。战争没有清晰的战线,在地形复杂的广阔地域内几乎到处都是战场。没有大规模的会战,战斗多是小规模的。第二,美国大量使用最新式的军事技术装备和杀伤武器,印度支那地区成了试验这些武器装备及使用方法的场所。

印度支那人民获胜的一个重要原因是得到了世界进步力量的坚决支持,首先是中国的支援。中国人民不惜作出巨大的民族牺牲,从武器、弹药到粮食、被服,向越南提供了巨额无偿援助,合计200多亿美元。① 从1965年10月起,先后派出防空、工程、铁道、后勤保障和海军扫雷部队共32万人赴越作战。

侵越战争对美国来说,无论在政治、军事、经济和社会心理上的影响都是深远的。正如史学家康马杰所说的,这是一场"遗臭万年"的战争。②

侵略战争对美国经济上的影响是双重的:一方面暂时刺激了国民经济的畸形发展,延缓了经济危机的爆发;另一方面又留下了隐患,成为20世纪70年代经济危机和滞胀的重要潜在因素。美国经济开始由高峰走下坡路。尼克松哀叹:"美国已丧失了它在工业自由世界中很大一部分占压倒优势的经济力量。"富布赖特称:这是一场"徒劳无功、莫名其妙的十字军战争","一场为了无

① 军事科学院:《中国人民解放军大事记》,军事科学出版社1983年版,第376页。

② [美]拉尔夫·德·贝茨:《1933—1973年的美国史》(下),南京大学历史系英美对外关系研究室译,人民出版社1984年版,第443页。

人相信的目标而进行的泥足深陷、劳而无功的十字军战争”。①

在军事上,美国遭到了历次战争中最惨重的损失(如前所述)。在政治上,战争加深了美国国内的危机。美国内部分裂,反战运动达到空前的程度。

3. 美国对中国的侵略和干涉

20世纪40年代后期,美国支持国民党打内战。1946年3月,美国派出军事顾问团,1948年该顾问团已达近万人。到1946年6月,美国共装备国民党军55个师,训练15万人,用飞机和军舰运送国民党军54万多人到前线。② 美国还给国民党提供大量军事援助,包括大批剩余的军事物资、120万日军装备及价值7亿美元的《租借法案》补给品。③ 美国的援助未能挽救国民党反动派的败局。

新中国成立后,美国实行经济封锁和“禁运”,阻挠联合国恢复我国的合法席位,用武力阻止中国解放台湾。美国把台湾作为远东战线上的重要一环和“不沉的航空母舰”。朝鲜战争爆发的第二天,美国便派第7舰队在台湾海峡巡逻,朝鲜停战后,美国劫持1万多名中国人民志愿军战俘去台湾。20世纪50年代初,美国采取各种措施阻止中国解放台湾。1954年,美台签署了所谓《共同防御条约》,规定美国可以在台湾和澎湖驻军,与台湾共同防御来自大陆的进攻。杜勒斯声称:“这个条约将成为阻碍共产

① [美]詹姆斯·富布赖特:《跛足巨人》,伍协力译,上海人民出版社1973年版,第87页。

② 黄绍湘:《美国通史简编》,人民出版社1979年版,第680页。

③ [美]阿瑟·林克等:《1900年以来的美国史》(中),刘绪贻等译,中国社会科学出版社1984年版,第431页。

主义夺取西太平洋阵地的重要力量。”①当1955年解放军攻占一江山岛后，美国国会通过了《“福摩萨”决议案》，授权总统“可以采取他认为合适的一切手段来‘保卫台湾’”。这个法案首次把从事战争的权力授予总统。② 美国派导弹部队进驻台湾，设立台湾协防司令部。1958年，当解放军炮击金门时，美国进一步支持台湾封锁厦门、福州，以军舰、飞机骚扰大陆，并发出威胁：如果中国进攻金门、马祖，美国就将进行军事报复。③ 美国海军舰艇为蒋军护航，美国飞机接替台湾的防空，而让蒋军空军腾出手来对付解放军。美国还不断侵犯中国的领海领空，从1958年到1971年底，中国政府对此先后提出过497次严重警告。解放军共击落美国各类飞机和无人驾驶飞机数十架。20世纪70年代，随着中美关系正常化，美国1972年4月废除了1955年通过的“用军队保护台湾”的决议。1972年《中美联合公报》宣布：美国将逐步从台湾撤军。1979年起，美国终止了同台湾的《共同防御条约》。1979年4月30日，最后一批美国军事人员撤出了台湾。但是，美国仍然从各方面继续支持台湾。美国国防部“第9号联合指示”强调：“美国必须继续同台湾保持军事联系，必须使那个岛屿上的军队不致分崩离析。”1982年8月17日，中美《八·一七公报》确定了美国售台武器的基本原则。1983年，台湾购买了6.25亿美元的美制武器，美国还提供了1.8亿美元的武器。此外，美国通过《与台湾关系法》，继续保持同台湾的关系。

---

① 黄安年：《二十世纪美国史》，河北人民出版社1989年版，第353页。

② ［美］拉尔夫·德·贝茨：《美国史》，南京大学历史系英美对外关系研究室译，人民出版社1984年版，第161页。

③ ［美］拉尔夫·德·贝茨：《美国史》，南京大学历史系英美对外关系研究室译，人民出版社1984年版，第225页。

4. 美国对日本的军事支持

战后,美国代表盟国对日本实行军事占领,派驻了 4 个师,由麦克阿瑟掌握大权。美国把日本作为远东及太平洋战略的基础,从军事到经济上进行扶植。1945—1952 年,美国向日本提供了 21 亿美元的经济援助。朝鲜战争期间,美国给日本提供 30 亿美元的军事订货,促进了日本经济复兴。美国在日本建立了许多军事基地。1951 年 9 月 8 日,美日签订了《共同安全条约》,允许美军无限期驻留日本。美国还极力使日本重新建立武装。1952 年,美国向日本提供舰艇 68 艘;1953 年 10 月 30 日签订《美日协定》,扩充日本"自卫队"。1954 年 3 月 8 日,签订《美日共同防御协定》。1960 年 1 月 19 日,美日又签订《日美共同合作和安全条约》,规定双方依靠军事手段共同保卫日本安全。1972 年,美国归还了冲绳,但仍保留在冲绳的军事基地。就这样,美日结成了军事同盟,日本成为美国重要的战略基地。

5. 美国对中东的侵略和干涉

中东地处欧亚非三大洲的交通要道,拥有丰富的石油资源。艾森豪威尔指出:"世界上没有一个地区在战略方面比中东更为重要"。肯尼迪也说:"中东的任何问题,都牵涉到美国的安全。"尼克松则称:"中东局势是个火药桶,极易爆炸","这同第一次世界大战前的巴尔干局势很相似"。① 美国在中东利用以色列作为其利益的代理人来对抗苏联势力的扩张。二战后,美国支持成立以色列国。在第一次中东战争中,由于美国干预而达成了有利于以色列的停火协议。在 1956 年第二次中东战争期间,美国乘机排挤英法势力,扩大在中东的影响,宣布美军进入全球警戒状态。

① 黄安年:《二十世纪美国史》,河北人民出版社 1989 年版,第 319 页。

1957 年 1 月 5 日,艾森豪威尔扬言:如果在中东发生共产党的侵略,就使用美军干预。这就是“艾森豪威尔主义”。[①] 1967 年第三次中东战争期间,美国为以色列提供了大量情报并支持以色列扩大战争。在 1973 年第四次中东战争中,战争初期以色列空军损失惨重。美国对以色列进行了大规模空运,向以色列运送物资 22395 吨,[②]使以色列很快弥补了损失,取得了战略优势。当苏联企图以监督停火把军队开进中东时,美国宣布全军进入三级戒备状态,迫使苏联打消了派兵去中东的念头。之后,美国在埃及等国排挤了苏联的势力,继续支持以色列入侵黎巴嫩和镇压巴勒斯坦人民的反抗斗争。

6. 美国对黎巴嫩的武装干涉

1958 年 7 月 14 日,黎巴嫩总统被刺,同日伊拉克也爆发革命。黎巴嫩政府要求美国给予军事援助。1958 年 7 月 15 日,美军 1.4 万人在贝鲁特登陆,美国还对干涉约旦的英国军队提供空运支援。美国的干涉受到世界人民的谴责。美国被迫于 1958 年 10 月底撤军。这次军事干涉没有发生战斗。美国通过干涉进行了全球性的战略机动。

7. 介入两伊战争和波斯湾紧张局势

20 世纪 80 年代爆发了两伊战争,美国认为这是报复伊朗和控制西方石油战略通道波斯湾的大好时机,派出大批海军以护航为名云集波斯湾。1986 年九十月份,美国同伊朗发生三次冲突,使美伊关系进一步恶化。

---

① [美]威廉·兰格:《世界史编年手册》,生活·读书·新知三联书店 1978 年版,第 633 页。

② [日]乡田充:《空中力量发展史》,张健等译,空军学院研究部 1983 年中译本,第 393 页。

(三)美苏的竞争和对抗

战后影响世界全局及国际关系的主线是美苏之间的争霸,其发展过程如下:

1. 冷战的开始

1946—1969年,美苏冷战并伴有局部热战。美国处于战略进攻,但攻中有守。冷战对抗的局面是战后初期美苏关系的必然产物。

美苏冷战起源于二战临终之时。1945年1月6日,罗斯福就说:“我们愈快要把敌人消灭,胜利者彼此的分歧便愈要显著。”①这种分歧,是由双方各自划定势力范围、苏联的领土野心和美国的反共立场所致。1945年,在旧金山会议上,美苏在联合国安理会的表决程序以及代表权问题上发生了尖锐分歧。5月8日,美国突然停止执行《租借法案》。7月底,美苏在波茨坦会议上又有一系列交锋。苏联提出了许多领土要求,引起美国的强烈反对,两国关系逐渐恶化。

1946年初,美国参议员巴鲁克在演说时提出:“美国正处在冷战方酣之中”。“冷战”一词第一次公开出现。②

1946年3月5日,应邀访美的丘吉尔发表了“铁幕演说”。丘吉尔宣称:“从波罗的海的什切青到亚得里亚海边的的里雅斯特,一幅横贯欧洲大陆的铁幕已经降落下来。在这条线的后面,坐落着中欧和东欧古国的都城……这些名城及其居民无不处在苏联的势力范围之内……受到莫斯科日益增强的高压控制……在远离俄国边界、遍布世界各地的许多国家里,共产党第五纵队已经建立,

① [美]贝尔纳斯:《当代美苏外交纪实》,张道昌译,独立出版社1947年版,第67页。

② 黄安年:《二十世纪美国史》,河北人民出版社1989年版,第324页。

它绝对服从来自共产主义中心的指令。”丘吉尔呼吁美英“建立特殊关系”,同苏联对抗。①

1947 年 3 月 12 日,杜鲁门宣称世界已经分成两个营垒,要求美国承担责任,通过经济和财政援助的途径支持各国“自由人民”。他还宣布“立即采用果断的行动”作为“美国对共产主义暴君扩张浪潮的回答”,“不论什么地方,不论直接或间接威胁了和平,都与美国的安全有关”。这就是所谓的“杜鲁门主义”。它标志着美苏同盟关系的正式破裂和冷战的全面铺开。

苏联 1947 年 9 月 22—27 日成立了“欧洲九国共产党和工人党情报局”,通过了与“杜鲁门主义”相对立的《关于国际形势的宣言》,宣称:“……两个阵营形成了:一个是帝国主义反民主阵营……另一个是反帝国主义民主阵营。”②这样,美苏对抗的政治格局由“杜鲁门主义”和“情报局宣言”而确定下来,美苏分别以东西方阵营的代表自居。

1949 年 1 月 25 日,苏联组织成立了“经济互助委员会”。这样,在欧洲出现了“马歇尔计划”和“经互会”两个平行的、相互排斥的国际市场。在军事上,则表现为北大西洋公约组织和华沙条约组织这两大军事集团的对峙。

2. 美进苏退阶段(1947—1975 年)

西欧一直是美国全球战略的重点。因为控制了西欧,在政治上,不仅能称霸欧洲,而且能左右世界政局。在经济上,可以称霸世界经济。美国的传统市场、主要盟国、对外贸易、对外投资及对外援助都以欧洲为主。在战略上,西欧是通向东欧、亚非大陆的

---

① 黄安年:《二十世纪美国史》,河北人民出版社 1989 年版,第 325 页。

② 齐涛主编:《世界通史教程教学参考》(现代卷),山东大学出版社 2005 年版,第 258 页。

门户。

美国对西欧的控制,一是实行“杜鲁门主义”。1947年,美国对希腊、土耳其实行军事援助,镇压这两国的革命运动,以便控制地中海地区。二是实行“马歇尔计划”,给予西欧各国以经济援助,促使西欧经济复兴,与苏联对抗,并使西欧在经济上受美国的控制。1948—1952年,美国共援助欧洲131.5亿美元。[①] 三是建立北大西洋公约组织。1949年4月4日,12国在华盛顿签署了《北大西洋公约组织公约》,规定“缔约国中任何一国领土之完整、政治独立或安全遭到威胁,各缔约国应共同协商”;“对欧洲或北美之一个或数个缔约国之武装攻击,应视作对缔约国全体之攻击”,“缔约国可采取包括武力在内的行动”。美国负责北约军事行动的战略领导,并保障海空军参战,保障军队武器装备的供给,其他国家提供人力、资源和工业。美国把这个联盟看作是侵略的战略基地和对欧洲施加政治、经济和军事影响的工具。

20世纪50—60年代,美苏双方都加强了“和平”攻势。赫鲁晓夫积极鼓吹“和平共处”“和平竞赛”。1957年12月,艾森豪威尔提出了“用和平手段取得胜利”的“高尚战略”推进苏联“和平演变”。1959年9月,赫鲁晓夫访美,和艾森豪威尔举行了战后首次美苏首脑会谈,出现了美苏缓和趋势的“戴维营精神”。

美苏冷战在欧洲的焦点是两次柏林危机。

柏林原是德国首都,战后由美苏英法四国分别占领。柏林苏占区后来成为东德首都,又叫“东柏林”。西柏林由西方三国占领区合并而成,但处于东德领土的包围中,在政治、经济上同西德关系密切,在行政上自成一体。

① 黄绍湘:《美国通史简编》,人民出版社1979年版,第685页。

美国与英法共同在西柏林驻军1.1万人。美国视西柏林为同苏联争夺欧洲的“前线城市”“自由世界的橱窗”,围绕西柏林的争端于是便成了冷战的焦点。

战后围绕柏林问题发生了两次重大危机。

第一次柏林危机发生于1948年。6月22日,苏联封锁了通往西柏林的所有铁路、公路交通,想逼西方撤出。杜鲁门下令以大规模空运来突破封锁。从1948年6月22日到1949年春,共有27.7万架次飞机向西柏林运送了250万吨物资。① 5月23日封锁解除。在这次事件中,美国充分发挥了空运威力,不经战争便迫使苏联作出了让步。事后,西方三国占领区合并为德意志联邦共和国(西德)。

1961年,苏联又一次封锁了西柏林,并在东西柏林分界线上修建了“柏林墙”,完全切断了东西柏林的交通。西方则以牙还牙。美国增兵西柏林。肯尼迪示威性地对西德进行访问,宣称美国将与西方盟国共同保卫西柏林。美国又一次实行大空运行动,把一个装甲师从美国本土空运到西柏林。双方互相对峙,但未爆发战争。在美国的优势武力面前,苏联被迫作出了让步。

在此期间,战略优势基本上在美国一边。其明显标志是1962年10月的“古巴导弹危机”事件和1961年的“柏林危机”事件,苏联最后都做了让步。

3. 苏进美退阶段

从1968年苏联侵略捷克斯洛伐克到1979年底苏联侵略阿富汗,美苏关系进入了争霸和绥靖阶段。20世纪70年代,由于越战

① [美]阿瑟·林克等:《1900年以来的美国史》(下),南京大学历史系英美对外关系研究室译,中国社会科学出版社1984年版,第453页。

的失败,美国由世界霸权顶峰开始走下坡路,苏联则在勃列日涅夫领导下走上了霸权主义的扩张道路。美苏两国在政治、经济、军事、文化各条战线展开了全面对抗,对抗的基本趋势是美退苏进。

双方在欧洲的争夺开始趋缓:

(1)1971年8月3日,美苏法英四国签订协议,规定西柏林不是西德一个组成部分,今后不属西德管辖。但西德可在国际组织和国际会议中代表西柏林利益。

(2)欧安会。在1975年7月31日至8月1日有35国政府首脑参加的会议上,参会国家签署了《欧洲安全和合作会议最后文件》。这个文件反映了美国企图以"缓和"来安抚苏联、巩固美国在西欧的地位,并通过思想文化自由交流来进行渗透的愿望,也体现了苏联分化西欧、排挤美国势力,巩固在东欧势力范围的企图。

(3)20世纪70年代以来,美国加强了同南斯拉夫、罗马尼亚以及波兰的联系。

(4)20世纪70年代中期,美国国内盛行一股对苏联的绥靖思潮。1975年12月,索南菲尔特主张对苏联实行"贸易优惠",以此诱使苏联依赖西方,与西方保持各种关系。这就是"索南菲尔特主义"。它反映了在苏联实力不断增强的情况下,美国企图以牺牲中小国家的利益来同苏联在欧洲划分势力范围,以求得暂时"缓和"的幻想。美国通过对苏经济援助以达绥靖之目的。1964年至1975年上半年,苏联从西方借贷总额达到163亿美元,其中80%以上是20世纪70年代借的。苏联从美国进口了几千万吨粮食。美国的物资、技术和资金援助,成为苏联20世纪60年代经济发展的一个重要因素。

这时期,美国在中东和海湾的争夺占了上风。战后历次中东战争,美苏都插手各支持一方,使中东问题长期得不到解决。1973

年第四次中东战争后，美国加强了对阿拉伯国家的外交攻势，在中东逐步取得了一定程度的优势，在埃及排除了苏联的势力。

苏联自 1975 年后，借美国越战失败，民心受创、国内反战呼声日盛、新孤立主义抬头之际，开始主动发起攻势。1979 年 12 月 27 日，苏联大举入侵阿富汗，扶植傀儡政权。在印度洋，苏联印度洋舰队和美国第 7 舰队相抗衡。在地中海，苏联在埃及设立地中海特遣舰队基地司令部，苏联地中海舰队同美第 6 舰队互相对峙；在太平洋，苏美两国的太平洋舰队相互虎视眈眈……1975 年，苏联举行了全球性海军演习，在巴尔干，苏联建立了华约南欧司令部。在太平洋，苏海军舰只数超过了美国太平洋舰队。1978 年，苏越签订军事协定，取得了在金兰湾岘港、磅湛等地的海军基地，严重威胁到美国在太平洋的利益。此外，苏联还在拉美、非洲扶植自己的代理人。总之，在 20 世纪 70 年代，苏联处于有利地位。尼克松认为，"苏联到 1985 年将拥有绝对的核优势，在地面部队方面拥有压倒优势，在海上力量方面至少均等"，"苏联将是头等强国，美国将成为二等强国"。①

4. 美国战略调整，取得冷战胜利

进入 20 世纪 80 年代，美国进行了战略调整，对苏联采取强硬立场。1980 年 1 月 21 日，卡特宣布了"卡特主义"，他明确提出西欧、中东、波斯湾、西亚和远东三位一体，并以波斯湾为核心，以苏联为主要对手的战略，对苏联采取了强硬措施，从而结束了 70 年代缓和的蜜月时期，美苏关系降到了冷战以来 20 多年来的最低点。

里根上台后，对苏采取更强硬的立场，提出要在国际上重振国

① 黄安年：《二十世纪美国史》，河北人民出版社 1989 年版，第 402 页。

威、加强军备的主张。他宣布:美国准备“在任何有关美国切身利益的地方,打任何规模、任何样式的战争”。① 这就是“新遏制政策”。里根上台后制定了新的海军战略,把两洋海军扩大为三洋海军,来应对印度洋、阿拉伯海、波斯湾地区的形势。美国又重新扩充海军军备,每年至少花费100亿美元,打算在20世纪末建成拥有600艘大型军舰的海军。

戈尔巴乔夫上台后,苏联在外交上有了较大变化。美苏关系重新出现了“和缓”的趋势。这表现在苏联从阿富汗全部撤军和从东欧部分撤军,并大幅度裁军,美苏签订中程导弹协议,等等。

美苏两大超级大国经过几十年激烈的对峙和军备竞赛后,美国终于凭借其雄厚的经济实力和技术优势,重新取得了战略上的优势地位,拖垮了苏联。1989—1990年,东欧发生了剧变,东欧国家的共产党全部下台,东德被西德吞并。苏联宣告解体,华沙条约组织停止活动,随着柏林墙的倒塌,支配战后近半个世纪的雅尔塔体系崩溃了。“冷战”以美国为首的西方国家的胜利而告终。

(四)美国在拉丁美洲的侵略扩张

美国一直把拉丁美洲视为自己的势力范围,利用“泛美主义”使拉美变成它的“后方基地”。美国在战后使用多边和双边条约,干涉和影响拉美国家的内政外交。军事力量是美国推行拉美政策的基本手段,常见的形式是军事干涉、策动政变和煽动叛乱。战后美国对待拉美军事政策的发展可分为两个阶段。

第一阶段从20世纪40年代后半期到1950年。美国在击退所谓“国际共产主义威胁”的口号下,力图把拉美各国的军队操纵

① 黄安年:《二十世纪美国史》,河北人民出版社1989年版,第407页。

在自己手中。美国还从经济、军事各方面企图控制拉美各国,使之变成美国推行全球战略的后方基地。1947 年,美国主持召开了拉美各国“里约热内卢会议”,签订了《西半球联防条约》。1948 年,又成立了“美洲国家组织”,这是一个受美国控制的政治、军事联盟。美国挑起了 12 次局部战争和冲突,制造了几十起军事政变和叛变,如 1954 年对危地马拉的入侵,颠覆了阿本斯的民主政府。

第二阶段从 20 世纪 60 年代初至今日。古巴革命胜利后,美国认为:拉美的主要危险是来自每个国家的爱国力量和邻国人民的革命,尤其应防止古巴革命的影响。1961 年初,美国制定了“争取进步联盟”的新外交纲领,即从政治到经济扩大对拉美国家的侵略。美国对拉美各国军队以“反游击战”理论作为指导,在这些国家组建装备美式武器的“反游击”特别机动部队,重点对巴西实行军援。1963 年,美国专门成立第 8 军队集群,属“美国进击司令部”,专门用于对外武装干涉和镇压人民革命运动。1964 年,美国成立了“中美洲防务委员会”。

战后美国在拉丁美洲采取的主要军事行动有:

1. 入侵古巴

1959 年 1 月古巴革命胜利,建立了拉丁美洲第一个社会主义国家。美国对“后院”发生革命感到如芒在背,处心积虑想扑灭古巴革命。美国训练在美国的古巴流亡者。1961 年 4 月 17 日,雇佣军在美机掩护下在吉隆滩登陆。古军很快就把入侵者包围在吉隆滩地区。4 月 20 日全歼雇佣军,共毙俘敌 2000 余人。

2. 古巴导弹危机

1962 年 8 月,苏联有 5000 多名军事人员在古巴建筑进攻性导弹基地。10 月 22 日下午,肯尼迪发表电视演说,宣布了武装封锁古巴的决定。同日,美洲国家组织也作出相应决议。美国动员了 34 万军队,144 枚洲际导弹,战略空军飞机 1000 架,战术飞机 1000 架,舰艇 183 艘(内有航空母舰 8 艘),对古巴实行了严密的封锁。在美国武力面前,1962 年 10 月 28 日和 11 月 20 日,苏联同意拆除导弹基地,把设备运回国内;同时撤走轰炸机和地面部队,并同意美国军舰实行核查。

3. 武装干涉多米尼加

1965 年 4 月,多米尼加爆发了反对军事独裁的革命,国内发生了左右两派的内战。美国为了防止出现第二个古巴,出动了 1 万多名美军干涉。巴西等 6 国也派出联军参与干涉。美军向左派军队发起进攻。多米尼加军民奋起反击,激战一周美军才控制了局势。美国又在多米尼加恢复了亲美政权。

4. 入侵格林纳达

1983 年 10 月 12 日,格林纳达发生政变,成立了以陆军司令奥斯汀为首的革命政权。美国为防止出现又一个古巴,于 25 日凌晨出动 2000 多名美军及加勒比 6 个岛国的 300 名士兵组成的军队突袭格林纳达。美军不断增兵 6000 多人。经近一周激战,美军终于占领该岛,建立了亲美政权。

(五)美国在非洲的军事侵略

战后,美国在非洲一方面支持南非种族主义集团以及安哥拉、莫桑比克等国的反政府武装,一方面则同利比亚相对抗。

1969 年,利比亚的卡扎菲发动政变,推翻亲美政权,下令关闭惠勒斯美军基地。1979 年,2000 名利比亚人袭击并焚毁了美国大使馆。此外,利比亚支持的恐怖活动也使美国十分恼火。因此,美国寻机于 1981 年、1986 年、1989 年多次空袭利比亚,美国的行动使利比亚的恐怖活动有所收敛。

总之,当代美国的军事历史,是一部扩军和侵略的历史。美国为了同苏联争夺世界霸权,在裁军的掩护下进行了40年的扩军备战,投入了历史上最多的军费,建立了最庞大的核武器库,成为世界上头号军事霸主。美国在此期间的对外武装干涉和侵略在其历史上次数最多、时间最长、付出的代价最大。美国过高估计了自己的力量,低估了世界人民的力量,结果遭到一系列失败,其中朝鲜战争和第二次印度支那战争是美国有史以来失败最惨重的两次战争。

第二节　冷战时期的美国军事思想

二战后,美苏进行了长达近半个世纪的冷战。朝鲜战争和第二次印度支那战争的惨败使美国的全球战略受到沉重打击,给美国以全方位的强烈震撼。苏联军事实力空前膨胀,并向全球扩张。在世界上形成了两强争霸的局面。"苏东事变"的爆发使美国终于取得了冷战的胜利。美国军事思想在"冷战"期间有了很大的发展。

一、核威慑军事战略

"冷战"时期美国军事思想发展的主要特点是军事战略多变,因为美国受到了世界人民革命、中国和苏联的崛起以及核武器这三大因素的影响。出于争夺世界势力范围的考虑,美国军方围绕其全球战略制定了不同的军事战略。美国全球战略的目的是维护其霸权地位,正如战略家施特劳斯·海普所言:"为了美国的利益,最好能适应这样一种世界秩序,即在世界上只有一个势力中心,由这个中心来控制平衡和稳定,而这个控制权最好在美国手里。"①美

① R.S.Heppe, *Geopolitics*, New York, 1942, p.194.

国全球战略的理论基础是“地缘政治思想”,即以美国为中心,其他地区均属于美国的“边缘地区”。美国要用外交军事上的努力来使这些边缘地区的国家服从其统治。这些边缘地区主要是:西欧、近东、东南亚和远东各国。耶鲁大学教授斯皮克曼声称:“谁要能占有边缘地区,谁就能统治欧亚,谁要能统治欧亚,谁就能支配世界的命运。”①为此,战后美国制定了称霸世界的全球战略:对苏联和社会主义国家实行封锁、包围和遏制的冷战,对西欧实行严密控制;对亚洲和太平洋地区加紧扩张,对中东和非洲进行积极干预,对拉丁美洲进行全面控制。美国的军事战略都是围绕其全球战略设计的,其主要内容为:以美国的实力为出发点,配合美国世界战略的总体构想,使用美国的军事力量尤其是核武装力量。美军事战略的基石是核威慑。战后美国军事战略变化繁多,但大都是围绕着核威慑展开的。美国军事战略主要以苏联为头号敌人,随时准备同苏联打一场世界战争。因为双方都拥有核武器,核武器具有毁灭交战双方的威力。这就使传统的以“歼灭敌人”为目的的战略难以实现。因此美国放弃了传统战略,而采用了以核武器为威慑力量之盾的新战略,力争“不战而屈人之兵”,仅凭核威慑或仅凭常规战争便达到目的。冷战时的美国军事战略发展可分为三个时期。

(一)以常规武器为主的“遏制战略”时期(1945—1953年)

战后初期,美国独家拥有原子武器,趾高气扬,不可一世。杜鲁门总统曾自豪地宣称:“美国今天是一个强大的国家,没有任何一个国家比它更强大了。”“胜利已使美国人民有经常而迫切的必

① [苏]И.Е.沙夫罗夫:《局部战争今昔》,军事科学院外国军事研究部译,解放军出版社1984年版,第36页。

要来领导世界了。”[①]以苏联为首的社会主义国家是美国推行侵略扩张政策的绊脚石。因此，美国把“冷战”作为国策，杜鲁门制定了“遏制战略”，即准备打第二次世界大战类型的新的世界性常规战争。主张陆海空三军“平衡”发展，以常规部队为主要作战手段，以核武器为遏制手段，力图包围、遏制社会主义国家，控制亚非拉的广大中间地带。

美国还从核军备和常规军备两个方面大幅度加强常备兵力，时刻准备同苏联及其盟国打一场常规战争。国务卿艾奇逊也主张核军备和常规军备均要扩大。而参谋长联席会议主席布莱德雷、国防部长约翰逊则强调，在尽量不增加国防预算的前提下，应少发展常规军备，多发展核武器。后来马歇尔接任国防部长，他认为，未来战争将更加突然，技术的发展使美国国内再不会像二次大战那样不落下一枚炸弹。美国也不能仅仅依靠半球防御了。和平只能靠军事力量的强大来维持。[②] 根据他的建议，杜鲁门设想在1954年、1955年可能爆发战争，曾下决心扩充常规军队，以便增强美国的军事实力。[③]

（二）核战略时期（1953—1989年）

1949年中国革命的胜利、1950—1953年美国在朝鲜战争中的失败，以及苏联1949年8月26日第一颗原子弹爆炸，这些都宣告了美国“遏制战略”的彻底破产。核武器可怕的杀伤力以及现代军事技术的发展，使美国历史上的地理优势荡然无存。美国再也

① 黄安年：《二十世纪美国史》，河北人民出版社1989年版，第215页。

② Walter Millis, *American Military Thought*, New York: Bobbs-Merrill Company, 1966, p.439.

③ Walter Millis, *American Military Thought*, New York: Bobbs-Merrill Company, 1966, p.461.

无法仅仅依靠海军或空军来保卫国防了。同时,原子武器也使传统的“歼敌”战略难以实行,因为战争双方都要两败俱伤或同归于尽。为此,美国放弃了传统的常规战略,改用核武器为威慑力量,妄图不战而达目的。美国首脑也认识到:依靠常规战争,并设想战争将于某年某月爆发,会给财政造成难以忍受的负担。而核武器给美国决策者提供了既可保持战略优势、经济上又能够负担的战略武器。因此,美国军事战略改为以发展核武器为中心,争夺核优势,以求在同苏联的决战中取胜的核战略。30 多年来,美国的核战略变化,大体经过了两个阶段:

1. 以打击对方城市为主的“威慑型”核战略(20 世纪 50—60 年代)

这期间,美国在同苏联的核军备竞赛中占有优势,但由于核武器的命中精度不高,不能击中目标,因此采取了这一战略。它立足于威慑,认为要能确保摧毁苏联的主要城市,就足以遏制苏联向美国发动核突袭。美国只要建立一支以城市为打击目标的核力量即可。由于注重核打击力量的发展,常规军备受到轻视。执行这一战略的主要有艾森豪威尔、肯尼迪和约翰逊这三届总统。他们各自赋予该战略以不同的名称和内容,但总目标都是威慑。

(1)艾森豪威尔的“大规模报复战略”(1953—1960 年)

艾森豪威尔对杜鲁门的“遏制战略”提出批评,认为以某年爆发战争的设想在经济上难以承受。他要求采取一项长期战略方针:平时建立一支经济上能够负担的、规模最小而又必不可少的军事力量,通过发展新式武器来保持美国的优势地位。美国应该随时准备同苏联打“闪电式”的核大战来取代常规战争。强调依靠原子弹和战略空军制胜。在不发达地区,主要依靠当地武装力量进行局部战争。在军队建设方面,主张削减常规军力,重点发展核武器和战略空军,以“核威慑”来支撑其霸权地位。根据1953年8月制订的《“水杉”号行动计划》的报告,他建议:在发展战略报复力量的同时,应加强美国的防御能力;从国外撤回部分驻军;建立一支国家战略预备队以应付可能发生的紧急事态;爆发局部战争时,当事国应担负主要作战任务,美国仅提供海、空军支援。当年12月14日,参谋长联席会议主席雷德福认为,美应重点发展能携带核弹的战略轰炸机组成的战略空军,以便对苏起到遏制作用,这就是所谓“新面貌战略”。1954年,国务卿杜勒斯进一步指出:为了让可能负担的经费发挥最大的效果,只有采取“大规模报复战略”才是最可取的。建立这支以核打击力量为基础的威慑力量,便有可能防止发生局部战争。他说:“基本政策就主要取决于我们选择的方式和地点快速大规模报复的能力。”①美国妄图用这一战略迫使苏联等社会主义国家放弃对革命运动和民族解放运动的支持。参谋长联席会议主席雷德福扬言:“哪怕是共产主义的一个士兵越过西方边境线,美国就要打一场全面的核战争。”②

由于苏联1953年爆炸了氢弹,1957年发射了洲际导弹和人造卫星,并建立了战略核力量,美国在技术上的优势已不复存在,如果美国使用核武器报复,将会遭到苏联的毁灭性报复,导致双方甚至全人类的灭亡。因此,“大规模报复战略”受到广泛的批评。连艾森豪威尔1960年也不得不承认:“对核武器的依赖越多,遏阻

① Dale O.Smith, *U.S.Military Doctrine:A Study and Appraisal*, New York:Duell, Sloan and Pearce, 1956, p.44.

② [苏]И.Е.沙夫罗夫:《局部战争今昔》,军事科学院外国军事研究部译,解放军出版社1984年版,第42页。

有限战争或防止它发展成为全面战争的希望就越渺茫。”①

于是,“大规模报复战略”又派生出几个战略:一是“新新面貌战略”,强调在相互威慑的情况下,美国没有必要耗费巨资保持全面的核优势,而只要保持足以摧毁苏联的力量,同时又可以对苏联进行有效拦截的能力即可。因此,美国必须迅速发展和部署洲际导弹、潜射导弹,以保存足够的反击能力;建立早期警戒系统,加强对苏联战略攻击的防御;战略轰炸机应分散配置,采取空中和地面警戒待机措施,以减少损失;大力发展拦截导弹的技术。此外,还强调建立一支精干的、适应局部战争需要的非核常规力量。二是“分阶段威慑战略”,由基辛格1957年在《核武器与外交政策》一书中提出。基辛格认为:“大规模报复”实际上使美国失去了回旋余地,等于放弃使用军力。因为“大规模报复”会导致全面毁灭,不会有全面的胜利,实际上无法进行报复。因此,他强调在不引起全面核战争的限度内,打一场在局部地区使用核武器的有限战争。把使用核武器分为战略、战术两个概念,对有限目标分阶段地使用战术核武器。②

以上两个战略仍以“大规模报复”为主,只不过报复的方式有所不同,从单纯依靠战略轰炸机到使用洲际导弹及潜射导弹来进行威慑打击。

(2)“灵活反应战略”(20世纪60年代)

“大规模报复战略”未能制止局部战争的发生。二战后,地区

① John L.Gaddis, *Strategies of Containment: A Critical Appraisal of American National Security Policy during the Cold War*, Oxford University Press, 1982, p.174.

② [美]拉塞尔·韦格利:《美国军事战略与政策史》,彭光谦等译,解放军出版社1986年版,第505页。

性局部战争和武装冲突此起彼伏,注重核武器的“大规模报复战略”已不能适应形势发展的需要了。为此在20世纪60年代,美国又有人提出“灵活反应战略”,采取发展核军备同常规军备并重的方针。主张发展多样化军备,以核力量为“盾”进行威慑,以常规力量为“剑”进行局部战争,随时准备打各种类型的战争。要推行从特种战争、局部常规战争、有限核战争以至全面核战争的“逐步升级”理论,同时准备打“两个战争”,即准备在欧亚同时同中国、苏联各打一场常规战争,又能在其他地方应付局部的“紧急情况”。1960年,泰勒批判了“大规模报复战略”,建议采用“灵活反应战略”。他说:“我们的国防姿态必须要既灵活而又坚决。”①1961年,肯尼迪上台不久,便采用了泰勒的主张,在抓紧实现“北极星”潜艇和洲际导弹计划的同时,也加强常规部队和常规装备的建设。其做法是不规定国防预算的上限,陆海空三军根据国防需要提出所有要求,从费用和效果上对这些要求综合平衡,以此定出计划和预算。

1964年,国防部长麦克纳马拉又提出了“限制损伤战略”,他认为要想制止核战争爆发,美国必须拥有能彻底摧毁苏联社会的能力,同时应拥有一旦发生战争时可用来减少损失的手段。在苏战略核部队发射导弹之前,便将其摧毁在地面上。美国应加强战略部队,加快建设防空系统,以便摧毁进入美国领空的苏联导弹和飞机。为此,应进一步研制和发展导弹、飞机,以增强进攻能力;同时要适当部署截击和防空导弹,设置警戒监视和指挥控制系统,构筑各种掩蔽部,提高防守能力。一开始,美国重点发展对苏联轰炸

① [美]拉塞尔·韦格利:《美国军事战略与政策史》,彭光谦等译,解放军出版社1986年版,第529页。

机的防空力量,因苏联没有大力发展轰炸机,故美国逐渐加强对弹道导弹的防御措施。1967年9月,约翰逊宣布美国将建设一个规模较小的“哨兵”反弹道导弹系统。后来这一战略又发展成为“确保摧毁战略”,即:强调发展战略核部队的必要性,认为只要拥有压倒苏联的核打击力量,即使受到苏联的战略袭击,仍能以残存兵力即“第二次打击力量”对苏联的城市实施报复性打击,突破苏联的防御系统,消灭其人口的1/4—1/3、工业的2/3,使苏联在20世纪不可能作为一个独立国家继续存在下去。为此,美国必须拥有1200枚“民兵”导弹(后改为1000枚)、41艘导弹潜艇和若干轰炸机。但是,美国在印度支那的惨败使这一计划彻底破产。

2. 以打击对方军事目标为主的“实战型”核战略(20世纪70—80年代)

进入20世纪70年代,苏联核武器从数量到质量已开始和美国旗鼓相当。双方核武器都逐渐小型化,能准确地击中对方目标,而且苏联的核武器在战略导弹的数量、投掷重量和核弹头当量方面,都已超过美国。美国失去了核优势,开始着眼于加强实战能力,强调只要把核打击的重点放在苏联的军事目标上,做好打各种核战争的实战准备,就能遏止苏联对美国发动核战争。一旦爆发核战争,又能使美国减少损失。为此,尼克松上台后制定了“现实威慑战略”,后任总统卡特、福特和里根都沿袭此战略。

1970年,尼克松主张采取一种“充足论战略”,即保持一支必要的、足以迫使苏联放弃发动先发制人攻击的打击力量,使它不可能对美国及其盟国施加任何压力。① 他提出了“一个半战争”的思

① [美]拉塞尔·韦格利:《美国军事战略与政策史》,彭光谦等译,解放军出版社1986年版,第559页。

想，即准备在欧洲或亚洲打一场大规模战争，同时在其他地区打一场小规模战争。①

1970 年 12 月，国防部长莱尔德表示，政府将提出一项不使美国负担过重，然而却能达到威慑目的的、面对世界现实的“现实威慑战略”，即：为确保西方安全，美国应与西欧各国密切合作，并继续保持自己的实力；各国应遵循美国与盟国军事一体化的思想，依据本国的能力来明确自己的防务分工，也就是要尽量发挥总体力量的作用。战略核战争由美国负责，战术核战争由美国和其他拥有核武器的国家共同负责，但仍以美国为主；局部地区的常规战争由美国和有关国家共同负责；小规模冲突则由战争当事国负责。

1974 年，施莱辛格表示，为防止出现美苏双方互相攻击对方城市的悲惨情景，美应率先采取有回旋余地的目标选择原则——事先对各种打击目标确定一整套选择方案，以便实施打击时，先打军事目标，而后视情况再打击其他目标，防止核打击无限制地升级。他还表示，如果美国在一场常规战争中面临失败，就可能使用核武器，②从而放弃了不首先使用的原则。过去的威慑战略主要依靠战略核部队，而施莱辛格则提出战略核部队、战术核部队和常规部队是威慑力量的三大支柱，对敌国的同类部队分别具有威慑作用。三者相互配合，将取得更大的效果，这就是“总体威慑”。他还提出了“大、小威力不同的武器互相结合的原则”，主张在国防预算内威力大和威力小的武器各占适当的比例，以便提高实际使用效果。

---

① [美]拉塞尔·韦格利：《美国军事战略与政策史》，彭光谦等译，解放军出版社 1986 年版，第 558 页。

② [美]加尔文·D.林顿：《美国两百年大事记》，谢延光等译，上海译文出版社 1984 年版，第 466 页。

卡特和福特总统(1974—1977年)都继续推行这一战略。福特认为:外交必须以强大的军事实力为后盾,不然就无法解决任何国际争端或进行裁军谈判。他上任后,改变了越战结束后军费下降的趋势,把国家安全摆在各项政策之首。1976年,军费第一次突破了1000亿美元大关。国防部长拉姆斯菲尔德与前任一样,也主张"大小威力不同的武器相结合的原则",强调掌握一支实际能战斗的力量。

1977年,卡特上台伊始,由于经济不景气,曾否定了施莱辛格提出的"打击军事目标"的战略方针。但在他签署的"59号总统指令"中,采纳了国防部长布朗修订的原方针,提出侧重"打击军事目标和指挥中心"的"抵销战略",要求"美国必须建立一支充足可靠的、与苏联势均力敌的战略核力量",能"按照苏联核袭击的样式和规模作出相应反应"。美国为对抗苏联威胁,必须面向第三世界。对于小国事务也不排除使用美国军事力量来保卫美国的利益。美国的干涉从小规模战争开始,逐步升级。核武器的使用也是从小规模到大规模,这样"将使对手面临一种可怕的抉择:要么停止战斗,要么遭受最后的毁灭"。在这种常规核战争中,核武器既是威慑手段,又是实战力量。

里根执政时期(1981—1988年),美国在同苏联的全球争霸中处于不利态势。为了扭转这种局面,里根以更强硬的姿态推行"重整军备"的方针,制定了新的"灵活反应战略",即以针锋相对的强硬姿态和机动多样的灵活手法与苏联争夺全球霸权。其内容有:大力扩充军事实力,力争恢复对苏的相对军事优势。以核力量为后盾,以常规力量为主要作战手段,采取灵活反击的方针,侧重同苏联打长期的常规战争。在确保西欧战略重点的前提下,以中东、波斯湾地区作为同苏联争夺的重要战线,决心必要时使用美国的军事力量来保卫美国的既得利益。国防部长温伯格把它概括为“多层次威慑”:第一层次是使用常规力量实行防御;第二层次是依靠扩大常规战争的规模和使用战术核武器;第三个层次是报复,主要靠战略核武器、化学武器和总动员。他在1987年5月12日强调指出:“美国的战略核武器威力,必须确保任何潜在的攻击者如果发动侵略,就会面临难以接受的风险和结果。”因此,里根政府不惜增加国防预算支出,扩军备战,力争获得战略优势,甚至抛出了“星球大战”计划,使军备竞赛扩大到太空领域。1982年,里根公布美国的太空政策,要求大规模部署反卫星系统。1983年,里根正式提出“星球大战”计划,即:为达到在导弹飞行过程中实施分段摧毁的目的,该系统由预警、探测、跟踪系统,指挥、控制、通信系统和截击武器系统三大部分组成。这使美国军事战略达到一个新阶段:在空间与苏联争夺战略优势。

二、冷战时期美国的军事思想

二战后美国在“冷战”的大背景下,进行了一系列的局部战争和许许多多的军事干预行动。其中朝鲜战争和越南战争美国均遭受了惨重的失败,特别是后者在美国人的心理上留下了深深的伤痕。这些都深刻地影响到其军事思想的发展。战后美国军事思想主要有以下几方面的发展:

(一)始终坚持“质量建军”思想

冷战时期,在美苏对抗中,扩军备战是主要内容之一。美国在扩军备战中,始终坚持质量建军的方针。该方针主要有两个内容:

一方面,始终用高技术保持其武器装备在世界上的领先地位。正如有学者评述的那样:二战以来,“美国一向迷信先进武器,尤其是越南战争以来,这种倾向已发展到无以复加的程度”。“……

美国企图以武器质量的优势弥补武器数量上同苏联的差距。”①美国在冷战时期始终保持其武器装备的技术和质量超过苏联及其他国家,继续保持军事战略上的优势。

另一方面,美国坚持走精兵之路。二战后,美国虽然复员了大批军人,但是在战后 50 年的时间里,始终保持一支 200—300 万人的常备军。美国始终坚持质量建军的方针,即全面提高军队自身的素质、火力、机动性、效率、作战能力和文化水平。美军参谋长联席会议主席形象地把美军称之为“规模小、反应快”的军队。② 质量建军首先要建设一个高效率的集中统一的统帅机构。在 20 世纪 40—50 年代,美国建立了国防部和陆海空三军的军种部和协调指挥的参谋长联席会议。20 世纪 60—70 年代,美国将国防管理体制现代化,还建立了危机控制系统。20 世纪 70—80 年代,美国进行了统帅机构的精简,减少了冗员,提高了指挥效率,并实现了军事指挥的自动化和一体化。在军队的编制方面,加大特种部队和空中机动能力的建设。在装备上,使部队的火力和机动能力大幅度提高。美国还加强军事教育和训练,将其视为“提高战备水平和实现现代化的关键”,是“新式武器发挥最大威力的先决条件”。③ 对军官加强院校的培训,对士兵加强专业技术的培训,从而使军士和军官的文化水准达到相当高的水平,美军的军士和军官中受过大学教育的已占 90%以上。④ 经过半个世纪的建设,美军始终是世界上指挥程度、装备、火力、素质较高的军队,具有较强

---

① 钱俊德:《美国军事思想研究》,军事科学出版社 1992 年版,第 257 页。

② 钱俊德:《美国军事思想研究》,军事科学出版社 1992 年版,第 251 页。

③ 钱俊德:《美国军事思想研究》,军事科学出版社 1992 年版,第 261 页。

④ 参见钱成兴、姜书英、陈雯:《美军现阶段现代化的主要内容和措施》,《外国军事学术》1980 年第 5 期。

的战斗能力。

（二）提出了一系列新的作战思想

美军的作战思想仍遵循历史上确立的九大军事原则，并在1981、1986年又重新颁布，其范围有所扩大。美军奉行的九大原则是：目标明确、坚持进攻、集中兵力、节约兵力、灵活机动、指挥统一、安全保障、快速突然和计划命令的简明扼要。

美军的作战思想主要有：

1. 新的战术思想。在有限核战略的支配下，美国的战术思想也发生了变化。长期以来，美军在作战中主要是以财力、物力、火力来压倒敌人，所以对部队的机动性不太重视。但二战后，美国在这方面的绝对优势已不复存在了。为此，美军的战术思想发生了变化。根据陆军1976年作战纲要，提出以下几点战术思想：

一是"必须设想我们面前的敌人在总的方面将拥有与我们效力相当的武器，同时也要估计到，至少在战争的最初阶段，敌人的武器将在数量上超过我们"。①

二是强调防御而不是进攻，实行积极防御，以现代化武器摧毁敌军主力，再转入进攻。

三是特别强调集中兵力，这样可在整体劣势的情况下，最大限度地发挥人员和武器的效能。在防御时，不使敌军兵员火力超过己方的三分之一，在进攻时，则要对敌形成六比一的压倒性优势。

四是注重纵深防御，在资源对比于己不利的情况下，通过消耗战歼敌。

五是在敌众我寡的条件下，实行战术机动是胜利必不可少的条

① ［美］拉塞尔·韦格利：《美国陆军史》，丁志源等译，解放军出版社1989年版，第605页。

件。通过灵活机动来获得局部兵力优势,夺取主动权。美军认为:“行之有效的战术机动能保护自己的力量,破坏敌人的平衡”。①

2. 提出了“空地一体”的作战理论。1982年,美陆军公布了新的《作战纲要》,以取代1976年的《作战纲要》。因上一个纲要引起了广泛批评,认为它强调防御,缺乏进攻精神;强调火力,不重视机动;只重视师以下的战术,不重视对付苏军的大兵团战役理论。认为按此纲要无法打败苏军。经过修改后的纲要,提出了“空地一体作战”的理论,作为美军的基本作战思想。它的核心是夺取和保持制空权,认为制空权决定战争的胜负。纲要指出:未来战场充满了大量先进的航空航天和防空防天武器系统,因此应在夺取制空权的同时还要夺取“制天权”。在美国空军1984年版的《航空航天基本大纲》中明确指出:“夺取和保持空中优势的目标是夺取航空航天环境的控制权。”②

该理论的主要内容有:

一是“战场扩大”:无论在进攻还是防御中都不仅仅是同敌人第一梯队作战,而且要向敌区扩大作战纵深,打击敌军中尚未投入战斗的后续部队,以便打乱敌军作战计划,夺取主动权。

二是“一体化战场”:战场是一个整体,要综合运用空中和地面的各种武器装备,包括常规武器、核武器和化学武器等;协调实施各种作战行动,包括进攻与防御、正规战与非正规战、前沿作战与纵深作战、火力战、机动战、电子战与心理战等。

三是提出了“空地一体作战”理论的四项基本原则:即:第一,

---

① [美]拉塞尔·韦格利:《美国陆军史》,丁志源等译,解放军出版社1989年版,第606页。

② 刘建文:《美国军事战略的变化与美国空军》,《外国军事学术》1986年第8期。

主动,这是作战思想的出发点,是战争中最大的优势。主动原则体现在三方面:进攻精神;左右战局;独立战斗。第二,纵深,这是制胜的关键,即同时进攻敌军第一梯队和后续部队。方法是使用飞机、直升机、火炮、导弹对敌军后续部队和纵深实施火力遮断袭击。使用装甲部队、机械化部队、空中机动部队、空降部队和非正规部队插入敌区纵深作战。第三,灵敏,这是作战方法的精髓。主要为:首先行动要比敌人快,其次,避强击弱,即避开敌人强点,攻击敌人弱点。最后,机动作战,用机动保持主动。第四,协调,亦即使各兵种和各种武器装备密切协同作战。①

总之,"空地一体作战"理论,强调了进攻和多兵种、多种装备的密切协同,对 20 世纪 80 年代美国军备建设产生了深远影响。

3. 提出了"低强度战争"的理论。美国参谋长联席会议主席认为,低强度战争是为达到政治、社会、经济或心理的目的而做的有限度的政治—军事斗争。通常局限于某一地理区域,其特点是武器战术和激烈程度往往均有限度。战争形式主要为:显示武力、地区性冲突、游击战、小规模武装入侵、武装叛乱、军事政变、边境冲突、代理人战争、恐怖活动和种族宗教纠纷等。1986 年的作战纲要中,指出了四种美军主要从事的低强度战争:反恐怖活动、反叛乱作战、维护和平行动及平时应急作战。美军主要的作战对象可能是敌人的轻装部队、特种部队、叛乱分子和恐怖分子,其中最严重的挑战是恐怖活动。美国在从事这类战争时所遵循的理论是:第一,使用武力是最后手段,一旦使用武力,就必须目标明确,全力以赴夺取胜利。第二,战争实现的政治目的是特定和有限的,

① 杨士华:《美国空军的空地一体作战理论》,《外国军事学术》1984 年第 1 期。

因此应尽力避免冲突升级,特别是大国间的直接军事对抗。因此要慎重选用适当的手段,严格限制冲突的规模、范围和强度,力求以最低风险和最小损失最迅速达成政治目的。第三,在作战指导上,强调全面贯彻"灵活反应、速战速决"的方针。"低强度战争"理论是里根"新灵活反应"战略的产物,是美国"有限战争"理论的新发展,也是一种特殊的非常规化战争形式。其特点如下:首先,战略、战役和战术融为一体,界限模糊。要求战略指导者直接指挥军事行动的进行。其次,作战样式的多样化和非常规性。最后,战争规模"小型化",作战时间短促。

综上所述,此间美国的战略不管是卡特的"有限核威慑",还是里根的"新灵活反应战略",都处在既想保持核优势、又不敢打核大战这样一种矛盾之中,由此产生的各种军事和作战理论,实际上都是围绕常规战争而展开的。这些都影响了这时期美国的军备建设和采取的军事行动。

第三节 冷战时期的美国军事制度

战后美国军事战略和军事思想对美国军事建设产生了重大影响,二战后美国在这些思想指引下,为实现全球战略的目标,一直在扩军备战,进行各项军事改革,加强各项军事制度的建设。

一、建立统一高效的军事统帅机构

自独立战争以来,长期困扰美国军队的问题之一就是指挥权的不统一。按照宪法规定,总统是总司令,具体指挥权应由总统的代表陆军部长和海军部长行使,但实际上却由陆军总司令(后来由总参谋长)掌握。这两者职权不清,常因此而扯皮、矛盾。此外，陆海军之间的指挥也不统一。到了二战期间，随着空军的崛起，更使指挥问题复杂化。空军分属于陆军和海军，很不利于作战，空军一直想独立出来。三个军种之间的矛盾重重。1942 年，美国建立了参谋长联席会议，试图统一三个军种间的指挥，但三个军种间机构重叠，相互扯皮，严重影响了效率的提高，只有统一指挥，提高各军种的协同性，才能克服上述弊端。陆军航空兵司令阿诺德认为：二次大战的最大教训是陆海空三军必须在一个统一的指挥和计划下协同作战。陆海空三军应该平等。一个兵种从属于另一个是不会有最大的效率的。① 为了解决指挥不统一，加强集中领导，二战后美国对军事统帅机构作了以下大的"手术"。

（一）建立陆海空三军统一的统帅机构

美国根据二次大战的经验，为了搞好国防管理，战后成立了以文职部长为首、权力集中、职责明确、作战指挥系统与行政管理体系分立的国防管理体制。1947 年 9 月 15 日，国会通过了《国家安全法》，主要内容为：一是设立国家军事机构，负责协调和确定陆海空三军的具体任务，解决如何分配军事预算，左右国务院外交政策的制定，掌握内政及资源的使用。二是设立陆军、海军、空军三个部，部长均为文职人员，三个部地位平等。这样，空军便成为独立的军种。三个军种由参谋长联席会议进行协调。三是成立国家安全委员会、国家安全资源局、中央情报局等机构。该法虽把三个军种置于统一领导之下，但各个部均独立，拥有对本军种的大部分实权，但因国防部与三个部平级，做决定要由双方商量合作才行，这就影响了统一领导。

① Walter Millis, *American Military Thought*, New York: Bobbs-Merrill Company, 1966, p.444.

为克服上述弊病,1949年国会又通过了《国家安全法修正案》,法案规定:将国家军事机构改为国防部。国防部为内阁部,而三军各部降格为国防部的下属部。国防部长是协调三军合作的中心人物,但各军种部还保有"作战指挥"和"行政上的独立"。设立参谋长联席会议主席。这次改革,使美军统帅机构从形式上的统一过渡到实质上的统一。

1953年,国会又通过了《第六号国会改组计划》,加强了参谋长联席会议主席的权力,他可以任命参联会的成员。国防部在原有3名助理部长的基础上又增加了6名助理部长和1名法律总顾问,从而大大加强了国防部长和三军部长对军队的控制权。但矛盾仍在,各军种在经费问题上仍争吵不休,常常通过游说获得所需拨款。为解决这一问题,国会又通过了《1958年国防部改组法》,使国防部长掌握了作战指挥权,在财会、人事、科研、后勤等方面均有更大的实权。撤销各军种部的作战指挥权,建立以国防部长为首的作战指挥和行政管理两大系统。在作战方面,国防部长通过参谋长联席会议对各联合司令部及所属部队实施指挥;还成立了防务研究与工程局,监督所有军种的军事科研发展计划。在行政管理方面,国防部长通过三个军种部对全军实行更直接的行政领导。至此,一个权力集中统一、职责明确和指挥方便的新统帅体制终于建立起来。

卡特入主白宫时,面对的问题堆积如山:国防部办公厅机构日益膨胀,文官控制面过宽,军事部门的权力受到多方限制,军事上缺少一个正式的专职军事指挥首脑等。为此,卡特大刀阔斧地进行了改革,大量精简国防部办公厅和三军本部的参谋机构。截至1979年,将原有人员裁减了20%,国防部内向国防部长直接请示报告的主要部门由14个削减至9个,国防部长以下的助理国防部长及三军各部的主力部长从 22 名减至 16 名,其中助理国防部长从 9 人减至 5 人。国防部办公厅人员编制从 2065 人减至 1500 人。陆、海、空三军部直机关也相应精简。① 通过精简,人员更加精干,人事费用大大减少,在一定程度上解决了部门重叠、职权分散、人浮于事、效率不高的问题。在减员的基础上,重新调整了国防部机构的职能,取消了不必要的机构,把业务性的职能下放到国防部的下级机构。部级机关尽可能把工作限制在制定政策、管理资源和计划与签订协议方面。在两个副国防部长中,取消了其中主管作战的一个,扩大了参联会主席的职权,指定他为部长在作战方面的代理人,负责指导和监督各联合军司令和单一军种司令部的工作。此外,还将海军陆战队司令提升为参联会正式成员,以提高快速打击部队的地位。

(二)对陆军参谋部进行改组

以往陆军受总统、陆军部长和陆军参谋长的多头指挥,令出多门。为改变这种状况,美国对陆军的实际指挥机构——参谋部进行了改革。

1946 年 5 月 14 日,陆军部发布“138 号通令”,规定:陆军的地、空部队分由 2 个独立司令部管辖。陆军参谋部通过陆军地面部队的各司令部指挥驻美本土的地面部队。地面部队原有的军防区及战时野战部队的编制,改为 6 个集团军作战区;撤销后勤部队。参谋部下设 5 个部:人事管理部、情报部、编制训练部、勤务与供应补给部和计划作战部。进入 20 世纪 60 年代,参谋部又一次改编,人事副参谋长管 4 个部和办公室,即:军区部、工兵部、支援

① 钱成兴等:《美军现阶段现代化的主要内容和措施》,《外国军事学术》1980 年第 5 期。

勤务部、交通运输部。宪兵主任办公室,牧师主任办公室,副官长署,其他部门有:秘书部、陆军审计部、情报参谋长助理办公室、后备役司令办公室、研究与发展署长办公室、监察主任、军法署、新闻局等机构。参谋部的改革,使指挥效率有了进一步的提高。

(三)对参谋长联席会议进行改组

进入 20 世纪 80 年代,为了加强三军指挥统一,美国又对参谋长联席会议进行了改革。参谋长联席会议主席原来的权力是虚的,仅起了各军种会议召集人的作用,无具体领导权及制定政策的权力。参联会的办事机构人员也少,素质差,无法有效地进行工作。经多方酝酿,国会通过了《1985 年国防部改组法案》,规定:第一,参联会主要在国防部长的领导下,可代表各战区司令官就作战问题提出意见或建议。第二,参联会的联合参谋部军官任期再延长 2 年。第三,在与参联会主席协商后,国防部长有责任确保各军种的人事政策,并在联合参谋部的军官晋升和提职等问题上予以考虑。

1985 年法案虽对参联会进行了部分改革,但步子迈得太小。改革派经过调查研究之后,于 1986 年 9 月 11 日促使国会通过了《戈德华特—尼克尔斯国防部改组法》,内容为:第一,扩大参联会主席的权限,他是总统及国防部长的主要军事顾问,可就重大问题直接向总统汇报,任期从 2 任延至 3 任,每任 2 年。他有下列权力:仲裁各军种参谋长的分歧,指导国防采购计划、国防预算、战略计划、作战及联合演习计划、训练条令、军官晋升政策,以及审阅与修改各军种晋升委员会上呈的人事报告。第二,增设参联会副主席,权力大于各军种参谋长,负责武器装备的发展规划、军需、采购等工作。第四,加强战区司令官的地位与权力。第五,精简机构,裁减人员。到 1988 年,国防部、各军种共裁减了 16513 人,占 1986

年机关总人数的 10. 3%。经过改革，扩大了参联会主席、文职官员及战区司令官的权力。

（四）建立现代科学化的国防管理体制

在 20 世纪 60—70 年代，历届政府都是在原有的基础上进一步加强对国防机构的领导和控制，并不断调整"文职控制"与"军事指挥"之间，军种对立和统一的作战指挥之间、作战指挥同行政管理及作战支援之间的矛盾。

在肯尼迪时期，他采取"双管齐下"方针，一手加强国防部对三军的文职控制，一手加强参谋长联席会议在作战方面的职能。其具体做法是：第一，在国防部长办公厅内设立一系列的国防局，每一个局都标志国防部长在一个新的领域里克服了三军分立的障碍，实现了统一领导。如设立"国防情报部"，便统一了三军的情报工作，结束了三军情报机构重叠、工作重复和各自为政的局面；设立"国防补给部"，统一了三军的共同补给工作，推行了统一的补给政策，从而节省了大量的人员和经费。第二，在美军的统帅体制内建立高度现代化的指挥、控制和通信系统——"国家军事指挥中心"。该中心设在联合参谋部的作战部下面，受参联会主席的领导，供美军统帅部在大战或遇到紧急情况时统一直接控制与指挥全球美军的作战行动。

在麦克纳马拉任国防部长时，美军广泛采用系统论、信息论和控制论所提供的科学方法，运用电子计算机等现代化技术装备，对国防管理进行了改革。麦克纳马拉运用计算机严密控制各单位的预算。比如：1961 年，成立"保卫供给署"，对食品、油料、医药、车辆建材等货物，均要由计算机进行精打细算，使之更加经济有效。美国还大力发展先进的通信设备，使用了短波通信系统、电缆通信系统和卫星通信系统，还研制了一系列联合自动化指挥系统。

尼克松上台后,针对国防部等军事机构存在的问题经过越南战争日益膨胀,参谋长联席会议的军权过大,甚至公开反对政府的新政策的问题,采取了大力加强白宫对国防部的直接控制、削减军方的军权等方针,扩大国家安全委员会的成员、机构和职能,解除参联会的作战指挥权。设立国防部副部长,直接负责作战指挥。

在20世纪80年代,根据"反应灵活的作战指挥系统是现代战场上军队得以生存的关键,是军队总体战斗力的核心"这一原则,美国军事当局开始大量采用最新式的通信和自动化设备,如自动数据处理设备,大量的计算机和电脑,卫星与地面通信系统,电子传感侦察器材、自动程序控制通信设备……使军事指挥系统基本上实现了自动化。美军的战略指挥系统和战术指挥系统从搜索目标、处理情报、定下决心、下达命令引导武器攻击目标这一整套程序均达到了自动化和一体化,能有效地指挥各军兵种在全球各地作战。

为了和苏联在太空竞争,美国空军、海军于1982年、1983年分别建立了"航天司令部"。参谋长联席会议正酝酿组建"空间军事行动联合司令部",统一指挥三军的军事空间活动。美国的空间军事建设正在深入进行中。此外,还将海军陆战队司令提升为参联会正式成员,以提高其快速打击敌方部队的地位。

(五)建立危机控制系统

战后美苏摩擦不断,卷入的冲突和局部战争次数日益增多。由于双方都拥有大量核武器,对于危机的处理稍有不慎,就可能引发导致毁灭人类的核战争。因此从1960年以后,美国逐渐建立和完善了"危机控制系统"。

美国"危机控制系统"的最高机关是国家安全委员会的作战中心,即白宫的"情况室"。它负责与国防部、国务院、中央情报局危机判断中心联系，是危机控制系统的最高核心。作战中心常常变更形式。如1969年4月，尼克松在国家安全委员会建立了“华盛顿特别行动小组”，其任务是制定应对各种可能冲突的计划和协调危机时期政府各部门的活动。其成员有：总统的国家安全事务助理、中央情报局局长等。该小组秘密制定了美国1970年入侵柬埔寨的计划和1971年侵略老挝的计划。在1970年约旦危机和1971年印巴冲突时，领导了美国的外交和军事活动。在基辛格任国家安全事务助理期间，“危机控制系统”被并入国家安全委员会及其各地区的小组（欧洲、拉美、非洲、远近东和东南亚等小组）。这些小组向国家安全委员会拟定送交总统的备忘录，这些备忘录都是有关某地区发生冲突时，美国应采取的军事政策和战略，供总统选择。

（六）同西方盟国建立联合指挥机构

为了准备打全球性战争以及各种地区性局部战争，协调同各盟国的军事行动，美国在二战后还参与了各类军事集团。在北大西洋公约组织中，总司令一直由美国人担任。在20世纪50年代中期，美国还对世界各地的美军建立统一指挥体系。在远东、太平洋、阿拉斯加、加勒比和欧洲各地区，陆海军三军由参谋长联席会议派出一个司令统一指挥。1957年8月，美国和加拿大建立了“北美空防联合指挥部”，后改名为“北美航空空间防御司令部”，下设6个防空区，每区有1个防空师。在东南亚战争期间，美国建立了一个区域性联合指挥系统，是美国全球战略指挥系统的一部分，使用了卫星等先进的通信设备。

经过战后的改革和调整，美军的统帅机构基本上实现了三军统一集中和高效指挥的目标。美军的效率改革基本获得了成功，使统帅机构更加精干，指挥也更加统一，能对突发事件迅速作出反应，迅速调动全球各地的美军作战。战后，美军历次对外用兵，均是在以总统为首的指挥机构的统一指挥下,三军协同作战,行动迅速而有效率,表现了很强的战斗力。

二、建立世界第一的武器装备科研体制

战后,美国政府一直拨出巨款来发展装备,力争用高科技保持其装备在世界上的领先地位。从1945—1986年,美国国防费用一直居高不下,其数额如下:

美国国防费用(单位:亿美元)

1950年:124
1955年:398
1960年:452
1962年:490
1963年:501
1964年:515
1965年:425
1966年:549
1967年:682
1968年:788
1969年:794
1970年:786
1971年:758
1972年:766
1973年:745
1974年:778
1975年:856
1976年:894
1977年:975
1978年:1052
1979年:1177
1980年:1304
1981年:1462①
1982年:2316
1983年:2148
1984年:2375
1986年:2538②

① Bureau of the Census, *Historical Statistical Abstract of the U.S.*, 1990, Washington D.C., p.366.

② Russell F. Weigley, *Towards an American Army: Military Thought from Washington to Marshall*, New York: Columbia University Press, 1962, p.246.

在国防费用中,科研经费占很大的比重。美国为发展高精尖装备,不惜加大军费投入,其中用于科研的费用,1980 年为 136 亿美元,1986 年为 336 亿美元,1987 年为 356 亿美元,1988 年为 365 亿美元,1989 年为 375 亿美元。① 美国把削减人头费用作为保证科研经费的重要途径。从 1975 年以后,美军大大减少现役军人和文职人员,精简军事机构。1970 年美军三军兵力共 306 万人,1979 年为 202 万人,1980 年为 205 万人,1985 年为 214 万人。在 20 世纪 80 年代美军长期保持在 200 万人左右的水平。国防科研经费在 20 世纪 80 年代已占全部国防预算的 40%以上。②

第二次世界大战助长了对尖端复杂武器的使用需求,战后美国为保持在尖端技术上的领先地位,重视发展科研来促进武器装备的研制和发展,重视发展科研来促进军备建设。

(一)美国建立了国防科研领导体制

为了领导武器装备的研制。美国成立了"国防研究委员会",用于动员科学家来从事军事科研工作。国防部专门有一个副部长领导军事科研工作。各军种、兵种均有专人负责科研。武器装备计划和预算由国家安全委员会及管理预算的机构和总统行政办公室负责,预算要经过国会讨论。具体实施的领导是国防部副部长办公室。随着时间的推移,美国继续加强和完善军事科研体系,美国军事机构逐渐从上到下形成了领导军事科研的网络。美国国防部专设一名副部长领导军事科研工作,他领导高级计划局,负责全军科研工作的审查、计划、协调和组织工作。各军种参谋部也都设有负责科研的副参谋长及办事机构。1979 年 4 月,陆军参谋部成

---

① [美]切尼:《美国国防部长切尼一九九三年财政年度国防报告》,军事科学院外国军事研究部译,军事科学出版社 1991 年版,附件表 1。

② 刘义昌等:《海湾战争》,军事科学出版社 1991 年版,第 218、220 页。

立了“陆军部队现代化协调处”,作为陆军参谋长在部队现代化方面的咨询机构,负责协调、监督、审查新式武器装备的研制工作,掌握和通报部队因使用新式装备而引起的编制、作战和训练方面的变化。

(二)设立军民结合的科研体制

政府在研制新装备过程中,一般同由政府资助各大公司、学校和学术团体签订合同,进行国防科学研究。1956 年成立的防卫分析研究所,是由国防部组织 8 所著名大学创立的一个联合科研机构,主要用于研究裁军、民防及各种武器系统。此外,国防部和三个军种部从 20 世纪 60 年代起,还设立了一些系统分析机构,负责对军队的各项战略战术、国防政策和重大项目及有关武器装备进行科学论证和选择。政府还出面与大公司、大学和学术团体签订合同,进行国防科研活动。著名的有兰德公司、国防与武器系统鉴定组、防务分析研究所、陆军与霍普金斯大学合建的运筹学办公室等。1964 年,国防部专门实行了一项“事后认识计划(Project Hindsight)”,该计划组织了许多科学家和工程师,对 1945 年以后投资 100 亿美元的军事科研项目进行研究和评估,以改善投资效益,减少费用,以提高科研的效率,加快武器研制的进度。现在这种军事系统分析机构有 20 个。美军武器系统管理学校还专门培训系统分析人员。所有重大科研项目,未经系统分析部门论证,一律不予批准。

此外,战略武器的研制则由原子能委员会和国家航空与宇宙航行局联合领导进行。

(三)科学地编制短、中、远期武器发展规划

美国把科学安排国防预算作为发展军事装备的重要措施,这是吸取了前一个时期浪费严重的教训。美国国防预算基本上采用年度计划和五年规划两种形式。每个财政年度都要制定一份年度预算和五年规划预算供国会两院审议。美国同苏联进行的军备竞赛实际上是武器和导弹技术的竞赛。在20世纪80年代,苏联在常规武器方面已超过了美国,在战略核武器的数量上也超过了美国。而美国却面临巨额的财政赤字。但是美国坚持技术领先,用技术和质量来弥补与苏联的数量差距。美国进一步加强和完善军事科研体系,编制短期、中期和远期的武器发展规划,加大科研的资金投入,特别是制定“星球大战计划”。

此外,三军各项武器装备的研究、试验、鉴定和采购也都有年度计划和长期计划。计划对研究和生产的各个环节、每月进度、产量和最后产量等,都规定得一清二楚,并被严格执行。如陆军XM-1型主战坦克,计划规定1981年采购569辆,要求1982年月产60辆,1985年月产量达90辆。空军采购新型F-15、F-16、A-10型战斗机和攻击机的计划,规定1981年采购270架,1981—1985年共采购1300余架。海军建造大型舰艇,计划1981年造17艘,1981—1985年共造95艘,在改进和购买现行装备的同时,还对各项武器的长远发展提出设想。通过层层合理地制定计划,就保证了军队现代化武器装备的研制有步骤地协调一致进行,避免了浪费现象。

美国还建有完整的军事科研机构。MG1国防系统有近200个科研机构,直接从事军事科研的人员有15万人(其中文职人员占80%,军人占20%),地方工业部门、大专院校和科研单位从事军事科研的更多。这些机构有30多万专职科学家和工程师,其中约三分之一至二分之一进行军事技术研究。同时国防部还通过签合同、提供资金和设立“联邦合同研究中心”等方式,将地方科研人员纳入国防部的军事科研计划。

此外,美国陆、海、空三军部门也设有不同的学术研究中心,负责研制新的装备,对装备性能提出意见,根据新装备研究部队编制改编方案以及编写修改各级作战原则和条令。

(四)建立三位一体的科研生产体制

战后美国研制武器装备的特点,就是三位一体的科研生产体制。在美国,最尖端的科学技术往往与军工企业生产挂钩。由军工企业和政府提供科研的资金保障,尖端技术研究出来后可以马上投入军工生产。而军工生产企业又和民用企业密切联系,相互促进。全国二分之一到三分之一的科学家和工程技术人员与军工生产有直接或间接的联系。① 军工生产的发展又促进国民经济其他部门的发展。军用和民用技术日趋融合,高新技术两用化的特征越来越明显。美国国会于 1986 年通过了《联邦技术转让法》,授权政府科研机构向私营企业转让技术,或签订合作研发协议。该法的提出推动了国防科技和民用科技的统合,依靠民间科技力量大力发展军民两用技术,在确保军事技术水平提高的同时,也促进了民用工业技术水平的提高,达到事半功倍的效果。目前,美国军事装备技术的军民通用性已高达 80%以上,80%以上的科学家和工程师在直接或间接地为美国国防服务。②

战后,美国主要军事工业区域集中在美国的西海岸和南方。西海岸的西雅图、洛杉矶等地是美国飞机、电子工业的主要产地。南方则是核武器、航天工业中心。在南方集中了全国军工企业的三分之二,16 个宇航研究所有 11 个集中在南方。全国军事订货的五分之三、空间产品订单的 70%及研制费用的 60%以上都由南

---

① 刘德斌:《美国世界战略》,黑龙江人民出版社 1990 年版,第 11 页。

② 罗援:《军民协调的国际视角:美国 80%科学家为国防服务》,《瞭望新闻周刊》2007 年第 6 期。

方占有。20 世纪 70 年代初开始,政府每年对南方的军事工业投资都在 300 亿美元以上。①

(五)依靠本国技术为主,适当引进西方盟国的某些先进技术

美国科技力量雄厚,工业生产实力庞大。因此主要依靠本国条件,促进军事科学技术和研究水平的提高。但为了武器装备发展速度加快,节约经费,少走弯路,美国还把从西方国家引进先进技术作为武器发展的一条捷径。如引进西德和法国联合设计的“罗兰”防空导弹,英国垂直起降战斗机的技术,以色列坦克复合装甲和电子干扰反导弹的技术……有些装备还和盟国一起生产和研制,如与英国合作研制“铜斑蛇”激光制导炮弹,与西德联合生产 AIM-9L“响尾蛇”空对空导弹;与挪威合制“企鹅”MK-2 舰对舰导弹,与丹麦、法、德、英等国家共同研制第二代反水面舰艇导弹。

(六)通过与苏联军备竞赛促进武器装备的发展

美国武器装备发展的另一个特点,就是与苏联进行军备竞赛,也就是科学技术的竞赛,其中心是武器和导弹武器的技术竞赛。同时,在常规武器上,重点是使陆海空三军均衡发展,坚持以质量为先和武器的多用途化。二战后美国武器装备发展经历了以下几个时期:

战后至 1953 年,重点研制常规武器,也开始了核武器的研制。步兵主要是提高机动性和火力,大大增加了对装甲输送车、军用越野卡车、野战火炮、坦克的研制和生产。在核武器方面,美国把 640 多名德国火箭专家弄到美国,推行了一个研制原子武器的长期计划,重点是研制原子弹和导弹。1952 年,美国试爆了第一枚

---

① 曹绍濂:《美国政治制度史》,甘肃人民出版社 1982 年版,第 239 页。

氢弹,制成了原子弹和炸弹。空军由于投掷了第一枚原子弹而备受青睐。1947 年空军独立后,重点研制喷气式战斗机和 B-36 型轰炸机,并试制了 B-52 战略轰炸机。海军克服了大众对它的偏见,努力研制新型航空母舰及可携带核弹的 AJ-1 型“野人式”飞机,并订购了大批 A-3D“空中战士”型喷气式战斗机作为舰载机。

1953—1960 年,重点发展核武器。由于苏联先后试制成功了原子弹、氢弹,并于 1957 年最先发射了人造卫星,发展了洲际导弹,使美国的核垄断被打破,因此美国投入巨资研制核武器,以图保持对苏联的核优势。1954 年,美国试制成功了实战型氢弹,相当 1500 万吨炸弹的威力,并且大力研制导弹武器。1957 年后,美国迅速研制部署各种中远程导弹、潜射导弹和早期预警系统;试制成功了可装核弹头的战术导弹,如装在直升飞机上的“诚实约翰”导弹和“小约翰导弹”“下士”和“中士”战术导弹、“潘兴”式固体燃料导弹。1958 年,美国制造了射程达 1500—2000 英里的“丘比特”和“雷神”中程导弹。美国还建立了北美雷达预警体系,并发展拦截导弹的技术。海军 1954 年试制成第一艘核动力潜艇“鱼”号,可以长时间在水下潜行至全球各个海区。1960 年,水下发射的“北极星”导弹试制成功,使核潜艇部队成为美国战略打击力量的王牌。因为核潜艇难于在水下被侦察,可在世界任何一点发射核导弹实行核报复,这使海军战略地位显著提高。此外,1957 年,美建成世界第一艘核动力巡洋舰“长滩号”和第一艘航空母舰“企业号”。“企业号”排水量达 8.9 万吨,载机 100 架,可不加燃料而进行环球航行。同年,核动力导弹驱逐舰“班布里奇”号也下水。海军还大力发展多用途的中、小口径自动化火炮系统,既能防空又能对陆军进行火力支援,还可同敌海军交战。美国海军成为美国核打击力量的重要组成部分。空军则大力发展性能先进的B-36型、B-47型、B-52型轰炸机,加强空军的核打击能力。1960年,空军仅B-52型战略轰炸机就有500架,B-47型战略轰炸机2000架。美国陆军也装备了战术核武器、核大炮和各类型导弹,配备了装甲运兵车及M-60型坦克。为增加机动能力,陆军装备了大批直升机,组建了"空中骑兵",使机动能力大大提高。此外,三个军种普遍使用了电子计算机、雷达、声呐、高速照相机和先进的无线电通信装置。

1960—1975年,由于越南战争,此时美国的军事准备以常规武器为主。美国重点发展电子技术器材,每年用于研制电子对抗装置的费用不菲,1969年达4亿美元①,1975年则增至6亿美元。② 1967年底,有一半以上的战术飞机和海军飞机装备了电子对抗装置。③ 美军普遍使用了短波通信系统、电缆通信系统和卫星通信系统,还研制了一系列联合自动化指挥系统。美陆军装备了先进的M-48A3型坦克、M16自动步枪、气垫船、夜视器材等先进武器。空军则研制成功并成批装备先进的C-130型运输机、B-52战略轰炸机、F-4、F-105、F-111型战斗机。海军大力发展"北极星"潜艇,20世纪60年代初,美国又开始组建以航空母舰为核心的特混舰队。还用新式的"海神式"导弹装备潜艇,每艘潜艇可携带16枚"海神"式导弹,每枚导弹上有8—14个核弹头。

① [苏]И.Е.沙夫罗夫:《局部战争今昔》,军事科学院外国军事研究部译,解放军出版社1984年版,第287页。

② [美]拉塞尔·韦格利:《美国军事战略与政策史》,彭光谦等译,解放军出版社1986年版,第500页。

③ [苏]И.Е.沙夫罗夫:《局部战争今昔》,军事科学院外国军事研究部译,解放军出版社1984年版,第289页。

在战略武器方面,20世纪60年代,美主要发展“北极星”潜艇和洲际导弹,部署了“奈基宙斯”反导弹系统。1967年,美战略武器已达1054枚洲际导弹,656枚“北极星”导弹,697架战略轰炸机和4500个核弹头,对苏联占压倒优势(同期苏联只有720枚洲际导弹、30枚潜射导弹、155架战略轰炸机和1000个核弹头)。进入20世纪70年代,美国大力建设“民兵”洲际导弹发射基地,建立“卫兵”反弹道导弹系统,来取代以前的“哨兵”系统。1970年,美国开始部署多弹头分导式导弹,一个导弹上可携带十几个核弹头,对敌方十几个目标同时发动核打击。为防备敌方先发制人的核攻击,从1971年开始,美国又积极发展卫星侦察技术。美国在发展常规兵器时,注意成本核算,选择造价低、性能好的武器系统。如“陶”式反坦克导弹每枚造价7000美元,仅1—2枚就能击毁50—100万美元的坦克,故1973年以来,美国每年产1—2万枚“陶”式和“龙”式反坦克导弹。美国还大大增加电子战技术的研制经费,从1969年的4亿美元增至1975年的6亿美元。

1976—1989年,由于苏联的武器装备有了很大的发展,在数量上占据了优势,因此,美国在研制武器装备时,把重点发展放在质量上而不是数量上,通过技术优势来弥补数量上的不足。从1975年开始,美国着手研制先进的B-1战略轰炸机、F-16战斗机、“三叉戟”潜艇、巡航导弹,取代“民兵”的“MX”型洲际导弹等,开发研制中子弹等高精尖产品。进入20世纪80年代,美国依赖电子计算机、微电子、红外探测、航天技术和定向能武器等一些关键性尖端技术的优势来提高武器的质量,在所有的装备上力图保持世界最先进的水平,扩大美苏之间的技术差距。其具体做法是:一手抓老一代核武器的更新和改进,一手抓新一代战略武器的研制和发展。如1978年和1980年,美苏的战略核导弹同为1710

枚,但质量大不一样。“民兵”II 型由于更新了制导系统,命中精度从 560 米提高到 350 米。其中 300 枚“民兵”II 型安装了 K-12A 弹头,当量和精度分别提高了一倍。美国还大力开发多弹头分导技术,新一代 MX 导弹发展顺利,上面装有 10 个 MK-21 分导式弹头,每个当量为 50 万吨,射程 1200 米,命中精度为 120 米。该型导弹从 1986 年起开始部署。机动发射的小型“侏儒”式洲际弹道导弹也正在研制之中,1988 年试射,1992 年装备部队。

在飞机方面,B-52 轰炸机更新了电子装备,轰炸命中精度误差缩小到 30—60 米,摧毁概率从 92%增至 98%。自 1982 年 12 月 B-52G 中队装备了 AGM-86B 型巡航导弹以来,已有 7 个中队 95 架该型飞机携带巡航导弹。B-52H 型飞机也已改装。FB-II 型飞机经过现代化改装,性能已大大提高。新型的 B-1B 型轰炸机已开始装备部队,1988 年采购了 100 架。该机采用了隐形技术,雷达反射截面只有 B-52 的 1%。新一代隐形轰炸机也正在研制,20 世纪 90 年代中期交付使用。战术空军正使用新一代 F-15、F-16、A-10 型飞机来代替 F106、F-4、A-7 型飞机。E3A 空中预警飞机、EF-IIA 电子作战飞机、CX 战略运输机、KC10A 空中加油机等性能先进的飞机都开始装备部队。飞机上广泛采用先进的雷达设备、卫星定位及通信系统、电子对抗干扰设备、各种激光制导的导弹和炸弹等,这些先进设备使飞机的作战能力大大提高。

在海军方面,从 1975 年开始,美国开始研制“三叉戟”潜艇。到里根时期,为确保制海权,又提出庞大的海军计划,目的是在任何危机中都保持海上优势。计划建造 143 艘新舰,1890 架飞机,以便在 1990 年达到 600 艘潜艇。海军主要是提高反潜、防空和反舰能力,包括:建造新型 DDG-47 级“艾吉斯”型导弹驱逐舰,FFG 导弹驱逐舰、T-AGOS 远洋监视船,垂直与短距起降飞机的航空母舰,建造 32 艘核动力攻击潜艇,建造两栖突击舰,研制 AV-8B 垂直起降飞机、F18/A-18 战斗攻击机、E-2C 空中预警飞机、MH-53E 水雷战直升机、KMII 型反潜直升机等。舰载武器采用“鱼叉”式反舰导弹、MK-48 型反潜鱼雷、“战斧”式巡航导弹、“艾吉斯”、“方阵”式舰队近战武器点防控系统及各种声测、传感器,还有海军侦察与通信卫星。还计划用 30 亿美元购置 14 艘海上预置舰。这个计划将使美国海军综合战斗力大大提高。

在常规武器方面,为提高地面部队的初战能力、迅速反应能力、防空能力、持续作战能力、电子战和化学生物战能力、指挥与通信能力,美军改进和生产 M60 系列坦克,使坦克总数达 1.7 万辆。大力生产各种新式直升机,如 UH-60 型、AH-1S 型直升机。研制“爱国者”“罗兰”“霍克”“尾刺”等各种类型的先进的防空导弹及各种改进的火炮等。通过努力,平均每年有 10 种新武器投产或装备陆军,部队火力在 20 世纪 80 年代比 50 年代提高了 10 倍,装甲师火力提高了 5 倍。

美国军事科研的最高计划是 1983 年里根提出的“星球大战计划”。根据计划:1984—1989 年,美国将用 247 亿美元研究先进的反导弹系统的关键技术和可能方案,以便到 20 世纪 90 年代初决定是否发展这种系统。研究的内容有五个方案:监视、捕获和跟踪目标及拦截效果的评定,定向能武器,动能武器,系统分析和作战分析,保障性工作。整个计划分四阶段:(1)可行性研究(1983—20 世纪 90 年代初);(2)系统发展阶段(1990—2000 年);(3)生产和逐步部署阶段;(4)完成部署阶段(2000—2010 年)。

新的反导弹系统主要由三大部分组成:(1)监视、探测、跟踪系统。用各种雷达和长波红外探测器等对敌方导弹进行不间断监视,一经发现对方发射导弹,立即报警、识别和跟踪。(2)拦截武器。分两类,一是定向能武器,有天基和陆基激光器、天基粒子束武器、X 射线激光武器等,主要用于对助推段、后助推段和中途段飞行的导弹进行拦截。第二类为动能武器,包括高性能反导弹导弹,火箭秘密集发射群,精确制导的高速炮群等,主要用于对飞机的导弹实行拦截。(3)指挥、控制和通信系统。用大型计算机和先进的通信设备,迅速、准确地指挥复杂的多层反导弹作战。

从 20 世纪 80 年代中期开始,美国加紧实施这项计划,参谋长联席会议正酝酿空军加紧研制反卫星导弹、F-15 反卫星中队,小型航天飞机及大气层外飞机 TAV 等。1986 年,美国进行了一系列用 NKC-135 型飞机(即机载激光实验室)拦截空间导弹的试验。美陆军成功截击了一枚假的重返大气层的分弹头。1986 年以后,美国重点发展地基自由电子激光器。1987 年、1988 年,因财政和政治、技术的原因,计划适度后延。1989 年又开始加紧推行。美国发射了“德尔塔卫星”,进行了天基动能拦截弹悬飞行试验、激光武器技术试验以及中性粒子空间试验,以对付进攻性核武器,消除苏联弹道导弹的威胁。在发展空间技术中,美国 1981 年—1985 年费用达 365 亿美元,投产或正研制的战略战术核运载工具有 11 种,核弹头 22 种。

美国政府坚持技术优先的军事科研政策,使美国在二战后技术上远远领先于世界各国,长期保持军事战略上的优势地位。

三、建立质量建军的建军体制

(一)建立实用的兵役制度

二战后,美国一改历史上的传统做法,始终保持一支和平时期规模最庞大的军队。二战结束后,选征兵役制于 1947 年 3 月 31 日终止。但因冷战又重新实行选征兵役制。1950 年规定 18 岁以上男子必须进行征兵登记,然后对符合条件者抽签进行选征。

但在越战期间,由于广大人民对征兵的强烈反对和抵制,美国政府被迫于 1973 年初宣布废除征兵制,改行招募的"全志愿兵役制"。应募青年只要智力与体检合格,就可与军方签订服役合同,并根据自己的条件选择服役地点、军(兵)种和具体单位。尽管政府以提高军人薪饷和福利待遇等措施来吸引青年入伍,但部队的兵员状况并没有得到改善。其原因,一是青年为了追求好单位和高薪职务,宁愿进大学或民用企业工作而不愿入伍,志愿当兵者越来越少。二是新兵的质量下降,应募者大多数是家庭收入比较低的失学失业青年,教育程度较差。三是军人是按合同而非义务服兵役,普遍存在着纪律松弛、怕苦怕累的现象。为此,有人主张恢复征兵制,但因多数人反对而未能实行。里根当政时,为迎接苏联在全世界的挑战,宣布将在全国进行兵役登记,被认为这可能是朝征兵制迈出的一步。

(二)各军种地位的变化(详见本章第一节第二部分的内容)

二战后,随着美国军事战略的不断变化,各军种地位也不断变化。战后至 1953 年,美国重点发展常规武器,但也加紧核武器的研制工作。空军由于投掷了第一颗原子弹而备受青睐。马歇尔认为:正规军大部分要由战略力量组成,但重点应是空军。① 国防部长约翰逊也认为:国防的主要基础是战略空军。② 1947 年,空军成为一个独立军种,当时有 30 万人,飞机 1 万架。

海军地位一度下降,大量舰艇退出现役,人员复员(如前所

① Walter Millis, *American Military Thought*, New York: Bobbs-Merrill Company, 1966, p442.

② Maurice Matloff, *American Military History*, Office of the Chief of Military History, United States Army, Washington D.C., 1969, p.540.

述）。但在朝鲜战争中，海军在两栖作战、运输、封锁中发挥了重大作用，地位又上升了。

20 世纪 60—80 年代，美国军备建设的重点转向以常规军队为主的多样化军事力量。

20 世纪 60 年代初期，随着越南战争的扩大，美国侧重于建立一支在核威慑掩护下准备打特种战争和有限战争的多样化的常规军事力量。“战略报复部队”的经费从 1962 年的 76 亿美元降至 1966 年的 45 亿美元，常规部队经费则从 145 亿美元增至 190 亿美元。

20 世纪 70 年代，美军逐渐明确以发展常规力量为当务之急，又侧重于常规力量的建设。

20 世纪 70 年代初期，为了局部战争的需要，海军逐渐受到重视。1973 年海军军费在战后第一次超过了陆军和空军。美国又组成了以航空母舰为核心的特混舰队。

20 世纪 80 年代以来，在发展战略核力量的同时，更加重视发展常规力量。

（三）建立实用的部队编制

二战后，美国对军队的编制不断进行改革，以适应新形势下作战的需要。战后相当长时间内，美军强调以欧洲为主要战场，强调发展重型部队，使部队装备重型化，连轻装师也向重型化发展，使部队又大又笨重，缺乏应对各种突发事件的能力。

1948 年 6 月国会批准和平时期的兵力为 200 万人。部队人员虽然不多，但火力和机动性大大提高了。每师配备坦克营和反坦克营各 1 个，取消了海岸炮兵和骑兵这两个兵种。

1956—1958 年，为适应核战，组建了五群制师以及导弹部队。一个步兵师 1.3 万人，每个团均可独立作战。在炮兵和导弹的支援下,可以打常规战争和核战争。国民警卫队和预备役师1960年也完成了这种改革。陆军还装备了战术核武器、核大炮和各类型导弹,配备了伞兵营、连。

20世纪60年代,在越战影响下,陆军大量配备了直升机,并组建了两个空中机动师,大大提高了陆军的战术机动能力和火力。陆军师从适应核战要求建立的五群制师,改为机动性强的、既能打核战争又能打常规战争的三旅制师。

20世纪70年代,美军基本编制以师为基础。但这种编制不太适应20世纪80年代低强度作战的要求,因此,20世纪80年代美军又进行了二战后第三次编制改革,以创造一支能打多种类型战争的“最佳陆军”。为适应低强度战争需要,美军进行了这次改编。这次改编有两大特点:一是分类编组,将陆军分成重装部队和轻装部队。前者用于中、高强度战争,后者用于中、低强度战争。同时在轻装部队中建立专门的快速反应部队。二是充实师以下的作战部队,提出“宁要满员旅,不要缺额师”,“砍短尾巴(后勤),加强牙齿(作战部队)”的原则。重装师的营,由3个连改为4个连,最后改为5连。排由3个班改为4个班。海空军也进行了类似改编。

经过改编,美军形成了多样化编制:21个地面作战师分为三类八种。三类为:重型师、轻型师和海军陆战师。重型师包括装甲师、机械化师和步兵师。轻型师包括摩托化步兵师、轻兵步师、空降师和空中突击师。摩托化师实际上介于轻、重型师之间。装甲师为6个坦克营,4个机械化步兵营,共19998人。机械化师有5个坦克营,5个机械化步兵营,共20300人,轻型师有6个轻型摩托化营,2个轻型攻击营,2个突击炮营,共800—12000人。从1985年起,还设立了5个超轻型师,每师1万人,以徒步步兵为主,无装甲车和大型火炮,车辆也少,适于特殊复杂条件下的战斗。

另外,国民警卫队的师也是轻型师,共9个师,每师三个旅10200人。此外,海军陆战师、空降师、空中突击师均根据需要设有不同编制。美军不设军以上单位的固定编制,而是根据情况灵活确定。在改编中,美军组建了一支强有力的快速反应部队。

为适应低强度战争需要,1980年,美军正式组建快速反应部队,并对各军种的特种部队进行扩编。快速反应部队主要由轻步兵师、空降师、空中突击师、海军航母大队、战术歼击航空兵和其他支援部队组成。① 1991年兵力已达20万人,由中央总部(负责指挥低强度作战)指挥。而特种部队人数略少,由陆军的“绿色贝雷帽”部队、别动队、“德尔塔”部队、第160航空营、心理战和民事分队、海军的海空陆突击队(“海豹”部队)、空军的特种作战联队组成。这些部队装备先进,火力和机动力强。其在20世纪80年代扩大了2倍,20世纪90年代人员达4.5万人。1984年1月,美国成立了联合特种作战局指挥,1987年成立了特种作战司令部,是特种作战的最高指挥机构,其设在佛罗里达州的麦克迪尔空军基地,并在华盛顿五角大楼设办公机构。司令部下设3个军种特种作战司令部和1个联合特种作战司令部。美国政府大力扶植特种部队,从1981年至1989年,总耗资118亿美元。②

(四)军官培养制度化

为使军队素质全面得到提高,美军方特别重视军官军事科学和文化水平的提高,实行了对军官培养的长期化制度。1991年美全军共有各类军事院校120余所,分初、中、高三级对军官进行培训。另外美军还在530所地方大学设立了后备军官训练团。美军

① 参见郝柏东等:《低强度作战与美军的编制改革》,《外国军事学术》1991年第4期。

② 王毅等:《美特种作战部队》,《外国军事学术》1992年第2期。

还重视军官复训,以更新知识。美军军官从尉官升至将官至少要进 6 次院校。由于军官教育发达,美国军官文化水准相当高,97%的陆军军官、93%的海军军官和 97%的空军军官达到大学二年级以上水平,其中 90%以上的军官有学士学位,20%的军官有硕士以上学位。美国除了对军官进行培训,还颁布了各种法律,对军官的职务、责任、待遇、奖惩、晋升等都有严格的规定,使军官管理法制化。美军还规定军官经常流动,如海外执勤 1 年至 1.5 年轮换一次,在国内 3 年要换工作单位,军官流动有利于军官的多能化。如以水面作战军官为例,在晋升到上校以前的 24 年里,要担任 20 种职务。此外,军官选拔实行公开考核,以选拔优秀人才到军官队伍中来。

(五)后勤管理现代化

二战后,美军对国防体制进行了多次改革。在历次改革中,后勤体制都有所变化。1947 年,美陆军航空兵脱离陆军成为独立军种。空军部成立参谋长联席会议。1949 年,国家军事机构改名为国防部,并代替三军种部成为内阁部。在这一时期,美军后勤体制没有进行根本性变革,仍然是三军自成体系和对少量通用物资实行"军种负责制"供应。1958 年,美国撤销了三军军种部的作战指挥权,在不脱离原军种建制的原则下,将各军种的作战和勤务支援部队划归联合司令部或特种司令部使用和指挥。同时,将各联合司令部和特种司令部改由国防部长(通过参谋长联席会议)统一指挥。在此次改革中,美军后勤体制的一项重大改革是将总统和国防部长对后勤的领导纳入两个渠道:后勤指挥纳入总统——国防部长(通过参谋长联席会议)——各联合司令部和特种司令部的作战指挥渠道;后勤行政管理纳入总统——国防部长——各军种部长、参谋长——各联合司令部下属的军种部队司令部的行政管理渠道。此后,美军于 1961 年 10 月合并各军种的三军通用物资的“军种负责制”管理部门，成立由国防部直接领导、独立于各军种部的后勤机构——“国防供应局”，并于 1962 年 1 月开始工作。由于“国防供应局”统管的全军通用物资和共同勤务项目逐步扩大，经过 15 年的发展，远远超过了“供应”范围，故于 1977 年 1 月易名为“国防后勤局”。1987 年，美军成立运输司令部，该司令部直属于参谋长联席会议，负责统一指挥和调度各军种的战略运输力量。

美军后勤补给体系是世界上最为庞大和复杂的。为了更好地管理这一繁杂的工程，在此期间，美军对后勤管理实行了现代化改革。国防部设有助理部长专抓后勤，其办事机构是 7 个业务处。国防部设国防后勤局负责三军物资供应，并与政府的联邦勤务总署合作。参谋长联席会议联合参谋部的后勤部，是全军后勤的最高指挥机构，通过三军后勤副参谋长对全军后勤实行协调和指挥。三军和战区的后勤各负责其范围内部队的后勤供应。国防后勤局设 6 个供应中心，各军种设有供应部、后勤中心、仓库。后勤是美军中使用电子计算机最早、最广泛的部门。1991 年从后勤指挥到各项业务，已全面实现了自动化，这些措施提高了工作效率，节省了大批人力物力。美军后勤管理自动化后，其总开支减少 41%，人员薪金支出减少了一半。美海军补给系统采用电子计算机以后，其文书处理和流通时间缩短到原来所用时间的 1/13 到 1/25。美空军实行自动化指挥后勤后，撤销了 42 个仓库，工作人员从 20 万人减到 9 万人，库存物资减少了一半。①

美军经质量建军后，从指挥体系到部队编制和后勤管理，均达到很高的水平，美军成为世界上指挥程度最高、装备最好、战斗力较强的军队之一。

① 刘建：《美国用人方法谈》，《外国军事学术》1991 年第 5 期。

四、建立全球快速干预能力的体制

二战后,美国把其战略重点放在国外,其特点是:在全世界,以美国为中心建立了许多侵略集团,在欧洲,同苏联及东欧各国敌对,在亚洲,不断侵略中国、朝鲜和日本,在拉丁美洲,扶植亲美政权或直接出兵干涉。美国把军事战略重点放在国外,主要采取了如下措施:

(一)建立全球军事基地网

二战后,美国为了遏制苏联势力的扩张,发起了"冷战",建立起包围苏联及其他社会主义国家的全球军事基地网。1947 年,美国在 56 个国家驻有军队,共设 484 个军事基地。

在亚洲,美国派第 7 舰队在台湾海峡巡逻,以武力阻止中国人民解放台湾,并于 1957 年派导弹部队进驻台湾,以军舰、飞机不断侵犯中国的领海和领空。在日本,美军派驻了 4 个师实行军事占领,并在日本建立了许多军事基地,其中以冲绳基地最大。

在西欧,美国把这里看作是战略的重点地区,建立的军事基地最多,仅在德国就有基地 200 多处,在北约各成员国也都设有军事基地。1971 年,美国在西欧驻军共达 29 万人。美国还在地中海部署了第 6 舰队。到 1971 年,美国在世界 32 个国家和地区共设有 2000 多处军事基地,其中大型基地和设施 377 个,①兵力 88.35 万人。其中驻太平洋地区 525500 人(包括侵越美军),驻西欧、北非和中东共 30 万人,驻美洲(除了美国之外)的有 58000 人。②

(二)建立各种侵略性军事集团

为了对苏联和社会主义各国实行"冷战",美国除了建立全球

---

① 《各国概况》编辑部编:《各国概况》(下),人民出版社 1972 年版,第 886—887 页。

② 《各国概况》编辑部编:《各国概况》(下),人民出版社 1972 年版,第 884 页。

军事基地网之外,还组建了各种类型的侵略集团。最有代表性的是“北大西洋公约组织”。该组织于1948年4月4日,由英国、法国、荷兰、比利时和卢森堡等12国建立。规定:“缔约国中任何一国领土之完整、政治独立或安全遭到威胁,各协约国应共同协商。”“对欧洲或北美之一个或数个缔约国之武装攻击,应视作对协约国全体之攻击……缔约国可采取包括武力在内的行动。”1949年8月,北约正式成立。1952年土耳其、希腊和西德以及1954年意大利先后加入。但法国1966年、希腊1974年又接连退出公约。按照分工:美国负责对北约的军事行动实行战略指导,并保障海空军参战,保障军队武器装备的供给,其他国家提供人力、资源和工业。美国任最高司令,下设北欧、中欧和南欧三个战区司令部。其中美国指挥南部战区。此外,还设有大西洋盟军最高司令部、基什海峡总公司部以及美国加拿大战略计划委员会。1974年,在中欧还建立了中欧战区的联合空军司令部。美国把“北大西洋公约组织”看作是侵略的战略基地及对欧施加政治、经济和军事影响的工具。除北大西洋公约组织外,美国还组建了一些地区性军事同盟。如1955年,美国同伊拉克签订了《巴格达条约》,最后完成了对苏联的战略包围。美国还建立了“美澳新集团”和“东南亚条约集团”。1959年,“巴格达条约组织”解体,美国在中东又建立了“中央条约组织”,并在亚洲形成了几个侵略性地区军事集团。在拉丁美洲,1962年成立了“中美洲国家防务委员会”和“美洲共同部队”,扩大了“美洲国家组织”的军事职能,使前两个集团可以打着该组织的旗号来镇压美洲各国人民的革命运动。

(三)对盟国提供大批军事援助

二战后,美国向亲美盟国提供了大量军事援助,其目的,一来使受援国对美国承担义务或保护美国的利益。如1963年,麦克纳马拉在国会声称:“军事援助是使其他国家的军队能够抵抗局部战争和民族解放战争必不可少的援助,这种利益是为我们本国的利益服务的。”尼克松称:“实行充足而有效的军事、经济援助计划,是美国战略的一个组成部分。”[①]战后,美国通过大批军援为“冷战”政策服务。在中国内战期间,美国共派出近万人的军事顾问团,用美援武器装备了 55 个师的国民党军队,训练了 15 万人,还提供了大批物资及 7 亿美元的《租借法案》补给品。[②] 对日本,为扶植日本成为美国在远东的“不沉航空母舰”,从 1945—1952 年,美国向日本提供了 21 亿美元援助。1950—1953 年朝鲜战争期间,美国提供给日本 30 亿美元的军事订货,促进了日本经济的复兴。1952 年,美国提供给日本 68 艘舰艇,后又与日本签订《日美共同合作和安全条约》,美日结成了军事同盟。在中东,美国一直扶植以色列,提供各种物资 22395 吨,很快补充了以军的损失。在欧洲,为镇压希腊革命,美国援助希腊军方 5 亿美元及 30 多万吨军火。1948—1952 年,美国根据“马歇尔计划”,援助西欧 131.5 亿美元,促进了西欧的经济复兴,以同苏联对抗。在越南,1955—1960 年,美国提供 18 亿美元援助扶植亲美政权。在中东,对伊朗革命前的亲美政权,从 1950—1971 年,美国共出售军火 12 亿美元,1971—1979 年又达 195 亿美元。[③] 从 1945 年至 1969 年,美国对外军援共达 397.06 亿美元。1970 年为 10.78 亿美元,1971 年为 16.79 亿美元,1972 年为 16.83 亿美元,这些援助的 90%是

---

① 《各国概况》编辑部编:《各国概况》(下),人民出版社 1972 年版,第 887 页。

② [美]阿瑟·林克等:《1900 年以来的美国史》(中),中国社会科学出版社 1984 年版,第 431 页。

③ [美]J.布卢姆:《美国的历程》(下),杨国标等译,商务印书馆 1988 年版,第 634 页。

给亲美政权的。①

美国军援的结果，是扶植了世界各国的一大批亲美政权，镇压各国发生的革命运动，在经济、政治上控制了一批仆从国家，并刺激了各国的军备竞赛，引发一系列局部的武装冲突。美国哈佛大学的A.本菲尔德教授称："我们的援助可以引起不发达国家的军事竞赛、战争和冲突。有理由认为：我们已经这样做了。以色列之所以能进攻埃及，显然是因为有美国援助。"②而美援的结果，是美国获得最大利益。尼克松的国防部长莱尔德说："这样干对于美国是合算的。"因为训练一名美军在越南作战，一年要花4万美元，而南越士兵仅需5000美元。

尽管美国是世界上头号超级大国，但世界人民是不会允许其在世界上发号施令、任意侵略、横行霸道的。美国的行径也受到各国人民的英勇反击。在朝鲜战争和印度支那战争中，美国遭到了惨重的失败。从此以后，它便开始走下坡路了。

五、建立全民军事教育的国防教育体制

二战时期，美国通过建立平民的军事教育体制，完成了动员的巨大人力迅速转为作战人员、投入全球作战中，为打败法西斯同盟、取得战争胜利作出了重要贡献。而在战后同苏联进行的冷战中，为了取得冷战的胜利，美国逐步建立了对全民进行军事教育的国防教育体制，为冷战的胜利作出了巨大贡献。

二战后对美国教育影响最大的就是《国防教育法》。该法大

---

① ［苏］И.Е.沙夫罗夫：《局部战争今昔》，军事科学院外国军事研究部译，解放军出版社1984年版，第96页。

② ［苏］И.Е.沙夫罗夫：《局部战争今昔》，军事科学院外国军事研究部译，解放军出版社1984年版，第96页。

大推动了美国教育事业的发展,为美国世界超级大国的地位奠定了坚实的基础。在冷战激烈进行、苏联占据上风之际,出于美国全球称霸战略的现实需要,1958 年 8 月 26 日,美国国会在经过激烈辩论之后,通过了《国防教育法》。

《国防教育法》的目的是:“国家安全要求最充分地发展青年男女的智力资源和技术技能;当前的危机要求提供更多的教育机会;美国国防取决于对复杂科学原理和现代技术的掌握;国防还取决于新原理、新技术和新知识的发现与发展。”“国家利益要求联邦政府应当给予那些对我们防务极为重要的教育计划提供援助。”“这一法案的目的在于以各种形式给予个人、各州以及所属地区提供重要的援助,以保证受教育者有足够的数量和质量,来满足美国国防的需要。”该法案把外语、数学和自然科学、技术教育并列为核心教学内容。把发展高等教育、使美国年轻人掌握现代科学技术放到事关国家安全和国防的重要地位,要求国家通过财政支援来发展高等教育,特别是设立了国防奖学金。该法一改以前仅对大学生和男青年进行军事教育和训练的做法,把国防教育应用于全民,将军事训练和军事教育改为现代科学技术,并将学习现代科学技术上升到国家安危的高度。为了使美国在冷战竞争中超过苏联,美国迫切需要培养更多的科学家和工程师。

《国防教育法》促进了美国中小学教育、高等教育和职业技术教育的发展。仅 1958—1962 年,美国政府就为职业教育拨款 236671384 美元。①

美国《国防教育法》也把发展职业教育放到战略高度。该法

① Howard R.D.Gordon, *The History and Growth of Vocational Education in America*, Boston: Allyn and Bacon, 1999, p.182.

第八部分专门论述了职业教育计划,以解决专门人才不足的问题。一方面满足了各行业特别是有关国家经济与安全的部门对专业人才的需求,另一方面,也是美国政府为摆脱战争影响,安定人民生活的重要途径和方法。1963 年,联邦政府又颁布了《职业教育法》,使职业教育进入了迅速发展的阶段。《国防教育法》推行地区职业教育计划,把职业教育的对象扩大到社区居民,扩大了美国社区学院的规模。各州纷纷建立二年制学院,对本社区的供需要求做出及时反应,培训了大量技术工作人员。社区学院的发展缓解了四年制大学的压力,为美国社会经济的发展作出了贡献。

《国防教育法》颁布后的第一次扩展是在 1964 年。美国政府决定把《国防教育法》延长到 1968 年,并扩展其内容,把历史、地理、公民、外语等科列为改进的学科,以增强学生的国家观念,热爱美国,并且增加学生的贷款和学生奖学金。贷款数由原来的 1.35 亿美元,逐年增加到 1968 年的 1.95 亿美元。奖学金名额由原来的 1500 名增加到 1965 年的 3000 名,比原来提高一倍。后又再次翻番,增加到 6000 名。1967 年、1968 年两年规定每年为 7500 名。把原来对公立中学的指导、辅导与测验的计划向下扩展到公立小学,向上扩展到初级学院与技术学校。在大学与学院中更多设置外语中心,加强外语教学,以培养更多的人能有效地进行国际政府间的贸易与文化的交往和交流工作。

1968 年,约翰逊总统在庆祝《国防教育法》颁布 10 周年的仪式中说道:"在这短短的十年里,这项法案已经向迫切需要资助的教育系统提供了 30 亿美元。在这十年里,我们已经向 250 万名学生提供了贷款,并且向 25000 名研究生提供了奖学金。在这十年里,科学、数学、语言和其他关键的研究部门已经收到了 5 亿美元资助,为他们提供了数不清的显微镜、教科书、影视资源、教室和实验室等。"①

以《国防教育法》的颁布为转折点,美国教育领域发生了显著变化,该法对美国教育和科技的发展起到了极大的促进作用。1957 年至 1965 年因此被称为美国战后的教育十年。1969 年,美国宇航员阿波罗登月的成功被看成是美国科技又超过苏联,走到世界前列的标志,并被认为是十年教育改革所取得的成效。

进入 20 世纪 80 年代,美国经济实力的相对衰落趋向已经十分明显。决定美国国际权力中心盛衰的三项关键性经济实力——科技实力、金融实力和市场控制能力——都发生了对美国极为不利的变化。苏联在空间技术、战略武器等方面与美国的竞争仍然有增无减。特别是里根上台后的 80 年代初,美苏关系僵持对抗。面对这种形势,美国政界和科技界一些人士认为,保证科技发展的关键仍是提高教育质量。

《国防教育法》的第二次扩展是在 1982 年。补充的法案规定,要求教育部向各州增加拨款进一步提高数学、科学、技术和外语教学质量,以适应国防的需要。此法案得到了美国最大的教师工会——全国教育协会的支持。

《国防教育法》加速了美国大学学术研究方向的改变。冷战时期,美国最重要的核心利益是国家安全。为了确保国家安全,联邦政府通过合同或拨款等方式对大学的自然科学研究与开发进行资助。科学家在自己的大学或联邦合同研究中心工作,他们为美国政府提供武器设计或使之转化为现实的技术。自然科学研究直

---

① American Reference Library, *Statement by the President on the10th Anniversary of the National Defence Act*, September 10, 1968.

接受到美国军事机构的影响，走到冷战的最前沿。《国防教育法》通过后，联邦政府对国家急需的技术或行业进行政策倾斜，在资源特别是研究资金方面提供重要保障。冷战直接影响了美国大学的学术研究方向和内容。大学的自然科学研究为冷战军事服务的目的已经十分明显，与军事有关的学科如电子科学和材料科学等都得到极大的发展。

《国防教育法》是联邦政府首次以立法形式直接干预教育，在美国历史上首次将教育与国家安全联系在一起，使高等教育和职业教育在国家安全和国家政策上确立了重要的战略地位。

小　　结

第二次世界大战以后至 1990 年，是美国军事历史上的辉煌时期。美苏两大超级大国经过半个世纪激烈的对峙和军备竞赛后，美国终于凭借其雄厚的经济实力和技术优势拖垮了苏联，取得了冷战的胜利。美国投入了巨大的人力物力和财力，建立了庞大的常规武装力量，建立了威力最强大的核武库。美国在扩军备战、建立技术优势的武器装备和全球范围的军事干预与指挥系统方面，是成功的，成就也是巨大的。美军的快速反应能力和作战能力有了很大提高。经过二战后 40 多年的发展，美国始终保持了其军队的武器装备技术和质量远远超过其他国家，保持了它头号世界军事大国的地位。

但要看到，美国军事体制中仍存在许多问题。

美国的一切军事建设都建立在一个错误的战略思想支配下。美国过高地估计了自己的力量，过低估计了世界爱好和平和自由的人民的伟大的力量。此外，以“核威慑”为基础的军事战略，也是不现实的,因为美国即使拥有了核优势,甚至是对方的几百上千倍,但只要对方有核反击力量,双方就谁也不敢冒天下之大不韪,发动毁灭人类的核大战。在双方拥有核武器的时代,1000枚核弹与10枚核弹实质上是相等的。此外,"核威慑"战略对于常规战争是毫无办法的,是无法决定这种战争的胜负的。朝鲜战争和第二次印度支那战争是这种战略失败的最好例证。

此外,二战后美国的许多军事行动,绝大部分都是侵略和扩张性的,是非正义的、不得人心的。因此,美国军队失去了以往革命和反法西斯战争时期的正义感和精神支柱,士气严重低落。在越南战争期间,逃兵率高达73.5%,①逃兵及逃避兵役者达20万人,士兵吸毒者10%—15%②,更不用说国内有成千上万的人民反战,示威游行天天不断了。

在这期间,美国另一个严重问题是,由于通货膨胀、管理不善、计划不切实际,在军事科研方面浪费惊人。仅1957年试制纳瓦霍导弹失败,便耗资6.79亿美元,试制"蛇"式导弹已耗资6.07亿美元,但到1962年便被取消了。此外,试制原子能飞机,经过15年时间,花费了10亿美元而不了了之。③ 在20世纪70年代初,有21种武器和研制费用,超支36%以上。④

经过印度支那战败的阵痛之后,美国开始反思,开始从战略和

---

① [美]拉尔夫·德·贝茨:《美国史》,南京大学历史系英美对外关系研究室译,人民出版社1984年版,第451页。

② [美]J.布卢姆:《美国的历程》(下),杨国标等译,商务印书馆1988年版,第623页。

③ American Army Academy, *Scientific Technology and War*, Washington D.C., 1969, p.130.

④ [美]阿伦·米利特:《美国军事史》,军事科学院外国军事研究部译,军事科学出版社1989年版,第575页。

军事政策方面进行调整,美国军事历史又进入另一个多事之秋。

美国虽然在军备建设中取得了巨大成就,但是在其军事体制中仍存在许多问题。美军体制中的问题主要有:

1.机构虽然经过精简,仍显臃肿。各种部、局、处机关林立,官僚主义作风仍很严重,如埃格林空军基地一个弹药采购部门就有几千人,整天忙忙碌碌地开会、论证、咨询、请示和汇报,是典型的官僚机构。

2. 军官比例过多。美军尉官与士兵为 1∶10,而在 1945 年为 1∶100,增加了 4 倍。从 1945 年至 20 世纪 90 年代,军队从 1200 万减至 200 万左右,可将官却比 1945 年还要多。如一个飞机研制单位,10 年内只研究出一种飞机,可却配备了 34 名将官和数百位校官。

3. 军费开支过大,成为国民经济的沉重负担。这期间历年的军费开支在不断上涨,从 1950 年的 124 亿美元、1960 年的 452 亿美元、1975 年的 856 亿美元,增至 1986 年的 2538 亿美元。①

4. 美军作战理论中的"空地一体论"过分依赖空中力量,在纵深打击时容易孤军深入,高技术的协同过于复杂等问题在理论上未得到很好的解决。

5. 现行后备役体制不能满足应急战争的需要。

6. 空运力量不足。

7. 美军的军事行动多具有侵略目的,存在军中士气低落,官兵厌战情绪十分严重等现象。"海湾战争"检验了美军体制改革的成果,同时也使存在的上述问题暴露无遗。

---

① Russell F. Weigley, *Towards an American Army: Military Thought from Washington to Marshall*, New York: Columbia University Press, 1962, p.246.

总之,冷战后,尽管美国取得了霸权,但是在新时期,美国仍然面临严峻的挑战,它的军事思想将发生巨大变化,军事体制也将出现新的变化。

第十章 冷战后美国的军事制度

（1991 年至今）

自 20 世纪 90 年代初至今，世界局势发生了剧变。随着苏联解体、东欧剧变，雅尔塔体系崩溃，美国挟冷战胜利之威，在国际舞台上推行其霸权主义。但是，进入新世纪，“9 · 11 事件”对历史进程产生了巨大影响，世界进入了多事之秋。与之相适应，美国军事思想和战略以及军事建设也有了重大变化，并深刻地影响到国际局势的发展和新世纪国际关系的走向。

第一节 美国的霸权主义和反恐战争

进入 21 世纪，美国共经历了 5 任总统：

1. 威廉 · 杰斐逊 · 克林顿（William Jefferson Clinton），民主党，任期 1993—2001 年；

2. 乔治 · 沃克 · 布什（George Walker Bush）（小布什），共和党，任期 2001—2009 年；

3. 巴拉克 · 侯赛因 · 奥巴马（Barack Hussein Obama），民主党，任期 2009—2017 年；

4. 唐纳德 · 约翰 · 特朗普（Donald John Trump），共和党，任期 2017—2021 年。

5. 小约瑟夫 · 罗宾内特 · 拜登（Joseph Robinette Biden），民

主党,任期 2021 年—2024 年。

冷战后美国的经济发展可分为两个时期:1991 年 3 月至 2000 年第二季度,美国经济处于历史上最长的连续增长期,且经济运行态势形成了“高增长+低通货膨胀+低失业率”的理想组合。这一时期被称为“新经济时期”,又叫“黄金的十年”。20 世纪 90 年代美国新经济时期的主要特征是信息化和全球化。这十年,美国在全球产业升级和重组中居于主导地位,引领世界经济发展,实现美国的利益最大化。技术创新和经济全球化是美国产业升级的重要动因,产业升级促进美国经济持续快速增长。1992—1999 年,美国经济平均每年增长 4%,每年平均增加 170 万个就业机会,到 20 世纪 90 年代末,失业率从 1992 年的 8%降低到 4%。家庭收入的中位数增长了 10%。贫困率在 1993 年达到最高,超过 15%,到 2000 年下降到接近 11%,近乎二战后的最低点。

1990—2000 年美国经济如表 10-1。

表 10-1　1990—2000 年美国经济情况

年份	经济增长率	GDP(亿美元)	人均 GDP(美元)
1990 年	1. 88%	87153. 71	23185
1991 年	-0. 23%	86949. 76	23635
1992 年	3. 39%	89900. 49	24686
1993 年	2. 85%	92463. 93	25616
1994 年	4. 07%	96231. 52	26893
1995 年	2. 51%	98650. 68	27813
1996 年	3. 74%	102341. 25	29062
1997 年	4. 46%	106901. 86	30526
1998 年	4. 36%	111557. 92	31843
1999 年	4. 83%	116941. 91	33486
2000 年	4. 14%	121782. 39	35237

进入21世纪,美国经济发展速度减缓,2001—2007年,GDP年均增长2.1%;财政收支从2003年再次转为赤字,贸易赤字持续增加;爆发次贷危机并引发全球金融危机。2007—2015年,美国经济缓慢复苏;GDP年均增长1.4%,2010年财政赤字占GDP比重达9.8%,2015年降至2.5%;贸易赤字明显减少;政府债务持续增加。2000年GDP为6.15万亿美元,2013年GDP为167187.95万亿美元,①2022年为25.47万亿美元,始终名列第一。

21世纪以来美国经济情况如表10-2。

表10-2 21世纪以来美国经济情况表

年份	经济增长率	通胀率	平减指数	GDP(亿美元)(历年价格)	GDP(亿美元)	人口(百万)	人均GDP(美元)
2003年	2.49%	2.28%	2.15%	111421.00	128450.81	290.73	38325
2004年	3.57%	2.66%	2.84%	118678.00	133040.70	293.35	40456
2005年	3.05%	3.39%	3.34%	126384.00	137104.45	296.00	42697
2006年	2.67%	3.23%	3.26%	133989.00	140768.99	298.82	44839
2007年	1.95%	2.85%	2.94%	140618.00	143510.34	301.903	46655
2008年	0.00%	3.84%	2.19%	143691.00	143509.26	304.718	47422
2009年	-2.63%	-0.36%	0.92%	141190.00		307.374	45934
2010年	2.85%	1.64%	0.95%	146604.00		309.997	47292
2011年	3.20%		2.84%	155592.12		312.891	49727
2012年	2.00%		2.20%	162195.44		315.878	51347
2013年	0.80%		2.26%	167187.95		318.891	52427
2014年	3.20%		2.37%	176627.11	387804878	321.939	54864
2015年	3.50%		2.37%	187141.64		325.013	57580
2016年	2.60%		2.37%	196557.89		328.116	59905

① 杨会军:《美国》,社会科学文献出版社2015年版,第255页。

续表

年份	经济增长率	通胀率	平减指数	GDP（亿美元）（历年价格）	GDP（亿美元）	人口（百万）	人均 GDP（美元）
2017 年	1.40%		1.60%	$ 202.498.66		331.07	61165
2018 年	2.40%		2.10%	211713.16		334.05	63378
2019 年	3.20%		2.37%	223666.15		337.06	66359
2020 年	3.50%		2.37%	236980.88		340.09	69682

在国际局势方面，从 1989 年底开始，世界形势突然发生了令人难以置信的巨大变化。东欧的波兰、捷克斯洛伐克、匈牙利、民主德国、罗马尼亚和保加利亚 6 个社会主义国家，在 1990 年先后宣布放弃了社会主义制度。东欧各社会主义国家的垮台好像“多米诺骨牌效应”，很快波及南斯拉夫和苏联。1991 年 6 月开始，南斯拉夫联邦发生分裂和内战，最后形成了 5 个国家。1991 年 12 月 26 日，苏联宣布停止存在。苏联的 11 个刚刚独立的国家宣布成立名为“独立国家联合体”的松散组织。一个强大的、与美国分庭抗礼的苏联退出了历史舞台。华沙条约组织也终止了活动，支配战后 49 年之久的雅尔塔体系崩溃了。

1991 年 1 月 29 日，美国总统布什提出了要以美国领导的单极世界代替以前美苏领导的双极世界。一方面，美国和俄罗斯签订了一系列裁减军备的协议，但双方的竞争并没有停止。双方裁的都是旧式装备，而在高技术领域里仍在进行激烈的军备竞赛。

另一方面，美国不断对外用兵，以维护自己的利益：1990 年 8 月 2 日，伊拉克公然践踏国际法准则，以 10 万军队、350 辆坦克，几小时便吞并了小小的科威特。伊拉克总统萨达姆妄图当海湾地区霸主，与美国的全球霸权主义发生了尖锐矛盾。海湾地区的丰富石油是西方工业发达国家的生命线。美国当然不能袖手旁观。美国在海湾地区集结了有28国军队参加的多国部队。美国出动50多万军队,加上盟军共70多万军队,还有飞机数千架,军舰数百艘。从1991年1月17日开始,美国及盟军向伊拉克发起了代号为“沙漠风暴”的军事进攻。盟军飞机在38天时间内出动近10万架次,对伊拉克境内的机场、桥梁、军事工厂、军事设施和交通运输线狂轰滥炸。从2月24日开始,发起代号为“沙漠军刀”的地面进攻。仅经100小时战斗,便解放科威特,击溃了伊拉克军队,迫使伊拉克从科威特撤军。多国部队依靠高技术装备,轻而易举地打败了技术上处于悬殊劣势的伊拉克军队。伊军伤亡人数大约10万人(其中2万人死亡),17.5万人被俘,损失飞机243架,坦克3700辆,装甲车2400辆,大炮2600门,舰艇143艘,直接经济损失达2000亿美元。多国部队方面死亡149人,伤513人,失踪56人,被俘13人,损失飞机45架,作战费用500—650亿美元。①

海湾战争的胜利,标志着美国“新干涉主义”又开始抬头。1992—1993年,美国以“维持和平”的名义6次向海外派兵。美军以联合国“维和”名义,于1993年进兵索马里,在摩加迪沙与当地武装发生激烈冲突,美特种部队阵亡19人,73人受伤,2架直升飞机被击落。美国历时27个月,耗资20多亿美元的“维和行动”,以失败告终,被迫撤出索马里。

1994年,由于海地军人独裁政权公然藐视美国的权威,美国出兵2万入侵海地,扶持亲美政权上台。

---

① 王春良等主编:《世界历史大事编年精要》,星球地图出版社2008年版,第446页。

在波黑战争中,美国于 1995 年 8 月 30 日—9 月 14 日,主导北约出动 170 余架飞机(内有美国飞机 87 架),多次对波黑塞族阵地实施空中突击,使波黑塞族的指挥、控制、通信系统完全陷入瘫痪。塞尔维亚丧失军事优势,被迫同意参加由美国主持的波黑和谈。1995 年 11 月 21 日,在美国俄亥俄州代顿市,双方达成《波黑和平框架协议》,结束了近 4 年的血腥战争。

1998 年,在南联盟南部的科索沃地区,美国为首的北约以人权危机为借口,在未得到联合国授权的情况下,开始了对南联盟的空袭。战争期间,北约 13 个国家付出了 130 亿美元战费,共派遣飞机 1000 多架,舰艇 40 多艘。飞机共出动 32000 架次,投弹 13000 吨。78 天的轰炸造成南联盟 1800 多名平民丧生,6000 多人受伤,近百万人沦为难民,20 多家医院,300 多所学校和大量经济设施被摧毁,直接经济损失达 2000 多亿美元。

尤为严重的是,1999 年 5 月 7 日,美国出动 B-2 轰炸机,用 5 枚精确制导炸弹炸毁了中国驻南斯拉夫大使馆,造成 3 名记者死亡、20 多人受伤。

2001 年 4 月 1 日上午,美国一架 EP-3 型军用侦察机在中国海南岛东南海域上空活动,中方两架歼-8 战斗机对其进行跟踪监视。美机突然违规飞行,与中方一架飞机相碰,致使中方飞机坠毁,飞行员王伟跳伞后失踪。美机未经中方允许迫降海南陵水机场。美国政府后来道歉,中国释放了 24 名美机组人员,允许美国将 EP-3 飞机拆卸运回国。

2001 年 9 月 11 日,“9 · 11 事件”爆发,纽约曼哈顿世界贸易中心的两幢 110 层摩天大楼在遭到攻击后相继倒塌,世贸中心附近 5 幢建筑物也坍塌损毁,五角大楼遭到局部破坏。在事件中共有 2974 人死亡,24 人失踪,还有 6000 多人受伤,给美经济造成的损失达2000亿美元,相当于当年生产总值的2%。此次事件对全球经济所造成的损害甚至达到1万亿美元左右。事件对美国及全球产生巨大的影响。这是继珍珠港事件后,历史上第二次对美国本土的袭击,是人类历史上最严重的恐怖袭击事件。

“9·11事件”后,美国向全球恐怖主义宣战,对外发动了两场战争。

一、阿富汗战争

美国为首的联军在2001年10月7日起对阿富汗基地组织和塔利班发起战争,该战争是美国对“9·11事件”的报复,同时也标志着反恐战争的开始。

美国先进行空袭,然后出动地面部队和阿富汗反塔利班阵营的部队发起进攻,很快就攻占了首都喀布尔等大城市,塔利班政权瓦解。塔利班20000人阵亡,基地组织在阿富汗失去了80%的成员。但是此后,塔利班展开了游击战,使美军陷于泥潭。2011年5月1日,美国海豹突击队突袭本·拉登在巴基斯坦的住所,本·拉登被击毙。美国军方认为:阿富汗战争是越战的翻版,美军深陷泥潭,没有获胜希望,因此尽早撤军方为上策。英国《金融时报》更指出:“西方在阿富汗已经失败。”根据皮尤研究中心的报告,49%的美国人认为:美国在阿富汗的行动是失败的。2014年12月29日,奥巴马正式宣布阿富汗战争结束。2020年2月29日,美政府与塔利班签署和平协议。2021年4月14日,美国总统拜登宣布美国开始从阿富汗撤军。8月30日,美国中央司令部司令麦肯齐宣布:美完成撤军,结束在阿战争。

阿富汗战争是美国经历的时间最长的战争。美国防部承认:自2001年至2021年5月,美军亡2442人,伤20666人,3800名美私人安保承包商雇员死亡,北约军人1144人死亡。美战争开支

2. 26 万亿美元。战争造成阿政府军 6. 6—6. 9 万人伤亡。阿平民伤亡数 10 万人,270 万人沦为难民。①

二、伊拉克战争

2003 年 3 月 20 日,美国以伊拉克藏有大规模杀伤性武器并暗中支持恐怖分子为由,绕开联合国安理会,单方面对伊拉克实施军事打击,又称为第二次海湾战争。参战兵力:美军 19. 2 万人、英军 4. 5 万人、澳大利亚军 2000 多人和波兰军 200 人,此外还有 5 万人的库尔德武装力量。伊拉克军队有 45 万人,预备役 65 万人,迈赫迪武装 6 万人。

以美国为首的多国部队空军 2000 多架战机,共出动了 10 万多架次,对伊拉克境内各种目标狂轰滥炸。每天有 2000 多架次盟军飞机在伊拉克上空飞行,投下几十万吨炸弹和各种导弹,其中有精确制导炸弹 2000 多枚,消灭了伊军地面部队有生力量,使伊拉克经济活动陷于瘫痪并牢牢掌握了制空权,为地面进攻创造了有利条件。由于供给线太长和伊拉克方面的抵抗,美英联军"速战速决"的目标未能实现,地面进攻曾一度受阻。伊军在伊中部与美英联军展开激战。联军凭借空中优势和机械化部队,兵分几路发起强大攻势,先后攻陷巴士拉等重要城市和战略要地,并对巴格达形成合围,从而使战事呈现一边倒的态势。4 月 8 日,美军从北部和南部两个方向推进到巴格达,并夺取了巴格达东南的拉希德军用机场。美国坦克开进巴格达。美军 4 月 15 日宣布,伊拉克战争的主要军事行动已结束,联军"已控制了伊拉克全境"。战争中死亡的美军人数为 262 人,其中 139 人阵亡,123 人死于事故。英

① 《阿富汗战争 20 年损失》,参考消息网,2021 年 5 月 2 日。

军士兵死亡 33 人。战争消耗了美国 230 亿美元。

2010 年 8 月,美国战斗部队撤出伊拉克。

伊拉克战争从军事角度看,美国打败了萨达姆,最初的目的达到了。但是从战略全局,从政治、军事、经济、社会、道义等综合角度看,美国其实在很大程度上是失败的。

美国在进行反恐战争的同时,2004 年制定并实施了“大中东民主改造计划”。要通过对中东进行民主改造来消除恐怖主义滋生的土壤。该计划的主要内容是与欧盟联手,对以伊朗、阿富汗、土耳其、巴基斯坦以及阿盟等 22 个成员国为代表的大中东地区进行援助,帮助这些国家在政治、经济、文化、社会等诸多方面进行彻底的改革。但是民主的普选导致一些国家的伊斯兰极端势力纷纷上台。一方面,中东地区的地区冲突不但未得缓解,而且部分地区的局势在一定程度上变得更加混乱。美国不得不在中东地区实施战略收缩。美军撤离伊拉克,小布什政府改造中东的计划宣告彻底失败。中东地区原本相对平衡的政治权力架构被打破,祸不单行的是,2008 年爆发的金融危机导致美国经济出现了严重的衰退,也使中东经济陷于困境。

“阿拉伯之春”也为“失败国家”团队增加了新成员。自 2011 年抗议浪潮兴起后,突尼斯、埃及、叙利亚、利比亚等多个中东地区国家相继陷入乱局,爆发了伊拉克战争、印巴冲突、巴以冲突、黎以冲突、利比亚内战、叙利亚内战、也门内战等接连不断的流血冲突。其中,矛盾最为集中、最为突出的是叙利亚内战,阿萨德政权、反阿萨德的各派力量与俄罗斯、美国、土耳其、伊朗等各个大国的势力交织在一起。直到现在,国际社会在叙利亚问题上一直处于一筹莫展的状态之中。

美国付出了如此大的代价,反恐战争却像个无底洞,仍然看不到结束的前景。特朗普执政后,反恐已不再是特朗普政府的优先安全考量。美国国家安全战略重心开始由反恐重回与中俄的大国竞争。为了实现安全战略重心的转移,美国急需从反恐泥潭中抽身,以便集中资源同中俄进行全球战略竞争。

第二节　冷战后的美国军事战略和军事思想

自1990年冷战结束至今,美国新世纪军事战略的调整极大地影响到美国军事作战思想的变化。这种变化主要有:

一是“先发制人”思想。根据新战略,美国宣布将采取“先发制人”的手段,包括“先发制人”使用核武器。“在必要的时候我们将果断地单独采取行动,以行使我们的自卫权力,对这些恐怖主义分子采取先发制人的打击……”①“今天,我们的敌人把大规模杀伤性武器作为一种选择手段。”“美国长期以来一直坚持可以采取先发制人的行动,对我国国家安全面临的最大威胁给予反击。威胁越大,不采取行动的危险就越大……为抢先阻止我们的敌人采取这种敌对行动,美国将在必要时先发制人。”②布什宣布美国将实行新的核战略和抗击大规模毁伤性武器战略。2002年1月,美国出台《核态势审查报告》,明确将俄、朝等7国列为核攻击对象,取消了“不对无核国家使用核武器”的承诺,提出对能够阻止非核武器进攻的目标、对核武器和生化武器进攻实施报复以及在军事局势发生剧变的情况下可以使用核武器。同年12月,美国又公布《抗击大规模毁伤性武器国家战略》,首次明确提出在抗击大规模毁伤性武器的攻击时将使用核武器,从而大大降低了核武器的使

① *Pubic Affairs Section*, Embassy of USA: Backgrounder, Oct.29. 2002, p.8.

② *Pubic Affairs Section*, Embassy of USA: Backgrounder, Oct.29. 2002, pp.13-14.

用门槛,表明美国正在实施"全方位核威胁"战略。

二是提出了"空地海天电磁信息一体战"的理论。这一理论发展了原来的"空地一体战"的理论,准备要同时打赢两场战争。在战争中,要夺取制空权、制海权和制太空权,从宇宙太空到天空、海洋、陆地,立体全方位同时作战。正如1993年版的《作战纲要》所特别强调的:"陆军今后不会再单独作战。凡有陆军部队参加的作战行动都必然是联合作战。"陆军作战理论强调在整个战区联合实施战役级的空中、地面、海上和特种作战行动,而所有作战又都得到太空作战的支持。美国国防部确定了军事改革的六大目标:保卫美国本土与海外基地、保持远距离作战能力、使敌人无庇护所、保护信息网络、利用信息技术加强各军兵种协调作战的能力以及保护太空。具体从三个方面实施:保持适当的核威慑水平,加强常规攻击能力和建立新型防务手段;重点开发信息武器、导弹防御系统(NMD和TMD)、空间和海底作战装备;发展精确打击武器和各种高精尖的武器,如激光和微波动力武器;研制大型运载飞机和舰船等。要求各军兵种把网络战争作为"核心能力",在未来战争中不但要掌握制地权、制海权、制空权和制核权,还要掌握制信息权和制太空权。

三是提出了"非战争行动"理论。所谓"非战争行动",是指美军在世界各地参与的可能并不涉及战争的军事行动,主要包括:维持和平、强制实现和平、人道主义援助、国内外抢险救灾、反恐怖、禁毒等。在使用时要考虑如下因素:第一,参与后能否增加美国的利益。第二,目标是否明确。第三,对美国的其他防务义务有多大影响。第四,是否具有完成使命的能力。使用的原则是:第一,目的性,即有一个明确规定的可以实现的目标;第二,统一行动;第三,合法性;第四,持久性;第五,安全性。美军规定:"非战争行动”的环境复杂多样,而且不都是和平下的军事行动。因此参加的美军应训练有素、纪律严明、高度戒备。以驻海外部队为主力,配置一定数量的特种作战部队,如心理战部队、民事部队,等等。

四是进一步坚持质量建军的政策,用国防部长佩里的话说就是:“确保美军在质量上绝对优胜于任何潜在的对手。”①“美国的军事战略靠的是它的技术上,特别是信息和航空航天技术上的领先地位。”②克林顿认为:一支规模较小的高质量军队是当今美国军事建设的重点。他指出:“我们需要一种新的军事力量和新的国家安全政策以对付冷战后时代的挑战。我们需要一支规模较小的固定军队,但这是一支更机动灵活、装备了高技术装备的训练有素的军队。”③这支高技术装备下的“小军队”会战胜人数多过自己许多倍的“脑力蠢笨”的军队。首先,美国加大对研制尖端武器的资金投入,使美军继续保持武器装备的高技术优势;大力发展战略武器,进一步巩固核优势;增强信息战、精确打击、导弹防御、战略机动等的能力。陆军向全球投送型转变,重点建设快速反应部队,可用飞机和海军舰艇将其运送到全球任何地方进行军事干预。同时,还要改进统帅体制,提高指挥效率。其次,加强海军建设。海军作战部长凯尔索 1991 年 2 月 21 日在国会指出:“在世界所有可能发生危机的地区保持海上力量的存在,对美国的安全至关重要。海军派出前沿部署部队,不仅有助于慑止局部战争,还可以使我们在不依赖海外基地的情况下显示对友邦的支援。”美国主要建立“一支结构合理”的海军,使海军更精干,火力更强,其做法是:海军舰队以航空母舰为中心。加快淘汰旧军舰,缩小舰艇的规

① 唐矢日:《大国关系加速调整的一年》,《半月谈》1998 年第 24 期。

② 许嘉:《美国战略思维研究》,军事科学出版社 2003 年版,第 248 页。

③ 洪兵等:《克林顿》,中共中央党校出版社 1992 年版,第 187 页。

模和数量,建造更适合应对地区冲突的舰只,主要是"阿利·伯克级"导弹驱逐舰。增加两栖登陆舰的建造,以提高两栖作战的能力。同时,为了节省经费,对原有的航空母舰进行大修和现代化改造,不再建造巡洋舰。最后,把空军作为重点来建设。空军新的发展目标是由空军部长赖斯提出的。他在 1990 年 1 月提出空军近来发展的基本指导思想是:"全球到达,全球力量"。即美空军应"具有到达全球任何地方的能力,并具有打击全球任何目标的力量"。[①] 根据这一指导思想,美国空军主要抓了以下几方面的工作:精简人员,建立集中统一的快速反应体制,加强高技术的武器装备的研制,以保持美国对其他国家的空中优势乃至太空优势,并具有快速投送兵力的能力。

五是提出了反恐战争期间的军事改革思想。根据这一改革思想,小布什提出了具体的任务,指出美国军队的"首要任务是保卫美国"。为完成此任务,美军必须进行如下改革:

1."必须在西欧和东北亚及以外地区建立基地和驻地,并为远程部署美国军队作出临时的准入安排。"

2."必须努力发展先进的遥感技术、远程精确攻击能力和经过改造的机动部队和远征军等。"美军的能力"必须包括保卫国土的能力,进行信息战的能力,保证美国进入远方战区的能力以及保护美国外层空间关键设施和设备的能力"。

3."尝试新型的作战方式,加强联合作战,利用美国的情报优势并全面利用科技优势。"

4."必须改革国防部的管理方式,特别需要改革财政管理,改

① 于增河:《美国空军重大改革的基本趋向》,《外国军事学术》1992 年第 3 期。

善招募工作和设法留住人员。”

5.“必须改革情报工作,发展新的情报能力……必须加强预警和情报分析……”

6. 增加军费开支,“保证政府用于国家安全的开支和拨款处于合理水平。”①

战略文本使用了许多“必须、保证”等词,表明这些改革的重要性及势在必行。

美国在 21 世纪初期制定的军事思想在阿富汗战争和伊拉克战争中得到了较好的体现,很快推翻了塔利班政权和萨达姆政权。但是在后来进行的非正规战争中却打得十分糟糕。美国又陷入了类似于越南战争那样的泥潭而不能自拔,其前途将是黯淡的。

六是沃登的“新空中制胜论”——“五环理论”。新的军事变革及战争实践促使军事家们再度关注起“空中制胜论”。1988 年,美国空军上校约翰 · 沃登在《空中战役》一书中重新提出“空中制胜论”。他指出,可以单独使用空中力量赢得战争。沃登的“新空中制胜论”的基本观点是依靠空中力量摧毁敌国政治军事中心,通过空袭瓦解民众的斗争意志,用最小的伤亡、最快的速度取得战争胜利。沃登发现越战之后,美国空军内部越来越倾向“空地一体战”,他认为这是由于空军和陆军在越战中协同作战的结果,两个军种的关系非常密切。沃登认为:“空地一体战”只会将空军局限于支援陆军,因此他大胆推翻了“空地一体战”理论,认为它不具备为战争带来军事革命的潜力。沃登的“空中制胜论”,描绘了一幅兵不血刃的美好蓝图。他在《空中战役》中提出:“指挥是真正的重心”,强调战争“重心”对整场战役的重要性,必须要分层次打击敌军的要害。

① *Pubic Affairs Section*, Embassy of USA: Backgrounder, Oct.29, 2002, p.23-5.

在《敌人是一个系统》一文中，他将理论具体化，提出举世闻名的“五环”理论。他将敌人的重心用五个同心圆环来形象划分：最内层的是敌方首脑和其与外界联络的指挥通信系统，其他四个环由内而外分别是：第二环的生产设施、第三环的基础设施、第四环的民心士气、最外环的武装部队。同时他提出了三个要点：第一，“擒贼先擒王”——不以消灭军事力量为目的，直奔主题摧毁或破坏敌方最内环的指挥系统，即可令敌人丧失战斗力；第二，围绕领导层对其余四环进行打击，迫使领导层屈服；第三，依照对领导层的影响程度来安排对其他四环的攻击。沃登认为：对工业化国家而言，摧毁生产设施可以破坏敌国的正常生活运转，可以令现代化武器装备失去作用；破坏基础设施能够让敌人的运输系统瘫痪，减弱敌人的防御能力；而民众的伤亡可以造成敌人的斗志崩溃；最外层的武装部队并不等于是最后的选择。沃登认为：军队是达成战争的主要工具，它主要用来守卫自己和震慑敌人，并且通常只有重创敌军的最外层武装部队才能破坏其最坚硬的保护。沃登的“五环理论”从“空中制胜论”中衍生而出，而又区别于“空中制胜论”。其根本思想仍是靠空中力量取得战争胜利。因此又有军事专家将沃登的“五环理论”称为“新空中制胜论”。

“新空中制胜论”对美国空军的影响巨大，但推行起来却困难重重。沃登理论的提出在美国空军中引起轩然大波，当时的美国空军理论分为两派，一派认为空军应着眼于战术作战，另一派认为未来作战应以对抗核战为主，利用空中力量达成战略目的则无人问津。而沃登则坚决反对将空中力量局限于战术层次，他坚信：通过单独使用高精度和强杀伤力的空中力量，可以达成未来战争的战略目的。海湾战争爆发之前，沃登本人亲自率领一个由美国空军司令部门和作战部门参谋军官组成的“智囊团”，根据“新空中制胜论”,其制定了一份 12 页的计划,计划以打击伊拉克领导层为主,沃登在为计划命名时着实费了番功夫,他希望以迅雷不及掩耳之势打败伊拉克军队,避免像越战时那样将战线拉长形成“内伤”。

尽管美军不接受“新空中制胜论”和沃登的思想,但是海湾战争却成了一次“新空中制胜论”的成功预演。空中作战的协同性、高速机动性全面提高了作战速度和强度,让伊拉克毫无招架之力。并且联军在这次行动当中广泛使用了高新技术武器,最大限度地发挥了先进武器的威力,增加了空中制胜的胜率。

海湾战争后,美军接受了沃登的“新空中制胜论”,美国空军的战役条令中还专门列举了它。时任美国总统的老布什在战后说:“海湾战争中最重要的经验教训就是空中力量的价值……从第一天起,空中力量就大显神威。海湾战争告诉我们,我们必须保持空中作战优势……我们的空中打击是战争史上最有效的。”①以后的科索沃战争、伊拉克战争、阿富汗战争以及美国各次军事行动,空军都起了决定性作用,其中科索沃战争是历史上第一次仅靠空中轰炸而不使用陆军就获得胜利的战争,在战争中达成了零伤亡。这些都验证了“新空中制胜论”。

七是陆军联合作战理论。1993 年,美军制定了冷战后的第一个陆军《作战纲要》,初步提出了联合作战的有关理论,确定了诸军种的联合关系和战区联合作战的结构以及进攻、防御等具体作战行动原则。1997 年,美军又制定了《2010 年联合作战构想》,对联合作战的有关理论进行了更加深入的探索,并明确美军联合作战的四项基本原则是精确打击、全维防御、制敌机动和聚焦后勤。在作战理论

① George Bush, *Address Before a Joint Session of the Congress on the State of the Union*, January 29, 1991.

方面,1998 年版《作战纲要》对于联合作战的军事行动提出了六种行动方式,即兵力投送、保护部队、夺取信息优势、设定战场空间、实施决定性作战、维持部队,以及五种核心职能,即了解(保持对任务、敌情、气象、己方部队、可利用的时间等的了解)、设定(为实施作战设置有利条件)、保护(通过防护措施保存自己的实力)、打击(运用杀伤与非杀伤能力达到作战目标)、运动(部署部队与重新部署部队)。

联合作战为核心的作战理论对保障作战的后勤体制提出了一系列新的要求。"聚焦后勤"作为美军《2010 年联合作战构想》提出的四项基本原则之一,美军认为:"机动制敌"的作战原则"要求作战部队利用合理编组的力量,以更快的联合作战节奏和更灵敏的反应,从分散位置发起持续、同步的作战行动,因而将使后勤保障的覆盖面更宽",因而"未来联合作战特点必须以反应更加灵敏、灵活和精确的后勤力量——'聚焦后勤' 为后盾"。美军还提出,聚焦后勤的六条原则是:"信息融合、多国后勤、联合的战区后勤与控制、联合的后勤保障、灵活的基础设施、联合部署和快速前送。"而要实现聚焦后勤的各项目标,对后勤体制的革命性变革是无论如何也少不了的。正如美空军机动司令部司令、空军上将沃尔特・克劳斯在 1997 年 9 月指出的:"在后勤力量不断被压缩和削弱的情况下,要实现聚焦后勤,除充分利用信息技术和工业基础外,一个熟练、训练有素、准备充分的强大后勤兵力结构是绝对必要的。"①

第三节 冷战后的美国军事制度建设

美国军事战略与思想的变化对这时的军事建设产生了影响。

① 内部资料:《美军后勤研究》,国防大学训练部 1989 年,第 12 页。

一、坚持质量建军的制度

美国根据国际形势发生的剧变,在自己少了一大竞争对手的情况下,加紧进行军事政策的调整和改革。这期间,美国军事建设的显著特点便是大大减少武装部队的人数,大大提高武装部队的力量。即把减少人头的费用,用到提高部队技术装备的改善上,力图保持武装部队技术装备的优势和武装部队的应急反应能力,提高作战效能。

美国在 20 世纪 90 年代逐步削减军力,至 1995 年,现役兵力由 217.4 万人减至 152.33 万人,减少近 30 %;文职人员由 113.31 万人减至 86.69 万人,减少 24 %。到 1997 年,美军减至 140 万人,其中陆军减少正规军 48 万人,从 18 个师减至 12 个师,后备役减少 26 万人,从 10 个师减至 6 个师;到 1999 年,陆军再减至 10 个师,后备役为 5 个师。在此期间的防务费用也逐年减少,1992 年为 2783 亿美元,1993 年为 2779 亿美元,分别占同年国民生产总值的 4.7%和 4.3%,占政府开支的 19.6%和 19.2%;1996 年达 282 亿美元(未扣除通货膨胀部分)。在以后 5 年,每年降低 3%。美军由战略威慑力量、应对地区性冲突的常备常规力量和在必要时刻可迅速重建的常规力量构成。重点是放在加强快速反应部队,提高应急能力上,以此作为质量建军首要环节。美国 1995 年快速反应部队增至 5 个师,使其占陆军战斗部队的比例由原来的 20%增至 40%,同时加强战略机动能力。以空降兵、轻装甲兵、轻步兵、特种作战部队、海军陆战队和攻击直升飞机为主体,配备先进的武器装备,完善指挥通信情报系统和后勤保障体系,增强快速投送能力和作战能力。

“9·11 事件”之后,美国在军事建设上也有了很大改变。重点还是延续克林顿时期的质量建军,加强高技术装备的研制,美国国防部2023年的军事分析报告已发出警告:在信息时代的军事竞赛中,美国如不行动,可能在十年之内输给中国。①

2004年8月,布什总统宣布,美国将在未来的10年内把驻欧洲和亚洲的军队削减6万至7万人。2007年1月,美国国防部长罗伯特·盖茨说,为了“反恐战争”的需要,他计划在未来5年内将美军现役部队的人数增加9.2万人。2009年7月20日,美国国防部长盖茨宣布,美国陆军将临时扩编2.2万人,以满足伊拉克战争和阿富汗战争的需要。这是美军自2007年以来第二次扩编。2011年1月美国国防部宣布,将从2015年开始裁减美军地面部队人数,裁军总数最高将达4.7万人。此外,国防部还将削减一系列武器项目。

2016年,美军现役部队规模进一步压缩,总兵力从2015年的291.5万人降为284.75万人。其中现役部队128.2万人,后备役部队80.1万人,文职人员76.4万人,均比上年同期有一定减少。后备役和文职人员削减明显。

美国陆军总兵力从2015年的128.7万人降为118.65万人。其中现役部队46万人,相比去年减少2.7万人,后备役部队53万人,两者相加为99万人,几乎达到裁减至98万人的目标。现役部队占美军总兵力的35.9%,编为8个集团军部、3个军部、6个联合指挥中心、11个师部,辖35个作战旅,拥有各式火炮及火箭炮约3000门,防空导弹系统约2000个,各式轻重型运输车辆37万辆,坦克和装甲运兵车4.3万辆,各类飞机和直升机4000架。后备役部队分为8个师部,28个作战旅。文职人员19.65万人。

美国海军总兵力从2015年的56.59万人轻微下降为56.42

---

① *Washington Profile*, Nov.25,2003.

万人。其中现役部队 32.29 万人,相比去年同期减少 3600 人,占美军总兵力的 25%,编为 8 个作战司令部,6 个作战舰队,1 支特种部队(海豹突击队);后备役部队 5.8 万人,文职人员 18.3 万人。

美国海军陆战队总兵力为 24.5 万人,其中现役部队 18.2 万人,后备役部队 3.89 万人,文职人员 2 万人。

美国空军总兵力与 2015 年持平,总数为 66.2 万人。其中现役部队 31.7 万人,后备役部队 17.5 万人,文职人员 17 万人。

作为美国军事领导指挥机构,美国国防部设有陆军部、海军部与空军部三个军种部,共有文职人员 19.38 万人,相比去年同期减少了 1600 人。

美军把提高人员的素质摆在质量建军的一个重要地位上,以扭转越战美军素质下降局面。其做法见下:

一是将原来的征募结合的兵役制度改为志愿兵役制,建立一支职业化的军队,以便为提高兵员质量奠定基础。据统计,1990 年入伍的美军士兵中,95% 以上是高中毕业生,而 10 年前仅为 54%。①

二是实行"联合军种专业教育计划",以提高军官的联合作战素质。美军认为:未来作战,单兵种作战已经不可能了,军种联合作战将是主要或唯一的形式。因此推行这一计划,规定在国防部、联席会议、联合司令部、特种兵司令部任职的 8000 名军官,均被定为联合军种专业军官,其中陆军占 37%,空军占 37%,海军占 21%,海军陆战队占 5%。在这些部门任职的军官,今后必须根据联合军种专业教育计划进行培训。今后参联会副主席和战区司令官也只能由该计划培训的军官担任。为更有效地实行该计划,

---

① 刘义昌等:《海湾战争》,军事科学出版社 1991 年版,第 221 页。

1990 年《国防授权法》中进一步规定:武装部队参谋学院为执行该计划的主要单位。该计划分两阶段:第一阶段分别在各军种的指挥与参谋学院进行,学员为少校,学习 9 周;第二阶段的学员为中校和上校,学习 5 周,必须通过考核和参加模拟演习。

三是形成多层次多样化诸军种联合和作战训练体系。20 世纪 80 年代,陆军便在本土和海外建立了各种战斗训练中心,为诸军兵种联合训练创造了有利条件。如在加利福尼亚州欧文堡的国家训练中心、美陆军在查菲堡建的联合训练中心和在西德建立的机动作战训练中心。20 世纪 80 年代后期,美陆军又制定了《作战指挥训练大纲》,主要是加强军、师两级指挥机关的协同作战训练,陆军实施后效果明显。为提高空军与陆军的协同能力,美国在德国的莱姆霍恩建立了"勇士准备中心",可同时进行陆军联合的战术、战役和战区级演习。美军还在空军基地建立了作战训练中心,中心通过计算机模拟实施联合司令部指挥所演习,对军和军以上指挥官及其参谋人员进行联合参谋业务训练。经过多年努力,美军形成了多层次多种类的训练中心体系,部队训练量加大。各级部队年度训练量高达 1700 小时,每年由各级司令部组织演习 1000 余次,其中全军性的大规模演习 60 余次。

四是加强精神教育,提高部队士气。美军通过推行"科霍特"计划、团队制度、帮教制度和"陆军家庭年"等计划和活动,加强精神教育,提高士气,效果显著。在海湾战争中,美军士气高于越战,鲜有逃兵、杀死上级军官的事件,甚至出现了积极求战的情况。

五是采用新的训练方法和手段。1993 年以来,美军采用新的训练方法与技术、多功能综合激光交战系统、射击指挥训练器、模拟网络系统、近战战术训练器等。由于训练手段、方法和技术的改善,美军的实战水平大大提高。

六是建立军人社会化保障制度。美军认为,搞好军人的社会保障,既是军事改革的目标之一,又是改革顺利进行的基础。在军事改革中,军队组织结构的调整,军队员额的裁减和机构、设施的精简,必然使一批军人退出现役或退休,这些军人及其家属的社会保障成功与否,直接影响着改革的发展和结局。

为了不断提高军人的物质生活水平和社会地位,美国政府制定了一系列法律文件,建立了完整的军人社会保障体系。美军的改革计划《21 世纪军队》规定:每年都要追加拨款以改善军人的生活待遇,国防部专门制定了"提高军人生活水平计划"。在 20 世纪 90 年代初以来的改革中,美军为提高军人的社会保障水平采取了各种措施,军人和返役、退伍军人及其家属的生活水平有所提高。正因为美军的军人社会保障搞得好,美军无后顾之忧,才保持了旺盛的战斗力。

二、强化集中统一高效率的统帅机构

20 世纪 90 年代以来,美军继续建设集中统一高效率的统帅机构。美军采取了两项措施:

(一)改善高层国防管理系统

国防部进一步明确和调整了国防高层领导人的职权及一些机构的职能:国防部三个副部长职权进一步得以区分;第一副部长主管国防部的日常工作,并负责制定国防计划、规划和计算能力;另外两名副部长分管政策的制定和负责国防采购工作。国防部还设立了一个新的高层咨询机构"行政委员会",由国防部长领导,负责对重大问题进行定期的商讨。

(二)建立了高效的后勤指挥体制

国防部对国防计划与资源委员会、国防采购委员会、物资需求联合委员会等机构的职权进一步加以明确,明确了各部门和主管人员的职权和职能,进一步提高了工作效率,减少了扯皮。

1990 年 5 月和 1991 年 1 月,美军又分别成立国防给养局和国防财会局,统管全军的给养系统和各军种部、国防后勤局、华盛顿军区司令部的财会工作。2000 年 3 月,美军成立国防合同管理局,负责三军合同管理。三军的专用物资补给与专门勤务仍由各自的后勤系统分别组织实施。三军各部队通常按建制组织实施各项保障。改进国防采购机制是国防管理的核心。美国国防部主要是精简了采购机构和采购程序,建立了一个有效的管理体系,以提高国防采购的效率。

美军建立了集中统一的综合保障指挥机构。为实行集中统一指挥,美军将后勤指挥机构融于作战指挥之中,各级司令部都设有后勤副参谋长和后勤参谋机构。在总部一级,后勤指挥由在参谋长联席会议中新设立的美军运输司令部负责,统一指挥和控制三军的战略运输力量。海湾战区由中央总部后勤部统一负责指挥、协调各军兵种后勤工作;各军兵种分别设立各自的后勤指挥机构,负责指挥各自的后勤单位。这些综合后勤指挥机构对于统一指挥、运用后勤力量和后勤通用物资,保障诸军兵种协调一致的联合作战发挥了重要作用。

经过多年的改革,美国逐步形成了统分结合、划区联勤的物资保障体制,即三军通用物资由国防后勤局下设的六个补给中心实施统一供应,专用物资由各军种实施专供。后来,在总结海湾战争经验教训的基础上,美军于 1992 年 3 月完成了陆、海、空三军 30 个仓库的合并工作,由合并后的仓库组成美国本土东、中、西 3 个"国防分发区",统一由国防后勤局掌管,基本完成了实施划区保障的机构调整。

三、建立一支结构合理的海军

冷战结束后,美军方曾压缩海军陆战队,将其减至16万到17万人,将舰艇大大裁减。但在海湾战争中,海军却显出其重要的战略价值。多国海军100多艘舰艇在提供火力支援、封锁及提供活动机场方面发挥了重大作用。海军还在运送兵员、物资方面发挥了重要作用,其调集了130多艘舰船运送了大批兵员,并把95%以上的物资运往海湾。① 战后,美军方开始进一步加强海军建设。海军作战部长凯尔索1991年2月21日在国会指出:"在世界所有可能发生危机的地区保持海上力量的存在,对美国的安全至关重要。海军派出前沿部署部队,不仅有助于防止局部战争,还可以使我们在不依赖海外基地的情况下显示对友邦的支援。"②

美国海军决定建立"一支结构合理的"海军,主要做法有:

一是缩小舰艇规模和数量。1992年减至476艘,1993年减至451艘。限制建造新舰的数目,1992—1997年,海军年进入现役的新舰不超过12艘。

二是建设更适合应对地区冲突的舰只,主要有"阿利·伯克"级导弹驱逐舰。在1992—1997财年计划中共建58艘新舰,其中大多是这种导弹驱逐舰。改型舰火力大、航速快,1992年,海军为建5艘这种舰拨款43.35亿美元。以后每年再造4艘。此外多建两栖登陆舰艇,以提高两栖作战能力。1992—1997年度,将采购各种类型的登陆舰艇,主要是"哈泼斯渡场"级和"惠德贝岛"级登陆舰也加入海军。1992—1994年,海军试制成功新的"黄蜂"级突击登陆舰,1995年计划有5艘编入海军。海军还建造了许多其他

① 刘义昌等:《海湾战争》,军事科学出版社1991年版,第232页。

② 于增河:《美国空军重大改革的基本趋向》,《外国军事学术》1992年第3期。

类型的登陆舰,如"塔拉瓦"级、"奥斯丁"级、"纽波特"级等登陆舰。除上述两种舰艇外,海军还建造了一些辅助舰艇,如:反水雷舰艇有1990—1993年度建造的12艘"鹗级"扫雷艇,14艘"复仇者"级扫雷艇,18艘"幸运船"级扫雷艇。1995年,海军建造远洋反水雷艇;补给舰有5艘新型"供应级"快速战斗支援舰、16艘"T-AO187"级加油船。

三是对现有舰艇进行现代化改装。对舰母特遣舰队的中坚航空母舰,在1992—1997年只有一艘核动力航空母舰下水。为了节约经费,主要是对原有航母进行大修和现代化改装。如对"企业"号进行现代化改装和添加核燃料后,可再航行20年,舰上装载了38E水上雷达探测系统、MK23对空搜索雷达系统、SPN46型环形搜索雷达以及改进型指挥与控制系统和电子战系统,大大提高了该舰战斗力。其余航母也进行了类似改装。

四是终止巡洋舰的建造并加快对旧型军舰的淘汰。由于巡洋舰战斗价值下降,海军决定终止"提康德罗加"级导弹巡洋舰计划。该型舰已生产了25艘,于1994年1月停建。1992年停止为最后2艘战列舰支付活动保养费,促其加快退役。其他旧式驱逐舰、巡洋舰等各类舰艇均要在几年内退出现役,由新型舰取代,老式舰艇的退役,将使维修工作、海军人员、造船厂工人和维护费用大大减少。淘汰的旧舰有的转入后备役,有的售给其他国家。

经过改革,一支"结构合理的海军"出现了,这支海军1997年拥有435艘各类舰艇,更加精干,装备更为先进,火力更强。这支海军以航母为中心,以导弹驱逐舰、两栖攻击舰、反潜护卫舰、潜艇、各种支援舰只组成,配有2个半海军远征旅,能在世界各海域作战,执行对付局部战争和冲突的使命。

进入21世纪,美国海军在全球各地都有着相当规模的部署,并有能力将力量投射到全球各海区,在美国外交和防御政策中扮演积极的角色。虽然冷战之后舰只和军职人员有所减少,但美国海军依然在技术发展方面投下巨资。海军 2018 年的预算为 1715 亿美元,比 2017 年增加了 126 亿美元。① 美国海军由海军和海军陆战队两个独立的军种组成,海军可分为舰艇部队、舰队航空兵、海上勤务部队和岸基部队 4 个兵种,均归属于海军部领导。海军部是美国国防部下属三个军种部门之一。海军部设于五角大楼内,它有三个下属单位:海军部长办公室、海军作战部、海军陆战队总部。另外,海岸警卫队在战时受海军领导。

海军共有九大部门:大西洋舰队、太平洋舰队、中央指挥部、欧洲舰队、网络战争指挥部、海军预备队、特种作战部、研考部和补给司令部。

截至 2017 年,海军编有两洋舰队,即大西洋舰队和太平洋舰队,下设 7 个舰队、11 个航母战斗群、11 个舰载机联队;主要装备有 84 艘潜艇、173 艘大型水面作战舰艇(含航空母舰 11 艘、导弹巡洋舰 22 艘、导弹驱逐舰 62 艘、导弹护卫舰 49 艘、两栖作战舰 31 艘)、29 艘战斗补给舰和 31 艘其他支援舰只;2900 架飞机(作战飞机 1728 架)、1500 架直升飞机(含武装直升飞机 487 架)。

美国海军有一所专门培养海军军官的海军学院。

2016 年,美国海军陆战队总兵力为 24.5 万人,相比 2015 年增加 500 人。其中现役部队 18.2 万人,占总兵力的 14.2%,编为 3 个师、23 个作战旅、7 支远征部队,3 个飞行大队和 2 个直升机飞

① Donald Trump, *US Defense Budget For Fiscal Year 2018*, Washington D.C., 2017.

行大队。装备各型飞机1199架,3.1万辆轻中型车辆,1800辆后勤工程车,1800辆坦克和装甲车,1300辆两栖作战车。后备役部队3.89万人,分为4个师部和184个训练中心。文职人员2万人。

美国海军是世界上最强大的,美国海军舰只的吨位比排在其后的17国海军舰只吨位之和还要大,是美国霸权主义的杀手锏。

四、空军成为"全球到达"的"全球力量"

由于空军的出色表现,美国在冷战后把空军作为重点来建设。空军新的发展目标是由空军部长赖斯提出的。他在1990年1月提出空军未来发展的基本指导思想是"全球到达,全球力量"。即美空军应"具有达到全球任何地方的能力,并具有打击全球任何目标的力量"。[①] 根据这一指导思想,美国空军主要抓了以下几方面工作:

一是精简兵力,保持高度战斗力。

由于美国经济不景气,导致国防经费压缩,空军经费首当其冲:1991年度美空军经费比1985年下降了34%,1997年又比1991年下降11%左右。[②] 这就导致空军要缩小兵力,从1990年到1995年,空军将从57万人减少到41.5万,然而,这不仅不会削弱空军的战斗力,反而会大大增强,正如老布什所说的:"我们必须执行一项始终如一的计划,来建立一支规模大为缩小但能力极强的军队。"[③]

空军主要通过汰劣保优的办法压缩非战斗部队和多余编制,

① 刘义昌等:《海湾战争》,军事科学出版社1991年版,第226页。

② 于增河:《美国空军重大改革的基本趋向》,《外国军事学术》1992年第3期。

③ 于增河:《美国空军重大改革的基本趋向》,《外国军事学术》1992年第3期。

省下的经费用于提高人员的素质和武器装备的质量,使之成为一支少而精、快速机动、高效应对全球发生的各种冲突的强大战斗力量。空军 13 个大司令部减至 10 个。其中取消战略空军司令部、战术空军司令部和军事空运司令部,代之以空军机动司令部和空军作战司令部。现役 19 个空军师师部全部撤编。1997 年前,58 个空军联队减为 38 个,其中本土 31 个,海外 7 个。关闭 26 个空军基地,本土和海外各 13 个,保留 100 个基地。淘汰老旧飞机,如 F-4、A-10、B-52G 等型号,飞机从 1992 年的 4060 架减至 1997 年的 2791 架,洲际导弹由 1000 枚减为 550 枚,主要是服役 20 多年的"民兵 I 型"。到 1997 年,本土防空全部由空军后备役担负,现役空军主要负责海外作战。

"9・11 事件"以后,美国由于反恐战争的需要,又不断增加空军军费,如 2017 财年,美军全军预算 5239 亿美元,空军 1500 亿美元,占整个国防预算的 28.8%,2018 年的空军预算增加至 1830 亿美元。战机数量在经历冷战后近乎"腰斩"的削减后,又开始增加,最近几年总数量保持稳定。而情报、侦察、预警、无人机等信息作战飞机在 2007 年后几乎增加一倍。运输机则在稳步削减。截至 2015 年 9 月 30 日,美国空军共有 699570 人;其中现役官兵 317000 人,编为 14 个航空队、68 个飞行大队、5 个航天联队、3 个导弹联队,辖 194 个飞行中队、9 个洲际弹道导弹中队。空军拥有各型飞机 5472 架:主力战机 F22 和 F35,还有 F15、F16 等,侦察预警机 444 架、运输机 410 架、加油机 244 架;还掌管着 450 枚"民兵"III 洲际导弹,2000 多枚空基巡航导弹和 500 多枚洲际弹道导弹,30 颗在轨军用侦察/通信卫星,41 颗在轨 GPS 全球定位卫星;编制成 10 个司令部(作战司令部、教育训练司令部、全球打击司令部、后勤司令部、特战司令部、空运司令部、太平洋司令部、欧洲非洲司令部和后备司令部);64 个战斗/攻击/轰炸机中队,在本土和全球拥有超过 100 个主要基地;后备役部队 17.5 万人,包括 89 个飞行大队,188 个支队,共有 1145 架飞机。

空军经过不断改革,建立了集中统一的快速反应体制。

第一,美军将指挥管理由单一兵种分散管理变成多兵种集中管理,原来战略空军、战术空军和军事空运三大司令部都是自成体系,三者间仅有协调关系,这样难以实行集中统一领导。为实现"全球到达,全球力量"的思想,美国空军撤销三个司令部,成立两大司令部:空中机动司令部负责全球的空运和空中加油。空中作战司令部负责指挥战略威慑力量和空中作战力量。两大司令部还集中指挥驻欧洲和太平洋的战区空军。原来空军后勤体系主要由通信司令部、电子保密司令部、后勤司令部、系统司令部、军事司令部、空军情报局和空军气象局组成,令出多门,部局重叠,各行其是,工作效率十分低下。经过撤并简化,美国空军将后勤司令部和系统司令部合并为空军装备司令部;将通信司令部降格为通信局;将一个基地上的所有勤务保障部队统一由作战联队指挥;给飞行中队配维保养人员,负责所有的外场维护任务。经过改革,后勤集中统一的指挥效率提高了。空军作战指挥体制的另一项重大改革措施是:把空军现有的 14 个航空队全部由行政管理机构改为作战指挥机构,航空队下的空军师全部撤销,由航空队直接指挥联队。这样减少了指挥层次,提高了指挥效率,节省了大量的人力和资金。

第二,作战联队由单机种混编。美国空军的主要作战单位是联队,以前都是单一机种编成。这种联队只能执行单一的作战任务,而打击能力和协同作战能力差。从 1990 年底起,美空军开始实行多机种混编制,即由战术战斗机、战略轰炸机、加油机和空中警戒与控制飞机组成混编联队,一个基地配备一个混编联队,由一名少将指挥。这种联队能进行近程和远程打击任务,能夺取空中优势和进行空中阻滞,还能集中和分散使用空中力量。海湾实战证明这种联队作战效能较高。现美军主要采用三种混编联队:(1)应急作战联队,由战术战斗机、战略轰炸机、加油机和空中警戒与控制飞机等混编。(2)支援陆军全球快速部署联队,由战术战斗机、攻击机、战场观察机和战术空运飞机等混合编成。(3)多种任务联队,由双重任务战术战斗机和加油机等混编。全部混编工作于 1995—1997 年完成,但空军仍保留部分执行单一任务的非混编联队。混编联队的编制也相应进行了改革,由原来的联队、中队两级体制改为联队、大队、中队三级体制。新增的大队通常是 3 个,即作战大队、后勤大队和支援大队。作战大队下辖几个作战中队和 1 个支援中队。后勤大队下设保养、补给、运输和后勤支援四个中队。支援大队下设任务支援、保安警戒、土木工程和基地通信四个中队。

第三,加强对空军特种部队和情报部队的指挥与管理。美军虽然主要发展特种部队,但是 1990 年以前却没有专门的机构统一指挥空军的特种部队,而是由军事空运司令部所属的第 23 航空队负责管理,这样在作战协同上有许多困难。为了加强对特种部队的集中统一指挥,并协调好它与其他军种的关系,美空军于 1990 年 5 月正式成立了空军特种作战司令部,归美特种作战司令部指挥。这样便使特种部队有了集中统一的领导。在情报系统方面,最大的弊端是领导分散。空军情报局负责飞机、卫星和谍报侦察,电子保密司令部则负责无线电技术侦察,相互间情报不沟通,保密十分严格,效率很低。因此,美空军 1991 年 10 月撤销了电子保密司令部,并以此为基础成立了空军情报司令部,将空军情报局和空军系统司令部的外国技术处都并入该司令部。这样就使空军所有的情报侦察部门形成了一个统一高效的系统。①

第四，加强高技术武器的研制，以保持空中优势乃至太空优势，并具有快速投送兵力的能力。

经过上述改革，美空军能长期保持对其他国家空军的技术优势、火力优势、机动优势和投送兵力的优势，牢牢掌握住制空权和制太空权，确保美在各地军事战略目标的实现。

五、继续强化保持武器装备高技术优势的军事科研体制

海湾战争号称“高技术战争”，美国的高新技术装备在战争中大出风头：两颗地球同步卫星在空中运转，随时截获伊拉克的无线电讯和电话的内容，另两颗遥感卫星可探知伊军电话交谈内容。十几颗“导航”卫星不断输出导航数据，使美军士兵用接收机便可随时随地知道自己的精确方位。“长曲棍球”雷达侦察卫星能随时发现伊军的雷达设施。导弹预警卫星上的红外照相机能在敌方导弹发射几秒后便可发现敌方导弹，6 枚“锁眼”照相侦察卫星能拍摄高清晰度的敌军照片，连地面上的报纸标题都能看清。还有大量的监测装置及气象和通信卫星在发挥重要作用。美军对伊拉克境内军事目标、军队的活动等了如指掌。在“沙漠风暴”开始实施时，E-3A“哨兵”式和 EA-2C“鹰眼”式预警飞机、F-4G“野鼹鼠”式反雷达飞机、EA-6B“徘徊者”电子干扰机首先升空，和其他电子干扰装置一起对伊军实行电子干扰，使伊军雷达失灵、通信中断，指挥通信系统瘫痪。随后，盟军战舰发射精确制导的“战斧”

① 于增河：《美国空军重大改革的基本趋向》，《外国军事学术》1992 年第 3 期。

式巡航导弹,摧毁了伊军的防空系统和其他目标。随后,盟军飞机对目标实行轰炸,激光制导的炸弹可以精确地从烟囱钻进建筑物里或从窗户里钻进去爆炸。F—117A 型隐形轰炸机在轰炸中更是大显神威。伊军完全丧失了制空权,飞机无法起飞,毫无还手之力,只能被动挨打,损失惨重。

经过 38 天轰炸后,伊拉克战争机器和战略设施已受到了严重破坏。多国部队随即发动了“沙漠战刀”的地面进攻,“阿帕奇”直升机和 M1A1 型坦克又发挥了强大威力,它们在伊军坦克射程之外便将其一一击毁。多国部队很快击溃了伊军抵抗,势如破竹,围歼了伊军,地面进攻只打了 100 小时,伊拉克便屈膝求和。当伊拉克发射“飞毛腿”导弹进攻多国部队和以色列、沙特阿拉伯时,“爱国者”导弹在空中将其一一击毁。多国部队的 CI 系统发挥了巨大威力。美国运用计算机处理各种信息,美军所有部队均建立了全频道通信网络,装备了卫星通信终端设备,通过卫星把各种信息传回到国内的军事指挥通信系统和通信网络,美军统帅机构几分钟便可下达命令传到战区指挥部。这样,华盛顿指挥万里之外的远征大军,做到了准确、有序、统一、协调,美军正是在高技术领域保持了对伊拉克的绝对优势,才能以很小的代价取得战争的胜利。

海湾战争证明了以往美国武器发展以技术领先的指导方针是正确的,因此战后,美国在武器装备的发展中,更进一步大力发展高新技术装备。在军费压缩的情况下,美国却大大增加了研制武器的费用,1991 年,财政年度军事科研费用为 345 亿美元,1992 年为 399 亿美元,1993 年 410 亿美元,其中“关键技术”主要有:光子学、高灵敏度雷达、无源探测器、信号图像处理、超高速推进、信号图像处理、武器系统环境、数据汇集、超导和高能量密度材料等。在 1998—2000 年,美国在 21 世纪的具体项目上主要有七大重点技术领域:全球监视与通信技术、精确打击技术、空中优势与防空技术、深海控制与水下优势技术、登陆战技术、综合仿真环境技术和改善经济承受力技术等。

美军在海湾战争之后,把发展高技术装备放在首位。按三军来分类,其发展概况如下:

(一)在战略力量方面:由于国际安全形势变化,“星球大战”战略防御技术也发生了变化。美国防部将战略防御计划(SDI)和战区导弹防御计划(TMD)合并成一个“对付有限袭击的全球防护体系(GPALS)”,其主要任务是为美国海外驻军、派赴海外的增援部队、美国的盟友和美本土提供对付意外的、未经授权的、有限的弹道导弹袭击的手段。在这一计划指导下,美加紧研制高性能的比“爱国者”导弹更好的反导导弹。反导武器的研制费用 1991 年为 30 亿美元,1992 年为 41.5 亿美元,1993 年为 54 亿美元。到 20 世纪 90 年代末,GPALS 系统将陆续在空间部署的 1000 枚“智能卵石”反导拦截器,加上地面拦截等手段,形成三层防御体系,可防御敌方 200 枚导弹的同时袭击,全系统要耗费 400 至 500 亿美元。① 1993 年,美国又决定研制和部署“国家导弹防御系统”(NMD)。该系统由作战管理与 C3I 系统、陆基拦截弹及陆基雷达组成。整个系统在 2004 年投入运转。美国还强化战区弹道导弹防御系统。1993—1997 年,美国拨款 120 亿美元采购并部署“战区高空区域防御”系统、经过第三次改进的“爱国者”系统、舰载近程低空反导系统以及战区弹道导弹防御的作战管理与 C3I 系统等 4 大项目。“战区高空区域防御”系统是战区弹道导弹防御的主战型号,能拦截巡航导弹和各种飞机,由导弹、火控雷达等组成。

① 曲河:《美国军事技术的发展重点》,《外国军事学术》1992 年第 5 期。

1998 年组建第一个战备营。舰载反导系统采用改进的“宙斯盾”导弹系统。为更好地支援该系统,继续研制包括有 50 颗小卫星组成的“智能眼”卫星系统,该卫星可覆盖全球,毫无遗漏地探测、识别、跟踪各种威胁,并对导弹进行中段跟踪及末段向修正。该系统于 2002 年服役。

而对于战略进攻性武器,美军却大幅度削减。布什 1992 年 9 月决定将美国战略核弹头从 13000 枚减至 4700 枚;结束“海狼”SSN-21 型攻击潜艇的计划;削减 B-2 隐身战略轰炸机生产计划,由原定 75 架减至 20 架;取消“侏儒”公路机动洲际弹道导弹计划;停止生产新的 MX 洲际导弹、“三叉戟Ⅱ”潜射导弹的 W-88 弹头;将巡航导弹采购量从 1000 枚减至 640 枚。经过上述削减,可省 200 亿美元。

(二)在陆军常规武器方面:到 21 世纪初,研制计划主要有三大项:一是新型轮式车辆,更进一步增加和提高军队的越野机动能力。二是 RAH-66“科曼奇”轻型直升机。三是最重要的项目——“装甲系统现代化计划”,耗资 639 亿美元。内容为:主战坦克 BlockIII 型坦克、步兵战车、超高速反坦克导弹发射车、新型自行火炮、弹药补给车和战斗工程车,形成坦克、步兵、炮兵和工程系列配套的装甲力量。

(三)在空军装备方面:加强投入和领导,美空军在军费紧缩的情况下,1992 年科研经费仍比上年度增加 34.7 亿美元,达 151.6 亿美元。空军将 14 个研究机构合成了 4 个综合研究所,以便更好地开发高新技术。美空军发展高新技术的方针是以研究、试验、储备为主,对生产速度和数量实行控制。当前和近期需要的,优先研制和适量部署。未来的或远期需要的项目,边试验边改进,少生产或不生产,将来一旦需要便适时大批投产。

加强隐身飞机的发展。研制 B-1B、B-2、F-22、F-35 隐形战斗机为 21 世纪美军主战飞机,耗资 750 亿美元。各类飞机上均装备先进电子设备和新型导弹及激光制导炸弹。各电子系统由计算机系统控制。大力发展卫星导弹系统,发射了全球导航定位卫星,研制新型 E-8A 地面目标监视系统。为加大空运能力,重点研制 C-17 新型运输机,具有将美军人员和物资从美本土直接运至世界任何地方的能力。

(四)其他高科技装备方面,美军大力开发以下装备和技术:

一是遥控技术,美军计划将遥控技术普遍应用于空中、地面和海上。如陆军研制"无人吉普",可执行侦察、处理爆炸物等任务,可在化学、原子污染的战场上使用。空军开发新型无人机,执行侦察任务。

二是研制更高性能的传感器。美军重点研制号称智能武器"眼睛"和"耳朵"的各种传感器,以探测热、光波、声波等各种波束。美军还重点研制毫米和激光雷达,并使其微型化,广泛应用于各种武器上。

三是增大武器的智能容量。美军决定加大武器的智能容量,提高自动化水平,计划研制的导弹上将装配微型毫米波雷达和每秒能进行几十亿次运算的微电子计算机。导弹可自动搜索、寻找攻击目标,还可自动返回基地。

四是发展机器人和隐形技术。美军为减少人员的伤亡,研制军用机器人,但多是由人操纵进行的半自动机械,美军现正研制不靠人干预的高自动化智能机器人。另外,隐形技术也是提高战斗力、减少伤亡的一种高技术。美军在成功应用隐形技术于飞机上后,正在研究将其用在舰艇、车辆、导弹等多种装备上,甚至连单兵武器上也使用隐形技术。陆军研究、发展与工程中心研制了一种

“士兵整体防护系统”,该系统像潜水服一样,由高技术服装、头盔、呼吸装置、防激光眼罩、微气候空调器以及动力装置等部分组成。士兵穿上后不仅可以防弹、防火、防化、防止热能和定向能武器的危害,而且还具有行动无声和不易被发现的隐身作用。

(五)“9·11事件”之后,美国大幅度增加军费开支。20世纪90年代每年军费开支为2500亿美元,而后突破4000亿美元大关。重点还是延续克林顿时期的质量建军,加强高技术装备的研制,2001年的研制费用达到600亿美元。2017年,特朗普一改奥巴马政府兵力收缩政策,以“强军”为重点,开始重建美军,提高国防预算,比2016年增幅近5.6%,总额达到6190亿美元。2018年,美军继续扩充军备,国防预算总额上涨至7000亿美元。2019年,美国国防部公布了总金额为7160亿美元的2019财年国防预算提案,较2018年财年国防部申请额——6391亿美元,增长了12%之多,较国会通过的《2018财年国防授权法案》中的7000亿美元额度增长也超过7%,创2010年美军发布重返亚太战略后的新高。

2018年,美国以重建武装力量为主旨,将增补预算重点投向飞机、导弹、弹药购置与升级改进,加强陆、海、空、天、网能力建设与升级。

陆军大量增加预算用于无人机、MSE导弹和爱国者改进型导弹,以及标枪导弹、制导多管火箭炮、艾布拉姆斯主战坦克、布雷德利战车等的采购或升级。海军继续采购战斧导弹,还增补24架F-18战斗机、6架P-8巡逻机、2架V-22倾转旋翼运输机、2架C-40A、3套岸舰通信装置。增加的V-22运输机和P-8巡逻机有可能是为美军新建造的“福特”级核动力航母配备飞行编队。空军增补5架F-35、5架HC/MC-130,还将对F-16、C-130和轰炸机进行升级改造，增加购置空射巡航导弹 ALCM 安全系统、“民兵”洲际导弹安全设备等战略及战术安全系统。

科研费投入方面，2017 财年，特朗普政府科研预算相比 2016 财年增长近 7.7%，超过 2001 年以来科研费年均增长率。增补的科研预算主要投向先期技术开发、先期部件开发和原型化、系统开发与验证、作战系统开发等工程研发与制造阶段项目。如陆军的 LRPF 远程精确火力导弹项目，海军的远程反舰导弹（LARSM）项目，特别是空军的“下一代空中优势”（NGAD）战斗机项目从 2000 万美元猛增至 1.678 亿美元。

2018 财年，美国国防开支 7000 亿美元，在发展高技术武器装备的同时，尤其加强了对支持海外应急行动、发展先进军事科技、增强导弹防御能力等方面的研究和投入。主要包括增加采购“联合攻击战斗机”及近海战斗舰，放弃饱受争议的“航天军”计划。为了推进国防科技创新，保持军事技术领先优势，2018 财年美国防部投资 132 亿美元用于“科学与技术”（S&T）领域，约占 2018 财年国防基础预算的 2.3%，比 2017 财年国防预算的“科学与技术”（S&T）经费（125 亿美元）增加 5.6%。科技创新投资的重点内容包括：99 亿美元用于导弹防御领域，其中导弹防御局将获得 79 亿美元的投资，较 2017 财年增长 3.79%；继续支持美国与国际盟友一同建立区域一体化导弹防御系统，以提高前沿部署部队、盟国和国际伙伴应对短程弹道导弹（SRBM）、中程弹道导弹（MRBM）和远程弹道导弹（IRBM）的能力；支持跨域联通系统建设、有人与无人自动化系统编组研究、高速打击武器、高效率涡轮式发动机和激光武器。

2019 财年，美国的国防预算主要用于增强美国武装力量、导弹防御和战备等，以增强美国的核能、太空和网络空间的实力；包括 6170 亿美元的基本预算资金和 690 亿美元的战时豁免资金,是政府预期 7160 亿美元国家安全要求(包括能源部核计划)的一部分。

总之,美国军方正同科技界和工业界密切合作,大力发展高技术装备,从 20 世纪 90 年代到 21 世纪,更新一代的高技术装备将广泛装备到美国的陆海空三军。美国雄厚发达的工业生产和高度发达的科技水平将在未来很长时间内使美军继续在军事装备上保持世界领先地位。

六、建立国土安全部和新的军兵种

"9・11 事件"后,美国 2002 年颁布《国土安全法》,专门成立了国土安全部。国土安全部是由海岸警卫队、移民和归化局及海关总署等 22 个联邦机构合并而成,工作人员 17 万多名,年预算额接近 400 亿美元。美国国土安全部总部位于首都华盛顿的内布拉斯加大道广场,还征召了 5 万多名国民警卫队和预备役人员,拨了巨额资金。这是美国历史上最大的一次政府改革。2004 年 3 月 1 日重组后,国土安全部成立了国家事故管理系统;目的是向美国三层次行政区划(联邦、州、本地)提供全国性一致的援助。几个月后,国家应变计划部门成立,目的是调整联邦政府部门的原有协调架构,统一进行本土事故管理。2013 年达 240000 人,年度预算额 608 亿美元。

国土安全部的主要职责是保卫国土安全及相关事务,使美国能够更加协调和有效地对付恐怖袭击威胁。该部主要负责四方面的工作:

(1)加强空中和陆路交通的安全,防止恐怖分子进入美国境内;

(2)提高美国应对和处理紧急情况的能力；

(3)预防美国遭受生化和核恐怖袭击；

(4)保卫美国关键的基础设施，汇总和分析来自联邦调查局、中央情报局等部门的情报。

除了建立国土安全部，美国还组建新的军兵种：

(一)设立网络作战部队

随着互联网技术的飞速发展，网络在军事上具有战略意义。为此，美国组建了网络作战部队和指挥机构。

从20世纪90年代开始，为确保美军全球信息栅格系统中的陆军部分高效安全运行，美国陆军围绕网络作战行动概念，进行了一系列组织结构调整，解散了信息系统司令部，先后组建了陆军信号司令部以及网络企业技术司令部等机构，逐步形成基于技术、防御为主、重在应急的网络作战基本组织架构。2005年，美国战略司令部发布了《全球信息栅格网络作战联合作战概念》，对这一时期美国陆军网络空间力量建设的组织结构进行了详细说明，将陆军网络作战体系组织架构划分为三个层次：

(1)在陆军太空和导弹防御司令部/陆军战略司令部的指挥下，作为陆军网络作战行动唯一的领导机构，陆军全球网络行动和安全中心负责态势感知和指挥协调工作，在美军联合部队网络力量体系中，该机构发挥军种全球网络作战与安全中心的功能。

(2)战区网络行动和安全中心是各作战司令部的支持元素，负责“指导网络作战行动，管理和防御属于陆军管辖的全球信息栅格元素”。

(3)战区内各地区网络行动和安全中心构成了陆军网络作战体系的第三个层面。

此外，陆军计算机应急响应分队是应对网络突发事件的处置力量,在紧急情况下可以接受全球网络作战特遣部队的战术控制,每个战区网络行动和安全中心也都建立了计算机应急响应分队。随着美军对于网络空间依赖程度的加深,控制和削弱网络威胁持续成为美军关注的重点任务,组建独立负责网络空间作战指挥机构的呼声日益高涨。

2008 年,在“扬基鹿弹行动”的直接推动下,美军决定结束军种单位独立分散发展网络作战能力的局面,通过并、撤、转、改等措施对相关机构进行结构重组,成立全面负责网络空间作战的联合指挥机构,美国陆军网络力量组织建设也进入快速发展阶段。由于意识到网络作战行动将对军事领域产生更加深远的影响,美国陆军在作战部队层面投入大量资源,通过全球部署分散发展的方式形成网络空间作战组织的基干力量。例如,陆军在 2008 年 7 月启动了第一支网络战营,其能够提供战术支持、旅战斗队支援以及向其他军种单位、联合部队甚至跨机构伙伴提供战略支援;陆军还对网络作战行动的上层指挥体系实施调整,从而使相关行动得到适度权限的监管。在这个时期,陆军未来网络作战力量都以分队形式整合在军种和联合部队架构下作战单位的内部,包括从国防信息系统局、全球网络作战联合特遣队、国家安全局到旅战斗队等各个级别的战略和战术机构。

2009 年 5 月 29 日,白宫组建网络安全办公室。6 月 23 日,时任美国国防部长盖茨签署命令,正式成立美军网络战司令部,征召 4000 名士兵组建一支网络战特种部队。首次把网络防御、网络资源利用及网络进攻能力整合到一个统一部门的领导管理之下。网络战司令部作为美军一级职能司令部——战略司令部的下属司令部,具有指挥协调整个美军网络空间作战的权威职能。随后,美军各军种对应成立了各自的网络司令部和作战部队。伴随着美军全球信息栅格系统的高速发展，基于信息技术系统作战的概念研究不断走向深入，最终美军的作战理论 将网络空间确立为一种与陆、海、空、天并列的作战领域。在这种背景下，美国陆军将网络空间力量建设作为推进陆军现代化进程的关键因素，决心按照正规军事化组织的标准和结构高质量建设网络作战部队。与此同时，作为日后组建陆军部队网络司令部的过渡性措施，陆军决定保留陆军太空和导弹防御司令部/陆军战略司令部的组织架构，并将其重新命名为陆军部队网络司令部。

2010 年 2 月，美国陆军宣布在此基础上正式组建陆军网络部队司令部，其在组建和初始建设阶段的工作主要围绕三项任务展开：实现网络空间军事力量作战化、增加陆军网络作战力量的能力和规模、发展陆军网络空间专业人才队伍。陆军网络司令部成立以来，美国陆军围绕网络空间军事力量作战化的目标，通过新建、调整、转型和融合等手段逐步建立起完善的网络作战力量组织结构。陆军网络司令部下新成立的陆军网络空间作战与整合中心实际上发挥了指挥控制和协调同步的核心作用。该机构与此前的陆军全球网络行动和安全中心功能类似，但是除了在执行全谱网络空间作战行动过程中提供清晰、简洁、及时的指导以外，该组织还负责与陆军其他司令部、其他军种单位中的同类机构、美国网络空间联合作战中心共享信息。在机构建立之初，网络空间作战与整合中心的部分人员还直接加入美国网络司令部参谋机构，从而更好地促进实现联合部队与军种单位网络作战行动的指挥统一。

在作战部队建设层面，以野战信号部队为主体的网络企业技术司令部/第 9 信号司令部转隶陆军网络部队司令部，陆军情报和安全司令部所属网络空间作战部队的作战指挥权也由陆军网络司令部掌握。通过作战部队职能转型，促进传统作战能力向网络空间作战能力发展。通过这种组织调整,陆军网络司令部第一次掌握了前沿部署作战力量,能够形成全球存在态势并具备远征能力,可以向作战指挥官提供更加全面的战斗支援能力。值得注意的是,网络企业技术司令部以及情报和安全司令部的指挥官都在陆军网络司令部担任副司令,分别负责不同类型的网络作战行动任务,基本形成了原信号部队主管网络防御、原军事情报部队主管网络进攻的模式,从而将此前离散部署、松散联合的网络空间相关组织整合为一支完备的陆军网络力量。

此外,陆军网络司令部在 2011 年还被赋予执行信息作战的任务,掌握第 1 信息作战司令部的作战指挥权,情报和安全司令部下属的第 780 军事情报旅也将转型为陆军网络司令部直接指挥的网络旅。

陆军网络司令部成立后,网络空间军事力量作战化始终是其中心工作,这一点在陆军网络力量组织不断优化整合的过程中得到突出体现。对于当前已经形成的网络作战、电子战、信息作战、军事情报甚至太空作战能力,美军陆军在进行网络军队组织结构设计时也体现出融合多种能力的趋势。美国陆军还在网络部队建设中积极推进整体型军队模式,突出国民警卫队和预备役网络力量的发展。经过多年建设,美国陆军网络力量组织结构已经基本形成。

在总部机构层面,为了进一步完善网络空间作战行动的指挥程序并实现意图统一,陆军在 2014 年 3 月批准陆军网络司令部为陆军部队组成总部,同时指定第 2 集团军为其直属单位,而网络企业技术司令部成为第 2 集团军直接指挥的网络作战部队,网络企业技术司令部指挥官兼任第 2 集团军副军长。而且在前一年,陆军已经在美国网络司令部和陆军总部的指导下开始组建联合部队网络总部,其将对网络空间作战部队实施任务指挥,并且具备直接支持作战司令部的网络作战能力。

2014 年 3 月,美国训练和条令司令部在原信号卓越中心的基础上,整合其他相关专业力量元素,组建了陆军网络卓越中心,目标是在 2015 年 10 月使其具备指导网络、信号和电子战部队训练的全面能力。网络司令部下属的网络空间促进办公室也被合并入网络卓越中心,从而进一步增强网络卓越中心在总结网络部队建设经验教训方面的优势。

通过实施条令出版项目,网络卓越中心试图合并原有的信号和电子战部队条令,根据陆军“2015 条令体系”的相关要求开发全新的网络空间作战、电子战以及信号部队条令。目前,陆军已经完成了对野战条令 FM6-02《信号部队支持作战行动》的修订,指导信号部队向网络部队进行职能转型;第一次发布了野战条令 FM3-38《网络电磁行动》,明确了陆军在统一地面行动中整合网络电磁活动的总体原则、战术和规程;作为陆军网络军队建设的根本性指导文件,野战条令 FM3-12《网络空间作战》也基本完成了最后的批准程序,于 2015 年正式在陆军内部发行。以上述条令文件为主体,网络卓越中心继续完善数十种相关陆军条令出版物的编撰发布工作,构建完整的陆军网络空间作战技术、战术和规程体系,为陆军网络部队建设提供全面理论指导。

美国陆军将推进网络训练正规化发展视为提高网络作战和战备水平的根本途径。在陆军网络卓越中心组建的同时,陆军网络学校作为其下属机构在原电子战学校的基础上成立,而且陆军信号学校也在网络卓越中心的建制下继续得以保留,陆军关于网络空间力量正规化设的“条令—组织—训练—资源—领导力和教育—人员—设施”模型得到进一步完善。通过整合网络空间教育训练力量,促进网络部队正规化发展。

随着陆军网络兵种(“17-系列”职业管理领域)的设立,陆军要求进入网络职业领域的新任职人员必须完成网络学校的驻校训练项目,从信号、情报和信息作战部队等单位调动到相应网络作战岗位的大量人员也需要进行新的职业教育训练,上述两所学校将共同对新成立的陆军网络兵种单位的军官、准尉和士官进行单个人员技能训练。例如,军官领导力基础训练课程于 2015 年 8 月在网络学校正式启动,为期 14 周的准尉军官高级训练项目则在 2016 年 5 月开始实施。对于陆军在 2015 年 10 月征募的第一批网络作战士兵,其必须参加的高级个人训练项目则在 2016 年 2 月开始。由于网络空间作战行动本质上具有联合作战的属性,高级个人训练项目为期 22 周的第一阶段训练内容是海军联合网络分析师课程,第二阶段训练同样持续 22 周,训练场地也会从海军设施转移到陆军网络学校。

美国还重视国民警卫队和预备役网络力量,突出支援和协调功能。针对网络作战力量的发展问题,陆军认为预备役部门可以协助现役部队分担部分任务,能够在必要时迅速提供具备较高训练水平的增援力量。因其独特的双重法律定位,陆军国民警卫队可以发挥各州与联邦政府机构、民事与军事组织、私营与公共部门之间的衔接作用,具备发展网络空间能力的天然优势。因此,陆军在网络作战力量发展过程中也注重相关预备役组织的建设。例如,第 1 信息作战司令部还包含 4 支预备役部队战区信息作战大队,其都具备提供信息作战和网络空间计划、分析、技术支持能力。根据陆军国民警卫队 2014 年 6 月与陆军网络司令部签署的一份备忘录,陆军国民警卫队将其在此前一年组建的 1 支网络防御分队转隶于陆军网络司令部/第 2 集团军。这支被称为第 1636 网络防御分队的网络部队处于《美国法典》第 10 卷的服役状态，即全时服役状态，其与陆军网络司令部其他现役部队共同接受同等标准的训练，并共同执行所有类型的任务。

现在，美国的网络作战力量分为两部分，即军方和情报机构。2010 年 5 月，网络战司令部启动并于 10 月全面运作。网络作战司令部隶属于美国战略司令部。网络作战司令部在 2017 年成功升级，成为美军第十个一级联合作战司令部，麾下有 133 支网络作战部队，规模在 6200 人左右。

美军黑客部队主要是在战场发动网络攻击，干扰、劫持对方的指挥、通信网络，使其瘫痪，配合其他作战力量掌握战场主动权。当战机、大炮在前线狂轰滥炸的时候，美军网络部队也会直接攻击对手的民用基础设施，使对方的交通、电力、供水和银行系统瘫痪，甚至可以利用特殊的计算机病毒黑掉核电站。美国情报机构会大量过滤互联网信息，对社交媒体、邮箱、智能手机、互联网电视等实行监控。

美军可以将互联网上的攻击转变为现实的战争。美军网络战样式大致可归结为网络情报、网络阻瘫、网络防御、网络心理、网电一体等五种。美国有三大网络武器：

（1）“舒特”：发送病毒电磁波，能通过无线监测任意一台电脑产生的电磁辐射，掌握该电脑的使用情况，从而在“有事”时直接向目标电脑发射带有病毒代码的电磁波，将病毒代码强行“写入”电脑。

（2）“野蜂”：解码领空窃密，美军网络司令部已拥有可潜入敌后的“无线网络空中监视平台”，取名“野蜂”。“野蜂”在外观上如同一架步兵用无人侦察机，一旦进入敌方空域，就能自动识别出哪里有无线网络信号。其自带的 Linux 系统处理器具有超高运算速度,能对网络中传输的密钥进行“鲸吞式解码攻击”——即用所有可能正确的密码全试一遍,进而侵入敌方网络中进行窃密及欺骗活动。

(3)“震网”:“震网”病毒是美国与以色列携手开发的。它是一种席卷全球工业界的病毒,也是世界上首个网络“超级武器”。2010 年 7 月,伊朗的一些用于铀浓缩的离心机因受“震网”感染无法运行。

(二)建立太空军

美国早在 1985 年就成立了全美航天司令部,隶属于空军和战略司令部,标志着美国太空军的诞生。美国于 1993 年建成了太空战争研究中心,包括太空战研究室、太空战学院和第 527 太空进攻中队,并进行了大规模的太空军事演习,假想太空战在 2017 年爆发,演习主要是围绕如何让对方的卫星失去作用。演习使用的主要武器是激光炮和微型卫星。美国退出反导条约就是为实施国家导弹防御系统扫清障碍。这样可以抢占太空制高点,利用高科技太空战略,完成称霸世界的美梦。此外,美国提出在未来十年内耗资 600 亿美元,开发红外成像卫星和新一代空间雷达网络;设计更加灵活质轻的微型卫星,开发载重能量更大,可释放卫星、为卫星加添燃料、能更换软硬件的无人驾驶空天飞机;建立跨信息通信体系,用多波束无线电宽带通信卫星来实现美军在全球范围内的信息共享,用激光束可选择技术来替代现有的无线电信号技术、新一代太空激光拦截技术等。

2018 年 3 月,特朗普组建太空军的想法,被写入《国防战略》报告。特朗普于 2018 年 6 月 18 日下令美国防部立即启动组建的军队,太空军独立于空军,成为美国武装力量的第六军种。他同时签署了一份“太空政策指令”。根据这份命令,美国将寻求建立一个更加安全的太空环境，构建太空运行管理系统，制定监测跟踪太空垃圾的长效机制，同时制定新的人造卫星设计和运行标准。同年 8 月 9 日，副总统彭斯公布五角大楼关于美国太空军的详细计划，欲投入 80 亿美元，包括建立太空发展机构、发展太空作战部队、立法支持创建计划、建立太空司令部、太空作战部队、太空开发局等，在 2020 年前，即特朗普任期结束前建成“太空军”。同年 12 月 18 日，特朗普签署法令，设立太空部队司令部。

美国“太空军”目标就是在外太空部署武器，直接干掉敌国的轨道卫星。特朗普表示：美国对地外空间的探索事关国家安全。美国在太空中仅有“存在感”是不够的，还要具有“统治力”。建立太空军对于维护美国的国家安全而言至关重要。

美国“太空军”的编制如下：

（1）航天发射部队：由完成运载卫星和航天器发射任务的检查、测试、总装、对接、推进剂加注、瞄准发射等的人员组成。各航天发射场的军职人员就属于天军航天发射部队。

（2）航天测量跟踪管理部队：由完成轨道测量和控制、航天器内部工作参数测量和航天器控制的军职人员、各地的航天测控中心及台站的人员组成。

（3）防天监视作战部队：由监视敌对国的航天器和洲际导弹发射的人员及截击敌方导弹或军事航天器的作战部队组成。接到攻防任务后通过反卫星卫星、反卫星导弹、束能武器和动能武器实施拦截作战。

（4）军事航天员部队：就是在航天飞机、空间站或宇宙飞船上执行军事任务的航天员队伍，负责战役管理以及监视来自空中、水下和地面发射的洲际导弹，跟踪外层空间的敌方军用航天器。发现情况后及时预警，完成空间攻防的军事任务。

太空军的作战平台大致有三类:

(1)航天飞机:它是目前为止天地间运送人员和物资最主要、也是最有效的交通工具。航天飞机可部署、维修、回收各种军用卫星,对太空武器如高能激光、粒子束等武器进行太空校试,操纵各种设备进行太空侦察,或直接作为航天战斗机和航天机动舰队,进行太空战或攻击空中、地面、海上目标。

(2)载人飞船和空间站:两者一般配合使用。载人飞船是天军航天员通过弹道式轨道升入太空及返回地面的最小交通工具;空间站又称太空站、航天站或轨道站,是供天军航天员长期生活和工作的场所,太空战时可作为天军作战指挥部和武器平台,也可作为天军重要的空间基地、空间作战指挥中心。

(3)航天母舰:它在太空中就像航空母舰在海洋中,是航天飞机的起降平台。依据作用及形状不同,航天母舰可分为宇宙飞船型、飞艇型、飞翼型和地球航天母舰,其中宇宙飞船型航天母舰飞行在离地面36000千米的地球同步轨道上。计划中的这种航天母舰十分巨大,可装载四架航天飞机、两艘太空轮船、一个轨道燃料库和一个太空燃料补给站。它将是天军的大本营,天军的总指挥部就设在航天母舰上。它统一调度、指挥各种航天器上的航天员进行太空训练与作战。另外,这种航天母舰一般还大量装载各式各样的太空战武器。

作战武器:

以技术水平及可能的发展来看,太空战所使用的武器主要有各类军事卫星、载人航天器、反卫星导弹、反导弹导弹、定向能武器、电磁炮、轨道及部分轨道轰炸系统等;按其作战平台所处的空间分为天基和地基两大类。其中,侦察、预警、导航、通信卫星技术已相当成熟。攻击性的天战兵器多数仍处于试验阶段。主要包括以下几种：

(1)定向能武器系统：通过发射高能激光束、粒子束和微波束照射目标，使目标毁坏或丧失工作能力。定向能反卫星武器包括激光武器、粒子束武器和微波武器，部署平台有地基、空基和天基。定向能武器主要以热效应、冲击效应和辐射效应杀伤卫星。定向能武器能量大、速度快、精度高，通过定向照射目标，使运行轨道上卫星的传感器、光电仪器失效。较成熟的定向能武器是激光武器。激光武器反卫星的方式通常有两种：一是利用高能量的激光完全摧毁卫星，二是利用低能量激光干扰和致盲破坏其光电传感器。由于卫星轨道容易探测到目标，光电仪器设备的破坏阈值较低，因而相对于战略反导激光武器而言，其技术难度较小，费用较低。

(2)激光武器：美国防部正在研制至少一种太空激光武器。激光武器的本质就是利用光束输送巨大的能量，与目标的材料相互作用，产生不同的杀伤破坏效应，如烧蚀效应、激波效应、辐射效应等。正是靠这几项效应，激光武器成为理想的太空武器。这种武器可以装载在航天飞机之类的太空飞行器上，可以用来击落诸如飞毛腿之类的弹道导弹。该武器很容易用于进攻地面、天空或太空中的目标。这种激光武器在2020年后才可能正式生产出来。

(3)粒子束武器：它是利用粒子加速器原理制造出的一种新概念武器。带电粒子进入加速器后就会在强大的电场力的作用下加速到所需要的速度，这时将粒子集束发射出去，就会产生巨大的杀伤力。粒子束武器发射出的高能粒子以接近光速的速度前进，用以拦截各种航天器，可在极短的时间内命中目标，且一般不需考虑射击提前量。粒子束武器将巨大的能量以狭窄的束流形式高度集中到一小块面积上，是一种杀伤点状目标的武器，其高能粒子和目标材料的分子发生猛烈碰撞，产生高温和热应力，使目标材料熔化、损坏。

(4)微波武器:由能源系统、高功率微波系统和发射天线组成,主要是利用定向辐射的高功率微波波束杀伤破坏目标。微波波束武器全天候作战能力较强,有效作用距离较远,可同时杀伤几个目标。特别是微波波束武器完全有可能与雷达兼容形成一体化系统,先探测、跟踪目标,再提高功率杀伤目标,达到最佳作战效能。它犹如无形的神鞭,既能进行全面毁伤、横扫敌方电子设备,又能实施精确打击、直击敌方信息中枢。可以说,微波武器是现代电子战、电磁战、信息战不可缺少的基本武器。

(5)动能武器系统:美国的“智能卵石”拦截弹、大气外弹头拦截系统、电子炮等。所谓动能武器,就是能发射出超高速运动的弹头,利用弹头的巨大动能,通过直接碰撞的方式摧毁目标的武器。这里最重要的一点是动能武器不是靠爆炸、辐射等其他物理和化学能量去杀伤目标,而是靠自身巨大的动能,在与目标短暂而剧烈的碰撞中杀伤目标。所以,它是一种完全不同于常规弹头或核弹头的全新概念的新式武器。

(6)动能杀伤拦截器(KKV):美国陆军自20世纪80年代以来一直致力于发展利用动能反卫星的武器系统。该系统除地面控制系统外,还可携带动能杀伤拦截器(KKV)的3级固体助推火箭从发射井发射,其末端制导采用可见光导引头,并运用推力矢量技术调整KKV的姿态和轨道,直至将KKV导向卫星。美国国家导弹防御系统的运用红外成像末端制导和推力矢量技术的动能拦截器也兼具反卫星的能力。这两种利用动能的反卫星武器系统已接近实战水平。

美国劳伦斯·利弗莫尔国家实验室提出了一种被称为“智能卵石”的天基动能拦截弹方案。“智能卵石”集目标探测、跟踪、寻找、拦截等各种功能于一体,可以由运载火箭或其他航天器运载,部署在环绕地球的各种轨道上。当“智能卵石”接收到攻击指令时,它上面的高性能计算机可以根据探测系统侦测到的目标数据,迅速计算出目标的精确位置和飞行轨道,发出控制指令,控制拦截导弹对目标发起攻击。“智能卵石”体积小、重量轻、成本低,便于大量发射升空。如果用运载能力为5吨多的美国“大力神”火箭发射,一枚火箭一次就可以向太空轨道部署“智能卵石”上百枚。“智能卵石”已经进行过地面上的试验。

电磁炮是利用电磁力发射高速弹丸的装置。美国国防部和美国空军正在进行一项名为“电磁轨道系统”的天基动能武器研究计划,由安装在模拟空间环境的真空室里的电磁炮发射的小型弹头的速度已达8.6千米/秒。电磁炮可用于拦截洲际弹道导弹和中低轨道卫星。电磁炮工程技术复杂,仍仅仅停留在实验室研究阶段。

(7)太空雷系统:速度极高,即使是极小的物体,也能对卫星产生极大的破坏力。由此,太空雷的概念应运而生。太空雷是一种轨道封锁武器,由爆炸装置、引信、遥控系统和动力系统等构成,平时部署在空间轨道上,形成一定的障碍。当军事航天器进入雷区时,太空雷通过自身引信或地面的指令来引爆,以爆炸形成的碎片击毁航天器。太空雷可以预先部署,也可以机动部署。

太空雷的另一种方案是利用卫星携带大量的非机动小物体,在需要时从卫星释放出来,运行在地球轨道上,形成地球轨道封锁区。由于卫星和颗粒之间的相对速度高,所有经过的目标卫星都会遭到损害或毁坏。

太空雷造价低廉,作用大。太空雷一旦部署,将会对轨道上的航天器造成灾难性的影响,后患无穷。太空雷方案仅仅停留在实验室中,并没有实际部署,但未来仍是反卫星的一种选择。

(8)太空核爆炸:一种利用核爆炸的辐射能迅速扩散到大范围的武器,在无须直接对准卫星的情况下,对敌方卫星进行攻击。高空核爆炸将产生两种后果:一是核爆炸所产生的高功率电磁脉冲能使卫星失效,二是核爆炸所产生的 X 射线、中子等辐射足以给附近的卫星造成严重的破坏。高空核爆炸能使低地球轨道上各种卫星的寿命由几年缩短为几个月甚至更短。

研究表明,在南北纬 30 度以外的高空核爆炸可以影响 2000 千米高度以上轨道上的卫星,而南北纬 30 度以内的高空核爆炸可以影响 2000 千米高度以下轨道上的卫星。这种攻击武器可以假借核试验的名义对卫星进行攻击。美国、俄罗斯等国已经拥有高空核爆炸反卫星能力。

(9)电子攻击:对卫星进行电子攻击是一种低成本的"软"攻击方法,攻击的主要目标是通信卫星和其他卫星的通信、数据与指令链路。所有卫星通信系统的上行链路和下行链路都易受到干扰和欺骗,使卫星离开原轨道或者使其太阳能电池板偏离阳光方向。商业和民用卫星由于没有防护措施,很容易遭到电子攻击。由于有相当一部分的军事通信是利用商业和民用卫星来完成的,对这些卫星的攻击也将使军事行动的开展受到影响。

作战特点:

太空军作战(航天战)是指敌对双方在外层空间和宇宙空间进行军事对抗,并为陆战、海战、空战提供军事支援,其主要特点如下:

(1)高度自动化、高度协调的整体作战体制。航天兵器是侦察系统、通信系统、指挥系统、控制系统、武器打击系统及供应系统互相连接而成的高度自动化系统。可使作战行动,如目标识别、地形判断、自动攻击目标及反干扰等自动协调完成作战任务。航天武器与地面的协调作战,如利用空间站或月球基地作为天基平台,发射定向能武器、动能武器和激光武器,摧毁飞机、导弹、水平舰艇、地面坦克群、指挥中心、导弹发射阵地等。这一体制是高度协调的整体作战体制。

(2)高度的作战效率,精确地打击目标。在二战期间,消灭一个目标,如桥梁、车站、机场,平均要投放5000枚炸弹。到了越战,这一比例降至1∶500。在海湾战争中,美军借助太空技术指引新式激光制导炸弹,其命中率为1∶10。目前,通过GPS定位数据,能更准确地锁定目标,利用卫星制导,把误差限制在1米以内,可以说是百发百中。全方位、高立体的侦察探测系统使获取情报的时间极大缩短、处理情报的时间加快、决策过程科学而快捷等,能更好地掌握战争的主动权,速战速决成为现代战争的特色。

(3)作战空间广阔,无所谓前方后方。海湾战争时,由卫星提供的图像及数据使巡航导弹、B52轰炸机等可以攻击任何目标。军事对抗的重点正由有形的地域向无形的如间谍卫星信息网络空间拓展。在未来的作战行动中,信息网络的控制强度,不但会夺取陆、海、空多维空间的自主权,而且将深刻影响政治、经济、文化及社会心理。

七、反恐军事立法建设

在司法上,美国通过完善立法工作,为反恐斗争提供必要的帮助。如国会于2001年9月14日通过《授权法案》,允许小布什政府动用美军对付恐怖组织。小布什于2001年10月26日签署《爱国者法案》,为安全部门开展反恐行动而进行的截听情报行为提供适当的法律帮助。《爱国者法案》的通过使一些相关的重要法令发生了关键性的变化,例如《窃听法》《电子通信保密法》《计算机欺诈与滥用法》《外国情报监听法》《家庭教育及隐私权法》《录音笔和陷阱跟踪规约》《反洗钱法》《移民与国籍法》《洗钱控制法》《银行安全法》《金融隐私权法》和《公平信赖报告法案》,等等。这些变化赋予了联邦政府即使在没有搜查证的前提下,也可以对国内民众进行监控的权力,政府可以在非常状态下接触到如通话记录、学生档案这样的公民个人隐私信息,并追踪个人网络活动的兴趣之所在。这些立法有效地配合了美国的反恐斗争。

八、美国海外军事基地制度

为了维护美国的利益和推行霸权主义,美国建立了海外军事基地制度。目前美海外军事基地共有 374 个,分布在 140 多个国家和地区,驻军 30 万人;本土基地 871 个,其中海军基地 242 个,空军基地 384 个。美军在全球设有六大战区司令部,分别是北方司令部、印度洋—太平洋司令部、中央司令部、欧洲司令部、南方司令部和非洲司令部,分别负责全球几大区域的事务。美国在欧洲的驻军就已经达到了 11 万人,几乎是遍布整个欧洲大陆;在沙特、埃及、卡塔尔这些地区,常驻了两万多的美国士兵;甚至在波斯湾附近的地区,美国还部署了一个航母群的战斗兵力;整个太平洋地区,美国一共有十万多的兵力部署;美洲大约只余留了一万多的兵力,在古巴、巴拿马等地几乎只有几千的驻兵,在加拿大等地也不足千人。①

九、建立高效精干的后勤供应体制

世界科学技术的飞速发展,改变了战争的面貌,也给军队的后

---

① 参见樊高月、宫旭平编著:《美国全球军事基地览要》,解放军出版社 2014 年版。

勤供应带来了新的问题和挑战。美国军队在此期间为了适应战争形势的变化,不断进行改革,使后勤供应体制变得高效精干。除了前面谈到的后勤指挥机构外,对后勤体制改革的主要做法如下:

(一)建立集中统一的后勤管理机构

进一步进行后勤供应体制改革,主要有以下措施:

一是建立畅通的采购管理渠道。由负责采购的国防部副部长主管全盘工作,下面各军种部也分建精干的管理系统;1 名助理部长负责本军种全部采购计划的管理人员。各层人员职权明确。

二是保持采购计划的稳定性,可节省采购经费。一些重大武器的采购项目采取了“多年采购”的办法,通过签“多年采购”合同,订购的军火批量大,比每年签一次合同节省 60 亿美元的经费。①

三是精简采购文件,提高采购工作效率。多年来,美国的武器装备的采购一直受到烦琐的指令和规章等文件的困扰,这些文件往往相互矛盾和混乱。为解决这种问题,国防部审查后精简了不合理文件,在 500 种与采购有关的国防部文件中,取消、合并或修改了 400 种。并对各种保留文件进行修改,使之更简明扼要。

四是对采购工作集中统一管理。主要做法:(1)合并和统一管理补给仓库。为改变三军种部和国防后勤局分头管理补给仓库的做法,改由国防部统一领导一般补给仓库的物资供应,在一些仓库密集区,采取合并仓库统一进行补给的措施,这样做可以大大节省经费。如仅旧金山海湾地区 5 个仓库采用这一办法,便在 1991—1995 年节约 1.27 亿美元和 800 套住房。(2)提高维修设

---

① 钱俊德等:《美国防部加强国际管理的几项措施》,《外国军事学术》1992 年第 1 期。

施的效益。国防部成立了国防维修设施委员会,采取各部充分利用维修设施的容量、关闭不必要设施、在维修中加强竞争、提高维修工作效率等措施,节约了大量开支,如美国海军航空兵已将飞机机架发动机的维修工作集中于一个地区进行,发动机的维修设施由 5 个减至 3 个。(3)统一管理消费补给品。美国三军兵种部和国防后勤局管理的补给物资约 500 万种、价值约 1000 亿美元,其中 400 万种是消费品,国防部正将这类消费品由国防后勤局统一管理。这样做可大大减少浪费,节约开支。

五是成立国防财会军,由审计长统一直接领导国防部及各军队的财务工作。实行统一的信息管理,成立由私营部门和国防部专家组成的管理性质小组,负责向国防部和第一部长提出有关国防部加强信息管理的建议。还成立了信息技术小组和一般信息业务小组,并在国防部内建立了一个专门负责信息管理的机构,将计算、电信、信息等有机地结合起来。

(二)对后勤系统进行大规模的精简整编

从 20 世纪 80 年代末到 1995 年,美军进行了 4 轮基地调整和关闭行动,共有 97 个大型设施被关闭,55 个进行了调整。随着军事力量运用方式由“前沿部署”与“快速增援”相结合,转变为“海外军事存在”与“力量投送”相结合,美军的大批武器装备、作战物资和后勤部、分队相继撤回本土,或者就地销售和移交。国防部的库存面积由 6.13 亿平方英尺减少到 3.53 亿平方英尺,减少了 42.4%,储备能力下降了 32%;次要军用品的库存减少了 35%,其价值从 1070 亿美元减少到 696 亿美元。① 经过多年的精简整编,

① 王明礼、王通信:《外军后勤理论与实践》,军事科学出版社 2001 年版,第 120 页。

美军后勤的规模压缩了 1/3。国防后勤局在 1998—1999 财年间关闭了 70 个国防物资再利用与销售办事处。到 2000 年,美军的物资储备点已从以前的 34 个减少到 19 个,次要军用品的库存从 696 亿美元减少到 550 亿美元。1997 年后的 5 年间,美国防部裁减了 3 万人,几乎全都是管理和保障人员。美军强调必须深入进行军事后勤革命,进一步精简后勤力量,建设与改革高技术、高质量、高效率的后勤保障系统。美陆军器材部后勤副参谋长威廉姆斯少将在《陆军》杂志上撰文指出:“进行军事后勤革命,就是要寻求为军队减轻后勤负担的有效途径”,“必须把后勤摊子缩小到适当的程度……以速度代替数量”。① 2003 年前,美军又关闭和调整了一批基地。

(三)后勤指挥系统实现了信息化

随着信息技术的飞速发展,美军后勤指挥系统的自动化程度也获得了突飞猛进的发展,遥遥领先于世界各国。如美陆军 1 个师即配备“陆军战术后勤计算机”60 台,“分队级后勤计算机系统”120 台;再如,海湾战争中,美军投入了大量电子计算机和其他先进的指挥技术设备,例如后勤信息处理中心配有大型、小型计算机和 PC 机几千套,为保障这些设备运行占用了工程技术人员多达 1500 人。在海湾战争中,美军后勤从总部到战区乃至作战部队,都建立了比较完善的后勤自动化指挥管理系统,并和美军的 C^3I 系统联网。例如,军事空运司令部使用了全球决策支持系统,并临时在国防数据通信网上开设了一个“标准信息管理系统”,使数十万兵员的调动,数百亿美元的开支,以及各种型号的武器装备和物资的保障得以快速实施。此外,海湾战争中,美军不仅参战各

① 内部资料:《美军后勤研究》,国防大学训练部 1989 年,第 19 页。

军兵种类型繁多,而且武器装备,尤其高技术兵器繁杂。为实施顺畅的、高效的后勤保障,要求后勤必须具有综合保障能力,即既可保障陆上、空中作战,又可保障海上、水下作战,还可保障在看不见战线的战场作战。

在伊拉克战争期间,美军借助先进的信息网络,对战争的需求做出科学预测。战前,美军根据全球战略的需要,基于自身的军事现状,客观地分析了战场环境对物资的要求,在重点地区进行了预先的战略物资储备,向中东各国军事基地投送了各种军需物资,在海上部署了预置船。美军在卡塔尔多哈军营就储备了沙漠作战需求的服装、单兵装具等1200多个品种的补给品和纺织品。而在战役层次,它在通向卡尔巴拉、摩苏尔等重要军事要地的沿线上开设了不同级别的物资补给站和分队,为后续作战提供及时、充足的军需物资。另外,它及时地按照动员法规向社会征召军需保障人员,征用通用军需物资并且向地方公司发出物资订单。美军使用无线电射频技术为各种物资标明身份,从而使得战争中27万多个集装箱托盘在通过40多个国家的400多处海港、机场时形成了"透明"的物资流,又通过较少的反馈节点折射到各级后勤部门。这样后勤指挥官就能够及时地掌握信息,更好地指挥、协调物资保障。另外,后勤物资保障机制的末端是前线官兵,可以随时将物品的消耗情况利用便携式电脑,通过全球卫星定位系统向保障基地,甚至本土发出实际信息,大大缩短了信息流程,节约了时间。

后勤自动化程度的极大提高,对后勤机构中的人员素质提出了新的要求。为适应这一要求,20世纪80年代以来,美军十分重视在后勤指挥机构中提高技术人员的比重。美军主要是在精简指挥机构的同时,增加以信息技术人员为主的各类专业技术人员,包括通信(包括有线、无线、数字、卫星通信工程等各类通信专业)、计算机(包括硬件、软件和运筹分析)方面的专业技术人才。经过多年的改革,美军各级后勤指挥机构日趋精干,同时技术人员所占比重也发生了显著变化。例如,美陆军司令部的后勤指挥和参谋人员在20世纪70年代初期为45人,而目前仅为18人,削减幅度达60%。现在,美军后勤指挥机关中,计算机硬件维护和操作人员占40%,程序人员约占30%,指挥管理和运筹分析人员约占30%。[①] 随着后勤指挥自动化程度的不断提高,美军后勤指挥机构中的技术人员所占比重还会继续增大。

一方面,引进了大量的地方科技人员,为军队的高技术开发增加了科研力量。另一方面,由于组织机构的优化,后勤保障形成了网络化体系,军需物资的保障就必须依靠大量的电子信息流,这就要求各种军需物资必须标准化。所以,相关标准化技术便迅速发展,军需品的通配性大大提高,美军食品的模块化、野战方舱化保障就是在此要求下应运而生的。后勤保障体制实行多兵种集中指挥,最大限度的统一保障则要求军需物资功能多样化、组合程度高。它的军用食品已形成了系列化、餐谱化、可组合性好。被装系统也在朝着防火、防水、防化、防核,变色、变温、信息传输等智能化的“士兵系统”方向发展。后勤保障社会化促使美军大量地利用地方最新科技和军地通用的军需品,如对纳米技术、仿生技术等的应用。同时与地方院校和科研机构联合开发高新技术,共同进行新装备研制。

(四)创立“分离式”后勤保障结构

美国在这时期的战争中,还创立了本土和海外作战部队两级

① [美]劳伦斯·克罗克:《美国陆军军官指南》,军事科学院外国军事研究部译,军事科学出版社1994年版,第213页。

保障环节。在战场建立前方基地,作战部队通过前方基地的自动化传输系统申请物资,接受维修和医疗咨询,由本土直接对战场上的部队实施保障。美军建立了“全资产可见性”系统,可以让供货商直接向部队用户供货,大大减少了中间环节。按照传统程序,部队向库存控制站提出申请单,库存控制站向供货商提出购货单,供货商将物资送到补给仓库,补给仓库再将物资发给部队。为了简化程序,美军所做的第一步是由部队向库存控制站提出申请,控制站向供货商提供的不是购货单而是送货通知单,供货商直接向部队送货。这样,补给仓库就退出了供应过程。第二步是部队不再提出申请单,而是向供货商提出购货单,供货商直接向部队送货。这样库存控制站也退出了供应过程。目前美军简化物资保障程序的一个重要举措是实行直接供货商保障。目前国防后勤局实行“直接供货商”供应的物资有药品、医疗器械、给养、服装、木材制品、金属制品、修理零件等。另外,国防后勤局的“优质服务”倡议,也是一种特快直接交货服务。采用此种方法,商家在下午 10 点半钟接到订单,如用户在本土,次日上午即可将货送到。尤其是医疗单位的订货,以前需要 1 个月,现在 24 小时内即可将货送到。

美军十分重视建立快速反应部队,以及与此相适应的后勤应急机动保障力量。努力建立轻型、合成、快速、机动、高效的保障力量。美军由前沿部署改为前沿存在以后,主要以兵力投送方式应对各种地区性危机。美军要求陆军必须能在 4 天内将 1 个轻型旅、75 天内将 5 个师连同其战斗勤务保障力量投送到任何出事地点。与此相适应,美军强调以 6 条原则建立后勤应急机动保障力量,即:紧密衔接的后勤指挥系统,以配送为基础的后勤保障,全资产可见性,灵活的基础设施,快速的兵力投送,规模适宜的后勤摊子。按照上述原则,美军投入大量经费,采取各种措施,建立了

“投送型后勤”,即“分离式”后勤保障结构。

“分离式”后勤保障结构的特点,是将后勤指挥管理机构和主要保障力量放在本土,减少在战场上展开的后勤规模。作战分队可通过前方基地申领物资,本土机构利用高技术信息传输手段和现代化运输工具及时投送。后勤力量军的战略投送通过空中、海上进行,主要由运输司令部组织。

一是在战略空运方面,空中机动部在 2001 年就有 339 架战略运输机,还有空军后备队的飞机和民航预备役飞机,必要时还可以得到民航 400 多架大型运输机的加强。一旦发生战事,空中机动部可以使用 700 多架重型运输机输送队伍和物资,每昼夜的投送能力超过 6700 万吨。为提高空运能力,空军还在 2003 年采购了 120 架 C-17 运输机。

二是在战略海运方面,美军事海运部拥有 200 多艘各型舰船,另有预备力量的舰船上百艘。美军大部分的军事运输任务主要由海运承担。美军从 1993 年起开始投资 70 亿美元采购 20 艘 SL-7 快速海运船、22 艘普通海运船和 6 艘其他船只,达到了一次运输 2. 5 个陆军师武器装备的能力。美军还投入巨资改造军事基地、仓库、机场、港口,改善交通条件,采购装卸设备等。仅陆军在 1998—2003 财年就投资了 35 亿美元,用于购买铁路车辆和集装箱,改进自动化设备和永久性基础设施等。

三是加强海上预置力量。20 世纪 90 年代以来,美军把建设与改革海上预置力量作为增强后勤机动保障能力的关键措施之一。美军事海运部编有 35 艘预置船,负责为陆军、空军、海军、海军陆战队和国防后勤局预置作战装备和物资。陆军预置船队在 20 世纪 90 年代就已拥有 13 艘舰船,可为一个陆军重型旅及其保障勤务部分队分别提供 15 天和 38 天的装备及补给品。到 2003

年,陆军预置船队又增加了15艘新的或改装的舰船,物资预置能力达到了200万平方英尺。陆军的预置能力与其他投送力量配合,可保证把8个重型作战旅送到世界任何地区,对突发事件作出反应。

在伊拉克战争中,美军首次采用了直达前线的方式,以"蛙跳式"方法将大量被装和给养物资与装备从后勤基地直接投送到前沿阵地,军需物资保障首次实现了以模块配发式取代堆积式保障。在战术层次上,它实行机动伴随保障,即建制后勤部队随作战部队一同开进,随时提供补给。比如美军第3机步师隶属的前置保障营就是包括军需保障在内的伴随保障部队,在战争中始终紧随部队前进。另外,在关键线路上的前置保障部队可随战况的需求弹性变化,既可升级至旅保障基地,也可降至保障排或分队。

(五)实行后勤保障一体化

就是将诸军兵种后勤力量及军队战略、战役、战术各级后勤的保障要素联合成一个统一的有机整体,在科学优化组合的基础上,适度有效地超越某些环节和层次,最佳合并同类因素,以形成全方位一体、全纵深一体的后勤保障格局,最大限度地发挥后勤系统的整体保障效能。为了适应高技术局部战争联合作战和优化后勤资源的客观要求,美军特别注重建造一体化的后勤保障体制。近年来,美军在不断增加国防后勤局所管理的通用物资品种的同时,由国防后勤局对原属三军管理的30个补给仓库实行统一管理,负责全军通用物资保障。美国防部的国防给养局,管理和经营着309个供销店,对三军的日用品供应实行统一管理和联勤保障。目前美军的通用物资联勤保障机构——国防后勤局及国防给养局所管理的通用物资品种,除油料、弹药、给养、被装、水等常规品种外,还扩大到武器装备零配件、工业日用品、药材、工程设施器材等,已达数百万种之多。美军编制了具有综合保障能力的后勤部(分)队,负责对各军兵种实施直接的后勤保障。用于海湾战争的美国海军第5舰队医院不仅收治海军伤病人员,而且收治陆军、空军伤病人员。

美军注重平时运输建设的军民结合性,所以才能确保战时对民用运力的征用。美军提出按军民结合的方针,改革后勤动员体制。注重在国家经济建设中充分考虑军队的战时需求,如海湾战争中,美军征用民间飞机、船只、铁路车辆和汽车参加军事运输。美军共征用本国民用商船31艘,占海运船总数的17%;租用数十个民间航空公司的飞机1900余架次。在美国本土的陆地运输中,陆军交通管理局也大量利用民间铁路和汽车运输部门,协助完成作战装备和物资向10个装载港的运输。美军曾动用7个州的铁路车辆2400节车厢和卡车4000辆。①

经过军事后勤革命,低效率的传统后勤被高速率的后勤替代,质量占了主导地位。在这场以精简为突破口的军事后勤革命中,美军各军种所提出的后勤质量建设与改革构想也极具代表性。如陆军的"聚焦后勤"、海军的"灵巧后勤"、海军陆战队的"精确后勤"和空军的"灵敏后勤",所有这些后勤构想的目的都是一致的,那就是"建立一个精干高效、灵活机动的后勤保障系统"。

十、日益重要的美军文职人员制度

文职人员的身份是平民和非职业军人,但又是美国武装力量的主要组成部分之一。19世纪初美国军队就开始雇佣文职人员为军队工作。美国军队中从事文职的人员,包括两部分:一是在国

① 杨发勋:《海湾战争后勤启示录》,后勤指挥学院1992年版,第123页。

防部担任高级领导职务的文职官员,如国防部长、三个军种部部长等,这些人员对确保军队的性质、贯彻文官治军的原则起着重要作用;二是在军队各级机关、部队中从事行政管理、科学研究、技术操作和勤务保障等方面的工作人员。

文职人员按工作性质可分为白领和蓝领两种。从事脑力劳动的人员称为白领,担负科研、行政和秘书等工作;从事体力劳动的人员称为蓝领,主要担负基地设施的维修和保养工作,管理军事设施或在军队所属工厂工作。美军文职人员可分为直接雇员和间接雇员两种。直接雇员指国内外各军事机关和单位直接雇佣的美国人和少数外籍人员。间接雇员指海外美军与驻在国政府及所属机关通过签订合同或协议雇佣的当地人,其薪金大大低于直接雇员。美军在德国、日本和韩国雇有较多的间接雇员。

文职人员主要来源是联邦政府的公职人员、退役军人、应届大学毕业生和社会上志愿在军队服务的其他人员。他们从事的工作多达一千五百种,按职业大致分为八大类,即科学家与工程师、高级专业人员、行政管理人员、技术人员、技师与技工、秘书与办事员、服务员和勤杂工。此外还可聘请专门的技术人员。军队招收文职人员须经考核后择优录用,并签订工作合同。国防部、各军种部及各大司令部的专门机构负责文职人员的招聘和调配。文职人员的考核、选拔和晋升由国防部和各军种文职人员管理局统一负责组织领导。每年按级临时组成晋升审查委员会。晋升时主要考虑文职人员的工作能力与表现,以及职位与级别空缺等情况,一般不受级龄与工龄的限制。作为联邦政府雇员的一部分,美军文职人员按照联邦政府规定的政策,执行统一的人事管理条例,享受统一的工资待遇。文职人员一般受过较好的专业训练,掌握专业技术,能够更好更多地承担技术性和事务性工作,不像军人受服役条件、服役年限和年龄的限制，因此便于在军队中长期工作，使部队能够保留技术骨干，保持有关工作的连续性和稳定性。

近年来，由于兵力削减、部队改组和军队文职化，许多原先由军人承担的工作改由文职人员承担。大量雇佣文职人员是美军的一大特色之一。这一举措使得部队在不增加军人编制员额的情况下，广泛吸收社会上的专业人才和劳动力为军队服务。随着美军现代化程度的日益提高，军队行政管理、勤务保障、后勤补给和军事科研任务日益繁重，加之国防经费相对减少，文职人员在美军中的作用也越来越重要。

美军一般雇佣直接文职人员 73.92 万人，其中陆军 23.12 万人，海军及海军陆战队 20.94 万人，空军 17.68 万人，国防部与各直属局 12.19 万人；雇佣间接文职人员 4.02 万人。

小　结

这一时期，美国遇到了它半个世纪以来的最佳时期。和它对峙了 40 多年的苏联和东欧集团的社会主义阵营突然烟消云散了，它最大的一个竞争对手也不存在了，世界从两极变成了一极。美国欲保持世界霸主的地位，一方面穷兵黩武，不断发动战争；另一方面，美国继续加强扩军，建设世界上最强大的军事力量。

美国在军事建设方面，也存在许多不足，在海湾战争中美国对伊拉克的地下工事和战场伪装估计不足，对伊的化学战能力和决心估计过高，结果不讲作战效益，狂轰滥炸，消耗了庞大的战争费用。美国的高技术装备也存在大量缺陷，如侦察定位系统落后，未完全掌握伊军战略目标的准备位置和性质，受到伊军假目标的欺骗。有一段时间，美机炸毁的目标 80%是假的，F-117 隐形飞机对中长波雷达无效,且该机雷达白天不能使用,战斧巡航导弹和激光制导炸弹命中率虽高,但爆炸力不足,许多先进装备在沙漠地区不适用,许多先进装备的可靠性也不够,仅因故障而坠毁的飞机占美军损失飞机的一半。此外,误射误伤事故不断。后勤支援力量仍显不足,如为了装运坦克等车辆,海军不得不启用 96 艘二战时的旧船,美军装备的 47%是用外国船只运的。美军一度缺粮,还向当地居民借粮。在军队素质方面,美军还不能很快适应战场环境,如伤病员每天达 120 人。防雷训练不够,要临阵磨枪,美军官兵中不少人怕打仗,厌倦艰苦的沙漠生活,恐惧、思乡、厌战情绪较普遍,吸毒现象时有发生,还出现过抢劫现象。这些也暴露出部队管理中存在的问题。

在作战理论上,“空地一体化”理论过于依赖空中力量,协同过于复杂,出现了混乱现象,而且强调纵深攻击容易造成部队的孤军深入,易遭敌军围歼。在后备役动员上,现在美军采用现役带后备役的做法,使现役部队对后备役部队越来越依赖,没有后备役部队便无法打仗,如陆军 50%的战斗部队和 80%的后勤部队要由后备役部队提供。

全书总结

美国军事力量经过了包括殖民地时期在内的400余年的发展。它发源于欧洲,19世纪前深受英国的影响。19世纪受到法国熏陶,20世纪则打上了德国的烙印。但是,富于创新的美国人通过不断的改革,不断消除军事体制中的弊端,创造适应新时代的内容,从而使衣衫褴褛、纪律涣散的民兵,逐步发展成为真正的职业军人,最后壮大成为世界上最强大的武装力量,使美国成为世界超级大国。影响了世界历史的发展。

美国建立了世界上最强大的武装力量,建立了为这支武装力量服务的各个军事制度。美国的军事制度主要有:

1. 军事领导体制:美军最高统帅是美国总统,兼任武装部队总司令,掌握最高指挥权。总统下面是美国国防部长,再下一级是美军参谋长联席会议主席,他为美国总统和美国国防部长提供咨询。根据1986年《戈德华特—尼科尔斯国防部重构法案》,美军作战制度是总统和国防部长通过美军联合作战司令部直接向各军部队下达作战指令。美国总统集中控制进攻性战略武器和核武器的使用权。现任美国武装部队总司令为约瑟夫·拜登。

2. 军事指挥系统:国家军事指挥系统由美国国家安全委员会、国防部、参谋长联席会议和军事部系统组成。国家安全委员会是最高决策机构,由总统领导,成员有副总统、国务卿、财政部长、国防部长和总统国家安全事务助理,参谋长联席会议主席作为军事顾问、中央情报局局长作为情报顾问列席。该委员会日常工作由总统国家安全事务助理(顾问)负责。

国防部是总统指挥全军的办事机构,负责防务政策、计划的制定和实施,以及全盘国防事务管理,并通过参谋长联席会议对全军实施作战指挥。它由国防部本部系统、军事部系统和作战指挥系统三部分组成。

国防部本部系统主要负责政策、财政、军务等全军性事务,以及各军事部间的协调。下设政策、采购与技术、人事与战备、审计与财务、指挥通信控制与情报、立法、后勤事务、情报监督、行政管理、公共事务、监察、作战试验与评估等部门,分别由副国防部长、助理国防部长、主任、局长或部门长等主管。

军事部系统包括陆军部、空军部和海军部 3 个军事部(军种部)。各军事部负责本军种的行政管理、教育训练、武器装备研制和采购及后勤保障等事务,并有责任在战时向各联合作战司令部提供作战部队及相应的勤务和后勤支援,但无作战指挥权。军事部长为文官,在其下设军种参谋长(海军为作战部长)。军种参谋长(海军作战部长)是本军种最高军事长官。

作战指挥系统指参谋长联席会议(以下简称“参联会”)及隶属于它的各联合司令部、特种司令部。参联会既是总统、国防部长、国家安全委员会的军事咨询机构,也是总统和国防部长向联合司令部和特种司令部发布作战命令的军事指挥机关。从某种意义上讲,国防部是总统的军政部门,而参联会是总统的军令部门。参联会和三军参谋部负责拟定作战计划并具体实施作战指挥。

宣战权:按照美国宪法,国会拥有宣战权,但总统是三军统帅。根据 1973 年的《战争权力法》,美国总统在开展军事行动前 48 小时内必须通知国会。在未经国会授权情况下,对外军事行动不得超过 60 天,但允许额外有 30 天的撤离时间。

参联会成员包括主席、副主席和四大军种参谋长(海军为作战部长)。参联会主席是美军最高军事长官,是总统和国防部长的首席军事顾问。参联会下设联合参谋部和国家军事指挥中心,负责处理日常事务和作战指挥业务。美军设有十一大联合司令部,它们是直属国防部的美军高级作战指挥机构。美三军部队除执行特别勤务者外,均编入某一联合司令部。一旦发生重大紧急情况,各联合司令部即可对编入本司令部的部队实施作战指挥。

美军有 11 个联合作战司令部,按地理划分的 6 个战区司令部:

美国北方司令部:驻扎在美国科罗拉多州彼得森空军基地,主要负责北美洲、美国本土以及协助美国国土防卫、民兵等武装力量。

美国中央司令部:驻扎在美国佛罗里达州麦克迪尔空军基地,主要负责中东、东非至中亚地区。

美国欧洲司令部:驻扎在德国斯图加特,主要负责欧洲、土耳其、格陵兰岛以及俄罗斯。

美国印太司令部:驻扎在美国夏威夷州檀香山,主要负责亚洲及太平洋、印度洋地区。

美国南方司令部:驻扎在美国佛罗里达州迈阿密,主要负责南美洲、中美洲以及周边海域。

美国非洲司令部:驻扎在德国斯图加特,主要负责非洲(埃及除外)。

按功能划分的 5 个联合司令部:

美国特种作战司令部、美国网络司令部、美国战略司令部、美国运输司令部、美国太空军司令部。

3. 武装力量：美军武装力量由现役部队、后备役部队和军内文职人员三部分组成。包括：

现役部队6个军种：陆军、海军、空军、天军、海军陆战队和海岸警卫队。其中海军和海军陆战队虽然是两个独立单位，但都隶属于国防部下的海军部。空军和陆军则分别隶属于国防部下的空军部和陆军部。美国海岸警卫队平时隶属于美国国土安全部，战时归属国防部。军队编制：美国陆军分为10个战斗师和4个独立旅及装甲骑兵团；海军编制为5个舰队，共12个航母战斗群、12个两栖戒备大队、57艘攻击潜艇、116艘战舰和10个舰载机联队；空军编制为20个飞行联队（每个联队约72架战机）；海军陆战队编制为3个师和3个勤务支援大队，装备3个飞行联队（约21个中队）。

预备役部队：美军预备役部队是美国武装力量的重要组成部分，是战时扩充现役部队的首要来源，也是平时保卫美国本土安全的重要力量。美军的预备役部队分为国民警卫队和联邦后备队两大类，由陆军国民警卫队、陆军后备队、海军后备队、陆战队后备队、空军国民警卫队、空军后备队和海岸警卫队后备队组成。其中，国民警卫队是各州的地方部队，但美国总统有权征调并使其执行联邦任务；联邦后备队分别归各个军种领导，战时集体或单个编入现役部队，海岸警卫队后备队战时与海岸警卫队现役部队一起归海军领导。美国陆军预备役部队员额为20.8万人，陆军国民警卫队35.7万人，海军后备队9.08万人，陆战队后备队4万人，空军后备队7.42万人，空军国民警卫队10.7万人。

军内文职人员：分直接雇员和间接雇员两种。

直接雇员是指美各军事机关和单位直接雇佣的美国人和少数外国人。

间接雇员是海外美军雇佣的当地人。美军文职人员从事的是专业技术工作，不受服役条件、服役年限和年龄的限制。

美国军事制度的历史就是一部改革的历史，它的改革主要有以下特点：

第一，最鲜明的特点是其对外扩张性。清教徒的“使命观”“西进战略”“门罗主义”“海权论”“泛美主义”“社会达尔文主义”“全球战略”“核威慑战略”“新世纪军事战略”……无不渗透着强烈的对外扩张精神。

第二，始终坚持“文官治军”的原则，坚持由文官掌管最高军权，成为美国军事制度的基石。历史上，军人干预政治和通过军事政变上台建立军事独裁统治，这样的史实层出不穷。而美国立国200多年来却没有发生过这种事，不能不归功于这一原则。它对维护资产阶级的长治久安和政治稳定，具有重大历史意义。

第三，在军事制度建设中，始终把“经济”原则放在首位，努力通过各种途径来减轻军备对国民经济的负担。在和平时期保留一支尽可能小的“小军队”，这支军队又是“可以扩大的”，遇到紧急情况时能迅速扩充，战争结束后又迅速裁减和复员。这种扩军与裁军的情况贯穿了美国军事史的始终。这种“可扩大的小军队”，有两个重大历史意义，一是在和平时期能大大减轻人民的负担，二是形成了很强的动员能力，战时能很快地扩充几倍到几十倍的兵员，历史证明了这种体制是行之有效的。

第四，十分重视把先进的科学技术应用到军事领域。美国参谋长联席会议副主席杰里迈亚上将曾把技术领先列为美国军事战略的九大内容之一，称“技术领先是美国武装力量的一个标志”，①

---

① 于增河：《美国空军重大改革的基本趋向》，《外国军事学术》1992年第3期。

美国自立国以来,便注意采用先进技术生产武器装备。美国凭借高度发达的科学技术,自内战以来100多年一直在武器装备上保持着世界领先地位,从而在战争中取得对敌人的火力优势,并掌握了制空权和制海权。

第五,把“质量建军”放在军队建设的重要地位。“质量建军”指的是部队的整体素质尤其是文化素质的提高。从开国时开设西点军校起,美国逐步把军事教育扩大到各个军兵种,建起了完整的军事教育体系,后又建立了平民军事教育体系。这样,就使美军官兵具有较高的军事素质和文化修养,能较好地完成军事任务。而平民的军事知识水平也很高,动员后能很快肩负起战斗任务。同时后备役也具有不亚于正规军的战备水平,战时能立刻转为现役正规部队,使美军始终保持极高的战斗力。

第六,高度重视实行军事统帅指挥的集中统一。美国经过长期探索,主要是在确保文官治军的前提下,建立一种指挥体系,能把文官和军人之间的关系协调起来。随着军事技术的日益发展和战争形式的日益复杂化,对于军事指挥的要求也越来越高。从陆军部到陆军总参谋部,再到各个军种部、后来的国防部和参谋长联席会议,这些机构经过不断地改进,统帅指挥机构的结构和职能更趋合理,能快速有效地指挥分布在全世界的美军。

第七,重视用理论来指导各次军事改革。建国以来,美国每次改革,都是在一系列军事思想作指导下进行的,都吸取了历史上的经验和教训,有着明确的目的,从而避免了改革的盲目性和走弯路。这些思想保证了美国军事改革的成功,使其建成了世界历史上规模最大的武装力量。

但是,美国总是一厢情愿地过高估计了自己的力量,在战略上出现严重误判:一是没有想到当美国陷入反恐战争的泥沼不能自拔时,中国崛起了。美国又想用“亚太再平衡”战略来遏制中国,但是美国挑起的“阿拉伯之春”又使中东出现乱局,以“伊斯兰国”为代表的恐怖主义发展壮大,叙利亚战争的扩大,威胁了欧洲和世界的安全,美国的战略陷入了捉襟见肘的两难境地。二是没有想到在当今世界,霸权主义是不得人心的。美国目前正遇到越来越多的反对。连美国人自己也在文章中写道:美国现在的形象是“为所欲为,旁若无人”,“美国站在一边,国际社区的大部分站在另一边。那些将自己利益看成与美国利益一致的政府,越来越少”。[①] 美国“过高估计了单边的力量,却忽略了它的相对质量问题以及盟国和对手国家的利益和欲望”。[②] “领先国家的相对力量从来不是一成不变的”,“如果一个国家把过多的资源用于军事目的而不是用于创造财富,那么,从长远看就很可能导致该国国力的削弱。同样,如果一个国家在战略上过分扩张——如侵占大片领土或发动耗资巨大的战争——那么它就会冒这样的危险:为此耗费的巨资可能超过对外扩张所带来的潜在利益,如这个国家已进入经济相对衰退时期,其困境将更为严重”。[③] 美国目前陷于债务和金融危机已多年,至今没能走出困境,就是一个活生生的例子。

历史证明:任何一个依靠军事力量建立的帝国都或早或晚要走向衰落。美国正在验证这一历史的规律,美国今后的发展也难逃历史的厄运。

---

① 刘绪贻:《美国通史》第六卷,人民出版社 2002 年版,第 596 页。

② [美]唐纳德·怀特:《美国的兴盛与衰落》,徐朝友等译,江苏人民出版社 2002 年版,第 613 页。

③ [美]保罗·肯尼迪:《大国的兴衰》,蒋葆英等译,中国经济出版社 1989 年版,第 1—2 页。

附　　录

一、美国军事指挥系统图

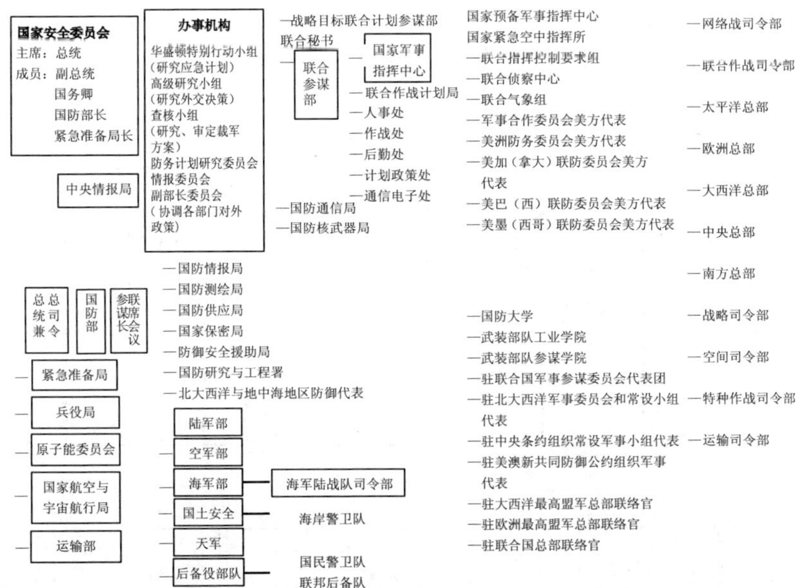

二、美国核大战指挥系统图

总统（武装部队司令）

国防部长

参谋长联席会议

国家军事指挥中心 华盛顿五角大楼（地面）

国家预备军事指挥中心（华盛顿里奇堡）（地下）

国家紧急空中指挥所（E-4A、E-6B型机）（奥菲特空军基地）

战略空军司令部指挥中心（奥弗特）（地下）

空中指挥所（E-4A型机）

太平洋总部指挥中心（夏威夷火奴鲁鲁）（地面）

预备指挥所（希开姆）（地下）

空中指挥所（EG-135型机）

欧洲总部指挥所（德国：斯图加特）（地面）

空中指挥所（EG-135型机）

大西洋总部指挥中心（诺福克）（地面）

预备指挥中心（阿伦堡）

空中指挥所（EG-135型机）

航空空间防御司令部指挥所（夏延山）（地下）

预备指挥所（马姆斯特罗姆）（地下）

第8航空队（巴克斯代尔）

第15航空队（马奇）

第1战略航空空间师（范登堡）

第17战略潜艇中队（班戈）

第14战略潜艇中队（英国：霍利湾）

第16战略潜艇中队（金斯湾）

第18战略潜艇中队（查尔斯顿）

··· 核大战紧急指挥程序

—— 核大战正常指挥程序

三、美国主要军事院校

学校名称	成立时间	学校地址	学制
国防大学	1976 年	华盛顿麦克奈尔堡	10 个月
国防大学下设：			
1. 国防军事学院	1945 年	华盛顿麦克奈尔堡	10 个月
2. 武装部队工业学院	1924 年	华盛顿麦克奈尔堡	5 个月
3. 武装部队参谋学院	1946 年	华盛顿麦克奈尔堡	5 个月
4. 国防计算机学院	1964 年	首都华盛顿海军船厂大楼	
5. 国防情报学院	1962 年	首都华盛顿	短期、不固定
6. 国防语言学院	1963 年	加利福尼亚州蒙特雷	本科及研究生
7. 武装力量报道学校(国防新闻学校)	20 世纪 60 年代中期	印第安纳州本明杰—哈里松堡	1—23 周
军队地方行政学校		乔治亚州	
泛美防务学院	1962 年	南卡罗来纳州匹克纳尔堡	
陆军军事学院	1901 年	宾夕法尼亚州卡莱尔	10 个月
陆军指挥与参谋学院	1881 年	堪萨斯州利文沃思堡	10 个月
陆军指挥与参谋学校	1987 年	同上	3 个学期
陆军军官学校(西点军校)	1802 年	纽约市西点	4 年
陆军候补军官学校			
陆军合成军队参谋学校	1981 年		142 小时函授，9 周驻校
联合兵种勤务参谋学校	1981 年	堪萨斯州利文沃思堡	2 周至 1 年
陆军步兵学校		本宁堡	2 周至 1 年

续表

学校名称	成立时间	学校地址	学制
陆军野战炮兵中心与学校	1911 年	希尔堡	初级班 17 周又 3 天,高级班 26 周,准尉班 14 周又 4 天,军士班 10 周,士兵班 10 周(雷达专业 21 周又 5 天)
陆军狙击手学校	1987 年	本宁堡	3 周
随军牧师学校	20 世纪 60 年代中期	新泽西州蒙穆施堡	9 周
陆军情报学校		马里兰州巴尔的摩市霍拉伯德堡	30 周
陆军航空情报学校		科罗拉多州丹佛城郊劳里空军基地	
陆军肯尼迪特种作战学校		北卡罗来纳州博拉盖堡	
陆军军法学校		弗吉尼亚州里士满弗吉尼亚大学	10 周
陆军后勤管理学校	1954 年	弗吉尼亚州利堡	2 天半至 19 周
陆军副官长学校		印第安纳州本杰明·哈里森堡	
陆军计算机学校		佐治亚州戈登堡	
防化学校		亚拉巴马州麦克莱堡	
陆军校尉军官训练班		堪萨斯州利文沃思堡	
陆军文职人员训练中心	1989 年		
陆军军士长学校	1973 年	得克萨斯州布利斯堡	住读 22 周,函授 2 年
第 7 集团军军士学校	1949 年		
陆军空中突击学校	1987 年		8 天

续表

学校名称	成立时间	学校地址	学制
陆军后备军官训练团学员司令部学校		弗吉尼亚州门罗堡	
陆军后备军官训练团		地方315所大学	四年制大学生每年要受训
弗吉尼亚军校	1839年	弗吉尼亚州	4年
陆军国家训练中心	1980年	加利福尼亚州欧文堡	每批轮训14天
陆军北方作战中心		阿拉斯加州格里利堡	
陆军热带丛林战训练中心		巴拿马运河区谢尔曼堡	3—4周
海军军事学院	1884年	科斯特岛	10个月
海军研究生学院	1909年	加利福尼亚州蒙特里	1—3年
海军军官学校(安纳波斯海军学校)	1845年	马里兰州安纳波利斯	4年
海军候补军官学校			2—3个月
海军进修学校			不固定
海军潜艇学校		康涅狄格州新伦敦	士兵班2个月
海军航空学校		佛罗里达州彭萨科拉	
海军工程军官学校			基本班8周,其他班10天
海军水面作战军官学校系统:	1975年		
1. 水面作战军官基本学校			16周
2. 水面作战军官部门长学校			8个月
3. 反潜军官学校			8周
4. 战术与指挥学校			
海军航空军官候补生学校			15周

续表

学校名称	成立时间	学校地址	学制
海军牧师学校			
海军军士长学校			9 周
海军水雷战学校			2—24 周
海军损管学校			8 周
海军核武器训练中心			
海军后备军官训练团		55 所高校	不固定
海军陆战队指挥与参谋学院			9 个月
海军陆战队两栖作战学校		弗吉尼亚州匡提科	9 个月
海军陆战队基础学校		弗吉尼亚州匡提科	21 周
海军陆战队军官候补生学校		弗吉尼亚州匡提科	10—12 周
海军陆战队进修学校		弗吉尼亚州匡提科海军陆战队教育中心	
海军陆战队通信军官学校			2—42 周
海军陆战队军士长学校			6 周
海军陆战队电子计算机学院			
海军陆战队参谋军事学校		弗吉尼亚州匡提科	6 周
海军陆战队电子通信学校		加利福尼亚州圣迭戈	4 周
海军陆战队海上部队学校		加利福尼亚州圣迭戈和东海岸朴次茅斯海军造船厂	4 周
海军陆战队人事行政学校		帕里斯岛	行政主任班 9 周，军士长班 6 周

续表

学校名称	成立时间	学校地址	学制
海军陆战队陆空联合训练中心		加利福尼亚州 29 棵棕榈树	3 周
空军军事学院	1946 年	亚拉巴马州马克斯韦尔空军基地	10 个月
空军指挥与参谋学院			6—10 个月
空军现代空中力量研究院	1991 年	亚拉巴马州马克斯韦尔空军基地	11 个月
空军理工学院		俄亥俄州莱特-帕特森空军基地	半年至 1 年
空军军官学校	1954 年	斯普林斯	4 年
空军军官训练学校			4—6 个月
空军中队军官学校			4—6 个月
空军教官与盟国军官学校			5 周
空军业余补习学院			不固定
空军专业技术训练学校			5 个月至 1 年
空军空地作战学校		佛罗里达州赫尔伯特菲尔德	2—3 周
空军内利斯武器系统学校			4 个月
空军基础军事技能训练学校			6 周
空军实用航空科技学校			5 个月至 1 年
空军军士长学校（又叫空军高级士官学校）	1972 年	蒙哥马利市贡特航空站	360 学时
空军技术训练中心（共 4 个）			19—30 周

续表

学校名称	成立时间	学校地址	学制
空军飞行训练联队(共6个)			48周(1年)
空军威廉斯训练基地(航校)		亚利桑那州威廉斯	1年
空军后备军官训练团		153所地方大学	2—4年学制
海岸警卫队学院			4年
海岸警卫队军官学校		康涅狄格州新伦敦	4年
军医大学		马里兰州贝塞斯达	
国防安全援助管理专科学校		俄亥俄州莱特派特逊空军基地	
国防测绘学校		弗吉尼亚州贝尔沃堡	
国防机会均等管理专科学校		佛罗里达州帕特里克空军基地	
国防系统管理学院		弗吉尼亚州贝尔沃	
国防外语专科学校		加利福尼亚州蒙特里要塞	
英语专科学校		得克萨斯州拉克兰空军基地	
国防资源管理教育中心		加利福尼亚州蒙特雷	
联合军事包装训练中心		马里兰州阿伯丁训练场	

四、美国历次战争和主要军事行动伤亡及损耗情况①

战争名称	耗费金钱（美元）	动员人数	阵亡	受伤	其他损失	人员损失总数
独立战争（1775—1783）		前后共动员30万人	2.5万人			2.5万人
第二次独立战争，或称第二次英美战争（1812—1815）	2亿	47万人（包括民兵）	2260人	3900人		6160人
塞米诺尔战争（1832—1842）	4000—6000万	2.5万人	2000人	数千人		6000人
美墨战争（1846—1848）	9750万	6万	1721人，还有11550人死于其他原因，共计13283人	4102人		16978人
内战（1861—1865）	双方合计250亿	北方220万人南方100万人	北方阵亡36万人，南方阵亡26万人，共计62万人	双方100万人		双方合计162万人
讨伐印第安人的军事行动（19世纪）	几十亿	几十万人	美军5000人，印第安人7000人			
美西战争（1898年4—12月）		30.7万人	阵亡385人，另有2061名死于其他原因，共计2446人	1662人		4108人
美菲战争（1899—1901）	10亿	11万人	4243人	2818人		7061人

① 表格数据参见吴春秋主编：《世界战争通鉴》（上、下），国际文化公司1995年版；［美］阿伦·米利斯等：《美国军事史》，军事科学院外国军事研究部译，军事科学出版社1989年版。

续表

战争名称	耗费金钱（美元）	动员人数	阵亡	受伤	其他损失	人员损失总数
参加八国联军侵略中国（1900）		2500 人				200 多人
侵略墨西哥（1910—1917）	1.3 亿	10 万人				80 余人
第一次世界大战（1914—1918）	260 亿	474 万人（登记 2423 万人）	阵亡 53402 人。死于其他原因 63114 人。总计超过 11.6 万人	20.6 万人	被俘 4500 人	33 万人
第二次世界大战（1941—1945）	3044 亿	1490 万人	阵亡 291557 人，死于其他原因 113842 人，总计超过 40.5 万人	651042 人	被俘 114204 人 失踪 65834 人	126 万人
朝鲜战争（1951—1953）①	540 亿	动员 576 万，参战 200 多万人	美军 54246 人（其中阵亡 33629 人，其他原因死亡 20617 人），联合国军 628833 人，合计 683079 人	美军：103284 人，联合国军：1064453 人，合计 1167737 人	被俘美军：7140 人，联合国军：92970 人，合计 100110 人 失踪美军：8177 人，联合国军：470267 人，合计 478444 人，总计 578554 人	220 万人（其中美军 172847 人）

① 美国首都华盛顿“朝鲜战争老兵纪念碑”上的数字。

续表

战争名称	耗费金钱（美元）	动员人数	阵亡	受伤	其他损失	人员损失总数
侵略黎巴嫩(1958 年 7—10 月)		4.8 万人				
越南战争(1961—1973)	3500 亿，直接军费 1460 亿 间接军费 2040 亿	动员 310 万人，投入 260 万	死亡 58307 人	303644 人	失踪 1350 人	36 万人
武装侵略多米尼加(1965 年 4 月)		3 万人	24 人	154 人		176 人
入侵格林纳达(1983 年 10 月)	1.3 亿	1.8 万人	18 人	88 人	失踪 3 人	109 人
美国利比亚冲突(1986 年 3—4 月)		2 万多人	2 人			2 人
入侵巴拿马(1989 年)		2.6 万人	27 人	330 人		357 人
海湾战争(1991 年)	280—860 亿	54 万	149 人	513 人	失踪 56 人，被俘 13 人	721 人
武装干涉索马里(1993 年)		2 万人	44 人	78 人		122 人
阿富汗战争(2002—2018 年)	2 万亿	13 万人	美军 2400 人及大量雇佣安保人员，盟军亡 1200 人	约 20000 人		约 24000 人
伊拉克战争	3 万亿	联军 25 万人，美军 19.2 万人	4869 名美军阵亡，4403 名美军死于事故，联军 400 人阵亡	32226 人		约 42000 人

五、美国领土扩张表

取得年份	领地	面积（平方英里）	取得方式
1783. 9. 30	原13州及领土	888685	据英美巴黎和约
1809. 4. 30	路易斯安那地区（法属）	827192	以1500万美元购自法国
1819. 2. 22	佛罗里达（西属）	72003	以500万美元购自西班牙
1845. 12	德克萨斯（墨属）	390143	以1000万美元割自墨西哥
1846. 6	俄勒冈地区（原美英共管地）	285580	据英美条约
1848. 2. 2	加利福尼亚、新墨西哥等西部墨哥割让地	529017	以1500万美元代价割自墨西哥
1853. 12. 30	加兹登购买地（墨属）	29640	以1000万元购自墨西哥
1867. 3. 30	阿拉斯加（俄属）	589757	以720万美元购自俄国
1857—1858	豪兰岛、贝克岛、贾维斯岛、圣诞岛、线岛群岛（部分）、约翰斯顿岛等		海军占领
1867. 9. 30	中途岛	2	海军占领
1898	帕尔米拉岛	4. 63	海军占领
1898. 7. 7	夏威夷岛	6450	兼并独立国家
1899—1946	菲律宾（西属）	115000	取自西班牙
1899. 2. 6	波多黎各（西属）	3435	根据美英条约，为割让菲律宾，波多黎各和关岛，给补偿费2000万元
1899. 1. 17	威克岛	3	海军占领

续表

取得年份	领地	面积（平方英里）	取得方式
1899. 2. 6	关岛（西属）	212	取自西班牙
1899. 12. 2	美属萨摩亚	76	与英德签订条约瓜分
1904. 2. 26	巴拿马运河区	553	与巴拿马签订条约，美支付 1000 万美元
1914—1971	科恩群岛	4	海军占领
1917. 1. 17	维尔京群岛（丹属）	133	购自丹麦，美支付 2500 万美元
1947	密克罗尼西亚群岛	8489	托管

主要参考书目

一、英文书目

(一)参考资料

1 . Allan Nevins et al., *Civil War Books*:*A Critical Bibliography*, 2 vols., Louisiana State University Press, 1967–1969.

2 . Bureau of the Census, *Statistical Abstract of the United States, 1980*, Washington D.C., 1980.

3 . Bureau of the Census, *Statistical Abstract of the United States 2009.*, Washington D.C., 2009.

4 . Charles R. Shrader, *Reference Guide to the United States Military History, 1607–1815*, New York: Facts On File, 1991.

5 . Charles Reginald Shrader, *Reference Guide to United States. Military History, 1865–1919*, New York: Facts On File, 1993.

6 . Civilian Production Administration, *Industrial Mobilization for War*, Washington D.C.: G.P.O, 1947.

7 . Francis S. Drake, *Dictionary of American Biography*, Boston: James R.Osgood Company, 1872, Republished by Gale Research Company, 1974.

8 . Henry Steele Commager ed., *Documents of American History*, New York: Appleton-Century-Crofis, 1973.

9 . John Greenwood, *American Defense Policy Since 1945: A Preliminary Bibliography*, University Press of Kansas, 1973.

10 . Joint Chiefs of Staff ed., *The Official Dictionary of Military Terms*, Cambridge: Science Information Resource Center, Washington D.C.: Hemisphere Pub.Corp., 1988.

11 . Robin A Higham ed., *Guide to the Sources of Un ite d States Military History*, Hamden, conn.: Archon Books, 1975.

12 . Robin Higham, Donald J. MrozeK., *A Guide to the Sources of United States Military History: Supplement I*. Hamden, conn.: Archon Books, 1981.

13 . The National Archives, *Federal Records of World War Ⅱ*, *Vol.I.*, *Civilian Agencies*, Washington D.C.: G.P.O., 1950–1951.

14 . Paolo E.Coletta ed., *A Bibliography of American Naval History*, U.S. Naval Institute, 1981.

15 . *Public Affairs Section*, Embassy of USA, Background, 1999–2005.

16 . Steward Sifakis, *Who's who in the Civil War*, New York: Facts On File, Inc.1988.

17 . U. S. Department of Commerce, *Statistical Abstract of the United States, 2011 – 2012*, Washington D. C.: U. S. Census Bureau, 2012.

（二）一般著作

1 . Adrian Liddell Hart ed., *The Sword and the Pen: Selections from World's Greatest Military Writings*, New York: Thomas. Y. Crowell Company, 1991.

2 . Bernard L.Montgomery, *A History of Warfare*, London: Collins, 1968.

3 . Clark G.Reynolds, *Command of the Sea: The History and Strategy of Maritime Empires*, New York: Morrow, 1974.

4 . Edward Mead Earle ed., *Makers of Modern Strategy: Military Thought From Machiavelli to Hitler*, Princeton: Princeton Univ. Press, 1943.

5 . E.N.Luttwak, *Strategy: The Logic of War and Peace*, Cambridge in Mass.: Belknap Press of Harvard University Press, 1987.

6 . Cyril B.Falls, *The Art of War, From the Age of Napoleon to the Present Day*, Oxford: Oxford Univ.Press, 1961.

7 . Gerald S.Graham, *Empire of the North Atlantic*, Oxford: Oxford University Press, 1958.

8 . Kurt Lang, *Military Institutions and Sociology of War: A Review of the Literature with an Annotated Bibliography*, Beverly Hills: Sage Publications, 1972.

9 . B. H. Liddell Hart, *Strategy*, London: Faber & Faber Ltd., 1967.

10 . Lynn Montross, *War Through the Ages*, New York: Harper, 1960.

11 . Quincy Wright, *A Study of War*, Chicago: Univ. of Chicago Press, 1965.

12 . R.A.Preston, S.F.Wise, *Men in Arms: A History of Warfare and Its Interrelationships with Western Society*, New York: Holt, Rinehart and Winston, 1979.

（三）专著

1 . A. J. Beveridge, *For the Great Republic, Not For Imperialism*, Philadelphia, 1899.

2 . Allan Peskin, *Winfield Scott and the Profession of Arms*, The Kent State University Press, 2003.

3 . A.L.Long, *Memoirs of Robert E.Lee*, New York, 1936.

4 . A. Russell Buchanan, *The United States and World War Ⅱ*, Vols.2, New York: Harper& Row, 1964.

5 . A. T. Mahan, *The Internet of American in Sea Power, Present and Future*, Kennikat Press, 1970.

6 . Bernard Baruch, The War Industries Board, *American Industry in the War*, Prentice-Hall, 1941.

7 . Bernard Brodie, *Sea Power in the Machine Age*, Princeton University Press, 1941.

8 . Bruce Catton, *A Stillness at Appomattox*, The American Past Book-of-the-Month Club, Inc., 1982.

9 . Burke Davis, *Sherman's March*, New York, 1980.

10 . C.Joseph Bernardo, Eugene H.Bacon, *American Military Policy: Its Development Since* 1775, Greenwood, 1977, reprint of 1957 ed.

11 . C.Kenneth Allard, *Command, Control and Common Defense*, Yale University Press, 1986.

12 . Craig L. Symonds, *Navalists and Antinavalists*, University of Delaware Press, 1980.

13 . Dale O.Smith, *U.S.Military Doctrine*, New York: Duell, Sloan and Pearce, 1956.

14 . David F.Trask, *The United States and the Supreme War Coun-*

cil, Wesleyan University Press, 1961.

15 . David Healy, *U. S. Expansionism the Imperialist Urge in the 1890's*, Wisconsin University Press, 1970.

16 . Denys Cook, *Presidents of the United States of America*, North Pomfret, Vermont: David & Charles Inc., 1981.

17 . Douglas Edward Leach, *Arms for Empire*, Macmillan, 1973.

18 . Douglas Edward Leach, *The Northern Colonial Frontier, 1607–1763*, New York: Holt, Rinehart and Winston, 1966.

19 . Don Higginbotham, *The War of American Independence*, Macmillan, 1971.

20 . Don Higginbotham, *George Washington*, the University of Georgia Press, 1985.

21 . Ernest R.Dupuy, Paul F.Braim, T.Dupuy, *Military Heritage of America*, New York: McGraw-Hill, 1956.

22 . Edward M.Coffman, *The War to End All Wars: The American Military Experience in World War I*, Oxford: Oxford University Press, 1968.

23 . Edward M.Coffman, *The Old Army*, Oxford: Oxford University Press, 1986.

24 . Elting Morison ed., *The Letter of Theodore Roosevelt*, Vol.2, Cambridge: Harvard University Press, 1965.

25 . Ernest R. May ed., T*he Ultimate Decision: The President as Commander in Chief*, Braziler, 1960.

26 . Eric Robson, *The American Revolution in Its Political and Military Aspects*, Arcon Books, 1965.

27 . Eugene R. Wittkoft, *The Future of American Foreign Policy*,

Beijing:Peking University Press,2003.

28. Fitzhugh Lee, *General of the Confederate Army*, New York,1936.

29. Francis Jenning, *The Invasion of American Indians, Colonialism and the Cant of Conquest*, University of North Carolina Press,1975.

30. Frand Ninkorich, *Theodore Roosevelt: Civilization as Ideology, Quotated in Diplomatic History*, Vol.3,1986.

31. Frank B. Freidel, *Over There: The Story of America's First Great Overseas Crusade*, New York: McGraw-Hill,1990

32. Fred Albert Shannon, *The Organization and Administration of the Union Army*, Vols.2, Arthur H.Clark,1928.

33. Frederick Merk, *Manifest Destiny and Mission in American History*, Knopf,1963.

34. Frederick Merk, *The Monroe Doctrine and American Expansionism*, Knopf,1966.

35. George Edgar Turner, *Victory Rode the Rail*, Bobbs-Merrill,1953.

36. George Q.Flynn, *The Mess in Washington: Manpower Mobilization in World War II*, Greenwood Press,1979.

37. George T.Hunt, *The Wars of the Iroquois*, University of Wisconsin Press,1940.

38. Gene Smith, *Until the Last Trumpet Sounds: The Life of General of the Armies, John J.Pershing*, New York: John Wiley & Sons, Inc.,1998.

39. Harold Sprout Margaret, *The Rise of American Naval Power*,

1776—1918, Princeton Univ. Press, 1967.

40. Harold Stein ed., *American Civil-Military Decisions*, University of Alabama Press, 1963.

41. Headquarters, Department of the Army, *American Military History*, Washington D.C., 1959.

42. Henry Alexander White, *Robert E. Lee and the Southern Confederacy, 1807–1870*, New York and London, 1974.

43. Herman Hattaway, Archer Jones, *How the North Won*, University of Illinois Press, 1991.

44. Historical Office, *Office of the Secretary of Defense: The Department of Defense, Documents on Establishment and Organization, 1944–1978*, Government Printing Office, 1979.

45. Howard C. Hill, *Roosevelt and Caribbean*, Chicago, 1927.

46. Howard H. Peckham, *The Toll of Independence: Engagements & Battle Casualties of the American Revolution*, University of Chicago Press, 1974.

47. Howard H. Peckham, *The Colonial Wars, 1689–1762*, University of Chicago Press, 1964.

48. James A. Huston, *The Sinews of War: Army Logistics, 1775–1953*, Office of the Chief of Military History, 1966.

49. James E. Sefton, *The United States Army and Reconstruction, 1865–1877*, Louisiana State University Press, 1967.

50. James G. Randall, David Donald, *The Civil War and Reconstruction*, 2 ed., revised, Lexington: D.C. Heath and Company, 1969.

51. James J. Cooke, *Pershing and His Generals: Command and Staff in the A.E.F.*, Westport: Praeger Publishers, 1997.

52 . James J.Hill, *Highways of Progress*, New York, 1910.

53 . James Korby Martin, Mark Edward Lender, *A Respectable Army*, Harlan Davidson, 1982.

54 . James L. Abrahamson, *America Arms for a New Century: The Making of a Great Miltary Power*, Free Press, 1981.

55 . James M.Morris, *America's Armed Forces*, New Jersey, 1991.

56 . Jerry Cooper, *The Rise of the National Guard*, Lincoln: University of Nebraska Press, 1997.

57 . John B. Wolf, *The Emergence of the Great Powers, 1685–1715*, Harper & Row, 1951.

58 . John C.Reis, *The Management of Defense*, Johns Hopkins University Press, 1964.

59 . John Dickinson, *The Building of an Army: A Detailed Account of Legislation, Administration and Opinion in the United States, 1915–1920*, Century, 1922.

60 . John Missall, Mary Lou Missall, *The Seminole Wars: America's Longest Indian Conflict*, University Press of Florida, 2004.

61 . John W.Masland, L.I.Radway, *Soldiers and Scholars, Military Education and National Policy*, Princeton Univ.Press, 1957.

62 . C. S. Campbell, *Special Business Interests and the Open Door Policy*, New Heaven, 1951.

63 . Jr.Myron J.Smith, *The United States Navy and Coast Guard, 1946–1983*, Jefferson, N.C., McFarland. 1984.

64 . Kenneth J. Hagan, William R. Roberts, *Against All Enemies*, Greenwood Press, 1986.

65 . Kenneth P.Williams, *The Study of the Civil War*, Vol.5, Mac-

millan, 1949-1959.

66 . Kenneth Wimmel, *Theodore Roosevelt and the Great White Fleet: American Sea Power Comes of Age*, Brassey's, 1998.

67 . Lawrence Delbert Cress, *Citizens in Arms*, University of North Carolina Press, 1982.

68 . Lee Kennett, *The French Forces in America* , Greenwood, 1977.

69 . Louis Smith, *American Democracy and Military Power: A Study of Civil Control of Military Power in the United States*, University of Chicago Press, 1951.

70 . J.F.C.Fuller, *Grant and Lee: A Study in Personality and Generalship*, Indiana University Press, 1982.

71 . Mark C. Carnes, John A. Garraty, *A History of the United States*, New York: Pearson Education Inc., 2006.

72 . Marvin A.Kreidberg, Merton G.Henry, A *History of Military Mobilization in the United States Army, 1775-1945*, Department of the Army, 1955.

73 . Mary B.Norton, *A People and A Nation: A History of The United States*, New Jersey, 1986.

74 . Maurice Matloff, *American Military History*, Office of the Chief of Military History, United States Army, Washington D.C., 1969.

75 . Michael Hunt, *The Making of a Special Relationship, The United States and China to* 1914, Columbia University Press, 1983.

76 . Michael S. Neiberg, *Making Citizen-soldiers: ROTC and the Ideology of American Military Service*, Harvard University Press, 2000.

77 . Nathan Miller, *The US Navy: An Illustrated History*, New

York: American Heritage, 1985.

78 . Paul R.Schratz ed., *Evolution of the American Military Establishment Since World War* Ⅱ, George C. Marshall Research Foundation, 1978.

79 . Paul Y. Hammond, *Organizing for Defense*, Princeton University Press, 1961.

80 . Peter J.Schifferle, *America's School for War*, University Press of Kansas, 2006.

81 . Peter Karsten ed., *The Military in America from the Colonial Era to the Present*, Free Press, 1980.

82 . Reginald C. Stuart, *War and American Thoug*ht, The Kent State Univ.Press, 1982.

83 . Richard H, Kohn, *Eagle and Sword. The Federalists and the Creation of the Military Establishment*, Free Press, 1975.

84 . Richard M. Leighton, Robert W. Coakley, *The War Department: Global Logistics and Strategy, 1940–1943*, Vol.2, Government Printing Office, 1955.

85 . Richard W.Stewart, *American Military History*, Washington D. C., 2005.

86 . Robert Erwin, *Guardians of the Sea : History of the United States Coast Guard*, 1915 *to the Present*, Johnson, Md.: Naval Institute Press, 1987.

87 . Robert F.Futrell, *Ideas, Concept, Doctrine: A History of Basic Thinking in the United States Air Force, 1907–1964*, Vol.2, Air University, 1971.

88 . Robert H. Ferrell, *Woodrow Wilson and World War I*,

1917–1921, New York: Harper & Row Publishers, 1985.

89. Robert Leckie, *The Wars of America*, New York, 1968.

90. Robert V. Bruce, *Lincoln and the Tools of War*, Bobbs-Merrill, 1956.

91. Robin Higham, Carol Brandt eds., *The United States Army in Peacetime: Essays in Honor of the Bicentennial, 1775–1975*, Military Affairs/Aerospace Historian, 1975.

92. Robert L.Kercham, *The Political Thought of Benjamin Franklin*, The Bobbs-Merrill Co, 1965.

93. Ron Field, Richard Hook, *The Seminole Wars: 1818–1858*, Osprey Publishing, 2009.

94. Russell F. Weigley, *The American Way of War*, Macmillan, 1973.

95. Russell F. Weigley, *Towards an American Army: Military Thought from Washington to Marshall*, New York: Columbia University Press, 1962.

96. Smith R. Elberton, *The Army and Economic Mobilization*, Washington D.C.: G.P.O., 1959.

97. Stephen E. Ambrose, *Duty, Honor, Country: A History of West Point*, Jones Hopkins, 1966.

98. T.Harry Williams, *Americans at War: The Development of the American Military System*, Louisiana State University Press, 1960.

99. T. Harry Williams, *The History of American Wars (1745–1918)*, Louisiana State University Press, 1981.

100. Theodore Roosevelt, *State Papers as Governor and President 1899–1909*, New York, 1926.

101 . Theodore Roosevelt, *The Strenuous Life*, *Speeches and Address*, New York, 1905.

102 . Thom Hatch, *Osceola and the Great Seminole War: A Struggle for Justice and Freedom*, St. Martin's Press, 2012.

103 . Thomas Lawrence Connelly, Archer Jones, *The Politics of Command: Factions and Ideas in Confederate Strategy*, Louisiana State University Press, 1973.

104 . USFA, *War Economy in Food*, *With Suggestions and Recipes for Substitutions in the Planning of Meals*, Hammod, Ind. W. B. Conkey Company, 1918.

105 . US Government, *Scientific Technology and War*, Washington D.C., 1969.

106 . US 60th Congress, *1st Session*, *House Committee on Naval Affairs*, *Hearings and Communications*, Washington D.C., 1907–1908.

107 . Walter L. Dorn, *Competition for Empire 1740–1763*, Harper & Row, 1940.

108 . Walter Millis, *American Military Thought*, New York, 1966.

109 . Walter Millis, *Arms and Men: A Study in American Military History*, New York: G.P. Putnam's Sons, 1956.

110 . Walter Millis, Harvey C. Mansfield and Harold Stein, *Arms and the State*, Twentieth Century Fund, 1958.

111 . Warren I. Cohen, *America's response to China*, New York: Columbia Univ. Press, 1990.

112 . Warren W. Hassle, *The President as Commander in Chief*, Addison-Wisley, 1971.

113 . Warren W. Hassler, *With Shield and Sword: American*

Military Affairs, Colonial Times to the Present, Iowa State Univ. press, 1982.

114. Wilcomb E. Washburn, *The Governor and the Rebel*, University of North Carolina Press, 1957.

115. Wilard M. Wallace, *Appeal to Arms: A Military History of the American Revolution*, Harper & Brothers, 1951.

116. William H. Harbaugh, *The Writings of Theodore Roosevelt*, Indianapolis and New York, 1967.

117. W. K. Kauck, *Steel Expansion for War*, Washington D. C., 1945.

118. W. W. Rostow, *Preinvasion Bombing Strategy, General Eisenhower's Decision of March 25, 1944*, Austin: University of Texas Press, 1981.

二、中文书目

（一）参考书目

1. 中共中央马克思恩格斯列宁斯大林著作编译局编译:《马克思恩格斯全集》,人民出版社 2006—2020 年版。

2. 中共中央马克思恩格斯列宁斯大林著作编译局编译:《列宁全集》(中文第二版)1—60 卷,人民出版社 1984—1990 年版。

3. 中国人民解放军军事科学院编:《马恩列斯军事文选》,军事科学出版社 1991 年版。

4. 中国人民解放军军事科学院选编:《马克思恩格斯军事文集》,战士出版社 1981 年版。

5. 世界军事思想宝库编委会:《世界军事思想宝库》,济南出版社 1992 年版。

6. 军事科学院战略部:《战争与战略理论精粹》,军事科学出版社 1988 年版。

7. [英]哈特等编:《剑与笔——世界最伟大的军事名著文摘》,解放军军事科学院外国军事研究部译,军事科学出版社 1990 年版。

8. [德]克劳塞维茨:《战争论》,军事科学院译,总参谋部出版局 1964 年版。

9. [英]J. F. C · 富勒:《战争指导》,解放军出版社 1985 年版。

10. [美]美国陆军军事学院:《军事战略》,军事科学院外国军事研究部译,军事科学出版社 1986 年版。

11. 刘庆:《外国重要军事著作导读》,军事科学出版社 1992 年版。

12. [苏]苏联军事科学院:《苏联军事百科全书》,中国人民解放军军事科学院编译,解放军出版社 1986 年版。

13. 中国大百科全书军事卷编审室编:《中国大百科全书军事卷 · 世界军事史分册》,军事科学出版社 1987 年版。

14. 中国大百科全书出版社简明不列颠百科全书编辑部 :《简明不列颠百科全书》,中国大百科全书出版社 1985—1991 年版。

15. [美] 乔治 · C. 科恩:《世界战争大全》,乔俊山等译,昆仑出版社 1988 年版。

16. 军事科学院世界军事研究部:《战后世界局部战争史》,军事科学出版社 2008 年版。

17. 军事科学院世界军事研究部:《世界军事革命史 》,军事科学出版社 2012 年版。

18. 吴春秋等:《世界战争通鉴》,国际文化出版公司 1995 年版。

19. [美]E.B.波特主编:《世界海军史》,李杰等译,解放军出版社 1992 年版。

20. [德]H. 帕姆塞尔:《世界海战简史》,龚日等译,海洋出版社 1986 年版。

21. [美]威廉·兰格:《世界史编年手册》,生活·读书·新知三联书店 1978 年版。

22. [苏]苏联科学院主编:《世界通史》(1 至 13 卷),生活·读书·新知三联书店 1959—1990 年版。

23. 崔连仲、刘明翰、刘祚昌、徐天新等主编:《世界通史》(修订版),人民出版社 2017 年版。

24. 吴于廑、齐世荣主编:《世界史》(6 卷本),高等教育出版社 2001 年版。

25.《各国概况》编辑部编:《各国概况》(下),人民出版社 1972 年版。

26. [美]H. S. 康马格:《美国历史的现存文献》,香港 1979 年中文版。

27. 赵一凡编:《美国的历史文献》,生活·读书·新知三联出版社 1978 年版。

28. [美]加尔文·D.林顿:《美国两百年大事记》,谢延光等译,上海译文出版社 1984 年版。

29. [美]华盛顿:《华盛顿选集》,聂崇信等译,商务印书馆 1983 年版。

30. [美] 汉密尔顿等:《联邦党人文集》,程逢如译,商务印书馆 1982 年版。

31. [美]林肯:《林肯集》,刘祚昌、邓红风译,生活·读书·新知三联书店 1993 年版。

32. 天津社会科学院历史研究所编:《1901 年美国对华外交档案》,齐鲁书社 1983 年版。

(二)一般书目

1. [美]杰弗里·帕克等:《剑桥战争史》,傅景川等译,吉林人民出版社 1999 年版。

2. [美]小戴维·佐克等:《简明战争史》,军事科学院外国军事研究部译,商务出版社 1982 年版。

3. 柯春桥:《世界军事简史》,解放军出版社 2015 年版。

4. [英]J. F. G. 富勒:《西洋世界军事史》,钮先钟译,军事科学院 1981 年版。

5. 王堂英等编:《世界现代战争》,重庆出版社 1993 年版。

6. 王厚卿主编:《战役发展史》,国防大学出版社 1991 年版。

7. 军事科学院世界军事研究部:《战后世界局部战争史》,军事科学出版社 2008 年版。

8. 军事科学院世界军事研究部:《世界军事革命史 》,军事科学学出版社 2012 年版。

9. 邓锋、郑三立:《西方军事思想发展史》,国防大学出版社 1993 年版。

10. [德]罗辛斯基:《海军思想的发展》,台湾黎明文化事业公司 1987 年版。

11. 华人杰等:《空军学术思想史》,解放军出版社 1992 年版。

12. [苏]罗斯图诺夫《第一次世界大战》,上海译文出版社 1981 年版。

13. [英]杰克·雷恩等:《第一次世界大战的著名战役》,上海译文出版社1980年版。

14. 黄玉章等:《第二次世界大战》,世界知识出版社1983年版。

15. 吴纯光:《太平洋上的较量》,今日中国出版社1998年版。

16. 车吉心主编:《世界著名将帅传》,山东教育出版社2000年版。

17. [美]麦克·卡佛:《欧美名将评传》,钮先钟译,昆仑出版社1999年版。

18. 李永采:《海洋开拓争霸史话》,海洋出版社1990年版。

19. 梁月槐等:《智囊之首》,昆仑出版社1999年版。

20. 友生等译:《西方近代战略家》,军事译文出版社1984年版。

21. 朱庭光主编:《外国历史名人传》(古代、近代、现代),中国社会科学出版社、重庆出版社1981—1984年版。

22. 卿汝楫:《美国侵华史》,生活·读书·新知三联书店1952、1956年版2卷本。

23. 中国美国史研究会:《美国史论文集》,生活·读书·新知三联书店1980年版。

24. 军事科学院:《中国人民解放军大事记》,军事科学出版社1983年版。

25. 空军学院研究部:《中国人民解放军空军简明战史》,空军学院1984年版。

26. [日]乡田充:《空中力量发展史》,张健等译,空军学院研究部1983中译本。

27. 邓锋等:《西方军事思想发展史》,国防大学出版社1993

年版。

28. [苏]И. Е. 沙夫罗夫:《局部战争今昔》,军事科学院外国军事研究部译,解放军出版社 1984 年版。

29. [美]保罗·肯尼迪:《大国的兴衰》,蒋葆英等译,中国经济出版社 1989 年版。

30. 杨生茂:《美国南北战争资料选辑》,上海人民出版社 1978 年版。

31. 杨生茂等:《美西战争资料选辑》,上海人民出版社 1981 年版。

32. 王昉等:《21 世纪美军》,时事出版社 2002 年版。

33.《美国国防部长切尼一九九三财政年度国防报告》,军事科学院外国军事研究部译,军事科学出版社 1992 年中文版。

34. 朱成虎等:《当代美国军事》,社会科学文献出版社 2000 年版。

35. 柯春桥、贾咏梅:《美国军事实力分析》,民族出版社 1999 年版。

36. 军事科学院外国军事研究部 :《美国军事基本情况》,军事科学出版社 2005 年版。

37. 冷承槐、赵刚:《西点——美国陆军军官学校》,军事文谊出版社 2000 年版。

38. 于邵乐 :《西点军校》,当代世界出版社 2006 年版。

39. 杨立军:《西点军校的经典法则》学林出版社 2006 年版。

40. 樊高月 :《西点军校》,海南出版社 1996 年版。

41. [美]温伯格:《温伯格回忆录——为自由而战》,封长虹译,新华出版社 1990 年版。

42. 洪兵等:《克林顿》,中共中央党校出版社 1992 年版。

43. [美]富兰克林·德·罗斯福 :《罗斯福选集》,商务印书馆1982年版。

44. [美]道格拉斯·麦克阿瑟:《麦克阿瑟回忆录》,上海译文出版社1984年版。

45. [美]哈利·杜鲁门:《杜鲁门回忆录》,李石译,生活·读书·新知三联书店1974年版。

46. [美]理查德·尼克松:《尼克松回忆录》,郑文华、黄雨石、梁人译,商务印书馆1978年版。

47. 张敬录等:《美国十大五星上将》,黄河出版社1998年版。

48. 李世洞等编译:《美国2500历史名人传略》,东方出版社1994年版。

49. [美]理查德·尼克松、保罗·博勒:《形形色色的美国总统》,文化艺术出版社1989年版。

50. 张敬录等:《美国十大五星上将》,黄河出版社1998年版。

51. [美]S.F. 比米斯:《美国外交史》,商务印书馆1985年版。

52. 杨生茂:《美国外交政策史》,人民出版社1991年版。

53. 王玮、戴超武:《美国外交思想史》,人民出版社2007年版。

54. 孔华润主编:《剑桥美国对外关系史》,王琛等译,新华出版社2004年中文版。

55. 李定一:《中美早期外交史》,北京大学出版社1997年版。

56. [美]理查德·尼克松、泰勒·丹涅特:《美国人在东亚》,商务印书馆1959年版。

57. 李恒举:《美国国际化和当代资本主义发展趋势》,中国社会科学出版社1993年版。

58. 李昌道编:《美国宪法史稿》,法律出版社1986年版。

59. 陈学飞:《美国高等教育发展史》,四川大学出版社1989年版。

60. 军事科学院军史部:《中国人民志愿军抗美援朝战史》,军事科学出版社1988年版。

61. 国防大学“战史简编编写组”:《中国人民志愿军战史简编》,解放军出版社1986年版。

62. 沈阳军区百科编审室编:《抗美援朝战争论文集》,辽宁人民出版社1988年版。

63. 柴成文等:《抗美援朝纪实》,中共党史资料出版社1987年版。

(三)其他专著

1. [美]阿伦·米利斯等:《美国军事史》,军事科学院外国军事研究部译,军事科学出版社1989年版。

2. [美]拉塞尔·韦格利:《美国陆军史》,丁志源等译,解放军出版社1989年版。

3. [美]詹姆斯·M. 莫里斯:《美国陆军史》,靳绮雯等译,湖南人民出版社2010年版。

4. [美]罗伯特·F. 多尔:《美国陆军》,南京出版社2004年中文版。

5. [美]内森·米勒:《美国海军史》,卢加春译,海洋出版社1985年版。

6. 王连元:《美国海军争霸史》,甘肃文化出版社1996年版。

7. [美]瓦格纳:《美国战斗飞机史》,三机部628所1975年版。

8.［美］拉塞尔·韦格利:《美国军事战略与政策史》,彭光谦等译,解放军出版社1986年版。

9. 高冬明:《美国战争机器:1607—1945》,社会科学文献出版社2014年版。

10.［美］卡尔金斯:《美国扩张与发展史话》,王岱译,人民出版社1984年版。

11.［美］沃尔特·拉菲伯等:《美国世纪:一个超级大国的崛起与兴盛》,黄磷译,海南出版社2008年版。

12.［美］唐纳德·怀特:《美国的兴盛与衰落》,徐朝友等译,江苏人民出版社2002年版。

13. 钱俊德:《美国军事思想研究》,军事科学出版社1992年版。

14. 李植谷:《美国军事战略概论》,国防大学出版社1988年版。

15. 蔡祖铭:《美国军事战略研究》,军事科学出版社1993年版。

16. 许嘉:《美国战略思维研究》,军事科学出版社2003年版。

17. 李植谷:《美国军事战略概论》,国防大学出版社1988年版。

18. 王荣:《〈美国国家安全战略报告〉研究》,时事出版社2014年10版。

19. 翟晓敏:《冷战后的美国军事战略》,国防大学出版社1999年版。

20. 喻舒曼:《冷战后美国军事战略思维评析》,国防大学出版社2001年版。

21. 刘德斌:《美国世界战略》,黑龙江人民出版社1990年版。

22. 朱崇坤主编:《霸权的历程:美国军事战略冷观察》,新华出版社 2000 年版。

23. 刘祚昌:《美国内战史》,人民出版社 1978 年版。

24. [美]彼得·卡斯滕:《海军贵族:安纳波利斯的黄金时期及现代美国海军至上主义的出现》,王培译,海潮出版社 2011 年版。

25. 刘义昌等:《海湾战争》,军事科学出版社 1991 年版。

26. 樊高月、符林国:《第一场初具信息化形态的战争:伊拉克战争》,军事科学出版社 2009 年版。

27. 柯春桥、兰文宣:《军事专家眼中的科索沃战争》,中国社会科学出版社 1999 年版。

28. [美]安布罗斯:《责任、荣誉、国家:西点军校史》,洪庆明译,暨南大学出版社 2006 年版。

29. [美]华盛顿·欧文:《华盛顿传》,张今译,新华出版社 1984 年版。

30. [美]卡尔·范·多伦:《富兰克林》,牛伟宏译,中国社会科学出版社 1993 年版。

31. [美]本·富兰克林:《富兰克林》,台北名人出版社 1980 年版。

32. [美]小诺布尔·坎宁安:《杰斐逊传》,高雨洁等译,世界知识出版社 1991 年版。

33. [美]吉贝尔·希纳尔:《杰斐逊评传》,王丽华等译,中国社会科学出版社 1987 年版。

34. 刘祚昌:《杰斐逊传》,中国社会科学出版社 1990 年版。

35. [美]卡尔·桑德堡:《林肯传》,云京译,生活·读书·新知三联书店 1978 年版。

36. [美]本杰明·普·托马斯:《林肯传》,周颖如等译,商务印书馆 1995 年版。

37. [美]罗伯特·西格:《马汉》,刘学成编译,解放军出版社 1989 年版。

38. [美]吉恩·史密斯:《美国南北战争中的对手——李和格兰特》,赵苏苏译,商务印书馆 1991 年版。

(四)网络资料

1. http://www. baesystems. com/

2. www. dia. mil

3. http://cdi. org/

4. http://defense-update. com/

后　记

在对美国军事史30多年的教学和研究中,美国军事制度是我关注的一个重要内容。因为军事制度是一个武装力量的基本框架,是其强大的保证。研究军事制度的演变过程,我们就能揭开美国军事力量发展和壮大之谜。我在给本科生和硕士、博士研究生讲授美国军事史的课程以及在指导学生写论文时,都把军事制度作为一个主要内容。我把教学和指导学生写作过程中发现的美国军事制度的问题作为研究课题,写出了一些相关论文。经过长期的积累,我在完成了对美国军事历史和美国军事思想史研究的基础上,开始撰写美国军事制度史。这是一个庞大而复杂的工程,动笔后才发现就好比跑马拉松,跑起来才觉得终点太遥远了,真是遥遥无期啊!但是,总算最后跑到终点站了。书写出来了,由于本人的能力所限,错误肯定不少,敬请各位专家和读者批评指正。

本书的出版,获得了2016年国家社科基金后期资助项目的资金支持,并得到军事科学院军事专家、山东师范大学和山东师范大学历史文化学院的大力支持,在此表示衷心感谢!

陈海宏

2022年4月17日于济南千佛山下、趵突泉畔

策划编辑：鲁　静
责任编辑：彭代琪格　李　婷

图书在版编目(CIP)数据

美国军事制度史/陈海宏 著．—北京：人民出版社，2024.8
ISBN 978-7-01-026142-3

Ⅰ．①美…　Ⅱ．①陈…　Ⅲ．①军事制度-军事史-研究-美国
Ⅳ．①E712.9

中国国家版本馆 CIP 数据核字(2023)第 234656 号

美国军事制度史
MEIGUO JUNSHI ZHIDUSHI

陈海宏　著

人民出版社 出版发行
(100706　北京市东城区隆福寺街 99 号)

中煤(北京)印务有限公司印刷　新华书店经销

2024 年 8 月第 1 版　2024 年 8 月北京第 1 次印刷
开本：880 毫米×1230 毫米 1/32　印张：27.25
字数：635 千字

ISBN 978-7-01-026142-3　定价：200.00 元(上、下册)

邮购地址 100706　北京市东城区隆福寺街 99 号
人民东方图书销售中心　电话 (010)65250042　65289539